KB201286

유가사지론 강의 하

# 瑜伽師地論聲聞地講錄

## 유가사지론 강의 하

2021년 11월 12일 초판 1쇄 인쇄
2021년 11월 25일 초판 1쇄 펴냄

지은이 남회근
옮긴이 설순남

펴낸곳 부키 (주)
펴낸이 박윤우
등록일 2012년 9월 27일
등록번호 제312-2012-000045호
주소 03785 서울 서대문구 신촌로 3길 15 산성빌딩 6층
전화 02. 325. 0846 팩스 02. 3141. 4066
홈페이지 www.bookie.co.kr
이메일 webmaster@bookie.co.kr
제작대행 올인피앤비 bobys1@nate.com
ISBN CODE 978-89-6051-897-1 04220 978-89-6051-039-5(세트)

책값은 뒤표지에 있습니다. 잘못된 책은 구입하신 서점에서 바꿔 드립니다.

남회근 저작선 21

# 유가사지론 강의 하

남회근 지음  설순남 옮김

일러두기 —————————————————————————————

1. 이 책은 대만 남회근문화사업유한공사에서 나온 『유가사지론 성문지 강록(瑜伽師地論聲聞地講錄)』 2017년 2월 초판 1쇄를 번역 저본으로 하였다.

2. 저자의 『유가사지론』 강의는 대만 진선미출판사 판본 『瑜伽師地論』으로 이루어졌다.

3. 이 책에 실린 『유가사지론』 원문은 『유가사지론 성문지 강록』의 구두점을 따랐다.

4. 『유가사지론』 원문 번역은 본문의 저자 해석에 따랐다. 다만 저자의 해석이 명백히 잘못되어 보이는 경우는 각주를 달았다.

5. 번역과 교정 과정에서 『유가사지론』 전문을 확인하기 위해 동국대학교 불교학술원에서 운영하는 불교기록문화유산아카이브 통합대장경을 이용하였다. 독자들도 『유가사지론』 전문을 확인하고 싶거나 이 책에서 생략된 부분을 알고 싶으면 이 사이트를 이용하기 바란다.
   https://kabc.dongguk.edu/content/list?itemId=ABC_IT&cate=bookName&depth=1&upPath=H&dataId=

6. 차례 앞에 실린 『유가사지론』의 구성과 내용은 고려대장경연구소 자료에서 첨삭하였다. 부록으로 실은 삼계천인표는 『불교수행법 강의』에서 일부 수정하여 재수록하였다.

7. 각 강의 표제지 다음에 실은 번역 원문은 해당 강의에 나오는 내용이다. 원서에는 없는 구성이나 본문 이해에 도움이 된다고 판단해 추가하였다. 본문의 저자 풀이를 읽고 나서 통합된 번역 원문을 읽으면 그 뜻을 이해하는 데 도움이 될 것이다.

8. 본문 좌측 면주에는 『유가사지론』의 권수와 제목을 표시하였다. 저자의 강의가 순차적으로 진행되지 않아 해당 내용이 『유가사지론』의 어느 부분인지 알기 쉽도록 하였다.

9. 본문의 각주는 옮긴이 주다. 용어 풀이를 위해 인터넷에서 다양한 자료를 참고하였다. 위키백과 불교용어, 시공불교사전, 불교기록문화유산아카이브 통합대장경 등을 참고하였다. 많은 이들의 힘으로 만든 자료 덕분에 번역과 교정에 큰 도움을 받았다. 감사드린다.

# 차례

# 상권 차례

# 제11강

다음으로 세존께서 말씀하셨듯이 정려를 수행하는 이가 어떤 경우에는 등지等持 선교는 있으나 어떤 경우에는 등지等至 선교는 아니니, 자세한 설명은 경의 올타남 송과 같다. 무엇을 등지等持 선교라고 하는가. 말하자면 공 등의 세 가지 삼마지에 대하여 선교를 얻기 때문이다. 무엇을 등지等至 선교는 아니라고 하는가. 말하자면 승처등지·변처등지·멸진등지에 대하여 선교하지 않기 때문이다. 무엇을 등지等至 선교이면서 등지等持 선교는 아니라고 하는가. 열 가지 변처등지와 무상등지에 들어가거나 나오는 데에는 선교를 다 갖추었는데, 세 가지 삼마지에서는 선교를 갖추지 못한 것이다. 무엇을 선교를 갖추었다고 하는가. 말하자면 저 두 가지에 대해서 선교를 갖추었기 때문이다. 무엇을 선교가 아님을 갖추었다고 하는가. 말하자면 저 두 가지에 대해서 선교가 아님을 갖추었기 때문이다.

이와 같이 앞에서 말한 등지等持와 등지等至에 대하여 그 상응하는 바에 따라서 잘 건립해야 한다. 또 등지等持 선교이고 등지等至 선교는 아니라고 말하는 것은, 말하자면 등지等持의 명 구 문신에 대하여는 차별을 잘 알아도, 등지等至에 들어갈 수 있는 모든 행상상行狀相의 차별에 대해서는 그렇지 않은 것이다. 무엇을 등지等至 선교이면서 등지等持 선교는 아니라고 하는가. 말하자면 어떤 사람이 하나의 등지等至의 모든 행상상에 들어갈 수 있고 또 지금 들어갈 수 있음은 잘 알지만, 이 삼마지의 명 구 문신의 차별의 형상을 잘 알지 못하고, 또 나는 이미 여시여시한 등지等持에 들어가게 되었다는 차별을 알 수 없는 것이다. 어떤 보살들은 비록 백 또는 천의 모든 삼마지에 들어갈 수 있어도 그 삼마지의 명 구 문신을 깨달아 알지 못하며, 또 나는 이미 여시여시한 등지等持에 들어가게 되었다는 차별을 알지 못하는데, 모든 부처님에게도 듣지 못했고 이미 제일 구경을 이룬 모든 보살에게도 들을 수 없었고, 혹은 스스로 제일 구경을 증득하지도 못하였다.

무엇을 머무른다고 하는가. 모든 삼마지에 들어갈 수 있는 모든 행상상을 잘 취하는 것을 말한다. 그것을 잘 취하기 때문에 그 원하는 바를 따라서 정에 편안히 머무를 수 있고, 삼마지에서 다시 물러남도 없다. 이와 같이 정에 머무르는 것, 물러남이 없는 것, 두 가지 모두를 머무른다고 한다.

무엇을 나온다고 하는가. 어떤 사람이 정에 들어갈 수 있는 모든 행상상에 대하여 다시 사유하지 않는 것을 말한다. 분별하는 체와 상에 포함되는 정지와 같지 않은 종류의 법인 부정지에 대하여 작의하고 사유하여 삼마지에서 나오는 것이다. 혹은 수소작의 인 때문에 혹은 정소작의 인 때문에 혹은 기소작의 인 때문에 정에서 나오는 것이다. 수소작이란 의발을 수습하는 등의 여러 가지 작업하는 것을 말한다. 정소작이란 음식과 대소변과, 스승과 연장자를 받들어 모시는 등의 여러 가지 작업하는 것을 말한다. 기소작이란 어떤 사람이 먼저 시기를 정하거나 혹은 다른 사람을 위해 행하는 것이 있거나 혹은 다시 다른 정으로 바꿔 들어가려고 하는 것과 같으니, 이 인연으로 말미암아 삼마지에서 나오는 것을 말한다. 무엇 등이 행인가. 소연대로 갖가지 행을 지어서 정에 들어가는 것을 말하는데, 추행 정행, 병행 웅행, 전행 무상행 등, 이러저러한 삼마지에 있는 모든 행을 말한다.

• 제30권 본지분 중 성문지 제13 제3유가처의 1 本地分中聲聞地第十三第三瑜伽處之一

무엇을 멀리 떠난다고 하는가. 처소가 원만하고 위의가 원만하고 멀리 떠남이 원만한 것을 말하니, 이것을 멀리 떠난다고 한다.

무엇을 처소의 원만함이라고 하는가. 혹은 아란야 혹은 수풀의 나무 아래 혹은 공한실을 말하는데, 산골짜기 바위굴 노적가리 등을 공한실이라고 한다. 큰 나무 숲속을 수풀 아래라고 한다. 텅 비고 아득한 무덤가에 눕거나 앉는 것을 아란야라고 한다. 이와 같은 산골짜기 바위굴이나 볏짚 더미 등, 큰 숲속이나 텅 비고 아득한 무덤가에 눕거나 앉는 것, 혹은 아란야 혹은 수풀의 나무 아래 혹은 공한실을 처소라고 총칭한다는 것을 마땅히 알아야 한다. 처소의 원만함에는 다시 다섯 가지가 있다.

말하자면 처소가 본래부터 형상이 단엄해서 무리가 기쁘게 바라보며, 청정하고 더러움이 없고, 원림園林과 지소池沼를 모두 구족하여 청허함이 즐길 만하며, 땅에 높낮이가 없고 독으로 찌르는 것이 없으며, 또 많은 벽돌과 기와 조각이 없어서 보는 사람으로 하여금 마음에 청정이 생겨나게 하고, 그 안에 머무르기를 즐기며, 닦고 끊어 내고 가행하여 마음으로 기뻐하고 끊어 냄을 주관하니, 이것을 첫 번째 처소의 원만함이라 한다. 또 처소가 낮에는 시끄럽지 않고, 밤에는 음성이 적으며, 모기·등에·바람·해·뱀·전갈 따위의 모든 악독한 접촉이 적으니, 이것을 두 번째 처소의 원만함이라 한다. 또 처소가 사나운 사자·호랑이·표범·승냥이·이리, 원수와 도적, 사람과 비인 등의 모든 두려운 일이 없다. 이 처소에서는 몸과 뜻이 태연하고 의심과 염려가 없이 안락하게 머무르니, 이것을 세 번째 처소의 원만함이라 한다. 또 처소가 몸과 목숨에 수순하는 많은 도구를 얻기 쉬워서 의복 등을 구하기가 어렵지 않고 음식을 지지하는 데에 부족함이 없으니, 이것을 네 번째 처소의 원만함이라 한다. 또 처소가 선지식의 보살핌이 있고 또 지혜를 지니고 같이 범행을 닦는 사람이 동거하여, 깨닫지 못한 것을 바르게 깨닫게 할 수 있고 이미 깨달은 것은 다시 밝고 청정하게 하여, 깊은 구절의 의미를 지혜로써 통달하고 선교방편을 은근하게 열어 보여 지혜와 식견으로 하여금 속히 청정을 얻게 할 수 있으니, 이것을 다섯 번째 처소의 원만함이라 한다.

무엇을 위의의 원만함이라고 하는가. 낮에는 경행하고 연좌하고 초저녁에도 다시 이와 같이 하며, 한밤중에는 오른쪽 옆구리를 대고 눕고 새벽에는 빨리빨리 일어나서 경행하고 연좌하는데, 곧 이와 같은 원만한 와구, 제불이 허가한 크고 작은 승상이나 초엽좌 등에서 결가부좌하는 것에 대하여 더 나아가서 자세히 말하였다. 무슨 인연 때문에 결가부좌하는가. 말하자면 다섯 가지 인연을 바르게 관찰하고 보기 때문이다. 첫째는 몸을 붙잡아 거두어서 빠르게 경안을 일으킴으로 말미암는데, 이와 같은 위의가 경안을 수순하고 생기게 하는 데 가장 뛰어나기 때문이다. 둘째는 이 연좌가 오래 지속될 수 있음으로 말미암는데, 이와 같은 위의가 몸을 빨리 피곤하지 않게 하기 때문이다. 셋째는 이 연좌가 불공법임으로 말미암는데, 이와 같은 위의가 외도의 다른 논의에는 없기 때문이다. 넷째는 이 연좌의 형상이 단엄함으로 말미암는데, 이와 같은 위의가 다른 사람으로 하여금 보고 나서 지극히 믿고 공경하게 하기 때문이다. 다섯째는 이 연좌가 부처님과 부처님 제자들이 함께 열어 허락한 바임으로 말미암는데, 이와 같은 위의를 일체의 현성賢聖이 함께 칭찬하기 때문이다. 이와 같은 다섯 가지 인연을 바르게 보고, 이런 까닭에 마땅히 결가부좌하여 몸을 바르게 하고 서원을 바르게 하는 것이다.

무엇을 몸을 바르게 함이라고 하는가. 몸을 채찍질하여 바르고 곧게 하는 것을 말한다. 무엇을 서원을 바르게 함이라고 하는가. 그 마음으로 하여금 알랑거림을 떠나고 속임을 떠나게 하여, 고르고 부드러우며 바르고 곧은 것을 말한다. 온몸을 채찍질하여 바르고 곧게 하기 때문에, 그 마음이 혼침과 수면에 얽어매이고 흔들리지 않는다. 알랑거림과 속임을 떠나기 때문에, 그 마음이 외경의 흩어짐과 움직임에 얽어매이지 않고 배념背念에 편안히 머무르게 된다. 무엇을 배념에 편안히 머무름이라고 하는가. 이치에 맞게 작의하고 상응하는 염을 배념이라고 하는데, 일체의 흑품을 버리고 등지며 어기고 거스르기 때문이다. 또 정定의 형상을 대상으로 하여 경계로 삼는 염을 배념이라고 하는데, 일체 부정지不定地의 소연경을 버리고 등지고 없애기 때문이니, 이와 같은 것을 위의의 원만함이라고 한다.

무엇을 멀리 떠남의 원만함이라고 하는가. 두 가지가 있는데, 첫째는 몸이 멀리 떠남이고 둘째는 마음이 멀리 떠남이다. 몸이 멀리 떠남이라는 것은, 재가 및 출가중과 함께 섞여서 머무르지 않고 홀로 짝이 없는 것을 말하니, 이것을 몸이 멀리 떠남이라고 한다. 마음이 멀리 떠남이라는 것은, 일체의 염오와 무기의 모든 작의를 멀리 떠나 일체의 그 본성이 의리義利를 잘 이끌어 내는 정지의 작의와 정자량의 가행 작의를 수습함이니, 이것을 마음이 멀리 떠남이라고 한다. 이와 같이 이 중에서 처소가 원만하고 위의가 원만하고 몸이 멀리 떠나고 마음이 멀리 떠나면, 하나로 총섭하여 멀리 떠남이라고 한다.

무엇을 심일경성이라고 하는가. 말하자면 자주자주 생각을 따라서 동분의 소연이 유주하며 무죄의 기쁨에 상응하여 마음으로 하여금 서로 이어지게 하니, 삼마지라고 하고 선한 심일경성이라고도 한다. 무엇을 자주자주 생각을 따름이라고 하는가. 정법에 대하여 듣고 받아 지니며, 스승으로부터 얻은 훈계와 가르침의 증상력 때문에 그 정지定地의 모든 형상이 눈앞에 나타나게 하고, 이것을 대상으로 하여 경계로 삼아 유주하며, 무죄의 기쁨에 상응하는 모든 정념을 따라 구르며 편안하게 머무르는 것이다. 무엇을 동분의 소연이라고 하는가. 모든 정지 소연 경계들은 하나가 아니고 많은 종류의 품류인데, 이것을 대상으로 하여 경계로 삼아 마음으로 하여금 바르게 행하게 하고 정이라고 하니, 이것은 곧 동분의 소연이라고도 하는 것이다.

문: 이 소연경은 누구와 동분하기에 동분이라고 말하는가. 답: 알아야 할 대상과 비슷한 종류이기 때문에 동분이라고 한다. 다시 저 생각이 소연경에 대하여 산란한 행이 없고 결함이 없고 끊어짐이 없으며, 끊어짐이 없는 은중 가행의 기쁨과 상응하여 구르기 때문에 유주하여 기쁨에 상응한다고 한다. 또 저 생각이 소연경에 대하여 염오가 없어서 지극히 편안하게 머무르고, 성숙된 도의 기쁨에 상응하여 변하기 때문에 무죄의 기쁨에 상응한다고 하며, 이런 까닭에 자주자주 생각을 따라서 동분의 소연이 유주하며 무죄의 기쁨에 상응하여 마음으로 하여금 서로 이어지게 하는 것을, 삼마지라고 하고 선한 심일경성이라고도 한다고 말한 것이다. 다음으로 이와 같은 심일경성은 혹은 사마타품이고 혹은 비발사나품이다. 만약 아홉 가지 마음의 머무

름 속의 심일경성이면 이것을 사마타품이라고 한다. 만약 네 가지 지혜의 행함 속의 심일경성이면 이것을 비발사나품이라고 한다.

이제 계속해서 제13권 286면 뒤에서 다섯 번째 줄을 보겠습니다.

## 등지等持 선교와 등지等至 선교

다음으로 세존께서 말씀하셨듯이 정려를 수행하는 이가 어떤 경우에는 등지等持 선교는 있으나 어떤 경우에는 등지等至 선교는 아니니, 자세한 설명은 경의 올타남송과 같다. 무엇을 등지等持 선교라고 하는가. 말하자면 공 등의 세 가지 삼마지에 대하여 선교를 얻기 때문이다. 무엇을 등지等至 선교는 아니라고 하는가. 말하자면 승처등지·변처등지·멸진등지에 대하여 선교하지 않기 때문이다.

復次如世尊言, 修靜慮者, 或有等持善巧, 非等至善巧, 廣說如經, 嗢柂南頌. 云何等持善巧. 謂於空等三三摩地得善巧故. 云何非等至善巧. 謂於勝處·遍處·滅盡, 等至不善巧故.

정(定)을 수행하는 사람은 논리상으로 두 가지로 구별하는데, 하나는 등지(等持)라고 하고 또 하나는 등지(等至)라고 합니다. "등지(等持)"는 평등한 수지(修持)이니 공(空), 무상(無相), 무원(無願)의 경계입니다. 혹은 공, 무상, 무작(無作)이라고 번역합니다. 그러나 공, 무상, 무원의 경계를 지녔다고 해서 곧 등지(等至)에 도달한 것이라고 말하는 것은 결코 아닙니다. 무엇이 등지인가요? "등지(等至)"는 팔승처(八勝處)[1], 십변처(十遍處)[2], 멸진정(滅盡定)입니다. 만약 선교(善巧)를 알지 못한다면 아주 곤란하니, 바로 이러한 방편이 없는 것이기 때문입니다. 그 모두가 수련이 여러분을 찾아오는 것이라고도 말할 수 있는데, 몸과 마음이 조금 좋은 상태가 되었을 때 좌선을 시작하면 그런대로 어떤 수준에 도달합니다. 그러나 여러분이 스스로 작의해서는 해낼 수 없습니다.

---

무엇을 등지等至 선교이면서 등지等持 선교는 아니라고 하는가. 열 가지 변처등지와 무상등지[3]에 들어가거나 나오는 데에는 선교를 다 갖추었는데, 세 가지 삼마지에서는 선교를 갖추지 못한 것이다.

云何等至善巧非等持善巧. 謂於十種遍處等至, 及無想等至, 若入若出, 俱得善巧, 非於三三摩地.

---

1 팔해탈을 닦은 뒤 관상(觀想)에 숙달하여 자유롭게 정(淨)과 부정(不淨)의 경계를 관하는 것이다. 이것이 수승한 경지[勝地]의 수승한 지견[勝見]을 일으켜 의지할 곳[依處]이기 때문에 여덟[八] 가지 승처(勝處)라고 한다.

2 지수화풍으로 이루어진 색신을 구상(九想)으로 관하여 모든 탐욕과 애착과 집착을 떠나고, 다시 십변처인 일체처(一切處)를 닦아 나아가는 것이다. 일체처란 청(靑), 황(黃), 적(赤), 백(白) 등과 지(地), 수(水), 화(火), 풍(風), 공(空), 식(識) 등을 말하며, 이것이 바로 나[色身]를 포함한 시방의 모든 세계를 구성하는 요소로 두루두루 존재함을 관한다.

3 무상정(無想定), 무상멸정(無想滅定)이라고도 한다.

왜 등지(等至) 선교이면서 등지(等持) 선교는 아닙니까? 수지의 과정에서 열 가지 변처〔十遍處〕, 공무변처(空無邊處), 식무변처(識無邊處) 등등에 대해, 심지어는 외도정(外道定)에 도달하려는 무상정(無想定)까지도 모두 임의로 들어가고 나올 수 있으며 어떤 경계에 이르고 싶으면 곧 그 경계에 도달하게 됩니다. 각종 정(定)에 대하여 자유롭게 들어가고 나와야 "등지(等持) 선교"인데, 등지(等持)의 경계인 공(空), 무상(無相), 무원(無願)의 삼마지에 대하여는 선교를 갖추지 못해서 임의로 들어가고 나올 수 없습니다.

---

무엇을 선교를 갖추었다고 하는가. 말하자면 저 두 가지에 대해서 선교를 갖추었기 때문이다. 무엇을 선교가 아님을 갖추었다고 하는가. 말하자면 저 두 가지에 대해서 선교가 아님을 갖추었기 때문이다. 이와 같이 앞에서 말한 등지等持와 등지等至에 대하여 그 상응하는 바에 따라서 잘 건립해야 한다.
云何俱善巧, 謂於彼二俱善巧故. 云何俱不善巧. 謂於彼二俱不善巧故. 如是於先所說等持等至中, 隨其所應, 當善建立.

---

어떻게 이 두 가지 선교를 갖추는〔俱善巧〕 것을 동시에 해낼 수 있을까요? 등지(等持)와 등지(等至) 모두에 대해 마음이 원하는 바를 따르나 규범을 넘지 않을 수 있고, 어떤 것을 좋아하든 곧 그렇게 되는 것입니다. 이것이 "그 상응하는 바에 따라서 잘 건립해야 함〔隨其所應, 當善建立〕" 입니다. 진정으로 성문승을 수지하는 비구라면 이 단계에 도달할 수 있으니, 인천(人天)[4]의 복전(福田)이 될 수 있습니다.

---

4 인간계와 천상계의 중생.

# 어떤 정의 경계에 이르렀는지 알아야 한다

또 등지等持 선교이고 등지等至 선교는 아니라고 말하는 것은, 말하자면 등지等持의 명구와 문신에 대하여는 차별을 잘 알아도, 등지等至에 들어갈 수 있는 모든 행상상행狀相의 차별에 대해서는 그렇지 않은 것이다.

又說等持善巧非等至善巧者, 謂於等持名句文身, 善知差別, 非於能入等至諸行狀相差別.

등지(等持) 및 등지(等至)에 관해서 또 다른 해석이자 하나의 이론을 말하자면, 여러분이 수지의 단계에 있다면 참으로 그 경계에 도달한 것은 아니라는 것입니다. 그것은 "등지 선교가 아니니[非等至善巧]" 차이가 있습니다. 또 다른 해설이 있는데 출가한 비구의 문장과 경교(經教)가 모두 훌륭하지만 "등지(等至)"에 도달할 수는 없다는 것입니다. 송 왕조의 대혜고(大慧杲), 명 왕조의 감산(憨山), 우익(藕益), 연지(蓮池), 자백(紫柏) 등등은 교리와 문장이 대단히 훌륭하고 경교(經教)의 이론도 지극히 투철했지만, 실증의 공부는 등지(等至)에 도달하지 못했습니다. "명구(名句)"는 불학의 명사(名辭)이고 "문신(文身)"은 문장 그 자체를 가리킵니다.[5] 불학에서는 문장 그 자체를 문신이라고 번역했는데, 문장 그 자체도 하나의 화신(化身)이기 때문입니다. 예를 들어 중국의 유명한 학자는 석가모니불을 석가문불(釋迦文佛)이라고 옮겼는데, 석가가 아무리 열반했다고 한들 그것은 보신(報身)의 열반이고 그의 경전 "명구와

---

5 저자는 名句文身을 명구와 문신이라고 풀이했으나 명신(名身), 구신(句身), 문신(文身)으로 보는 해석도 있다. 명(名)은 언어에서의 명사(名詞)나 낱말을 뜻하는 것으로, 구(句)는 구절 또는 명제를 뜻하는 것으로, 문(文)은 글자나 음소로 자(字)와 동의어로 사용된다는 해석이다. 여기서 신(身)은 집합 또는 복수를 뜻하는 복수형 접미사로 본다.

문신〔名句文身〕"은 만고에 전해지는 화신이라고 했습니다. 그런 까닭에 문자 역시 대단히 중요하다고 말한 것입니다.

"차별을 잘 안다〔善知差別〕"는 것은, 어떤 책이나 경전이나 문장에 대해서든 보기만 하면 잘 알게 되는 것입니다. 그것의 깊이에 차이가 있음을 잘 아는 것입니다. 여러분의 답안지를 제가 대충 한 번 봤는데, 여러분의 명구와 문신은 갈수록 엉망입니다. 번뇌와 망상도 갈수록 커지니 참으로 가련합니다. "등지에 들어갈 수 있는 모든 행상상의 차별에 대해서는 그렇지 않은 것이다〔非於能入等至諸行狀相差別〕"는, 이론은 모두 옳지만 실제 공부가 경지에 도달하지 못하면 등지(等至)할 수 없으며 그 경계에 뜻대로 도달하지 못한다는 말입니다. 아무리 이론을 잘 말하고 문장도 훌륭하더라도 수련은 이르지 못한 것입니다.

---

무엇을 등지等至 선교이면서 등지等持 선교는 아니라고 하는가. 말하자면 어떤 사람이 하나의 등지等至의 모든 행상상에 들어갈 수 있고 또 지금 들어갈 수 있음은 잘 알지만, 이 삼마지의 명구와 문신의 차별의 형상을 잘 알지 못하고, 또 나는 이미 여시여시한 등지等持에 들어가게 되었다는 차별을 알 수 없는 것이다.

云何等至善巧非等持善巧. 謂如有一善知能入隨一等至諸行狀相, 亦能現入, 而不善知此三摩地名句文身差別之相, 亦不能知我已得入如是如是等持差別.

---

어떤 사람들은 수련이 도달했는데도 지혜가 부족해서 자신이 어떤 정(定)의 경계에 들어가도 그것이 무슨 정인지 여전히 알지 못합니다. 혹은 혼침을 정(定)에 들어간 것이라 여기거나, 혹은 수면을 타좌라고 여기거나, 혹은 타좌하여 정에 들어갔는데 자신은 정에 들어간 지 모르고 자기가 혼침에 있거나 수면 중이라고 여깁니다. 이것은 지혜가 없어서

입니다. 그런 까닭에 비록 그가 등지(等至)에 선교를 지녔으며 수련이 경계에 도달했다고 말하더라도 이치에 있어서 안 된다는 것입니다. 자신은 삼마지를 수행했지만 무슨 경계에 도달했는지도 알지 못한다면, 이것은 "명구와 문신의 차별의 형상[名句文身差別之相]"을 알지 못하는 것입니다. 이 삼마지의 경계가 교리의 어느 조항 어느 부분이냐고 물으면 그는 알지 못합니다. 그런 까닭에 자신이 어떤 종류의 정의 경계에 도달했는지 자기 자신도 명확히 알지 못한다는 것입니다. 사실 여러분 모두 명확히 알지 못합니다.

일체 범부는 모두 정의 경계를 지니고 있으니 타고난 정의 경계가 있습니다. 그런데 어떤 종류의 경계입니까? 여러분 자신도 스스로의 심리 상태를 제대로 알지 못해서 걸핏하면 스승에게 묻습니다. 스승이 설명해 주면 바로 깨닫고, 스승이 설명해 주지 않은 뒷부분은 또다시 알지 못합니다. 그냥 보기에는 말 잘 듣는 학생이고 모든 부분에서 스승을 믿고 있지만, 그러면 영원히 바보입니다. 스승이 십이층은 십삼층의 아래이고 십일층의 위에 있다고 말하면, 스승의 이 말은 바로 이해합니다. 하지만 사층과 오층이 어디에 있느냐고 하면 또 이해하지 못합니다. 이런 것이 무슨 소용이 있습니까? 모든 선지식(善知識)과 일체 불보살의 교화는 모두 여러분에게 스스로 일어서라고 요구합니다. 스스로 일어서지 못하면 아무 소용없습니다.

---

어떤 보살들은 비록 백 또는 천의 모든 삼마지에 들어갈 수 있어도 그 삼마지의 명구와 문신을 깨달아 알지 못하며, 또 나는 이미 여시여시한 등지等持에 들어가게 되었다는 차별을 알지 못하는데, 모든 부처님에게도 듣지 못했고 이미 제일 구경을 이룬 모든 보살에게도 들을 수 없었고, 혹은 스스로 제일 구경을 증득하지도 못하였다.

有諸菩薩, 雖能得入若百若千諸三摩地, 而不了知彼三摩地名句文身, 亦不能知我已得入如是如是等持差別, 乃至未從諸佛所聞, 及於已得第一究竟諸菩薩所而得聽聞, 或自證得第一究竟.

---

　단지 소승도 성문승 비구만 정(定)의 경계의 명구와 문신을 이해하지 못하는 것이 아니라, 대승 보살들도 마찬가지입니다. 그런 까닭에 부처님께서는 초지(初地)보살은 이지(二地)의 일을 알지 못하고, 이지보살은 삼지(三地)의 일을 알지 못한다고 말씀하셨습니다. 여기 있는 우리와 똑같아서 아래층에서는 위층에서 무엇을 하고 있는지 알지 못하는데, 어떤 보살들도 그렇습니다. 보살지의 경계에 도달하면 그런 것이 더 커집니다. 백 가지 천 가지 삼마지의 정(定)의 경계에 도달할 수는 있지만, 보살의 '역(力)'바라밀과 '지(智)'바라밀이 원만하지 않습니다. 그 경계에 도달하기는 했지만 그는 이것이 무슨 명구와 문신인지 알지 못합니다. 그렇기 때문에 선정 공부가 중요하고 사유수(思惟修)는 더더욱 중요합니다.

　어떤 보살들은 그 나머지 삼마지의 명구와 문신을 이해하지 못하고, 그것들의 이론과 경계를 이해하지 못하기 때문에 증도했더라도 알지 못합니다. 부처님께서 말씀하신 것도 듣지 못했고 제일 구경을 얻은 대보살들이 말씀하신 것도 듣지 못했기 때문에, 자기 자신도 제대로 하지 못합니다. 보살지는 삼대아승기겁을 천천히 수행해야 하는데, 어떤 경우에는 보살지의 경계에 영원히 머물러 있을 수도 있습니다. 일지(一地), 이지(二地), 삼지(三地) 등 한 번 머물렀다 하면 일대아승기겁 혹은 절반의 아승기겁 동안을 진보하기가 어렵습니다. 왜 진보하기 어려울까요? 진보는 복덕자량과 지혜자량에 의지해야 하기 때문인데 복덕자량이 특히 더 중요합니다.

# 마음대로 정에 머무르고 정에서 나올 수 있어야

무엇을 머무른다고 하는가. 모든 삼마지에 들어갈 수 있는 모든 행상상을 잘 취하는 것을 말한다. 그것을 잘 취하기 때문에 그 원하는 바를 따라서 정에 편안히 머무를 수 있고, 삼마지에서 다시 물러남도 없다.

云何爲住. 謂善取能入諸三摩地諸行狀相. 善取彼故, 隨其所欲, 能住於定, 於三摩地無復退失.

무엇이 정(定)의 경계에 머무르는 것일까요? 정에 머무름〔住定〕이란 일체 삼마지 경계의 행상상(行狀相)에 깊이 들어가서 이해할 수 있음인데, 이치〔理〕와 현상〔事〕을 모조리 분명하게 알게 됩니다. 그런 까닭에 자신의 뜻이 원하는 대로 그 정(定)에 머무를 수 있으니, 무슨 정에 들어가고자 하면 곧바로 그 정에 들어갑니다. 정의 수련에 대하여 물러나지도 않을 것입니다.

여러분은 계속해서 책을 봐야 합니다. 듣고 이해했으니 책을 보지 않겠다고 말해서는 안 됩니다. 책을 보지 않으면 여러분은 명구와 문신에 대해 영원히 뛰어나지 못합니다. 글을 잘 쓰지 못하는데, 짧은 글은 그런대로 괜찮지만 연관성을 지닌 긴 글은 쓰라고 하면 못합니다. 그렇기 때문에 제불보살은 무엇이든지 다 할 줄 알아야 합니다. "자성이 본래 스스로 구족하였음을 어찌 알았으랴〔何期自性本自具足〕"라고 했는데, 여러분은 왜 구족하지 않습니까? 문(文)이면 문, 무(武)면 무, 세간법이나 출세간법 모두 할 수 있어야 합니다. 그래야 큰 발원이라고 할 수 있고 큰 공덕을 성취할 수 있으며 비로소 구족이라고 합니다. 작고도 작은 곳에서만 하다가는 끝내 외도(外道)가 될 것입니다. 아주 심각한 문제이니 특별히 주의해야 합니다. 제가 말한 것을 여러분 스스로 경전에서 대조해 보십시오. 이 말과 같지 않은 것은 모두 마귀가 말한 것이고, 이 말과 같은 것이라야 부처님이 말씀하신 것입니다. ·

---

이와 같이 정에 머무르는 것, 물러남이 없는 것, 두 가지 모두를 머무른다고 한다.

如是若住於定, 若不退失, 二俱名住.

---

예를 들어 여러분이 지금 정좌(靜坐)를 배우고 있는데, 그것을 정(定)이라고는 말할 수 없지만 그렇다고 당신이 하는 그건 정이 아니라고도 말할 수 없으니, 그것은 범부정(凡夫定)입니다. 여러분은 두 다리가 아파 죽겠다고 말하는데, 그런 것이 무슨 정(定)입니까? 물론 정입니다! 다리 통증의 정(定)이지요! 정이 다리 통증에 있습니다. 그렇지 않습니까? 타좌를 해서 다리가 아플 때 여러분의 생각은 온통 다리 통증에 있습니다. 이것은 범부정이며 지옥정(地獄定)이기도 합니다. 죄보(罪報)를 받고 있기 때문입니다. 여러분의 머리가 아프다면 그것은 두통정(頭痛定)입니다. 여러분은 고통을 받을 때면 해탈하고 싶어 하고 그것을 공(空)으로 보려고 합니다. 하지만 해내지 못하는 것은 그것이 지옥정, 업보의 정(定)이기 때문입니다. 기분이 좋지 않고 몸에 병이 많은 것은 여러분이 정업(定業)의 보(報)를 받고 있기 때문이니 그 또한 정입니다.

보십시오! 제가 말해 주지 않으면 여러분은 알지 못합니다. 아닙니까? 우리 중에 누가 정(定)에 있지 않습니까? 우리는 매일 밤 열한 시나 열두 시가 되면 곧 저 캄캄한 정(定)에 들어가서 졸기 시작하는데, 그 정력(定力)이 얼마나 깊습니까! 그 시간이 되면 저 정(定)에 들어가지 않으면 안 됩니다. 새벽까지 잠을 충분히 자고 나면 이번에는 깨지 않고는 안 됩니다. 여러분이 말하기를 "저는 여덟 시간을 더 자고 싶으니 침상에 누워 꼼짝도 하지 않고 다시 잠을 청해 보겠습니다"라고 한다면, 저는 이렇게 말합니다. 당신은 정(定)은 지니고 있습니다. 당신의 정(定)은 바로 선보(善報)를 받는 그런 정입니다. 응보(應報)를 받는 것이기도 합니다. 그런 까닭에 음식, 수면 등등 일체를 해탈하고, 내가 그것들을 바꾸어서 먹고 싶지 않으면 먹지 않고 자고 싶으면 자겠다고 하지만, 당신이 그것을 해낼 수 있습니까?

그러므로 범부 또한 정(定)을 지니고 있고 업보(業報)이기 때문에 정업(定業)이라고 합니다. 정업은 정(定)이 아닙니까? 여러분이 정업의 이치를 이해할 수 있다면, 비로소 출세법(出世法)이 어떻게 정(定)을 얻는지 알게 됩니다. 그렇기 때문에 제가 조금 전에 여러분이 타좌를 하면서 다리가 아픈 것도 역시 정(定)이라고 말씀드린 것입니다! 그것은 보(報)를 받는 것으로, 일 분 일 분 그 자리에서 고통을 견디고 있습니다. 그때는 만사(萬事)가 인경(引磬)이 울리는 것만 못합니다. 인경을 치면 비할 데 없는 해탈의 느낌이 생깁니다. 우리 모두 경험한 적이 있습니다. 그렇지요? 그러므로 지혜를 지닌 사람은 정면을 통해서 반면(反面)을 이해하게 되고, 반면의 일로 말미암아 정면을 이해하게 됩니다.

정에 머무르는[住定] 사람은 진정으로 정을 이룬 후에 자리에 앉아서 어떤 종류의 정에 들어가야지 하면 곧바로 그 정의 경계에 들어가는데, 이런 것이라야 정에 들어간다[入定]고 합니다. 몸을 잊어버리고 자신의 감각 전부를 없애 버리는 것, 수온(受蘊)이 다하면 수온공진정(受蘊空盡定)을 얻어 자신의 일념이 청정하고자 하면 곧바로 청정해지는 것, 여러분은 이런 것을 마음대로 할 수 있습니까? 여러분의 정좌는 온통 심리, 생리, 업력을 따라서 변하기 때문에 바른 정[正定]이라고 할 수가 없습니다. 또 정(定)을 이룬 것도 아니니 여러분이 마음대로 할 수 없기 때문입니다. 그러므로 입정이라고 말할 수가 없습니다.

가령 마음대로 할 수 있는 사람이라면 이 문으로 들어가고자 하면 곧 바로 이 문을 통해서 들어옵니다. 저 문을 통해서 들어오고 싶으면 그 문으로 들어옵니다. 마음대로 할 수 있는 것을 '들어감을 얻다(得入)'라고 합니다. 범인(犯人)은 그러지 못하니 경찰에 붙잡히면 자기 마음대로 할 수 없습니다. 여러분이 오늘 심신의 상태가 괜찮다면 타좌를 시작하면 청정할 수 있습니다. 하지만 심신이 좋지 않을 때라면 절대로 청정해질 수 없습니다. 이것을 정(定)에 들어갔다고 말한다면, 그것은 자신을 속이고 남을 속이는 말이 아닙니까? 정에 들어가고(入定), 정에 머무르는(住定) 것은 이와 같습니다.


## 진정으로 정에 들어간 행상상

---

무엇을 나온다고 하는가. 어떤 사람이 정에 들어갈 수 있는 모든 행상상에 대하여 다시 사유하지 않는 것을 말한다. 분별하는 체와 상에 포함되는 정지와 같지 않은 종류의 법인 부정지에 대하여 작의하고 사유하여 삼마지에서 나오는 것이다. 혹은 수소작의 인 때문에 혹은 정소작의 인 때문에 혹은 기소작의 인 때문에 정에서 나오는 것이다.

云何爲出. 謂如有一於能入定諸行狀相, 不復思惟. 於不定地, 分別體相, 所攝定地不同類法, 作意思惟, 出三摩地. 或隨所作因故, 或定所作因故, 或期所作因故, 而出於定.

---

한 사람이 참으로 수지해서 입정(入定)에 이르면 곧 "행상상(行狀相)"을 지니는데, 간단히 말하면 바로 입정의 경계(境界)이지만 엄격히 말하면 입정의 행상상은 그것과는 다릅니다. 제가 행상상(行狀相)을 언급해

도 여러분은 아무도 질문을 하지 않습니다. 얼핏 보면 모두 이해한 것 같지만 사실은 이 자리에 있는 모든 사람이 모르고 있습니다. 여러분은 명구(名句)와 문신(文身)에 대하여 성문중(聲聞衆) 가운데 불문중(不聞衆)으로서, 그저 듣기만 할 뿐 자신의 머리는 전혀 쓰지 않고 사유하지도 않습니다. "행상상(行狀相)"이 포괄하는 것은 아주 많습니다. 바로 정(定)에 들어간 행상(行狀)이니 안색, 기색, 신체가 모두 달라집니다. 겉으로 드러난 일체 형상이 달라진다는 뜻입니다. 진정으로 정(定)에 들어갈 수 있는 사람은 성정(性情)과 기질이 모두 변하는데, 걸음걸이도 달라지고 말하는 것도 달라집니다. 진정으로 찰나의 정(定)의 경계라도 들어갈 수 있으면 그 사람의 행위 상태와 현상 또한 완전히 달라집니다. 행위 상태는 아주 많은 것을 포괄합니다. 아래에서 이 단락을 더 해석하겠습니다.

무엇을 출정(出定)이라고 합니까? 한 사람이 정(定)에 들어가서 정의 행상상을 지니는데, "다시 사유하지 않는다〔不復思惟〕" 즉 생각을 더는 여기에 묶어 두지 않는 것이니, 일부러 산란을 일으켜서 심일경성(心一境性)이라는 이 경계〔一緣〕를 떠나려고 하는 것과 같습니다. 여러분 가운데 어떤 사람들은 타좌를 제법 잘합니다. 하지만 어떤 사람들은 멍하니 앉아 있는 형상이 흡사 입정상(入定相) 같아도 사실은 바보상입니다. 어떤 사람들은 타좌를 시작하면 온 얼굴이 죽상〔死相〕이니, 안색이 창백해서 반쯤 죽은 사람의 모습입니다. 그의 얼굴 신경과 피부 근육을 자세히 보면 탐진치만이 거기에 다 걸려 있습니다. 또 어떤 사람은 고통상〔煎熬相〕으로, 자리에 앉아서 다리 통증으로 힘들어하고 있습니다. 법당 가득 사람들이 앉아 있지만 눈으로 한 번 쓱 훑어보기만 하면 바로 누가 어떤 경계에 있는지 알 수 있습니다. 이것이 여러분이 타좌하는 행상상(行狀相)입니다.

반대로 정말 정(定)에 들어가면 광명정(光明定)에 머무르는 것처럼 그 사람의 안팎이 온통 광명이라, 선지식이 지나가며 보기만 해도 그의 얼굴빛이 환하게 빛납니다. 얼굴의 신경 세포와 피부 근육이 모두 부드럽게 변해서 자비희사(慈悲喜捨)의 상을 지닙니다. 여러분이 수행하는 것은 탐진치만상(貪瞋癡慢相)으로 중생을 보면 원수로 여기고 그런 후에는 자신의 엄숙함을 드러내는데 바로 이런 죽상[死相]입니다. 저는 그런 모습을 보기만 하면 화가 나고, 제게서 금강노목상(金剛怒目相)⁶을 이끌어 내게 되는 것입니다.

## 왜 정에서 나오는가

"분별하는 체와 상에 포함되는 정지와 같지 않은 종류의 법인 부정지에 대하여 작의하고 사유하여 삼마지에서 나온다[於不定地, 分別體相, 所攝定地不同類法, 作意思惟, 出三摩地]." 번역된 문장은 아주 성실합니다.

간단히 어째서 출정(出定)이라고 하느냐는 말입니다. 본래는 마음을 하나의 경계[一境]에 묶어 두었는데, 지금은 더 이상 마음을 하나의 경계에 묶어 두지 못하고 다른 것을 생각하게 되어 그 경계를 떠났기 때문에 출정이라고 합니다. 하지만 아직 정(定)의 경계를 완전히 떠나지는 않았으니, 범부가 반쯤 깨고 반쯤 잠든 때처럼 "작의하고 사유하여" 즉 다시 생각을 일으켜서 자리에서 내려오자! 이렇게 해서 정(定)에서 나옵니다. 제가 이렇게 이야기하면 아시겠지요? 여러분은 자신이 문자를 보고 이해했다고 생각해서는 안 됩니다. 여러분의 명구와 문신의 수준을

---

6 금강역사가 눈을 부릅뜨고 있는 모습으로, 사납고 무시무시하다.

제가 잘 알고 있습니다. 모두 자신은 글을 쓸 줄 안다고 생각하지만, 백화문 한 편을 쓰면 그저 한두 구절만 좋거나 어쩌다 괜찮은 구가 있을 뿐 결코 훌륭한 글도 아니고 글의 구성도 엉망입니다. 그래서 때로는 누군가를 혼내면서 "이 녀석아, 말이 안 되지 않느냐"라고 하는데, 그 사람의 말이 체계가 없어서 이쪽에서 조금 저쪽에서 조금 하는 식이라서 혼내는 것입니다. 그러므로 경전을 볼 때는 주의해야 합니다. 문자를 보고 이해하려면 많이 참구하고 사유해야 합니다. 그 속에 아주 많은 이치가 있기 때문입니다.

"혹은 수소작의 인 때문에 혹은 정소작의 인 때문에 혹은 기소작의 인 때문에 정에서 나온다[或隨所作因故, 或定所作因故, 或期所作因故, 而出於定]."

이 단락을 뽑아 여러분에게 질문해서 명구와 문신에 대한 여러분의 이해 정도를 보고, 그것으로 시험을 대신하겠습니다. 여러분과 함께 경서를 읽을 때면, 제가 중요한 부분을 지적하면 여러분 스스로 연구하곤 했습니다. 이 책을 전부 다 말하려면 몇 년이 걸릴 텐데 우리의 생명은 장구하지 않기 때문에 반드시 여러분 스스로 연구해야 합니다. 스승이 일부분 이야기하는 것을 듣고서 더는 이 책을 보지 않는다면, 여러분이 부처님을 배운 것도 헛것이 되지 않겠습니까? 부처님의 제자 일부는 성문중(聲聞衆)이었는데, 여러분은 점문중(黏聞衆)으로 스승에게 딱 달라붙으려고만 합니다. "거머리가 해오라기 다리에 들러붙어, 네가 하늘로 오르면 나도 하늘로 오른다[螞蟥叮上鷺鷥脚, 你上天來我上天]"라고 하는데, 저는 해오라기가 아닙니다! 여러분 역시 거머리가 아니니 달라붙어 있을 수 없습니다. 스스로 노력하십시오!

---

수소작이란 의발을 수습하는 등의 여러 가지 작업하는 것을 말한다.

隨所作者, 謂修治衣鉢等諸所作業.

『유가사지론』의 묻고 답하기는 아주 명확하고 대단히 과학적입니다. 각각의 요강 아래쪽에 해석을 덧붙여 놓았습니다. 하지만 알아 두어야 합니다. 아래쪽의 해석은 원리를 해석한 것일 뿐이고, 여러분 스스로 이 해석들로부터 통달할 수 있어야 합니다. 만약 죽어라 이 원리에만 매달려 있으면 명구와 문신에 대해 깨닫지 못할 것입니다. 무엇을 "수소작(隨所作)"의 원인[因]이라고 합니까? 해야 할 일이 있어서 꼭 정(定)에서 나오려고 하는 것입니다. 예를 들어 총림(叢林) 제도는 선당에 머무르는 것이 단체 생활이기에 단체 규범을 따를 수밖에 없습니다. 여러분이 아무리 정(定)에 들어가려 해도 별수 없습니다. 단체 생활은 대중을 거스르면 안 되므로 정에 들어갈 수가 없습니다.

다시 예를 들면 오늘 전체가 모여서 일제히 겨울 옷을 만들어야 하는 것처럼 "작업하는 것[所作業]"을 따르는 것이라고, 여기까지만 해석해 놓았습니다. 사실은 이와 같은 것뿐 아니라 집에서 타좌를 하는 어떤 거사들이 출근 시간이 되면 정(定)에서 나와 출근하는 것도 그러합니다. 혹은 처리하지 않으면 안 되는 일이 있어서 정에서 나와 처리해야 하기도 합니다. 그런 원인들 때문에 심의식(心意識)에서 수시로 이것을 예상하고 때가 되면 정에서 나옵니다. 여러분은 스스로를 훈련해 봤습니까? 가령 내일 새벽 다섯 시 반에 비행기를 타야 하는데 자명종이 고장 났다면, 오늘 밤 잠들기 전에 스스로에게 내일 새벽에는 반드시 다섯 시에 일어나야 한다고 말합니다. 그러면 그 시간에 틀림없이 일어나게 되는데 자명종보다 더 영험합니다. 시도해 본 적 없습니까? 그 이치와 마찬가지로 "수소작의 인 때문에[隨所作因故]" 곧 정에서 나오게 되는 것입니다. 그런 까닭에 어떤 사람들은 정에 들어가도 이런 능력을 지니고 있어서 '나는 만 년간 입정(入定)하겠다'고 하고 만 년이 지난 그날 정에서 나오게 됩니다.

---

**정소작이란 음식과 대소변과, 스승과 연장자를 받들어 모시는 등의 여러 가지 작업하는 것을 말한다.**

定所作者, 謂飮食便利, 承事師長等諸所作業.

---

정해진 시간에 밥을 먹고 화장실에 가고, 혹은 스승과 연장자를 받들어 모시려고 정(定)에서 나와야 합니다. 그래서 지금 세 시간의 정(定)을 준비하고 세 시간 후에는 스스로 정에서 나오게 됩니다.

---

**기소작이란 어떤 사람이 먼저 시기를 정하거나 혹은 다른 사람을 위해 행하는 것이 있거나 혹은 다시 다른 정으로 바꿔 들어가려고 하는 것과 같으니, 이 인연으로 말미암아 삼마지에서 나오는 것을 말한다.**

期所作者, 謂如有一先立期契, 或許爲他當有所作, 或復爲欲轉入餘定, 由此因緣, 出三摩地.

---

자신이 의식에서 작의하여 시간을 한정합니다. 나는 공정(空定)의 경계에 한 시간 들어가려고 한다, 하는 식입니다. 그런 후에 한 시간이 지나면 곧 정(定)에서 나옵니다. 또 관음법문을 두 시간 수행한 후에 다시 무념(無念) 공정(空定)을 수행하려고 합니다. 이것이 바로 시기를 짓는다는 "기소작(期所作)"의 뜻이니 언제든지 마음대로 할 수 있습니다.

# 어떤 행원으로 정에 들어가는가

무엇 등이 행인가. 소연대로 갖가지 행을 지어서 정에 들어가는 것을 말하는데, 추행 정행, 병행 옹행, 전행 무상행 등, 이러저러한 삼마지에 있는 모든 행을 말한다.

何等爲行. 謂如所緣作種種行而入於定, 謂麤行靜行, 病行癰行, 箭行無常行等, 若於彼彼三摩地中所有諸行.

'행(行)'은 대승보살의 행원으로, 이 길을 걷겠다고 작의하고 이 방법을 사용해서 작의합니다. "소연대로〔如所緣〕"는, 다른 경전에서는 소연경과 같이〔如所緣境〕입니다. 소연은 바로 유분별영상 소연과 무분별영상 소연의 그 소연입니다. 예를 들어 광명점(光明點)을 닦는 사람이 옴자관(唵字觀)을 닦을 때 소연은 광명의 옴 자입니다. 정토종의 일륜관(日輪觀)을 닦으면 소연은 이 일륜으로 곧 분별영상 소연이니, 심일경성하면 마음이 이 일륜에 머물러 있습니다.

소연 경계는 각종 법문(法門)이 있는데, 타권(打拳)[7]이 바로 "추행(麤行)"입니다. 두 다리를 가부좌하여 평안하게 그 자리에 앉아서 고요함〔靜〕을 구하는 것이 "정행(靜行)"입니다. 그러므로 어떤 종류의 행이든 모두 정(定)에 들어갈 수 있습니다.

"병행(病行)"으로 정에 들어간다고 하면, 여러분이 병이 났더라도 역시 정(定)에 들어갔다는 것이겠지요? 어떤 정은 통정(痛定)이요 아플 때의 정이니, 위가 아플 때에는 위병행(胃病行)으로 정에 들어갑니다. 참된

---

7 권법을 타권이라고 하는데, 태극권이나 택견 등 맨몸으로 동작을 하는 것을 폭넓게 일컫는다.

수행자는 병이 찾아왔을 때 병중에서 수행합니다. 뒤집어서 말하면 인생이 바로 병입니다. 신체 사대(四大)가 있는 것이 바로 큰 병이며, 아무리 건강해도 역시 병입니다. 노자는 "나에게 큰 근심이 있는 까닭은 나에게 몸이 있기 때문이다〔吾所以有大患者, 爲吾有身〕"라고 했습니다. 그래도 여러분은 필사적으로 수련을 해서 신체를 건강하게 만들고 싶어 합니다. "도가나 밀종의 수련을 하는 사람들을 보십시오. 수십 년간 수련해서 신체를 건강하게 만들지 않습니까?"라고 말합니다. 물론 있지요! (하지만 결국에는) 불 속으로 들어가서 불타 버리고 맙니다. 수련을 신체에 쓰다니 얼마나 무가치합니까! 사람의 이 육체는 바로 종기, "옹행(癰行)"입니다. 며칠만 세수를 하지 않으면 더러워져서 보기 흉합니다. 인생을 쭉 보면 본래가 병입니다. 꼭 머리가 아프고 열이 나야만 병인 것은 아닙니다. 오래 앉아 있으면 일어서고 싶어지는데 앉아 있는 병입니다. 오래 서 있으면 드러눕고 싶어지는데 서 있는 병입니다. 오래 누워 있으면 일어나고 싶어지는데 누워 있는 병입니다. 인생은 병고(病苦) 중에 있음을 분명하게 알아야 합니다. 온몸이 종기이고 고름입니다. 그 밖에 "전행(箭行)"이라는 것도 있는데 독이 있는 화살입니다. 또 "무상행(無常行)"도 있습니다. 각종 신체 상황에서 언제든지 정(定)을 닦는 수련을 할 수 있어야 제대로 된 수정(修定)이라고 하겠습니다.

여러분에게 수지의 방편을 말씀드리기 위해 이제 제30권 본지분 중 성문지 제삼 유가처의 일〔本地分中聲聞地第三瑜伽處之一〕에서 763면 여섯째 줄로 건너뛰겠습니다. 마찬가지로 성문승의 정(定) 수행에 관한 것이니, 특히 출가하여 수도하는 사람에게 중요합니다.

# 수행 장소의 다섯 가지 조건

무엇을 멀리 떠난다고 하는가. 처소가 원만하고 위의가 원만하고 멀리 떠남이 원만한 것을 말하니, 이것을 멀리 떠난다고 한다.

云何遠離. 謂處所圓滿, 威儀圓滿, 遠離圓滿, 是名遠離.

왜 우리는 전수(專修)해야 할까요? 일체의 세상사를 멀리 떠나야 하고 일체의 멀리 떠남이 원만해야 하기 때문입니다.

무엇을 처소의 원만함이라고 하는가. 혹은 아란야 혹은 수풀의 나무 아래 혹은 공한실을 말하는데, 산골짜기 바위굴 노적가리 등을 공한실이라고 한다. 큰 나무 숲속을 수풀 아래라고 한다. 텅 비고 아득한 무덤가에 눕거나 앉는 것을 아란야라고 한다. 이와 같은 산골짜기 바위굴이나 볏짚 더미 등, 큰 숲속이나 텅 비고 아득한 무덤가에 눕거나 앉는 것, 혹은 아란야 혹은 수풀의 나무 아래 혹은 공한실을 처소라고 총칭한다는 것을 마땅히 알아야 한다. 처소의 원만함에는 다시 다섯 가지가 있다.

云何處所圓滿. 謂或阿練若, 或林樹下, 或空閑室, 山谷巖穴稻稈稈積等, 名空閑室. 大樹林中, 名林樹下. 空逈塚間邊際臥坐, 名阿練若. 當知如是山谷巖穴稻秆積等, 大樹林中, 空逈塚間邊際臥坐, 或阿練若, 或林樹下, 或空閑室, 總名處所. 處所圓滿復有五種.

이런 청정한 도량들은 모두 세상 사람들이 가고 싶어 하지 않는 곳입니다. 출가해서 전수(專修)하려면 먼저 장소를 선택해야 하는데, 그것이 도가(道家)의 "법(法) 재(財) 여(侶) 지(地) 사(師)"로 변했습니다. 전수하려면 먼저 장소가 있어야 하며, 이 장소가 원만한 전수를 가능하게 하려면 모두 다섯 가지의 조건이 있습니다.

---

말하자면 처소가 본래부터 형상이 단엄해서 무리가 기쁘게 바라보며, 청정하고 더러움이 없고, 원림과 지소를 모두 구족하여 청허함이 즐길 만하며, 땅에 높낮이가 없고 독으로 찌르는 것이 없으며, 또 많은 벽돌과 기와 조각이 없어서 보는 사람으로 하여금 마음에 청정이 생겨나게 하고, 그 안에 머무르기를 즐기며, 닦고 끊어 내고 가행하여 마음으로 기뻐하고 끊어 냄을 주관하니, 이것을 첫 번째 처소의 원만함이라 한다.

謂若處所, 從本以來, 形相端嚴, 衆所喜見, 清淨無穢, 園林池沼悉皆具足, 清虛可樂, 地無高下, 處無毒刺, 亦無衆多甎石瓦礫, 能令見者心生清淨, 樂住其中, 修斷加行, 心悅心喜, 住持於斷, 是名第一處所圓滿.

---

　　출가 수행은 본래 풍수를 따지지 않지만 이 대목은 모조리 풍수와 연관이 있습니다. 어떻게 찾아낼 수 있을까요? 좋은 장소를 찾는 것은 너무 어렵습니다. 만약 수행하는 도량이 원만하면 이 좋은 장소에서 머무르기만 해도 마음의 망념이 점차 끊어집니다. 외연(外緣)에 대한 근심도 갈수록 적어지고 심지어는 근심이 없어집니다. 아무렇게나 무덤가에 머물러도 된다고 말하는 것은 결코 아닙니다. 이것이 첫 번째 조건입니다.

---

또 처소가 낮에는 시끄럽지 않고, 밤에는 음성이 적으며, 모기·등에·바람·해·뱀·전갈 따위의 모든 악독한 접촉이 적으니, 이것을 두 번째 처소의 원만함이라 한다.

又若處所, 晝無憒鬧, 夜少音聲, 亦少蚊虻風日蛇蝎諸惡毒觸, 是名第二處所圓滿.

---

　　낮에는 시끄럽게 떠들지 않고 밤에는 말소리가 적으며 모기가 없고 독

사와 맹수가 없는 풍수 좋은 장소는 자연스럽게 그렇게 (멀리 떠나게) 됩니다. 이것이 두 번째 원만한 처소입니다.

---

**또 처소가 사나운 사자·호랑이·표범·승냥이·이리, 원수와 도적, 사람과 비인 등의 모든 두려운 일이 없다.**

又若處所, 無惡師子虎豹豺狼, 怨敵盜賊, 人非人等諸恐怖事.

---

어떤 처소는 야수와 도적이 없고 사람과 비인(非人)의 성가신 일도 없어서 안락하게 머무를 수 있는 장소입니다. 인사(人事)상의 성가심이라고 하면 이런 것입니다. 절에 머무르는데 주지나 늙은 승려나 늙은 비구니가 당신을 찾아와서 성가시게 하고 수다를 떤다면, 그것이 바로 사람의 성가심입니다. "비인(非人)"은 눈에 보이지 않는 정령이나 귀신, 도깨비를 가리킵니다. 예전에 제가 아미산에서 폐관하던 방에는 원래 티베트 스님 한 분이 머무르고 있었는데, 더는 그곳에 있을 수 없었다고 합니다. 그 스님이 타좌를 했다 하면 여우의 정령이 그의 얼굴을 향해 입김을 내뿜었고 그러면 곧바로 혼침에 빠졌기 때문입니다. 항복법(降伏法)[8]을 수행해도 영저(鈴杵)[9]마저 떨어뜨리고 말았고, 그가 지은 공양은 잠시 몸을 돌렸다가 보면 그 위에 손톱자국이 나 있었답니다. 새벽에 일어나면 창문 앞에 여인의 발자국이 있었는데, 각종 시대의 여인 발자국이 다 있었다고 합니다. 결국은 떠날 수밖에 없었지요.

---

8 밀교에서 명왕(明王)을 본존으로 하여 온갖 장애와 악마를 굴복시키는 수행법을 말한다.

9 금강저(金剛杵)라고도 하며 고대 인도의 무기에서 유래했다. 여래의 금강과 같은 지혜로써 마음속에 깃든 어리석은 망상을 없애 버리고 자기 심성의 청정한 지혜광명을 드러낸다는 의미로, 중요한 불구(佛具)이다.

이 처소에서는 몸과 뜻이 태연하고 의심과 염려가 없이 안락하게 머무르
니, 이것을 세 번째 처소의 원만함이라 한다.

於是處所, 身意泰然, 都無疑慮, 安樂而住, 是名第三處所圓滿.

수행은 좋은 도량을 찾아야 합니다. 옛날 조사들이 절을 세운 것은 모
두 청정한 도량이 필요했기 때문입니다. 절을 세우는 것은 나무를 심는
것과 같아서 앞사람이 나무를 심으면 뒷사람이 시원함을 누릴 수 있습니
다. 좋은 도량을 세워서 후학들이 수행하게 해 주는 것은 바로 뒷사람을
공양하는 것입니다. "처소의 원만함[處所圓滿]"을 찾아야 도량을 세워서
많은 수행자들이 한 도량에 함께 머무르며 수행하게 할 수 있습니다. 출
가해서 수도하겠다고 하면 사람들이 여러분을 공양하는데, 어떤 사람은
돈을 벌어서 여러분을 먹여 주고 거기다가 일체 처소의 원만함까지 더
해 줍니다. 그래서 여러분이 수행할 수 있는 것입니다. 사람이 세상을
살면서 어떻게 다른 사람을 귀찮게 하지 않고 어떻게 빚을 지지 않을 수
있습니까? 그렇기 때문에 사중은(四重恩)에 보답하라고 하는 것입니다.
여러분에게 자만하지 말고 오만하지 말라고 하는 것이 바로 이 때문입니
다. 청정한 도량은 잘 보호하고 유지해야 합니다. 앞에서 세운 사람이 얼
마나 고생한 큰 공덕입니까! 이것이 세 번째 좋은 처소입니다.

또 처소가 몸과 목숨에 수순하는 많은 도구를 얻기 쉬워서 의복 등을 구하
기가 어렵지 않고 음식을 지지하는 데에 부족함이 없으니, 이것을 네 번째
처소의 원만함이라 한다.

又若處所, 隨順身命衆具易得, 求衣服等不甚艱難, 飮食支持無所匱乏, 是名第四
處所圓滿.

그 도량은 겨울이 와서 날씨가 추워지면 탁발로 의복을 동냥하는 것도 어렵지 않습니다. 쌀이 떨어지면 약간의 쌀을 동냥해 와서 밥을 해 먹기도 어렵지 않습니다. 또 불법을 보호하는 사람도 있습니다. 이것이 네 번째 원만한 처소입니다.

---

또 처소가 선지식의 보살핌이 있고 또 지혜를 지니고 같이 범행을 닦는 사람이 동거하여, 깨닫지 못한 것을 바르게 깨닫게 할 수 있고 이미 깨달은 것은 다시 밝고 청정하게 하여, 깊은 구절의 의미를 지혜로써 통달하고 선교 방편을 은근하게 열어 보여 지혜와 식견으로 하여금 속히 청정을 얻게 할 수 있으니, 이것을 다섯 번째 처소의 원만함이라 한다.

又若處所有善知識之所攝受, 及諸有智同梵行者之所居止, 未開曉處, 能正開曉, 已開曉處, 更令明淨, 甚深句義, 以慧通達, 善巧方便, 慇懃開示, 能令智見速得淸淨, 是名第五處所圓滿.

---

수도에는 선지식의 개시(開示)와 지도가 필요하며 함께 수행하는 도우(道友)도 있어야 합니다. 모르는 부분에 대해서는 스승이 깨닫게 해 주고, 깨달았더라도 다시 명정(明淨)으로 깊이 들어가게 합니다. 이런 조건을 지녀야 비로소 좋은 수행 장소라고 하겠습니다. 그런 까닭에 예부터 대총림을 세운 조사들은 모두 스승이 수행한 장소를 제자의 수행을 위해 공양했습니다.

예를 들어 꽁카(貢噶) 사부는 세상으로 나와서 불법을 널리 펴고[弘法] 탁발을 하는 모습이 자주 보였습니다. 그는 바깥으로 나와도 발에 흙을 묻히지 않았습니다. 신도들은 그의 발 앞에 양탄자를 펴고 걸어가게 했으며 그런 후에는 보석을 한 무더기 공양했습니다. 꽁카 사부는 매년 스물 몇 명 제자들의 폐관 수행을 공양했는데, 모두 그가 바깥으로 나가서 탁발한 덕분이었습니다. 홍법(弘法)이 바로 탁발이고 탁발이 바로 홍법입니다. 여러분에게 불법을 전해 주려면 공양을 받아야 합니다. 밀법은 공양이 없으면 수행할 수 없습니다. 그런데 밀교의 상사(上師)는 공양을 받으면 되돌아가서 똑같이 자기 제자들의 폐관 수행을 공양합니다. 큰 선지식이 중요한 까닭이 바로 이 부분에 있습니다. 이것이 다섯 번째 수행 처소의 원만함의 조건이니, 재(財) 법(法) 여(侶) 지(地) 사(師)입니다. 도가에서는 앞의 네 가지만 말하지만 불교에서는 다섯 가지라고 해서 사(師) 하나가 더 있습니다. 선지식이 있어야 하고 좋은 장소가 있어야 합니다. 공양을 얻기 쉬워야 하며 장소 또한 청정하고 양호해야 합니다. 일체가 모두 원만해야 수행하기 좋습니다.

## 정의 수행에는 위의가 있어야 한다

무엇을 위의의 원만함이라고 하는가. 낮에는 경행하고 연좌하고 초저녁에도 다시 이와 같이 하며, 한밤중에는 오른쪽 옆구리를 대고 눕고 새벽에는 빨리빨리 일어나서 경행하고 연좌하는데, 곧 이와 같은 원만한 와구, 제불이 허가한 크고 작은 승상[10]이나 초엽좌[11] 등에서 결가부좌하는 것에 대하여 더 나아가서 자세히 말하였다.

云何威儀圓滿. 謂於晝分經行宴坐, 於初夜分亦復如是, 於中夜分右脇而臥, 於後夜分疾疾還起, 經行宴坐, 卽於如是圓滿臥具, 諸佛所許大小繩床草葉座等, 結跏趺坐, 乃至廣說.

---

10 노끈으로 얽어서 접었다 폈다 할 수 있게 만든 의자.
11 풀이나 잎사귀로 만든 자리.

다들 스스로 한번 반성해 보십시오. "위의(威儀)"가 원만합니까? 낮에는 향을 사르고 타좌하고 초저녁[初夜]에도 그렇게 해야 하며, 밤 열 시부터 새벽 두 시까지 한밤중[中夜]에는 오른쪽 옆구리를 대고 누워서 잠들어야 하고, 후야(後夜)에는 얼른 일어나서 다시 향을 사르고 타좌합니다. 이것이 바로 "위의의 원만함[威儀圓滿]"입니다. 출가한 비구가 수행을 제외하고 달리 무엇을 하겠습니까? 그 자리에 앉아서 쓸데없는 소리나 지껄이고 텔레비전 보고 우스갯소리 하며 세간법이나 논한다면 그것이 수행입니까? 의견을 다투고 번뇌를 일으켜서 서로 쳐다보는 게 편안하지 않은데, 이것을 무슨 수행이라고 하겠습니까? 와구인 승상 혹은 초엽좌에서 결가부좌를 해야 참된 위의라고 하고 출가 수행이라고 합니다.

---

무슨 인연 때문에 결가부좌하는가. 말하자면 다섯 가지 인연을 바르게 관찰하고 보기 때문이다. 첫째는 몸을 붙잡아 거두어서 빠르게 경안을 일으킴으로 말미암는데, 이와 같은 위의가 경안을 수순하고 생기게 하는 데 가장 뛰어나기 때문이다.

何因緣故結跏趺坐. 謂正觀見五因緣故. 一由身攝斂, 速發輕安, 如是威儀, 順生輕安最爲勝故.

---

책상다리를 하고 타좌를 하는 데에는 다섯 가지 인연이 있습니다. 첫번째는 몸을 삼감이니, 평소의 우리 몸은 산란하고 움직이기 좋아해서 아주 산만합니다. 하지만 결가부좌를 했다 하면 기맥(氣脈)이 본래 상태로 되돌아가서 쉽게 경안을 얻고 정(定)을 이루게 됩니다. 가부좌를 하지 않으면 그렇게 안 됩니다. 타좌에는 아흔여섯 가지의 많은 방법이 있는데, 결가부좌를 하면 심신이 아주 빠르게 경안을 얻습니다.

**둘째는 이 연좌가 오래 지속될 수 있음으로 말미암는데, 이와 같은 위의가 몸을 빨리 피곤하지 않게 하기 때문이다.**

二由此宴坐能經久時, 如是威儀, 不極令身速疲倦故.

두 번째로 이 자세는 쉽게 피곤하지 않아서 오래 지속할 수 있는데, 다른 자세는 신체를 빨리 피곤하게 합니다. 여러분이 처음 타좌를 배우면 이십 분 정도 앉아 있을 수 있습니다. 만약 기마[馬步] 자세[12]로 쭈그리고 있으라고 하면 이 분도 버티지 못합니다. 비교해 보면 알 수 있습니다. 지금 책상다리를 하고 이십 분이 지나면 더는 앉아 있지 못하는 것은 다리가 부서서 그런 것이지 피곤해서가 아닙니다. 여러분의 정신은 결코 피곤하지 않기 때문입니다. 오로지 이 자세만이 바른 자세이고 심신이 쉽게 피곤하지 않습니다. 여러분 스스로 시험해 보십시오. 왜 제가 여러분에게 이렇게 분명하게 말씀드릴 수 있는 걸까요? 이것은 이론이나 생각이 아니라 경험입니다. 여러분이 말하지 못하는 것은 스스로 수지(修持)하지 않았기 때문입니다. 선법, 악법, 외도법, 마법을 수행인은 모두 수지해 봐야 합니다. 만약 해 보지도 않았다면 그것이 무슨 소용이 있습니까?

**셋째는 이 연좌가 불공법임으로 말미암는데, 이와 같은 위의가 외도의 다른 논의에는 없기 때문이다.**

三由此宴坐, 是不共法, 如是威儀, 外道他論皆無有故.

---

12 두 다리를 어깨너비로 벌리고 무릎을 직각으로 굽히듯 몸을 낮추어, 마치 말에 탄 듯 엉덩이를 뒤로 빼고 앉는 자세다.

세 번째로 가부좌는 천불(千佛)이 전해 준 것으로 부처님에게서 부처님에게로 전해지니 외도법(外道法)에 속하지 않습니다. 외도에는 갖가지 좌법(坐法)이 있는데 아흔여섯 가지 좌법이 있다고 말합니다.

---

**넷째는 이 연좌의 형상이 단엄함으로 말미암는데, 이와 같은 위의가 다른 사람으로 하여금 보고 나서 지극히 믿고 공경하게 하기 때문이다.**

四由此宴坐, 形相端嚴, 如是威儀, 令他見已, 極信敬故.

---

네 번째로 정(定)을 수행할 때 형상이 단엄(端嚴)하면 이런 위의가 사람으로 하여금 신심과 공경이 생겨나게 합니다.

---

**다섯째는 이 연좌가 부처님과 부처님 제자들이 함께 열어 허락한 바임으로 말미암는데, 이와 같은 위의를 일체의 현성이 함께 칭찬하기 때문이다. 이와 같은 다섯 가지 인연을 바르게 보고, 이런 까닭에 마땅히 결가부좌하여 몸을 바르게 하고 서원을 바르게 하는 것이다. 무엇을 몸을 바르게 함이라고 하는가. 몸을 채찍질하여 바르고 곧게 하는 것을 말한다.**

五由此宴坐. 佛佛弟子共所開許, 如是威儀, 一切賢聖同稱讚故. 正觀如是五種因緣, 是故應當結跏趺坐, 端身正願者. 云何端身. 謂策擧身令其端直.

---

다섯 번째, 타좌를 하면 신체가 단정하니 칠지좌법(七支坐法)입니다.

---

무엇을 서원을 바르게 함이라고 하는가. 그 마음으로 하여금 알랑거림을 떠나고 속임을 떠나게 하여, 고르고 부드러우며 바르고 곧은 것을 말한다. 온몸을 채찍질하여 바르고 곧게 하기 때문에, 그 마음이 혼침과 수면에 얽어매이고 흔들리지 않는다. 알랑거림과 속임을 떠나기 때문에, 그 마음이 외

경의 흩어짐과 움직임에 얽어매이지 않고 배념에 편안히 머무르게 된다.

云何正願. 謂令其心離諂離詐, 調柔正直. 由策擧身令端直故, 其心不爲惛沈睡眠
之所纏擾. 離諂詐故, 其心不爲外境散動之所纏擾, 安住背念者.

---

타좌하여 정(定)을 수행하려면 반드시 먼저 마음을 바르게 해야 합니
다. 그런 후에 이 방법에 따라서 단정하게 앉아야 혼침하지 않고 바깥
경계에 얽어매이지 않게 됩니다.

---

무엇을 배념에 편안히 머무름이라고 하는가. 이치에 맞게 작의하고 상응하
는 염을 배념이라고 하는데, 일체의 흑품을 버리고 등지며 어기고 거스르
기 때문이다.

云何名爲安住背念. 謂如理作意相應念, 名爲背念, 棄背違逆一切黑品故.

---

제대로 타좌해서 위의가 단정해지면 그것이 바로 "배념(背念)"이니,
세속의 일체 생각을 등지고 일체 흑품(黑品)과 악업의 인연을 버립니다.
마음을 일으키고 생각을 움직임에 있어 탐진치만의가 모두 없어지는 것
입니다.

---

또 정의 형상을 대상으로 하여 경계로 삼는 염을 배념이라고 하는데, 일체
부정지의 소연경을 버리고 등지고 없애기 때문이니, 이와 같은 것을 위의
의 원만함이라고 한다.

又緣定相爲境念, 名爲背念, 棄背除遣一切不定地所緣境故, 如是名爲威儀圓滿.

---

염불(念佛)을 한다면 마음이 불호(佛號)를 대상[緣]으로 하고, 광명법
을 수행한다면 마음이 광명이나 자성 광명을 대상으로 합니다. 말하자

면 마음이 하나의 경계를 대상으로 하여 일체의 정이 아닌(不定) 것을 제거하고 산란심이 없으니, 그래야 원만한 위의입니다.

## 몸과 마음이 멀리 떠나야 수행할 수 있다

무엇을 멀리 떠남의 원만함이라고 하는가. 두 가지가 있는데, 첫째는 몸이 멀리 떠남이고 둘째는 마음이 멀리 떠남이다. 몸이 멀리 떠남이라는 것은, 재가 및 출가중과 함께 섞여서 머무르지 않고 홀로 짝이 없는 것을 말하니, 이것을 몸이 멀리 떠남이라고 한다. 마음이 멀리 떠남이라는 것은, 일체의 염오와 무기의 모든 작의를 멀리 떠나 일체의 그 본성이 의리를 잘 이끌어 내는 정지의 작의와 정자량의 가행 작의를 수습함이니, 이것을 마음이 멀리 떠남이라고 한다.

云何遠離圓滿. 謂有二種, 一身遠離, 二心遠離. 身遠離者, 謂不與在家及出家衆共相雜住, 獨一無侶, 是名身遠離. 心遠離者, 謂遠離一切染汚無記所有作意, 修習一切, 其性是善能引義利定地作意, 及定資糧加行作意, 是名心遠離.

일체의 오염된 작의를 멀리 떠나는 것이 바로 "멀리 떠남의 원만함(遠離圓滿)"이니, 마음속 탐진치만의 등의 잡념 망상을 모두 멀리 떠나야 합니다. 몸이 멀리 떠남은 다른 사람과 섞여 살지 않는 것입니다. 무기(無記)의 작의를 멀리 떠나는 것은 사실 어렵습니다. 사람들은 대부분 "종일 멍하니 취중 꿈속에 있어서(終日昏昏醉夢間)" 아무리 불학을 듣고 불경을 읽어도 기억하지 못할 뿐 아니라, 이치에도 통하지 못하고 머리가 조금도 맑지 않아서 언제나 무기 상태에 있습니다. 무기의 앞으로의 과보는 백치로 변하거나 축생도로 들어가는 것입니다. 무기는 정사유가 없음이니, 설사 불경을 읽고 보고 생각(思想)이 있더라도 정사유에 있는 것이 아닙니다. 그렇기 때문에 무기 과업을 얻는 사람이 많습니다.

사회에는 왜 멍청한 사람이 많습니까? 방생(傍生) 또한 사람보다 많습니다. 밤중의 곤충 세계는 인류에 비해 수천만 배 이상 많으니, 이 모두가 중생입니다. 생물 중생은 모두 지혜가 없는데 모두 무기업과(無記業果)에서 왔으며 그 원인은 여러 생(生) 여러 대(代)에 정사유의 길을 걷지 않았기 때문입니다. 기왕 불법을 배운다면 평소 자신을 점검해야 합니다. 많은 사람이 불학과 불경을 배우고 있고 보고 있으면서도, 불학에 대해 물어보면 약간의 그림자조차 없이 전혀 알지 못하니 모두 무기업을 짓고 있습니다.

저는 누구를 혼내려는 것이 아니라 그저 여러분의 주의를 환기시키려는 것입니다. 무기업과는 갈수록 멍청해지는 것이라서 지혜를 개발하지 못하고 도를 깨달을 수가 없습니다. 도를 깨닫지 못하는 것은 바로 무기업과가 무겁기 때문인데, 거기에다 이번 생의 현행이 여전히 무기업을 짓고 있습니다. 책을 읽어도 열심히 공부하지 않고 불경을 읽어도 연구하지 않으면서 그저 휴식 시간이 좀 더 많기만을 바라고 있으니 모두 게으름을 피우고 있습니다. 이것은 수온(受蘊)에 묶여 수온의 염오업(染汚業)을 짓기 때문으로 비스듬히 앉아서 꾸물거립니다. 사대(四大) 수온의 위의가 바르지 않고, 나태하고 산만한 편안함이 바로 무기업입니다. 저처럼 눈이 빨개지면 마땅히 쉬어야 함에도 불구하고 제가 왜 이 수업을 절대로 대충하지 않을까요? 이것은 화두입니다. 공덕은 불가사의하고 범부의 업과 또한 불가사의하며 과보 역시 불가사의합니다. 절대로 주의해야 합니다.

무기(無記) 또한 여러분 자신이 작의(作意)하는 것이니, 여러분의 의식 경계가 일부러 만들어 낸 것입니다. 정신이 미치지 못할까 두려워서 게

으름을 피우는 것입니다. 어떤 사람이 여러분에게 오 분 내에 십이층까지 뛰어올라 가지 않으면 죽이겠다고 한다면 다른 어떤 사람보다 빨리 뛰어가고 바짝 긴장할 것입니다. 그렇기 때문에 무기업 역시 여러분의 작의라고 말하는 것입니다. 작의가 일종의 업입니다. 당연히 작의에는 선업도 있고 악업도 있습니다. 그러니 유식이 어디 그리 간단합니까! 『유가사지론』을 자세히 연구하고 다른 유식 경론을 더 연구해서 염오, 무기가 지닌 작의를 모두 던져 버려야 만연(萬緣)을 내려놓았다고 말합니다.

여러분은 타좌하고 아무것도 생각하지 않는 것이 만연을 내려놓는 것이라고 여기십니까? 그것은 무기(無記)로 떨어지는 것이니, 차라리 수행하지 않는 편이 낫습니다. 그렇게 수행했다가는 내생에 돼지로 변할 수 있습니다. 그런 까닭에 총카파 대사가 줄곧 무기(無記), 무상(無想)을 강조한 것입니다. 스스로 이 무상(無想)이 정(定)에 들어간 것이라고 여긴다면, 내생에 축생도로 들어가서 돼지로 변합니다. 그는 이것을 강조했고 저 역시 이것을 강조합니다. 여러분이 『보리도차제광론(菩提道次第廣論)』을 찾아보시면 알게 될 것입니다.

주의하십시오! 타좌하고 수행해서 무엇을 합니까? '의(義)'는 도리이니 세속의 의리(義理)와 제일의제(第一義諦)[13]를 포함하는데 "정지작의(定地作意)"는 바로 지혜의 정력(定力)입니다. 그래서 백장 선사가 "신령스러운 빛이 홀로 비추어 육근과 번뇌를 멀리 벗어나니, 본체가 그 참모습을 드러내어 문자에 얽매이지 않도다(靈光獨耀, 逈脫根塵, 體露眞常, 不拘文字)"라고 말한 것입니다. 신령스러운 빛이 홀로 비춘다는 것은 심지

---

13 산스크리트어 paramārtha-satya를 한역한 말로, 제(諦)는 진리를 뜻한다. 분별이 끊어진 상태에서 있는 그대로 파악된 진리, 분별이 끊어진 후에 확연히 드러나는 진리, 직관으로 체득한 진리를 말한다.

(心地)의 청정한 광명이지 세속의 빛이 아닙니다. 근(根)은 육근(六根)이고 진(塵)은 일체의 바깥 대상[外緣]이니, 이것은 신체와 외연의 장애가 없어졌다는 말입니다. "본체가 그 참모습을 드러낸다[體露眞常]"는 것은 본성을 드러낸다는 뜻입니다. 여러분은 바지와 웃옷을 입지 않아도 참모습[眞常]은 드러내지 못하고 육체만 드러낼 뿐입니다. 그 참모습의 본성을 드러내는 것이 바로 "의리를 잘 이끌어 내는 정지[善能引義利定地]"의 작의이고, 정의 자량 가행 작의입니다. 정(定)을 수행하는데 왜 정을 얻지 못할까요? 정을 수행하는 자량이 부족하기 때문인데, 복보자량과 지혜자량이 모두 부족합니다. 정의 자량은 가행(加行)을 닦아야 합니다. 사가행(四加行)의 가행을 닦아야 할 뿐 아니라 각종 가행을 더 닦아야 합니다. 왜 여러분에게 각종 운동을 시키고, 왜 음식과 의약품과 침구 등으로 이렇게 여러분을 공양할까요? 잘 공양하고 영양을 잘 조절하는 것은 모두 수지의 가행을 위한 것입니다. 사실 최대의 가행은 모든 악을 짓지 않고 모든 선을 받들어 행하는[諸惡莫作, 衆善奉行] 것입니다. "이것을 마음이 멀리 떠남이라고 한다[是名心遠離]" 즉 몸과 마음이 멀리 떠나야 수도하는 사람이라고 할 수 있습니다.

---

**이와 같이 이 중에서 처소가 원만하고 위의가 원만하고 몸이 멀리 떠나고 마음이 멀리 떠나면, 하나로 총섭하여 멀리 떠남이라고 한다.**

如是此中若處所圓滿, 若威儀圓滿, 若身遠離, 若心遠離, 總攝爲一, 說名遠離.

---

세속을 멀리 떠나야 참된 출가입니다. 총괄하자면 몸과 마음이 멀리 떠나서 처소 및 위의가 모두 원만하며 홍진(紅塵)을 벗어나서 수행하는 그것을 수행이라고 하며 비로소 출가라고 부릅니다.

# 무엇이 삼마지이고 심일경성인가

무엇을 심일경성이라고 하는가. 말하자면 자주자주 생각을 따라서 동분의 소연이 유주하며 무죄[14]의 기쁨에 상응하여 마음으로 하여금 서로 이어지게 하니, 삼마지라고 하고 선한 심일경성이라고도 한다.

云何心一境性. 謂數數隨念, 同分所緣流注無罪適悅相應, 令心相續, 名三摩地, 亦名爲善心一境性.

---

염불에 전일(專一)하여 한 마음이 어지럽지 않으면 그 또한 "심일경성(心一境性)"입니다. "말하자면 자주자주 생각을 따라서 동분의 소연이 유주한다[謂數數隨念同分所緣流注]"고 했습니다. 『능가경(楞伽經)』에는 '유주주(流注住)'의 이치가 있습니다.[15] 법상학(法相學)의 측면에서 말하면 망상이 유주하는데, 범부의 일체중생 업력은 모두 유주하고 있습니다. '유주(流注)'는 생각이 마치 흐르는 물처럼 하나하나가 쭉 이어서 흐르는 것으로 중간에 끊어짐이 없습니다. "칼을 뽑아 물을 끊으나 물은 다시 흐르고, 잔을 들어 시름을 없애려 해도 또다시 시름에 겹구나[抽刀斷水水更流, 擧杯消愁愁更愁]"라는 것입니다. 일체중생의 업력은 유주하는데, 그것은 제육의식의 망상이 쉬지 않고 유주하는 것입니다. 유주해도 상관이 없으니, 선한 유주가 바로 불보살이 열어 보인 기본적인 수지의 길입니다.

망념이 갑자기 끊어진다고 말하는데 과연 끊을 수 있습니까? 끊어졌

---

14 불교에서 죄(罪)는 이치에 반하는 행위, 계를 어기는 행위, 고(苦)의 과보를 불러올 나쁜 행(行)을 말한다.
15 『능가경 강의』 85-86쪽 참조.

다고 하는 것은 단견(斷見)에 속하며 편공(偏空)입니다. 하지만 여러분이 매 순간(念念) 유주하는 생각의 앞뒤를 끊어서 삼제탁공(三際托空)[16]에 이르렀다 해도 이 공(空)의 경계 또한 유주합니다. 말하자면 매 순간 공정(空定) 중간에서 유주하는 것입니다. 바른 '삼마지'는 공(空) 무상(無相) 무원(無願)입니다. 전념(前念)은 생기지 않고 후념(後念)은 일어나지 않았는데 그 중간에서 본체를 마주한즉 공(空)이니, 공상(空相) 또한 유주이며 유주공(流注空)입니다. 그래서 법상이 어렵다는 것입니다.

가령 각종 주문이나 진언을 외운다고 할 것 같으면 매 순간 유주하여 잡념이 없고 매 순간 순수하고 선하여 단지 주문만 있습니다. '옴(唵), 아(阿), 우(吽)'를 외우면 일념(一念)이 만년이고 만년이 일념이니 어떻게 성불하지 않겠습니까? "동분의 소연이 유주하며 무죄의 기쁨에(同分所緣流注無罪適悅)" 즉 마음속에 선악시비의 생각이 없어서 대단히 기분이 좋습니다. "마음으로 하여금 서로 이어지게 하니(令心相續)", 일념이 만년이고 만년이 바로 이러한 일념입니다. 이것을 삼마지 즉 정의 경계라고 하며 선한 심일경성이라고도 합니다. 수행은 바로 이렇게 하는 것입니다. 이렇게 하지 않는 것은 수행이라고 하지 않습니다. 여러분은 항상 말합니다. 저는 생각을 비울 수가 없습니다! 여러분은 생각을 비워버리고 싶어 하지만 어떻게 비울 수 있습니까? 그것은 꼼짝 못 하게 누르는 것입니다. 그렇기 때문에 여러분은 법상유식의 이치에도 통하지 못했다고 하는 것입니다. 매 순간 선(善)으로 유주하여 선심(善心)이 유주함에 있을 때의 심일경성이 비로소 정(定)의 기본 원칙입니다.

---

16 앞의 한 생각이 흘러갔으나 뒤의 한 생각이 아직 이르지 않았을 때, 그 중간이 바로 현재의 생각이다. 현재의 생각이란 본래 존재하는 것이 아니며 깨끗하기만 한 것으로, 이러한 상태는 오래 지속되면 될수록 좋다. 중간의 이 공백을 천태종이나 선종에서 삼제탁공(三際托空)이라 한다.

무엇을 자주자주 생각을 따름이라고 하는가. 정법에 대하여 듣고 받아 지니며, 스승으로부터 얻은 훈계와 가르침의 증상력 때문에 그 정지定地의 모든 형상이 눈앞에 나타나게 하고, 이것을 대상으로 하여 경계로 삼아 유주하며, 무죄의 기쁨에 상응하는 모든 정념을 따라 구르며 편안하게 머무르는 것이다.

何等名爲數數隨念. 謂於正法聽聞受持, 從師獲得教誡教授增上力故, 令其定地諸相現前, 緣此爲境, 流注無罪, 適悅相應, 所有正念隨轉安住.

생각이 하나하나 이어서 오는 것이 "자주자주 생각을 따름〔數數隨念〕"입니다. 정법을 듣고 나서 이해하고 받아들였으며, 선지식이 가르치고 훈계하는〔教戒〕 방법을 얻어 그것에 의지하여 수지합니다. 이것은 "증상력 때문〔增上力故〕"인데 바로 상사의 상응입니다. 선지식의 지혜와 공덕의 힘이 여러분을 보호해 주기 때문에, 마땅히 어떤 종류의 정(定)에 들어가야겠다고 하면 그 정지(定地)의 경계가 곧바로 눈앞에 펼쳐집니다. 예를 들어 염불을 하는 사람이라면 곧바로 부처님의 경계에 있게 됩니다. 준제밀법(準提密法)을 수행하는 사람이라면 곧 준제(準提)[17]의 경계에 있게 됩니다. "이것을 대상으로 하여 경계로 삼아〔緣此爲境〕" 즉 이 경계에 의지하여 변하지 않고 "유주하여〔流注〕" 매 순간 여기에 있어서 일념이 만년이고 만년이 일념이면, "모든 정념을 따라 구르며 편안하게 머무릅니다〔所有正念隨轉安住〕." 즉 모든 생각이 변하여 이러한 정념(正

---

17 준제는 산스크리트어 cundi의 음역으로 존제(尊提)라고도 한다. 준제보살은 청정의 의미로 심성의 청정함을 찬탄하는 이름이다. 부처님의 어머니〔佛母〕 또는 보살의 모성과 자비를 뜻한다. 선종에서 준제보살은 관음부(觀音部)의 일존(一尊)으로 육관음 중 한 분이다.

念)의 경계로 바뀌게 되니, 이것을 비로소 정(定)의 경계에 "편안히 머무름〔安住〕"이라고 합니다.

이것은 중요한 대법(大法)입니다. 밀종에서 이 부분을 이야기한다면 바로 밀종의 기본 대법을 전해 주는 것이기에 틀림없이 이렇게 말할 것입니다. "대법을 전하니 대지가 진동한다." 저는 상사도 아니기에 그런 일이 일어나지는 않지만, 다만 여러분은 기본 수지의 이치를 알아야 합니다. 정식 수행의 길이 바로 이와 같습니다. (이때 대만에 갑자기 경미한 지진이 있었다.) 때마침 대지도 한 번 진동하여 우리를 건드려 줍니다. 그러니 여러분 주의하십시오. 이렇게 수행해야 바른 수행의 길입니다.

---

무엇을 동분의 소연이라고 하는가. 모든 정지 소연 경계들은 하나가 아니고 많은 종류의 품류인데, 이것을 대상으로 하여 경계로 삼아 마음으로 하여금 바르게 행하게 하고 정이라고 하니, 이것은 곧 동분의 소연이라고도 하는 것이다.

云何名爲同分所緣. 謂諸定地所緣境界, 非一衆多種種品類, 緣此爲境, 令心正行, 說名爲定, 此即名爲同分所緣.

---

여러분이 혹 염불을 해서 정(定)의 경계에 들어가면 한마디 불호(佛號)가 삼근보피(三根普被)[18]하니, 소연은 모든 사람에게 공통적입니다. 이것이 바로 "동분의 소연〔同分所緣〕"으로 어느 한 개인에게 속하는 것이 아니며 특정한 한 계층의 사람들에게 속하는 것도 아닙니다.

---

18 정토 법문에서는 부처님 명호를 한 번 외는 것을 '삼근보피(三根普被)'라고 한다. 불보살이 상근기인 대승보살에서부터 중근기인 성문과 연각 그리고 하근기인 범부 속인에 이르기까지 세 근기에게 두루 가피를 준다는 의미이다.

문: 이 소연경은 누구와 동분하기에 동분이라고 말하는가.

問: 此所緣境是誰同分, 說爲同分.

---

동분의 소연 경계는 누구와 동분합니까? 어떤 방법과 동분합니까?

---

답: 알아야 할 대상과 비슷한 종류이기 때문에 동분이라고 한다.

答: 是所知事相似品類, 故名同分.

---

이러한 수행의 방법을 귀납시켜서 동일한 종류를 "동분(同分)"이라고
합니다.

---

다시 저 생각이 소연경에 대하여 산란한 행이 없고 결함이 없고 끊어짐이
없으며, 끊어짐이 없는 은중 가행의 기쁨과 상응하여 구르기 때문에 유주
하여 기쁨에 상응한다고 한다.

復由彼念於所緣境, 無散亂行, 無缺無間, 無間殷重加行, 適悅相應而轉, 故名流注
適悅相應.

---

염불을 예로 들어보겠습니다. 소연 경계는 한마디의 불호(佛號) 혹은
하나의 정(定)의 경계로 산란하지 않고 물론 혼침하지도 않습니다. 산란
하지 않고 혼침하지 않고 그저 이 일념만으로, 눈 깜짝할 사이에 몇 시
간 혹은 한나절이 지나가 버리지만 그저 찰나의 순간으로 느껴질 뿐입
니다. 이런 정의 경계를 "결함이 없고 끊어짐이 없음[無缺無間]"이라고
합니다. 이 정의 경계에서 "끊어짐이 없는 은중 가행의 기쁨과 상응하여
구릅니다[無間殷重加行, 適悅相應而轉]." 이 두 구절이 수행에 있어서 대

단히 중요하기 때문에 이 대목에 이르렀을 때 당연히 대지가 육종진동(六種震動)[19]한 것입니다.

정의 경계는 산란하지 않고 혼란하지 않으니, 이 일념이 바로 정(定)입니다. 여러분이 이 정의 경계에서 혼침하지 않고 산란하지 않다면, 염불하는 사람이 참으로 이 경계에 이른다면 불호도 외우지 못하게 되고 부처님의 관념도 없어집니다. 하나의 생각[念]과 하나의 정(定)으로 그저 잠시라고 느끼지만 실제로는 한나절이나 하루가 지나가 버렸습니다. 이 때에는 "무간(無間)" 즉 끊어짐이 없고, "은중(殷重)" 즉 제불보살도 여러분과 똑같이 대단히 정성과 공경을 다합니다. "가행(加行)" 즉 난·정·인·세제일법이 모두 찾아와서 자연스럽게 온몸이 '따뜻해지고[煖]' 신체가 부드러워지며 자연스럽게 '정수리가 열려[頂]' 위아래가 통하게 됩니다.

"가행의 기쁨에 상응하여 구르니[加行適悅相應而轉]" 즉 몸에 업력도 변하고 심념도 변합니다. 왜냐하면 마음의 이 일념이 모두 정의 경계에 있기 때문입니다. 아시겠지요?

(어떤 동학이 그 자리에 앉아서 가볍게 다리를 떨고 있었다.)

다리를 떨면 안 됩니다. 이런 동작의 습기는 끊어야 합니다. 끊지 않으면 재수가 없고 운이 나쁠 것입니다. 절대로 다리를 떨면 안 되는 것이, 거기에 앉아서 두 다리를 그렇게 떨면 돈이 있으면 돈이 다 털리고 사람이 있으면 사람이 다 털리게 되어 패가망신합니다. 출가한 사부라면 초가집까지 온통 떨게 될 것이기 때문에 떨면 안 되는 것입니다. 제게는 사업이 제법 잘 되는 친구가 꽤 여러 명 있었는데, 자리에 앉아서 그렇

---

**19** 세상에 상서(祥瑞)가 있을 때 대지가 진동하는 여섯 가지 모양을 가리키는데, 곧 흔들리는 동(動), 일어나는 기(起), 용솟음치는 용(踊), 소리가 울리는 진(振), 꽝 하고 우는 후(吼), 부딪치는 격(擊)이다.

게 다리를 떨었습니다. 제가 떨지 말라고 하면 그들은 다리가 떨고 싶어 하는 것이라고, 자기들이 일부러 떠는 것이 아니라 무의식중에 자연스럽게 나오는 것이라고 했습니다. 결국 다리를 떨고 삼 개월이 지나서 오백만 원을 다 털어 먹었습니다. 이것이 하나의 상(相)이기 때문인데, 위의가 장중하고 장엄한 것이 아주 중요합니다. 다리를 떨면 안 됩니다. 그런 행동을 끊어 버려야 합니다. 바꾸어 말하면 여러분의 몸이 떨고 싶어 하는 것은 기(氣)의 활동이 하행(下行)하지 못하기 때문입니다. 나이가 더 들면 고혈압이 되기 쉽습니다.

이른바 "상응하여 구른다〔相應而轉〕"는 것은 무엇이 구르는 것일까요? 흘러가는 가을 물결[20] 같은 그런 변화가 아니라 심신의 업력이 모두 변하는 것이기 때문에 "유주하여 기쁨에 상응한다〔流注適悅相應〕"고 합니다. 무엇이 유주할까요? "유주(流注)"라는 이 명사만 보면 망념을 생각해서는 안 되는데, 여기에서는 망념이 유주하는 것이 아닙니다. 이곳에서는 매 순간의 청정이 유주하는 것이니 그것이 바로 부처님의 경계입니다. 서방 극락세계는 아미타불과 관음보살의 매 순간의 정념(正念)과 서로 이어진 힘이 유주하여 성취한 정토입니다. 그런 까닭에 유주가 이렇게 중요한 것입니다.

---

또 저 생각이 소연경에 대하여 염오가 없어서 지극히 편안하게 머무르고, 성숙된 도의 기쁨에 상응하여 변하기 때문에 무죄의 기쁨에 상응한다고 하며, 이런 까닭에 자주자주 생각을 따라서 동분의 소연이 유주하며 무죄의 기쁨에 상응하여 마음으로 하여금 서로 이어지게 하는 것을, 삼마지라고 하고 선한 심일경성이라고도 한다고 말한 것이다.

---

20 앞 물결이 흘러가면 곧이어 뒤 물결이 밀려오는 잔잔한 변화를 말하는 듯하다.

又由彼念於所緣境, 無有染汚, 極安隱住, 熟道適悅相應而轉, 故名無罪適悅相應, 是故說言數數隨念, 同分所緣, 流注無罪, 適悅相應, 令心相續, 名三摩地, 亦名爲善心一境性.

이러한 마음이 매 순간 유주하여 일념이 만년이면 정(定)에 들어갔다고 합니다. 삼마지의 경계이기도 하니, 심일경성이 바로 선정의 경계입니다.

**다음으로 이와 같은 심일경성은 혹은 사마타품이고 혹은 비발사나품이다.**

復次如是心一境性, 或是奢摩他品, 或是毘鉢舍那品.

어떤 경우는 지(止)이고 어떤 경우는 관(觀)으로, 전념(前念)은 이미 가 버렸고 후념(後念)은 생겨나지 않았으며 본체를 마주하면 곧 공(空)입니다. 공의 경계에 머무르기만 하면 그것이 바로 정지관(正止觀)입니다. 공념(空念)의 경계에서 이 생각[念]의 자성 본체가 공(空)임을 아니, 연기성공이고 성공연기입니다. 이 공(空)은 중도관(中道觀)이기도 하며, 이 관(觀)으로 청정을 이해하는 것이 비발사나입니다.

**만약 아홉 가지 마음의 머무름 속의 심일경성이면 이것을 사마타품이라고 한다.**

若於九種心住中, 心一境性, 是名奢摩他品.

부처님은 아홉 가지 머무는 마음[住心]이 있다고 말씀하셨는데, 구주심(九住心)을 가지고 말한다면 이 머무름[住]을 심일경성이라고 하며 그것이 바로 지(止)입니다.

만약 네 가지 지혜의 행함 속의 심일경성이면 이것을 비발사나품이라고
한다.

若於四種慧行中, 心一境性, 是名毘鉢舍那品.

이 경계를 혜학(慧學)을 가지고 말한다면 이러한 심일경성이 바로 관
(觀)입니다. 이 단락은 아주 중요하므로 분명히 알아야 합니다. 대지가
진동했다는 기록도 있습니다. 여러분이 출가해서 수행하다가 이런 인연
에 맞닥뜨린다면, 장차 수행이 성공할 수 있느냐 아니냐는 바로 여기로
부터 시작됩니다. 그러므로 적당히 대충해서는 안 됩니다.

# 제12강

무엇을 아홉 가지 마음의 머무름이라고 하는가. 어떤 비구가 마음을 내주하며 등주하며 안주하며 근주하며 조순하며 적정하며 최극적정하며 전주일취하며 그것으로써 등지等持하게 됨을 말하니, 이와 같은 것을 아홉 가지 마음의 머무름이라고 한다.

무엇을 내주內住라고 하는가. 바깥의 일체 소연 경계로부터 그 마음을 거두어들여 단속하고 안에다 매어 두어 산란하지 않게 함을 말하는데, 이것은 맨 처음에 그 마음을 묶어 안에 머무르게 하고 밖으로 산란하지 않게 하니, 그러므로 내주라고 한다.

무엇을 등주等住라고 하는가. 곧 최초에 묶어 둔 마음은 그 본성이 거칠게 움직이는 것이어서 아직 평등하게 머무르고 두루 머무르게 할 수 없기 때문에, 다음에는 곧 이러한 소연 경계에 대하여 상속 방편과 징정 방편으로 이를 꺾어 미세하게 하며 두루 거두어들여서 머무르게 함을 말하니, 그러므로 등주라고 한다.

무엇을 안주安住라고 하는가. 만약 이 마음이 비록 다시 이와 같이 내주하고 등주하였으나, 그 정념을 잃어버리고 밖으로 산란함으로 말미암아 다시 거두어들여 내경에 안치하는 것을 말하니, 그러므로 안주라고 한다.

무엇을 근주近住라고 하는가. 저가 먼저 마땅히 여시여시하게 가까이 염念이 머물러야 할 것이니, 이러한 염으로 말미암기 때문에 자주자주 작의하여 그 마음을 안에 머무르게 하며 이 마음이 멀리 바깥에 머무르지 않게 함을 말하니, 그러므로 근주라고 한다.

무엇을 조순調順이라고 하는가. 갖가지 상이 마음을 산란하게 하는데, 소위 색성향미촉상 및 탐진치남녀 등의 상相이니, 그러므로 저가 먼저 마땅히 저 모든 상을 취하여 과환의 생각으로 여겨야 할 것이며, 이와 같은 생각의 증상력으로 말미암기 때문에 저 모든 생각에 대하여 그 마음을 꺾어 버려서 떠돌아다니며 흩어지지 않게 함을 말하니, 그러므로 조순이라고 한다.

무엇을 적정寂靜이라고 하는가. 갖가지 욕欲·에恚·해害 등의 모든 나쁜 심사와 탐욕개 등의 모든 수번뇌가 있어서 마음을 요동케 하니, 그러므로 저가 먼저 마땅히 제법諸法을 취하여 과환의 생각으로 여겨야 할 것이며, 이와 같은 생각의 증상력으로 말미암기 때문에 모든 심사 및 수번뇌에 대하여 그 마음을 그치고 쉬어 떠돌아다니며 흩어지지 않게 함을 말하니, 그러므로 적정이라고 한다.

무엇을 최극적정最極寂靜이라고 하는가. 정념을 잃어버렸기 때문에 곧 저 두 가지가 잠시 현행할 때에, 생기는 바에 따라 모든 나쁜 심사 및 수번뇌를 차마 받지 않고, 찾으면 끊어 버리고 없애 버리고 변화시켜 토하는 것을 말하니, 이런 까닭에 최극적정이라고 한다.

무엇을 전주일취專注一趣라고 하는가. 가행加行이 있고 공용功用이 있어서 부족함이 없고 끊임이 없어 삼마지가 서로 이어서 머무르는 것을 말하니, 이런 까닭에 전주일취라고 한다.

무엇을 등지等持라고 하는가. 자주 닦고 자주 익히어 많은 수습으로 인연을 삼기 때문에, 가행도 없고 공용도 없이 흐름에 내맡긴 채 도에 들어감을 말하는데, 이 인연으로 말미암고 가행으로 말미암지 않으며 공용으로 말미암지 않아서, 마음의 삼마지가 흐름에 내맡긴 채 이어지며 산란으로 들어가지 않으니, 그러므로 등지라고 한다.

이 가운데서 여섯 가지 힘으로 말미암아 비로소 아홉 가지 마음의 머무름을 성취할 수 있음을 알아야 하니, 첫째는 청문력이고 둘째는 사유력이며 셋째는 억념력이고 넷째는 정지력이며 다섯째는 정진력이고 여섯째는 관습력이다. 처음에는 청문력과 사유력 두 가지 힘으로 말미암아 자주 듣고 자주 생각하는 증상력 때문에 맨 처음에 마음이 내경에 머무르게 하고, 아울러 여기에서 상속 방편과 징정 방편으로 평등하게 두루 안주하게 하여, 이와 같이 안에 마음을 묶어 둔다. 억념력으로 말미암아 자주자주 작의하고 그 마음을 거두어들여서 단속하여 산란하지 않고 안주하고 근주하게 한다. 이 이후로는 정지력으로 말미암아 그 마음을 조절하여, 모든 상相에 대하여 모든 나쁜 심사와 모든 수번뇌가 떠돌아다니며 흩어지지 않게 하고 조순하여 적정으로 돌아간다. 정진력으로 말미암아 설령 저 두 가지가 잠시 현행할 때에도 차마 받지 않고, 찾으면 끊어 버리고 없애 버리고 변화시켜 토하니, 최극적정 전주일취에 도달한다. 관습력으로 말미암아 등지가 원만함을 성취하니, 이와 같이 아홉 가지 마음이 머무른다.

다시 네 가지 작의가 있음을 알아야 하니, 첫째는 역려운전작의이고 둘째는 유간결운전작의이며 셋째는 무간결운전작의이고 넷째는 무공용운전작의이다. 내주 등주 중에는 역려운전작의가 있다. 안주 근주 조순 적정 최극적정 중에는 유간결운전작의가 있다. 전주일취 중에는 무간결운전작의가 있다. 등지 중에는 무공용운전작의가 있다. 이와 같은 네 가지 작의는 아홉 가지 마음의 머무름 중에 사마타품임을 알아야 한다. 또 이와 같이 내심의 사마타를 얻은 사람이 비발사나를 부지런히 수습할 때에, 다시 이 네 가지 작의로 말미암아 비로소 비발사나를 수습할 수 있으니 그러므로 이 또한 비발사나품이다.

무엇을 네 가지 비발사나라고 하는가. 어떤 비구가 내심의 사마타에 의지하여 머물기 때문에 제법에 대하여 능히 정사택하고 최극사택하고 주변심사하고 주변사찰하는 것을 말하니, 이것을 네 가지 비발사나라고 한다. 무엇을 능히 정사택한다고 하는가. 정행 소연 경계 혹은 선교 소연 경계 혹은 정혹 소연 경계에 대하여 진소유성을 능히 바르게 사택하는 것을 말한다.

성문지의 정(定) 수행에 관하여 지난번에 지(止), 관(觀), 심일경성(心
一境性)까지 말씀드렸습니다.


## 구주심, 마음의 머무름이 바른 정이다

무엇을 아홉 가지 마음의 머무름이라고 하는가.

云何名爲九種心住.

---

문제가 생겼는데 한번 생각해 보십시오. 왜 여기에서는 정(定)을 말하
지 않고 심주(心住)를 말할까요? 왜 심일경성, 지(止), 관(觀)만 말했을
까요? 다들 알아야 합니다. 이른바 선정(禪定)의 정은 중국 불학 초기의
번역 명칭입니다.『대학(大學)』에 "알고 머무른 뒤에 정함이 있고, 정한
뒤에 고요할 수 있고, 고요한 뒤에 편안할 수 있고, 편안한 뒤에 생각할
수 있고, 생각한 뒤에 얻을 수 있다〔知止而後有定, 定而後能靜, 靜而後能

安, 安而後能慮, 慮而後能得)"라는 이치가 있어서 정(定)으로 번역한 것입니다. 근세의 번역은 이 정(定) 자가 그것을 표현하기에 부족하다고 생각했기 때문에 '심주(心住)'라는 말을 사용한 것입니다. 우리가 책을 읽을 때, 특히 불경을 읽을 때는 이런 부분이 모두 문제이고 모두 화두입니다. 선종(禪宗)에서 화두를 참구하라고 하는 것은 문제를 참구하라는 말입니다. 수행도 훌륭하고 불학도 훌륭하지만 이런 문제들을 이해하지 못한다면 수정(修定)도 학불(學佛)도 모두 헛수고입니다. 마치 '삼계천인표'도 제대로 알지 못하는 것과 똑같습니다.

보통 불학에서는 마음(心)을 말하고 공(空)을 말하는데, 마음을 비울수 있습니까? 마음이 비어 있습니까? 일반적으로 공(空)이라고 하면 벽에 구멍을 뚫어 놓은 것 같은 것을 공이라고 하는데, 사실 그것도 공은아닙니다. 그것은 그냥 구멍입니다. 공을 말하라고 하면 일체의 생각이모두 없어진 것이라고도 하는데, 마치 한 가닥 향이 다 타고 나면 그 향이 없어져 버리는 것과 같음을 공이라고 합니다. 이것은 단견(斷見, 斷滅空)이자 외도(外道)의 견해, 마도(魔道)의 견해이지 진정한 불법의 견해가 아닙니다. 공(空)은 형용하는 말입니다. 가령 하늘(天空)이 비어 있습니까? 물리과학에서 말하는 우주(太空), 태양계 밖의 우주(外太空)가 비어 있습니까? 하늘은 공하기 때문에 만유(萬有)를 함장(含藏)합니다. 만유의 종성이 모두 그 안에 있고 공은 그것의 형상(相)이기 때문에『심경(心經)』에서도 "시제법공상(是諸法空相)"이라고 했습니다.

만약 공(空)이 본체(體)라고 말한다면, 마음의 작용을 가리킨다고 말한다면 마찬가지로 단견에 떨어집니다. 단견은 서양의 유물사상 학파와똑같기 때문에 동남아 특히 베트남의 당시 소승도는 소승 불학을 유물사상의 관점과 함께 거론하여 유식학파에 혼동을 주었습니다. 사람이죽으면 본래 공이기 때문에 굳이 수지할 필요가 없다고 생각하거나, 혹은 이 마음은 공(空)과 불공(不空)이 없으며 마음이 정주(定住)하는 것 같은 것도 없다고 생각했습니다.

마음은 어디에 머무르는(定) 걸까요? 정주(定住)는 형용하는 말입니다. 예를 들어 어린아이가 팽이치기를 하면 팽이가 돌고 있지만 너무 빠르게 회전하기 때문에 돌지 않는 것 같습니다. 하지만 실제로는 엄청나게 빨리 돌고 있습니다. 또 선풍기를 보더라도 막 켰을 때에는 선풍기 날개가 움직이는 것을 볼 수 있지만, 가장 빠르게 회전할 때에는 마치 움직이지 않는 것 같고 선풍기 날개를 볼 수가 없습니다. 그렇기 때문에 정(定)은 큰 움직임입니다.

세상에 고요한 사물은 없습니다. 이른바 고요한 상태(靜態)는 그 움직이는 상태(動態)가 너무 느리거나 혹은 움직이는 속도가 특별히 빨라서 겉으로 보기에는 움직이지 않는 것 같은 것입니다. 또 지구를 예로 든다면 지구는 멈추지 않고 계속 움직이고 있습니다. 하지만 그곳에 있는 우리는 지구가 움직이고 있음을 느끼지 못합니다. 체적이 너무 크기 때문에 도리어 그것이 고요하다고 느낍니다. 가령 자동차, 기차, 비행기를 타고 있어도 그것이 너무 빠르게 움직일 때에는 그 안에 앉아 있어도 움직이지 않는 것처럼 느껴집니다.

불법은 생사(生死)를 깨달아 끝내기를 구하는데, 생사를 끝내는 것은 아직 소승에 속합니다. 대승은 생사가 무슨 필요가 있느냐고 합니다. 제불보살은 모두 육도윤회 중에 있으며 몇 번이고 다시 환생하기를 발원합니다. 생사가 일관되기 때문에 끝내는 것과 끝내지 못하는 것이 똑같은 것이라는, 이것이 대승입니다. 수십 년 전에 어떤 학자가 선종은 소승도라고 욕했는데, 선종이 생사를 표방하기 때문입니다. 생사가 뭐 그리 대단한 것도 아닙니다. 생사는 낮밤과 같아서 죽음(死)은 잠자는 것과 같고 삶(生)은 깨어나는 것과 같습니다. 이것은 불법이 중국에 전해지기 이전에 중국 문화가 이미 알고 있었습니다. 그래서 대우(大禹)[21]는 "삶이란 잠시 묵어가는 것이요, 죽음이란 다시 돌아가는 것이다〔生者寄也, 死者歸也〕"라고 말했습니다. 삶은 기거(寄居)하는 것이니 이 세상에서 손님 노릇 하는 것이고, 죽음은 집으로 되돌아가서 한바탕 휴식하고 다시 오는 것입니다. 그러므로 생사를 끝내는〔了生死〕 것은 생사를 끊어 버림〔斷生死〕이 아니며, 나는 이제 오지 않는다고 말하는 것이 아닙니다.

저도 다음 생에는 오지 않겠다고 말하는 사람들을 자주 보지만 그것은 외도의 견해입니다. 오지 않으면 어디로 간다는 말입니까? 정말로 오지 않으려면 오불환천(五不還天)[22]에 태어나는 수련을 해야 억지로 휴가를 얻어서 오지 않습니다. 아라한이 머무르는 팔만사천겁의 대정(大定)도 손가락 한 번 튕기는 찰나의 순간에 곧 정에서 나오는데, 대승으로 회심하지 않으면 보리를 증득하지 못합니다. 그러니 지(止), 정(定), 공(空)을 들먹이며 우리가 아무리 불법을 말하더라도 사실 이야기한 것은 외도의 지견(知見)입니다. 스스로는 제대로 하지도 못하면서 자기 말이 옳다고 생각합니다. 그렇기 때문에 수행을 해도 증득하지 못하는 것입니다. 현장법사는 번역을 하면서 사람들이 잘못된 길로 갈 것이 염려되어 "아홉 가지 마음의 머무름〔九種心住〕"이라고 번역했습니다. 옛사람들은 '심주(心住)'를 '정심(停心)'이라고도 번역했는데, 마음이 거기에 머물러 있다

---

21 우임금을 높여 부른 말이다. 중국에서 가장 오래된 왕조인 하(夏)나라의 시조라고 전해지는 전설상의 인물로, 그는 홍수를 다스려 나라를 구했다고 한다.

22 오정거천(五淨居天), 오정궁지(五淨宮地)라고도 한다. 성문(聲聞) 사과(四果) 중의 삼과인 불환과(不還果) 즉 아나함과(阿那含果)를 증득한 성인들이 거주하는 색계의 다섯 가지 청정한(淨) 처소(居)를 통칭한다. 유정을 욕계에 묶어 두는 다섯 가지 근본번뇌인 유신견(有身見), 계금취견(戒禁取見), 의(疑), 욕탐(欲貪), 진에(瞋恚)의 결박이 끊어지면 증득되며, 색계 사선천(第四禪天)의 팔천(八天) 중의 마지막 다섯 하늘인 무번천(無煩天)·무열천(無熱天)·선현천(善現天)·선견천(善見天)·색구경천(色究竟天)을 가리킨다.

는 말입니다.

　그렇다면 제가 다시 여러분에게 질문을 하나 하겠습니다. 이른바 주
(住)가 유식(唯識)과 관계가 있을까요? (동학이 대답하다: 있습니다. 작의
입니다.) 작의의 마음이 견고한 것을 억지로 심주(心住)라고 말하는데,
『능가경』에서 말하는 '유주주(流注住)'가 곧 심주입니다. 유주주는 이 마
음이 흐르는 물처럼 영원히 유주(流注)하다가 머무르게(住) 되는 것으
로, 이 원리를 먼저 알아야 합니다.

---

**어떤 비구가 마음을 내주하며 등주하며 안주하며 근주하며 조순하며 적정
하며 최극적정하며 전주일취하며 그것으로써 등지等持하게 됨을 말하니,
이와 같은 것을 아홉 가지 마음의 머무름이라고 한다.**

謂有苾芻, 令心內住·等住·安住·近住·調順·寂靜·最極寂靜·專注一趣·及以等
持, 如是名爲九種心住.

---

　이 아홉 가지 마음의 머무름은 하나의 요강으로서 먼저 파악해야 합니
다. 마음의 머무름이 바로 바른 정(正定)인데, 타좌를 하느라 십 년을 거
기에 앉아 있어도 마음이 머무르지 않으면 아무 소용이 없습니다. 그것
은 단지 범부정(凡夫定)에 지나지 않아서 그저 큰 범부 한 사람이 불법의
정로(正路)를 걸어가지 못하는 것입니다. 불법은 말하기를 정(定)이 되
면 마음이 머무르는데, "내주하며 등주하며 안주하며……" 모두 아홉
가지 마음의 머무름이 있다고 했습니다. 이것은 대원칙입니다. 사람들
은 타좌를 하지만 마음이 조순(調順)한 적이 있습니까? 없습니다. 날마
다 번뇌하고 화내고 있습니다. 이것은 이래서 틀렸고 저것은 저래서 틀
렸다고 한다면 그것이 조순하지 않음입니다. 마음이 요동치고 있습니
다. 반드시 먼저 마음을 조순하게 해야 적정(寂靜)할 수 있으며, 심념(心

念)을 일취(一趣)에 오로지 집중할[專注] 수 있어야 합니다. '취(趣)'라는 것은 마음이 쏠려 따라감[趣向]이니 곧 마음이 머무르는 경계입니다. 일반적으로 정(定)이라고 말하는 것입니다.

여러분은 타좌를 시작하면 이쪽의 기맥이 움직이고 저쪽의 기맥이 움직이고 마음이 일취(一趣)에 머무르지 않습니다. 그로 인해 기맥이 정수리에서 약동하고 다리에서 뛰는 것이 느껴지며, 단전에는 한 가닥 기(氣)가 있고 마음이 매우 산란하여 결코 조순(調順)하지 않고 적정(寂靜)하지도 않으며 전주일취(專注一趣)하지도 않는데, 그러면서 자칭 기맥이 통했다고 말합니다. 통하기는 어디로 통했다는 말입니까? 관 속으로 통해서 별수 없이 생사윤회 가운데 있겠지요. 부처님을 배운다는 사람들은 모두 언제나 주의해야 합니다. "전주일취(專注一趣)"가 정(定)이고 또 이치를 깨달을 수 있었다면 그것이 바로 정혜(定慧) "등지(等持)"이니, 그렇게 해야 "아홉 가지 마음의 머무름"이라고 일컫습니다. 아래에서는 다시 항목을 따라서 해석합니다.


## 마음을 붙들어 매어 내주하고 등주하게 하다

무엇을 내주라고 하는가.

云何內住.

---

"내주(內住)"는 일반적으로 말하는 신체 내부의 특정한 한 부분을 지키는 것이 아닙니다. 도가에서 구멍을 지키거나[守竅] 하거를 돌리고[轉河車], 밀종에서 기맥을 수지하는 것 같은 것이 아닙니다. 어떤 사람들은 원기(元氣)를 흘려 버릴 것이 두려워서 방귀도 함부로 못 뀌고 심지어

소변도 함부로 보지 못합니다. 무슨 수련인지를 이용해서 그것을 변화시켜야 한다고 말하는데, 이런 것들이 모두 여러분의 생명을 빼앗을 수도 있고 중독시킬 수도 있습니다. 세상에는 이런 부류의 수도(修道)가 아주 많아서 저에게 편지로 물어보는 경우가 왕왕 있는데 자못 번거로울 지경입니다. 특히 젊은 사람들이 이런 수도를 하다가는 자신을 완전히 망가뜨려 바른 길을 걸어가지 못하게 됩니다. 빌어먹을 짓이지요. 내주는 신체 내부에서 무엇을 하는 그런 것이 절대 아닙니다.

이것은 지(止)의 경계이고 사마타입니다. 그런 것이야말로 내주(內住)입니다. 평소 우리의 이 마음은 어지러이 흩어지고 바깥을 향해 내달립니다. 이런 일 저런 일로 일은 영원히 다 처리하지 못합니다. 말로는 이번 일만 다 끝내면 전심으로 수행하리라고 하지만 모두 핑계일 뿐이고 자신을 속이는 말입니다. 천하의 일은 죽음에 이르러도 끝이 나지 않습니다. 끝나지 않는 일들이 두 다리를 가부좌하고 두 눈을 감으면 곧바로 준비가 되어 있습니다. 사실 눈을 감을 필요도 없이 여기에 앉기만 해도 당장에 알게 됩니다. 온 대지가 가라앉고 있는데 나는 아직 끝나지 않았으니 조금만 천천히 가라앉으라고 말한들 그것이 가능하겠습니까?

**바깥의 일체 소연 경계로부터 그 마음을 거두어들여 단속하고 안에다 매어 두어 산란하지 않게 함을 말하는데, 이것은 맨 처음에 그 마음을 묶어 안에 머무르게 하고 밖으로 산란하지 않게 하니, 그러므로 내주라고 한다.**

謂從外一切所緣境界, 攝錄其心, 繫在於內, 令不散亂, 此則最初繫縛其心, 令住於內, 不外散亂, 故名內住.

일체의 반연심(攀緣心)과 산란심(散亂心)을 모두 내려놓아야 하는데, 과연 내려놓을 수 있습니까? 내려놓지 못하기 때문에 '거두어들여야

〔攝〕'합니다. 사진을 찍을 때 하나의 초점에 맞추듯이 마음을 거두어들여서 담아 버립니다. '단속하고〔錄〕'는 자신의 마음을 하나의 경계로 되돌아가게 하는데, 정토(淨土)를 예로 들면 하나의 불호로 되돌아가게 합니다. 이것은 일종의 방법입니다. 자신의 산란한 마음을 이 불호를 이용해서 "그 마음을 거두어들여 단속하고 안에다 매어 두는〔攝錄其心, 繫在於內〕" 것입니다. 한 가닥 줄처럼 붙들어 매어서 달아나지 못하게 합니다. 여기서 안〔內〕은 형용하는 말이지 신체의 내부가 아닙니다. 생각〔念〕을 한 점에 고정〔定〕시켜서 움직이지 못하게 하거나, 혹은 불호 한마디나 명점(明點)에 묶어 둡니다. 이렇게 마음을 붙들어 매면 마음은 더 이상 산란하지 않게 됩니다.

『서유기(西遊記)』에는 손오공이 이리 뛰어다니고 저리 뛰어다니는 모습이 묘사되어 있는데, 그는 능력이 대단하지만 여래불의 손바닥에 도달하자 더는 달아나지 못했습니다. 부처님의 손바닥은 진여(眞如)를 나타내는데, 심의식은 진여 본체로부터 달아나지 못합니다. 부처님의 손이 뒤집어지자 그를 손바닥 속에 제압해 버렸는데, 진여가 움직이면 곧바로 무명(無明)이며 이 마음은 무명에 의해 억눌러집니다. 지금 우리 모두는 손 원숭이이며 오행산(五行山) 안에 갇혀 있습니다. 이 몸이 바로 오행산이니, 우리는 영원히 거기에서 달아나지 못합니다. 오직 머리 하나만 겉으로 나와 있어서 배가 고프면 쇠구슬을 삼킵니다. 『서유기』에는 이렇게 묘사되어 있는데, 여래불이 부적 한 장을 손오공의 정수리에 붙이자 그는 달아나지 못하게 되었습니다. 부적에는 육자대명주(六字大明呪)가 적혀 있었습니다. 당승(唐僧)이 서역에 불경을 가지러 가는데, 관세음보살이 그에게 그 부적을 떼어 버리게 하자 원숭이는 곧 오행산에서 나오게 되었습니다. 하지만 곧 긴고아를 원숭이 머리에 다시 씌웠습니다. 보통 사람이 염불을 하고 타좌를 하면 당연히 번뇌가 찾아오는데,

타좌도 제대로 되지 않고 정(定)도 되지 않습니다. 마치 손오공이 주문이 걸린 긴고아를 머리에 쓴 것과 똑같습니다. 그렇기 때문에 "안에 머무르게〔令住於內〕"하고 산란해서는 안 됩니다. 이것을 "내주(內住)"라고 하는데, 초보적인 지(止)입니다.

---

무엇을 등주라고 하는가. 곧 최초에 묶어 둔 마음은 그 본성이 거칠게 움직이는 것이어서 아직 평등하게 머무르고 두루 머무르게 할 수 없기 때문에, 다음에는 곧 이러한 소연 경계에 대하여 상속 방편과 징정 방편으로 이를 꺾어 미세하게 하며 두루 거두어들여서 머무르게 함을 말하니, 그러므로 등주라고 한다.

云何等住. 謂卽最初所繫縛心, 其性麤動 未能令其等住遍住故, 次卽於此所緣境界, 以相續方便, 澄淨方便, 挫令微細, 遍攝令住, 故名等住.

---

정(定)과 혜(慧)가 서로 평등〔相等〕한 것이 바로 "등주(等住)"입니다. 여러분도 모두 약간의 경험이 있을 것입니다. 다들 몇 개월씩 타좌를 했지만 "그 본성이 거칠게 움직이는 것이어서〔其性麤動〕" 마음은 여전히 아주 거칩니다. 마음은 원숭이처럼 이리저리 뛰어다니고 여기저기 불쑥 솟구치는데, 어쩌다 사흘이고 닷새고 법당에 잘 앉아 있는가 하면 한 달새에 우연히 몇 분 동안 청정을 만나기도 합니다. 그렇지요? (동학이 대답하다: 약간 그렇습니다.) 그것만으로도 이미 조상의 위패 앞에 향 세 가닥을 피우고 그 큰 은혜에 감사해야 합니다. 조상이 몇 겁 몇 대에 걸쳐 덕을 쌓아서 된 일인지 모릅니다. 평소에 저 자리에 앉아서 타좌를 하는 여러분의 모습을 보면, 내심은 거칠고 조급하며 어지러워서 "아직 평등하게 머무르게 할 수 없으니〔未能令其等住〕" 즉 마음의 정혜(定慧)가 상등하게 그 자리에 정(定)할 수 없으니, "두루 머무르는〔遍住〕" 것은 더더

욱 해낼 수 없습니다. "두루 머무름"이란 행주좌와(行住坐臥)의 일상적인 동작과 시내에 나가서 일을 처리하고 근무하고 회의하고 심지어 말을 하는 모든 것이 정(定) 속에 있는 것입니다.

여러분이 해낼 수 있겠습니까? 해내지 못한다면 어떻게 합니까? 염불이건 공심정좌(空心靜坐)이건 하나의 경계를 대상으로 해야 합니다. 불법은 여러분에게 마음을 하나의 대상에 묶으라고(繫心一緣)만 말하는데, 그 방법은 여러분이 뛰어난 스승을 찾아내야 합니다. 어떤 방법이 "상속방편(相續方便)"일 수 있을까요? 때로는 눈먼 고양이가 죽은 쥐를 만나는 그런 경계를 연속해 나가면서 흔들리지 않고 유지하여, 행주좌와 즉 사무를 처리하고 길을 걸을 때에도 모두 이 경계에 있으면서 서로 이어서 끊어지지 않아야 합니다. 이 속에 방편이 있습니다. 방편은 방법인데, "징정 방편(澄淨方便)"은 물 한 그릇 차 한 잔처럼 여러분이 그것을 천천히 맑아지게(澄淸) 해야 합니다. 이런 방편이 있어야 하고 더욱이 각종 방편을 잘 배합해야 합니다. "이를 꺾어 미세하게 하며(挫令微細)"에서 이 '좌(挫)' 자는 하나의 사물을 잘게 깨트리고 천천히 깨트려서 미세하고 매끈거리게 만드는 것으로, 현장법사는 경전을 번역하면서 심사(心思)를 다 썼음을 알 수 있습니다. "두루 거두어들여서 머무르게 하니(遍攝令住)" 즉 이 마음을 거두어들이되 그 속에 상속(相續)과 징청(澄淸)의 방법이 있어야 합니다. 이렇게 해야 "등주(等住)"라고 하는데, 이제 막 정주(定住)한 마음이 또다시 한 걸음 더 나아갔다고 하겠습니다.


## 두려운 무기업의 과보

여러분이 타좌하는 것을 보면 어떤 사람들은 눈을 힘주어서 뜨고 있습니다. 마치 황금이 땅에 떨어져서 어디론가 달아나 버릴까 크게 두려워하는 그런 모습입니다. 그것은 마음을 하나의 대상에 묶는 것이 아니라 여전히 몸으로 수련하는 것입니다. 억지로 신경을 피로하게 만들어서 몸이 마치 정주(定住)하는 것처럼 느껴지지만 그것은 옳지 않습니다. 눈 귀 코 혀 몸 뜻에 뇌 신경의 피로까지 더해서 곧 쉬고 싶고 고요히 멈추고[定] 싶어지지만, 그것은 결코 정(定)이 아닙니다! 그것은 무기주(無記住)이며 업과가 참으로 두렵습니다.

저는 오늘 신중하게 여러분에게 이야기하려고 합니다. 모든 경전과 모든 유식학자조차 자세히 말하지 않았기 때문입니다. 또 오늘 갑자기 어떤 사람이 이 문제를 질문했기 때문이기도 합니다. 그래서 저도 여러분에게 유식학의 설법을 말씀드려야겠다고 생각했습니다.

유식학은 사람의 업의 성향[業性]을 세 가지 즉 선(善), 악(惡), 무기(無記)로 나눕니다. 사람들이 유식학을 이야기할 때면 선과 악은 아주 자세히 말하면서 무기는 그리 상관하지 않습니다. 실제로 자성은 형이상의 본체로 선도 없고 악도 없으며[無善無惡] 선도 아니고 악도 아닙니다[非善非惡]. 일반적으로 말하는 이른바 선악은 후천적 자성의 작용에 대해서 말하는 것입니다. 그런데 후천적인 어느 한 작용이 그 무엇보다 굉장하니, 바로 선악 사이의 무기입니다. 일체중생은 모두 선, 악, 무기의 세 가지 성향[三性]을 동시에 지니고 있습니다. 이른바 정(定)을 수행하고 혜(慧)를 수행하려면 무기를 없애 버려야 합니다. 무기의 원리는 무명(無明)입니다. 『능엄경(楞嚴經)』에서 말하기를 "원래 밝은 성품이 비추어 대상이 생겨나고, 대상이 생겨나고 나면 비추는 성품은 사라지네[元明照生所, 所立照性亡]"라고 했는데, 무기는 어두운 면으로서 우둔하고 완고하여 융통성이 없고 전혀 깨닫지 못하는 상태입니다. 바로 무명이기도 합니다.

무기(無記)에 관해서 여러분은 반성해 봐야 합니다. 책을 읽었는데 기억하지 못한다면 그것이 바로 무기입니다. 어떤 사람은 타고난 정력(定力)과 뇌력(腦力)이 부족한데, 그 원인이 전생의 무기업의 과보입니다. 무기는 실념(失念)과 거의 불가분입니다. 어떤 사람은 무엇을 배우더라도 성공하지 못합니다. 어떤 책을 보더라도 진도를 나가지 못하고 더욱이 기억을 못 합니다. 모조리 무기입니다. 그런 까닭에 사람의 일생의 행위는 선을 행하든 악을 행하든 모두 무기 속에 있습니다. 정(定)을 수행해도 정에 머무르지 못하는 것도 무기이니, 일체가 모두 무기 속에 있습니다. "종일 멍하니 취중 꿈속에 있으면서[終日昏昏醉夢間]" 한평생을 보냅니다. 그래서 사람은 늙을수록 더 무기가 심해서 어떤 것이든 다 잊어버립니다. 내세에 다시 환생해도 또다시 어리벙벙하게 스스로 주인이 되지 못하는 사람이 되는데, 모두 업력의 과보를 받은 것이 옮겨진 까닭입니다.

왜 아라한은 정(定)에 들면 오백생의 일을 알 수 있습니까? 대보살은 정에 들면 오백생(팔만겁이라고 말하기도 한다) 이전의 일을 압니다. 왜 숙명통(宿命通)을 지닙니까? 그의 자성에는 무기가 없어졌기 때문입니다. 자성은 태양과 같으니 태양 빛은 본래 각처를 두루 비춥니다. 그렇지 않습니까? 그런데 산이나 높은 빌딩이 가로막으면 명확하게 보이지 않습니다. 그늘이 있기 때문이니, 이 그늘이 바로 무기입니다. 그러므로 정력(定力)이 부족하고 지혜가 부족한 것은 여러분 모두가 무기업력의 범위 안에 있기 때문입니다.

제가 이렇게 입을 열고 크게 말씀드리는 것은 이전 사람들이 이야기한 적이 없으며, 무기의 심각성에 대해서도 이렇게 강조한 사람이 아무도 없기 때문입니다. 우리는 책도 읽고 열심히 노력도 하지만 대다수는 무기 속에서 열심히 노력하고 있으니 어떻게 제대로 하겠습니까? 구주심

(九住心)이 "등주(等住)"에 도달했을 때 "징정 방편"이 생겨나고 비로소 무기가 서서히 없어지기 시작합니다. 그런 까닭에 정(定)을 이룬 사람은 반드시 혜(慧)를 일으킵니다. 지혜의 광명이 열리고 무기가 제거되기 때문입니다. 무명이 없어져 버리면 그것이 바로 명(明)으로, "광명이 고요히 비추어 온 세계를 두루 비춥니다[光明寂照遍河沙]." 그러므로 하나의 법[一法]을 알지 못하고, 하나의 이치[一理]를 알지 못하고, 하나의 일[一事]을 알지 못하는 사람은 무기(無記)와 무명(無明) 속에 있게 됩니다. 저는 여러분이 열심히 노력하기를 바랍니다. 자신이 아무것도 좋아하지 않는다고 생각하지 마십시오. 교리도 보기 귀찮아하고 오로지 타좌만 하려고 하면서 그것이 바로 수행이라고 여기게 됩니다. 여러분의 타좌는 어떤 것입니까? 여러분이 수행하는 것은 무기입니다. 그렇기 때문에 특별히 주의해야 합니다. 수행은 교리와 결합시켜야 합니다.

## 마음이 안주하고 근주하고 더욱 조순해야

무엇을 안주라고 하는가. 만약 이 마음이 비록 다시 이와 같이 내주하고 등주하였으나, 그 정념을 잃어버리고 밖으로 산란함으로 말미암아 다시 거두어들여 내경에 안치하는 것을 말하니, 그러므로 안주라고 한다.

云何安住. 謂若此心雖復如是內住·等住, 然由失念, 於外散亂, 復還攝錄安置內境, 故名安住.

이것은 마음의 여정을 이야기하는 것으로 수련 과정 중의 심리 상황입니다. 무엇을 "안주(安住)"라고 합니까? 이조 신광(神光)은 달마조사를 만나자 "스승께서 마음을 편안하게 해 주십시오[乞師安心]"라고 했는데,

안심(安心)은 참으로 어렵습니다! 이조의 수련이 여러분보다 훌륭하지요? 학문도 여러분보다 훌륭하지요? 그런데도 그는 이 마음을 편안하게 할 수 없다고 말했습니다! 설령 안심(安心)과 안주(安住) 이 두 단계의 수련을 이루어 냈다 치더라도, 이 경계에 도달했어도 노력하지 않으면 곧바로 정념을 잃어버리게 됩니다. 그러므로 여러분이 염불을 하든 명점을 관하든 백골을 관하든, 설사 소연(所緣) 경계를 관하기 시작하더라도 그 경계는 이 초에 불과합니다! 그 나머지 시간은 모조리 정념을 잃어버리는 중에 있습니다. 그렇지요? 제 말이 억울하지는 않지요? 모두가 정념을 잃어버리는 중에 있으며 모두가 무기(無記) 가운데 있습니다. 정념을 잃어버림으로 말미암아 밖으로 산란하기 때문에 수시로 방편을 써서 마음을 도로 거두어들여 소연 경계에 고정[定]시켜야 합니다. 혹은 불호를 외우고 혹은 명점을 관하거나 백골을 관하고 혹은 안나반나를 수행하여, 바로 이렇게 심일경성에 있게 하기 때문에 "안주라고 하는 것이니" 이것이야말로 안주입니다.

---

무엇을 근주라고 하는가. 저가 먼저 마땅히 여시여시하게 가까이 염이 머물러야 할 것이니, 이러한 염으로 말미암기 때문에 자주자주 작의하여 그 마음을 안에 머무르게 하며 이 마음이 멀리 바깥에 머무르지 않게 함을 말하니, 그러므로 근주라고 한다.

云何近住. 謂彼先應如是如是親近念住, 由此念故, 數數作意, 內住其心, 不令此心遠住於外, 故名近住.

---

무엇을 "근주(近住)"라고 할까요? 이것은 학리(學理)적 명사입니다. 그렇기 때문에 여러분은 유(儒) 불(佛) 도(道) 삼교에 통해야 합니다. 그러면 간단해집니다. 『삼자경(三字經)』에는 "사람이 처음에는 성품이 본

디 착하여, 성품은 서로 가까우나 습관은 서로 멀다〔人之初, 性本善, 性相近, 習相遠〕"라고 하여 성근습원(性近習遠)이라고 했습니다. 사람의 본성은 본래 청명하니 바로 근주(近住)입니다. 하지만 습기(習氣)가 많을수록 본성의 청정한 면을 더 멀리 떠납니다. 그래서 공자는 성품이 본래 눈앞에 있음을 일찌감치 알았습니다. 자성은 본래 가깝지만 습기로 인해 서로 멀리 떨어져 있고 습기에 덮여 버렸기 때문에 갈수록 멀어지고 광명이 없어집니다. 근주는 "성품은 서로 가까움〔性相近〕"의 이치이기도 합니다. 그러므로 항상 '지(止)'를 닦아 정념(正念)이 내주(內住)해야 합니다. 이것은 의식의 경계에서 스스로 그 뜻을 청정하게 하는 수지로서, 마음이 바깥으로 흐트러지게 해서는 안 됩니다. 그렇기 때문에 근주라고 합니다.

---

무엇을 조순이라고 하는가. 갖가지 상이 마음을 산란하게 하는데, 소위 색성향미촉상 및 탐진치남녀 등의 상이니, 그러므로 저가 먼저 마땅히 저 모든 상을 취하여 과환의 생각으로 여겨야 할 것이며, 이와 같은 생각의 증상력으로 말미암기 때문에 저 모든 생각에 대하여 그 마음을 꺾어 버려서 떠돌아다니며 흩어지지 않게 함을 말하니, 그러므로 조순이라고 한다.

云何調順. 謂種種相令心散亂, 所謂色聲香味觸相, 及貪瞋癡男女等相, 故彼先應取彼諸相爲過患想, 由如是想增上力故, 於彼諸想, 折挫其心, 不令流散, 故名調順.

---

후세에 수행하는 사람들은 명청(明淸) 이후 현재까지 선종에서 화두를 참구하는 사람, 참선하는 사람, 불호를 외우는 사람 등 참으로 많습니다. 그러나 제가 수십 년을 봐 왔지만 어느 종파를 수행하든 성공한 사람은 몇 명 되지 않습니다. 왜 그럴까요? 수행하지만 이치에 통하지 않

기 때문이니 교리(敎理)에 통하지 않았습니다. "종에 통하고 교에 통하지 않으면 입만 열면 도를 어지럽히고, 교에 통하고 종에 통하지 않으면 애꾸눈의 용에 비유한다〔通宗不通敎, 開口便亂道, 通敎不通宗, 好比獨眼龍〕"라고 했습니다. 애꾸눈의 용이라고 말한 것은 그래도 점잖은 편이고, 눈먼 용에 비유했다면 눈먼 용을 어디에다 씁니까? 그러므로 어느 종을 수행하든 상관없이 먼저 교리를 제대로 통하고 문자를 모두 이해해야 합니다. 여러분도 자신은 정말로 이해했다고 생각합니다. 이 문자는 아주 이해하기 쉽습니다. 그렇지요? (동학이 대답하다: 그렇습니다.) 사실은 모두 이해하지 못했습니다. 원인이 어디에 있을까요? 여러분은 정성스레 마음을 써서 들여다보지 않았습니다. "무엇을 조순이라고 하는가〔云何調順〕"라는 이 구절은 문장을 한 번 읽기만 해도 이해가 됩니다. 그렇지요? 이해했다고 생각하고 단숨에 넘어가 버립니다. 하지만 타좌를 해도 제대로 안 되는 것은 참으로 이해하지 않았기 때문입니다.

　여러분이 자기 자신을 점검한다면 "색성향미촉상(色聲香味觸相)"을 보고서 틀림없이 자신에게는 이런 모습이 없노라고 말할 것입니다. 자신은 나가지도 않고 꾸미지도 않기 때문입니다. 하지만 어떤 사람이 타좌를 하는데 앞에 신발이 제대로 잘 놓이지 않은 것을 보면 여러분은 곧 좌불안석이 됩니다. 그것은 상(相)이 아닙니까? 신발은 상(相)이 아닙니까? 저 문이 제대로 닫혀 있지 않아도, 다른 사람의 좌석이 제대로 놓여 있지 않아도 그것을 본 여러분의 마음속에는 번뇌가 한가득입니다. 그것은 상이 아닙니까? 어떤 사람이 기침을 하거나 혹은 옆자리에서 방귀를 뀌어도 여러분은 금방 자리에 머물러 있지 못합니다. 그것은 상이 아닙니까?

　색성향미촉법, 즉 바깥의 경계〔外境〕가 움직이기만 하면 흔들리지 않는 사람이 아무도 없습니다. 문장을 보고 이해했다고요? 보고 이해하는 것이 무슨 소용 있습니까? 경전의 문자를 누구는 보고 이해하지 못합니까? 중국 글자를 아는 사람이면 누가 보고 이해하지 못하겠습니까? 여러분 스스로 반성해 보십시오. 생각해 본 적 있습니까? 그렇기 때문에 마음을 조순하지 못하는 것입니다. 특히 여러분은 단체 생활을 하기 때문에 이것이 틀렸다 저것이 틀렸다 하면서 모두가 번뇌 속에 있습니다. 여러분은 이미 조순했다고 말하지만 자신을 속이고 남을 속여서는 안 됩니다. 게다가 날마다 탐진치 속에 있고 남녀상은 더더욱 사람의 마음을 어지럽게 합니다.

부처님이 세상에 계실 때 부처님 제자들은 부처님의 개시(開示)를 듣기만 하면 어떤 사람들은 당장에 아라한과를 증득했습니다. 어떤 사람들은 칠 일 또는 이십일 일간 수지하고 곧바로 증과했습니다. 왜 우리는 수십 년을 했는데 아직도 증과하지 못했을까요? 모두 자기 마음의 움직임〔心路〕을 자세히 들여다보지 않기 때문입니다. "먼저 마땅히 취하여〔先應取〕"는 무엇을 취하는 것입니까? 요즘 말로 하면 자기 심리 속의 가장 무거운 나쁜 습기(習氣)를 골라내어, 자신이 쫓아 버린 외상(外相) 즉 그런 종류의 근심거리인 심리 문제를 끄집어 내어 그것을 깨끗하게 씻는 것입니다. "이와 같은 생각의 증상력으로 말미암아〔由如是想增上力故〕" 작의해서 자신이 정(定)하지 못하는 원인을 점검해야 합니다. 도적을 찾는 것과 똑같아서 군사를 거느리고 비적을 토벌할 때에는 먼저 이 토비의 두목을 잡고 나서 봅니다. "저 모든 생각에 대하여〔於彼諸想〕" 즉 상에 집착하는 일체의 마음에 대하여 "그 마음을 꺾어 버려서〔折挫其心〕" 즉 천천히 그것을 끊어 없애고 조금씩 조금씩 그것을 깨끗하게 억눌러서 "흩어지지 않게 하는〔不令流散〕" 것을 "조순(調順)"이라고 합니다.

어떤 사람은 말합니다. "저는 타좌를 하면 심념(心念)이 매우 심하게 산란합니다. 스승님, 방법을 가르쳐 주시지 않겠습니까?" 무슨 방법을 가르쳐 줍니까? 경전에서는 여러분에게 자신의 마음을 조순하라고 말했습니다. 왜냐하면 자신의 마음이 산란하기 때문입니다. 그런데 여러분은 자신의 마음에 묻지 않고 뭣 하러 저에게 묻습니까? 부처님께 물어보십시오. 부처님도 다른 방법이 없습니다. 부처님께서는 이미 여러분에게 이야기해 주셨습니다. 여러분은 왜 산란합니까? 이것은 "지금 염불하는 자가 누구인가〔念佛是誰〕"라는 화두로 끝낼 수 있는 것이 아닙니다. 염불하는 것은 나입니다! 무슨 화두를 더 참구해야 합니까? 수백 년간 선종은 본래 화두를 참구하지 않았습니다. "지금 염불하는 자가 누구인가"라는 화두 하나를 가지고 얼마나 많은 수행자를 매몰시켰는지 모릅니다. 염불하는 이가 누구입니까? 나입니다! 그러면 나는 누구입니까? 그러면 "나는 누구인가"를 참구하는 것이 좋지 않겠습니까? 한나절을 참구해도 나는 바로 나입니다! 사대(四大)가 아니라 의념(意念)이 있는 곳이 바로 나입니다. 그래서 후세의 프랑스 철학자 데카르트는 "나는 생각한다 고로 나는 존재한다"고 말했습니다. 나는 생각하고 그것이 바로 나입니다. 그런데 생각하지 않는〔無思〕 그것 역시 나입니다! 나는 생각하지 않고 있습니다. 이 화두도 참구해야 할까요? 선종, 불교가 쇠락하는 것도 탓할 수 없습니다.

참 화두는 경문의 교리〔經敎〕이니, 경문의 교리야말로 화두입니다. 『유가사지론』이 여러분에게 말하는 것이 바른 길입니다. 조순(調順)해야 합니다. 수행은 먼저 자신의 마음을 조순해야 합니다. 이것은 아주 다양하게 나타나는데, 여러분이 화를 내는 것은 진심(瞋心)에 속하고 깨끗함을 사랑하는 것은 탐진(貪瞋)에 속합니다. 책 보기를 좋아하는 것 역시 탐(貪)에 속하는 등 곳곳에서 찾아볼 수 있습니다. 여러분에게 탐심이 없었다면 여기까지 올 필요도 없이 벌써 피안으로 갔을 것입니다. 사람들은 모두 탐진치 등의 습기를 지니고 있습니다. 이런 습기들을 조순하고 난 뒤라야 적정할 수 있습니다.

## 적정 다시 적정

무엇을 적정이라고 하는가. 갖가지 욕·에·해 등의 모든 나쁜 심사와 탐욕
개 등의 모든 수번뇌가 있어서 마음을 요동케 하니, 그러므로 저가 먼저 마
땅히 저 제법을 취하여 과환의 생각으로 여겨야 할 것이며, 이와 같은 생각
의 증상력으로 말미암기 때문에 모든 심사 및 수번뇌에 대하여 그 마음을
그치고 쉬어 떠돌아다니며 흩어지지 않게 함을 말하니, 그러므로 적정이라
고 한다.

云何寂靜. 謂有種種欲恚害等諸惡尋思, 貪欲蓋等諸隨煩惱, 令心擾動, 故彼先應
取彼諸法爲過患想, 由如是想增上力故, 於諸尋思及隨煩惱, 止息其心, 不令流散,
故名寂靜.

마음이 고요해지는 것이 "적정(寂靜)"입니다. 각종 탐욕과 진에(瞋恚)
와 뇌해(惱害) 등의 마음은 모두 "마음을 요동케 하는(令心擾動)" 것입니
다. 우리 사람은 하루 스물네 시간, 바르지 않은 생각이 악상(惡想)이고
바르지 않은 심사(尋思)가 악사(惡思)입니다. 다들 자신의 매일의 심리
와 생각을 점검해 보십시오. 스물네 시간 중에 좋은 생각이 얼마나 됩니
까? 모두 재(財) 색(色) 명(名) 식(食) 수(睡)의 작은 오개(五蓋)에 의해
가려져 있습니다. 그 외에도 수많은 수번뇌가 여러분의 마음을 쉽게 흔
들리게 합니다. 그러므로 먼저 심리에서 이런 악법들을 이해해야 하며,
그런 후에 마음이 이런 경계를 따라서 변하지 않게 해야 합니다.

"저는 이미 출가를 해서 매일 띳집에 살고 있으며 텔레비전도 보지 않

고 명예도 추구하지 않으며 이익도 추구하지 않으니 바깥 대상[外境]은 저와 아무 상관이 없습니다!"라고 말한다면, 자만하여 남을 무시하고[貢高我慢] 제 분수도 모르고 높은 곳만 바라보는[好高騖遠] 당신의 그 심사(心思), 스스로를 옳다고 여기는 그 마음이 바로 악법입니다. 그렇기 때문에 한 걸음 한 걸음 "스스로 그 뜻을 깨끗이 해야[自淨其意]" 합니다. 의식에서부터 스스로 깨끗이 함[自淨]을 수행하고 배워야 합니다. 대승소승을 불문하고 이 한 구절이 참 불법이니, "스스로 그 뜻을 깨끗이 하는 것이 모든 부처님의 가르침입니다[自淨其意, 是諸佛敎]." 삼세 일체불의 교화입니다. 마음이 떠돌아다니며 흩어지지 않고 산란한 마음이 유주(流注)하지 않음에 도달해야 적정(寂靜)이라고 합니다.

조금 전에 여러분에게 무기(無記)의 심각성을 언급했지만, 여러분은 단지 선악만 알고 있고 여러분이 저지른 나쁜 짓은 기억하지 않습니다〔無記〕. 대다수 동학들이 다 그렇습니다. 여러분에게 일을 시키고 처리하게 한 것은 모두 여러분을 관찰하기 위해서였는데, 열이면 열 모두 무기(無記)에 떨어졌습니다. 앞에서 처리하고 뒤에서 잊어버립니다. 물건을 여기에다 늘어놓고는 모두 잊어버리거나 심지어 모르고 있습니다. 제 물건을 여기에 뒀는데 여러분이 약간이라도 건드리면 저는 단번에 알아차립니다. 왜 여러분은 제가 알아차리지 못하도록 하지 못합니까? 그것은 여러분이 기억하지 못해서〔無記〕 손 가는 대로 하기 때문이니, 손 가는 대로 하는 것이 바로 무기입니다. 일 처리도 그렇게 하고 경문을 외우는 것도 그렇게 하고, 제가 여러분처럼 그렇게 공부했다면 일찌감치 끝났을 것입니다. 지금 제가 써먹는 것은 대부분 어린 시절에 공부하고 외운 것들입니다. 역사에서 일어난 수많은 사건도 제 나이 열두 살에 외웠습니다. 지금도 책을 읽으면 마찬가지입니다! 중요한 것을 보면 심념이 고요해지고 스스로에게 외워야 한다고 하면 곧바로 외워집니다.

제 아버지가 저를 가르치실 때에 이렇게 말씀하셨습니다. "책을 읽으면 장(藏) 속까지 기억해야 한다." 당시 저도 이해하지 못했고 제 아버지도 아마 이해하지 못하셨을 것입니다. 분명 이전의 아버지 선배가 그렇게 가르쳤고 아버지 역시 저에게 그렇게 가르치셨을 것입니다. 나중에 커서 공부하고 난 후에 비로소 알게 되었습니다. 그 말은 불법에서 나온 말이었고 제팔 아뢰야식인 장식(藏識) 속까지 외우라는 뜻이었습니다. 마음이 고요해지면 외우려고 할 필요가 없습니다. 고요해진 이 경계가 정(定)하기만 하면 정주(定住)한 후에는 잊어버리지 않게 되고 제팔 아뢰야식에까지 기억됩니다. 여러분처럼 그렇게 죽어라 외운다면 숨이 끊어지도록 외워도 아무 소용없습니다. 산란심으로 외우기 때문입니다. 그렇기 때문에 무기(無記)의 이치를 분명히 알아야 합니다.


## 무엇이 정념을 잃어버림인가

---

무엇을 최극적정이라고 하는가. 정념을 잃어버렸기 때문에 곧 저 두 가지가 잠시 현행할 때에, 생기는 바에 따라 모든 나쁜 심사 및 수번뇌를 차마 받지 않고, 찾으면 끊어 버리고 없애 버리고 변화시켜 토하는 것을 말하니, 이런 까닭에 최극적정이라고 한다.

云何名爲最極寂靜. 謂失念故, 卽彼二種暫現行時, 隨所生起諸惡尋思及隨煩惱, 能不忍受, 尋卽斷滅除遣變吐, 是故名爲最極寂靜.

---

어렵지요! 이 문자들은 이해하기 쉽지 않으니 여러분도 유의해야 합니다. 장차 불법을 널리 펼치고 스스로 성취하고 싶어 하면서 교리 연구를 내키지 않아 하면 여러분에게 성취가 있을 수 있겠습니까?

범부가 범부인 까닭은 정념(正念)을 잃어버렸기 때문입니다. 자성이 본래 청정하다는 이 이론은 모두가 다 알고 있습니다. 문제는 일반적인 학불자가 자성이 본래 청정하니 수행할 필요가 없다고 여기는 것입니다. 선종의 교육법은 방할(棒喝)²³ 따귀〔耳光〕인데, 그는 여전히 깨닫지 못하고 계속해서 말합니다. 본래 청정한데 여러분에게 말하라고 하겠습니까? 그런 까닭에 부처님께서는 마지막에 "말할 수 없는 것〔無法可說〕"이라고 말씀하시고 그저 꽃을 집어 드셨을 뿐이었습니다. 본래 말할 수 없는 것입니다. 말할 수 없는 것인데 여러분은 법을 말하고 자성이 본래 청정하다고 말하니, 무엇을 말한 것입니까? 가섭은 깨닫고 곧바로 미소를 지었습니다. 그러니 여러분은 분수도 모르고 잘난 체하며 자성이 본래 청정하며 나도 깨달았다고 말해서는 안 됩니다. 여러분이 깨달았다고요? 여러분은 총명이 오히려 총명에 의해 그르치게 되었습니다! 실제로 여러분은 무엇 때문에 청정하지 못합니까? "정념을 잃어버렸기〔失念〕"때문이니, 자성이 청정하다는 이 염(念)을 잃어버린 것입니다. 아시겠습니까?

이른바 "두 가지가 잠시 현행한다〔二種暫現行〕"는 것이 말하는 바는, 우리의 습관은 아뢰야식이 가져온 종자인데 생각〔思想〕과 심사(尋思)를 좋아한다는 것입니다. 다들 스스로에게 일 초간 아무 생각도 하지 말라고 해 봤자 불가능합니다. 그렇지요? 습관성 종자인 종성(種性)이 가져온 심사(尋思) 때문입니다. 한편으로는 생각하고 있으면서 생각하는 중간에 번뇌가 일어납니다. 오늘 돈이 약간 없어졌으니 내일 이 사람은 나

---

23 말로 표현할 수 없는 직접 체험의 경지를 나타낼 때, 또는 수행자를 꾸짖거나 호통을 칠 때, 주 장자를 세우거나 그것으로 수행자를 후려치는 것을 방(棒)이라 하고, 그러한 때 토하는 큰 소리를 할(喝)이라 한다.

를 볼 면목이 없을 거야. 그런 다음에는 어린 시절에 아무개와 싸웠던 것이 생각납니다. 그 녀석은 참 나쁜 놈이었어. 이것이 바로 두 가지인 심사와 번뇌입니다. 이것은 아뢰야식 종성의 어두운 면이 가져온 습관인데, 청정의 본념(本念)을 잃어버렸기 때문입니다.

여러분은 이번 생에 수지를 시작했기 때문에 비록 자성이 본래 청정함을 알고 있어도 청정해질 수 없습니다. 현행이 청정할 수 없는 것은 종자가 현행을 낳기 때문이니, 여러분의 종성이 이와 같습니다. 종성을 어떻게 볼 수 있습니까? 사람은 얼굴의 상(相)이 모두 다르기 때문에 얼굴의 상을 보기만 해도 알 수 있습니다. 어떤 사람은 얼굴에 흉상(凶相)을 지니고 있는데, 눈에는 사나운 빛을 띠고 모자를 삐딱하게 쓰고 옷은 아무렇게나 입습니다. 그런 다음에 입술도 일그러뜨리고 눈도 흘겨보고 있으니, 한눈에 그 사람의 얼굴에 나타난 업성 종자를 알 수가 있습니다. 장난꾸러기는 온 얼굴이 장난꾸러기상이고, 거짓 총명은 온 얼굴이 거짓 총명상입니다. 이 상(相)이 어떻게 변하겠습니까? 과거 업력의 종자와 종성이 형성한 것으로서, 이번 생에 현행을 일으켜서 표현되어 나왔습니다. 여러분의 심리에 영향을 주는 어떤 종류의 나쁜 생각〔念頭〕이 아주 심하면, 현행이 거기에서 아주 무겁게 표현되어 나오는 것입니다.

나쁜 생각이 많고 수번뇌가 많은 것이 "모든 나쁜 심사〔諸惡尋思〕"입니다. 스스로 인욕심(忍辱心)이 없는데도, 외부 경계에 대해서 인욕을 부지런히 수행하지 않습니다. 내재적 인욕 곧 종성이 가져온 습기에 대해서는 지혜로 끊어 버려야 합니다. 방법을 생각해 내서 이들 종성, 습기 안의 나쁜 생각과 수번뇌를 "없애 버리고 변화시켜 토하니〔除遣變吐〕" 즉 그것들을 변화시켜서 토해 버립니다. 그렇게 해야 "최극적정(最極寂靜)"에 도달할 수 있고, 그런 후라야 마음이 정(定)을 얻습니다.

여기 사용된 글자 하나하나는 모두 대충대충 적당히 된 것이 아닙니다. 현장법사가 번역할 당시 수백 명이 함께 모여 한 글자를 번역할 때마다 반복해서 토론했습니다. 요즘 사람들은 몇 년 영어 공부를 했다고 중국어도 제대로 못 하면서 불경을 영어로 번역합니다. 맙소사! 외국인들을 해치는 일에 밑천도 필요 없습니다. 제 학생 몇 명도 경전을 번역했는데, 하하하 큰 소리로 웃으며 말합니다. "모두 제가 번역을 잘했다고 했습니다!" 또 말합니다. "제가 스승님의 『능엄대의금석(楞嚴大義今釋)』을 그들에게 번역해 주었더니 기뻐했습니다! 제가 번역한 다른 경전은 그 외국인들이 봐도 이해하지 못했습니다." 그는 정말로 양심을 속인 채 오로지 돈 생각뿐입니다. 어떤 큰 거사, 큰 스님들은 돈을 들여 역경원(譯經院)을 세우고는 불교에 공헌한다고 말합니다. 공헌일까요? 지옥업과나 짓지 않으면 다행입니다.

제가 『능가경』과 『능엄경』을 백화(白話)로 번역할 때 감히 한 글자도 아무렇게나 번역하지 않으려고 전전긍긍했습니다. 불경의 번역은 한 글자 틀리면 오백 년간 여우의 몸으로 변하기 때문에 글자 하나하나가 매우 중요합니다.

## 흐름에 맡긴 채 자연스럽게 도에 들어가는 등지

무엇을 전주일취라고 하는가. 가행이 있고 공용이 있어서 부족함이 없고 끊임이 없어 삼마지가 서로 이어서 머무르는 것을 말하니, 이런 까닭에 전주일취라고 한다.

云何名爲專注一趣. 謂有加行, 有功用, 無缺無間, 三摩地相續而住, 是故名爲專注一趣.

전주(專注)는 모든 마음과 생각이 일념에 유주(流注)하는 것입니다. 가령 정토 염불을 하는 사람은 '일심불란(一心不亂)'을 말하는데, 교리로 말한다면 이 네 글자가 바로 "전주일취(專注一趣)"이니 이 길을 향해 나아갑니다. 여기에서는 여러분에게 난, 정, 인, 세제일법의 사가행을 수행하라고 말합니다. 여러분이 어떤 법문을 수행하든 상관없이 사가행은 떠날 수 없는 것입니다. 그런 까닭에 『현관장엄론(現觀莊嚴論)』이라는 또 다른 경전은 사가행의 이치에 오로지 치중했습니다. 과위를 증득하기 전에는 감히 정념을 잃지 않기만을 일념으로 생각합니다. "공용이 있어서[有功用]"는 날마다 수행에 힘써서 한순간도 중단하지 않음이니, 부족함이 없고 중간에 끊어짐도 없어서 행주좌와(行住坐臥) 어떤 상황에서도 이 삼마지에 있고 이 삼매정, 즉 일심불란의 경계에 있습니다. "서로 이어서 머무르는 것[相續而住]"은, 끊이지 않고 쭉 이어서 이 정의 경계에 있는 것을 해낼 수 있을 때, 교리상으로 전주일취라고 합니다.

---

무엇을 등지等持라고 하는가. 자주 닦고 자주 익히어 많은 수습으로 인연을 삼기 때문에, 가행도 없고 공용도 없이 흐름에 내맡긴 채 도에 들어감을 말하는데, 이 인연으로 말미암고 가행으로 말미암지 않으며 공용으로 말미암지 않아서, 마음의 삼마지가 흐름에 내맡긴 채 이어지며 산란으로 들어가지 않으니, 그러므로 등지라고 한다.

云何等持. 謂數修數習·數多修習爲因緣故, 得無加行·無功用任運轉道, 由是因緣, 不由加行, 不由功用, 心三摩地任運相續, 無散亂轉, 故名等持.

---

앞에서 불교에 유행하는 말을 이야기했는데 "종에 통하고 교에 통하지 않으면, 입만 열면 도를 어지럽힌다[通宗不通敎, 開口便亂道]"는 것입니다. 선종을 배우는 많은 사람들은 "지금 염불하는 자가 누구인가[念佛

是誰]"라는 한마디만 죽어라 참구하면서 조사들의 어록은 참구하지도 않습니다. 정토종을 배우는 사람들은 불호(佛號) 한마디면 충분하다고 생각하고 교리를 보지 않습니다. 정토 삼경[24]을 하나도 공부하지 않고『능엄경』「대세지염불원통장(大勢至念佛圓通章)」도 제대로 연구하지 않습니다. 불호 한마디면 일체를 포괄하고 일체를 개괄한다고 여기는데, 그것은 먼저 자신의 머리를 멍청하게 만드는 것입니다. 여러분은 무슨 종(宗)이든지 이해했습니까? 어떤 사람은 교(敎)에 통하고 종(宗)에는 통하지 않아서 참된 수지를 하지 않았는데, 불학을 아무리 잘 이야기한들 무슨 소용이 있습니까? 미륵보살은 여러분에게 등지(等持)를 "자주 닦고 자주 익히라[數修數習]"고 말합니다. 그렇게 천천히 노력해야 합니다.

십일층 선당을 예로 든다면 이번 학기에 여러분은 다리 수행을 하는데 먼저 가부좌를 익숙하게 해야 합니다. 심지(心地) 법문은 아예 여러분에게 이야기하지도 않았고 해내지도 못합니다. 여기에 삼 년을 있든 오 년을 있든 상관없이, 솔직히 말해서 어떤 사람이 심지 법문을 수행해서 전주일취(專注一趣)를 해낼 수 있겠습니까? 그것을 해내는 사람이 있다면 저는 바로 그에게 귀의할 것입니다. 여러분은 모두 다리 훈련을 하고 있을 뿐입니다. 하지만 다리 훈련도 괜찮습니다. 이것은 "자주 닦고 자주 익히는" 것에 속하기 때문입니다. 그럭저럭하게 여러분이 늘 연습하면 이 인연으로 말미암아 서서히 "가행이 없어도 됩니다[得無加行]." 사가행이나 다른 방법의 가행을 사용할 필요가 없습니다. 서서히 무공용도(無功用道)에 도달하는데, 즉 처음 시작할 때처럼 고생할 필요가 없이 자연스럽게 정혜(定慧) 청정의 경계에서 "흐름에 내맡긴 채 도로 들어갑니

---

24 정토 신앙의 근본 경전인『무량수경(無量壽經)』『아미타경(阿彌陀經)』『관무량수경(觀無量壽經)』을 말한다.

다〔任運轉道〕." 이때에는 번뇌와 망상이 찾아와도 즉시 사라져 버립니다. 선종 조사가 "뜨거운 화로에 눈을 뿌린다〔紅爐點雪〕"고 형용한 것과 같습니다. 겨울에 눈이 내려도 붉게 타오르는 화로 위에 떨어지면 곧 녹아 버리듯이, 번뇌와 망상이 여러분의 마음속에 이르면 없어져 버립니다. 법안 선사(法眼禪師)가 말했던 "끝내 서리 내린 밤 밝은 달이, 스스럼없이 앞개울에 비쳤구나〔到頭霜夜月, 任運落前溪〕"라는 그것이야말로 임운도(任運道), 무공용행(無功用行)이라고 합니다.

여러분도 알다시피 제전(濟顚) 화상은 개고기를 먹었는데 그는 임운도, 무공용행 가운데 있었습니다. 그는 곳곳에서 신통을 행했습니다. 그가 개고기를 먹고 술을 마신 것은 모두 신통의 공덕이었습니다. 여러분은 제전 화상이 아니니 절대 함부로 따라 해서는 안 됩니다. 무공용(無功用)에 도달하면 "흐름에 내맡긴 채 도로 들어갈〔任運轉道〕" 수 있습니다. 흐름에 맡김〔任運〕은 자재(自在)보다 더 대단합니다. 이 마음이 삼매에 머물러 있는데, "흐름에 내맡긴 채 이어지고〔任運相續〕" 조금의 산란과 혼침도 없어서 한편으로는 여전히 일을 하고 있습니다! 여전히 불법을 널리 펼쳐 중생을 이롭게 하고 있습니다! 모든 대사(大師)들은 크게 깨달은 후 세상에 나와서 불법을 널리 펼쳐 중생을 이롭게 했는데, 그것은 임운도(任運道) 가운데서 자연스럽게 변화한 것으로 무공용도(無功用道)입니다. 이것을 "등지(等持)"라고 합니다.

예부터 도를 깨달은 수많은 선종 조사들은 대부분 세상에 나와서 불법을 널리 펼쳐 중생을 이롭게 했습니다. 하지만 어떤 조사들은 성취하지 못했기 때문에 감히 움직이지 못했습니다. 공안(公案) 속의 그 할머니는 왜 암자를 불태웠을까요? 그 스님이 꼼짝도 하지 않았기 때문입니다. 정(定)의 경계에 있으면서 다리도 풀지 않았습니다. 그러자 노부인은 더 이상 공양하지 않고 불을 질러 암자를 태워 버리고 이렇게 말했습니다.

"내가 이십 년을 공양했는데 알고 보니 속물이었구나." 다시 말해 노부인이 공양한 그 스님은 철저하게 깨닫지 못해서 아직 무공용도(無功用道)에 이르지 못했던 것입니다.

## 여섯 가지 힘으로 구주심을 성취하다

이 가운데서 여섯 가지 힘으로 말미암아 비로소 아홉 가지 마음의 머무름을 성취할 수 있음을 알아야 하니, 첫째는 청문력이고 둘째는 사유력이며 셋째는 억념력이고 넷째는 정지력이며 다섯째는 정진력이고 여섯째는 관습력이다.

當知此中由六種力, 方能成辦九種心住, 一聽聞力, 二思惟力, 三憶念力, 四正知力, 五精進力, 六串習力.

수지를 해서 마음의 머무름〔心住〕에 도달하고자 하면 여섯 가지 힘이 있어야 합니다. 다시 말해 수행의 조건인 이 여섯 가지 힘에 대하여 여러분은 스스로를 비추어 보아야 합니다.

처음에는 청문력과 사유력 두 가지 힘으로 말미암아 자주 듣고 자주 생각하는 증상력 때문에 맨 처음에 마음이 내경에 머무르게 하고, 아울러 여기에서 상속 방편과 징정 방편으로 평등하게 두루 안주하게 하여, 이와 같이 안에 마음을 묶어 둔다.

初由聽聞思惟二力, 數聞數思增上力故, 最初令心於內境住, 及卽於此相續方便, 澄淨方便, 等遍安住, 如是於內繫縛心已.

첫 번째와 두 번째 단계가 바로 "청문력(聽聞力)"과 "사유력(思惟力)"입니다. 처음에는 선지식으로부터 경전의 교리를 듣습니다. 어떤 사람은 이렇게 말합니다. "그거 좋군요. 경전을 볼 필요 없이 스승님이 말씀하시는 것을 들으면 되겠네요." 경전을 보고 경전을 연구하는 것 역시 성문승의 청문력입니다! 교리를 많이 연구해야 합니다. 많이 듣고, 듣고 나서 생각하면 연구하지 않을 수 없습니다. 듣고 생각하지 않으면 무슨 소용이 있습니까? 저는 여러분의 일기를 보고 여러분의 국어 실력은 일찌감치 파악했습니다. 그래서 시험은 면할 수 있었습니다. 하지만 여러분이 수업을 듣는 것은 문제가 있습니다. 아무리 들어도 헛들은 것이요 아무리 격려해도 헛수고이며 욕을 해도 헛것이니, 어쨌든 부동지(不動地)[25]에 이르렀습니다. 그러지 않다면 왜 듣고 나서도 법대로 실행하지 못합니까? 그 이유는 여러분이 듣고 나서도 사유하려 들지 않기 때문입니다. 연구하지 않고 문(聞) 사(思) 수(修) 하지 않으며 경전의 교리를 보지도 않습니다. 대장경(大藏經) 여러 권을 펼쳐 놓고도 생각하지 않고 수행은 더더욱 하지 않습니다. 문사수혜(聞思修慧)는 필연적인 과정이니 청문(聽聞)과 사유(思惟) 두 힘으로부터 수행해 가야 합니다.

여러분도 듣고 생각하기는 하지만 여러분의 생각은 아무렇게나 생각하는 것입니다. 제 마음속에도 나름대로 계산이 있습니다. 저는 매주 여러분의 일기를 보는데, 여러분은 일기를 쓸 때 마땅히 참말을 써야 합니다. 여러분은 제가 그렇게 쉽게 속아 넘어가리라고 생각하십니까? 일기 가운데 열에 한둘만 참말이고 십중팔구는 모두 거짓말이며, 심지어 어떤 거짓말은 쓰기도 귀찮아서 겨우겨우 쓴 것입니다. 제가 여러분의 일

---

25 십지 보살(十地菩薩)의 여덟 번째 단계로서, 흔들림 없는 보살의 경계를 말한다. 모든 것에 집착하지 않는 지혜가 끊임없이 일어나 번뇌에 동요하지 않는 단계이다. 여기에서는 수업을 아무리 들어도 동요하지 않고 생각하지 않는다는 의미로 사용되었다.

기를 보는 것은 일기를 쓰는 마음을 보는 것입니다. 자신의 총명을 가지고 장난쳐서는 안 됩니다. 그런 총명을 가지고 장난치면 칠수록 여러분의 업과가 더 무거워집니다. 다음 생에 태어나면 바보이거나 어쩌면 바보 중에서도 나쁜 놈이 될 수 있습니다. 이런 종자를 심어서는 큰일 납니다! 오로지 지극한 성실과 바른 마음이 있어야 도량이라고 할 수 있습니다. 삐뚤어진 심리를 가지고 세상을 떠도는 것으로 말하면 여러분은 저에게 미치지 못합니다. 저를 따라 그런 짓을 할 필요 없습니다. 여러분이 열심히 하는지 아닌지는 점검할 필요도 없이 분명히 알 수 있습니다. 여러분의 그 얼굴 모습, 걸음걸이, 무슨 말을 하는지, 무슨 일을 하는지만 봐도 잘 알 수 있습니다.

참된 수행, 일념으로 하는 바른 수행이라면 신체 내부와 외면이 즉시 변화합니다. 그저께 채(蔡) 선생과 길을 가다가 그에게 십일층 선당에 가서 타좌를 하라고 말했더니 제 말이 떨어지기가 무섭게 선당으로 올라가서 타좌를 시작했습니다. 그는 자신의 몸 내부가 이미 엉망이라는 것을 알고 있었습니다. 그의 몸은 젊은 여러분과는 달라서 두드려도 깨울 수 없는 상태입니다. 그렇기 때문에 경전의 교리를 들으면 생각[思]하고 증험을 구했습니다[求證]. 문사수(聞思修)를 제대로 해내지 못하면 자신의 심리에서 그것을 일종의 힘으로 변화시켜서 문사수를 기어이 해내고야 말았습니다. 담배나 술에 중독된 것처럼 말입니다. 이것이 심리적인 힘이 되었습니다.

문사수의 힘은 이런 것입니다. 우리처럼 나이 많은 사람들이 책을 볼 것 같으면, 설령 가장 바쁜 때라 할지라도 매일 밤 책을 보고 진보를 구하지 않으면 잠을 잘 수가 없습니다. 정진(精進)을 구하는 욕망이 이처럼 강렬한 것입니다. 여러분은 이렇게 할 수 있습니까? 그렇기 때문에 청문(聽聞)하고 사유(思惟)해서 이 두 가지가 힘으로 변하게 해야 합니다. 다시 "자주 듣고 자주 생각하는[數聞數思]" 증상력으로 말미암아 "마음이 내경에 머무르게 하여[令心於內境住]" 서서히 수행의 습기를 기르고, 상속 방편과 징정 방편으로 "평등하게 두루 안주해야[等遍安住]" 비로소 이 마음을 안에 붙들어 매게 됩니다.

---

억념력으로 말미암아 자주자주 작의하고 그 마음을 거두어들여서 단속하여 산란하지 않고 안주하고 근주하게 한다.

由憶念力, 數數作意, 攝錄其心, 令不散亂, 安住近住.

---

이것은 세 번째 단계인 "억념력(憶念力)"입니다. 교리에 통하고 수행의 이치를 잘 알며 심력(心力)이 강해졌다면, 매 순간 수행에서 이 마음이 더 이상 말처럼 함부로 날뛰지 않게 됩니다. 그런 다음에는 정념을 잃지 않아서 낮에만 매 순간 자신의 뜻대로 할 수 있을 뿐 아니라, 꿈속에서도 매 순간 불법을 추구하고 있습니다. 산란하지 않고 정념을 잃지 않게 되었기 때문에 설사 꿈을 꾼다 할지라도 불법을 추구하고 있게 됩니다. 이것을 "안주하고 근주한다[安住近住]"고 하는데, 서로 가까우니 성품은 서로 가깝습니다.

---

이 이후로는 정지력으로 말미암아 그 마음을 조절하여, 모든 상에 대하여 모든 나쁜 심사와 모든 수번뇌가 떠돌아다니며 흩어지지 않게 하고 조순하여 적정으로 돌아간다.

從此已後, 由正知力, 調息其心, 於其諸相, 諸惡尋思, 諸隨煩惱, 不令流散, 調順寂靜.

---

이것은 네 번째 단계인 "정지력(正知力)"입니다. 이 마음은 수시로 그

뜻을 스스로 깨끗이 하여 마음속에 자신이 생기고 바르게 머물게〔正住〕
됩니다. 이 이후로는 수시로 정지(正知)함으로 말미암아 정지가 힘을 형
성하게 되고 매 순간 정지 속에 있습니다. 마음을 일으키고 생각을 움직
이는 매 순간 정지하여, 정념(正念)을 잃어버리지 않고 무기(無記)가 없
습니다. "그 마음을 조절하여〔調息其心〕" 즉 정지정견(正知正見)의 힘을
이용하여 자기 마음의 산란을 조복시키기 때문에, 일체의 외상(外相)과
"모든 나쁜 심사〔諸惡尋思〕"와 수번뇌가 일어나지 않게 되니, 이 마음이
조순(調順)하여 다시 적정(寂靜)으로 돌아갑니다.

---

정진력으로 말미암아 설령 저 두 가지가 잠시 현행할 때에도 차마 받지 않
고, 찾으면 끊어 버리고 없애 버리고 변화시켜 토하니, 최극적정 전주일취
에 도달한다.

由精進力, 設彼二種暫現行時, 能不忍受, 尋卽斷滅, 除遣變吐, 最極寂靜, 專注一趣.

---

　　다섯 번째 단계는 "정진력(精進力)"입니다. 정지력(正知力)으로 말미
암아 매 순간 정지가 눈앞에 나타나서, 정념(正念)을 잃어버리지 않고
정사유(正思惟)를 잃어버리지 않고 밤낮으로 정진합니다. 일시적이든
현행할 때든 말입니다. 예를 들어 지금 여러분은 모두 성격이 있고 제각
기 성격이 다릅니다. 이것은 종자가 가져온 현행의 업과(業果)로서, 이
업과를 변화시켜야 합니다. 잠시 현행하는 업과이든 아니든 상관없이
모두 받아들이지 않고 스스로 그것을 변화시켜야 합니다. 설사 잠시 우
연히 '현행'을 일으켰더라도 "찾으면 끊어 버리고 없애 버리고 변화시켜
토해야〔尋卽斷滅, 除遣變吐〕" 합니다. 그것을 내던져 버리고 그것을 없애
버리면 "최극적정(最極寂靜), 전주일취(專注一趣)"의 경계에 도달할 수
있습니다.

관습력으로 말미암아 등지가 원만함을 성취하니, 이와 같이 아홉 가지 마음이 머무른다.

由串習力, 等持成滿, 即於如是九種心住.

---

여섯 번째 단계는 "관습력(串習力)"이니, 어느 누가 감히 수행하겠습니까? 왜 여러분의 수행은 제대로 되지 않을까요? 원인은 '관습(串習)'이니, 그 때문에 성공하지 못합니다. 고대에 사용하던 동전은 한 꿰미씩 줄에 꿰었는데, 관습(串習)은 생각을 꿰어서 묶어 두는 것입니다. 가령 염불하는 사람이 낮에 정지정견을 지니고 산란심이 없는 것은 큰일이라고 할 수 없습니다. 밤에 꿈을 꿀 때 불호(佛號)가 없는 경계에 맞닥뜨리면, 여러분의 그 수련은 아무 쓸모가 없습니다. 꿈을 꾸고 있을 때 어떤 경계가 됐든 그래도 한마디 불호를 외울 수 있다면, 그런대로 자신이 생깁니다. 마지막으로 꿈도 없고 생각도 없음[無夢無想]에 도달했을 때 정념(正念)이 항상 있다면, 그러할 수 있다면 서방(西方)에 왕생할 것을 자신할 수 있습니다. 여러분은 자신이 해낼 수 있는지 검증해 봤습니까? 낮에는 선인상(善人相)을 가장하고 있지만 꿈속에서는 모두 마귀상(魔鬼相)입니다. 솔직히 말하면 꿈속의 그 본상(本相)이 모두 겉으로 드러나는데, 탐심을 지닌 사람은 더 심하게 탐합니다. 정견(正見)을 일으킬 수 있다는 것이 얼마나 어려운 일인지요!

사실 수행은 아주 간단한데 스스로를 시험해 보십시오. 스스로 마음을 일으키고 생각을 움직임에 있어서, 낮 열두 시간 중에 얼마나 정지(正知) 정념(正念) 속에 있는지를 시험해 보는 겁니다. 팥 한 줌과 검은콩 한 줌을 집어서 호주머니에 넣고 나쁜 생각이 일어나면 검은콩 하나를 꺼내는데, 밤이 되어 세어 보면 대부분이 검은콩이고 팥은 아주 적습니다.

하지만 서서히 바뀌어서 팥이 많아지고 검은콩이 적어지며, 마지막에 전부 팥이 되면 됩니다. 그런데 낮에는 내 뜻대로 할 수 있지만 밤에 꿈을 꿀 때는 여전히 믿을 수가 없습니다. 꿈속에서도 매 순간 이와 같을 수 있다면 비로소 초보 단계에 도달했다고 하겠습니다. 꿈도 없고 생각도 없는 때에 정지정견이 눈앞에 나타나면 그것이 바로 비구계입니다. 비구는 잠을 잘 때 일륜이나 월륜의 광명을 관(觀)하는데, 이 광명이 실제 광명은 아닙니다. 정념을 잃어버리지 않고 무기에 머무르지 않아야 비로소 성취의 희망이 있습니다. 이것을 구주심(九住心)이라고 하니, 계정혜의 하나의 이치입니다.

## 네 가지 작의로 구주심의 정을 수행하다

---

다시 네 가지 작의가 있음을 알아야 하니, 첫째는 역려운전작의이고 둘째는 유간결운전작의이며 셋째는 무간결운전작의이고 넷째는 무공용운전작의이다.

當知復有四種作意, 一力勵運轉作意, 二有間缺運轉作意, 三無間缺運轉作意, 四無功用運轉作意.

---

구주심(九住心)은 정(定)을 닦는 공부인데 네 가지 작의의 방법이 있습니다. "스스로 그 뜻을 깨끗이 하는 것이 모든 부처님의 가르침[自淨其意, 是諸佛敎]"이라고 했습니다. 일체의 수행은 제육의식(第六意識)으로부터 수행을 시작합니다. 그것은 어느 종파를 불문하고 모두 똑같으니, 의식으로부터 시작하지 않는 것이 없습니다.

## 내주 등주 중에는 역려운전작의가 있다.

於內住等住中, 有力勵運轉作意.

---

이것은 첫 번째 작의입니다. 처음 시작할 때 내부에서 노력을 기울이는 것이 "내주(內住)"입니다. 나아가서 정혜(定慧)가 눈앞에 나타나는 두 번째 단계인 "등주(等住)"에 이르렀을 때에는, 그 심력(心力)이 자신을 변화시켜야 합니다. 바로 자신의 나쁜 습기를 변화시켜야 한다는 말입니다. 물론 아주 어렵습니다. 힘이 필요하며 자기 자신을 격려해서 그것을 변화시키기 때문에 "역려운전작의(力勵運轉作意)"라고 합니다.

## 안주 근주 조순 적정 최극적정 중에는 유간결운전작의가 있다.

於安住·近住·調順·寂靜·最極寂靜中, 有間缺運轉作意.

---

이것은 두 번째 작의입니다. 사람의 일생은 수면에다 정념(正念)을 잃어버리는 것까지 더해져서, 살아가는 한평생에 두뇌가 맑은 때가 몇 년이 되지 않습니다. 하나같이 끊어지고 부족한〔間缺〕상태 속에 있습니다. 인생의 절반의 시간을 침상에 의지하기 때문에 수면은 개(蓋)의 하나입니다. 가장 큰 나태함의 표현이자 가장 큰 태만과 방일이니 이 또한 종성이 가져온 것입니다. 어떤 사람의 종성은 사대 및 자성이 매 순간 청명하여 산란하지도 않고 혼침하지도 않으니 수면이 필요치 않습니다. 아시겠습니까? "신이 가득 차면 잠잘 생각이 나지 않는다〔神滿不思睡〕"라는 것이 이런 이치입니다. 열심히 노력해서 여섯 번째 일곱 번째 단계에 도달했어도 아직은 간헐적입니다. 여전히 사이사이에 나태와 태만과 방일이 나온다는 말입니다. 그렇기 때문에 "운전작의(運轉作意)"를 해야

하니, 그것을 사용해서 변화시켜야 합니다.

## 전주일취 중에는 무간결운전작의가 있다.

於專注一趣中, 有無間缺運轉作意.

세 번째 작의이니, 마음이 전일(專一)할 수 있음에 도달하면 끊어짐이 완전히 사라집니다. 바로 여러분이 심력을 사용하여 그것을 변화시켜서 진정으로 일심불란, 심일경성에 도달한 것입니다.

## 등지 중에는 무공용운전작의가 있다.

於等持中, 有無功用運轉作意.

네 번째 작의이니, 최후에 정혜등지(定慧等持)에 도달하면 힘써 노력할 필요가 없습니다. 행주좌와의 모든 상황에서 하나의 마음이 되어 버렸다[打成一片][26]는 말이기도 합니다.

## 이와 같은 네 가지 작의는 아홉 가지 마음의 머무름 중에 사마타품임을 알아야 한다.

當知如是四種作意, 於九種心住中是奢摩他品.

앞에서 말한 것은 정(定)의 수행이자 지(止)의 수행이라고 하는데, 각각의 심리 상황, 각 단계 수련의 경계, 각종 변화를 아주 자세히 분석하

---

26 타성일편(打成一片)은 화두나 어떤 생각에 전일(專一)하게 되어 다른 생각이 전혀 들지 않는 집중된 심리 상태를 가리킨다.

였습니다. 도표를 그려서 볼 수도 있으니, 심성 수행에 있어서 불경의 과학성을 알 수 있습니다. 과학은 바로 조리(條理) 정연함입니다. 이론이 있고 실증이 있고 논리가 있어서 조금이라도 함부로 해서는 안 됩니다. 붉은 것은 붉고 흰 것은 희고 1 더하기 1은 2이고 2 더하기 1은 3입니다. 아무렇게나 해서는 안 됩니다. 이것은 과학적입니다.

어떤 사람은 불법을 배우는 것이 과학이 아니라면 시작할 곳이 없다고 말합니다. 이 경문을 도표로 그려 놓고 보십시오. 과학입니까, 과학이 아닙니까? 심의식(心意識)으로부터 어떻게 시작합니까? 심리로부터 수행을 시작하면 어떤 현상이 발생하게 됩니까? 무엇을 경과합니까? 그것은 여러분에게 분명하게 말해 주었습니다. 그렇지 않습니까? 이 부분을 잘 공부한 후에 서양의 심리학 수업에서 강연을 하면 그들이 듣고 놀라서 눈이 휘둥그레질 것입니다. 사실 수천 년 전에 부처님이 모두 말씀하셨지만 여러분에게 능력이 없었던 것입니다. 능력이 있다면 이것을 가지고 가서 한번 실력 발휘를 해 보십시오. 이것은 심리학을 뛰어넘은 심리학입니다.

또 이와 같이 내심의 사마타를 얻은 사람이 비발사나를 부지런히 수습할 때에, 다시 이 네 가지 작의로 말미암아 비로소 비발사나를 수습할 수 있으니 그러므로 이 또한 비발사나품이다.

又卽如是獲得內心奢摩他者, 於毘鉢舍那勤修習時, 復卽由是四種作意, 方能修習毘鉢舍那, 故此亦是毘鉢舍那品.

이 구절은 이런 말입니다. 정(定)을 수행하는 경계가 바로 혜(慧)이고 지(止)를 수행하는 경계가 바로 관(觀)입니다. 육조는 여러분에게 "정을 마주할 때 혜가 정 속에 있고, 혜를 마주할 때 정이 혜 속에 있다[當定之

時, 慧在定中, 當慧之時, 定在慧中」라고 말합니다. 정혜(定慧)는 등지(等持)합니다. 육조가 이렇게 말한 것은 선종의 불립문자(不立文字)[27] 방식입니다. 지금 미륵보살은 완전히 언어 문자를 사용하여 현상(現像)으로부터 계체(戒體)[28]에 이르기까지 여러분에게 논리적으로 분석을 해 주었는데 결과는 마찬가지입니다. 그는 이러한 지(止) 속에 관(觀)이 있고 정(定) 속에 혜(慧)가 있다고 말합니다. 그러므로 비발사나품 관(觀)의 입장에 서서 보면, 지(止)를 수행하는 수련의 과정 곳곳이 모두 관행(觀行)입니다. 혜(慧) 관(觀) 정지견(正知見)이 아니라면 정념(正念) 사마타 지(止)의 경계에 도달하지 못합니다. 여기에서는 정(定) 수행을 아주 분명하게 설명했는데, 아래에서는 우리에게 어떻게 관(觀) 수행을 하는지 가르칩니다.

## 네 가지 방법으로 관을 수행하다

무엇을 네 가지 비발사나라고 하는가. 어떤 비구가 내심의 사마타에 의지하여 머물기 때문에 제법에 대하여 능히 정사택하고 최극사택하고 주변심사하고 주변사찰하는 것을 말하니, 이것을 네 가지 비발사나라고 한다.

云何四種毘鉢舍那. 謂有苾芻依止內心奢摩他故, 於諸法中能正思擇·最極思擇·周遍尋思·周遍伺察, 是名四種毘鉢舍那.

무엇이 네 가지 관행(觀行)으로 관(觀)을 수행함입니까? 성문승도를

---

27 언어와 문자를 빌려 마음을 깨닫게 하는 것이 아니라, 바로 수행자의 마음을 보게 하여 부처를 이루게 하는 것.

28 그릇된 일을 막고 악행을 그치게 하는 힘을 가진 계(戒)의 본체를 말한다.

수행하는 비구들은 앞에서 말한 정(定)의 수행에 근거하는데, 그 마음이 모든 순간 정(定) 속에 있습니다. "제법에 대하여 능히 정사택하는〔於諸法中能正思擇〕"에서 정사택은 정사유와 같은 점도 있고 다른 점도 있습니다. 현장법사는 사유를 사용하기도 했지만 사택을 사용하기 좋아했는데, 보통은 사유를 사용합니다. 법상(法相)을 강연할 때에는 사택을 사용하고 사유를 사용하지 않았습니다. '사유(思惟)'는 단지 연구하고 생각하고 참구하는 것이지만, '사택(思擇)'은 바르게 알고〔正知〕 바르게 생각하고〔正思〕 바르게 참구하며〔正參〕 참구해 낸 것이 옳은지 아닌지 자신이 증거를 구해야 합니다. 이것은 완전히 논리의 논리요 인명(因明)입니다. 여러분이 공(空)을 증도(證到)했다면 그 공이 옳은지 아닌지 돌이켜 비춰 보아야 합니다. "정사택(正思擇)"은 선택입니다. 상품(上品)으로만 골라서 산 콩 중에서 또다시 상상품(上上品) 한 알을 골라내어 콩 중의 왕으로 삼는 것과 같습니다. 지혜로 선택하고 또다시 가장 훌륭한 진주를 골라내는 것이 바로 정사택이니, 이것이 첫 번째 방법입니다.

두 번째 방법은 "최극사택(最極思擇)"입니다. 수행은 생각〔思想〕을 사용하면 안 되는 것이 아닙니다. 여러분이 망상(妄想)을 사용해서 수행하는 것에 저는 찬성합니다. 왜냐하면 여러분에게는 망상의 능력이 없기 때문입니다. 망상은 큰 학자요 큰 사상가이니, 소크라테스의 망상은 참으로 경지에 도달했고 극치에 도달했습니다. 데카르트의 "나는 생각한다 고로 나는 존재한다"는 말까지 볼 것도 없습니다. 소크라테스는 집으로 돌아가는 길에 현관 입구에서 한 생각이 떠올랐습니다. 일주일 밤낮을 그 자리에 서서 참구하느라 그는 비바람이 치는 것도 알지 못했습니다. 그것은 정(定)이 아닙니까? 혜(慧)가 아닙니까?

중국 유가의 이학자(理學者) 정명도(程明道)는 "도는 천지의 형상 바깥까지 통하고, 생각은 바람과 구름의 변화 속까지 들어가네〔道通天地有形

外, 思入風雲變態中)"라고 했습니다. 그 밖에도 공자보다 더 이른 시기의 관자(管子)는 일찍이 "생각하고 생각하면 귀신이 통하게 한다(思之, 思之, 鬼神通之)"라고 말했습니다. 솔직히 말해서 여러분의 학문은 왜 성취하지 못할까요? 배불리 먹고 생각을 사용하지 않기 때문입니다. 오로지 부처님과 일체 성현, 득도한 사람만이 학문을 말할 수 있으니 그들은 생각이 학문에 통했기 때문입니다. 수증(修證)을 말하는 종하(宗下)는 내려놓은 후에 일념도 일어나지 않고 도에 통했습니다. 일체에 모두 관통하여 종파에 얽매인 편견(門戶之見)이 없었는데, 그렇기 때문에 학문을 지니고 도를 지녔던 것입니다. 대성현 대보살이 아니라면 해낼 수 없는 것입니다. 여러분은 어떻습니까? 내려놓으라고 하면 내려놓지 못하고 정사유를 언급하면 해내지 못하고 모두 망상 속에 있습니다. 망상을 하지 말라고 하면 바로 혼침에 빠지면서 이렇게 말합니다. "스승님, 휴식시간이 부족합니다." 그러고는 침대로 가서 눕고 싶어 합니다. 그렇기 때문에 "정사택하고 최극사택해야(正思擇·最極思擇)" 비로소 수행인 것입니다.

여러분에게 어느 정도까지 사택하라고 합니까? 아래를 보면 세 번째 방법은 "주변심사(周遍尋思)"이니, 있는 지혜를 다 짜내어 어떠한 문제가 됐든 그것을 참구하여 통해야 합니다. 불법은 과학적 철학적 정치적 사회적이기 때문에 반드시 참구하여 통해야 합니다.

네 번째 방법은 "주변사찰(周遍伺察)"이니, 무엇을 사찰이라고 합니까? "생각은 바람과 구름의 변화 속까지 들어가네(思入風雲變態中)"라고 했는데, 생각(思)이 극점에 도달하고 무사지심(無思之心)에 도달한 것이 바로 '사찰(伺察)'입니다. 그래서 『역경(易經)』은 여러분에게 "아무런 생각도 근심도 없다(無思無慮)"고 했고, 『중용(中庸)』에서는 "하늘이 무슨 말을 하는가, 하늘이 무슨 말을 하는가(天何言哉, 天何言哉)"라고 했습니다. 결국에는 말이나 글로 설명할 수 없고[言語道斷] 마음의 작용이 사라진 곳[心行滅處]이니 바로 주변사찰에 도달한 것입니다.

그런 까닭에 여러분에게 주의하라는 것이지만, 그렇다고 해서 여러분에게 책을 읽지 말라는 것은 아닙니다! 여러분이 과연 책을 읽는 능력을 지니고 있습니까? 별 상관없는 책, 심심풀이로 읽는 책들을 읽을 자격이 여러분에게는 없습니다. 저에게만 그럴 자격이 있습니다! 무협 소설을 백여 권 쌓아 놓아도 저는 네댓 시간이면 다 읽습니다. 물론 한 구절 한 구절을 다 봅니다. 여러분은 소설이나 심심풀이로 책을 읽을 때에도 한 글자 한 글자에 매달려 한 줄 읽는데 대략 삼사 초나 걸립니다. 우리는 눈으로 쓱 보고 일고여덟 줄을 읽어 내려 갑니다. 그러니 열심히 노력하십시오! 청춘의 시간을 낭비하지 마십시오! 저는 여러분이 심심풀이로 읽는 책을 보는 시간이 경서를 보는 시간보다 많다는 것을 알고 있습니다. 제 마음속에는 CCTV가 설치되어 있어서 도망칠 수 없습니다. 보십시오! 불경은 여러분에게 말합니다. 이러한 네 가지 비발사나는 "정사택, 최극사택, 주변심사, 주변사찰"의 네 가지 관(觀)이고, 관의 수행은 이렇게 관하는 것이라고 합니다. 지(止)를 수행하고 관(觀)을 수행함에 있어서 여러분은 어떻게 관합니까? 눈으로 관합니까? 아닙니다. 마음의 법안(法眼)을 사용해서 관하는 것입니다.

## 무엇이 정사택인가

무엇을 능히 정사택한다고 하는가. 정행 소연 경계 혹은 선교 소연 경계 혹은 정혹 소연 경계에 대하여 진소유성을 능히 바르게 사택하는 것을 말한다.

云何名爲能正思擇. 謂於淨行所緣境界, 或於善巧所緣境界, 或於淨惑所緣境界,能正思擇盡所有性.

여기의 성(性)은 명심견성의 성이 아닙니다. 여기에서는 "진소유성(盡所有性)"을 사택(思擇)하라고 말하고 아직은 '여소유성(如所有性)'을 말하지 않았습니다.²⁹ 단지 다함(盡)에 도달했을 따름입니다. 여소유성에 도달하면 달라집니다. 사택을 사용할 필요가 없어지니 이미 진여(眞如)의 경계가 되었습니다. "정사택(正思擇)"에 관하여 여기에서는 몇 가지 내용을 언급했는데, 가장 먼저 말한 것은 "정행 소연 경계(淨行所緣境界)"입니다. 가령 정토종을 수행하는 사람은 '나무아미타불'을 외우는데, 왜 불호를 외워야 할까요? (어떤 동학이 대답하다: 염불은 자기 자신으로 하여금 마음을 한곳에 집중하게 하여 산란하지 않게 할 수 있습니다.) 나무아미타불이 여러분의 경전 여러분의 경(經)이니, 한 권의 경이라고 할 수도 있습니다. 맞습니다. 아주 훌륭한 한 권의 경입니다. 여러분이 세상을 떠난 후에 후인들은 여러분의 그 경을 외울 수도 있습니다. 오조는 신수(神秀)의 게송을 보고 이렇게 말했습니다. "이것에 의지하여 수행하면 타락은 면할 수 있겠다." 미래의 사람들은 여러분의 이 경전에 의지해 수행하여 이익을 얻을 것입니다.

하지만 아직은 옳지 않습니다. 옳지 않다고 말하는 것은 그것이 여러분의 주해라는 말입니다. 왜 염불은 불호를 외워야 할까요? 『불설아미타경(佛說阿彌陀經)』에서 말하기를, 만약 하루 내지 일주일을 일심불란(一心不亂)하고 임종 시에 마음이 전도(顚倒)되지 않는다면 곧 극락세계에 왕생하여 부처님을 만날 수 있다고 했습니다. 『아미타경』은 소본(小

---

29 진소유성(盡所有性)은 '다함이 있는 성질(필멸하는 성질)' 또는 '있는 바를 다하는 성질'로, 속제(俗諦)인 사상(事相) 즉 모든 존재에게 있는 차별성을 말한다. 여소유성(如所有性)은 '여여히 있는 성질(영원한 성질)' 또는 '있는 바 그대로의 실상'으로, 진제(眞諦)의 이체(理體)를 뜻한다.

本)의 경(經)으로, 대본(大本)의 『관무량수경(觀無量壽經)』이 아닙니다. 경전에 근거하면, 왜 아미타불의 불호를 외우면 아미타불을 만날 수 있을까요? 만나게 되는 것은 어떤 부처님입니까? 그러니까 내가 염불을 해서 일심불란에 도달하면 아미타불이 정말로 내 앞에 서 있는 것입니까? 이것은 아미타불을 만난 것이라고 할 수 있습니까? (동학이 대답하다: 아닙니다.) 왜 아미타불을 만난 것이라고 할 수 없습니까? (동학이 대답하다: 자성미타를 만나야 합니다.)

자성미타(自性彌陀)에 관해서는 두 가지 설법이 있습니다. 하지만 여러분이 말한 것도 틀리지 않습니다. 그 또한 여러분의 경전이며, 여러분의 불법은 아주 좋고 진짜입니다. 믿는 마음이 없어서는 안 됩니다. 여러분을 혼내는 것이 아니라 여러분을 격려하는 것입니다. 자성미타를 외워야 한다는 것은 후세의 해석입니다. 그 속에는 이미 정토종에 선종의 해석이 더해졌습니다. 정토종은 본래 이렇게 해석하지 않았는데, 이 속에는 큰 연구 거리가 있습니다. 여러분은 이 문제에 대해 잘 말했습니다. 맞습니다.

자성미타의 이 설법은 선종의 해석이 정토종 속에 덧붙여 들어가 있습니다. 그런 까닭에 정토종의 정로(正路)라고는 할 수 없습니다. 정토종의 바른 해석은 또 달라서, 정토 삼경인 『아미타경』『무량수경』『관무량수경』을 모두 다 봐야 정토종의 이치를 알 수 있습니다. 그것이 바로 "정행 소연 경계"이고 정사택(正思擇)입니다.

후세에 정토종을 닦고 밀종을 닦고 선종을 닦는 수많은 사람들은 모두 교리에 근거하지 않고 마음대로 하고 있습니다. 정사택을 하지 않고 모두 자기 나름대로 이론을 만들어서 주해(注解)를 붙이고 자신의 해석이 옳다고 여깁니다. 부처님을 배운다고 하면서 "가르침에 의지해서 받들어 실행[依教奉行]"하지도 않습니다. 그러므로 부처님을 배우는 사람은 주의해야 합니다. 여러분은 결코 부처님이 가르치신 바를 따라서 행하지 않았습니다. 숱한 사람들의 머릿속 불법은 하나같이 절정의 고명(高明)이지만 그것은 여러분의 불법이니 '여시아문(如是我聞)'[30]이 아니라 '여시니문(如是你聞)'[31]이라야 맞습니다. 진정으로 수증을 지닌 사람은 어떤 종(宗)이 됐든 "문자 그대로 뜻을 해석하면 삼세의 부처님들이 억울해하고, 경전에서 한 구절이라도 어긋나면 마설이 된다[依文解義, 三世佛冤, 離經一句, 允爲魔說]"라고 하였으니, 어떤 사람이든 강경(講經)하고 설법(說法)함에 있어서 불경의 한 글자라도 벗어나면 마설(魔說)입니다.

그러나 불경에 근거한다고 해서 국어 수업을 하듯이 문자 그대로 해석하면, 다른 사람들로 하여금 수행에 이익을 얻게 하지 못하니 삼세의 모든 부처님도 억울함을 외치게 될 것입니다. 어떤 사람은 불법을 가져다가 학문으로 철학으로 사상으로 다루는데, 그렇게 되면 불법은 끝입니다. 삼세의 모든 부처님이 억울함을 외치고 있습니다.

정사택을 하려면, 가령 조금 전에 말했던 정토종의 경우에는 불호 한 마디를 외우는 것이 바로 정행 소연 경계입니다. 현재 대승학사의 아침저녁 과송(課誦)은 제가 정해 놓은 『화엄경(華嚴經)』의 「정행품(淨行品)」과 「보현행원품(普賢行願品)」에 의거해서 수지해야 합니다. 부처님을 배운 지 반년이 지났는데 진정으로 발원은 했습니까? 발원하지 않은 것을 대수롭지 않게 여기는 사람, 적어도 제 관념 속에서는 그런 사람은 제명했습니다. 여러분은 아침저녁 수업에서 가르침에 의지해 받들어 실행해야 합니다. 경전에 근거해 자신의 심념(心念)을 점검하는데 그것이 스스

---

30 불경의 첫머리에 붙이는 말. 여시(如是)는 '이와 같이' 아문(我聞)은 '내가 들었다'의 뜻으로, 들은 교법을 그대로 믿고 따라 기록한다는 의미이다.

31 여시(如是)는 '이와 같이' 니문(你聞)은 '당신이 들었다'의 뜻이니, 저자가 "여러분은 자신의 생각대로 들었다"는 의미로 이렇게 말한 듯하다.

로 하는 점검보다 훨씬 더 엄격합니다. 이것 역시 정행 소연 경계이며 정사택해야 합니다.

정사택의 또 다른 함의는 "선교 소연 경계(善巧所緣境界)"인데, 이것은 방법을 말합니다. 후세의 선종에서 화두를 참구하는 것이 바로 정사택입니다. 왜 화두를 참구해야 할까요? 개에게 불성이 있는가 없는가를 참구하는 것이나 또 밀종에서 '옴마니반메훔'을 외우는 것 등, 그렇게 많은 진언을 뭘 하려고 사용합니까? 이것들은 모두 수행의 선교방편입니다. 선교방편을 이해하지 않으면 안 되는데, 가령 『심경』의 "揭諦, 嘎諦, 波羅揭諦, 波羅僧揭諦, 菩提娑婆訶(所哈)"[32]의 '스바하'는 북인도의 범문이고 '수하'는 남인도의 범문입니다. 북방인은 말을 할 때 한 글자 한 글자 천천히 말하는데 남방인은 아주 빠릅니다. 천천히 말한 것이 스바하이고 빠른 것이 수하입니다. 揭諦는 본래 가떼[嘎諦]로 읽는데 북방에서 남방으로 전해지면서 揭諦로 변한 것입니다. 별 차이가 없으니 실제로는 모두 변음(變音)입니다. 이런 진언들은 모두 선교를 지니고 있으며 선교 소연 경계를 정사택해야 합니다.

그 밖에 "정혹 소연 경계(淨惑所緣境界)"를 포함하는데, 정(淨)에도 혹(惑)이 있습니까? 예를 들어 보겠습니다. 부처님을 배움에 있어서 제대로 잘 배우면 부처님을 배우지만, 잘못 배우면 불마(佛魔)를 배우게 되어 불법이 마상(魔相)으로 변합니다. 각 종교마다 이런 상황이 있을 수 있는데, 신도는 자기가 믿는 종교의 마상(魔相) 그러니까 종교의 얼굴입니다. 이것이 바로 "정혹(淨惑)"입니다. 이런 부류의 사람은 불법은 옳으며 틀린 것이 없다고 생각하는데, 너무 집착하여 형상(形相)에 집착하니

---

32 산스크리트어 발음은 "가떼 가떼 바라가떼 바라상가떼 보디스바하(수하)"이지만, 우리나라에서는 "아제 아제 바라아제 바라승아제 모지사바하"로 발음해 왔다. 揭諦의 중국어 발음은 jiedi이고 嘎諦의 중국어 발음은 gadi이다.

다. 형식에 지나치게 집착하면 번뇌로 변해서 견사혹(見思惑)이 되어 버립니다. 견혹(見惑) 소연을 해탈하려고 하면 반드시 정사택해야 합니다. 여러분은 부처님을 배운다고 생각하지만 사실은 불마를 배우고 있습니다. 보살의 해탈은 그 어디가 불마상이겠습니까!

그러므로 정혹은 지혜로 사택해야 합니다. "능히 정사택하여(能正思擇)" 일체 불법의 "진소유성(盡所有性)"에 대하여 어떤 것이라도 알지 못하는 것이 없습니다. 중국 유가에는 "한 가지라도 알지 못하는 것은 유자의 수치이다(一事不知, 儒者之恥)"라는 말이 있습니다. 공맹의 제자요 진정한 유가는 천하의 일에 알지 못하는 것이 없습니다. 수재(秀才)는 문을 나서지 않아도 천하의 일을 알 수 있는데, 불법 역시 똑같아서 "있는 바를 다하는 성질(盡所有性)"과 있는 바 그대로의 성질(如所有性)에 천상천하유아독존(天上天下唯我獨尊)이니, 알지 못하는 것이 없어야 부처님을 배운다고 합니다. 그렇기 때문에 "진소유성을 정사택(正思擇, 盡所有性)"해야 합니다. 그러니 어떻게 열심히 하지 않을 수 있습니까?

제13강

• 제30권 계속

무엇을 최극사택이라고 하는가. 저 소연 경계에 대하여 있는 바 그대로의 성질을 가장 지극하게 사택하는 것을 말한다. 무엇을 주변심사라고 하는가. 저 소연 경계에 대하여 지혜를 갖춘 행의 분별 작의가 있음으로 말미암아 그 형상을 취하여 두루 심사하는 것을 말한다. 무엇을 주변사찰이라고 하는가. 저 소연 경계에 대하여 깊이 살펴 구하고 두루 사찰하는 것을 말한다. 또 이와 같은 비발사나는 세 가지 문과 여섯 가지 일의 차별 소연으로 말미암아 여러 가지의 차별이 있음을 알아야 한다.

무엇을 세 가지 문의 비발사나라고 하는가. 첫째는 유수상행비발사나이고 둘째는 수심사행비발사나이며 셋째는 수사찰행비발사나이다. 무엇을 유수상행비발사나라고 하는가. 들은 바와 받아서 수지한 바의 법에 대하여 혹은 가르치고 훈계한 제법에 대하여 등인지等引地로부터 이치에 맞게 작의하며 잠시 사유하지만, 생각하지 않고 헤아리지 않고 추측하지 않고 살피지 않는 것을 말하는데, 이와 같은 것을 유수상행비발사나라고 한다. 다시 그것에 대하여 생각하고 헤아리고 추측하고 살피면 이때를 수심사행비발사나라고 한다. 다시 그것에 대하여 이미 추측하고 살핀 뒤에는 안립한 바와 같고 다시 자세히 관찰하니, 이와 같은 것을 수사찰행비발사나라고 한다. 이것을 세 가지 문의 비발사나라고 한다.

무엇을 여섯 가지 일의 차별 소연의 비발사나라고 하는가. 심사尋思할 때에 여섯 가지 일을 심사하는 것을 말하는데, 첫째는 뜻이고 둘째는 대상이고 셋째는 형상이고 넷째는 품류이고 다섯째는 때이고 여섯째는 도리이다. 심사하고 난 뒤에는 다시 자세히 사찰한다. 무엇을 뜻에 대하여 심사함이라고 하는가. 여시여시한 말은 여시여시한 뜻을 지님을 바르게 심사하는 것을 말하니, 이와 같은 것을 뜻에 대하여 심사함이라고 한다. 무엇을 대상에 대하여 심사함이라고 하는가. 안팎의 두 가지 대상을 바르게 심사하는 것을 말하는데, 이와 같은 것을 대상에 대하여 심사함이라고 한다.

무엇을 형상에 대하여 심사함이라고 하는가. 제법의 두 가지 형상을 바르게 심사하는 것을 말하는데, 첫째는 자상이고 둘째는 공상이니, 이와 같은 것을 상에 대하여 심사함이라고 한다. 무엇을 품류에 대하여 심사함이라고 하는가. 제법의 두 가지 품류를 바르게 심사하는 것을 말하는데, 첫째는 흑품이고 둘째는 백품이다. 흑품의 과실과 과환을 심사하고 백품의 공덕과 승리를 심사하니, 이와 같은 것을 품류에 대하여 심사함이라고 한다. 무엇을 때에 대하여 심사함이라고 하는가. 과거 미래 현재의 세 가지 때를 바르게 심사하는 것을 말하는데, 이와 같은 일이 일찍이 과거세에 있었음을 심사한다. 이와 같은 일이 미래세에 있을 것임을 심사하고, 이와 같은 일이 지금 현재세에 있음을 심사한다. 이와 같은 것을 때에 대하여 심사함이라고 한다. 무엇을 도리에 대하여 심사함이라고 하는가. 네 가지 도리를 바르게 심사하는 것을 말하는데, 첫째는 관대도리이고 둘째는 작용도리이고 셋째는 증성도리이고 넷째는 법이도리이다. 이 중에서 관대도리로 말미암아 세속을 심사하여 세속으로 여기고, 승의를 심사하여 승의로 여기고, 인연을 심사하여 인연으로 여기는 것을 마땅히 알아야 한다. 작용도리로 말미암아 제법의 모든 작용을 심사하여 여시여시한 법은 여시여시한 작용을 지닌다고 하는 것이다. 증성도리로 말미암아 세 가지 헤아림을 심사하는데, 첫째는 지교량至敎量이고 둘째는 비탁량比度量이고 셋째는 현증량現證量이다. 여시여시한 뜻이 지교를 지니고 있는지 아닌지, 현증을 얻을 수 있는지 아닌지, 비탁인지 아닌지를 바르게 심사하는 것을 말한다. 법이도리로 말미암아 여실한 제법의 성립법성·난사법성·안주법성에 대하여 마땅히 신해를 내고, 사의하지 않아야 하고 분별하지 않아야 하니, 이와 같은 것을 도리에 대하여 심사함이라고 한다. 이와 같은 여섯 가지 일의 차별 소연의 비발사나 및 앞의 세 가지 문의 비발사나는 간략하게 일체의 비발사나를 포함한다.

문: 무슨 인연 때문에 이와 같은 여섯 가지 일의 차별 비발사나를 세우는가. 답: 세

가지 깨달음에 의지하기 때문에 이와 같이 세운다. 무엇 등이 세 가지 깨달음인가. 첫째는 어의각이고 둘째는 사변제각이고 셋째는 여실각이다. 뜻을 심사하기 때문에 어의각을 일으킨다. 그 대상 및 자상을 심사하기 때문에 사변제각을 일으킨다. 공상과 품류와 때와 도리를 심사하기 때문에 여실각을 일으킨다. 수행하는 유가사는 오로지 네가 알고 있는 바의 경계, 이른바 말의 뜻 및 알고 있는 바의 대상만 지니지만, 있는 바를 다하는 성품이고 있는 바 그대로의 성품이다. (중략)

다시 두 가지 골쇄상을 취하는 것이 있는데, 첫 번째는 이름만 빌린 채색한 그림이나 나무나 돌, 진흙 등으로 만든 골쇄상을 취하는 것이다. 두 번째는 진실한 골쇄상을 취하는 것이니, 만약 이름만 빌린 골쇄상을 사유한다면 그때는 쇄의 승해를 일으킴이라고 하며 골쇄라고 하지 않으니, 만약 진실한 골쇄상을 사유한다면 그때를 골쇄의 승해를 일으킴이라고 한다. 또 이 외에 여러 색의 형상을 짓는데 세 가지 변괴이니, 첫째는 자연변괴이고 둘째는 타소변괴이며 셋째는 구품변괴이다. 처음에 청어로 시작해서 방창에 이르기까지가 자연변괴이다. (중략)

지금 현재는 이와 같은 순서로 갖가지 깨끗하지 못하며, 모든 현재세에 내가 지닌 것이 깨끗한 색상 같지만, 이 깨끗한 색상이 현재세에서는 비록 깨끗한 형상을 지니나 미래세에서 깨끗하지 못한 것이, 지금 현재 바깥의 깨끗하지 못한 색과 같아서는 안 된다고 한다면 옳지 않다. 나의 이 색신은 과거 미래 금세에 일찍이 이와 같은 형상·장차도 이와 같은 형상·지금 이와 같은 형상으로 이와 같은 부정不淨법성에 지나지 않으니, 이와 같은 것을 저 때를 심사함이라고 한다.

무엇을 저 이치를 심사함이라고 하는가. 이 생각을 짓기를 안이거나 바깥이거나, 나도 없고 얻을 만한 정情도 없음을 말한다. 혹은 깨끗하다고 말하고 혹은 깨끗하지 못하다고 말하나 오직 색상이 있고 오직 몸의 형상이 있을 뿐이니, 가상으로 베풀어 놓은 언론에서 깨끗하다 혹은 깨끗하지 못하다고 말한다. 또 수壽와 난煖과 식識을 말하자면 만약 몸을 버릴 때 붙잡아 지님을 떠나서 누우면 생각하는 바가 없음이 나무와 같고, 이미 죽은 뒤에는 점차 변하여 무너지는 분위를 알 수 있다. (중략)

　무엇을 자민관慈愍觀을 부지런히 수행하는 사람이 여섯 가지 일의 차별 소연을 심사하는 비발사나라고 하는가. 자민의 증상정법을 듣고 받아 지닌 증상력에 의지하기 때문에 이롭고 안락하고 의락하게 하고자 하여, 모든 유정의 작의와 즐거움에 대하여 승해를 일으키는 이것이 자민상이다. 이와 같이 그 뜻을 깨달아 알 수 있다면, 이와 같은 것을 모든 자민에 대하여 그 뜻을 심사함이라고 한다. 저가 이와 같이 뜻을 깨달아 안 뒤에는 이것이 친품親品이고 이것이 원품怨品이고 이것이 중용품中庸品이라고 다시 사택할 수 있는데, 이 일체 품은 모두 타상속에 포함되는 것이기 때문에 그 가운데에서 바깥 대상에 승해를 일으킨다.

• 제31권 본지분 중 성문지 제13 제3유가처의 2 本地分中聲聞地第十三第三瑜伽處之二

　무엇을 연기관緣起觀을 부지런히 수행하는 사람이 여섯 가지 일의 차별 소연을 심사하는 비발사나라고 하는가. 연성緣性과 연기의 증상정법을 듣고 받아 지닌 증상력에 의지하기 때문에, 여시여시한 제법이 생겨나기 때문에 이러저러한 법이 생겨나고, 여시여시한 제법이 멸하기 때문에 이러저러한 법이 멸함을 바르게 깨달아 알 수 있는 것을 말한다. 이 가운데에는 모두 자재함이 없고 지은 자와 낳은 자와 죽은 자로 제법을 지을 수 있는 자가 없으며, 또 중간에 변화시킬 수 있는 자성自性과 사부士夫가 없어 제법을 변화시키지 못한다. 만약 이와 같은 뜻을 깨달아 알 수 있다면 이것을 모든 연기의 뜻을 심사함이라고 한다. 십이유지十二有支를 다시 자세히 사택하여 안이거나 밖이거나 승해를 일으키니, 이것을 모든 연기의 대상을 심사함이라고 한다. 다시 무명지 등을 자세히 사택하나 과거를 알지 못하고 미래를 알지 못하니, 이와 같은 것은 앞의 연기지를 분별하는 중에서 자세히 말했으니, 이것을 연기의 자상을 심사함이라고 한다.

다시 자세히 사택하면 이와 같은 일체의 연이 낳은 제행은 모두가 본래 없었으나 지금은 있고, 있었다가 흩어져 없어지지 않음이 없으니, 이런 까닭에 앞뒤가 모두 무상하며 모두 생로병사의 법을 지니기 때문에, 그 본성은 괴로움이며 자재하지 않기 때문에, 중간에 사부가 얻을 수 없기 때문에 본성이 공이고 무아이니, 이것을 연기의 공상을 심사함이라고 한다.

지금 말씀드리는 것은 지(止) 수행, 관(觀) 수행, 정(定) 수행, 심일경성(心一境性)입니다. 출가 수행을 왜 해내지 못할까요? 왜 일념전일(一念專一)을 해내지 못할까요? 원인은 이치를 꿰뚫어 알지 못하기 때문입니다. 자신이 불학과 불법 및 각 종파 근대 조사들의 어록을 조금 보고서 약간의 이치를 깨달았으니, 그러면 됐다고 생각해서는 안 됩니다. 사실은 조금도 꿰뚫어 알지 못했습니다. 정토 염불을 들어 말한다면, 염불을 제대로 못 하는 것 역시 원인은 이치에 통하지 않았기 때문입니다. 그래서 관(觀) 수행도 제대로 되지 않는 것입니다. 관은 눈으로 보는 것이 아니라 마음으로 보는 것으로, 마음이 그 이치에 통하는 것입니다. 지금 비발사나를 말씀드리고 있는데 여러분은 이것이 정관(正觀)[33]이라고 여겨서는 안 됩니다. 여러분은 지(止)와 정(定)도 해내지 못했는데 어떻게 정관을 합니까? 바꾸어 말하면 정관을 해내지 못하면 지(止)를 얻

---

[33] 지혜와 대상이 서로 만나 합일하는 것을 말하며 현관(現觀)과 동의어로 쓰인다. 또는 대상이나 경계를 여실히 관한다는 의미가 있는데 여기서는 두 번째 의미로 쓰였다.

지도 정(定)을 얻지도 못한 것입니다. 오늘날 부처님을 배우는 사람들은 아무리 타좌를 하더라도 관(觀)이 부족하고 혜(慧)가 부족합니다. 그러므로 여러분은 아래의 이 대목을 잘 들어야 합니다.

## 비발사나 수행의 세 가지 요강

무엇을 최극사택이라고 하는가. 저 소연 경계에 대하여 있는 바 그대로의 성질을 가장 지극하게 사택하는 것을 말한다. 무엇을 주변심사라고 하는가. 저 소연 경계에 대하여 지혜를 갖춘 행의 분별 작의가 있음으로 말미암아 그 형상을 취하여 두루 심사하는 것을 말한다. 무엇을 주변사찰이라고 하는가. 저 소연 경계에 대하여 깊이 살펴 구하고 두루 사찰하는 것을 말한다. 또 이와 같은 비발사나는 세 가지 문과 여섯 가지 일의 차별 소연으로 말미암아 여러 가지의 차별이 있음을 알아야 한다.

무엇을 세 가지 문의 비발사나라고 하는가. 첫째는 유수상행비발사나이고 둘째는 수심사행비발사나이며 셋째는 수사찰행비발사나이다.

云何名爲最極思擇. 謂卽於彼所緣境界, 最極思擇, 如所有性. 云何名爲周遍尋思. 謂卽於彼所緣境界, 由慧俱行有分別作意, 取彼相狀, 周遍尋思. 云何名爲周遍伺察. 謂卽於彼所緣境界, 審諦推求, 周遍伺察. 又卽如是毘鉢舍那, 由三門六事差別所緣, 當知復有多種差別.

云何三門毘鉢舍那. 一唯隨相行毘鉢舍那, 二隨尋思行毘鉢舍那, 三隨伺察行毘鉢舍那.

첫 번째 "수상행(隨相行)"은 지(止) 수행을 할 때의 무분별영상이고, 뒤의 "수심사행(隨尋思行)"과 "수사찰행(隨伺察行)"은 유분별영상입니다. 예를 들어 오로지 하나의 불상(佛像)에 머무르거나[留] 혹은 일념이 불상 미간의 명점에 머물러[止] 있다면, 그것의 이치에 상관없이 상(相)의 작용을 따르는 "수상행"의 비발사나입니다. "수심사행"은 사람들이 어떤 불경의 요강, 예를 들어 『대지도론』이나 『종경록』이나 『보리도차제광론』 등을 본 적이 있어서, 이 생각이 어디에서 와서 어디로 가는가를 참구하는 관심(觀心) 법문입니다. 이것은 유분별영상이니 분별을 지니고 생각을 지니는 것이기도 합니다. "수사찰행"은 공을 참구하여 정혜(定慧)가 거기에 도달합니다. 아래에 해석이 있습니다.

---

무엇을 유수상행비발사나라고 하는가. 들은 바와 받아서 수지한 바의 법에 대하여 혹은 가르치고 훈계한 제법에 대하여 등인지等引地로부터 이치에 맞게 작의하며 잠시 사유하지만, 생각하지 않고 헤아리지 않고 추측하지 않고 살피지 않는 것을 말하는데, 이와 같은 것을 유수상행비발사나라고 한다.

云何名爲唯隨相行毘鉢舍那. 謂於所聞, 所受持法, 或於教授, 教誡諸法, 由等引地如理作意, 暫爾思惟, 未思, 未量, 未推, 未察, 如是名爲唯隨相行毘鉢舍那.

---

무엇이 "유수상행(唯隨相行)"입니까? 예를 들어 준제법이나 염불이나 수식(數息) 등의 각종 법문을 닦을 때 여러분이 듣고 받아들여 수지한 적이 있는 법문들, 혹은 스승이 여러분을 가르치고 훈계한 일체의 방법을 "등인지로부터 이치에 맞게 작의하며[由等引地如理作意]" 즉 정혜(定慧) 속에서 이치에 맞게 작의해야[如理作意] 불법의 바른 수행[正修行]에 합하는 방법입니다.

"여리(如理)"라는 두 글자를 보면 당연히 무서워서 벌벌 떨어야 합니다. 여러분이 아무리 수행을 한다고 하더라도 이치에 맞게 작의하고 있습니까? 이것은 큰 문제입니다. 왜냐하면 대부분 이치에 맞게 작의하지 않기 때문입니다. 백골관(白骨觀)을 예로 들면, 여러분이 제대로 관하지 못하는 이유는 이치에 통하지 않아서 이치에 맞게 작의하지 않기 때문입니다. 호흡관(呼吸觀)을 예로 들어도 마찬가지로 이치에 맞게 작의하지 않기 때문에 지식(止息)의 경계를 얻지 못합니다. 또 밀종의 관상(觀想)을 성취하지 못하는 것 역시 이치에 맞게 작의하지 않기 때문입니다. "잠시 사유하지만 생각하지 않고 헤아리지 않고 추측하지 않고 살피지 않는다[暫爾思惟, 未思, 未量, 未推, 未察]"는 것은 무엇일까요. 이때 일체 망상을 잠시 멈추고 생각[思想]을 더하지도 않고 헤아림[度量]을 더하지도 않는 것입니다. 어떤 경계 어떤 정도에 도달했는지 추측하지도 않고 그것을 관찰하지도 않고 바로 그 경계에 있습니다. 명점을 관한다면 바로 그 명점이 무분별의 영상입니다. 이것이 명점인지 아닌지, 이 명점의 크기가 콩만 한지 녹두만 한지 태양만 한지 허공만 한지 아무것도 상관하지 않고 생각하지 않습니다. 이것이 바로 초보적인 "유수상행비발사나"입니다.

---

다시 그것에 대하여 생각하고 헤아리고 추측하고 살피면 이때를 수심사행비발사나라고 한다.

若復於彼思量推察, 爾時名爲隨尋思行毘鉢舍那.

---

명점을 관찰하거나 백골을 관하거나 발가락 끝을 관하고 있다면, 관하기 시작할 때 곧바로 "심사(尋思)"합니다. 왜 발가락 끝을 관해야 하는가? 뼈는 지수화풍(地水火風)의 사대 가운데 어느 대(大)인가? 사람은 한 모금의 기(氣)로 인해서 살아가는데, 기는 풍대(風大)에 속하며 한 모금의 기가 공급되지 않으면 곧바로 죽습니다. 사람이 죽은 후에는 수분

〔水〕과 체온〔火〕이 금방 흩어져 사라지니, 사대의 수(水) 화(火) 풍(風)이 모두 없어지고 남는 것은 오로지 지대(地大)뿐입니다. 그 때문에 백골관은 먼저 지대를 닦습니다. 지대를 관해서 공(空)이 되면 그 나머지 수, 화, 풍은 쉽게 공이 됩니다. 수행할 때 한편으로는 관하면서 다른 한편으로는 "생각하고 헤아리고 추측하고 살피는〔思量推察〕" 이런 상황을 "수심사행비발사나"라고 하니, 바로 정사유를 더하는 것이기도 합니다.

아시겠지요? (동학들은 모두 조용히 말이 없다.) 불법을 배우는 사람이 입을 열지 않으면 시방삼세의 모든 부처님도 손을 쓸 수가 없습니다. 말을 하고 질문을 해야 합니다. 잘 모르겠다면 질문을 해서 멈추고 그 부분을 이해해야 합니다. 식사하고 나서 다시 잘 생각해 보십시오. 사람이 동물과 다른 점은 두뇌를 사용하는 것입니다. 그냥 듣기만 할 것이 아니라 사유해야 합니다. 이 이치를 이해해야 하고 또 이치에 맞게 작의해야 합니다.

---

다시 그것에 대하여 이미 추측하고 살핀 뒤에는 안립한 바와 같고 다시 자세히 관찰하니, 이와 같은 것을 수사찰행비발사나라고 한다. 이것을 세 가지 문의 비발사나라고 한다.

若復於彼旣推察已, 如所安立, 復審觀察, 如是名爲隨伺察行毘鉢舍那. 是名三門毘鉢舍那.

---

바로 앞의 예처럼 백골관을 수행할 때, 한편으로는 백골을 관하기 시작하고 다른 한편으로는 지혜〔慧〕와 이치〔理〕상으로도 알게 됩니다. 그러면 관(觀)한 경계가 이치와 서로 결합하여, 관한 경계가 갈수록 안정되고 혜력(慧力)도 개발되어 "안립한 바와 같고〔如所安立〕" 즉 알맞게 자리 잡아 세워집니다. "다시 자세히 관찰하니〔復審觀察〕" 즉 다시 자세히

이 이치를 참구하는데, 이런 모습을 "수사찰행(隨伺察行)"이라고 합니다. '사(伺)'는 자신이 관하기 시작한 경계를 여전히 지니고 있는 것입니다. 예를 들어 명점을 관하거나 백골관을 할 때 그 경계를 떠나지 않습니다. 하지만 한편으로는 혜력(慧力)이니, 이치상으로 지혜가 계속 성장하고 있습니다. '찰(察)'은 지혜의 능력으로, 이 이치가 보리의 증득과 무슨 관계가 있는지를 참구합니다. "이것을 세 가지 문의 비발사나라고 합니다[是名三門毘鉢舍那]." 이것이 세 가지 요강이자 세 가지 법문입니다.


## 비발사나에서 여섯 가지 관법의 차이

무엇을 여섯 가지 일의 차별 소연의 비발사나라고 하는가. 심사할 때에 여섯 가지 일을 심사하는 것을 말하는데, 첫째는 뜻이고 둘째는 대상이고 셋째는 형상이고 넷째는 품류이고 다섯째는 때이고 여섯째는 도리이다.

云何六事差別所緣毘鉢舍那. 謂尋思時, 尋思六事, 一義·二事·三相·四品·五時·六理.

세 가지 요강 법문 안의 여섯 가지 큰 일이 있는데 바로 여섯 가지 관법(觀法)의 차이입니다. 이 여섯 가지 일은 수행 공부, 즉 관상(觀想)이나 염송(念誦)할 때 주의해서 심사(尋思)해야 합니다.

예를 들어 준제법이나 대위덕금강 등의 법문을 수행할 때, 한편으로 관상하고 다른 한편으로 염송하면서 육근(六根)을 되돌려서 그 염송하는 소리를 반연[緣]해야 합니다. 지(止)의 방면에서 여러분이 금강염송을 사용하든 유가염송을 사용하든 상관없이 그것은 유분별영상 소연입니까, 아니면 무분별영상 소연입니까? (동학이 대답하다: 유분별영상 소연입니다.) 진언의 뜻을 이해하지 못하면 당연히 무분별영상 소연입니다. 그것이 무분별이라고 말하면, 여러분이 진언을 외울 때 망념이 또 찾아오고 진언을 채 외우지 못했는데도 다시 망념이 찾아오는 것을 보면 유분별영상 소연 같기도 합니다. 하지만 그것은 유분별영상 소연이 아닙니다. 왜냐하면 여러분의 그것은 망념이지 분별이 아니며 이치에 맞는 작의 즉 여리작의(如理作意)는 더더욱 아니기 때문입니다.

무엇을 '여리작의'라고 합니까? 가령 육자대명주(六字大明呪)를 외우면 여러분은 팔이 네 개인 사비관음(四臂觀音)을 관상하고 그런 후에 육근(六根)을 진언에 다잡습니다〔收攝〕. 이것은 의근(意根)이 사비관음을 관상하고 있는 것으로, 요동하지 않고 관하며 진언을 계속해서 외우고 있으면 이때 지(止)가 극점에 도달하는데, 여리작의는 '지(止)'에 있으며 아직 관(觀)은 없습니다. '관(觀)'은 이것이 생기차제(生起次第)이고 그런 후에 원만차제에 도달하는 것을 아는 것입니다. 어떻게 생각을 비웁니까? 어떻게 이 마음 이 생각 이 소리 일체가 공(空)과 상응합니까? 일체가 공과 상응하는 이때가 여리작의의 비발사나입니다. 여기서 설명한 것은 수련 및 이치〔理〕에 대하여 아주 미세하기 때문에 특별히 주의해야 하고, 세심하게 이해하고 체득해야 합니다.

"심사할 때〔尋思時〕"란 지(止)를 얻은 후에 정(定)의 경계에서 관(觀)을 일으켜야 함을 말합니다. 관(觀)이라고 하면 여러분은 의식에 밝은 빛이 있어야 관하기 시작한 것이라고 생각합니까? 질문하겠습니다. 여러분, 심사(尋思)하고 생각해 보십시오! 정사유하고 바른 분별을 해 보십시오! 이 밝은 빛을 관하기 시작한 것은 무슨 영상입니까? 팔식(八識) 가운데 어느 식이 관하기 시작했습니까? 관하기 시작한 그것이 의식(意識)임을 알고, 관하기 시작한 명점이 변하지 않는다면, 그 명점이 여기에 있음을 알고 또 그 명점을 분명하게 관하고 있음을 압니다. 그런데, 질문하겠습니다. 이 명점 영상은 무엇일까요? 이 자리에 있는 청년 동학들 가운데 이 단계까지 해낸 사람이 있겠지요? 없습니까? 이런! 이 단계도 해내지 못했다면 무슨 관(觀)을 이야기합니까!

여러분은 관(觀)이 아니라 관망하는 것입니다. 마치 관광여행을 하듯이 이곳이 도대체 뭘 하는 곳인지 보려는 것입니다. 지(止)도 없고 관(觀)도 없으니 여러분에게 이 수업을 말해 줄 방법이 없습니다. 당연히 이 경전을 보더라도 이해하지 못합니다. 여기저기에서 듣기 좋은 것들만 듣고는 그것으로 됐다며, 이것이 부처님을 배우는 것이라고 여깁니다. 여러분은 참된 수행의 길로 나아갈 방법이 없습니다. 참으로 관할 수 있어야 이 수업을 들을 자격이 있습니다. 이것이 성문승의 것에 불과하기는 하지만, 그렇다고 해서 얕보면 안 됩니다. 대승보살도 이것을 기초로 하지 않으면 안 됩니다.

여러분이 지금 관상(觀想)을 이용해서 불상을 관하려고 아미타불을 관하기 시작했다고 가정합시다. 관하기 시작한 부처님이 정말로 현신(現身)하여 장륙금신(丈六金身)이 여기에 있고 여러분의 의식 경계에 있습니다. 그 금신불(金身佛)의 몸이 빛을 발하니 장엄 원만이 바로 눈앞에 있거나 혹은 몸에 있습니다. 그러면서 여러분은 여전히 불호도 외우고 있는데, 그런 다음에 자신이 사관(邪觀)이 아닌 정관(正觀)의 경계에 들어갔음을 압니다. 이렇게 세 가지 작용이 일어나는데, 이 세 가지 작용은 모두 의식의 작용입니다. 관하기 시작했음을 아는 것도 의식이니, 관하기 시작한 불신(佛身)의 영상은 제육의식의 독영경(獨影境)이며 불호를 외우는 한 글자 한 소리는 전오식(前五識) 및 제육의식의 작용입니다.

그런데 어느 의식의 상태일까요? 지금 관하기 시작한 것을 아는 그것이야말로 의식이라고 말한다면, 관하기 시작한 것은 의식이 아닙니까? 안식(眼識)이 관하기 시작한 것입니까? (어떤 동학이 대답하다: 세 가지 다

의식입니다.) 세 가지 모두입니까? 의식이 그렇게 많습니까? 그러면 '다심경(多心經)'이 되어 버리는 것 아닙니까? (어떤 동학이 대답하다: 사실 일념 사이에 여러 개의 관상을 할 수 있습니다.) 그 일념은 달리 해석하게 됩니다. 팔식(八識)은 모두 움직이고 있으며 관할 뿐 아니라 많은 작용을 합니다. 지금은 다만 비발사나, 이 지관(止觀)의 경계를 말씀드릴 뿐입니다.

주의하십시오! 여러분은 모두 여리작의(如理作意)가 아니기 때문에 수행이 제대로 되지 않는 것입니다. 시험을 봐야 할까요? 시험을 보면 모두 망할 것입니다. 여러분은 이것이 여전히 자신의 가상(假想)이라는 것을 알아야 합니다. 여러분 가운데 한 사람도 이 경지에 도달한 사람이 없는데, 그런 사람이 있다면 제가 축하해 주겠습니다. 그 사람은 수행이 궤도에 올랐다고 말할 수 있습니다.

조금 전에 말씀드린 예는 여러분 환상의 영상 경계인데, 여러분은 아직 해내지 못했습니다. 그렇지요? (동학이 대답하다: 그렇습니다.) 아미타불의 일장육척 불상을 관하고 삼십이상 팔십종호를 모두 구족하는 것을 당연히 여러분은 해내지 못합니다. 미간의 백호상(白毫相)의 광명조차 관하지 못합니다. 관하기 시작해서 삼십이상 팔십종호를 여기에 구족하고 그와 동시에 불호까지 외운다고 가정하면, 이때 자신이 정관(正觀)에 들어갔음을 안다면 그것이 여러분의 분별 의식입니다. 관하기 시작한 아미타불상은 당연히 여러분 자신이 관하기 시작한 것이지 바깥에서 온 것이 아닙니다. 바깥에서 온 것이면 여러분이 마음대로 할 수가 없으니 마장(魔障)입니다. 여러분이 불상을 관하기 시작했고 다른 한편으로 염불을 하고 있다면 그것은 제육의식의 독영경입니다.

비유하자면 어떤 사람이 꿈속에서 자신이 꿈을 꾸고 있음을 알고 있고, 마음속으로 더 이상 꿈을 꾸지 않겠다고 생각합니다. 이때 의식이 약간 깨어나려고 하지만 아직 완전히 깨어난 것은 아니며 그 꿈은 여전히 그대로 꾸고 있습니다. 그렇지요? 그 꿈은 독영의식이 꾸고 있는 것인데, 스스로는 꿈을 꾸고 있음을 알고 있고 그 꿈이 편안하지 않아서 더는 꾸고 싶지 않음도 압니다. 하지만 마음대로 할 수가 없습니다. 맞지요? 그 맑은 의식에서 마음대로 하고 싶지만 그럴 수가 없습니다. 독영의식의 힘이 너무 강하기 때문이니, 사실은 여전히 의식 뒤편의 힘이 너무 강합니다. 이해하시겠습니까?

여러분이 제대로 관(觀)하지 못하는 것은, 그것이 무분별영상의 소연 경계이든 아니면 유분별영상의 소연 경계이든 상관없이 결국 제대로 관하지 못하는 것은, 의식의 참된 독영경의 정(定) 경계에 들어가지 않았기 때문입니다. 이렇게 말씀드리면 이해하시겠습니까? (동학이 대답하다: 이해했습니다.)

그렇다면 왜 독영의식이 관(觀)하기 시작했다고 말할까요? 여러분은 관하고 있을 때 모두 전오식을 사용하여 관합니다. 그렇지요? 타좌를 시작해서 백골을 관하려고 하면 눈으로 자신의 발톱이나 발가락 뼈를 보려고 합니다. 그런 후에 의식은 자신이 마치 백골을 본 것 같다고 생각합니다. 전오식을 사용해서 관했기에 관하지 못하는 것입니다. 수행이 왜 힘을 얻지 못할까요? 여리작의하지 못하기 때문입니다. 이치[理]도 참구하여 통하지 못했고 경전의 가르침도 이해하지 못한 것입니다. 여러분도 경전의 가르침을 읽었습니다. 하지만 딴생각을 하고 망상이나 하고 있었으니 무슨 소용이 있습니까? 다시 한 번 말하지만 여러분이 관하지 못하는 원인은 전오식을 가지고 관하기 때문입니다. 그것은 잘못된 것입니다.

그러므로 관(觀)을 수행할 때에는 여섯 가지 일[六事]의 차별 소연을 알아야 합니다. "일의(一義)" 즉 첫째는 이치를 이해해야 하는 것이고,

"이사(二事)"둘째는 대상이며, "삼상(三相)"셋째는 형상이고, "사품(四品)"넷째는 품류로 자신이 현재 어느 품에 도달했는지 아는 것이니, 바로 어느 정도에 이르렀는가 하는 것입니다. "오시(五時)"다섯째는 때이고, "육리(六理)" 즉 여섯째는 도리니 최고의 이치입니다.

## 심사하고 난 뒤에는 다시 자세히 사찰한다.

既尋思已, 復審伺察.

이 여섯 부분을 심사(尋思)하여 분명하게 정사유한 다음에는 "사찰(伺察)"해야 합니다. '사(伺)'는 그 경계에 머무르는[定] 것이고 기다리는 것입니다. 마치 고양이가 쥐를 잡으려고 그 자리에서 기다리고 있고 지키고 있는 것과 같습니다. 황룡사심(黃龍死心) 선사는 그 모습을 묘사하기를 "눈도 깜박이지 않고, 네 발로 땅에 버티고, 제근은 바른 방향이고, 머리와 꼬리는 곧다[目睛不瞬, 四足據地, 諸根順向, 首尾一直]"라고 했습니다. 네 발로 땅을 꽉 붙잡고 두 눈은 쥐를 노려보느라 깜박거리지도 않습니다. 머리를 똑바르게 하고 꼬리는 세운 채로 온 정신을 집중하여 사람이 발로 차도 꼼짝도 하지 않습니다. 이런 모습을 사찰이라고 하는데, 엿보고[伺] 살피고[察] 기다리고 있습니다. 이치를 이해하고 나서 "다시 자세히 사찰하여[復審伺察]" 자신의 정신이 이런 상태에 도달했는지 봅니다. 여러분이 어쩌다 약간 청정해지는 것은 수행으로 도달한 것이 아닙니다. 심사하여 된 것도 아니고 사찰하여 된 것도 아닌, 눈먼 고양이가 죽은 쥐를 잡은 것입니다.

# 여섯 가지는 관법 수련의 차이다

무엇을 뜻에 대하여 심사함이라고 하는가. 여시여시한 말은 여시여시한 뜻을 지님을 바르게 심사하는 것을 말하니, 이와 같은 것을 뜻에 대하여 심사함이라고 한다.

云何名爲尋思於義. 謂正尋思如是如是語, 有如是如是義, 如是名爲尋思於義.

관(觀) 수행을 할 때 무엇이 "뜻에 대하여 심사함〔尋思於義〕"일까요? 지금 여러분에게 해석하라고 하면 여러분은 설명해 내지 못하겠지요? 여러분은 이 경문에 나오는 "정심사(正尋思)"를 하지 않았기 때문입니다. 경전에서는 왜 이렇게 말하고 또 왜 저렇게 말하는 것일까요? 몸과 마음에 가져와서 실증하는 공부를 하면 "여시여시한 뜻을 지님〔有如是如是義〕"이 드러날 것입니다. 아! 원래 이런 이치였구나!, 하는 것이 바로 "뜻에 대하여 심사함"이니 바로 정사유이기도 합니다. 그러지 않고 불학을 잘 배웠다는 것이, 자리에 앉아서 눈을 크게 뜨고 천장을 보면서 머릿속이 불학으로 가득 차서는 아! 이 이치가 바로 그 이치였구나, 아! 그렇구나! 한다면 이는 모두 바깥을 향해 구하는 것이니 망상으로 변해 버립니다. 그리하여 불학을 평범한 사상으로 바꾸어 버리게 되는데, "뜻에 대하여 심사"하지 않았기 때문입니다. 돌이켜 내심(內心)에서 관하고 실증을 구할 수 있어야 "뜻에 대하여 심사함"이니, 이것이 첫 번째입니다.

무엇을 대상에 대하여 심사함이라고 하는가. 안팎의 두 가지 대상을 바르게 심사하는 것을 말하는데, 이와 같은 것을 대상에 대하여 심사함이라고 한다.

云何名爲尋思於事. 謂正尋思內外二事, 如是名爲尋思於事.

가령 우리가 불상이나 명점을 관하기 시작하면 내증(內證)[34]은 어떠합니까? 바깥의 대상과의 관계, 법계와 물리세계와의 관계는 어떠합니까? 이것을 "대상에 대하여 심사함"이라고 하니, 이것이 두 번째입니다.

---

무엇을 형상에 대하여 심사함이라고 하는가. 제법의 두 가지 형상을 바르게 심사하는 것을 말하는데, 첫째는 자상이고 둘째는 공상이니, 이와 같은 것을 상에 대하여 심사함이라고 한다.

云何名爲尋思於相. 謂正尋思諸法二相, 一者自相, 二者共相, 如是名爲尋思於相.

---

일체법을 사유함에는 두 가지 상(相)이 있으니 바로 자상(自相)과 공상(共相)입니다. 예를 들어 지금 이 부처님이 눈앞에 나타나는 것은 나의 사유가 관(觀)해 낸 것임을 알기 때문에 아미타불이 곧 나이고 내가 곧 아미타불인데, 이것은 오로지 마음이 만든 바[唯心所造]이며 여러분의 심의식(心意識)이 만든 것입니다. 그런 까닭에 내 마음이 곧 부처님 마음이고 아미타불이나 시방삼세 일체제불과 한마음이니, 법은 둘이 아닙니다. 그래서 "나와 남은 붓끝만큼도 떨어지지 않았다[自他不隔於毫端]"라고 말합니다. 참으로 자신의 바른 정(定)을 얻어 지관쌍운(止觀雙運)하고 아미타불을 관상하여 눈앞에 나타나는 것은 바로 극락세계 아미타불과 한순간에 도체(道體) 및 본체와 상응한 것입니다. 바꾸어 말하면 여러분이 관한 것이 비록 묘유(妙有)의 가상(假相)이기는 해도, 그 또한 아미타불의 능력이 나온 것입니다. 이런 이치처럼 자상과 공상에 대하여 분명히 참구해야 합니다.

자상(自相)과 공상(共相)에 관하여 자신이 그 경계에 도달했을 때에는

---

**34** 마음속으로 직접 진리(眞理)를 깨달아 아는 일.

눈을 크게 뜰 필요도 없이 바로 알게 되는데, 도달했는지 아니면 아직 도달하지 못했는지 아주 분명히 알게 되니 이것을 정사유라고 합니다. 정사유하는 이때는 결코 생각[念頭]을 사용해서 생각해서는 안 됩니다. 『중용』에서 말한 "힘쓰지 않아도 들어맞고 생각하지 않아도 얻게 되는 [不勉而中, 不思而得]" 것처럼 망상과 생각을 사용해서 생각하는 것이 아니라, 생각하지 않아도 바로 알게 되는 것입니다. 하지만 이것은 아직 타심통(他心通)이 아니니, 타심통의 경계에 도달하면 자신을 알고 타인을 아는 능력이 더 커집니다. 이것이 두 가지 형상을 바르게 심사함입니다. 이것이 세 번째입니다.

---

**무엇을 품류에 대하여 심사함이라고 하는가. 제법의 두 가지 품류를 바르게 심사하는 것을 말하는데, 첫째는 흑품이고 둘째는 백품이다.**

云何名爲尋思於品. 謂正尋思諸法二品, 一者黑品, 二者白品.

---

이것은 악업과 선업을 심사하는 것을 가리킵니다. 수행인은 수시로 바르게 심사해야 하는데, 어느 것이 옳지 않은 생각[念]인지 어느 것이 옳은 생각인지 마음과 생각의 일어남과 움직임을 점검해야 합니다. 불법의 이치에 맞는 것은 정념(正念)이고 맞지 않는 것은 정념이 아닙니다. 악업의 생각이 일어날 때면 "이 몸은 부처님도 상관하지 않으시니 나는 부처님을 배우지 않겠어"라고 합니다. 이것이 흑업(黑業)이며 흑품(黑品)이 아주 무겁습니다. 갈수록 더 검어져서 온 얼굴에 검은 기운[黑氣]이 일어나게 됩니다. 가끔 여러분 가운데 기색이 안 좋은 사람이 있는데 그것이 흑품의 기색입니다. 백품의 기색은 당연히 아주 깨끗한데, 그러면 또 다릅니다.

흑품의 과실과 과환을 심사하고 백품의 공덕과 승리를 심사하니, 이와 같은 것을 품류에 대하여 심사함이라고 한다.

尋思黑品過失過患, 尋思白品功德勝利, 如是名爲尋思於品.

마음을 일으키고 생각을 움직이는 속에서 흑품 및 악념의 과실과 과환을 찾아내야 합니다. 과실(過失)이 비교적 가벼운 경우에는, 자신은 잘못이 없으며 자기 생각이 틀리지 않았다고 하지만 사실은 이미 과실을 범했습니다. 약간 엄중한 과환(過患)의 경우에는, 과실을 범했다는 생각은 하지만 여전히 고치려 하지 않고 변화하려 하지 않습니다. 자신은 대장부인데 왜 고쳐야 하느냐고 생각하기 때문입니다. 본래 이미 아만(我慢)한 데다 이제 또다시 공고(貢高)까지 더하니 되겠습니까! 과환이 되어 버렸으니 환법(患法)은 큰 병입니다. 그런 까닭에 수시로 자신의 흑품의 과실과 과환을 점검해야 합니다. 또 수시로 자기 심성의 백품의 공덕을 점검해야 하는데, 마음을 일으키고 생각을 움직임에 있어 선심(善心)이 갈수록 많아지는 것이 바로 "공덕과 승리〔功德勝利〕"입니다. 마음속에 흑품의 마념(魔念)이 사라지고 백업의 선근과 공덕을 성취하니, 이것이 "품류에 대하여 심사함〔尋思於品〕"입니다. 이것이 네 번째입니다.

무엇을 때에 대하여 심사함이라고 하는가. 과거 미래 현재의 세 가지 때를 바르게 심사하는 것을 말하는데, 이와 같은 일이 일찍이 과거세에 있었음을 심사한다. 이와 같은 일이 미래세에 있을 것임을 심사하고, 이와 같은 일이 지금 현재세에 있음을 심사한다. 이와 같은 것을 때에 대하여 심사함이라고 한다.

云何名爲尋思於時. 謂正尋思過去未來現在三時, 尋思如是事, 曾在過去世. 尋思如是事, 當在未來世. 尋思如是事, 今在現在世. 如是名爲尋思於時.

이것은 관심(觀心) 법문입니다. 우리가 마음을 일으키고 생각을 움직이는 것을 세 가지 시간으로 나눈다면, 현재 제가 하는 이 말은 금방 과거가 되어 버립니다. 미래에는 제가 무엇을 말씀드릴까요? 미래라고 하지만 말하는 순간 바로 현재로 변합니다. 현재라고 하지만 마찬가지로 바로 과거가 되어 버립니다. 먼저 이 생각〔念頭〕을 시간으로 나누고 그런 후에는 일체의 시간을 밀쳐두고 상관하지 않습니다. 그런 까닭에 참으로 바른 정〔正定〕을 이루면 숙명통(宿命通)을 얻을 수 있다고 합니다. 참으로 정(定)을 이룬 후에 자신의 전생을 일념으로 심사(尋思)하면 자연스럽게 알게 됩니다. 그런 후에 다시 전생, 다시 전생으로 거슬러 올라가서 모두 알게 됩니다. 과거를 알 수 있을 뿐 아니라 미래도 알 수 있습니다. 현재의 수지를 가지고 일념으로 심사하면 다음 생에 무엇으로 변할지도 알게 됩니다. 그러므로 서둘러 심념을 변화시키고 서둘러 진보를 구하며, 흑품을 버리고 백품의 심념을 많이 일으켜야 합니다.

다음 생에 소로 변한다고 할 것 같으면, 두려움으로 인해 심념을 변화시키면 꼬리가 하얗게 변하고 서서히 소 전체가 하얗게 변해서 공(空)으로 변화하게 되고 또다시 사람의 몸을 얻게 되는데, 이런 일체를 모두 알게 됩니다. 그런 까닭에 수행은 "때에 대하여 심사하여〔尋思於時〕" 과거 미래 현재를 다 아는 것입니다. 그래서 공자도 "비록 백 세대 후라 할지라도 알 수 있다〔雖百世可知也〕"라고 말했던 것입니다. 시방삼세를 다 알게 됩니다. 이것이 다섯 번째입니다.

무엇을 도리에 대하여 심사함이라고 하는가. 네 가지 도리를 바르게 심사하는 것을 말하는데, 첫째는 관대도리이고 둘째는 작용도리이고 셋째는 증성도리이고 넷째는 법이도리이다. 이 중에서 관대도리로 말미암아 세속을 심사하여 세속으로 여기고, 승의를 심사하여 승의로 여기고, 인연을 심사하여 인연으로 여기는 것을 마땅히 알아야 한다.

云何名爲尋思於理. 謂正尋思四種道理, 一觀待道理, 二作用道理, 三證成道理, 四法爾道理. 當知此中由觀待道理, 尋思世俗以爲世俗, 尋思勝義以爲勝義, 尋思因緣以爲因緣.

---

주의하십시오! 여러분이 수련을 할 때 주의해야 합니다. 이것은 수련을 말하는 것이지 이치를 이야기하는 것이 아닙니다. 첫 번째 "관대도리(觀待道理)"는 여러분이 관(觀)을 수행할 때에 대한 것입니다. '대(待)'는 대응하고 서로 마주한다는 의미로, 마주하는 외부 경계가 마음으로 하여금 머무르지〔定〕 못하게 하는 까닭은 관대도리를 참구하여 통하지 않았기 때문입니다. "세속을 심사하여 세속으로 여기는〔尋思世俗以爲世俗〕" 것은 일단 참구하면 드러납니다. 원래 나는 고요해질 수 없는데, 수많은 세속의 일에 얽매여 있기 때문입니다. 가령 수면과 음식이 바르지 않다거나 신체의 사대가 감기에 걸리고 병이 났다면 정(定)을 이루지 못합니다. 일체 세속(世俗)의 것은 세속으로 돌리고, 승의(勝義)의 것은 승의로 돌립니다. 승의는 불법의 최고 이치인데 이것은 인연소생법(因緣所生法)입니다.

예를 들어 오늘 모든 것이 적절하고 환경도 알맞았다거나, 혹은 불상을 바라보고 아주 기뻤는데 집에 돌아와서 가부좌를 하자마자 불상의 형상이 나타났다고 합시다. 이것은 나의 공력이 아니라 이런 좋은 환경, 좋은 기회를 마침 운 좋게 만난 것이며 모두 인과 연임을 아는 것이 인연소생법입니다. 이런 것이 첫 번째 "관대도리"입니다. 간단히 말해서 여러분이 정(定)을 수행하고 관(觀)을 수행할 때, 그것을 관하는 중에 마주하는 이런 이론이 모두 분명하게 여러분에게 말해 줍니다. 이것이 여섯 번째입니다.

---

**작용도리로 말미암아 제법의 모든 작용을 심사하여 여시여시한 법은 여시여시한 작용을 지닌다고 하는 것이다.**

由作用道理尋思諸法所有作用, 謂如是如是法, 有如是如是作用.

---

두 번째는 작용의 이치인데, 이것을 모두 참구하고 관해야 합니다. 어떤 사람은 백골관에 대해 듣자 저에게 물었습니다. "스승님, 왜 백골관을 수지해야 합니까?" 제가 말했습니다. "그러면 자네는 홍골관을 수지하면 되겠군. 누가 자네에게 백골관을 수지하라고 했나?" 저는 갈비나 파는 사람이 아닙니다. 백골관을 수행하는 이치를 왜 스스로 연구하지 않습니까? 여러분은 여전히 물으려고만 합니다.

무엇이 "작용도리(作用道理)"입니까? 일체 법문은 모두 상대가 있는데 바로 다스리는[對治] 작용입니다. 왜 이렇게 수행하고 이렇게 해야 합니까? 모두 참구해야 합니다. 여러분 같은 젊은이들은 자신에 대해 불만을 가진 채 날마다 반발하고 있으며 스스로를 조절하지 못합니다. 그렇지요? 왜 그럴까요? 그것은 여러분이 작용도리를 참구하지 않기 때문입니다. 팔만사천법문은 왜 여러분에게 이렇게 수행하라고 합니까? 무슨 작용을 지니고 있습니까? 이 이치를 알아야 합니다. 이런 작용도리를 모른다면 그런 일체의 수행은 눈먼 수련이라고 합니다.

---

**증성도리로 말미암아 세 가지 헤아림을 심사하는데, 첫째는 지교량이고 둘째는 비탁량이고 셋째는 현증량이다. 여시여시한 뜻이 지교를 지니고 있는지 아닌지, 현증을 얻을 수 있는지 아닌지, 비탁인지 아닌지를 바르게 심사**

하는 것을 말한다.

由證成道理尋思三量, 一至教量, 二比度量, 三現證量. 謂正尋思如是如是義, 爲有至教不, 爲現證可得不, 爲應比度不.

---

세 번째는 "증성도리(證成道理)"이니, 하나의 법문을 수행하면 스스로 그 법문을 증득하고자 합니다. 당연히 외도로 달려가고 싶지 않고 억울한 길로 가고 싶지 않습니다. 출가나 재가를 막론하고 우리는 모두 부처님의 제자입니다. 칠중제자는 모두 증성도리를 알아야 하는데, 그것은 바로 수행법이 어떠해야 불과(佛果)를 증득할 수 있는가 하는 것입니다. 그런 까닭에 삼량(三量)을 심사(尋思)하니 현량(現量), 비량(比量), 성교량(聖教量)입니다.

우리가 지금 연구하는 『유가사지론』 이것이 성교량(聖教量)으로서 성인이 가르친 바입니다. 미륵보살이 수행에 성공하였기 때문에 우리에게 이러이러하다고 가르치는 것입니다. 우리의 일체 수행법이 진정한 성교량에 합치되는지 아닌지 스스로 연구해야 합니다. 두 번째는 비량(比量)[35]으로 비탁량(比度量)이라고도 합니다. 우리가 지금 이 도리, 이 수행법이 당연히 옳은 것이라고 미루어 헤아리는 까닭은, 이것이 성교량이고 모든 경전에서 말한 정(定)을 수행한 경험의 도리이기 때문입니다. 아! 이해했습니다. 하지만 이 이해는 여전히 비량의 경계이니, 그런 후에 현량(現量)을 증도해야 합니다. 스스로 이 현량의 경계를 증도해야 한다는 말입니다. 이것이 삼량(三量)입니다.

일반적으로 성교량이라는 이 명사는 사용하지 않으며 범부의 삼량은 비량(非量), 비량(比量), 현량(現量)입니다. 비량(非量)은 어지러운 생각

---

35 이미 아는 어떤 사실을 근거로 하여 비교해서 알지 못하는 것을 미루어 헤아림.

〔亂想〕과 환상(幻想)입니다. 모든 수행인은 이 일을 이렇게 처리하고 이 이치를 이렇게 참구하고 이 법을 이렇게 수행하는 것이 "지교를 지니고 있는지 아닌지〔爲有至教不〕" 즉 경전에 합치되는지 아닌지, 부처님의 요의(了義)의 가르침이나 불료의(不了義)의 가르침을 철저히 연구했는지 아닌지를 심사합니다. "현증을 얻을 수 있는지 아닌지〔爲現證可得不〕" 즉 지금 내가 증득을 구하는 것이 성공할 수 있는지 아닌지를 심사합니다. "비탁인지 아닌지〔爲應比度不〕" 즉 내가 지금 생각하는 것이 정사유인지 아니면 망상인지를 심사합니다. 만약 비량(非量)의 경계라면 그것을 수행할 필요가 없습니다. 이것을 증성도리라고 하는데 자증분(自證分)[36]이기도 하며 반드시 알아야 합니다.

---

법이도리로 말미암아 여실한 제법의 성립법성·난사법성·안주법성에 대하여 마땅히 신해를 내고, 사의하지 않아야 하고 분별하지 않아야 하니, 이와 같은 것을 도리에 대하여 심사함이라고 한다.

由法爾道理, 於如實諸法, 成立法性, 難思法性, 安住法性, 應生信解, 不應思議, 不應分別, 如是名爲尋思於理.

---

네 번째는 "법이도리(法爾道理)"인데 이것은 불학에서 처음 만든 명사입니다. '자연(自然)'을 사용하면 인도의 자연외도(自然外道)와 뒤섞일 우려가 있기 때문입니다. 무엇을 "법이(法爾)"라고 합니까? 실제로 법이가 바로 자연이고 현성(現成)[37]이며 본래부터 이와 같다는 뜻이지만, 더 높고 더 어렵습니다. 사실 불법을 배우는 모든 사람이 처음 단계에서 알

---

36 대상의 경계에 부딪히는 순간 일어난 주관적 인식이 분별 없이 대상 그대로 인식하는 것.
37 조작된 것이 아니라 자연 그대로 이루어진 것.

아야 하는 것이기도 합니다. 불경에서 말한 일체 법문을 왜 부처님은 그렇게 말했을까요? 모든 불보살이 다 그렇게 말했는데, 부처님이 세운 사상의 체계, 언론의 체계, 설법의 체계가 바로 "여실한 제법의 성립법성〔於如實諸法, 成立法性〕"입니다. 바꾸어 말하면 법이가 이와 같음이 바로 『화엄경』에서 말한 '신(信)'입니다. 여러분이 증도(證到)할 방법이 없으면 그저 믿기만 하면 됩니다.

일체중생이 본래 부처인데 왜 지금 우리는 성불하지 못했습니까? "난사법성(難思法性)"이니 부처님께서는 망상과 집착으로 인해 증득할 수 없다고 말씀하셨습니다. 비록 망념임을 알지만 없애 버리지 못한다는 것도 분명히 아는데 우리는 왜 계속 망념을 없애 버리려고 할까요? 그리고 망념은 없애 버려야 합니까? 망념은 또 어떤 물건입니까? 인식하고 관찰해야 합니다. 그러므로 최후의 일체 자성은 본래 이와 같으며 법이여시(法爾如是)입니다. "안주법성(安住法性)"이란, 마지막에 보리를 증득해도 여전히 나의 본래 모습은 법성에 안주합니다. 그러므로 '성립(成立)' '난사(難思)' '안주(安住)' 이 세 가지에 대하여 '믿음〔信〕'을 구비해야, 다시 말해 "마땅히 신해를 내어야〔應生信解〕" 합니다. 스스로는 이해할 방법이 없기에 증득하기 이전에는 오로지 바른 믿음이 있어야 바로 들어옵니다.

사실 불법은 아주 간단한데, 스스로 자신에 대하여 의심을 내는 것입니다. 믿지 않음으로 인하여 막혀 있었던 것이 믿기만 하면 곧바로 들어오는데, 사의(思議)해서도 안 되고 분별해서도 안 됩니다. 이것을 법이 도리에 대하여 심사함이라고 합니다.

---

이와 같은 여섯 가지 일의 차별 소연의 비발사나 및 앞의 세 가지 문의 비발사나는 간략하게 일체의 비발사나를 포함한다.

如是六事差別所緣毘鉢舍那, 及前三門毘鉢舍那, 略攝一切毘鉢舍那.

이것은 일체법의 관법(觀法)을 포함합니다. 아래는 최후 결론입니다.

# 여섯 가지 관법은 세 가지 깨달음에 의지한다

문: 무슨 인연 때문에 이와 같은 여섯 가지 일의 차별 비발사나를 세우는가.
답: 세 가지 깨달음에 의지하기 때문에 이와 같이 세운다.

問: 何因緣故建立如是六事差別毘鉢舍那. 答: 依三覺故, 如是建立.

부처님께서는 깨달음의 법문을 가르치고 계신데, 이 여섯 가지 일은
세 가지 깨달음의 상황에 의지하여 그 이론의 체계가 세워졌습니다.

무엇 등이 세 가지 깨달음인가. 첫째는 어의각이고 둘째는 사변제각이고
셋째는 여실각이다. 뜻을 심사하기 때문에 어의각을 일으킨다.

何等三覺. 一語義覺, 二事邊際覺, 三如實覺. 尋思義故, 起語義覺.

생각[思想]은 반드시 언어 문자를 통해 표현합니다. 일체중생은 성불
하기 이전에 성불하도록 지도해야 하는데 반드시 말을 해서 들려주어야
합니다. 말을 하면 언어 문자가 생기고, 문자가 있으면 논리에 맞아야
합니다. 일체중생은 부처님께서 말씀하신 법을 듣고 깨닫거나 혹은 선
지식이 열어 보인 불법을 듣고 깨닫는데, 이러한 깨달음이 바로 "어의각
(語義覺)"입니다.

그 대상 및 자상을 심사하기 때문에 사변제각을 일으킨다. 공상과 품류와
때와 도리를 심사하기 때문에 여실각을 일으킨다.

尋思其事及自相故, 起事邊際覺. 尋思共相品時理故, 起如實覺.

여러분 자신이 그 대상 및 자상(自相)을 연구하면, 곧 대상과 자상으로
인해 사물의 궁극의 실상인 사변제(事邊際)의 깨달음을 일으키게 됩니
다. 최후로 "여실각(如實覺)"을 증득하는데, 본래부터 지니고 있는 것이
며 일체가 본래 지금 있는 그대로[現成]입니다.

수행하는 유가사는 오로지 네가 알고 있는 바의 경계, 이른바 말의 뜻 및
알고 있는 바의 대상만 지니지만, 있는 바를 다하는 성품이고 있는 바 그대
로의 성품이다.

修瑜伽師, 唯有爾所所知境界, 所謂語義及所知事, 盡所有性, 如所有性.

참된 수행자나 유가사 등은 오로지 여러분이 평소에 부처님을 배운 경
험과 아는 바의 경계 및 여러분이 깨달은 불법의 이치, 나아가서 여러분
이 사실상 알고 있는 바의 이치에만 의지하지만, "있는 바를 다하는 성품
이고 있는 바 그대로의 성품입니다[盡所有性, 如所有性]." 이 두 구절은
유가에서 온 것으로 『중용』에서는 "사람의 성품을 다하다[盡人之性]"
"사물의 성품을 다하다[盡物之性]"라고 했습니다. '진성(盡性)'이라는 이
설법은 훗날 『맹자(孟子)』「진심편(盡心篇)」에 나옵니다. 그런데 공맹 두
원로가 이 명칭을 제기했을 때는 불법이 아직 중국에 전해지지 않았던
때입니다. 성품을 다한[盡性] 이후에 인성(人性)을 깨닫고 물성(物性)도
깨달으며 우주만물도 깨닫게 되어 "있는 바 그대로의 성품[如所有性]"

즉 마지막에는 여래의 경계에 머물러 있으니 법이여시(法爾如是)입니다. 고대의 선사가 여러분에게 말한 "검은 까마귀의 몸은 검고 흰 말의 몸은 희다"는 것은 무슨 이치입니까? 바로 "있는 바 그대로의 성품〔如所有性〕" 즉 법이여시이니, 흰 것은 희고 검은 것은 검습니다. 수업이 끝났다면 말 그대로 수업이 끝난 것이니 멍하게 그 자리에 앉아 있지 마십시오.

부정관(不淨觀)으로부터 시작해서 백골관에 도달하는 것, 성문승의 수행법은 이 길을 걷지 않으면 안 됩니다. 부정관, 무슨 콧물 눈물이니 하는 것과 안에서 부패하고 부풀고 하는 것은 더 읽지 않겠습니다. 이제 제30권 774면을 보겠습니다.

여러분은 부정관과 백골관을 수행하지만 제대로 되지 않습니다. 그렇지요? 부정관을 수행하려면 마땅히 위쪽의 내용을[38] 의지해야 합니다. 진정으로 부정관을 수행하기란 결코 간단치 않습니다. 수행을 해서 마음이 지(止)를 얻고 관(觀)을 얻은 후에는 반드시 안으로 자신의 내장까지 봐야 합니다. 눈을 뜨든 눈을 감든 분명하게 보는데, 기(氣)가 어디로 흐르는지 혈(血)은 어디로 흐르는지가 아주 분명합니다. 심지어 몸에 세균이 있는지 혹은 어디가 나빠졌는지 하는 것들도 모두 분명하게 보는데, 그래야 참으로 부정관을 해냈다고 할 수 있습니다.

부정관을 해냈다고 해도 아직 구경(究竟)은 아니고 그저 첫 단계에 불과하니, 한 걸음 더 나아가서 공관(空觀)에 도달해야 합니다. 다들 부정관을 수행하지만 특히 여성 동학들은 부정관을 생각만 해도 토하려고 합니다. 안이 너무 더럽기 때문입니다. 그러나 사실은 아주 빨리 지나갈 수 있습니다. 신념(信念)만 있으면 자리에 앉자마자 곧바로 통과할 수

---

**38** 생략된 부분을 말하는 듯하다. 시체가 변화되는 과정을 상세히 설명하며 그에 대해 승해를 일으킨다는 내용이다.

있으니, 자신의 이 신근(身根)이 더럽고 냄새난다는 것을 알 수 있습니다. 이러한 일념이 부정관에 속하며 곧바로 도달할 수 있습니다.

백골관을 수행하는 것 역시 반드시 백골을 관해야만 하는 것은 아닙니다. 자리에 앉자마자 죽음[死]을 생각하는 것도 하나의 방법입니다. 불법에는 십념법(十念法)이 있는데, 바로 불(佛) 법(法) 승(僧) 계(戒) 천(天) 시(施) 안나반나(安那般那) 휴식(休息) 신(身) 사(死)입니다. 예를 들어 염승(念僧)은 일체 성현과 득도한 사람을 염(念)하는데, 여러분에게 한 사람 한 사람을 생각하라는 것이 결코 아닙니다. 염(念)은 관(觀)이 아니라 과거에 득도한 사람을 믿는 것이기 때문입니다. 수시로 득도한 사람을 본보기로 삼고 그의 잣대에 의거해 수행하는데, 진정한 승려는 부처님처럼 열심히 수행하는 사람입니다.

덧붙이자면 천주교에서도 마찬가지로 염천(念天)합니다. 그러나 그것이 대범천(大梵天)이냐 아니냐는 큰 문제이니 천주교의 신학 교리를 연구해야 합니다. 성모(聖母)가 어느 하늘의 천인(天人)인가 하는 것도 문제입니다. 염천(念天)은 이 하늘을 생각하는 것이 아닙니다. 일체 수행으로 말미암아, 솔직히 말하면 대승 소승을 막론하고 몇 평생을 수행했어도 기껏해야 천계에 태어나는 과위를 증득할 따름입니다. 한 층 한 층 올라가서는 삼계를 벗어나기가 어렵기 때문에 부처님께서는 여러분을 위해 방편 법문을 생각했습니다. 옆으로 가로질러[橫超] 빨리 나아가는 방법이니 바로 서방으로 가는 것입니다. 삼계에서 몇 층을 올라가야 할 때에 중간에 엘리베이터가 멈추어 버린다면 올라가지도 않고 내려가지도 않아서 아주 곤란해질 테니 말입니다.

일체 수행은 염천입니다. 여러분은 자신이 부처님을 배우며 천계에 태어나기를 구하지는 않는다고 여겨서는 안 됩니다. 천계에 태어나는데 여러분의 몫이 있는지 없는지는 여전히 문제입니다. 욕계천은 십선업도

(十善業道)를 다 수행해야 태어날 수 있습니다. 십선업도 가운데 하나의 선을 이루면 천계에 태어날 수 있는데, 물론 어느 층의 천계에 태어나느냐의 차별은 있습니다. 왜 선업을 수행해서 완성되면 천계에 태어날 수 있을까요? 선업을 닦아서 완성되면 그것은 세간법의 정(定)입니다. 세간의 진정한 호인(好人)은 다 아주 성실하고 아주 차분합니다. 나쁜 사람일수록 더 심하게 활동하고 두뇌도 더 영민한데 그래서 오히려 안정〔定〕이 없습니다. 그런 까닭에 사선팔정(四禪八定) 삼계선천(三界禪天)안은 모두 안정되고 고요〔定靜〕합니다.

사실 진정한 불법의 수행법은 마땅히 열 번째인 염사(念死)를 맨 앞에 놓아야 하는데, 왜 부처님께서는 염사를 맨 뒤에 놓았을까요? 불법을 배우는 사람들에게 사람은 결국 죽게 됨을 알라는 것입니다. 먼저 죽음을 배우는 수행을 한다면 자리에 앉자마자 자신은 이미 죽었고 한 무더기의 백골로 변화해 버렸다는 생각이 들 것입니다. 이와 같을 수 있다면 여러분은 백골관을 수행하지 않아도 됩니다! 여러분은 해낼 수 있습니까? 스스로 수행할 수 없고 변화할 수도 없습니다. 지금까지 부정관을 말씀드렸고 이제 백골관을 말씀드리겠습니다.


## 다시 백골관과 부정관을 말하다

---

**다시 두 가지 골쇄상을 취하는 것이 있는데, 첫 번째는 이름만 빌린 채색한 그림이나 나무나 돌, 진흙 등으로 만든 골쇄상을 취하는 것이다.**

復有二種取骨鎖相, 一取假名綵畫木石泥等所作骨鎖相.

---

이것은 백골관을 어떻게 관하라고 말합니까? 두 가지 방법이 있습니

다. 여러분은 백골관을 일으키지 못하면 그 자리에서 죽어라 자신의 발가락에 매달리는데, 피부를 죄다 발라내고 그런 후에 자신의 백골이 드러나게 하고 싶어 합니다. 여러분은 이렇게 수련하지 않습니까? 그렇기 때문에 여러분이 관하지 못하는 것입니다. 백골은커녕 그림자도 보지 못합니다. 그렇지요? (동학이 대답하다: 그렇습니다.) 여러분은 길을 잘못 갔고 방법을 잘못 사용했습니다. 여러분이 어떻게 자신의 뼈를 볼 수 있을까요? 내시(內視) 내관(內觀)을 성취해야만 되는데, 그것은 정(定)을 이루어야 가능합니다. 여러분이 염(念)을 통해 정(定)에 들어가서 자신의 내장이나 자신의 뼈를 보고자 하면 바로 볼 수 있습니다. 이렇게 할 수 있다면 수행이 이미 제 궤도에 올랐다고 할 수 있습니다.

지금의 여러분은 당연히 해낼 수 없습니다. 그렇기 때문에 두 가지 방법이 있는데, 첫 번째는 "이름만 빌린 채색한 그림이나 나무나 돌, 진흙 등을 취하는〔取假名彩畵木石泥等〕" 것이니, 백골 그림을 사용해도 괜찮고 나무로 만든 것이나 돌로 만든 것이나 다 괜찮습니다. 그래서 많은 백골 모형을 사서 여러분에게 드리는 것이니, 자리에 앉아서 관(觀) 수행을 할 때 백골 모형을 보고 그 형상이 존재하면 됩니다. 모형의 형상을 관한 후에 여러분은 그것이 가짜임을 아는데, 이 또한 무분별영상 소연입니다! 여러분이 그 모형 형상에 머무르면〔定〕 여러분 몸에 작용을 일으키게 됩니다. 그런데 여러분은 이해하지도 못하고 할 줄도 모르면서 결사적으로 자기 몸의 뼈만 보려고 하고, 해내지 못하는 일을 무리하게 하기 때문에 관하지 못하는 겁니다. 그래서는 당연히 관할 수 없습니다.

이치에 통하지 못하여 여리작의(如理作意)하지 못하면서도 경전의 가르침을 보려고는 하지 않습니다. 지금 이 자리에서 여러분에게 말하는데, 첫걸음은 먼저 이 모형의 형상을 관하고 정주(定住)하는 것으로 명점을 관하는 것과 똑같은 이치입니다. 여러분은 백골 모형도 본 적이 있는데, 관할 수 있습니까? (동학이 대답하다: 관하지 못합니다.) 관하지 못하는 원인은 무엇입니까? 여러분이 계속해서 눈으로 관하려고 하기 때문에 관하지 못하는 것입니다. 제가 지금 말하는 백골 모형을 여러분은 본 적이 있지요? 여러분이 보았던 백골 모형의 형상이 의식의 경계에 인상(印象)이나 영상(影像)이 남아 있습니까? (동학이 대답하다: 있습니다.) 의식의 경계에 있다면 맞습니다. 이것은 관하기 시작한 것이 아닙니까? 누가 여러분에게 눈으로 보라고 했습니까? 여러분은 책을 읽을 수도 있고 말을 들을 수도 있고 그 의식의 경계에 백골 영상도 있습니다. 맞지요? 이제 이해하셨지요? 제 말을 여러분이 이해하지 못해서 미륵보살의 말에 의지하여 말했더니 곧 이해했습니다. 그러니 수업이 끝나면 미륵보살께 절하십시오.

---

두 번째는 진실한 골쇄상을 취하는 것이니, 만약 이름만 빌린 골쇄상을 사유한다면 그때는 쇄의 승해를 일으킴이라고 하며 골쇄라고 하지 않으니, 만약 진실한 골쇄상을 사유한다면 그때를 골쇄의 승해를 일으킴이라고 한다.

二取眞實骨鎖相, 若思惟假名骨鎖相時, 爾時唯名起鎖勝解, 不名骨鎖, 若思惟眞實骨鎖相時, 爾時名起骨鎖勝解.

---

두 번째 방법은 진짜 뼈를 가져다가 보는 것인데, 요즘은 병원 해부실에 가서 보는 수밖에 없습니다. 백골 모형을 관상하려고 관하기 시작할 때 이것은 "쇄의 승해를 일으킴[起鎖勝解]"이라고 합니다. 이론상 골쇄(骨鎖)라고 부르지 않는 것은 진짜 백골이 아니기 때문입니다. 쇄의 승해를 일으킴이 있어도 좋으니 명칭만 다를 뿐입니다. 만약 죽은 사람의 백골을 진짜 본다면, 여러분이 보았다면, 그 죽은 사람의 백골을 관하고

여러분 자신이 백골로 변하는 것을 관할 필요가 없는데, 이것을 "골쇄의 승해를 일으킴〔起骨鎖勝解〕"이라고 합니다. 이것은 백골관을 초보로 관하기 시작한 것입니다.

여러분은 지금 불경을 듣고 있는데 들으면서 그 백골 모형의 영상이 있습니까? (동학이 대답하다: 있습니다.) 보십시오, 얼마나 수월합니까! 또 힘들일 필요도 없습니다. 그런데 여러분은 타좌를 시작하면 마치 빈 의관(殯儀館)에서 일하기라도 하는 것처럼 결사적으로 그 자리에서 백골을 줍습니다. 백골이 어디에 있습니까? 바로 여러분의 의식에 있는데, 그 영상이 온 것입니다. 그렇지요? 관하기 시작했습니까? (동학이 대답하다: 관하기 시작했습니다.) 보십시오, 정말로 수월하지요! 여러분은 관하면서 말도 할 수 있고 일도 할 수 있는데 동시에 천천히 이 영상을 정주(定住)시킵니다. 하지만 주의해야 합니다. 힘을 쓰면 안 됩니다. 힘을 쓰면 바로 끝입니다. 백골의 영상이 달아나 버립니다. 여러분이 그것을 상관하지 않을수록 그 백골 영상은 의식에 머물러〔留〕 있으며 그래야 관할 수 있습니다. 여러분이 한번 체득해 보십시오. 이렇게 관하기 시작했는데도 동시에 이야기를 듣고 있으며 의식의 경계는 아주 편안하고 고요합니다. 이해했지요? (동학이 대답하다: 이해했습니다.) 좋습니다! 이해했다면 계속하겠습니다.

---

**또 이 외에 여러 색의 형상을 짓는데 세 가지 변괴이니, 첫째는 자연변괴이고 둘째는 타소변괴이며 셋째는 구품변괴이다.**

又卽此外造色色相, 三種變壞, 一自然變壞, 二他所變壞, 三俱品變壞.

---

관(觀)하기 시작한 후에 여러분은 외부 대상을 관하는〔外觀〕 것을 통해서 우주 만유를 이해하고, 사람의 생명이 지닌 세 가지 변괴를 이해할

수 있습니다. 예를 들어 저는 지금 늙었고 머리카락은 하얗게 세었으며 피부도 거칠어졌고 모습도 변했습니다. 이 노상(老相)은 사상(死相)의 전주곡으로서 아주 보기 흉한데 이미 서서히 퇴화하고〔變壞〕 있습니다. 내일 시장에 가서 돼지고기 한 덩이를 사서 여기에 펼쳐 놓고 사흘 후에 한번 보십시오. 검푸르죽죽하게 변하여 냄새가 나고 부패하기 시작할 것이니, 그 부정관(不淨觀)을 보게 될 것입니다. 우리의 육체도 똑같은데 이것이 "자연변괴(自然變壞)"입니다. 때로는 약을 먹고 나빠지거나 혹은 화상을 입기도 하는 것 등이 "타소변괴(他所變壞)"이고, 만약 뼈까지도 모두 나빠진다면 그것이 바로 "구품변괴(俱品變壞)"입니다.

---

**처음에 청어로 시작해서 방창[39]에 이르기까지가 자연변괴이다.**

始從青瘀乃至胖脹, 是自然變壞.

---

　늙으면 피부에 주름이 생기고 피부색도 거무스름해집니다. '어(瘀)'는 바로 여기저기가 푸르뎅뎅하게 변하는 것으로, 그것이 다시 고름이 되는데 "자연변괴"에 속합니다. 이 단락은 건너뛸 것이니 스스로 보고 연구하도록 하십시오.
　이제 제30권 776면을 보겠습니다.[40]

---

지금 현재는 이와 같은 순서로 갖가지 깨끗하지 못하며, 모든 현재세에 내가 지닌 것이 깨끗한 색상 같지만, 이 깨끗한 색상이 현재세에서는 비록 깨끗한 형상을 지니나 미래세에서 깨끗하지 못한 것이, 지금 현재 바깥의 깨끗하지 못한 색과 같아서는 안 된다고 한다면 옳지 않다. 나의 이 색신은 과

거 미래 금세에 일찍이 이와 같은 형상·장차도 이와 같은 형상·지금 이와 같은 형상으로 이와 같은 부정법성에 지나지 않으니, 이와 같은 것을 저 때를 심사함이라고 한다.

而今現在如是次第, 種種不淨, 諸現在世, 我之所有似淨色相, 此淨色相於現在世, 雖有淨相, 於未來世, 不當不淨, 如今現在外不淨色, 無有是處. 我此色身, 去來今世, 曾如是相·當如是相·現如是相, 不過如是不淨法性, 如是名爲尋思彼時.

---

　우리가 비록 모형을 보고 관하기는 했지만 백골관과 부정관을 수행하며 관하기 시작했습니다. 지금 자신의 이 몸이 보기에는 사람이지만 결국은 그 백골처럼 돌아가리라는 것을 이치로 알아야 합니다. 백골관 형상을 정말로 관하기 시작했는데도 여전히 화낼 거리가 있습니까? 마지막에는 모두 저렇게 한 무더기 백골이 될 것인데, 그뿐 아니라 백골이 먼지로 변할 것인데 다른 사람이 나에게 뭐 그리 잘못한 것이 있습니까? 여러분은 지금 화를 내면서 그 사람이 틀렸고 자신이 맞는다고 생각하는데, 여러분이 뭐가 맞습니까? 백골이 진흙을 상대하는 것에 불과할 뿐입니다.

　그렇기 때문에 부정관이나 백골관을 관하는 사람은 탐진치가 없는 것이 아니라 자연스럽게 청정해졌고 항복한 것이라고 말하는 것입니다. "나의 이 색신은 과거 미래 금세에[我此色身, 去來今世]"란, 우리 사람은 모두 살아가는 동안에 사대로 이루어진 사람의 형상인 이 색신을 지니

---

**40** 이 단락 앞의 생략된 내용은 다음과 같다. "무엇을 저 때를 심사함이라고 하는가. 말하자면 이런 생각을 짓는 것이니, 만약 안의 모든 여러 가지 깨끗한 색상이 현재세에 있다면 바깥의 모든 깨끗하지 못한 색상 또한 현재세이다. 모든 과거세에 일찍이 깨끗한 색상이어서 저가 과거에는 비록 깨끗한 형상을 지녔어도…[云何名爲尋思彼時? 謂作是思. 若內所有諸淨色相在現在世, 若外所有不淨色相, 亦現在世. 諸過去世, 曾淨色相, 彼於過去, 雖有淨相…]"

지만, 결국에는 다 썩어 문드러져서 백골이 되고 더 나아가 백골조차 없어져 재로 변하게 됩니다. "이와 같은 부정법성에 지나지 않으니[不過如是不淨法性]"라는 이 말을 가져와서 관해도 됩니다. 다리를 가부좌하고 타좌를 하면 여러분은 곧 몸을 내버려 두고 상관하지 않게 됩니다. 여러분이 수행하는 자리에 앉아서 이 몸을 이미 죽은 것으로 여기면, 백골이 뒤따르고 일념이 공(空)하여 바로 성취하게 되는 것과 같습니다. 하지만 안타깝게도 여러분에게는 이런 패기가 없습니다. 이런 패기가 있다면 앞에서 말한 이 방법을 쓰지 않아도 됩니다. 아시겠지요! 이 방법을 "저 때를 심사함[尋思彼時]"이라고 일컫습니다.

---

무엇을 저 이치를 심사함이라고 하는가. 이 생각을 짓기를 안이거나 바깥이거나, 나도 없고 얻을 만한 정도 없음을 말한다.

云何名爲尋思彼理. 謂作是思, 若內若外, 都無有我有情可得.

---

여러분이 백골관을 참으로 성취하면 자리에 앉아도 앉지 않아도 수시로 이 몸이 개똥 무더기 같음을 느낍니다. 만일 기(氣) 한 모금이 올라오지 않고 거기다 때마침 셰퍼드 몇 마리가 다가온다면 우리가 셰퍼드의 먹이로 변하지 않겠습니까? 그렇기 때문에 그 속에는 진아(眞我)도 없고 얻을 만한 정(情)도 없다는 것입니다.

---

혹은 깨끗하다고 말하고 혹은 깨끗하지 못하다고 말하나 오직 색상이 있고 오직 몸의 형상이 있을 뿐이니, 가상으로 베풀어 놓은 언론에서 깨끗하다 혹은 깨끗하지 못하다고 말한다.

或說爲淨, 或說不淨, 唯有色相, 唯有身形, 於中假想施設言論, 謂之爲淨, 或爲不淨.

혹은 그것을 깨끗하다[淨]고 하거나 깨끗하지 못하다[不淨]고 합니다. 지금 우리가 살아 있는 것은 사대가 구성하고 있는 이 색신(色身), 이 상(相)이니 바로 신체의 형상(形相)입니다. 무엇을 가리켜 예쁘다 예쁘지 않다, 깨끗하다 깨끗하지 않다고 말합니까? 선악과 시비는 모두 가상의 명사이고 인류의 생각과 망상이 만들어 낸 언론(言論) 관념입니다. 관념을 던져 버리면 깨끗하다 깨끗하지 못하다 말할 수 없습니다. 부정관을 성취한 후에는 정(淨)과 부정(不淨)을 말할 수 없으니 바로 불구부정(不垢不淨)이기도 합니다. 어쨌든 모두가 가짜입니다.

---

**또 수와 난과 식을 말하자면 만약 몸을 버릴 때 붙잡아 지님을 떠나서 누우면 생각하는 바가 없음이 나무와 같고, 이미 죽은 뒤에는 점차 변하여 무너지는 분위[41]를 알 수 있다.**

又如說言壽煖及與識, 若棄捨身時, 離執持而臥, 無所思如木, 旣死沒已, 漸次變壞, 分位可知.

---

우리가 살아가는 동안 난(煖) 수(壽) 식(識) 세 가지는 유심(唯心) 유식(唯識)이 변한 것입니다. 심식(心識)과 난(煖) 수(壽)의 관계는 전등과 똑같아서, 전기가 있으면 빛이 있고 전기가 있으면 따뜻함[煖]이 있습니다. 몸은 열에너지가 있으면 수명이 존재하지만, 이 열에너지가 없으면 수명이 존재하지 않으며 식(識) 또한 이 색신을 따라서 흩어져 버립니다. 난(煖)이 떠나면 수(壽)도 없어지고 이 부분의 식(識)도 떠나기 때문에 몸 전체가 차가워지는 것입니다. 난과 수와 식은 이어져 있으며 난과 수가 흩어져 버리면 식 또한 곧바로 떠나서 이 육체와 더 이상 상관이

---

**41** 문자 그대로의 뜻은 '나누어진 위치[分位]'로 사물의 측면, 국면, 단계를 뜻한다.

없습니다.

이제 제가 여러분에게 질문하겠습니다. 왜 불법을 배우는 수행, 정(定) 수행, 사가행(四加行) 수행을 할 때 먼저 난(煖)을 얻어야 할까요? 그뿐 아니라 참으로 정(定)을 이룬 후에는 반드시 난(煖)을 얻어야 하는 것은 무슨 이유일까요? 여러분이 참구하고 정사유하십시오. 지금 여러분에게 삶을 말하지 않는 사람은 죽음을 말하는 사람입니다. 이 단락 뒷부분은 모두 비발사나이니 부정관과 백골관의 혜관(慧觀)입니다. 여러분은 저처럼 건너뛰지 말고 스스로 연구해야 합니다. 이 이치들은 여러분이 마땅히 알아야 합니다. 제가 거듭 당부하는데 반드시 스스로 연구하고 정사유하고 자세히 봐야 합니다. 첫째는 자기 자신을 이롭게 할 수 있고 둘째는 다른 사람도 이롭게 할 수 있기 때문입니다. 장차 여러분은 밖에 나가서 다른 사람을 교화하고 제도할 사람인데, 이것을 이해하면 막 입문하는 초보 방법을 가르칠 수 있습니다. 저는 이미 수천 수만 번을 이야기했기 때문에 건너뛰지만 여러분은 저를 따라 건너뛰면 안 됩니다. 기는 것도 제대로 못 하면서 건너뛰어서는 안 되지요. 아시겠지요!

## 어떻게 자비관을 수행하는가

부정관이나 백골관을 수행하는 이론과 방법은 본론에서 이야기했고, 이제는 어떻게 자비관(慈悲觀)을 수행하는지를 우리에게 말해 줍니다. 777면 여덟 번째 줄을 보겠습니다.

---

무엇을 자민관을 부지런히 수행하는 사람이 여섯 가지 일의 차별 소연을 심사하는 비발사나라고 하는가. 자민의 증상정법을 듣고 받아 지닌 증상력

에 의지하기 때문에 이롭고 안락하고 의락하게 하고자 하여, 모든 유정의 작의와 즐거움에 대하여 승해를 일으키는 이것이 자민상이다. 이와 같이 그 뜻을 깨달아 알 수 있다면, 이와 같은 것을 모든 자민에 대하여 그 뜻을 심사함이라고 한다.

云何勤修慈愍觀者, 尋思六事差別所緣毘鉢舍那, 謂依慈愍增上正法, 聽聞受持增上力故, 由欲利益安樂意樂, 於諸有情作意與樂, 發起勝解, 是慈愍相. 若能如是解了其義, 如是名爲於諸慈愍尋思其義.

---

자민관의 수행은 위에서 말했던 삼문(三門) 육사(六事)의 원칙을 내버려서는 안 됩니다. "자민의 증상정법에 의지하여〔依慈愍增上正法〕"란, 자비를 일으키려면 먼저 부정관과 백골관의 수행으로부터 시작하는데, 수행이 경계에 도달해야 서서히 자비심을 일으킨다는 말입니다. 순서에 따르니 정말로 이렇습니다. 여러분은 모두 스스로가 아주 자비(慈悲)하다고 생각합니다. 됐습니다! 모두 자기 잔〔磁杯〕이고 술잔〔酒杯〕입니다![42] 여러분은 모두 자신을 사랑하고 가엾게 여기는〔慈悲〕 것입니다. 앞의 지관정상(止觀定相)이나 정상(淨相)을 해내지 못하면 자비심을 일으키지 못합니다. 참된 자비는 그렇게 쉽게 일어나는 것이 아닙니다. 왜 자비를 여기에서 말해야 할까요? 부정관과 백골관을 수지해서 참으로 경계에 도달한 후라야 자비의 눈〔慈眼〕으로 일체중생을 보게 되기 때문입니다. 일체중생을 가엾게 여기는 이때에야 어지간히 무아(無我)를 해낼 수 있습니다. 부정관과 백골관을 성취하지 못했으면서 자신은 이미 무아라고 말한다면, 한 번 건드리기만 해도 바로 여러분의 그 아(我)가 튀어나올 것입니다.

---

**42** 慈悲와 磁杯는 중국어 발음이 같다.

무아(無我)를 해내지 못하는 사람이 함부로 떠들어서는 안 됩니다. 학불 수행은 고지식하게 한 걸음 한 걸음 나아가는 것이므로 순서를 건너뛰어서는 안 됩니다. "듣고 받아 지닌 증상력 때문에〔聽聞受持增上力故〕"란, 자비의 심리에 의지하여 "증상정법(增上正法)" 이른바 정법을 듣는 데 그치지 않고 정법을 들은 후에는 증상력이 있어야 하니, 선지식의 설법을 잘 듣고 잘 연구해야 합니다. "받아 지님〔受持〕"은 받아서 수지한 증상력이니, 자비심을 일으켜서 다른 사람을 이롭게 하고 자신을 안락하게 하고자 합니다. 자비심이 참으로 일어나면 자신의 의식 경계에서 대단히 평안하고 즐겁습니다.

예를 들어 어떤 사람이 자기는 눈물이 많아서 곧잘 우는데 아마도 자비심이 두터운 듯하다고 말합니다. 그것은 그 사람의 눈물샘에 문제가 있어서 잘 우는 것일 뿐 비심(悲心)은 그런 이치가 아닙니다. 진정한 자비는 "이롭고 안락하고 의락하게〔利益安樂意樂〕" 하고자 함이니, 일체중생으로 하여금 안락을 얻게 합니다. 예를 들어 우리가 정의 경계에 도달했으면 자신은 청량한 청정 가운데, 또 무번뇌(無煩惱) 가운데 있으면서 번뇌하는 중생을 보고 마음속으로 비할 데 없는 자비와 연민〔悲憫〕을 내고, 악을 짓는 중생을 보고서도 비할 데 없는 비심(悲心)이 생겨서, 그들이 안락한 경계에 도달하고 번뇌 및 탐진(貪瞋) 등의 불〔火〕에 훼멸되지 않기를 바라는데, 이렇게 되어야 "자민상(慈愍相)"이니 자비의 모습이 밖으로 나옵니다. 이것이야말로 자민관을 수행하는 참뜻입니다.

---

저가 이와 같이 뜻을 깨달아 안 뒤에는 이것이 친품이고 이것이 원품이고 이것이 중용품이라고 다시 사택할 수 있는데, 이 일체 품은 모두 타상속[43]에 포함되는 것이기 때문에 그 가운데에서 바깥 대상에 승해를 일으킨다.

彼旣如是解了義已, 復能思擇, 此爲親品, 此爲怨品, 此中庸品, 是一切品, 皆他相續之所攝故, 於中發起外事勝解.

그가 말하기를, 자비를 참으로 일으켜야 무엇이 "친품(親品)"인지 알게 된다고 했습니다. 바로 일체중생을 자비 친애하는 것입니다. 이 자리에 있는 남녀노유와 재가출가 동학들이 양심을 걸고 말한다면, 여러분은 모든 동학에게 호감을 가지고 있습니까? 자비는 말할 것도 없고 호감이라도 지니고 있습니까? 자리에 앉아서 고개를 저을 필요도 없고 끄덕일 필요도 없습니다. 제 마음속으로 다 생각이 있으니까요.

여러분은 어떤 한 사람을 상대적으로 더 좋아하고 그 나머지 대부분은 그다지 좋아하지 않는 일이 있지 않습니까? 각자 그런 사람이 있지요? 그렇지요? 여러분이 비교적 더 좋아해서 그 사람에게는 더 잘해 주는, 그것이 여러분의 친품입니다. 만약 자비심을 일으켰다면 정법(正法)을 수행하는 사람은 마땅히 원(怨)과 친(親)을 평등하게 해야 합니다. 원수일지라도 "원품(怨品)" 또한 친품과 같이 여기고 사랑해야 합니다. 심지어 웃거나 화내는 경우에도 그들을 가엾이 여기는 마음을 지닙니다. 이것이 바로 "중용품(中庸品)"이니, 보살의 자비는 아니고 성문승의 자비입니다. 바꾸어 말하면 이른바 자비를 일으킨 후에는 자기 자신으로 하여금 안락을 얻게 하고 일체중생으로 하여금 안락을 얻게 합니다. 자비를 일으킨 후에는 자비희사(慈悲喜捨) 네 가지 심리를 모두 일으켜야 합니다. 이 단락은 여러분 스스로 보고 연구하십시오.

지금부터는 제31권 본지분 중 성문지 제삼 유가처의 이〔本地分中聲聞地第三瑜伽處之二〕(781면)를 말씀드리겠습니다.

---

43 불교의 무아론에 따르면 나〔我〕 또는 자신이 의지하는 바 몸〔所依身〕은 오온의 화합과 끊어지지 않고 이어지는 상속(相續) 위에 세워진 것이다. 이런 의미에서 자신의 소의신을 가리켜 자상속(自相續)이라고 하고 '남〔他〕'의 소의신을 가리켜 '타상속(他相續)'이라고 한다.

# 무엇이 연기관인가

무엇을 연기관을 부지런히 수행하는 사람이 여섯 가지 일의 차별 소연을 심사하는 비발사나라고 하는가. 연성과 연기의 증상정법을 듣고 받아 지닌 증상력에 의지하기 때문에, 여시여시한 제법이 생겨나기 때문에 이러저러한 법이 생겨나고, 여시여시한 제법이 멸하기 때문에 이러저러한 법이 멸함을 바르게 깨달아 알 수 있는 것을 말한다.

云何勤修緣起觀者, 尋思六事差別所緣毘鉢舍那, 謂依緣性緣起增上正法, 聽聞受持增上力故, 能正了知如是如是諸法生故, 彼彼法生. 如是如是諸法滅故, 彼彼法滅.

여러분은 순서를 잘 기억해야 합니다. 미륵보살이 우리에게 가르쳐 준 수행법을 순서대로 한 걸음 한 걸음 해낼 수 있다면 가장 좋습니다. 부정관, 백골관, 자비희사관, 연기관 등 이것은 이론이 아니라 수련입니다. 한 걸음 한 걸음 해낸 후에 다시 법을 닦는데, 이것이 바로 "연기관(緣起觀)"이며 또 연기를 관(觀)하는 것입니다.

이 구절은 처음부터 끝까지 여러분에게 여섯 가지 소연에 주의하라고 합니다. 이 단락은 대단히 중요하므로 다들 주의해야 합니다. 후세에 유식법상을 연구하는 일반 학자들은 연기성공(緣起性空) 및 무자성(無自性)에 대하여 '무자성' 세 글자가 외도(外道)의 견해라고 여깁니다. 선종에서는 유자성(有自性)을 말하기 때문에 사람들은 이론 논쟁까지 벌입니다. 아! 가엾습니다! 책도 제대로 이해하지 못했습니다.

이른바 연기성공은 모든 존재[諸法]의 현상을 말하는 것입니다. 유식법상종은 일체 만유를 말하면서 눈으로 볼 수 있는 현상, 알 수 있고 의식할 수 있는 형상(形相)은 모두 연기(緣起)가 낳은 것이라고 합니다. 하지만 그것의 자성은 본디 공이며 무자성입니다. 무자성(無自性)은 자신에게는 단독으로 존재할 수 있는 성질이 없으며 영원히 존재하는 것이 아니라는 말입니다. 일체 현상계 및 일체 법상이 모두 무자성이기 때문에 법상은 전변(轉變)할 수 있으니, 팔식(八識)이 전화하여 사지(四智)를 성취할 수 있습니다. 이러한 성공(性空), 무자성의 성공은 법상의 성공을 가리키는 것입니다.

성공(性空)의 뒤에 있는 그 아뢰야식이 전화하여 대원경지(大圓鏡智)를 성취하는데, 그것은 공(空)일까요 불공(不空)일까요? 불공(不空)이고 불유(不有)이니 이론상으로는 중도(中道)라고 합니다. 그러나 실제로는 중(中)이라고 말하지 않는데, 중이라고 말하면 이미 가장자리로 떨어지기 때문입니다. 그것은 더럽지도 않고 깨끗하지도 않으며[不垢不淨] 늘어나지도 않고 줄어들지도 않는다[不增不減]는 이 이치를 먼저 여러분에게 말합니다.

지금부터는 연기(緣起)를 관한다는 것이 어떤 관법(觀法)인지 보겠습니다. "여시여시한 제법이 생겨나기 때문에 이러저러한 법이 생겨나고, 여시여시한 제법이 멸하기 때문에 이러저러한 법이 멸함을 바르게 깨달아 알 수 있다[能正了知如是如是諸法生故, 彼彼法生. 如是如是諸法滅故, 彼彼法滅]"는 이 구절은 『대승기신론(大乘起信論)』에서 "마음이 생기면 갖가지 법이 생기고, 마음이 멸하면 갖가지 법이 멸한다[心生則種種法生, 心滅則種種法滅]"라고 말한 것과 같습니다. 우주 만유, 일체 법상은 모두 인과 연이 낳은 것이고 인과 연이 모인 것입니다. 이것이 법계의 현상 즉 유형의 현상이며 만유를 형성하였는데, 오로지 심식(心識)이 만든 것입니다. 난(煖) 수(壽) 식(識) 이 세 가지는, 난과 수가 흩어지고 심식이 제자리로 돌아간 후에는 그 사람의 육체가 존재하지 않게 되니 바로 법멸(法滅)입니다.

이 가운데에는 모두 자재함이 없고 지은 자와 낳은 자와 죽은 자로 제법을 지을 수 있는 자가 없으며, 또 중간에 변화시킬 수 있는 자성과 사부가 없어 제법을 변화시키지 못한다. 만약 이와 같은 뜻을 깨달아 알 수 있다면 이것을 모든 연기의 뜻을 심사함이라고 한다.

此中都無自在·作者·生者·死者能造諸法, 亦無自性·士夫中間能轉變者, 轉變諸法. 若能了知如是等義, 是名尋思諸緣起義.

일체 우주 만유의 현상과 법상은 모두 "자재함이 없어〔無自在〕" 즉 여러분이 마음대로 할 수가 없으며, "지은 자〔作者〕"가 없어 즉 그것을 지어 낼 수 있는 주재(主宰)가 따로 없습니다. 만물을 지을 수 있는 주재가 있다고 가정하고 질문하겠습니다. 그 주재는 만물이 그것을 지었습니까, 아니면 주재의 외할머니가 그것을 지었습니까? 그렇기 때문에 주재가 없고 자연이 아니며 지은 자가 없다는 것입니다. "낳은 자〔生者〕"도 없으니, 가령 사람이 사람을 낳는다면 삼연(三緣)이 화합하지 않으면 안됩니다. 그러지 않으면 낳을 수 없는데 남녀의 정충과 난자가 결합하는 이외에도 중간에 중음신(中陰身)이 더해져야만 합니다.

종합해서 말하면 우리의 생명을 포함한 일체의 우주 만유는 어느 누구도 마음대로 할 수가 없습니다. 이 육신도 마음대로 할 수 없으며 우리의 생각과 염두도 마음대로 할 수 없습니다. 의식환화법(意識幻化法)은 인연법이기도 합니다. 그런 까닭에 일체 만법 그 자체에는 독립하여 자재하는 성질과 능력이 없습니다.

"사부(士夫)"는 바로 지식인으로, 지혜를 지닌 사람입니다. 그들은 자신의 마음을 마음대로 할 수 있으며 자신의 마음이 제법을 변화시킬 수 있습니다. 모든 것은 인연이 낳는 것이기 때문에 식(識)을 변화시켜 지

(智)를 성취할 수 있고 번뇌를 변화시켜 보리를 성취할 수 있습니다.

그러나 후세의 일부 학자들은 연기성공(緣起性空)을 이야기하면서 참으로 주제에서 너무 많이 벗어났습니다. 도대체 책을 어떻게 읽었는지 모르겠습니다. 그것이 연기성공이기 때문에 자신의 마음을 마음대로 할 수 있고 전화할 수도 있습니다. 또 제법(諸法) 자체는 자재함이 없고[無自在] 생겨남이 없고[無生] 변화가 없는[無化] 것이면서 어떤 하나의 물건이기 때문에, 그것을 주재라 불러서는 안 됩니다. 그것을 진여(眞如)라 불러도 좋고 성(性)이라도 좋고 도(道)라도 좋고 여래라도 좋고 반야라도 좋고 중도(中道)라도 좋고 왜도(歪道)라도 좋고 무엇이든 상관없습니다. 왜냐하면 모든 것은 오로지 마음이 짓기[一切唯心造] 때문입니다! 그런 까닭에 『화엄경』에서 말하기를 "사람이 삼세의 일체 부처님을 깨달아 알고 싶으면 법계의 본성을 관해야 하니 모든 것은 오로지 마음이 짓는다[若人欲了知, 三世一切佛, 應觀法界性, 一切唯心造]"라고 하였으니, 일체가 오로지 심식(心識)이 전변한 것입니다.

부처님을 배우는 사람이 이러한 이치를 철저히 이해한다면, "모든 연기의 뜻을 심사함[尋思諸緣起義]"에 대하여 이미 충분히 이해했고 연기성공의 이치를 이미 알았다고 말할 자격이 있습니다. 이 법문을 수행하면 깨달을 수 있으니 반드시 부정관이나 백골관을 수행하거나 명점을 수행해야만 하는 것은 아닙니다. 여러분이 타좌를 해서 곧 "모든 연기의 뜻을 심사"한다면, 이치를 깊이 깨달아 마찬가지로 성불합니다. 이런 수행법이 바로 유분별영상 소연을 수행함이니, 모든 것이 그 안에 포함됩니다.

---

십이유지⁴⁴를 다시 자세히 사택하여 안이거나 밖이거나 승해를 일으키니, 이것을 모든 연기의 대상을 심사함이라고 한다. 다시 무명지 등을 자세히

사택하나 과거를 알지 못하고 미래를 알지 못하니, 이와 같은 것은 앞의 연기지를 분별하는 중에서 자세히 말했으니, 이것을 연기의 자상을 심사함이라고 한다.

復審思擇十二有支, 若內若外, 而起勝解, 是名尋思諸緣起事. 復審思擇, 無明支等, 前際無知, 後際無知, 如是廣說如前分別緣起支中, 是名尋思緣起自相.

지금부터 말씀드릴 십이인연(十二因緣)은 다들 익숙할 것입니다! 그렇다고 해서 가볍게 넘겨서는 안 됩니다. 십이인연은 기본 불학입니다. 무명이 행을 일으키고[無明緣行], 행이 식을 일으키고[行緣識], 식이 명색을 일으키고[識緣名色], 명색이 육입을 일으키고[名色緣六入], 육입이 촉을 일으키고[六入緣觸], 촉이 수를 일으키고[觸緣受], 수가 애를 일으키고[受緣愛], 애가 취를 일으키고[愛緣取], 취가 유를 일으키고[取緣有], 유가 생을 일으키고[有緣生], 생이 노사를 일으킵니다[生緣老死]. 만약 십이인연을 순서대로 술술 외우지 못한다면, 부모님께 죄송하고 스승과 연장자에게 죄송할 뿐 아니라 자기 자신에게 더더욱 죄송합니다. 뭐 하러 시간을 낭비해 가며 여기까지 뛰어왔습니까? 십이인연을 여러분이 깊이 깨달으면 성불하고도 남습니다. 하지만 안타깝게도 지금 부처님을 배우는 사람들은 십이인연을 그저 불학의 학리 사상으로 여기고 이야기합니다.

십이인연은 모두 연기성공입니다. 십이인연의 첫 번째는 무명(無明)인데, 무명은 어떻게 왔습니까? 참구해 보십시오. 이것은 여러분의 정사유를 필요로 합니다. 우리에게 어떤 일념이 일어나면 그 아래쪽에서 생각

---

44 불교의 근본 교리 가운데 하나로서 번뇌로부터 괴로움에 이르는 열두 가지 인과관계를 말한다. 열두 가지의 각 항은 윤회의 생존을 구성하는 부분이라는 의미에서 유지(有支)라고 한다.

이 이어지지만 무엇을 생각하는지 파악하지 못합니다. 다음날 깨어났을 때 처음으로 무엇을 생각하는지 우리 스스로 파악합니까? (동학이 대답하다: 못합니다.) 그러므로 각각의 생각이 일어나는 것은 모두 영문을 알 수 없습니다. 그렇지요? (동학이 대답하다: 그렇습니다.) 영문을 모르는 것이 바로 무명(無明)으로 여러분이 마음대로 할 수 없습니다. 이러한 무명의 생각〔無明之念〕 또한 자재함이 없고〔無自在〕 지은 자가 없고〔無作者〕 낳은 자가 없고〔無生者〕 죽은 자가 없지만〔無死者〕 무명의 제법을 지을 수 있습니다.

무명연기(無明緣起)는 어떻게 올까요? "모든 연기의 대상을 심사한다〔尋思諸緣起事〕"는, 여러분에게 자세히 사택(思擇)하고 자기 자신을 관찰하라는 말인데, 바로 관심(觀心) 법문으로 무명지(無明支)·무명(無明) 이 일념을 관하는 것입니다. 어떤 일념이든 모두 무명입니다. 어떻게 오는지 알지 못하기 때문입니다. "과거를 알지 못하고〔前際無知〕" 즉 이 일념이 움직이기 전에 이 일념은 어디에 있었을까요? 알지 못합니다. 여러분이 알지 못하는 것이 바로 무명입니다. "미래를 알지 못하는데〔後際無知〕" 즉 이 일념이 일어나고 또 지나간 후에는 어디로 갔을까요? 여러분도 알지 못합니다. 여러분의 이 일념이 바로 여기에 있을 때에는 알고 있습니까? 마찬가지로 알지 못합니다. 무명의 지배를 받아서 당연히 알지 못합니다. 삼제(三際)를 모두 알지 못하니 이것이 무명이 되는 까닭입니다. 지금 현재에도 무명 속에 있습니다.

여러분은 먼저 현재의 무명 이 일념을 분명히 해야 하는데, 우리에게 생각이 일어나면 그 자체는 무명입니다. 생각이 일어나서 '차를 마셔야지' 하면 얼른 뜨거운 물을 부어 차를 우려내는데, 이것이 무명이 행을 일으킨〔無明緣行〕 것입니다. 그런 다음에는 "이건 우롱차네"라고 말하는데, 행이 식을 일으킨〔行緣識〕 것입니다. "동정(凍頂) 우롱차구나"라는 것은 식이 명색을 일으킨[識緣名色] 것이고, "맛있네. 몸이 편안해"라는 것은 명색이 육입을 일으킨[名色緣六入] 것입니다. 육입은 촉을 일으키니[六入緣觸] 육근이 모두 접촉에 의해 움직이게 됩니다. 이 일념이 십이인연에 영향을 끼치는 것입니다. 여러분은 눈앞에 나타난 이 일념이 일으킨 십이인연의 이치를 먼저 깊이 깨달아야 합니다. 불법은 명상(名相)을 외우는 것이 아닙니다. 그냥 외워서 다른 사람에게 말할 수 있다 한들 그런 불법이 무슨 소용 있습니까?

『제공전(濟公傳)』은 참 잘 쓴 소설입니다. 제전 화상이 한밤중에 "무명이 일어났다, 무명이 일어났어!"라고 크게 소리 지르자 온 절의 스님들이 모두 일어나서 그를 때리려고 했습니다. 사실 그가 크게 소리 지른 것은 절에 곧 큰불이 날 것이라고 사람들에게 알리기 위해서였습니다. "한 생각 무명이 일어나면 팔만 가지 장애의 문이 열린다[一念無明起, 八萬障門開]"라고 했습니다. 생각이 일어나고 생각이 그칠[落] 때마다 매 순간 분명히 알 수 있다면, 여러분은 도(道)에서 행하게 됩니다. 각성(覺性)이 된 것입니다. 십이인연은 이런 이치입니다. 대단하지요! 여러분은 십이인연을 다 알고 외울 수 있지만, 그것이 무슨 소용 있습니까? 유식(唯識)이 유주(流注)하는 것에 불과하니, 그런 까닭에 무명 이 한 생각을 자세히 심사(尋思)해야 합니다. 이것은 첫 번째 단계입니다.

## 연기의 본성은 공이고 무아다

다시 자세히 사택하면, 이와 같은 일체의 연이 낳은 제행은 모두가 본래 없었으나 지금은 있고, 있었다가 흩어져 없어지지 않음이 없으니, 이런 까닭에 앞뒤가 모두 무상하며 모두 생로병사의 법을 지니기 때문에, 그 본성은 괴로움이며 자재하지 않기 때문에, 중간에 사부가 얻을 수 없기 때문에 본성이 공이고 무아이니, 이것을 연기의 공상을 심사함이라고 한다.

復審思擇, 如是一切緣生諸行, 無不皆是本無今有, 有已散滅, 是故前後皆是無常, 皆有生老病死法故, 其性是苦, 不自在故, 中間士夫不可得故, 性空無我, 是名尋思緣起共相.

---

먼저 눈앞에 나타난 이 한 생각 무명을 분명하게 관찰하면 일체가 모두 인연이 낳은 것임을 알게 됩니다. 한 생각이 움직여서 일연(一緣)이 생겨나는 것이 "모두가 본래 없었으나 지금 있음이 아닌 것이 없으니〔無不皆是本無今有〕" 즉 일념 무명은 본래 없었으나 육진(六塵)을 보고 듣고 느끼고 알게 되어 지금은 무명이 생겼습니다. 예를 들어 제가 갑자기 몇 마디 하며 여러분을 혼내면 다들 영문을 몰라 눈이 휘둥그레지며 저를 볼 것입니다. 본래는 없던 일이었으나 지금 이런 물안개가 끼었는데 이것이 바로 연기(緣起)입니다. 제가 이렇게 혼을 냈기 때문에 여러분이 바로 조용해지면서 영문을 몰라 눈을 크게 뜨고 저를 바라보는, 이 한 생각 무명이 연기한 것입니다. "본래 없었으나〔本無〕"는, 본래는 이 경계가 없었으나 바깥 조건〔外緣〕이 끌어내기만 하면 바로 일어나는데, 그것에 의지하여 일어나는 이것이 바로 "연이 낳음〔緣生〕"이며 또 "본래 없었으나 지금은 있음〔本無今有〕"입니다.

이제 다시 제가 여러분에게 "저는 여러분을 놀린 것이지 혼낸 것이 아닙니다"라고 말한다고 합시다. 그러면 여러분의 그 한 생각이, 영문도 모른 채 거의 무명의 화를 일으킬 뻔했던 진념(瞋念)이 없어집니다. 이 한 생각은 "있었다가 흩어져 없어지니〔有已散滅〕" 환멸(還滅)[45]을 연기

---

**45** 번뇌를 소멸하여 괴로운 생존에서 열반으로 나아감을 말한다.

(緣起)합니다. 한순간의 관찰에 일체가 모두 무상하니, 이 한 생각의 생주이멸(生住異滅)이 바로 생로병사이기도 합니다. 이 생각을 끝내지 못하기 때문에 괴로움〔苦〕입니다. 사람들은 모두 이 한 생각에 속아서 그것에 의지하여 일으키니, 이 한 생각에 한평생 속았고 삼대아승기겁을 속았습니다. 그런 까닭에 그 속은 괴로움이고 자재함이 없으니 그렇기 때문에 자재함을 관해야 합니다.

이 한 생각의 중간에서 우리는 나〔我〕라는 것이 없음을 발견합니다. 나는 얻을 수 없는 것이며, 이 한 생각은 연기(緣起)이고 텅 빈 거품이라 그림자조차 없습니다. "본성이 공이고 무아이니〔性空無我〕" 즉 그것 자체가 공이고 무아입니다. 이 공(空)은 없음이 아니며 단멸(斷滅)의 공이 아닙니다. 이 지점에서 매 순간 분명하게 관찰하는 것이 수행이며, "연기의 공상을 심사함〔尋思緣起共相〕"이라고 합니다. 나만 그런 것이 아니라 여러분도 그러하고 일체중생이 모두 그러합니다. 개 한 마리가 저기에서 아주 편안하게 잠들어 있다면, 그것은 혼침무명(昏沈無明) 속에 있는 것입니다. 누군가가 가서 개를 발로 찬다면 개는 화가 나서 짖기 시작합니다. 그런 후에 다시 미안하다고 말하면서 그 머리를 쓰다듬고 고기 한 덩어리를 주면, 개는 조용해지고 꼬리를 흔들 것입니다. 이 또한 연기성공이니 "있었다가 흩어져 없어짐"입니다. 그것에 의지하여 일어났으며 아상(我相)이 없는 이것이 "연기의 공상〔緣起共相〕"입니다. 일체중생의 눈앞에 나타난 이 일념은 모두 연기성공으로 "있었다가 흩어져 없어집니다."

찰나의 한 생각에 십이유지(十二有支)를 참구해야 합니다. 경전에서 성문중은 마땅히 십이인연을 참구하고 대아라한과를 증득해야 한다고 말한 것은 바로 이렇게 참구하고 이렇게 증득하라는 것입니다. 이해하셨지요! 어떤 사람은 말합니다. "평소에 배우는 불학은 모두 이해했는데도 아무 소용이 없습니다." 소용이 없다고 말하지만 그것은 여러분이 불학을 사용하지 않은 것이지, 불학이 소용이 없는 것이 아닙니다! 아시겠지요!

# 제14강

• 제31권 계속

다시 자세히 사택하면, 내가 만약 저 무상·고·공·무아라는 제행의 여실한 이치에 대하여 미혹을 일으키면 곧 전도되어 흑품에 포함되게 되니, 자세한 설명은 앞과 같다. 만약 미혹되지 않으면 전도됨이 없어서 백품에 포함되게 되는데, 자세한 설명은 앞과 같으니, 이것을 모든 연기의 품류를 심사함이라고 한다. 다시 자세히 사택하면, 과거세에 얻은 자신은 정상성正常性이 없지만 이와 같이 이미 머물렀다. 현재세에 얻은 자신은 정상성이 없지만 이와 같이 지금 머물고 있다. 미래세에 얻을 자신은 정상성이 없지만 이와 같이 장차 머물 것이다. 이것을 모든 연기의 때를 심사함이라고 한다.

다시 자세히 사택하면, 오직 모든 업과 이숙과가 있을 뿐 그 속에 주재를 얻을 수 없으니, 이른바 지은 자 및 받은 자는 오직 법에 대하여 가상으로 세울 뿐이다. 말하자면 무명이 행을 일으키고 생이 노사를 일으킴에 이르기까지에 대하여 가상으로 베풀어 놓은 언론을 일으켜서, 말하기를 지은 자 및 받은 자가 이와 같은 이름, 이와 같은 종자, 이와 같은 본성, 이와 같은 음식, 이와 같은 받아들임, 괴로움 또는 즐거움, 이와 같은 장수, 이와 같은 오래 머무름, 이와 같은 수량변제를 다함이 있다고 한다. 또 이 가운데에는 두 가지 과와 두 가지 인이 있다. 두 가지 과는 첫째는 자체과이고 둘째는 수용경계과이다. 두 가지 인은 첫째는 견인인이고 둘째는 생기인이다. 자체과라는 것은 금세의 모든 이숙에서 생기는 육처 등의 법을 말한다. 수용경계과라는 것은 좋아하고 좋아하지 않는 업이니, 증상이 일으킨 육근의 접촉으로 생기는 모든 감수를 말한다. 견인인牽引因이라는 것은 말하자면 두 가지 과에 대하여 우치를 일으키고 우치를 앞세워서, 나면서부터 복이 있든 복이 없든 움직이지 않는 행에 미친다. 행은 그 뒤에 있는 식을 섭수할 수 있어서 생기고 싹이 트게 하는데, 말하자면 식의 종자를 섭수할 수 있기 때문에 그 뒤에 있는 명색의 종자, 육처의 종자, 촉과 수의 종자를 차례대로 섭수하게 한다. 미래에 생겨나는 지支의 상想이 붙잡고 있는 식·명색·육처·촉·수로 하여금 차례대로 생겨나게 하기 때문에 먼저 저 법의 종자를 섭수하게 하니, 이와 같은 모든 것을 견인인이라고 한다. (중략)

　무엇을 계차별관을 부지런히 수행하는 사람이 여섯 가지 일의 차별 소연을 심사하는 비발사나라고 하는가. 계차별의 증상정법을 듣고 받아 지닌 증상력에 의지하기 때문에 일체 계界의 뜻을 바르게 깨달아 아는 것을 말한다. 말하자면 종성의 뜻 및 종자의 뜻, 인因의 뜻, 성性의 뜻이 그 계의 뜻이니, 이와 같은 것을 계의 뜻을 심사함이라고 한다. 또 지계地界 등 육계의 내외 차별을 바르게 심사하여 승해를 일으키니, 이와 같은 것을 계의 대상을 심사함이라 한다. 또 바르게 심사하여 지계가 견상인 것과 풍계가 경동상인 것, 식계가 요별상인 것, 공계가 허공상이고 편만색상이고 무장애상인 것에 이르기까지, 이것을 모든 계의 자상을 심사함이라고 한다. 또 바르게 심사하여 이 일체의 계는 요약해서 말하면 모두 무상이고 무아이니, 이것을 모든 계의 공상을 심사함이라고 한다. 또 바르게 심사하여 일합상一合相의 계차별성에 대하여 깨달아 알지 못하는 사람이, 계차별이 모여서 이루어진 몸으로 말미암아 고만함을 일으키면 곧 전도되어 흑품에 포함되는데, 자세한 설명은 앞과 같다. 위와 서로 다르면 전도됨이 없어 백품에 포함되는데, 자세한 설명은 앞과 같으며, 이와 같은 것을 계의 품류를 심사함이라고 한다. 또 바르게 심사하면 과거세 미래세 현재세와 육계를 인연으로 하여 모태에 들어갈 수 있는데, 이와 같은 것을 계의 때를 심사함이라고 한다. 또 바르게 심사하면 초목 등 여러 인연이 화합하여 허공을 둘러싼 것을 자주 집이라고 한 것처럼, 이와 같이 육계를 의지하는 바로 삼기 때문에 힘줄과 뼈와 피와 살의 여러 인연이 화합하여 허공을 둘러싼 것을, 가상 등의 생각으로 언론에 베풀어 자주 몸이라고 한다. 다시 숙세의 모든 업과 번뇌 및 자신의 종자를 인연으로 삼으니, 이와 같은 것을 관대도리에 의지하여 모든 계차별의 도리를 심사함이라고 한다. 또 바르게 심사하여 이와 같은 계차별관에 대하여 잘 수습하고 많이 수습하면 교만을 끊을 수 있다. 또 이와 같은 도리를 바르게 심사하여 지교량을 지니고 내증지를 지니고 비탁법을 지니면 성립법성·난사법성·안주법성을 지니게 되니, 이와 같은 것을 작용도리·증성도리·법이도리에 의지하여 모든 계차별의 도리를 심사함이라고 하고, 이것을 계차별관을 부지런히 수행하는 사람이 여섯 가지 일의 차별 소연을 심사하는 비발사나라고 한다.

무엇을 아나파나념을 부지런히 수행하는 사람이 여섯 가지 일의 차별 소연을 심사하는 비발사나라고 하는가. 입출식념의 증상정법을 듣고 받아 지닌 증상력에 의지하기 때문에 바르게 깨달아 알 수 있으니, 입출식의 소연 경계에 대하여 마음을 묶어 요달하고 잊지 않고 또렷이 기억하는데, 이것이 아나파나념의 뜻이며 이와 같은 것을 그 뜻을 심사함이라고 한다. 또 바르게 심사하면 입식과 출식을 몸 안에서 느낄 수 있으니 몸에 속해 있기 때문이며, 바깥에서 붙잡기 때문에 안팎의 차별이 있으니, 이와 같은 것을 그 대상을 심사함이라고 한다. 또 바르게 심사하면 입식에 두 가지가 있고 출식에 두 가지가 있다. 만약 풍이 안으로 들어오면 입식이라고 하고, 만약 풍이 바깥으로 나가면 출식이라고 한다. 이와 같이 길게 입식 출식을 하고 이와 같이 짧게 입식 출식을 하며, 이와 같은 식이 일체의 몸에 두루 함을 다시 바르게 깨달아 아니, 이것을 모든 식의 자상을 심사함이라고 한다. 또 바르게 심사하면 입식이 없어지고 나서 출식이 생겨나고, 출식이 없어지고 나서 입식이 생겨난다. 입출식의 전환은 생명의 근본과 식이 있는 몸에 매여 있다. 이 입출식과 의지하는 바가 모두 무상하니, 이것을 모든 식의 공상을 심사함이라고 한다. 또 바르게 심사하여 만약 이와 같은 입식 출식에 대하여 정념에 머무르지 않고 바르지 않은 심사를 하여 그 마음을 어지럽히면 바로 전도되어 흑품에 포함되는데, 이것은 유쟁법有諍法이며 자세한 설명은 앞과 같다. 위와 서로 다르면 전도됨이 없어 백품에 포함되는데, 이것은 무쟁법이며 자세한 설명은 앞과 같으니, 이와 같은 것을 그 품류를 심사함이라고 한다. 또 바르게 심사하면 과거세 미래세 현재세의 입출식의 전환이 심신에 속해 있고 심신은 입식 출식에 속해 있으니, 이와 같은 것을 그 때를 심사함이라고 한다. 또 바르게 심사하면 이 중에는 입식을 지니는 것, 출식을 지니는 것, 입식 출식이 저에게 속해 있는 것이 없으며, 오직 인과 연을 좇아서 낳은 제행에 대하여 가상으로 베풀어 놓은 언론을 일으켜서 입출식을 지닐 수 있음이 있다고 말하니, 이와 같은 것을 관대도리에 의지하여 그 도리를 심사함이라고 한다. 또 바르게 심사하여 이와 같은 입출식념에 대하여 잘 수습하고 많이 수습하면 심사를 끊을 수 있다. 또 이와 같은 도리를 바르게 심사하여 지교량을 지니고 내증지를 지니고 비탁법을 지니면 성립법성·난사법성·안주법성을 지니게 되니, 사의하지 않아야 하고 분별하지 않아야 하며 오직 신해를 내어야 한다. 이와 같은 것을 작용도리·증성도리·법이도리에 의지하여 그 도리를 심사함이라고 하고, 이것을 아나파나념을 부지런히 수행하는 사람이 여섯 가지 일의 차별 소연을 심사하는 비발사나라고 한다.

이와 같이 정행 소연에 의지하여 여섯 가지 일의 차별관을 심사하고 난 뒤에, 자주자주 안에서 마음을 적정하게 하고 자주자주 다시 심사한 것에 대하여 뛰어난 관행으로 깊이 살피고 사찰하니, 저가 사마타를 의지로 삼기 때문에 비발사나로 하여금 속히 청정을 얻게 한다. 다시 비발사나를 의지로 삼기 때문에 사마타로 하여금 자라고 광대하게 한다. 선교 소연 및 정혹 소연에 의지하여 여섯 가지 일의 차별 소연을 심사하는 비발사나라고 한다면, 그 자처에 대하여는 내가 뒤에 말할 것이다.

## 정사유 정지견의 선정 수행법

지난번에 제31권의 십이인연까지 말씀드렸는데, 일반적으로 사제(四諦)나 십이인연 같은 불학의 명사에 관해 잘 알고는 있지만 대부분 그것을 불학의 지식으로 여기고 듣습니다. 만약 사제와 십이인연을 정사유의 선사(禪思)[46]로 바꾸어서 선정(禪定)의 정사유로써 실증을 구할 수 있다면, 도를 깨닫고 증과(證果)할 수 있습니다. 그러나 대개는 그것에 유의하지 않는데 이제 미륵보살은 대놓고 우리에게 말합니다. 이것이 정사유, 선사(禪思)의 방법이라고 말입니다.

다시 자세히 사택하면, 내가 만약 저 무상·고·공·무아라는 제행의 여실한

---

**46** 선(禪)은 산스크리트어 dhyāna로 선나(禪那)라고 음역하고, 정려(靜慮) 사유수(思惟修) 등으로 옮긴다. 마음을 하나의 대상에 집중해서 자세히 사유하는 것으로, 정(定)과 혜(慧)가 균등(均等)한 것을 말한다. 선(禪) 및 기타 정(定)을 넓은 의미로 선정(禪定)이라고 하고, 선(禪)은 정(定)의 일종이기 때문에 선(禪)을 닦아서 심사(沈思)하는 것을 선사(禪思)라고 한다.

이치에 대하여 미혹을 일으키면 곧 전도되어 흑품에 포함되게 되니, 자세한 설명은 앞과 같다.

復審思擇, 我若於彼無常·苦·空·無我, 諸行如實道理, 發生迷惑, 便爲顚倒黑品所攝, 廣說如前.

---

무상(無常)·고(苦)·공(空)·무아(無我)는 모두 불학의 기본 관념인데, 우리는 지금 일반적인 불학 지식으로 간주하며 게다가 듣고 흘려버리면 그뿐입니다. 실제로 무상·고·공·무아는 부처님 당시의 설법이며 정사유(正思惟)·정지견(正知見)의 선정 수행법입니다. 그런 까닭에 달마조사가 말하기를, 도는 두 가지 법문으로 말미암아 깨달아서 실상의 세계로 들어갈 수 있는데, 하나는 이입(理入)이고 하나는 행입(行入)이라고 했습니다. 수련으로 실증을 구하는 것이 행입입니다. 이입은 정사유이니, 정사유로 선정을 구하는 것인데 마찬가지로 보리를 증득할 수 있습니다. 물론 아무렇게나 생각해서는 안 되고 이치에 맞게 생각해야 합니다. 그런 까닭에 달마조사는 무상·고·공·무아의 여실한 이치[如實道理]에 대하여 이(理)의 가장 높은 실제의 경계에 도달했습니다.

만약 무상·고·공·무아·십이인연을 직접 증도(證到)하지 않는다면, 이른바 삼십칠보리도품(三十七菩提道品)의 이치[理]의 여실한 경계를 막힘없이 줄줄 외울 수 있다 해도 지식에 불과합니다. 게다가 미혹이 생기면 곧바로 전도(顚倒)됩니다. 여러분이 불경을 외울 수 있고 불학을 외울 수 있다고 해서 염라대왕과 생사를 겨룰 수 있는 것은 결코 아닙니다. 오히려 법집(法執)[47]하는 흑품(黑品)에 포함되어 악업을 만들어 냅니다.

어떤 종류의 악업일까요? 『유가사지론』 뒤쪽의 대승도(大乘道)에서도 말했고 불경에서도 말했는데, 불학을 많이 공부할수록 또 학문이 높을수록 그 사람은 내세에 철학자나 사상가나 학자로 태어납니다. 이런 학자들은 도를 성취하기가 지극히 어렵습니다. 지옥중생과 마찬가지로 변화가 어려운 것은 그들의 집착이 너무 견고하기 때문입니다. 자신의 사상과 의견을 유독 굳세게 붙잡아서 아견(我見)과 견취견(見取見)이 지극히 견고하므로 외도(外道)로 떨어져 흑품에 포함되게 됩니다. 이런 부분이 아주 심각한 까닭은 우리가 책을 볼 때 그냥 쉽게 간과하기 때문입니다. 그렇기 때문에 학문이 훌륭할수록 도를 성취하기가 어렵습니다. 학문도 있으면서 도를 증득할 수 있다면 그것은 보살과 부처님입니다. 정말로 도를 증득할 수 있다면 설사 왜지견(歪知見), 마지견(魔知見), 사도지견(邪道知見)이라 할지라도 모두 쓸모가 있습니다. 바꾸어 말하면 불법을 널리 펼치고 다른 사람을 제도하는 방편이 더 많아진다는 것입니다. "자세한 설명은 앞과 같다〔廣說如前〕"는 것은 앞에서도 말한 적이 있다는 뜻입니다.

---

**만약 미혹되지 않으면 전도됨이 없어서 백품에 포함되게 되는데, 자세한 설명은 앞과 같으니, 이것을 모든 연기의 품류를 심사함이라고 한다.**

若不迷惑, 便無顚倒, 白品所攝, 廣說如前, 是名尋思諸緣起品.

---

반대로 불경과 불학의 이치〔理〕를 기억하고 이해하고 거기에다 증도(證到)하고자 하면 그것은 선업에 속합니다. 무상·고·공·무아·십이인연 같은 법들은 모두 우리에게 일체법은 인연이 낳은 것임을 말해 줍니다. 그런 까닭에 '연기성공(緣起性空)'입니다. 전기(前期) 경전은 '연기무

---

**47** 불교 수행에 장애가 되는 그릇된 두 가지 집착 중 하나로, 일체 사물〔法〕이 각기 고유한 본체와 성질이 있다는 생각에서 생겨나는 집착이다. 이 집착은 성문(聲聞)과 연각(緣覺) 등 소승의 수행 경지에 도달한 사람들이 일으킨다.

생(緣起無生)'이라고 번역했습니다.

## 이숙과와 과보는 같은 것인가

다시 자세히 사택하면, 과거세에 얻은 자신은 정상성이 없지만 이와 같이 이미 머물렀다. 현재세에 얻은 자신은 정상성이 없지만 이와 같이 지금 머물고 있다. 미래세에 얻을 자신은 정상성이 없지만 이와 같이 장차 머물 것이다. 이것을 모든 연기의 때를 심사함이라고 한다.

復審思擇, 於過去世, 所得自體, 無正常性, 如是已住. 於現在世, 所得自體, 無正常性, 如是今住. 於未來世, 所得自體, 無正常性, 如是當住. 是名尋思諸緣起時.

---

이 단락이 말하는 것은 불학의 일반적인 이치입니다. 하지만 일반적인 이치라고 해서 가볍게 넘겨서는 안 됩니다. 이 불학은 기본적으로 여러분 모두 들은 적이 있지만, 여러분은 이 기본적인 이치를 가지고 실제 이치의 자리[理地]에 증도(證到)하지 못하기 때문에 알수록 더 뒤죽박죽되어 아무 소용이 없습니다. 그저 여러분의 아는 바의 장애[所知障]를 늘릴 뿐입니다. 이 단락은 불학의 가장 기본적인 말이며 마지막 성공의 말이기도 합니다. 그런 까닭에 저는 『선해여측(禪海蠡測)』에서도 최초의 것이 바로 최후의 것이고 가장 기본적인 것이 바로 가장 높고 깊은 것이라고 말했습니다. 반드시 기억하십시오. 불법을 배우고 수지하는 이치만 이와 같을 뿐 아니라 세상일 또한 이러합니다. 한 가난뱅이가 느닷없이 세상에 뛰어들더니 백 원을 빌려 자본을 삼고 조심스럽게 장사를 해서 마침내 큰돈을 벌었습니다. 그러나 부자가 된 후에는 달랑 백 원밖에 없던 시절의 그 신중함을 잊어버렸습니다. 영원히 백 원 시절의 조심스

럽고 신중하고 고생하던 그 모습이었다면 그는 성공했을 것입니다.

　마찬가지 이치로 지금 미륵보살은 우리에게 정식으로 자세히 생각하는 사유수(思惟修)를 하라고 합니다. 선정을 예로 들면 가부좌를 하고 자리에 앉아서 주의 깊게 사유하고 스스로를 연구하고 비추어 봅니다. "사택(思擇)하면" 즉 조금씩 조금씩 스스로를 선별하고 분석하고 해부하면 "과거세에 얻은 자신은 정상성이 없지만[於過去世所得自體, 無正常性]" 자신의 전생이 무엇인지를 보게 됩니다. 설사 전생이 사람이었다 할지라도 그 뼈와 몸은 어디로 가 버렸을까요? 그 속에는 내가 없고[無我] "이와 같이 이미 머물렀다[如是已住]", 즉 이렇게 분명하게 관상하고 철저히 하면 내가 없음[無我]을 알게 되고 일념이 정주(定住)합니다. 과거세에 대해서는 일반인들은 알지도 못합니다.

　우리의 지금 이 몸은, 이 자리에 있는 사람들은 적어도 스무 살은 넘었는데 스스로를 돌이켜 생각해 보십시오. 예닐곱 살 적의 자신과 비교해 보면 훨씬 늙었고 형편없이 노쇠해 버렸습니다. 날마다 변하고 죽어 가고 있으니, 이 속에는 진정한 내가 존재하지 않습니다. 내가 존재하지 않기 때문에 지금 내가 말하고 듣는 것, 내가 지닌 감정과 생각 이런 것들은 모두 인연이 낳은 것인데, 사대(四大)가 모인 이것에 사람이라는 가짜 이름을 붙였습니다. 이 몸, 우리의 망상과 감정과 생각이 몸에 의지하여 일어나지만 가명으로 마음[心]이라고 부르는데, 마음속에는 내가 없습니다. "이와 같이[如是]" 즉 이런 모습으로, "지금 머문다[今住]" 즉 보기에는 내가 지금 존재하는 것 같고 '주(住)' 즉 마치 여기에 있는 것 같습니다. 이 존재는 대단히 가엾어서, 오늘의 나는 어제의 내가 아니고 내일의 나는 오늘의 내가 아닙니다. 지금 머무르는 것을 수시로 분명하게 봐야 합니다.

　마찬가지로 추론해 보면 미래세에 얻을 자기 몸도 정상성이 없으니,

미래도 이러할 뿐입니다. 미래세에도 사람으로 변한다면 여전히 소고기를 먹을 것입니다. 혹시 개로 변한다면 똥을 먹겠지만, 개로 변했을 때도 그 개는 자기를 대단히 사랑스럽다고 생각하고 대단히 자랑스러워할 것입니다. 불경에서 그렇게 말했기 때문에 후세 선종에서는 "나는 누구인가?"를 참구합니다. 나는 결국 누구입니까? 태어나는 전에는 누가 나였습니까? 태어난 후에 나는 누구입니까? 부모가 이 몸을 낳기 전에는 누가 나였습니까? 비록 지금 내가 여기에 있지만 나는 결국 누구입니까? 이 육체는 수시로 노쇠하고 있고 신진대사가 일어나며 변하고 있습니다. 나의 생각과 심념, 나는 생각하기 때문에 나는 존재합니다. 하지만 생각하지 않을 때 나는 어디로 갔습니까? 내가 생각하지 않을 때에도 나는 존재합니다! 그 생각하지 않음 위에 존재합니다. 생각함과 생각하지 않음 양끝을 버린다면, 태어나기 전에 나는 어디에 있습니까? 태어난 후에 나는 누구입니까? 이것이 중국 선종의 직지(直指) 설법이니, 간단한 두 구절의 문학적인 설법입니다. 인도 문화의 설법은 논리 과학적이고 분석적이라서 조금씩 조금씩 과거 현재 미래를 해부하는데 이것을 "모든 연기의 때를 심사함〔尋思諸緣起時〕"이라고 합니다.

---

다시 자세히 사택하면, 오직 모든 업과 이숙과가 있을 뿐 그 속에 주재를 얻을 수 없으니, 이른바 지은 자 및 받은 자는 오직 법에 대하여 가상으로 세울 뿐이다.

復審思擇, 唯有諸業及異熟果, 其中主宰都不可得, 所謂作者及與受者, 唯有於法假想建立.

---

　다시 자세히 스스로를 분명하게 보면, 우리가 지금 말하는 나〔我〕는 업력의 나로서 선업(善業) 악업(惡業) 무기업(無記業)의 세 가지 업을 짓습

니다. 이는 우리 생명의 사상과 언행이 하는 모든 행위가 선(善) 아니면 악(惡) 혹은 불선불악(不善不惡)이라는 말입니다. 불선불악은 멍청한 거위처럼 어리벙벙하여 수시로 정념을 잃고〔失念〕기억을 잃고〔失憶〕무기업 속에 있는 것입니다. 오늘 존재하는 이 나〔我〕는 일체의 업력이 있는 곳〔所在〕에 불과합니다. 이 업이 무엇일까요? "이숙과(異熟果)"를 지었음이니 바로 업력의 과보입니다.

왜 '이숙(異熟)'이라고 할까요? 우리는 일반적으로 과보(果報)라고 하는데, 이는 우리가 이번 생에 만나는 것은 전생의 인(因)이 가져온 것임을 말합니다. 종자가 현행을 낳은 것입니다. 미래생은 무엇이 변할까요? 금생의 현행과 현재의 행위를 보아야 하니, 미래의 종자(種子) 종성(種性)의 과보가 됩니다. 우리가 일반적으로 과보라고 말하는 것은 중국 문화의 표현 방식으로, 불학에 근거해서 말하면 이숙과라고 합니다. '과보(果報)'라는 두 글자는 이숙의 함의를 완전히 개괄하지 못합니다. 우리가 일반적으로 말하는 과보는 아주 간단합니다. 여러분이 저의 뺨을 때리면 저는 여러분에게 침을 뱉습니다. 여러분이 나를 때리면 아프지만, 제가 여러분에게 침을 뱉으면 그저 더럽힐 뿐입니다. 그러므로 이러한 과보의 뜻은 전부를 포괄하기에는 부족합니다.

이른바 이숙과는 선(善) 악(惡) 무기(無記)의 과보를 말합니다. 일은 전인(前因)이 있으면 반드시 후과(後果)가 있는데, 이 후과는 인연에 의해 생겨나고〔緣生〕본성은 공〔性空〕입니다. 시간〔時〕을 달리하여 무르익고〔熟〕장소〔地〕를 달리하여 무르익기 때문에 시공(時空)이 정해지지 않습니다. 여러분이 저를 발로 차더라도 제가 반드시 여러분을 발로 차는 것은 아닙니다. 혹은 여러분이 몸을 돌렸는데 차에 치일 수도 있으니, 받는 결과〔報〕가 똑같지 않기 때문에 이숙이라고 합니다. 하지만 모두 과보이니 그런 까닭에 이해하기 어렵습니다.

일반인들은 과보를 분명하게 보지 못합니다. 시간에 따라서〔因時〕장소에 따라서〔因地〕사람에 따라서〔因人〕무르익는 것이 다르기 때문에 이숙과(異熟果)입니다. 시간이 무르익어서〔成熟〕"인연이 모여 만날 때 과보를 스스로 받는다〔因緣會遇時, 果報還自受〕"라고 하였으니, 천생 만겁이 지나서라도 이 전인(前因) 종자는 나중에 반드시 과(果)를 얻습니다. 어떤 시간에 맞닥뜨립니까? 무엇을 만납니까? 일정하지 않습니다. 하지만 업(業)이 있으면 반드시 과보를 받아야 합니다. 받는 현상은 일정하지 않으며 시간도 일정하지 않습니다. 제각기 다르게 무르익는〔異熟〕과이기 때문입니다.

과보가 나왔으니 하는 말인데, 사람의 사주팔자는 전생에 지은 업이니 금생의 팔자는 바로 과보를 추론하는 방법입니다. 일체가 인연이 낳은 것이고 일체가 오로지 마음이 만들기에 주재(主宰)가 없으며 저절로 그러한〔自然〕것도 아닙니다. 일반적인 유물론자는 인생의 모든 것이 저절로 그러한 것으로 신은 없다고 생각합니다. 그래서 그들은 과보를 믿지 않습니다. 사람이 죽으면 그대로 끝나며 권력이 있으면 다른 사람을 억눌러도 된다고 생각합니다. 그 밖에 일반적인 종교는 주재가 있고 운명의 신이 있어서 여러분을 관할한다고 생각합니다. 사실 그런 일은 없으며 누구도 관할하지 못합니다. 마치 우리 자신이 스스로를 관리하지 못하는 것처럼 말입니다. 모두가 인연이 낳은 것으로 제각기 다르게 무르익는〔異熟〕업보입니다. 그러므로 주재가 없고 저절로 그러한〔自然〕것이 아니라 모두가 과보 속에 있습니다.

누구도 주재하지 못합니다. "이른바 지은 자〔所謂作者〕" 즉 누가 만들어 냅니까? 나의 운명은 어째서 이와 같습니까? 같은 부모 소생인데도 형제자매의 처지와 결과가 제각기 다른 것은, 설마하니 부모가 치우친 마음으로 그렇게 만들었겠습니까? 부모 역시 마음대로 할 수 없고 하느님도 여러분을 마음대로 하지 못합니다. "및 받은 자〔及與受者〕"라 하였으니, 가령 이 자리에 있는 대다수 사람은 몸이 좋지 않아서 백년 삼만 육천 일을 근심이 아니면 병중(病中)에 있습니다. 어떤 사람은 너무 뚱뚱하고 어떤 사람은 너무 말랐고 어떤 사람은 너무 멍청하고 어떤 사람은 너무 총명한데, 이 모두가 이숙과입니다. 하지만 이것들을 진정으로 받은 자가 있습니까? 결국에는 무아이고 최후에는 공(空)이니, 그러므로 지은 자도 없고 받은 자도 없습니다. 이 지점에서 스스로를 사유하고 스스로를 관찰하여 성공연기하고 꿰뚫어 보면 똑같이 증과합니다. "오직 법에 대하여 가상으로 세운다〔唯有於法假想建立〕"고 할 때의 이 '법(法)'은 문자와 언어와 사상의 형태를 포함하는데, 그 모든 것이 결국은 공이고 연기성공이며 주재가 없고 저절로 그러한〔自然〕 것이 아닙니다.

불법을 포함하여 인류의 모든 문화 사상은 인류의 망상과 가상으로 세운 것입니다. 불법이 무상·고·공·무아·십이인연을 이야기하는 것 역시 "가상으로 세운〔假想建立〕" 즉 제불보살의 방편이 세운 것일 따름입니다. 엄격하게 말하면 방편 역시 사람이 가상으로 세운 것입니다. 다른 사람을 제도하기 위해 한 척의 배를 만들어 강을 건넜다면 더는 그 배를 짊어지지 않을 것입니다. 강을 건넜기 때문에 배는 이용 가치가 없어졌습니다. 그러므로 마찬가지로 "가상으로 세운" 것입니다.


# 십이인연과 삼세인과

말하자면 무명이 행을 일으키고 생이 노사를 일으킴에 이르기까지에 대하여 가상으로 베풀어 놓은 언론을 일으켜서, 말하기를 지은 자 및 받은 자가 이와 같은 이름, 이와 같은 종자, 이와 같은 본성, 이와 같은 음식, 이와 같은 받아들임, 괴로움 또는 즐거움, 이와 같은 장수, 이와 같은 오래 머무름, 이와 같은 수량변제를 다함이 있다고 한다.

謂於無明緣行, 乃至生緣老死中, 發起假想施設言論, 說爲作者及與受者, 有如是名, 如是種, 如是性, 如是飮食, 如是領受, 若苦若樂, 如是長壽, 如是久住, 如是極於壽量邊際.

---

무명연행(無明緣行) 등의 십이인연은 삼세인과입니다. 사람은 어떻게 환생합니까? 한 생각 무명에서 온 것으로 주재가 없고 저절로 그러한 것도 아니며 오로지 심식(心識)이 만든 것입니다. 한 생각 무명이 움직이는 것은 전기의 스위치와 똑같아서 손가락으로 누르면 핵폭탄을 발사할 수 있는데 지구 인류의 절반 심지어 다 죽일 수 있습니다. 무명이라는 이 한 생각, 그 오묘함을 말로 설명할 수 없는 이 일념이 움직이면, 그것의 동력은 바로 연행(緣行)입니다. 행동하기 시작하면 정지할 수 없고 수습하기가 어렵습니다. 행이 식을 일으키고〔行緣識〕식이 명색을 일으키고 등등으로 십이인연을 둥글게 써 가면 바로 하나의 윤회입니다.

중국의 십이시진(十二時辰)은 자(子) 축(丑) 인(寅) 묘(卯) 진(辰) 사(巳) 오(午) 미(未) 신(申) 유(酉) 술(戌) 해(亥)입니다. 한밤중 자시(子時)는 일양(一陽)이 처음 움직이는데 그런 후에 십이인연과 똑같이 쭉 돌아갑니다. 그러므로 십이인연은 윤회이고 둥근 바퀴이자 주야(晝夜)이며, 일년 십이 개월 춘하추동(春夏秋冬)에 생명이 빙빙 회전하고 윤회하고 변화하는 것 같습니다.

『역경』에서 말한 "순환왕복(循環往復)"이 바로 윤회입니다. 그런 까닭에 『역경』에서도 인과를 말합니다. "기울지 않은 평평함은 없고, 가고 돌아오지 않는 것은 없다〔無平不陂, 無往不復〕"고요. 물건을 던지면 반드시 되돌아오는데, 가고 돌아오지 않는 것이 없으니 바로 과보입니다. 이 지구도 그러하여 위를 향해 물건을 던지면 그것은 땅으로 떨어집니다. 지구의 중력이 방해해서 땅에서 멈추는 것입니다. 만약 중력이 없는 우주에서 이 재떨이를 던진다면, 힘을 전혀 주지 않아도 그것은 동그라미를 그리며 처음 던졌던 그 지점으로 되돌아옵니다. 우주인이 지구 밖으로 가면 이런 경험을 하게 되는데, 이것은 물리의 이치를 증명합니다. 우주에는 중력이 없기 때문에 일체 사물이 모두 둥글게 회전합니다. 『역경』의 이치를 보면 옛 선조들의 지혜가 얼마나 높은지를 알 수 있습니다. "기울지 않은 평평함은 없고[無平不陂]", 비탈진 길이 없는 평탄한 길은 없습니다. "가고 돌아오지 않는 것은 없다[無往不復]", 나감이 있으면 되돌아옴이 있습니다. 일체가 모두 순환하고 왕복하니 바로 윤회이기도 합니다. 십이인연 역시 이와 같은데, 미륵보살은 우리에게 십이인연의 이치를 이해하라고 합니다.

　여러분이 선(禪) 수행을 할 때는 자기 자신을 주의 깊게 살펴야 합니다. 생각이 안정[定]되지 않는다면 참선하지 않고 염불하지 않아도 괜찮습니다! 여러분이 불학의 이치를 참으로 꿰뚫게 된다면 여러분도 깨닫게 될 것이고 마찬가지로 성취할 수도 있습니다. 이것은 십념법(十念法) 중 '염법(念法)'을 수행하는 것에 속합니다. 삼귀의(三歸依)의 귀의법, 이것들이 모두 법입니다. 여러분이 불학을 한나절 배우고 나서 이야기할 수는 있겠지만, 망념을 끊어 버리지 못하고 귀의법을 참구하지도 않는다면 무슨 소용이 있겠습니까? 그러므로 여러분이 십이인연의 이치를 꿰뚫어 보았다면, 십이인연 가운데서 "가상으로 베풀어 놓은 언론을 일으킵니다[發起假想施設言論]." 이 단락의 이치는 여러분에게 이러한 순서를 세우라고 말합니다. 이 이론의 이면을 깊이 꿰뚫어 깨달아야 합니다. "말하기를 지은 자 및 받은 자[說爲作者及與受者]" 즉 삼세의 과보를 받아야 한다는 것입니다. "이와 같은 이름을 지니고[有如是名]"에서 '이름(名)'은 문자 언어의 명칭입니다. "이와 같은 종자(如是種)" 즉 과거의 종자가 변해서 현재의 현행이 되었습니다.

그런 까닭에 저는 늘 말합니다. 일반인이 불학을 공부한다면 그 사람의 학문이 얼마나 훌륭하든 명망이 얼마나 높든 나이가 얼마나 많든 상관없이 진정으로 삼세인과 육도윤회를 믿을 수 있다면, 맹목적인 미신이 아니라 참으로 통했다면, 그래야 비로소 부처님을 믿는 사람이자 불법을 믿는 사람이라고 할 수 있습니다. 저는 이런 말을 수십 년이나 해왔습니다. 아주 침통합니다. 과거의 노법사, 활불, 큰 라마승을 포함해서 어떤 사람은 저에게 추궁을 당하기도 했습니다. 그들은 말합니다. "아! 당신에게는 참말을 해 주겠소! 이 이치를 내가 믿기는 하지만 스스로 전생을 본 적은 없습니다!" 이렇게 부처님을 배우는 것은 문제가 있습니다.

불법의 기초는 삼세인과 육도윤회 위에 세워집니다. "전생의 일을 알고자 하면 금생에 받는 것이 그것이다(欲知前生事, 今生受者是)"라고 했습니다. 금생에 자신의 모든 만남, 행위, 성격, 동작, 생김새가 모두 전생에 스스로 지은 업입니다. 관상을 보고 운세를 점치는 것이 왜 맞을까요? 여러분 전생의 이숙과를 추측하기 때문입니다. 이것은 비밀인데, 현대 정토종의 조사인 인광 대사(印光大師)는 절대 미신을 말하지 않지만 운세를 점치는 데 있어서는 최고입니다. 그는 사람의 전생까지 볼 수 있었습니다. 사람들은 그 당시에는 주의하지 않다가 나중에야 인광 법사가 말한 적이 있음을 알게 됩니다. 운세를 점치려면 정확해야 하는데, 『지지론(地支論)』이라는 책을 반드시 봐야 합니다. 이 책은 제가 수십 년을 찾았지만 결국 찾지 못했습니다. 십이지지의 논리는 불경이 아니기 때문에 인광 법사는 다른 사람의 운세를 점치는 일을 그다지 달가워하지 않았습니다. 당신의 전생은 무엇입니까? 그가 점치면 곧 알 수 있습니다만 이런 일은 재미가 없습니다. 그가 본 전생이 그저 참새나 지렁이라면 무슨 재미가 있겠습니까? 재미없는 일입니다.

　그런 것에 개의치 않는다고 말하지 마십시오. 윤회는 여러분을 돌려놓을 것입니다. 아주 빠르게 여러분을 개의하는 쪽으로 옮겨 놓을 것입니다. 비록 지은 자가 없고 받은 자가 없지만, 이런 말도 여러분이 그 본성이 공함〔性空〕을 증도(證到)해야 비로소 할 수 있습니다. 증도하지 않으면 받는 것도 아주 어렵습니다. 업과는 본래 공이지만 막상 여러분이 받아야 할 때에는 참으로 견디기 힘듭니다. 그렇지 않습니까? 연기(緣起)의 때에는 정말로 지은 자가 있고 받은 자가 있어서 "이와 같은 이름, 이와 같은 종자, 이와 같은 본성이 있습니다〔有如是名, 如是種, 如是性〕."

　예를 들면 우리 가운데 어떤 사람은 채소를 좋아하고 어떤 사람은 생선을 좋아하고 어떤 사람은 고추를 좋아하고 어떤 사람은 마늘을 좋아하는데 이것이 모두 업(業)입니다. 왜 어떤 사람의 위장은 받아들이지 못합니까? 이 모두가 업과보응(業果報應)이니, 이숙인과(異熟因果)의 명세서입니다. 그런 까닭에 "이와 같은 음식, 이와 같은 받아들임, 괴로움 또는 즐거움〔如是飮食, 如是領受, 若苦若樂〕" 같은 이것들이 "이와 같은 장수〔如是長壽〕" 즉 수명의 길이를 결정하고 "이와 같은 오래 머무름〔如是久住〕" 즉 얼마나 오래 살 수 있는지를 결정합니다. 이 하나하나가 모두 이숙인과입니다. 비록 지은 자가 없고 받은 자가 없다고 말하지만 인과(因果)가 분명합니다. "설사 백겁을 지나더라도 지은 업은 없어지지 않고, 인연이 모여 만날 때 과보를 스스로 받는다〔縱使經百劫, 所作業不亡, 因緣會遇時, 果報還自受〕"라고 했습니다.

---

또 이 가운데에는 두 가지 과와 두 가지 인이 있다. 두 가지 과는 첫째는 자체과이고 둘째는 수용경계과이다. 두 가지 인은 첫째는 견인인이고 둘째는 생기인이다. 자체과라는 것은 금세의 모든 이숙에서 생기는 육처 등의 법

을 말한다.

又於此中有二種果及二種因. 二種果者, 一自體果, 二受用境界果. 二種因者, 一牽
引因, 二生起因. 自體果者, 謂於今世諸異熟生六處等法.

---

우리가 지금 얻은 생명은 전생의 과보에서 온 것인데, 과에는 "자체과
(自體果)" 및 "수용경계과(受用境界果)"의 두 가지가 있습니다. 금세의
생명은 이전 세상의 이숙과보(異熟果報)로 얻은 생명입니다. "육처(六
處)"는 육근을 가리키는데 사람의 육근은 다 다릅니다. 여러분은 모두
눈이 있지만 어떤 사람은 타고난 색맹입니다. 백 명의 사람이 백 쌍의
눈으로 여기에 앉아서 동일한 사물을 본다고 합시다. 하지만 과학의 측
정 기계로 재면 각자의 감수 작용이 모두 다르고 심리적인 감수 작용도
다릅니다. 왜 그렇습니까? 각자의 자체과의 감수가 다르기 때문입니다.
그래서 어떤 사람은 음식을 먹고 "에이! 이건 너무 짜네"라고 하는데, 어
떤 사람은 똑같은 음식을 싱겁다고 느낍니다. 혀의 자체과가 다르기 때
문입니다. 어떤 사람은 생각이 과격하고 어떤 사람은 관대하며 어떤 사
람은 고명하고 어떤 사람은 멍청합니다. 이런 육근 육처 등의 법이 같지
않은 것은 자체과가 같지 않기 때문입니다.

---

수용경계과라는 것은 좋아하고 좋아하지 않는 업이니, 증상이 일으킨 육근
의 접촉으로 생기는 모든 감수를 말한다.

受用境界果者, 謂愛非愛業, 增上所起六觸所生諸受.

---

사람이 이 세상에 태어나면 각자의 육근은 다 다릅니다. 소녀라 할지
라도 어떤 아이는 몸집이 크고 어떤 아이는 작고 왜소하며 어떤 아이는
예쁘고 어떤 아이는 못생겨서 사람마다 다릅니다. 어떤 사람은 생김새

는 못생겼어도 많은 사람이 그를 좋아합니다. 『장자(莊子)』에서는 이렇게 말했습니다. 어떤 사람이 너무 못생겼는데도 여인들이 그에게 시집가고 싶어 하고 심지어 유부녀까지도 이혼하고 그와 혼인하고 싶어 했습니다. 이상하지요! 무슨 이치일까요? 이런 것이 그의 이숙과(異熟果)입니다. 이 자리에 계신 여러분은 대부분 돈이 많지 않고 근근이 살아갈 수 있는 정도여서 날마다 돈 생각을 하지만 이숙과의 지폐가 좀체 붙지 않습니다. 어떤 사람은 돈이 많은데 문을 나서면 돈을 만납니다. 이것은 만날 수는 있어도 스스로 구할 수는 없는 것으로 모두가 이숙증상(異熟增上)이니 "수용경계과(受用境界果)"의 차이입니다. 이것은 또 다른 종류의 과(果)입니다.

수용경계의 과보는 여러분이 좋아하는 것도 있고 "좋아하지 않는〔非愛〕" 것도 있습니다. 여러분이 싫어하는 그런 업보는 모두 "증상이 일으킨 것〔增上所起〕"입니다. 과거에 그러한 전생이 있어서 이번 생에 이러한 가정에 태어났고, 또 이러한 부모가 여러분을 길러주게 된 것은 모두 증상연이 일으킨 것입니다. "육근의 접촉으로 생기는〔六觸所生〕" 즉 육근이 바깥 대상을 접촉해서 생기는 모든 감수〔諸受〕, 각 사람의 감수 작용은 다 다릅니다. 똑같은 기후라도 어떤 사람은 체질이 강해서 옷 하나만 걸치면 문제가 없지만 어떤 사람은 몸이 안 좋아서 방한모까지 써야 합니다. 이것이 바로 "육근의 접촉으로 생기는 모든 감수〔六觸所生諸受〕"인 이숙과의 차이입니다. 그런 까닭에 수용경계과의 차이라고 합니다.

인생을 자세히 관찰해야 불법의 세밀함을 알 수 있는데, 여러분에게 말해 주는 모든 현상이 정교하고 과학적입니다. 여러분은 이 현상을 통해 일체 세상의 감수 작용을 보는데, 똑같은 기온이라도 어떤 사람은 편안해하고 어떤 사람은 견디기 힘들어합니다. 더욱이 어떤 사람은 온몸에 병이 들어 일생을 병중에 있습니다. 완전히 살아 있는 지옥으로서 고

난을 겪는 것이지요! 하지만 그 사람은 견디기 어려울지라도 여전히 살아 있기를 원하며, 의사가 방법을 찾아서 자기를 살려주기를 애원합니다. 수용경계과와 자체과는 과(果)의 두 종류인데, 이것은 여전히 귀납적입니다. 만약 이 두 가지 과를 가지고 책을 쓴다면, 현실의 자료를 조사해서 참고하는 방식이 대단히 과학적이며 아주 두꺼운 책을 쓸 수 있을 것입니다.

## 여러분은 왜 그렇게 어리석습니까

---

견인인이라는 것은 말하자면 두 가지 과에 대하여 우치를 일으키고 우치를 앞세워서, 나면서부터 복이 있든 복이 없든 움직이지 않는 행에 미친다. 행은 그 뒤에 있는 식을 섭수할 수 있어서 생기고 싹이 트게 하는데, 말하자면 식의 종자를 섭수할 수 있기 때문에 그 뒤에 있는 명색의 종자, 육처의 종자, 촉과 수의 종자를 차례대로 섭수하게 한다. 미래에 생겨나는 지의 상想이 붙잡고 있는 식·명색·육처·촉·수로 하여금 차례대로 생겨나게 하기 때문에 먼저 저 법의 종자를 섭수하게 하니, 이와 같은 모든 것을 견인인이라고 한다.

牽引因者, 謂於二果發起愚癡, 愚癡爲先, 生福非福, 及不動行. 行能攝受後有之識, 令生有芽, 謂能攝受識種子故, 令其展轉攝受後有名色種子, 六處種子, 觸受種子. 爲令當來生支想所攝識·名色·六處·觸·受次第生故, 令先攝受彼法種子, 如是一切名牽引因.

---

인(因)에도 견인인(牽引因)과 생기인(生起因) 두 가지가 있습니다. "견인인(牽引因)"은 반연(攀緣)이니 연속적인 관계입니다. 하나가 또 다른

하나를 끌어당기는 것이 마치 고리를 연결해 놓은 것처럼 서로 이어집니다. 불법의 문화는 분석적이며 부처님이 말씀하신 것은 아주 상세합니다. 중국의 『역경』에서는 호(互)라는 글자이니, 호괘(互卦)[48]이며 상호관계입니다. 두 개가 이렇게 연결되어 있어서 우리에게 무엇을 견인인이라고 하는지 분명히 보라고 합니다. 자체과와 수용경계과는 "우치(愚癡)"를 일으키는데, 여러분 자신의 전생(前生) 후과(後果)도 분명히 보지 못하기 때문입니다. 어떤 사람은 오랜 시간 불법을 배웠는데도 불법을 어떻게 닦는지조차 알지 못합니다. 이것이 어리석음이 아닙니까? 한 덩어리의 무명(無明)이 얼마나 어리석습니까! 보리를 증득하기 이전의 일체중생은 모두 어리석은 중생입니다. 모두가 잠을 자고 있고 아직 깨어나지 않았는데, 참으로 환히 깨달아야 깨어났다고 합니다. 그렇기 때문에 불(佛)이란 깨어 있음〔覺〕입니다.

이 구절은 한마디가 네 글자입니다. "愚癡爲先, 生福非福, 及不動行"을 "愚癡爲先生……"이라고 읽고 "만약 우치를 선생으로 삼는다면"이라고 해석해서는 안 됩니다. 여러분에게 재미있는 이야기를 하나 들려 드리겠습니다. 선종에 이런 공안이 있습니다. 어떤 거사가 대선사를 만나러 갔습니다. 듣자 하니 부처님을 배우는 사람은 채소를 먹어야 한다는데 저는 고기를 좋아합니다! 사부님, 고기를 먹는 게 좋을까요, 아니면 채소를 먹는 게 좋을까요? 그러자 선사가 말했습니다. "먹는 것은 선생의 복록〔祿〕이고" 즉 당신의 운명에는 분명 이런 복록이 있지만, "먹지 않는 것은 당신의 복입니다" 즉 먹지 않는 것은 당신의 복보이니 살생하지 않

---

**48** 육효 내부의 변화를 살피는 것을 교호(交互)라고 한다. 초효와 상효를 제외하고 이효에서 사효까지 세 효를 취해 괘를 삼는 것을 호괘(互卦), 삼효부터 오효를 취해 괘를 삼는 것을 교괘(交卦)라고 한다.(『역경잡설』 참조)

는 것이 당연히 더 좋다는 말입니다. 이 공안이 바로 "선생복(先生福)"의 이치입니다.

우리의 무명 때문에 "우치를 앞세워서[愚癡爲先]" 즉 태어나면서부터 복이 있거나 복이 없는데, 인간 세상은 수용경계가 좋은 것을 복이 있다고 말하고 수용경계가 안 좋은 것을 복이 없다고 말합니다. 어째서 "움직이지 않는 행에 미친다[及不動行]"고 합니까? 고집스럽게 계속해서 업을 지으면서 흔들리지 않는 이것이 부동행(不動行)입니다. '행(行)'은 움직이지 않는[不動] 움직임[動]인데, 너무 빠르게 움직이기 때문에 끊을 수가 없습니다. 우리의 망상과 똑같으니, 어째서 여러분은 청정하고 싶은데 망상을 멈추지 못할까요? 망상과 망념이 너무 많이 너무 빠르게 오기 때문에 여러분은 그것을 흔들지 못합니다. 행업(行業)이나 행념(行念)은 너무 빠릅니다. 행(行)은 행식(行識)인데 무명이 행을 일으키고[無明緣行] 행이 식을 일으키기[行緣識] 때문에 무명(無明)이 움직이면 식(識)의 종자를 이끌어 냅니다. 의식(意識)의 종자가 싹을 틔우면 그다음은 명색(名色)이요 육입(六入)이요 십이인연이니, 하나하나 연속적인 관계를 견인인(牽引因)이라고 합니다.

이것은 지난번에 제가 여러분에게 말씀드린 것인데, 불학을 배웠는데도 사용하지 못하니 참으로 안타깝습니다. 여러분이 타좌를 시작했는데 수련할 줄 모른다면 불학을 참구해도 괜찮습니다! 일념 사이[一念之間]가 바로 십이인연이며 한 번 호흡하는 사이를 일념이라고 합니다. 일념에는 무수한 찰나가 있지만 억지로 그것을 팔만사천 찰나라고 하는데, 손가락을 튕기는[彈指] 사이에도 육십오 찰나가 있다고 말합니다. 그런 까닭에 찰나의 빠름은 사람을 놀라게 합니다. 눈을 한 번 깜빡이는 것이 육십오 찰나와 같은데, 이 찰나 사이에 십이인연이 있다는 사실을 누가 말할 수 있습니까? 여러분, 참구해 보세요. 평소에 이 문제를 참구해 보고 생각해 본 적이 있습니까? (동학이 대답하다: 없습니다.) 없지요. 그렇다면 더 말하지 않겠습니다. 얼마나 안타깝습니까! 여러분은 불학원을 다닌 적이 있고 불경과 불교 간행물을 보았다고 말하지만 그게 무슨 소용이 있습니까? 대만의 불교 간행물은 아주 많습니다. 보내지 말라고 해도 보내지만 저는 펼쳐 보고 싶지 않습니다. 하나같이 십이인연, 육근 육진 십팔계 등을 여러 번 반복하고, 하나같이 이 타령을 이렇게 쓰고 저렇게 쓸 뿐 다른 내용이 없으니, 열심히 공부하지 않는 것을 드러내기 때문입니다.

여러분이 참구해 보면 일념 사이에 십이인연이 있습니다. 자리에 앉아서 참구해 보십시오. 그래서 불경에서도 이렇게 말했습니다. 성문중 제자들은 부처님 재세 시 부처님이 십이인연을 말씀하시는 것을 듣고, 성교량(聖教量)을 듣고 부처님의 설법을 듣고는 바로 과(果)를 증득했습니다. 부처님의 설법은 이치를 말씀하십니다! 부처님이 이치를 말씀하시면 청중은 말이 떨어지자마자 바로 돈오(頓悟)하고 바로 도를 성취합니다. 여러분은 그것이 그 사람의 인연 복보가 좋아서 부처님을 만난 것이라고 말하겠지요. 하지만 지금도 불경은 여전히 있고 차이가 많지도 않은데, 그것을 본 여러분은 어째서 복보가 없다고 말합니까? 원인은 여러분이 자신의 몸과 마음으로 되돌려서 수련하지 않기 때문이니, 문제는 여기에 있습니다!

지난번에 말씀드렸지만 여러분은 일념이 일어나면 마음대로 할 수 있습니까? 어느 누구라도 마음대로 할 수 없으니, 바로 무명(無明)이며 그것은 영문도 모르게 찾아옵니다. 특히 타좌를 하면 할수록 영문도 모를 생각이 더욱 많아지는데, 원래는 생각도 못 했던 것까지 다 찾아옵니다. 그래서 일념 무명이라고 합니다. 이 무명 자체가 바로 행(行)입니다! 그것은 의지 작용(힘)이며 무명 자체에도 분별이 있습니다. 가령 염불을 하는데 문득 낡은 구두를 어디에 뒀는지 기억이 나지 않습니다. 그런 후에 생각합니다. '이런! 아무렇게나 생각하면 안 돼! 망념이야.' 무명이행을 일으키고〔無明緣行〕행이 식을 일으키고〔行緣識〕그 안에 명색(名色), 즉 낡은 구두가 있습니다. 아무렇게나 생각하면 안 되는데 명색이 생겨납니다. 그렇기 때문에 이 일념 사이에 십이인연, 생로병사가 모두 갖추어져 있다는 것입니다. 잘 참구해 보십시오. 이것은 여러분에게 인명 논리를 배우라고 합니다. 이 일념 사이가 열두 개 순서의 논리를 구비하였으니, 바로 윤회십이도(輪廻十二道)입니다. 일념 무명이 일어나는 것이 이처럼 두려운 일입니다. 그렇다고 해서 이러한 생각〔念〕이 일어나지 않는 것이 가장 좋겠다고 여기면 안 됩니다. 그렇습니다. 이 일념이 바로 무명이지만 만약 생각이 일어나지 않는다면 그것은 무기(無記)입니다. 무기는 큰 혼침이니 그 또한 옳지 않습니다.

똑같은 불학의 이치를 여러분은 사용하지도 못하면서 불학원을 다닌들 무슨 소용 있습니까? 이치〔理〕로도 들어가지 못하고 수행〔行〕으로도 도달하지 못합니다! 부처님을 배운다고 하면서 자신을 속이고 다른 사람을 속이는 것이 아닙니까? 지금 불경에서는 여러분에게 말하기를, 이러한 관법(觀法)에서 정사유하여 깨달음의 경지에 들어갈 수 있다고 했습니다. 그렇기 때문에 저는 말합니다. 일념이 십이인연을 구비하고 있는데 굳이 삼세의 십이인연을 참구할 필요가 있나요? 그러면 더 많아지겠지요. 이것이 바로 부처님께서 세상에 계실 때 사제(四諦)를 말씀하시자 다섯 명의 큰 비구가 과를 증득하였는데, 그런 다음에 십이인연을 말씀하시자 무수한 비구가 과를 증득한 까닭입니다. 여러분은 그들이 성취한 것이 사과〔苹果〕라고 생각하십니까! 그들은 부처님의 말씀 한마디를 듣고 당시에 돌이켜서 참구해 들어갔고, 그리하여 과를 증득할 수 있었습니다. 우리도 보고 들었지만 소용이 없으니 정말 안타깝습니다!

이 단락은 스스로가 이치상으로 참구하라는 것인데, 여기는 건너뛰도록 하겠습니다. 그렇다고 중요하지 않다는 말은 아닙니다. 아주 중요합니다. 모두가 함께 들었지만 우리 중에는 소수만 상응(相應)하고 대다수는 상응하지 않습니다. 여러분이 아무리 공부한다고 한들 반드시 생각을 하는 것은 아닙니다. 철학을 배우면 정말로 철학적 두뇌가 있어야 하고 논리를 배우면 논리적 두뇌가 있어야 합니다. 그렇지 않으면 두뇌가 갈수록 둔해져서 이해하지도 못하고, 그런 후에는 중요하지 않다고까지 생각합니다. 특히 동양인은 논리적 두뇌가 부족합니다. 그렇기 때문에 이 단락은 상응하는 소수의 사람들만이 스스로 연구할 수 있습니다. 하지만 이 구절은 아주 짧으니 상응하지 않거나 그다지 계기가 없는 사람도 스스로 연구해 보고 문제가 있으면 저에게 질문하십시오.

이제 784면 첫 번째 줄을 보겠습니다.


## 아만을 버리는 계차별관 수행

무엇을 계차별관[49]을 부지런히 수행하는 사람이 여섯 가지 일의 차별 소연을 심사하는 비발사나라고 하는가. 계차별의 증상정법을 듣고 받아 지닌

---

**49** 계분별관, 계방편이라고도 한다. 사념처 수행의 준비 단계로, 마음을 어지럽히는 다섯 가지 번뇌인 탐진치만의를 다스리기 위한 오정심관(五停心觀) 수행법 중 하나이다. 아만(我慢)의 성향이 있는 사람이 육체나 마음을 구성하는 요소를 사계(四界, 지수화풍), 육계(六界, 지수화풍공식), 십팔계(十八界, 육근·육경·육식)로 분석해서 관찰하는 수행이다. 이를 통해 수행자는 육체와 마음은 원인과 조건인 인연화합으로 이루어진 것이므로 '나'라고 생각하거나 뛰어나다고 집착하는 아만을 극복하게 된다. 나머지 네 가지 수행법으로 탐욕(貪)을 다스리는 부정관, 노여움(瞋)을 다스리는 자비관, 어리석음(癡)을 없애는 인연관, 산란한 마음(疑)을 다스리는 수식관이 있다. '오정심관 수행법'은 제13강에서 제15강에 걸쳐 나온다.

증상력에 의지하기 때문에 일체 계의 뜻을 바르게 깨달아 아는 것을 말한다. 말하자면 종성의 뜻 및 종자의 뜻, 인因의 뜻, 성性의 뜻이 그 계界의 뜻이니, 이와 같은 것을 계의 뜻을 심사함이라고 한다. 또 지계 등 육계의 내외 차별을 바르게 심사하여 승해를 일으키니, 이와 같은 것을 계의 대상을 심사함이라 한다.

云何勤修界差別觀者, 尋思六事差別所緣毘鉢舍那. 謂依界差別增上正法, 聽聞受持增上力故, 能正解了一切界義. 謂種性義, 及種子義·因義·性義, 是其界義, 如是名爲尋思界義. 又正尋思地等六界內外差別, 發起勝解, 如是名爲尋思界事.

---

계의 형상[界相]은 가령 십팔계(十八界)에서 계는 범위이고 경계입니다.[50] 우리가 있는 이곳에는 담이 있고 문이 있는데, 문 안과 문 바깥이 바로 두 계의 경계입니다. 육근(六根) 육진(六塵) 육식(六識)같이 사이에 계가 존재하는 것도 있습니다. 이론상으로 계가 어디에 있는가 하는 것은 논리적 문제이므로 심사해야 하고 우리 스스로 참구해야 합니다. 그것이 바로 "계의 뜻을 심사함[尋思界義]"이며, 한 걸음 더 나아가서 "계의 대상을 심사해야[尋思界事]" 합니다.

---

또 바르게 심사하여 지계가 견상인 것과 풍계가 경동상인 것, 식계가 요별상인 것, 공계가 허공상이고 편만색상이고 무장애상인 것에 이르기까지, 이것을 모든 계의 자상을 심사함이라고 한다.

又正尋思, 地爲堅相, 乃至風爲輕動相, 識爲了別相, 空界爲虛空相, 遍滿色相, 無

---

50 여기서는 공간의 범위나 경계라기보다 서로 다른 성질을 의미하는 범위나 경계로, 요소나 성질이라고 할 수 있다.

障礙相, 是名尋思諸界自相.

　　예를 들어 우리가 좌선을 한다면, 참선이나 참구를 할 때에도 계의 형상〔界相〕이라는 이 큰 주제를 사용해서 참구해도 됩니다. "지계가 견상인 것을 심사하여〔尋思地爲堅相〕"란, 가령 여러분이 가부좌를 해서 다리가 저리다고 합시다. 다리 역시 지수화풍으로 구성된 것으로, 뼈는 지대(地大)에 속하고 혈액은 수대(水大)에 속하며 기가 통하지 않는 것은 풍대(風大)이고 따뜻한 기〔煖氣〕가 있는 것은 화대(火大)입니다. 지수화풍이 모두 존재하는 것입니다. 계의 형상을 관찰하려면, 가령 백골관 등을 수행한다면 먼저 단단한 성질〔堅相〕인 지대로부터 시작합니다. 기맥이 뛰는 것을 느끼는 것은 "경동상(輕動相)"으로 풍대가 흘러 움직이는 것입니다. 다리가 저림을 느끼고 다리가 아픈 것은 식(識)인 "요별상(了別相)"이며, 공(空)은 "허공상(虛空相)"입니다. 선(禪) 수행을 정사유할 때 이러한 사대의 계의 형상을 참구하면 마찬가지로 깨달음에 들어갈 수 있습니다. 이것은 비발사나에 속하며 정관(正觀)입니다. 관상(觀想)에 속하지 않으니 상(想) 자를 붙이지 않습니다.

　　비발사나는 정관(正觀)으로 이른바 주변심사(周遍尋思), 심택심사(審擇尋思), 주변관찰(周遍觀察), 심택관찰(審擇觀察)입니다. 흔히 명사를 일상적으로 사용해 반조(反照) 혹은 반성(反省)이라고 하는데, 자신의 생각이 옳은지 행위가 옳은지를 점검하는 것을 반성이라고 한다고 여기지만 그것은 거친〔粗〕 것입니다. 만약 미세한〔細〕 반성이라면 그것이 바로 주변심사, 심택심사, 주변관찰, 심택관찰이며 정관(正觀)이기도 합니다. 정관도 마찬가지로 과를 증득할 수 있습니다.

또 바르게 심사하여 이 일체의 계는 요약해서 말하면 모두 무상이고 무아이니, 이것을 모든 계의 공상을 심사함이라고 한다. 또 바르게 심사하여 일합상의 계차별성에 대하여 깨달아 알지 못하는 사람이, 계차별이 모여서 이루어진 몸으로 말미암아 고만함을 일으키면 곧 전도되어 흑품에 포함되는데, 자세한 설명은 앞과 같다.

又正尋思, 此一切界, 以要言之, 皆是無常, 乃至無我, 是名尋思諸界共相. 又正尋思, 於一合相(念想)界差別性不了知者, 由界差別所合成身, 發起高慢, 便爲轉倒黑品所攝, 廣說如前.

---

주의하십시오! 자신의 책이라면 이 구절은 표제로 삼을 만합니다. 『금강경(金剛經)』에서 일합상(一合相)을 거론했는데, 역대 조사들은 『금강경』의 일합상을 이렇게 저렇게 해석하며 명확히 말하지 못했습니다. 심지어 어떤 사문 외도의 해석은 일합상이 남녀의 쌍수법이라고 하는데 정말 매를 맞아 마땅합니다. 진정한 일합상은 근진상합(根塵相合)이고 심식상합(心息相合)이며 심물상합(心物相合)입니다.

이미 일합상이지만 만약 우리가 두 손을 서로 모아서 그 사이를 아주 바싹 붙인다면 경계가 있을까요? 물론 있습니다. 하지만 그 사이의 "계차별성(界差別性)"을 일반적으로는 알지 못합니다. 화학 실험을 예로 들어봅시다. 물 한 컵에 두 종류의 약품을 떨어뜨려 혼합하거나 혹은 밀가루에 소금이나 설탕을 넣어서 일합상이 되었다면, 그 사이에 계(界)의 차별이 있습니까? 물리의 이치에 따르면 마찬가지로 차별이 있습니다. 물리적 방법을 동원해서 혼합된 것은 제각기 분리해 낼 수 있으니, 설탕은 설탕대로 밀가루는 밀가루대로 구분할 수 있습니다. 이것은 그 사이 계의 성질[界性]에 차별이 있음을 설명해 줍니다. 하지만 이러한 차별성에 대하여 일반적으로는 결코 알지 못한다고 말합니다.[51]

우리의 이 몸은 지수화풍이 모여서 이루어진 것입니다. 계의 차별이 모여서 이루어진 몸이 "고만함을 일으키면〔發起高慢〕"이란 이런 말입니다. 어떤 사람들은 자신에게 영웅의 기개가 있다고 생각해서 잘난 체하며 우쭐대고 영웅을 자칭합니다. 오늘(1980년 11월 20일) 텔레비전에서 강청(江靑)[52]이 법정에 서서 재판받는 모습을 보았는데, 그녀는 여전히 자신이 황후라고 생각하고 있었습니다. 그녀의 계차별상(界差別相) 때문에 고만(高慢)함을 낳았으니, 이는 악업에 속합니다.

---

위와 서로 다르면 전도됨이 없어 백품에 포함되는데, 자세한 설명은 앞과 같으며, 이와 같은 것을 계의 품류를 심사함이라고 한다.

與上相違, 便無顚倒, 白品所攝, 廣說如前, 如是名爲尋思界品.

계의 품류〔界品〕를 심사하여 백품(白品)에 속한다면 전도됨이 없으니 마찬가지로 과를 증득할 수 있습니다.

---

또 바르게 심사하면 과거세 미래세 현재세와 육계를 인연으로 하여 모태에 들어갈 수 있는데, 이와 같은 것을 계의 때를 심사함이라고 한다.

又正尋思, 去來今世, 六界爲緣, 得入母胎, 如是名爲尋思界時.

또다시 참구해서 이 법문으로부터 수행하고 참구하면 숙명통을 얻을 수 있는데, 물론 단번에 도달할 수 있는 것은 아닙니다. 그런 까닭에 "생각이 바람과 구름의 변화 속까지 들어가네〔思入風雲變態中〕"라고 했으니

---

**51** '합상(合相)'이 어떤 판본에는 '염상(念想)'인데, 저자는 합상으로 해설하였다.(원서 편집자주)

**52** 강청(江靑, 1914~1991)은 모택동의 부인이며 문화대혁명 기간에 막강한 권력을 휘둘렀던 사인방(四人幇)의 핵심 인물이었다. 1976년에 모택동이 죽은 후 체포되었고 재판에서 사형을 선고받았으나 1983년 감형되었다. 1991년 77세의 나이로 스스로 목숨을 끊었다.

천천히 참구해야 합니다. 자신의 색신이 어떻게 구성되었는지를 참구해야 합니다. 모태 속으로 들어갈 때 과거 현재 미래의 삼세와 지수화풍공식(地水火風空識), 육계(六界) 여섯 인연〔六緣〕으로 성태(成胎)하여 이 몸이 태어났으니 이것을 "계의 때를 심사함〔尋思界時〕"이라고 합니다.

---

또 바르게 심사하면 초목 등 여러 인연이 화합하여 허공을 둘러싼 것을 자주 집이라고 한 것처럼, 이와 같이 육계를 의지하는 바로 삼기 때문에 힘줄과 뼈와 피와 살의 여러 인연이 화합하여 허공을 둘러싼 것을, 가상 등의 생각으로 언론에 베풀어 자주 몸이라고 한다.

又正尋思, 如草木等衆緣和合, 圍繞虛空, 數名爲舍, 如是六界爲所依故. 筋骨血肉衆緣和合, 圍繞虛空, 假想等想施設言論, 數名爲身.

---

우리의 이 신체를 분명히 관찰해야 합니다. 그래서 저는 여러분에게 『현밀원통성불심요(顯密圓通成佛心要)』를 손에 넣어서 보라고 했습니다. 위의 내용에 관한 간단한 핵심이 모두 나와 있습니다. 안타깝게도 여러분은 밀법이라는 말을 들으면 밀교 부분만 보고 현교 부분은 보지 않습니다. 현교의 교리는 불학원에서 모두 배웠고 이해했다고 생각하는데 사실은 이해하지 못했습니다. 현교의 심사(尋思)도 마찬가지로 도에 들어갈 수 있습니다. 이제 사람의 생명의 구성, 바깥의 물리세계와 우리 색신의 관계까지 이야기했습니다. 이러한 부분을 참구해도 마찬가지로 도를 증득할 수 있습니다.

---

다시 숙세의 모든 업과 번뇌 및 자신의 종자를 인연으로 삼으니, 이와 같은 것을 관대도리에 의지하여 모든 계차별의 도리를 심사함이라고 한다.

復由宿世諸業煩惱, 及自種子以爲因緣, 如是名依觀待道理, 尋思諸界差別道理.

---

다시 신체의 내재적인 관찰과 심사(尋思) 반조(返照)를 통해, 왜 나는 이런 개성을 지녔을까, 왜 내 두뇌는 이렇게 멍청할까, 왜 나는 도를 성취하지 못할까, 왜 나는 보리를 증득할 수 없을까 하는 논리적 심사의 방법을 이용해서 하나씩 규명하면, 전생으로 말미암아 오늘 내 두뇌의 총명함이나 멍청함, 성깔이 대단한지 없는지, 허약한지 건강한지가 모두 과거세의 일체 업의 종자에서 비롯된 것임을 알게 됩니다. 이런 수행법을 "관대도리(觀待道理)"라고 하는데, 정관(正觀) 비발사나입니다. '대(待)'는 상대성이며 모든 계차별(界差別)의 이치를 심사하는 것입니다.

---

또 바르게 심사하여 이와 같은 계차별관에 대하여 잘 수습하고 많이 수습하면 교만을 끊을 수 있다.

又正尋思, 若於如是界差別觀, 善修善習, 善多修習, 能斷憍慢.

---

이것은 불경의 문장 관습인데, 다른 한편으로는 불보살의 설법의 자비를 볼 수 있습니다. 한마디 한마디 어기(語氣)를 높여 가는 것이 현대식 강연과 비슷합니다. "정말 슬픕니다! 참으로 슬픕니다, 너무나 슬픕니다"라는 식입니다. "계차별관을 잘 수습하면〔界差別觀, 善修善習〕" 즉 잘 수행하고 많이 연습하면 "교만을 끊을 수 있습니다〔能斷憍慢〕." 이 속에는 나〔我〕가 없기 때문에 무슨 교만도 없습니다. 이것은 직접 수증해야 하는 것입니다.

---

또 이와 같은 도리를 바르게 심사하여 지교량을 지니고 내증지를 지니고 비탁법을 지니면 성립법성·난사법성·안주법성을 지니게 되니, 이와 같은 것을 작용도리·증성도리·법이도리에 의지하여 모든 계차별의 도리를 심사함이라고 하고, 이것을 계차별관을 부지런히 수행하는 사람이 여섯 가지

일의 차별 소연을 심사하는 비발사나라고 한다.

又正尋思如是道理, 有至教量, 有內證智, 有比度法, 有成立法性·難思法性·安住
法性, 如是名依作用道理·證成道理·法爾道理, 尋思諸界差別道理, 是名勤修界差
別觀者, 尋思六事差別所緣毘鉢舍那.

---

참구하고 수련할 때 성교량(聖敎量)과 불경이 있으면 자신이 도달했는
지 아닌지를 증명할 수 있으며 스스로가 알 수 있습니다. 마치 사람이
물을 마시면 차가운지 따뜻한지를 스스로 아는 것과 같으니, 이것이 "내
증지(內證智)"입니다. 이것은 비교할 수 있는 것입니다. 고승의 전기를
보거나 다른 뛰어난 사람의 수행을 보면 기맥이 변화를 일으키고 기질
도 변하게 됩니다. 이것은 "비탁법(比度法)"에서 온 것이니 비교에서 옵
니다. "성립법성을 지님〔有成立法性〕" 등은 "작용도리(作用道理)"에 속하
며 수련입니다. "관대도리(觀待道理)"는 관찰하고 반성하는 것이고, "증
성도리(證成道理)"는 자신이 어느 단계의 수련에 도달했는지를 스스로가
분명히 아는데, 자신의 내증지를 스스로가 아는 것입니다. 여러분처럼
"스승님, 저는 이런데 어떤 것입니까?"라고 묻지 않습니다. 이런 모습을
보면 여러분에게 내증지가 조금도 없음을 알 수 있습니다. "법이도리(法
爾道理)"는 모든 불보살의 경계가 자연스럽게 이와 같음이니, 생각하지
않아도 얻고 힘쓰지 않아도 들어맞아서 자연스럽게 알게 됩니다.


## 어떻게 수식관을 수행하는가

---

무엇을 아나파나념을 부지런히 수행하는 사람이 여섯 가지 일의 차별 소연
을 심사하는 비발사나라고 하는가.

云何勤修阿那波那念者. 尋思六事差別所緣毘鉢舍那.

지금 말씀드리는 수식관(數息觀)은 천태종에서 끌어다 쓴 수행법으로, 지자 대사(智者大師)가 명확하게 설명했습니다. 이른바 "아나파나(阿那波那)"는 수식관으로, 수(數) 수(隨) 지(止) 관(觀) 환(還) 정(淨)의 육묘문(六妙門)이라고도 합니다. 안타깝게도 후세에는 천태종을 수행하기만 하면 하나같이 앞쪽의 '수(數)'만 붙잡고 한평생을 수행합니다. 타좌를 하면 마치 돈을 세듯이 그 자리에서 자신의 숨(氣)을 셉니다. 하나 둘 셋…… 수를 세면서 한나절 앉아 있습니다. 숨을 세어서 뭘 합니까? 자기 자신에게 고집을 부리는 것은 아닙니까? 숨이 들어왔다가 나가면 또다시 텅 비어 버리는데 아무리 그것을 세어 본들 뭐 하겠습니까? 지자 대사가 명확하게 설명했는데도 여러분은 명확하게 보지 못합니다. '수식(數息)'은 여러분의 마음이 산란할 때, 잠시 이 기식(氣息)이 의지하는 수(數)를 빌려서 스스로를 서서히 안정되게 하는 것이니, 거친 호흡이 서서히 미세하게 변한 후에는 더 이상 수를 셀 필요가 없어집니다.

두 번째 단계인 '수(隨)'가 오고 거의 안정이 되었으면 더는 회계(會計)할 필요가 없습니다. 한나절을 세어서 "한 번 앉으면 천 번의 숨을 세지만(一坐數千息)" 한평생을 세어도 결국은 제대로 세지 못합니다. 너무나 어리석으니 이 얼마나 안타까운 일입니까! 지자 대사는 분명하게 여섯 단계라고 말했습니다. 수(數)를 세어서 마음이 안정되면 그다음은 수(隨) 즉 숨을 따라서 갑니다. 더 이상 수(數)를 셀 필요가 없습니다.

세 번째 단계는 '지(止)'입니다. 천천히 숨을 따르는(隨息) 것이 한참 지나서 점차 안정되면 마치 호흡이 없어진 듯하며 생각(念)도 그치고(止) 호흡도 멈추는데(停), 그 과정이 아주 빠릅니다! 일념지간(一念之間)이 바로 육묘문입니다. 안타깝게도 여러분이 알지 못하니 너무나 안타깝습니다. 그래서 지금 여러분에게 말씀드리는데 비발사나는 출입식(出入息)을 관(觀)하는 것입니다. '식(息)'은 한 번 내뱉고 들이마시는 사이입니다.

---

입출식념의 증상정법을 듣고 받아 지닌 증상력에 의지하기 때문에 바르게 깨달아 알 수 있으니, 입출식의 소연 경계에 대하여 마음을 묶어 요달하고 잊지 않고 또렷이 기억하는데, 이것이 아나파나념의 뜻이며 이와 같은 것을 그 뜻을 심사함이라고 한다.

依入出息念增上正法, 聽聞受持增上力故, 能正了知, 於入出息所緣境界, 繫心了達, 無忘明記, 是阿那波那念義, 如是名爲尋思其義.

---

수식(數息)이 비록 셈〔數〕을 말하고 있지만 그 속에는 하나의 이치가 있습니다. 여러분이 수식관(數息觀), 수출입식(數出入息)을 수행하면서 이 숨〔氣〕을 호흡할 때, 숨이 들어오면 들어옴을 알고 나가면 나갔음을 압니다. 이것을 "바르게 깨달아 알 수 있음〔能正了知〕"이라고 합니다. 이러한 경계에 "마음을 묶어 요달하고〔繫心了達〕" 즉 심념이 호흡과 결합하는데, 화합하여 하나가 됩니다. 어째서 화합하여 하나가 된다고 말합니까? 매번 내뱉을 때에도 알고 들이마실 때에도 알아서 어지러이 흩어짐이 없고 잡념이 끼어들지 않으니, 바로 호흡을 이 마음에 묶어 둔 것입니다. "잊지 않고 또렷이 기억하는데〔無忘明記〕"란, 중간에 무기(無記)가 없고 잊어버린 적이 없어서 아주 분명하게 호흡의 왕래를 기억하고 있습니다. "이것이 아나파나념의 뜻이니〔是阿那波那念義〕" 즉 이 '염(念)'이 식(息)의 왕래를 수시로 알고 있으니, 바로 마음과 호흡이 서로 의지하는〔心息相依〕 것입니다. 아나반나(阿那般那)가 바로 출입식(出入息)입니다.

여기에서 자신의 생각과 호흡의 왕래를 아는 것을 왜 "그 뜻을 심사함〔尋思其義〕"이라고 할까요? 바로 이 지성(知性)을 참구함입니다. 여러분에게 묻겠습니다. 왜 이 식(息)을 닦아야 합니까? 호흡을 닦아서 뭐 합니까? 호흡을 들으면서 기공을 연마합니까? 호흡은 어느 대(大)에 속합니까? (동학이 대답하다: 풍대입니다.) 풍대라면 풍은 무슨 법입니까? 생멸법입니다. 호흡은 생(生)이 있고 멸(滅)이 있으며 멈추어 있지도 않습니다. 수행은 무위(無爲)의 무생멸도(無生滅道)의 증득을 구하는 것인데, 왜 생멸법으로 무위를 닦습니까? 여기에서 참구해야 합니다! 이렇게 참구할 수 있으려면 그 뜻을 심사함〔尋思其義〕을 바르게 알아야 합니다. 수식(數息), 지식(止息) 등의 육묘법문이 기맥(氣脈)을 강조하고 기식(氣息)을 강조하는 것은 모두 방편에 지나지 않으며 모두 생멸법에 속합니다. 수행하면 있고 수행하지 않으면 없으니, 그런 까닭에 "그 뜻을 심사해야" 합니다.

---

또 바르게 심사하면 입식과 출식을 몸 안에서 느낄 수 있으니 몸에 속해 있기 때문이며, 바깥에서 붙잡기 때문에 안팎의 차별이 있으니, 이와 같은 것을 그 대상을 심사함이라고 한다.

又正尋思, 入息出息在內可得, 繫屬身故, 外處攝故, 內外差別, 如是名爲尋思其事.

---

다시 정사유하고 심사하면 "입식(入息)"은 숨〔氣〕이 들어오는 것이고 "출식(出息)"은 내뱉는 것입니다. 여기에서 문제가 하나 있는데 여러분이 한번 참구해 보십시오. 그것을 왜 입기출기(入氣出氣)라고 하지 않고 입식출식이라고 말할까요? 왜 옛사람들은 이 식(息)이라는 글자를 사용했을까요? (어떤 동학이 대답하다: 기는 거친 호흡이고 식은 미세한 것입니다.) 아닙니다. 일반적으로 기(氣) 수행은 풍대(風大)이며 거친 것이 풍

(風)이고 조금 미세한 것은 기(氣)라고 하고 가장 미세한 것은 식(息)이라고 한다고 해석하는데, 이것은 문자만 놓고 본 것입니다. 여러분이 직접 체득해야 합니다! 수련하는 사람이, 우리가 호흡해서 한 번 내뱉고 들이마시는 사이 찰나의 순간에 나가지도 않고 들어오지도 않는 그것이 바로 식(息)입니다. 마음이 거칠 때는 알지 못하고 마음이 좀 미세하면 알게 되는데, 식(息)은 휴식(休息)입니다. 이해하시겠습니까? 잘 체득하면 이 부분이 비로소 식(息)입니다. (어떤 동학이 질문하다: 있는 것 같기도 하고 없는 것 같기도 한 것입니까?)

있는 것 같기도 하고 없는 것 같기도 하면 무언가를 더할 수가 없는데, 여러분이 조금이라도 있는 것 같기도 하고 없는 것 같기도 하다면 그 상태는 출입상(出入相)을 지니는 것이고 자연스러운 현상입니다. 입출(入出)은 호(呼)와 흡(吸)의 왕래이며, 진정 중요한 것은 그 식(息)의 경계를 체득하는 것입니다. 여러분이 참으로 그것을 해낼 수 있다면 당장 사마타를 얻을 것입니다. 지(止)를 얻어서 호흡이 머무르게 되고 심념도 머무르게 되어, 현교와 밀교의 일체 수승한 법문의 공덕 경계가 바로 나옵니다. 안타깝게도 여러분은 이해하지 못합니다. 지금 제가 무상의 이치를, 무상의 비밀이기도 한 것을 모두 여러분에게 말씀드렸습니다. 밀법(密法)은 무슨 밀법입니까? 밀(密)은 없습니다. 여러분이 이해하지 못하기 때문에 밀(密)인 것입니다. 이해했다면 육조가 "밀은 너에게 있다〔密在汝邊〕"고 말한 것처럼, 밀은 저에게 있는 것이 아니라 바로 여러분 자신에게 있습니다. 아시겠지요!

입출식을 "몸 안에서 느낄 수 있는 것은〔在內可得〕", 즉 신체 내부에서 여러분이 느낄 수 있는 것은 "몸에 속해 있기 때문이며〔繫屬身故〕" 즉 이 호흡의 왕래는 코에 의지하는데 코는 몸에 있기 때문입니다. 비록 가끔은 코로 호흡하지 않지만 타좌를 시작하면 몸 내부에서 기(氣)가 움직여서 느낄 수가 있습니다. 질문하겠습니다. 어째서 느낄 수 있습니까? (동학이 대답하다: 몸에 속해 있기 때문입니다.) 몸에 속해 있기 때문이니, 이때에는 식(息)이 신체 내부의 하나에 속합니다. 몸이 없어진다면 어떨까요? 사람이 죽는다면, 이 몸이 썩어 버린다면 이 풍대인 식(息)은 어떻게 될까요? 여전히 있습니까? (동학이 대답하다: 없어집니다.) 몸의 썩은 살이 없어질 뿐이고 풍대 즉 전체 물리세계의 풍대는 여전히 존재합니다. 그렇지요? 그런 까닭에 "바깥에서 붙잡기 때문에 안팎의 차별이 있습니다〔外處攝故, 內外差別〕." 몸이 없을 때에도 이 풍대 자체는 변하지 않습니다! 안팎의 차별만 있을 뿐입니다.

그러므로 여러분이 『능엄경』을 보면 한 걸음 나아가게 되니 물리세계에 관해 잘 말해 놓았기 때문입니다! "풍의 본성은 진공이요 공의 본성은 진풍이니〔性風眞空, 性空眞風〕" 허공을 다하고 법계에 두루 하여〔盡虛空, 遍法界〕 존재하지 않는 곳이 없으며, "중생의 마음을 따라 중생이 아는 분량에 응하며 업을 좇아 나타나니〔隨衆生心, 應所知量, 循業發現〕" 즉 중생심의 차이, 업력의 차이 때문에 감수(感受)가 다르게 됩니다. 얼마나 잘 말했습니까! 어떤 학자들은 『능엄경』을 연구하고 그것이 위경(僞經)이라고, 가짜라고 말합니다. 이는 그들 자신이 경전을 읽고 이해하지 못했기 때문입니다. 문자를 이해하지 못한 것이 아니라 이치를 직접 증득하지 못해서 들어가지 못한 것입니다.

여기에서 미륵보살은 몸에 있는 이 호흡의 기(氣)가 바깥 공기의 기(氣)와 한데 연결되어 있다고 우리에게 말합니다. 이것은 거친 기(氣)를 말한 것이고, 미세한 것까지 이야기하려면 그것은 또 하나의 학문이 됩니다. 우리가 내뱉고 들이마시는 그 속에 얼마나 많은 것이 들어 있는지 여러분은 아십니까? 코로 숨을 한 번 들이마시면 그 속에 얼마나 많은 산소가 있습니까? 이산화탄소는 얼마나 됩니까? 산소와 이산화탄소는 여러분 몸속에서 어떻게 작용합니까? 사람은 왜 하품을 합니까? 뇌에 산소가 부족하기 때문입니다. 그런 까닭에 저는 자주 여러분에게 말합니다. 지금은 과학의 시대이며 불법을 배우는 데 있어서 과학을 이해하지 못해서는 안 된다고 말이지요.

이러한 기(氣)의 출입과 관련해서 이 안의 현교와 밀교 경전에서는 언급하지 않았습니다. 그것은 또 다른 하나의 법문으로, 만약 그것을 이해한다면 여러분의 수행 공부가 더 힘을 얻게 될 것입니다. 그러므로 이 기는 "바깥에서 붙잡기 때문에 안팎의 차별이 있다[外處攝故, 內外差別]"라는 말은 풍대를 가리킵니다. 이러한 수식(數息)의 출입식(出入息)은 신체 내부의 것입니다. 그러나 바깥에도 여전히 풍(風)이 있는데 안과 밖은 차별이 있습니다. 이렇게 참구하는 것을 "그 대상을 심사함이라고 합니다[名爲尋思其事]."

본론의 문장은 아주 과학적입니다. 여섯 가지 일을 심사함에 있어서 먼저 뜻[義]을 심사하고 나중에 대상[事]을 심사합니다. 먼저 이러한 이치를 깨닫고 난 후에 그것의 사실을 입증[求證]해야 합니다.


## 호와 흡을 하는 사이의 식을 장악하다

또 바르게 심사하면 입식에 두 가지가 있고 출식에 두 가지가 있다. 만약 풍이 안으로 들어오면 입식이라고 하고, 만약 풍이 바깥으로 나가면 출식이라고 한다. 이와 같이 길게 입식 출식을 하고 이와 같이 짧게 입식 출식을 하며, 이와 같은 식이 일체의 몸에 두루 함을 다시 바르게 깨달아 아니, 이것을 모든 식의 자상을 심사함이라고 한다.

又正尋思, 入息有二, 出息有二. 若風入內, 名爲入息, 若風出外, 名爲出息. 復正

了知, 如是爲長入息.出息, 如是爲短入息.出息, 如是息遍一切身分, 是名尋思諸息
自相.

---

　여러분이 도가와 밀종의 기맥 수련을 배운다고 할지라도 역시 마찬가
지입니다. 여러분은 호흡을 해야 식(息)이라고 한다고 생각하십니까?
조금 전에 여러분에게 말씀드렸듯이 식(息)은 코로 내뱉지도 않고 들이
마시지도 않는, 중간에 정지해 있는 그 부분입니다. 정지해 있는 이 부
분이 서서히 길어져서 내재식(內在息)이 되는데, 내재식이 바로 흔히 말
하는 기맥입니다. "바르게 깨달아 알고〔正了知〕" 즉 신체 내부 어느 부분
의 기맥이 움직이고 있음을 알고 나서, "이와 같은 식이 일체의 몸에 두
루 하니〔如是息遍一切身分〕" 즉 전신에 다 기식(氣息)이 있음을 깨달아
압니다. 그렇기 때문에 사람의 호흡은 반드시 코에만 의지하는 것이 아
니라고 했습니다. 땅에 구멍을 파고 사람을 들어가게 한 다음 흙을 심장
부분까지 덮으면 그 사람은 바로 죽습니다. 몸 아래 절반이 호흡하지 못
하기 때문입니다. 사람의 피부도 호흡하고 있는데 심지어 세포 하나하
나가 다 호흡하고 있습니다. 이런 원리를 이해하고 나면 기맥 수련은 아
주 쉽습니다.

　왜 기맥이라 부릅니까? 옛사람들은 현대의 과학을 알지 못했습니다.
지금은 기맥이 통하게 하려면 물리과학을 이용해서 통하게 할 수 있습
니다. 제가 말했던 것처럼 산소를 이용해서 기맥이 통하게 압박하면 아
주 빠릅니다. 하지만 잘 알지 못한다면 함부로 해서는 안 됩니다. 저처
럼 산소를 가지고 시험하느라 돈도 날리고 목숨도 걸고, 스스로 위험을
무릅쓰고 시험하는 이런 것이 바로 "모든 식의 자상을 심사함"입니다.

---

또 바르게 심사하면 입식이 없어지고 나서 출식이 생겨나고, 출식이 없어

지고 나서 입식이 생겨난다. 입출식의 전환은 생명의 근본과 식이 있는 몸에 매여 있다. 이 입출식과 의지하는 바가 모두 무상하니, 이것을 모든 식의 공상을 심사함이라고 한다.

又正尋思, 入息滅已, 有出息生; 出息滅已, 有入息生. 入出息轉, 繫屬命根, 及有識身. 此入出息及所依止, 皆是無常, 是名尋思諸息共相.

---

조금 전에 말씀드렸지만 입식(入息)이 멈추고 난 뒤가 바로 "출식이 생겨남〔出息生〕"입니다. 출식(出息)은 이 한 모금의 기(氣)가 나가서 없어지는 것인데, 그 중간에 잠깐 정지해 있는 식(息)이 있습니다. 그런 후에 다시 "입식이 생겨나니〔入息生〕" 바로 들이마시는 기(氣)입니다. 이렇게 나가고 들어오는 사이에 서로 전환하고 연속되는 관계가 생명을 구성하는데, 생명의 근본〔命根〕인 장양기(長養氣)에 속하지만 아직 근본기(根本氣)는 아닙니다. 사람의 생명은 짧습니다. 코와 목구멍의 기를 내뱉고 들이마시지 않으면 사람은 즉시 사망합니다. 그러므로 호흡과 산소는 아주 중요한데 현행하는 생명의 근본이 호흡에 의지해 유지되기 때문입니다.

난(煖) 수(壽) 식(識)은 서로 의지하며, 난(煖)과 풍식(風息)은 연대 관계입니다. 화대(火大)와 풍대(風大)가 함께 이어져 있고 지대(地大)와 수대(水大)가 함께 이어져 있습니다. 사람이 죽을 때가 되면 먼저 지대(地大)가 무거워지는데, 늙으면 걸으려 해도 다리가 움직이지 않고 손도 들어 올리지 못합니다. 죽음이 임박하면 손발에 감각이 없어서 손발이 어디에 있는지도 알지 못합니다. 이것은 지대(地大)가 흩어졌기 때문입니다. 지대가 흩어져 버리면 차가운 땀이 먼저 나고 대소변도 흘러나옵니다. 지(地)와 수(水) 두 가지가 끝이 난 후에는 화대(火大)도 떠나 버려서 몸이 서서히 차가워집니다. 몸이 차가워지고 풍대라는 이 기(氣)가 끝을

맺으면 목구멍에서 '컥' 소리가 나면서 기가 끊어집니다. 풍대가 마지막으로 떠나면 식(識)이 이어서 떠납니다.

여러분은 수련할 때 이 사대(四大) 방면을 잘 연구해야 합니다. 갓난아기가 어머니의 태에서 막 나올 때는 아주 작지만, 탯줄을 끊고 공기의 자극을 받으면 바로 자라는데 공기가 압박하기 때문입니다. 아기의 '앙' 하는 그 소리는 십만 팔천 개의 모공을 마치 십만 팔천 개의 바늘이 찌르는 것처럼 그 기(氣)가 즉시 몸에 의지해 팽창하기 때문인데, 그것은 생(生)의 고통인 것입니다. 여러분도 그 고통을 겪었지만 모두 잊어버렸습니다. 이렇게 잘 심사(尋思)하기만 해도 기억해 낼 수 있으니, 그 경계를 다시 찾아올 수 있습니다.

우리 동학 가운데 어떤 사람은 모태에 들어갈 때를 기억하고 모태에서 나올 때도 기억하고 있으며 태어나던 순간도 기억하고 있습니다. 이런 부류의 사람도 있습니다. 출입식(出入息)은 항구적일 수 없기 때문에 무상하며 자성이 없으므로 "모든 식의 공상을 심사해야[尋思諸息共相]" 즉 분명하게 관찰해야 합니다. 이 단락은 안나반나와 비발사나의 범위이고, 관(觀)의 경계입니다. 이른바 관(觀)은 그 속의 함의를 정밀하게 참구해야 하는 것입니다.

---

또 바르게 심사하여 만약 이와 같은 입식 출식에 대하여 정념에 머무르지 않고 바르지 않은 심사를 하여 그 마음을 어지럽히면 바로 전도되어 흑품에 포함되는데, 이것은 유쟁법이며 자세한 설명은 앞과 같다. 위와 서로 다르면 전도됨이 없어 백품에 포함되는데, 이것은 무쟁법이며 자세한 설명은 앞과 같으니, 이와 같은 것을 그 품류를 심사함이라고 한다.

又正尋思, 若於如是入息出息, 不住正念 爲惡尋思擾亂其心, 便爲顚倒黑品所攝, 是有諍法, 廣說如前. 與上相違, 便無顚倒白品所攝, 是無諍法, 廣說如前, 如是名為尋思其品.

　　한 번 내뱉고 들이마시는 것이 일념(一念)인데, 그 일념 사이에 정념
(正念)에 머무르지 않으면 마음대로 생각하게 됩니다. 이것은 계(戒)입
니다! 특히 성문 출가 비구가 입식과 출식 사이 정념에 머무르지 않는다
면 바르지 않은 심사(尋思)에 어지럽혀져서 악업(惡業)이 되니 흑품(黑
品)입니다. 이것은 계정혜(戒定慧)의 계입니다. 마음속에 망념이 많으면
흑품에 포함되고 유쟁법(有諍法)이 됩니다. 반대로 정념에 머무를 수 있
으면 선업(善業)이기 때문에 정념이 매 순간 청정하고 심지어 염(念)을
공(空)으로 관(觀)합니다.

또 바르게 심사하면 과거세 미래세 현재세의 입출식의 전환이 심신에 속해
있고 심신은 입식 출식에 속해 있으니, 이와 같은 것을 그 때를 심사함이라
고 한다.
又正尋思, 去來今世, 入出息轉, 繫屬身心, 身心繫屬入息出息, 如是名爲尋思其
時.

　　우리가 수식관(數息觀)을 닦을 때 과거세 미래세 현재세의 출입식(出
入息)을 바르게 심사하면, 이렇게 호흡이 왕래하는 사이에 비로소 우리
가 살아갈 수 있으며 비로소 이 심신(心身)을 소유할 수 있습니다. 바꾸
어 말하면 우리가 심신을 소유하기 때문에 비로소 출입식이 있습니다.
이런 모습을 "그 때를 심사함〔尋思其時〕"이라고 합니다. 하지만 출입식
은 자성이 없고 그 자체는 본성이 공(空)입니다.

또 바르게 심사하면 이 가운데는 입식을 지니는 것, 출식을 지니는 것, 입식

출식이 저에게 속해 있는 것이 없으며, 오직 인과 연을 좇아서 낳은 제행에 대하여 가상으로 베풀어 놓은 언론을 일으켜서 입출식을 지닐 수 있음이 있다고 말하니, 이와 같은 것을 관대도리에 의지하여 그 도리를 심사함이 라고 한다.

又正尋思, 此中都無持入息者, 持出息者, 入息出息, 繫屬於彼, 唯於從因從緣所生 諸行, 發起假想施設言論, 說有能持入出息者, 如是名依觀待道理尋思其理.

---

이것은 모두 중복되며 앞의 내용과 똑같습니다.

---

또 바르게 심사하여 이와 같은 입출식념에 대하여 잘 수습하고 많이 수습 하면 심사를 끊을 수 있다.

又正尋思, 若於如是入出息念, 善修善習, 善多修習, 能斷尋思.

---

여러분이 출입식(出入息)을 수행할 수 있다면, 이 방법으로 수행하고 많이 연습하면 자연스럽게 "심사를 끊을 수 있어서[能斷尋思]" 망상이 없습니다.

---

또 이와 같은 도리를 바르게 심사하여 지교량을 지니고 내증지를 지니고 비탁법을 지니면 성립법성·난사법성·안주법성을 지니게 되니, 사의하지 않아야 하고 분별하지 않아야 하며 오직 신해를 내어야 한다.

又正尋思如是道理, 有至敎量, 有內證智, 有比度法, 有成立法性, 難思法性, 安住 法性, 不應思議, 不應分別, 唯應信解.

---

이것은 미륵보살이 여러분에게 분부한 말이니 "오직 신해를 내어야 합니다[唯應信解]."

이와 같은 것을 작용도리·증성도리·법이도리에 의지하여 그 도리를 심사함이라고 하고, 이것을 아나파나념을 부지런히 수행하는 사람이 여섯 가지 일의 차별 소연을 심사하는 비발사나라고 한다.

如是名依作用道理·證成道理·法爾道理尋思其理, 是名勤修阿那波那念者, 尋思六事差別所緣毘鉢舍那.

이렇게 이 이치를 참구하는 것이 바로 지관(止觀)을 수행하는 정관(正觀)입니다.

이와 같이 정행 소연에 의지하여 여섯 가지 일의 차별관을 심사하고 난 뒤에, 자주자주 안에서 마음을 적정하게 하고 자주자주 다시 심사한 것에 대하여 뛰어난 관행으로 깊이 살피고 사찰하니, 저가 사마타를 의지로 삼기 때문에 비발사나로 하여금 속히 청정을 얻게 한다.

如是依止淨行所緣, 尋思六事差別觀已, 數數於內, 令心寂靜, 數數復於如所尋思, 以勝觀行審諦伺察, 彼由奢摩他爲依止故, 令毘鉢舍那速得淸淨.

총괄해서 말하면 정(定)을 수행해야 합니다. 정의 수행을 근본으로 삼아야 합니다.

다시 비발사나를 의지로 삼기 때문에 사마타로 하여금 자라고 광대하게 한다.

復由毘鉢舍那爲依止故, 令奢摩他增長廣大.

정(定)이 있으면 관(觀)으로써 진정한 청정 지혜를 일으킨 것이 관혜(觀慧)입니다. 반대로 여러분이 관혜(觀慧)를 성취했으면 정(定)의 삼매를 증장시키고 광대하게 할 수 있습니다. 이치[理]에 통할수록 혜력(慧力)과 정력(定力)이 커집니다.

---

선교 소연 및 정혹 소연에 의지하여 여섯 가지 일의 차별 소연을 심사하는 비발사나라고 한다면, 그 자처에 대하여는 내가 뒤에 말할 것이다.

若依止善巧所緣, 及淨惑所緣, 尋思六事差別所緣毘鉢舍那, 於其自處, 我後當說.

---

이것은 미륵보살이 말한 것으로, 앞으로 다시 말하겠다고 했습니다.

제15강

　다시 다음으로 이 가운데 아홉 가지 백품에 포함되는 가행이 있는데, 이와 서로 다르면 아홉 가지 흑품에 포함되는 가행임을 알아야 한다. 무엇을 백품에 포함되는 아홉 가지 가행이라고 하는가. 첫째는 상응가행이고 둘째는 관습가행이고 셋째는 불완가행이고 넷째는 무도가행이고 다섯째는 응시가행이고 여섯째는 해료가행이고 일곱째는 무염족가행이고 여덟째는 불사액가행이고 아홉째는 정가행이다. 이 아홉 가지 백품에 포함되는 가행으로 말미암기 때문에, 그 마음으로 하여금 빨리 정을 얻게 하고 삼마지로 하여금 더 올라가게 할 수 있다. 또 이로 말미암기 때문에 마땅히 가야 할 곳 및 따라서 마땅히 얻어야 할 것에 대하여 빨리 갈 수 있고 얻을 수 있으니, 머뭇거려 늦어짐이 없다. 흑품에 포함되는 아홉 가지 가행은 마음으로 하여금 빨리 정을 이루지 못하게 하고 삼마지로 하여금 더 올라가게 하지 못한다. 또 이로 말미암기 때문에 마땅히 가야 할 곳 및 따라서 마땅히 얻어야 할 것에 대하여 지극히 머뭇거려 늦어지니, 빨리 가서 얻을 수 없다.

　무엇을 상응가행이라고 하는가. 말하자면 만약 탐욕을 행하는 사람이라면 마땅히 부정에 대하여 그 마음을 편안하게 머물러야 한다. 만약 성냄을 행하는 사람이라면 마땅히 자민에 대하여 그 마음을 편안하게 머물러야 한다. 만약 어리석음을 행하는 사람이라면 마땅히 연기에 대하여 그 마음을 편안하게 머물러야 한다. 만약 교만을 행하는 사람이라면 마땅히 계차별에 대하여 그 마음을 편안하게 머물러야 한다. 만약 심사를 행하는 사람이라면 마땅히 아나파나념에 대하여 그 마음을 편안하게 머물러야 한다. 만약 등분을 행하는 사람이거나 혹은 박진을 행하는 사람이라면 마땅히 좋아하는 바를 따라서 하나의 경계를 반연하여 그 마음을 편안하게 머물러야 하니, 가행을 부지런히 수행해야 한다. 이와 같은 것을 상응가행이라고 한다.

　무엇을 관습가행이라고 하는가. 사마타와 비발사나에 대하여 이미 자주 익혔거나 조금이라도 익혀서, 일체에 대하여 처음 업을 닦는 것이 아님을 말한다. 그 까닭은 무엇인가. 처음 업을 닦는 사람은 비록 상응하는 소연 경계에 대하여 부지런히 가행 하지만, 모든 개蓋가 자주자주 현행하여 몸과 마음이 거칠고 무거우며, 이 인연으로 말미암아 마음으로 하여금 빨리 정을 이루지 못하게 하니, 이와 같은 것을 관습가행 이라고 한다.

무엇을 불완가행이라고 하는가. 말하자면 무간방편과 은중방편으로 관행을 부지 런히 닦지만 만약 정으로부터 나와서, 혹은 걸식하기 위해서나, 혹은 스승과 어른을 공경하여 받들어 섬기기 위해서나, 혹은 간병을 위해서나, 혹은 수순하여 화경업을 수행하기 위해서나, 혹은 남은바 이와 같은 종류의 모든 할 일을 위한 경우에, 마음 을 저 지은 사업에 대하여 온전히 수순하지 않고 온전히 달려가지 않고 온전히 들어 가지 않아서, 오직 빨리 일을 끝내고 다시 부지런히 좌선하여 적정하고 모든 관행을 닦는다. 비구 비구니 우바새 찰제리 바라문 등 각종 다른 무리가 함께 서로 모여서, 비록 오랫동안 섞여서 살고 이제 서로 말하고 의논하지만, 계속하여 언론을 세우지 않고 오직 멀리 떠남을 즐거워하고 관행을 부지런히 닦는다. 또 이와 같이 용맹하게 정진하여, 말하기를 나는 지금 정에 대하여 마땅히 나아가서 증득하리라 하고, 마땅 히 증득해야 할 바를 늦춰서는 안 된다고 한다. 무엇 때문에 그러한가. 나에게 여러 가지 횡사의 인연이 있으니, 이른바 몸에 풍이 오거나 열이 있거나, 혹은 가래가 생 기거나, 혹은 먹고 마시는 것이 바르게 소화되지 않고 몸속에 머물러 있어서 숙식병 이 된다. 혹은 외부의 뱀과 전갈·그리마·지네 등의 독충에게 쏘이기도 한다. 혹은 또 사람이나 비인 등에 놀라서 이로 인해 요절하기도 한다.

이와 같은 모든 횡사처에 대하여 항상 사유하고 무상상을 수행하여 방일하지 않 음에 머무른다. 이와 같은 방일하지 않음에 머무름으로 말미암아 항상 스스로 사유 하기를, 나의 수명이 만약 다시 칠일·육일·오일·사일·삼일·이일·일일·한시·반시·수유 혹은 반수유를 지나거나, 혹은 한 식경을 지나고, 혹은 입식에서 출식에 이르기까지 혹은 출식에서 입식에 이르기까지 살아 있어서 그러한 시간을 지날 때에도, 부처님의 거룩한 가르침에 대하여 부지런히 힘쓰고 작의하여 유가를 수습하며, 그러한 시간에 이를 때까지 부처님의 거룩한 가르침에 대하여 나는 반드시 행하는 바가 많게 하리라 결심하니, 이와 같은 것을 불완가행이라고 한다.

무엇을 무도가행이라고 하는가. 말하자면 잘 통달하여 유가행을 수행한 모든 유가사가 깨달은 바를 바로 이와 같이 배우고, 법에 대하여 뜻에 대하여 전도되어 취하지 않고, 아만이 없으며 자신의 견해만 고집함에 안주하지 않고, 사벽한 집착이 없으며 존귀한 가르침에 대하여 끝내 비난하지 않으니, 이와 같은 것을 무도가행이라고 한다.

무엇을 응시가행이라고 하는가. 때마다 지止의 형상을 수습하고, 때마다 관觀의 형상을 수습하고, 때마다 거擧의 형상을 수습하고, 때마다 사捨의 형상을 수습하는 것을 말한다. 또 지와 지의 형상과 지의 때를 여실히 깨달아 알 수 있다. 관과 관의 형상과 관의 때를 깨달아 알 수 있다. 거와 거의 형상과 거의 때를 깨달아 알 수 있다. 사와 사의 형상과 사의 때를 깨달아 알 수 있다.

무엇을 지止라고 하는가. 아홉 가지 형상의 마음이 머무름을 말하는데, 그 마음으로 하여금 형상이 없고 분별이 없으며, 적정하고 극적정하며, 등주하고 적지寂止하며, 순일무잡하게 할 수 있으니, 그러므로 지라고 한다. 무엇을 지의 형상이라고 하는가. 말하자면 두 가지가 있는데, 첫째는 소연상이고 둘째는 인연상이다. 소연상이라는 것은 사마타품이 알아야 할 대상과 동분의 영상을 말하는데, 이것을 소연상이라고 한다. 이 소연으로 말미암아 마음으로 하여금 적정하게 한다. 인연상이라는 것은 사마타에 의지해 훈습한 마음이 나중의 사마타정으로 하여금 모두 청정하게 하기 때문에 유가 비발사나의 모든 가행을 수습함을 말하니, 이것을 인연상이라고 한다. 무엇을 지의 때라고 하는가. 말하자면 마음이 도거할 때, 혹은 도거할까 두려울 때가 지를 수행할 때이다. 또 비발사나에 의지해 훈습한 마음이 모든 심사에 어지럽혀지고, 모든 사업에 어지럽혀질 때가 지를 수행할 때이다.

무엇을 관觀이라고 하는가. 네 가지 행과 세 가지 문과 여섯 가지 일의 차별 소연의 관행을 말한다. 무엇을 관의 형상이라고 하는가. 두 가지가 있는데, 첫째는 소연상이고 둘째는 인연상이다. 소연상이라는 것은 비발사나품이 알아야 할 대상과 동분의 영상을 말하는데, 이 소연으로 말미암아 지혜로 하여금 관찰하게 한다. 인연상이라는 것은 비발사나에 의지해 훈습한 마음이 나중의 비발사나로 하여금 모두 청정하게 하기 때문에 내심의 사마타정의 모든 가행을 수습함을 말한다. 무엇을 관의 때라고 하는가. 말하자면 마음이 가라앉을 때, 혹은 가라앉을까 두려울 때가 관을 수행할 때이다. 또 사마타에 의지해 훈습한 마음이 먼저 저 알아야 할 대상의 경계에 대하여 여실히 깨달아 알아야 하니, 그러므로 그 때가 관을 수행할 때이다.

무엇을 거擧라고 하는가. 한 가지의 정묘 소연 경계를 취함에 따라서 그 마음을 드러내고 권도하고 위로하는 것을 말한다. 무엇을 거의 형상이라고 하는가. 정묘 소연 경계로 말미암아 그 마음을 채찍질하고, 저가 수순하여 부지런히 정진함을 일으키는 것을 말한다. 무엇을 거의 때라고 하는가. 말하자면 마음이 가라앉아 처질 때, 혹은 가라앉아 처질까 두려울 때가 거를 수행할 때이다.

무엇을 사捨라고 하는가. 소연에 대하여 마음이 더러워짐이 없고 마음이 평등하며, 지관품에 대하여 부드럽고 정직하여 흘러가는 대로 내버려 두어도 전화하는 본성 및 마음을 부드럽게 하여 참아내는 본성이, 마음으로 하여금 따르면서 돕고 흘러가는 대로 작용하게 함을 말한다. 무엇을 사의 형상이라고 하는가. 소연이 마음으로 하여금 놓아 버리게 함으로 말미암아 소연에 대하여 모든 지나친 정진을 일으키지 않음을 말한다. 무엇을 사의 때라고 하는가. 말하자면 사마타품과 비발사나품에 대하여 모든 도거심을 해탈하고 난 뒤가 사를 수행할 때이니, 이와 같은 것을 응시가행이라고 한다.

무엇을 해료가행이라고 하는가. 이와 같이 말했던 모든 형상에 대하여 잘 취하고 잘 끝내니, 잘 취하고 끝낸 뒤에는 정에 들어가고자 할 때 바로 들어갈 수 있고 정에 머물고자 할 때 바로 머무를 수 있으며 정을 일으키고자 할 때 바로 일으킬 수 있다. 혹은 때로 모든 삼마지에서 행해지는 영상을 버리고, 모든 부정지不定地에 있는 모든 본성과 소연 경계를 작의하고 사유하니, 이와 같은 것을 해료가행이라고 한다.

무엇을 무염족가행이라고 하는가. 말하자면 선법에 대하여 만족함이 없어서 닦음과 끊음에 그만둠이 없으며, 위로 되풀이하여 뛰어난 곳을 전전하는 것에 대하여 바라고 구함에 많이 머물러, 소소하고 고요한 선정을 얻었다고 해서 중도에 물러나지 않고, 나머지 짓는 바에 대하여 항상 나아가 구함이 있으니, 이와 같은 것을 무염족가행이라고 한다.

무엇을 불사액가행이라고 하는가. 일체의 받아 배운 것에 대하여 구멍도 없고 틈도 없으며, 비록 용모가 단정한 소년과 사랑할 만한 여인을 볼지라도 그 형상을 취하지 않고 따라 좋아함을 취하지 않으며, 음식에 대하여 평등하고 깨어 있음을 부지런히 닦으며, 일을 줄이고 업을 줄이고 모든 산란을 줄이며, 오래전에 지은 바와 오래전에 말한 바에 대하여 자신이 따라 기억할 수 있고 다른 사람으로 하여금 따라 기억하게 하니, 이와 같은 법을 불사액가행이라고 한다. 이 제법으로 말미암아 심일경성을 바르게 수순하여 그 멍에를 버리지 않고 마음으로 하여금 흩어지지 않게 하며, 그 마음으로 하여금 외경으로 달려가지 않게 하고, 그 마음으로 하여금 안에서 거칠어지지 않게 할 수 있으니, 이와 같은 것을 불사액가행이라고 한다.

무엇을 정가행이라고 하는가. 소연에 대하여 자주 승해를 일으킴을 말하는데, 이 것을 정가행이라고 한다. 부정관을 부지런히 수행하는 사람과 같이 모든 부정을 자주 바르게 제거하고, 모든 부정상을 작의하고 사유하며, 상을 따라 작용하는 비발사나로 말미암아 작의를 일으키고, 소연경에 대하여 자주자주 제거하고 자주자주 눈앞에 드러나게 한다. 그 바르게 제거함에는 다시 다섯 가지가 있는데, 첫째는 안으로 그 마음을 거두기 때문이고, 둘째는 불념작의하기 때문이고, 셋째는 여작의하기 때문이고, 넷째는 대치작의하기 때문이고, 다섯째는 무상계작의하기 때문이다. 이 가운데에 아홉 가지 형상의 마음이 머무르는 비발사나를 상수上首로 삼기 때문에, 안으로 그 마음을 거둔다고 하는 것임을 알아야 한다. 맨 처음에 일체의 상을 등짐으로 말미암아 산란하지 않고 안주하기 때문에 불념작의한다고 한다. 나머지 정지定地의 경계를 반연함으로 말미암아 나머지 정지를 사유하기 때문에 여작의한다고 한다. 부정不淨을 사유함으로 말미암아 정을 대치하고, 아나파나념을 사유하여 심사를 대치하며, 허공계를 사유하여 모든 색을 대치하기 때문에 대치작의한다고 한다. (중략)

무엇을 장애를 깨끗이 함이라고 하는가. 곧 이와 같이 가행을 바르게 수행하는 모든 유가사가 네 가지 인연으로 말미암아 그 마음으로 하여금 모든 장애를 깨끗이 없앨 수 있는 것을 말한다. 어떤 네 가지인가. 첫째는 자성을 두루 알기 때문이고, 둘째는 인연을 두루 알기 때문이고, 셋째는 과환을 두루 알기 때문이고, 넷째는 대치를 수습하기 때문이다.

무엇을 모든 장애의 자성을 두루 안다고 하는가. 장애에 네 가지가 있는 것을 두루 알 수 있음을 말하는데, 첫째는 겁약장이고 둘째는 개복장이고 셋째는 심사장이고 넷째는 자거장이다. 겁약장怯弱障이라는 것은 출리 및 원리에 대하여 부지런히 수행할 때, 모든 염오를 그리워하며 희망을 즐거워하지 않고 근심하고 괴로워하는 것을 말한다. 개복장蓋覆障이라는 것은 탐욕 등의 오개를 말한다. 심사장尋思障이라는 것은 욕망의 심사 등의 물들어 더럽혀진 심사를 말한다. 자거장自擧障이라는 것은 말하자면 약간의 하열한 지견에 대하여 안주하는 가운데 자신을 높이 들어서, 나는 얻을 수 있는데 다른 사람들은 그렇지 않다고 말하니, 자세한 설명은 앞과 같음을 알아야 하며, 이것을 모든 장애의 자성을 두루 안다고 한다. 무엇을 모든 장애의 인연을 두루 안다고 하는가. 처음의 겁약장에 여섯 가지 인연이 있는 것을 두루 알 수 있음을 말하니, 첫째는 선업의 증장력으로 말미암아 혹은 질병에 시달림으로 말미암아 그 몸이 약한 것이다. 둘째는 지나친 가행이고, 셋째는 가행을 수행하지 않음이며, 넷째는 처음으로 가행을 수행함이고, 다섯째는 번뇌가 왕성함이며, 여섯째는 멀리 떠남에 대하여 아직 관습하지 않음이다. 개복장·심사장·자거장의 인연을 두루 안다는 것은 개복장·심사장 및 자거장에 수순하는 처소의 법 중에서 이치에 맞지 않게 작의하고 많이 관습함을 말하니, 이것을 개복장·심사장·자거장의 인연이라고 한다. (하략)

• 제32권 본지분 중 성문지 제13 제3유가처의 3 本地分中聲聞地第十三第三瑜伽處之三

무엇을 처음 업을 닦는 사람이 업을 닦기 시작할 때, 작의를 닦음에 대하여 안립하고 안립한 바를 따라서 바르게 수행할 때, 맨 처음에 촉증觸證하고 희락을 끊어 버림에 대하여 심일경성한다고 하는가. 말하자면 잘 통달하여 수행하는 유가사는 맨 처음에 저 유가행에 의지하여 처음 업을 닦는 사람에 대하여 이와 같이 가르친다. 잘 오너라 비구여, 그대들은 지금 세 가지 형상을 취하는 인연에 의지해야 하니, 혹은 보거나 혹은 듣거나 혹은 마음으로 헤아려서 분별을 증상하여, 다섯 가지 형상을 취해야 한다. 첫째는 염리상이고 둘째는 흔락상이며 셋째는 과환상이고 넷째는 광명상이며 다섯째는 요별사상이다.

문: 유가행에 의지하여 처음 업을 닦는 사람은 그 탐행을 부정관으로 말미암아야 비로소 조복할 수 있다. 어찌하여 저에게 다섯 가지 형상을 취할 것을 가르치는가. 답: 마땅히 이와 같이 가르쳐야 하니, 잘 오너라 비구여, 그대들이 의지하여 머무르

는 저 여러 마을과 촌읍을 따라서 그 안에 머무르기도 하고, 만약 듣기를 그 밖의 저 여러 촌읍과 마을의 혹은 남자가 혹은 여자가 먼저 안락함을 받은 후에 괴로움을 만나기도 하고, 혹은 저 남녀가 저절로 중병을 만나서 목숨을 마쳐 죽기도 하고……. 곧 그대 자신이 먼저 촉증한 바가 왕성하고 즐거운 느낌이라 할지라도 뒤에는 도리어 잃어버린다.

# 왜 아홉 가지 선법 가행을 닦아야 하는가

이 단락부터는 어떤 부분은 건너뛰어서 읽을 수도 있으니, 정식 수지의 가장 중요한 부분이 아니기 때문입니다. 이제 성문승의 정(定) 수행과 혜(慧) 수행을 말씀드릴 텐데, 불법의 과(果)는 지혜[慧]의 성취이고 마지막은 바로 반야(般若)입니다. 불법과 모든 종교 및 외도의 불공법(不共法)이 반야인데, 반야는 혜(慧)이고 혜를 수행해서 옵니다. 타좌는 지(止) 수행이나 정(定) 수행의 초보적인 연습으로, 불법의 불공법이라고는 할 수 없으니 타좌는 공법(共法)입니다.

이제 혜(慧) 수행의 중요성을 말씀드리겠습니다. 혜 수행의 첫걸음이 바로 비발사나 수행으로, 관행(觀行)을 닦는 관(觀) 수행입니다. 지금까지는 관(觀) 수행을 말씀드렸는데 이 기본을 잊어서는 안 됩니다. 어떤 사람은 자신이 무엇을 하고 있는지도 알지 못하는데, 특히 여러분은 앞뒤로 복습도 하지 않으니 하나같이 영문을 모르고 있습니다. 진지하게 예습하고 수업이 끝난 후에는 복습을 해야 합니다.

타좌는 정(定) 수행의 초보로서 거칠고 얕은데, 그것은 공법(共法)입니다. 정(定) 수행이 어렵기는 하지만 그렇다고 대단히 어려운 것은 아닙니다. 반면에 혜(慧) 수행은 쉬워 보이지만 사실은 어렵습니다.

---

다시 다음으로 이 가운데 아홉 가지 백품에 포함되는 가행이 있는데, 이와 서로 다르면 아홉 가지 흑품에 포함되는 가행임을 알아야 한다. 무엇을 백품에 포함되는 아홉 가지 가행이라고 하는가. 첫째는 상응가행이고 둘째는 관습가행이고 셋째는 불완가행이고 넷째는 무도가행이고 다섯째는 응시가행이고 여섯째는 해료가행이고 일곱째는 무염족가행이고 여덟째는 불사액가행이고 아홉째는 정가행이다.

復次此中有九種白品所攝加行, 與此相違, 當知卽是九種黑品所攝加行. 云何名爲白品所攝九種加行. 一相應加行·二串習加行·三不緩加行·四無倒加行·五應時加行·六解了加行·七無厭足加行·八不捨軛加行·九正加行.

---

이것은 백품의 선법(善法) 가행입니다. "불사액(不捨軛)"의 '액(軛)'은 소가 수레를 끌 때 목에 거는 고리인데 늘 걸어두어야 합니다. 멍에[軛]를 버려서는 안 됩니다. 노자의 "성인은 종일 걸어도 무거운 짐을 내려 놓지 않는다[聖人終日行, 不離輜重]"라는 말이기도 합니다. 수행을 게을리해서는 안 됩니다.

---

이 아홉 가지 백품에 포함되는 가행으로 말미암기 때문에, 그 마음으로 하여금 빨리 정을 얻게 하고 삼마지로 하여금 더 올라가게 할 수 있다.

由此九種白品所攝加行故, 能令其心速疾得定, 令三摩地轉更昇進.

---

관행(觀行)을 성취하지 않으면 정(定)을 이룰 수 없습니다. 이치[理]에

통하지 못했기 때문인데, 비발사나가 이처럼 중요합니다. 그런데 관행을 수행하고자 하면 이 아홉 가지 백품을 닦아야 하는데, 모두 선법에 속하는 이 가행들이 그 마음으로 하여금 빨리 정을 이루게 합니다. 우리가 진정으로 정(定)을 이루지 못하는 원인은 몸이 정을 이루지 못하는 것이 아니라 마음이 정을 이루지 못하는 데 있습니다. 정(定)이 반드시 삼매인 것은 아니며, 마음이 참으로 정을 이룬 후에는 각종 삼매가 점점 더 향상되고 승화합니다.

또 이로 말미암기 때문에 마땅히 가야 할 곳 및 따라서 마땅히 얻어야 할 것에 대하여 빨리 갈 수 있고 얻을 수 있으니, 머뭇거려 늦어짐이 없다.

又由此故, 於所應往地, 及隨所應得, 速疾能往能得, 無有稽遲.

아홉 가지 선품(善品) 가행을 닦은 까닭에 여러분이 어떤 종류의 정(定)의 경계에 들어가고 싶으면, 소승의 구차제정(九次第定)이든 대승의 보살십지(菩薩十地)이든 마땅히 도달하게 됩니다. "따라서 마땅히 얻어야 할 것〔隨所應得〕"이란, 여러분의 의념(意念)이 얻고자 하는 것은 아주 빨리 얻을 수 있다는 말입니다. 늦지 않고 아주 빠릅니다.

흑품에 포함되는 아홉 가지 가행은 마음으로 하여금 빨리 정을 이루지 못하게 하고, 삼마지로 하여금 더 올라가게 하지 못한다. 또 이로 말미암기 때문에 마땅히 가야 할 곳 및 따라서 마땅히 얻어야 할 것에 대하여 지극히 머뭇거려 늦어지니, 빨리 가서 얻을 수 없다.

黑品所攝九種加行, 不能令心速疾得定, 不令三摩地轉更昇進. 又由此故, 於所應往地, 及隨所應得, 極大稽遲, 不能速疾往趣獲得.

마찬가지로 수행이 흑품의 업을 닦으면 영원히 정(定)을 이루지 못하고, 따라서 마땅히 얻어야 하는 경계도 영원히 이루지 못합니다. 이른바 흑품과 악업은 모두 윤회하고 어지러이 흩어지는 번뇌 속에 지내게 됩니다. 그 이유는 앞에서 분명하게 말했습니다. 만약 백업을 수행한다면 결과는 자연히 다릅니다. 부처님이 세상을 떠나신 이후의 후세 불학, 여러 큰 보살이 지은 논저는 대단히 논리적이지만 언뜻 보기에는 장황하게 느껴지기도 합니다. 중국 문화였다면 한 면만 이야기하면 다른 한 면은 곧 이해되었을 것입니다. 하지만 그들은 그러지 않습니다. 정면(正面)이 어떠하다고 여러분에게 상세하게 말한 후에 그와 똑같은 말일지라도 반면(反面)은 어떠하지 않다고 다시 한 번 말해 줍니다. 지금부터는 하나하나 분석해 보겠습니다.

## 개성이 다르니 상응하는 가행을 쌓아야

무엇을 상응가행이라고 하는가. 말하자면 만약 탐욕을 행하는 사람이라면 마땅히 부정에 대하여 그 마음을 편안하게 머물러야 한다. 만약 성냄을 행하는 사람이라면 마땅히 자민에 대하여 그 마음을 편안하게 머물러야 한다. 만약 어리석음을 행하는 사람이라면 마땅히 연기에 대하여 그 마음을 편안하게 머물러야 한다. 만약 교만을 행하는 사람이라면 마땅히 계차별에 대하여 그 마음을 편안하게 머물러야 한다. 만약 심사를 행하는 사람이라면 마땅히 아나파나념에 대하여 그 마음을 편안하게 머물러야 한다. 만약 등분을 행하는 사람이거나 혹은 박진을 행하는 사람이라면 마땅히 좋아하는 바를 따라서 하나의 경계를 반연하여 그 마음을 편안하게 머물러야 하니, 가행을 부지런히 수행해야 한다. 이와 같은 것을 상응가행이라고 한다.

云何名爲相應加行. 謂若貪行者, 應於不淨安住其心. 若瞋行者, 應於慈愍安住其心. 若癡行者, 應於緣起安住其心. 若憍慢行者, 應於界差別安住其心. 若尋思行者, 應於阿那波那念安住其心. 若等分行者, 惑薄塵行者, 應隨所樂攀緣一境安住其心, 勤修加行. 如是名爲相應加行.

---

이것은 모두 수행의 가행법인데 가행법이 이렇게 많습니다. 욕념(欲念)이 무겁고 탐념(貪念)이 무거운 사람, 즉 이 세상을 탐하고 그리워하는 사람은 첫 번째로 '부정관(不淨觀)'을 수행해야 합니다. 부정관이나 백골관이 왜 그렇게 중요할까요? 무시이래의 탐욕념(貪欲念)의 습기를 깨뜨리려면 반드시 수행해야 하기 때문입니다. 수많은 사람이 부정관을 닦았지만 자신이 그 장면을 본 적이 없기 때문에 아주 사랑스럽다고 여깁니다. 그렇지 않습니까? 여러분이 병원에 가서 해부하는 장면을 본다고 해도 집으로 돌아가서 밥을 먹을 수 있을까요? 여전히 문제없이 먹기 때문에 부정관이 여러분에게 소용없다는 것입니다. 설사 백골이라 하더라도 멋있다고 여깁니다. 그렇다면 어떻게 해야 할까요? 부정관이라고 해서 반드시 시타림(尸陀林)에 가서 죽은 사람을 봐야 하는 것은 아닙니다. 넓은 의미의 부정(不淨)은 일체에 대한 염오(厭惡)입니다. 탐념이 무거운 사람은 세상의 부정을 많이 체득하면 염오의 마음[厭惡之心]을 일으키게 됩니다.

그런 까닭에 다른 경전에서도 말하기를, 부처님을 배우는 첫걸음은 여러분이 염리심(厭離心)을 일으켰는지, 이 세상의 일체를 염오하고 모두 부정(不淨)하다고 여기는지를 보는 것이라고 했습니다. 인간 세상은 시비가 많고 번뇌가 많아서 모두 부정(不淨)합니다. 이것이 넓은 의미의 부정입니다. 좁은 의미의 부정은 먼저 여러분에게 죽은 사람을 보게 하는데, 육체가 썩고 부푼 것을 보는 것입니다. 이러한 부정관은 먼저 몸을 끝냅니다. 자신의 이 색신에 대한 탐념(貪念)을 끝내는데, 몸은 결국 썩어서 그런 모습이 됨을 알게 됩니다. 넓은 의미의 부정관은 아주 많은 것을 포함합니다. 부정관은 가행에 속하는데, 정사유는 아니지만 이러한 가행을 수행하지 않으면 안 됩니다. 반드시 수행해야 합니다.

성내는 마음이 큰 사람은 일체중생에 대해 '자민관(慈愍觀)'을 수행해야 합니다. 여러분은 자민관을 수행할 수 있습니까? 여러분은 성깔이 대단하고 마음도 아주 사나워서 조금도 동요하지 않습니다. 핵심은 "안주기심(安住其心)"이 네 글자에 있습니다. 이것은 아주 어려운데 편안할 [安] 수도 없고 머무를 [住] 수도 없기 때문입니다. 어쩌다 첫 번째 생각은 아주 좋을 수 있습니다. 맹자가 "측은지심은 사람이라면 모두 지니고 있다[惻隱之心, 人皆有之]"라고 했지만 반드시 그런 것은 아닙니다. 사람을 죽이는 일에 재미를 느끼는 사람도 있으니까요. 형장에서 죄수를 총살할 때 어떤 사람은 그 자리에서 기다리고 있다가 죄수에게서 흘러나오는 뜨거운 피를 탐내는 경우도 있습니다. 듣자 하니 몸을 보양한다고 하는데, 인간의 이런 마음에 어떻게 자민관이 있을 수 있겠습니까? 자신에게는 성내는 마음이 없을 것이라고 생각하지 마십시오. 사람이라면 모두 성내는 마음이 있을 뿐 아니라 아주 큽니다.

어리석은 마음이 큰 사람은 '연기관(緣起觀)'을 수행해서, 일체가 모두 인연이 낳은 존재[因緣所生法]임을 보아야 합니다. 인연소생법은 여러분이 말로 이야기할 수는 있어도 본 적이 없으며 마음을 써서 체득한 적도 없습니다. 불경에서 말한 것은 한 번 보기만 하면 이해할 수 있기 때문에 이런 불법은 수행할 필요가 없다고 여깁니다. 사실 여러분이 돌이켜 자세히 생각해 본다면 왜 모든 불보살이 그렇게 말씀하셨겠습니까? 왜 재삼 강조했을까요? 먼저 돌이켜 반성해 본다면 각종 법은 수행할 수 없는 것이 아니라 수행하려 들지 않는 것입니다. 그뿐 아니라 "그 마음을 편안하게 머무름[安住其心]"에는 도달하지도 못할 것입니다. 문제가 바로 생겼으니 도(道)가 공(空)임을 분명히 알지만 "간파할 수는 있어도 참아내지 못하고, 생각할 수는 있어도 해내지 못합니다." 자비해야 함을 분명히 알지만 생각할 수는 있어도 해내지 못하는 것입니다. "그 마음을 편안하게 머무름"을 해내지 못하기 때문에 정혜(定慧)가 상응하지 않습니다.

사람은 천성적으로 교만을 지니고 있습니다. 교만한 사람은 태어나면서부터 업력과 습기를 지니고 있는데 "계차별에 대하여 그 마음을 편안하게 머물러야 합니다[應於界差別安住其心]." 육도를 윤회하는 삼계 천인은 제각기 차별적인 아만(我慢)을 지니고 있습니다. 우리는 다른 사람을 볼 때 얕보는 마음이 있지만, 상계(上界)의 사람은 우리를 볼 때 더더욱 얕보는 마음을 지닙니다. 음식에 대해 말해 봅시다. 개가 똥을 맛있게 먹는 것을 보면 우리 세계[界]에서는 사람의 지위가 개보다 높기 때문에 그것을 더럽다고 여깁니다. 우리가 밥 먹는 것을 천인(天人)이 보면 마치 개가 똥을 먹는 것을 우리가 보는 것과 똑같아서 마찬가지로 더럽다고 여깁니다. 이러한 '계차별'을 분명하게 알면 교만한 마음 같은 것은 없어집니다.

생각[思想]이 너무 많은 사람은 '아나파나념'을 수행해야 합니다. 호흡을 듣고 호흡을 세는 법문인데 호흡을 빌려 자신의 마음을 청정하게 하는 것입니다. 그러나 어떤 사람은 몇 년이나 호흡을 세었지만 세면 셀수록 생각이 더 어지러워졌습니다. "안주기심(安住其心)" 네 글자가 그처럼 중요합니다. "만약 등분을 행하는 사람이라면[若等分行者]" 즉 탐진치만(貪瞋癡慢)이 똑같이 무겁거나 똑같이 가볍다면 수행해야 할 법문은 "좋아하는 바를 따라 하나의 경계를 반연하는[隨所樂攀緣一境]" 것입니다. 오로지 한 점에 집중하여 그 마음을 편안히 머물러야 합니다. 이것이 모두 "가행을 부지런히 수행함[勤修加行]"입니다. 지금 우리처럼 가행도 실천하지 않으면서 어떻게 지(止)를 이루겠습니까?

이런 것을 모두 "상응가행(相應加行)"이라고 하는데, 상응은 여러분이 불법을 배우며 정(定)을 수행하고 혜(慧)를 수행하는 것과 서로 연관이 있습니다. 상응하고 서로 연관되며 감응이 있기 때문에 이것은 백품에 속하며 선업도(善業道)입니다.

---

무엇을 관습가행이라고 하는가. 사마타와 비발사나에 대하여 이미 자주 익혔거나 조금이라도 익혀서, 일체에 대하여 처음 업을 닦는 것이 아님을 말한다. 그 까닭은 무엇인가. 처음 업을 닦는 사람은 비록 상응하는 소연 경계에 대하여 부지런히 가행하지만, 모든 개(蓋)가 자주자주 현행하여 몸과 마음이 거칠고 무거우며, 이 인연으로 말미암아 마음으로 하여금 빨리 정을 이루지 못하게 하니, 이와 같은 것을 관습가행이라고 한다.

云何名爲串習加行. 謂於奢摩他·毘鉢舍那, 已曾數習, 乃至少分, 非於一切皆初修業. 所以者何. 初修業者, 雖於相應所緣境界勤修加行, 而有諸蓋數數現行, 身心麤重, 由是因緣, 不能令心速疾得定, 如是名爲串習加行.

---

우리가 수행해서 공덕을 쌓는 것은 돈을 버는 것과 똑같아서 조금씩 조금씩 벌어들입니다. 천천히 한 꾸러미 한 꾸러미 더해 가는 것이기 때문에 '관습(串習)'이라고 합니다. 지(止) 수행을 하고 관(觀) 수행을 함에 대하여 이미 수습한 적이 있거나 혹은 "적은 부분에 이르러서[乃至少分]" 약간의 그림자를 지니게 되었습니다. 그러나 정(定)과 혜(慧)에서 연습하여 관습(串習)하기는 했지만 다른 일체의 공덕 업력은 전혀 수습(修習)을 시작하지 않았습니다. 보살도의 보살 만행(萬行)은 아직 부딪쳐 보지도 않았다는 것입니다.

무엇을 "처음 업을 닦는 사람(初修業者)"이라고 합니까? 바로 처음 선업을 닦는 사람입니다. 사람들은 수행을 시작하면 선업을 닦습니다. 염불도 하고 타좌도 하고 진언도 외우지만, "모든 개가 자주자주 현행하여(而有諸蓋數數現行)" 즉 재(財) 색(色) 명(名) 식(食) 수(睡) 탐(貪) 진(瞋) 치(癡) 만(慢) 의(疑)의 크고 작은 오개(五蓋) 등이 여러분을 덮어 버립니다. "자주자주 현행하여(數數現行)" 즉 다섯 가지 번뇌가 수시로 일어나서 사흘은 물고기 잡고 이틀은 그물을 말립니다. 타좌를 하더라도 한두 번은 비교적 괜찮지만 자신에게 공로(功勞)가 있다고 생각하면 곧 느슨해져 버립니다. 느슨해져서 이레 여드레 보름이 지나가 버리면 몸과 마음도 거칠고 무거워집니다.

　　나이 든 사람은 병도 많아집니다. 길을 걸을 때는 다리도 잘 들지 못해서 질질 끌면서 가는데 몸이 거칠고 무겁기 때문입니다. 젊은 사람은 몸이 건강하면 아주 가볍습니다. 그래서 높이 뛰어오르고 안아 올리기도 쉽습니다. 반면에 죽은 사람은 안아 올릴 수가 없습니다. 이 한 모금의 기(氣)가 나가 버리면 몸이 무거워집니다. 사람은 늙을수록 몸이 거칠고 무거운데, 그렇지 않으면 배가 커집니다. 반대로 수련하고 수지한 사람은 몸과 마음이 아주 가볍고 민첩합니다. 몸은 나뭇잎처럼 가볍고 마음은 아주 영민하고 고리타분하지 않습니다. 어떤 문제를 토론한다면 반응이 아주 민첩합니다. 몸과 마음이 거칠고 무거우며 영민하지 않은 사람은 다섯 가지 번뇌가 자주자주 현행하기 때문에 "마음으로 하여금 빨리 정을 이루지 못하게 합니다(不能令心速疾得定)." 정을 이루지 못하기 때문에 많이 연습해야 합니다. 정혜(定慧)는 공덕 재능이 천천히 쌓여야 하는데, 수행의 노력이 쌓인 것이 바로 공덕입니다.

# 왜 수행을 미루면 안 되는가

무엇을 불완가행이라고 하는가. 말하자면 무간방편과 은중방편으로 관행을 부지런히 닦지만 만약 정으로부터 나와서, 혹은 걸식하기 위해서나, 혹은 스승과 어른을 공경하여 받들어 섬기기 위해서나, 혹은 간병을 위해서나, 혹은 수순하여 화경업[53]을 수행하기 위해서나, 혹은 남은바 이와 같은 종류의 모든 할 일을 위한 경우에, 마음을 저 지은 사업에 대하여 온전히 수순하지 않고 온전히 달려가지 않고 온전히 들어가지 않아서, 오직 빨리 일을 끝내고 다시 부지런히 좌선하여 적정하고 모든 관행을 닦는다. 비구 비구니 우바새 찰제리 바라문 등 각종 다른 무리가 함께 서로 모여서, 비록 오랫동안 섞여서 살고 이제 서로 말하고 의논하지만, 계속하여 언론을 세우지 않고 오직 멀리 떠남을 즐거워하고 관행을 부지런히 닦는다.

云何名爲不緩加行. 謂無間方便·慇重方便, 勤修觀行, 若從定出, 或爲乞食, 或爲恭敬承事師長, 或爲看病, 或爲隨順修和敬業, 或爲所餘, 如是等類諸所作事, 而心於彼所作事業, 不全隨順, 不全趣向, 不全臨入, 唯有速疾令事究竟, 還復精勤宴坐寂靜, 修諸觀行. 若有苾芻·苾芻尼·鄔波索迦·刹帝利·婆羅門等, 種種異衆, 共相會遇, 雖久雜處, 現相語議, 而不相續, 安立言論, 唯樂遠離, 勤修觀行.

이 구절은 여러분에게 수행할 때를 미루면 안 된다고 말합니다. 중간에 무슨 이유가 됐든 상관없이 안 된다는 것입니다. 우리가 지금 수행하면서 핑계를 대고 지체하면 안 되는 것처럼, 무슨 수를 쓰더라도 중단하

---

53 불교의 교리 가운데 육화경(六和敬)이 있는데, 불법을 구하는 불자들에게 서로 친절하고 화합하고 경애하는 여섯 가지 법을 말한다. 신화경(身和敬), 구화경(口和敬), 의화경(意和敬), 계화경(戒和敬), 견화경(見和敬), 이화경(利和敬)의 여섯 가지이다.

지 않으며 언제 어디서든 열심히 노력하고 자신을 존중하며 관행을 부지런히 닦아야 합니다.

예를 들어 보겠습니다. 어떤 사람이 타좌를 아주 잘하는데 타좌는 수행이라고 할 수 없고 가행입니다. 그가 비록 수행은 아주 잘하지만, 생활을 위해 산을 내려가서 화연(化緣)을 하고 걸식을 하거나 혹은 스승에게 일이 생겨 도우러 가거나 혹은 부모 친척이 아파서 간병하러 돌아가거나 혹은 단체에 일이 생겨 참가해서 도와야 한다거나 각종 이유가 있습니다. 비록 환경이 여러분을 혼란스럽게 하고 몸 역시 도와서 일을 처리해야 하지만, 마음은 수행하고 있고 여전히 수련을 해야 옳습니다. "마음을 저 지은 사업에 대하여 온전히 수순하지 않고 온전히 달려가지 않고 온전히 들어가지 않아서〔而心於彼所作事業, 不全隨順, 不全趣向, 不全臨入〕", 즉 이렇게 자신에게 요구하고 서둘러 정혜(定慧)의 경계를 수행합니다. 그러므로 틈틈이 짬을 내어 "모든 관행을 닦는데〔修諸觀行〕" 타좌를 해서 청정을 구하고 마땅히 해야 할 수련을 중간에 끊어서는 안 됩니다.

근사남(近事男) "오바색가(鄔波索迦)"[54]는 수행하는 거사(居士)인데 부처님을 배우는 일반 사람입니다. "찰제리(刹帝利, 크샤트리아)"는 제왕이나 군인 등이고, "바라문(婆羅門, 브라만)"은 종교의 교주나 전도사 등입니다. "각종 다른 무리가 함께 서로 모여서〔種種異衆, 共相會遇〕" 즉 인간 세상은 많은 관계가 오고가고 각종 모임에서 사람들이 만날 때에는 다양하게 교제합니다. 비록 이와 같지만 이 마음은 수지를 떠나지 않으니

---

**54** 오바색가는 산스크리트어 upāsaka의 음역으로 출가하지 않은 남자 재가 신자를 가리킨다. 우바색가(優波娑迦) 이포새(伊蒲塞)라고도 하며, 의역하여 근사(近事) 근사남(近事男) 근선남(近善男) 신사(信士) 신남(信男) 청신사(清信士)라고도 한다. 한국 불교에서는 우바새를 흔히 거사나 처사(處士)라고 한다.

"오직 멀리 떠남을 즐거워하고 관행을 부지런히 닦습니다(唯樂遠離, 勤修觀行)." 어떤 환경에서든 이 마음은 변하지 않고 열심히 진보를 추구한다는 말입니다.

또 이와 같이 용맹하게 정진하여, 말하기를 나는 지금 정에 대하여 마땅히 나아가서 증득하리라 하고, 마땅히 증득해야 할 바를 늦춰서는 안 된다고 한다.

又能如是勇猛精進, 謂我於今定當趣證, 所應證得, 不應慢緩.

마음을 독하게 먹고 결심하여, 나는 이번 생에 혹은 몇 년 안에 반드시 하나의 경계를 증득하겠다고 발원해야 합니다. 자신을 너그럽게 용서하고 받아들여서는 안 됩니다. 지금은 여기에서 공부하고 있으니 이번 학기는 말하지 말고 다음 학기에 더 노력할 테니 조금만 기다리라고 하는데, 이런 관념은 옳지 않습니다.

무엇 때문에 그러한가. 나에게 여러 가지 횡사의 인연이 있으니, 이른바 몸에 풍이 오거나 열이 있거나, 혹은 가래가 생기거나, 혹은 먹고 마시는 것이 바르게 소화되지 않고 몸속에 머물러 있어서 숙식병이 된다.

何以故. 我有多種橫死因緣, 所謂身中或風或熱, 或痰發動, 或所飮食不正消化, 住在身中, 或宿食病.

무슨 이유에서일까요? 사람의 생명은 뜻밖의 일로 언제든지 죽을 수 있기 때문입니다. 여러분 스스로 자신을 점검하여 지금 젊고 건강하다고 여겨서는 안 됩니다. 만약 사대(四大)가 고르지 않으면 중풍이 올 수도 있는데 바로 기(氣)의 문제입니다. 혈압이 높거나 고열이 나서 화(火)

의 힘이 많고 수(水)의 힘이 부족하며 풍(風)의 힘이 화합하지 못하면, 혹은 가래를 일으킨다면 언제든지 병이 날 수 있습니다. 사람의 몸에는 가래가 있는데, 노인들은 폐나 기관지에 가래가 많아집니다. 호스로 가래를 뽑아내지만 마지막에는 가래에 막혀 호흡을 못 하게 되어 죽습니다. 혹은 먹고 마시는 것이 바르지 않아서 맛있는 음식을 보면 폭식을 하고 소화시키지 못합니다. 부처님은 큰 의사라서 무슨 병증이든 잘 아십니다.

사람은 하루 세 끼를 먹으니 위와 장에서 소화가 끝이 나지 않는데, 많이 먹을수록 병이 나기 쉽습니다. 출가인은 정오가 지나면 먹지 않는데, 점심에 고봉으로 한 공기 또 한 공기를 먹으니 많이 먹게 되고 배도 커집니다. 비록 밤에 열두 시간 먹지 않지만 다 소화되지 못한 찌꺼기가 장 속에 남아 있어서 "숙식병(宿食病)"이 됩니다. 도가에서는 "죽지 않으려면 장 속에 똥이 없어야 한다"라고 말합니다. 대장을 엑스레이로 찍었을 때 투명하고 아무것도 없으면 아주 건강한 상태입니다. 일반인들은 장 속에 노폐물이 많으며 여러 가지 색을 내는데 붉은색 노란색 초록색 다 있습니다. 이러한 소화불량으로 위와 장이 나빠진 것이 바로 숙식병입니다.

그런 까닭에 요가 수행을 하는 사람은 매주 하루나 이틀 금식하는데, 그냥 물만 마시면서 장을 깨끗하게 씻어 냅니다. 요가술에는 전문적으로 위(胃)를 청소하는 수련도 있습니다. 기다란 거즈를 소독한 후에 위까지 삼킨 다음 잡아당겨서 위를 씻어 내는데 그 냄새가 아주 지독합니다. 불법으로 이야기하자면 최초로 중국에 와서 신통을 드러냈던 불도징(佛圖澄) 화상은 가슴에 솜 한 뭉치가 들어 있었는데, 목화솜을 끄집어내어 펼치면 불빛이 나와서 책을 볼 수 있었다고 합니다. 책을 다 보면 다시 집어넣었는데, 가끔 물가에 가면 위와 장을 꺼내서 깨끗하게 씻은 다음 다시 집어넣었답니다. "바르게 소화되지 않으면[不正消化]" 숙식병을 앓게 되는데 아주 두려운 병입니다. 이것은 내재된 문제입니다.

---

**혹은 외부의 뱀과 전갈·그리마·지네 등의 독충에게 쏘이기도 한다.**

或爲於外蛇蝎·蚰蜒·百足等類諸惡毒蟲之所螫螫.

---

혹은 외부의 지네 같은 절지동물에게 물려 다치거나 전염병에 감염되기도 합니다.

---

**혹은 또 사람이나 비인 등에 놀라서 이로 인해 요절하기도 한다.**

或復爲人非人等類之所驚恐, 因斯夭沒.

---

혹은 차에 치이거나 다른 사람에게 살해되거나 혹은 비인(非人)이나 귀신 등에 놀라기도 합니다. 어떤 사람은 몸에 자줏빛 반점이 있는데, 누군가는 밤중에 귀신에게 꼬집혀서 푸른 멍이 생긴 것이라고 합니다. 바로 자반증(紫斑症)입니다. 우리 생명은 이렇게 연약합니다. 안팎으로 뜻밖의 상황이 언제든지 생겨서 죽을 수 있습니다. 자기 몸은 좋다, 괜찮다고 말하지 마십시오. 괜찮습니까? 이 몸은 지수화풍(地水火風)이 한 가지라도 적어서는 안 됩니다.

---

이와 같은 모든 횡사처에 대하여 항상 사유하고 무상상을 수행하여 방일하지 않음에 머무른다. 이와 같은 방일하지 않음에 머무름으로 말미암아 항상 스스로 사유하기를, 나의 수명이 만약 다시 칠일·육일·오일·사일·삼일·이일·일일·한시·반시·수유 혹은 반수유를 지나거나, 혹은 한 식경을 지나고, 혹은 입식에서 출식에 이르기까지 혹은 출식에서 입식에 이르기까

지 살아 있어서 그러한 시간을 지날 때에도, 부처님의 거룩한 가르침에 대하여 부지런히 힘쓰고 작의하여 유가를 수습하며, 그러한 시간에 이를 때까지 부처님의 거룩한 가르침에 대하여 나는 반드시 행하는 바가 많게 하리라 결심하니, 이와 같은 것을 불완가행이라고 한다.

於如是等諸橫死處, 恒常思惟, 修無常想, 住不放逸. 由住如是不放逸故, 恒自思惟, 我之壽命, 儻得更經七日·六日·五日·四日·三日·二日·一日·一時·半時·須臾, 或半須臾, 或經食頃, 或從入息至於出息, 或從出息至於入息, 乃至存活經爾所時, 於佛聖教, 精勤作意修習瑜伽, 齊爾所時, 於佛聖教, 我當決定多有所作, 如是名爲不緩加行.

---

수명은 무상하여 한 모금의 기(氣)가 오지 않으면 생명이 없어진다는 것을 수시로 생각해야 합니다. 그러므로 부처님의 거룩한 가르침〔聖教〕에 대하여 부지런히 힘쓰고 작의해서 지(止)를 수행하고 관(觀)을 수행합니다.

---

무엇을 무도가행이라고 하는가. 말하자면 잘 통달하여 유가행을 수행한 모든 유가사가 깨달은 바를 바로 이와 같이 배우고, 법에 대하여 뜻에 대하여 전도되어 취하지 않고, 아만이 없으며 자신의 견해만 고집함에 안주하지 않고, 사벽한 집착이 없으며 존귀한 가르침에 대하여 끝내 비난하지 않으니, 이와 같은 것을 무도가행이라고 한다.

云何名爲無倒加行. 謂如善達修瑜伽行, 諸瑜伽師之所開悟, 卽如是學, 於法於義, 不顚倒取, 無有我慢, 亦不安住自所見取, 無邪僻執, 於尊教誨, 終不經毀, 如是名爲無倒加行.

---

무엇을 "무도가행(無倒加行)"이라고 합니까? 교사의 지도에 따라 전도

된 행(行)이 없고 전도된 견해[見]가 없으며 아만(我慢)이 없고 자신의 의견에 집착하지도 않는 것입니다. 친한 교사에 대하여 만약 그가 여러분을 지도할 만하다고 인정한다면 가벼이 여기고 비방[毁]해서는 안 됩니다. 등 뒤에서 욕해야만 비방이 아닙니다. 심신의 행위가 교사의 교법(教法)을 따라 행하지 않으면 그것이 바로 비방입니다.

## 자신이 어떤 상태인지 알고 있나요

무엇을 응시가행이라고 하는가. 때마다 지止의 형상을 수습하고, 때마다 관觀의 형상을 수습하고, 때마다 거擧의 형상을 수습하고, 때마다 사捨의 형상을 수습하는 것을 말한다. 또 지와 지의 형상과 지의 때를 여실히 깨달아 알 수 있다. 관과 관의 형상과 관의 때를 깨달아 알 수 있다. 거와 거의 형상과 거의 때를 깨달아 알 수 있다. 사와 사의 형상과 사의 때를 깨달아 알 수 있다.

云何名爲應時加行. 謂於時時間修習止相, 於時時間修習觀相, 於時時間修習擧相, 於時時間修習捨相. 又能如實了知其止, 止相·止時. 了知其觀, 觀相·觀時. 了知其擧, 擧相·擧時. 了知其捨, 捨相·捨時.

이 단락은 이해하기가 어려운데, 때에 맞게 가행을 해야 한다는 것입니다. 수행인은 언제 어디서나 자신이 지금 어떤 경계이며 무슨 일을 하고 있는지 알아야 합니다. "저는 잘 모릅니다"라고 말하지만 불보살이 교리상으로 여러분에게 모두 말하지 않았습니까? 언제 어디서나 지(止)수행을 하고 관(觀) 수행을 해야 합니다. "거의 형상과 거의 때[擧相·擧時]"를 알아야 하니, 혼침할 때에는 자기 자신을 끌어올려야 하지만 들떠서는[掉擧] 안 됩니다. 너무 가라앉으면 반드시 일으켜야[擧] 합니다. 만약 정진(精進)이 지나치게 왕성해서 사흘 낮 사흘 밤을 잠자지 않는다면 어떻게 해야 할까요? 그런 경우에는 사(捨)의 형상을 수습해서 그것을 비워야 합니다. 높고 도도한 정신을 비워 나가야 하는데, 어렵지요! 조복(調伏)시켜서 중용에 도달하는 것은 아주 어렵습니다. 정신이 왕성할수록 산란한 마음이 더 무거워지고, 정신이 충분하지 않으면 혼침하여 잠들어 버립니다. 그렇기 때문에 방법을 생각해서 그것을 잘 조절해야 합니다.

무엇이 지(止)를 얻음인지, 무엇이 지의 형상[止相]인지 철저히 인식해야 하고 다 알아야 합니다. 여러분은 지금 지(止)를 얻음에 있습니까, 아니면 혼침에 있습니까? 자기 자신이 알아야 하고 분명하게 해야 합니다. 이러한 지상(止相)의 경계는 얼마나 오랫동안 머물러[止] 있어야 맞습니까? 분명하게 해야 합니다. 예를 들어 보통 사람이 기맥을 닦는다고 했을 때 기맥이 통해서 하거(河車)를 돌린다면 언제까지 돌려야 할까요? 계속해서 그 자리에서 기맥을 갖고 놀까요? 어느 때까지 갖고 놀아야 합니까? 갖고 놀면 안 되는 때에는 또 어떻게 해야 합니까? 방법이나 시간을 알고 있습니까? 모른다면 그것은 눈먼 수련이니 최후의 과위는 타락입니다. 기껏 천계에 태어난다 해도 아수라가 됩니다. 그러므로 지(止)의 "지의 형상과 지의 때[止相·止時]"를 알아야 합니다.

관행(觀行)을 닦고 관(觀)을 닦고 혜(慧)를 닦을 때, "관과 관의 형상과 관의 때[觀, 觀相·觀時]" 또한 분명하게 해야 합니다. 그러므로 일체 법문을 수행해야 합니다. 예를 들어 감기에 걸렸을 때에는 지관(止觀) 수행을 할 때 어떤 법문으로 해야 할까요? 그 법문은 수행에 성취를 거둘 수 있으면서 병도 물리칠 수 있으니, 여러분이 알아야 합니다! 스승이 있으니 몰라도 괜찮다고 말해서는 안 됩니다. 제가 여러분의 질문에 답해 줄 시간이 얼마나 되겠습니까? 여기에 수십 개, 저기에 수백 개 저를 나누어도 부족합니다. 왜 스스로 배우지 않습니까? 그러므로 관의 형상〔觀相〕과 관의 때〔觀時〕를 다 알아야 합니다.

마땅히 어떠해야 하면 그렇게 합니다. "거와 거의 형상과 거의 때〔擧, 擧相·擧時〕" 즉 정신을 고양시키려고 하면 그 방법이 무엇인지 알아야 합니다. "사와 사의 형상과 사의 때〔捨, 捨相·捨時〕"에 관해 설명하자면 번거로운데 어떻게 해야 할까요? 아래에서 여러분에게 말해 줄 것입니다.

## 무엇을 지, 지의 상, 지를 수행할 때라고 하는가

무엇을 지止라고 하는가. 아홉 가지 형상의 마음이 머무름을 말하는데, 그 마음으로 하여금 형상이 없고 분별이 없으며, 적정하고 극적정하며, 등주하고 적지하며, 순일무잡하게 할 수 있으니, 그러므로 지라고 한다.

云何爲止. 謂九相心住, 能令其心無相無分別, 寂靜極寂靜, 等住寂止, 純一無雜, 故名爲止.

'지(止)'를 얻음에는 간단하게 아홉 가지 마음이 머무르는〔九種心住〕 형상이 있습니다. 마음이 머무름〔心住〕은 마음이 멈추어 버린다는 것이 아니라 머무른다는 것입니다. 마음이 멈추어 버리면 정(定)이라고 하지 않고 사망이라고 합니다. 마음이 머무른다니, 어디에 머무릅니까? 여러분에게 이렇게 묻는 것과 같습니다. "당신은 지금 어디에 머무릅니까?" "저는 여기에 머무릅니다." 마음이 머무름에는 아홉 가지가 있는데, 마음이 머무르게 되면 "그 마음으로 하여금 형상이 없게 할 수 있으니〔能令其心無相〕" 공(空)이 아니고 유(有)도 아니며 암흑이 아니고 광명도 아닙니다. 분별이 없고 형상(相)이 없으며 고요함(靜)이 극에 이르게 됩니다. "등주하고 적지하며(等住寂止)"란, 마음이 머무름(心住)으로부터 지(止)에 이르러 흘러가는 물과 똑같이 거기에 머무르는 것입니다. "천 줄기 강에 물이 있으면 천 줄기 강에 비친 달이 있고, 만 리에 구름이 없으면 만 리의 하늘이로다(千江有水千江月, 萬里無雲萬里天)"처럼, 맑은 바람이 불어오지 않으면 맑은 저수지 물에 미세한 파도가 일지 않습니다. "순일 무잡(純一無雜)"은 이 경계에서 오로지하여 섞임이 없는 것인데, 이것이 알지 못함은 아닙니다. 아무것도 알지 못한다면, 그러면 완전히 혼침 속에 있게 됩니다. 참으로 지(止)를 이룬 사람은 반드시 용모가 단정하고 정직합니다. 불보살의 형상(相)은 반드시 장엄하고 자애롭습니다. 앉아 있는데 등이 활처럼 휘었고 머리가 해골 같다면, 그러면 도(道)를 지니고 있을까요? 저는 어려서부터 눈 하나를 더 달고 나가서 도를 찾았습니다. 여러분도 법을 가릴 줄 아는 눈(擇法眼)을 달아야 합니다. 도가 있는지 없는지 반야혜안(般若慧眼)은 보기만 해도 알게 됩니다.

---

무엇을 지의 형상이라고 하는가. 말하자면 두 가지가 있는데, 첫째는 소연 상이고 둘째는 인연상이다. 소연상이라는 것은 사마타품이 알아야 할 대상과 동분의 영상을 말하는데, 이것을 소연상이라고 한다. 이 소연으로 말미암아 마음으로 하여금 적정하게 한다.

云何止相. 謂有二種, 一所緣相, 二因緣相. 所緣相者, 謂奢摩他品所知事同分影像, 是名所緣相. 由此所緣, 令心寂靜.

---

이것은 앞에서 말씀드린 적이 있는 유분별영상과 무분별영상입니다. 가령 불상이나 명점을 관(觀)한다면 의식상으로 아주 청명합니다. 정(定)은 마음이 머무르는(心定) 것이지 신체가 고요히 머물러야 정이라고

하는 것은 아닙니다. 어떤 사람들은 자리에 앉아서 스스로 즐기고 만족해하는 모습입니다. 주의해서 보면 그가 자신의 감수(感受)에 머물고 있음을 알 수 있는데, 어디가 정(定)입니까? 그러므로 안팎이 일치하며 몸과 마음이 가볍고 날래야 합니다.

분별영상이 의식에 머물면 겉으로는 아주 가벼워 보이고 불보살의 자비희사상(慈悲喜捨相)이 나타나게 됩니다. 의식 내부는 아주 분명하며 분별이 있는데 잘 아는 사람이 보면 바로 알게 됩니다. 여러분 같은 사람들은 죽상(死相)을 하고 있어서 얼굴에 어두운 기색이 가득하고 생기라고는 없습니다. 하지만 정의 경계를 지닌 사람이라면 그의 모습이 정의 형상(定相)임을 한눈에 알 수 있습니다. 여러분은 그 사람의 소연상(所緣相)을 볼 수가 있는데, 하나의 점에 머물러(止) 있든 혹은 하나의 경계에 머물러(定) 있든 이 인식 대상(所緣)으로 말미암아 이 마음이 머무르게(定) 됩니다.

---

인연상이라는 것은 사마타에 의지해 훈습한 마음이 나중의 사마타정으로 하여금 모두 청정하게 하기 때문에 유가 비발사나의 모든 가행을 수습함을 말하니, 이것을 인연상이라고 한다.

因緣相者, 謂依奢摩他所熏習心, 爲令後時奢摩他定皆清淨故, 修習瑜伽毘鉢舍那所有加行, 是名因緣相.

---

고요히 머무르고(靜定) 지(止)를 이룬 후에 관(觀)을 일으키는 것이 바로 "사마타에 의지함(依奢摩他)"입니다. 이미 지(止)를 이루어서 유분별영상의 소연 경계(有分別影像所緣境界)가 청명해졌습니다. "훈습한 마음(所熏習心)" 즉 그 소연 경계가 정(定)은 아닙니다. 이 명점으로 인해 훈습한 마음이 익숙해지고 머물러 지(止)를 이루게 된 것이 마음을 거두어

들이는 첫 단계입니다. 이 마음을 거두어들여 그것을 전일(專一)하게 하고 심일경성(心一境性)을 다시 훈습하여 정(定)이 오래된 후에는 다시 관(觀)을 일으킵니다. 관(觀)은 정사유인데 이 경계는 정(定)입니다. 하지만 정(定)이 없이 사유만 사용한다면 추리나 망상으로 변해 버립니다. 그러면 더 이상 관(觀)이 아니니 차이는 바로 여기에 있습니다. 아시겠습니까? 모른다고 해도 어쩔 수 없습니다. 이미 지나가 버렸습니다. 이것이 "지의 형상〔止相〕"입니다.

---

**무엇을 지의 때라고 하는가. 말하자면 마음이 도거할 때, 혹은 도거할까 두려울 때가 지를 수행할 때이다. 또 비발사나에 의지해 훈습한 마음이 모든 심사에 어지럽혀지고, 모든 사업에 어지럽혀질 때가 지를 수행할 때이다.**

云何止時. 謂心掉擧時, 或恐掉擧時, 是修止時. 又依毘鉢舍那所熏習心, 爲諸尋思之所擾惱, 及諸事業所擾惱時, 是修止時.

---

마음이 너무 산란하거나 들뜰〔掉擧〕 때, 혹은 마음이 곧 산란해질 것이 두려울 때가 바로 지(止)를 수행할 시간입니다. 어떤 사람이 긴장을 잘한다면 긴장하는 것이 바로 마음이 산란해진 것입니다. 마음이 산란한 사람은 긴장을 잘합니다. 혹은 자기 마음이 들뜰까 봐 염려된다면 이때 지(止)를 많이 수행해야 합니다. "또 비발사나에 의지해 훈습한 마음〔又依毘鉢舍那所熏習心〕" 즉 관(觀)을 수행하고 학문이 훌륭함으로 말미암아 이치를 깨닫고 생각이 많아지면, 생각에 의해 마음이 어지러워지고 정(定)을 이루지 못합니다. "모든 사업에 어지럽혀질 때〔及諸事業所擾惱時〕"란, 어떤 사람이 발심을 해서 세상을 이롭게 하려고 일을 만들었다가 이 사업들에 의해 어지러워지게 됩니다. 이때 자신에게 주의해서 지(止)를 닦아야 하는데, 오로지 지(止)만 많이 수행하고 관(觀)을 수행해

서는 안 됩니다.


## 무엇을 관, 관의 상, 관을 수행할 때라고 하는가

무엇을 관觀이라고 하는가. 네 가지 행과 세 가지 문과 여섯 가지 일의 차별 소연의 관행을 말한다.

云何爲觀. 謂四行三門六事差別所緣觀行.

---

앞에서 이미 설명한 적이 있는데, '관(觀)'을 수행함에는 영상(影像)이 있어야 합니다. 약간의 영상조차 없다면 어떻게 관(觀)을 수행한다고 말 하겠습니까? 제5강과 제6강을 참조해 보기를 바랍니다.

---

무엇을 관의 형상이라고 하는가. 두 가지가 있는데, 첫째는 소연상이고 둘째는 인연상이다. 소연상이라는 것은 비발사나품이 알아야 할 대상과 동분의 영상을 말하는데, 이 소연으로 말미암아 지혜로 하여금 관찰하게 한다.

云何觀相. 謂有二種, 一所緣相, 二因緣相. 所緣相者, 謂毘鉢舍那品所知事同分影像, 由此所緣, 令慧觀察.

---

앞에서 관(觀) 수행을 이야기할 때 '비발사나품'에 관한 장에서 "동분 영상(同分影像)"을 설명했는데, 바로 그 동분의 영상을 수지함이며 유분별영상과 무분별영상의 사이에 있습니다. "이 소연으로 말미암아 지혜로 하여금 관찰하게 한다[由此所緣, 令慧觀察]" 즉 지혜가 자라게 될 것이라는 말입니다.

인연상이라는 것은 비발사나에 의지해 훈습한 마음이 나중의 비발사나로 하여금 모두 청정하게 하기 때문에 내심의 사마타정의 모든 가행을 수습함을 말한다.

因緣相者, 謂依毘鉢舍那所熏習心, 爲令後時, 毘鉢舍那皆淸淨故, 修習內心奢摩他定所有加行.

관(觀)을 닦는 연습을 오랫동안 해서 경지에 도달하면 그다음 관을 수행해야 할 때는 언제든지 할 수 있습니다. 비록 마음이 일어나고 생각이 움직이고 있더라도 여전히 청정합니다. 이 마음은 정(定)하고 영원히 청정합니다. 관(觀) 속에 있어도 정(定)을 수행할 수 있고, 마찬가지로 정 속에 있어도 관을 수행할 수 있으니 이것을 관의 형상〔觀相〕이라고 합니다. 범부가 불학을 연구하고 학문이 뛰어나면 그런 불학 사상을 관(觀)이라고 할까요? 관이라고 합니다. 그러나 범부가 지(止)가 없고 정(定)이 없으면 관(觀)은 망상으로 변해 버립니다. 정(定)의 형상이 없기 때문입니다. 그래서 『능엄경』에서는 그것을 마른 지혜〔乾慧〕라고 했습니다. '정(定)' 수(水)의 촉촉함이 없이 말라 있으니 정(定)이 없으면 소용이 없습니다. 참으로 학문이 있고 지혜가 있는 사람은 통하지 못하는 바가 없고 알지 못하는 바가 없습니다. 원인은 그가 영원히 정(定) 속에 있기 때문입니다. 그런 까닭에 혜(慧)가 갈수록 커지고 지혜가 커진 후에는 정의 경계 역시 갈수록 커집니다. 정(定)과 혜(慧)는 바로 이렇습니다.

무엇을 관의 때라고 하는가. 말하자면 마음이 가라앉을 때, 혹은 가라앉을까 두려울 때가 관을 수행할 때이다.

云何觀時. 謂心沈沒時, 或恐沈沒時, 是修觀時.

언제 관(觀)을 수행해야 합니까? 혼침에 잘 빠질 때나 잠자기를 즐겨할 때입니다. 어떤 사람은 이불을 머리까지 뒤집어쓰고 만사를 내팽개치는 이것이 바로 도(道)라고 생각합니다. 도(道)라고 하니 도겠지요! 서서히 돼지로 변할 겁니다! 마음이 혼침할 때 혹은 자신이 곧 혼침에 빠질까 봐 두려울 때에는 관을 닦아야 합니다.

---

**또 사마타에 의지해 훈습한 마음이 먼저 저 알아야 할 대상의 경계에 대하여 여실히 깨달아 알아야 하니, 그러므로 그 때가 관을 수행할 때이다.**

又依奢摩他所熏習心, 先應於彼所知事境如實覺了, 故於爾時, 是修觀時.

---

여러분이 평소에 수행한 정(定)의 힘에 의지하여 정의 경계에서 털끝만큼의 일이라도 모르는 것이 없다면, 이때가 바로 관(觀) 수행을 할 시간입니다.

관(觀) 수행에서 우리는 중요한 것을 알아야 합니다. 심경이 너무 혼침하고 정신이 너무 가라앉을 때에는 얼른 관(觀) 수행을 해야 합니다. 어떻게 관합니까? 제대로 관할 수 없으면 어떻게 합니까? 예를 들어 병이 나서 혼침에 빠지거나 감기에 걸려 고열이 나는데 사는 곳에 의약품이 없다면, 어떤 관을 해야 병을 없앨 수 있을까요? 이런 능력이 있어야 합니다. 그러지 않는다면 불법은 오로지 마음이 만들었다는 이 말이 사람을 속인 것입니다. 어쨌든 방법이 있어야 합니다. 병으로 마음이 가라앉는데 의약품이 발달한 곳에서는 전적으로 의약품에 의지하면 병을 치료할 수 있습니다. 하지만 그것은 사물의 인연이 여러분을 도운 것이지 마음의 인연이 도운 것이 아닙니다. 이것이 하나의 문제입니다.

# 마음이 가라앉거나 들뜰 때는 어떻게 수행하는가

무엇을 거擧라고 하는가. 한 가지의 정묘 소연 경계를 취함에 따라서 그 마음을 드러내고 권도하고 위로하는 것을 말한다.

云何爲擧. 謂由隨取一種淨妙所緣境界, 顯示勸導慶慰其心.

마음이 너무 가라앉으면 서둘러 '거(擧)'를 수행해야 하는데, 무엇을 거라고 할까요? 이곳에서는 그냥 원칙만 말하고 여러분에게 방법을 가르쳐 주지 않으니, 여러분 스스로 머리를 써서 생각해야 합니다. "한 가지의 정묘 소연 경계를 취함에 따라서〔由隨取一種淨妙所緣境界〕"라는 이것은 많은 것을 포함하는데, 진선미(眞善美)의 경계라고 말할 수 있습니다. 너무 혼침해지는 상황에서는 여러분이 평소에 춤추기를 좋아했다면 춤추는 것을 구경해도 괜찮습니다! 춤추는 사람이 춤을 추다가 지치면 여러분은 비록 그 자리에 앉아 있었지만 몸에 땀이 날 것입니다. 그런 것도 괜찮습니다. 여러분이 직접 춤을 추지 않아도 춤추는 것을 보다가 수행하는 법문으로 되돌아와서 타좌를 합니다. 이것은 예를 든 것입니다. 수행을 이야기하고 있지만 실제로는 마음을 조절하는 것입니다. 팔만사천법문이 마음을 조절하는 것에 불과합니다. 어떻게 이 마음을 잘 조절하여 원래 상태를 회복하고 조복시키느냐가 중요합니다.

예를 들어 보겠습니다. 민국 38년(1949년) 기륭(基隆)에 있었을 때입니다. 그곳은 대만의 우항(雨港)으로 겨울이 되어 한 번 비가 내리면 두세 달 연달아 계속됐습니다. 침상의 이부자리는 온통 곰팡이가 피어서 곰팡내가 진동했고, 책꽂이에 꽂아 둔 책을 꺼내면 책장이 들러붙어서 펼칠 수가 없었습니다. 습기가 너무 심해서 사람도 혼침해지기 쉽고 몸과 마음이 거칠고 무겁게 느껴졌습니다. 마치 지금 여러분의 몸이 예민하지 못한 것처럼 그 경계에 있으면 자신도 알지 못합니다. 제가 여러분의 몸이 좋지 않다고 말하면 여러분은 아주 좋다고 우기면서 밥을 세 공기나 먹습니다! 그것은 아무렇게나 먹는 것에 불과합니다.

기륭에 있던 그때는 습기가 너무 심해서 방법을 찾아야 했습니다. 그 시절에는 제습기도 없었고 혹 있었다고 해도 저는 살 수 없었습니다. 그래서 불을 관해서〔火觀〕 습기를 제거하려고 했습니다. 하지만 화관(火觀)을 제대로 할 수 없었습니다. 습기는 큰 저수지의 물 같은데 저의 불〔火〕은 약간의 땔감 정도여서 그 많은 습기를 제거할 수 없었습니다. 나중에 작은 전구를 하나 사서 타좌하는 정수리 위쪽에 매달아 두고 그 아래에 앉았습니다. 전구는 옷장에서 옷을 건조시킬 수도 있는데, 타좌하는 정수리 위쪽에 매달아 두고 일주일간 건조시켰더니 제 몸도 어느 정도 말랐습니다. 이렇게 방법을 생각해 내기만 하면 해결할 수 있습니다. 여러분이 만일 동굴에 가서 타좌를 하는데 습기가 너무 심하고 전구도 없다면, 질문을 하겠습니다. 그러면 어떻게 합니까? 방법을 생각해야지요! 멍하니 있어서는 안 됩니다. 땔감도 없다면 어떻게 합니까? 이것은 모두 방편이지만 거(擧)이기도 합니다. '거(擧)'는 바로 마음을 일으키는 것입니다.

---

무엇을 거의 형상이라고 하는가. 정묘 소연 경계로 말미암아 그 마음을 채찍질하고, 저가 수순하여 부지런히 정진함을 일으키는 것을 말한다.

云何擧相. 謂由淨妙所緣境界, 策勵其心, 及彼隨順發勤精進.

---

이 문장은 모두 이해하시겠지요? 해석할 필요가 없겠습니다.

---

무엇을 거의 때라고 하는가. 말하자면 마음이 가라앉아 처질 때, 혹은 가라

앉아 처질까 두려울 때가 거를 수행할 때이다.

云何擧時. 謂心沈下時, 或恐沈下時, 是修擧時.

---

분명히 해야 합니다. 이것은 혼침이거나 병이므로 스스로가 분명히 점검해야 합니다. 그러므로 수행은 대단히 어렵고 고도의 지혜를 지녀야 합니다. 지금 말하는 것은 모두 원칙이니, 사소한 부분은 여러분 스스로 방법을 생각해야 합니다.

---

무엇을 사捨라고 하는가. 소연에 대하여 마음이 더러워짐이 없고 마음이 평등하며, 지관품에 대하여 부드럽고 정직하여 흘러가는 대로 내버려 두어도 전화하는 본성 및 마음을 부드럽게 하여 참아내는 본성이, 마음으로 하여금 따르면서 돕고 흘러가는 대로 작용하게 함을 말한다.

云何爲捨. 謂於所緣, 心無染汚, 心平等性, 於止觀品調柔正直, 任運轉性, 及調柔心有堪能性, 令心隨與任運作用.

---

무엇이 '사(捨)'입니까? 언제든지 내려놓을 수 있고 언제든지 버릴 수 있어서 흘러가는 대로 내버려 두고 자재로운〔任運自在〕것이 바로 사(捨)입니다. 속마음이 어떤 경계에 대해서든 흘러가는 대로 내버려 두어도 전화(轉化)하니, 내려놓으라고 말하면 곧 내려놓고 언제든지 내려놓습니다. 들어 올릴 수 있고 내려놓을 수 있어서, 필요하다고 말하면 바로 취하고 필요 없다고 말하면 바로 버리는 것이 흘러가는 대로 내버려 두어도 전화함입니다. 어렵습니다! 이것이 사(捨)이고 사의 원리입니다.

---

무엇을 사의 형상이라고 하는가. 소연이 마음으로 하여금 놓아 버리게 함으로 말미암아 소연에 대하여 모든 지나친 정진을 일으키지 않음을 말한다.

云何捨相. 謂由所緣令心上捨, 及於所緣不發所有太過精進.

수련을 할 때 지나치게 열심히 하면 병이 날 수 있습니다. 그럴 때에는 내려놓아야[捨] 하는데 마음속의 생각을 버려야 합니다. 지나침[過]과 모자람[不及]은 모두 문제이니 너무 지나쳐서도 안 됩니다. 도거(掉擧)는 너무 지나친 것이고 혼침(昏沈)은 모자람인데, 이것은 모두 마음을 조화롭게 하지 못한 것입니다.

무엇을 사의 때라고 하는가. 말하자면 사마타품과 비발사나품에 대하여 모든 도거심을 해탈하고 난 뒤가 사를 수행할 때이니, 이와 같은 것을 응시가행이라고 한다.

云何捨時. 謂於奢摩他·毘鉢舍那品, 所有掉擧心已解脫, 是修捨時, 如是名爲應時加行.

언제 사(捨)를 수행합니까? 여러분이 정(定)을 수행하고 관(觀)을 수행하는 중에 도거나 혼침 등을 이미 완전히 해탈하여 흘러가는 대로 내버려 두고 자유로울 때가 바로 사(捨)를 수행할 때입니다. 사(捨)는 유가에서 말한 "진실로 날로 새로워지려면 나날이 새로워지고, 또 날로 새로워져야 한다[苟日新, 日日新, 又日新]"라는 것이기도 합니다. 끊임없이 나아가는 것도 버리는 마음[捨心]의 일종입니다. 이런 것을 "응시가행(應時加行)"이라고 합니다.

무엇을 해료가행이라고 하는가. 이와 같이 말했던 모든 형상에 대하여 잘 취하고 잘 끝내니, 잘 취하고 끝낸 뒤에는 정에 들어가고자 할 때 바로 들어갈 수 있고 정에 머물고자 할 때 바로 머무를 수 있으며 정을 일으키고자 할 때 바로 일으킬 수 있다. 혹은 때로 모든 삼마지에서 행해지는 영상을 버리고, 모든 부정지에 있는 모든 본성과 소연 경계를 작의하고 사유하니, 이와 같은 것을 해료가행이라고 한다.

云何名爲解了加行. 謂於如是所說諸相, 善取善了, 善取了已, 欲入定時, 卽便能入, 欲住定時, 卽便能住, 欲起定時, 卽便能起. 或時棄捨諸三摩地所行影像, 作意思惟諸不定地, 所有本性, 所緣境界, 如是名爲解了加行.

모든 것을 이해하고 이치로 알게 되어 끊어 내야 할 것은 곧 끊어 내니, 이것을 "해료가행(解了加行)"이라고 합니다. 이른바 일체 경계를 "잘 취하고 잘 끝내니[善取善了]" 마땅히 들어 올려야 하면 바로 들어 올리는 것이 잘 취함[善取]이요, 마땅히 내려놓아야 하면 바로 내려놓는 것이 잘 끝냄[善了]입니다. 수련하는 경계에 부가적으로 따라오는 것들은, 마땅히 취할 것은 바로 취하고 취하면 안 될 것은 바로 취하지 않습니다. 정(定)에 들어가고자 하면 곧바로 정에 들어가고, 정에 머물러 있고자 하면 곧바로 정에 머물러 있고, 지속되는 시간도 원하는 대로 할 수 있습니다. 또 정을 일으키고자 하면 정을 일으킬 수 있습니다. 의식영상을 작의하고 사유하는 경계, 일체 경계가 수시로 흘러가는 대로 내버려 두어도 전화하니, 이것을 해료가행이라고 합니다.


# 마음이 흩어지지 않고 거칠어지지 않은 가행

무엇을 무염족가행이라고 하는가. 말하자면 선법에 대하여 만족함이 없어서 닦음과 끊음에 그만둠이 없으며, 위로 되풀이하여 뛰어난 곳을 전전하는 것에 대하여 바라고 구함에 많이 머물러, 소소하고 고요한 선정을 얻었다고 해서 중도에 물러나지 않고, 나머지 짓는 바에 대하여 항상 나아가 구함이 있으니, 이와 같은 것을 무염족가행이라고 한다.

云何名爲無厭足加行. 謂於善法無有厭足, 修斷無廢, 於展轉上展轉勝處, 多住希求, 不唯獲得少小靜定, 便於中路而生退屈, 於餘所作, 常有進求, 如是名爲無厭足加行.

---

수도의 공부와 공덕의 수행은 만족의 때가 없으니 적게 얻고 만족해서는 안 됩니다. "닦음과 끊음에 그만둠이 없다〔修斷無廢〕"는 것은, 일체의 악업을 끊어 버리고 일체의 선업을 닦으며 중도에 그만두지 않는 것입니다. 약간의 좋은 점을 얻었다고 해서 자신이 대단해졌다고 여겨서는 안 됩니다. 저는 어떤 동학들에게 "가난해도 되지만 부유해지면 안 된다"라고 자주 말합니다. 가난할 때가 좋습니다. 수련이 조금 궤도에 오르면 스스로를 대단하게 여기고 천상천하유아독존이 됩니다. 나는 도를 얻었다는 식입니다. 많은 사람이 이런 병을 가지고 있습니다. 이것은 작은 근기(根器)이니, 그런 사람은 약간의 물을 주어 한 번 적시기만 하면 만족합니다. 마치 어린 풀처럼 물을 약간 주면 초록색을 띠지만 조금만 많이 주면 썩어 버립니다. 그런 근기가 아니기 때문입니다.

---

무엇을 불사액가행이라고 하는가. 일체의 받아 배운 것에 대하여 구멍도 없고 틈도 없으며, 비록 용모가 단정한 소년과 사랑할 만한 여인을 볼지라도 그 형상을 취하지 않고 따라 좋아함을 취하지 않으며, 음식에 대하여 평등하고 깨어 있음을 부지런히 닦으며, 일을 줄이고 업을 줄이고 모든 산란을 줄이며, 오래전에 지은 바와 오래전에 말한 바에 대하여 자신이 따라 기억할 수 있고 다른 사람으로 하여금 따라 기억하게 하니, 이와 같은 법을 불사액가행이라고 한다.

云何名爲不捨軛加行. 謂於一切所受學處, 無穿無缺, 雖見少年顔容端正可愛母邑, 而不取相, 不取隨好, 於食平等, 勤修覺悟, 少事少業, 少諸散亂, 於久所作, 久所說等, 能自隨憶, 令他隨憶, 如是等法, 說名不捨軛加行.

수행은 처음부터 끝까지 자신에게 약간의 괴로움을 주어야 하는데, '액(軛)'은 마치 등에 형구(刑具)를 지는 것과 같습니다. 첫 번째는 남녀 몸[色]에 대하여 좋아하지 않는 것인데, 그래야 정(情)과 애욕(愛欲)을 멀리 떠날 수 있습니다. 두 번째는 "음식에 대하여 평등함[於食平等]"인데, 먹는 것을 탐하지 않고 마음에 평등을 일으킵니다. 어떤 음식이든 탐하지 않고 그저 약으로 여기고 먹어서 이 생명을 유지합니다. 때[時]를 알고 양(量)을 알아야 하며 지계(持戒) 공덕 때문에 정오를 지나면 먹지 않아야 합니다. 비록 저녁은 먹지 않지만 아침과 점심을 필사적으로 먹어서 다른 사람들의 세 끼 양보다 많이 먹으면, 그러면 평등하지 않게 됩니다. 세 번째는 "깨달음을 부지런히 닦아서[勤修覺悟]" 영원히 머리를 맑게 깨어 있게 하여 정념(正念)을 잃어버리지 않고 혼침하지 않습니다. 어떤 일이나 사물에 대해서 쉽게 잊어버린다면 그것은 무명(無明)입니다. 무기(無記) 또한 정념을 잃어버리는 것입니다.

선(善) 악(惡) 무기(無記)의 삼업은 동등합니다. 수행은 오직 선업(善業)만 늘리는 것이니 악업(惡業)은 제거해야 하고 무기(無記)는 더더욱 없애야 합니다. 무기가 바로 정념을 잃어버림인데, 만약 기억력이 나쁘다면 언제나 혼침 속에 있는 것입니다. 설령 총명하고 두뇌가 뛰어나더라도 실제로는 혼침 속에 있습니다. 업력의 혼침이 일반적인 혼침보다 훨씬 두려우니 깨어 있음을 닦아야 합니다. 불(佛)이란 깨어 있음[覺]이니, 그 두뇌는 영원히 맑게 깨어 있고 반응은 영원히 예민합니다. 반응이 느리고 둔해서 한마디 말한 것을 반나절이나 생각해도 분명히 깨닫지 못한다면 이것은 문제입니다. 그러므로 이 부분에서 자신을 점검해 봐야 합니다. 여러분은 자신이 총명하다고 생각하지 않습니까? 그런데 여러분에게 모두 이야기해 주었고 설명해 주었는데도 여러분은 이해하지 못합니다. 그렇기 때문에 "깨어 있음을 부지런히 닦아야" 한다는 것입니다.

일체의 외연(外緣)이 감소하면, 즉 "일을 줄이고 업을 줄이면(少事少業)" 자연스럽게 산란도 감소하여 이전에 했던 일이나 이전에 했던 말을 주의하기만 하면 바로 기억해 냅니다. 숙명통을 얻을 수 있는 것입니다.

어제 오후에 오랜 친구가 와서, "불법이 말한 것은 정말로 틀린 게 없어!"라고 했습니다. 이 친구가 며칠 전에 몸이 안 좋아서 대만대학 병원에 입원했는데, 그의 아들과 며느리가 손자를 안고 병문안을 왔습니다. 그 손자는 이제 겨우 이십팔 개월이 됐는데 병원에 오자, "여기 온 적이 있어요"라고 말했습니다. 아이의 엄마가 그 말을 듣고 "네가 여기서 태어났으니까!"라고 했습니다. 그러자 아이가 말했습니다. "아니에요. 난 여기에서 죽었어요." 그 친구는 말했습니다. "정말로 전생이 있다니까! 그뿐 아니라 그 아이는 기억력이 아주 뛰어나." 손자가 돌이 지났을 때 한번은 집에 『민족만보(民族晚報)』가 왔는데 아이가 이렇게 말했다고 합니다. "이건 『민족만보』네." 손자는 원래 외할머니에게 맡겨 두었는데 한번은 외할머니가 일이 있어서 손자를 자신에게 데려다 주러 왔답니다. 손자의 집은 작은 마을이었는데, 외할아버지와 외할머니는 길을 잘 몰랐습니다. 그런데 이제 막 돌 지난 아이가 자기 집 가는 길을 알아서 외할아버지와 외할머니를 이끌고 자기 집으로 왔다는 것입니다. 보세요! 얼마나 이상한 일입니까. 그러니 이 친구가 저에게 묻지요. "정말로 모태로 들어가고 모태에서 나올 때 미혹되지 않는 사람이 있는가?" 제가 말했습니다. "그런 사람이 있네. 그 아이가 바로 그런 경우지."

사람이 늙으면 혼침에 들어가는데 때로는 대혼침의 경계에 이르기도 합니다. 늙을수록 두뇌가 혼침해지지만 참으로 수행하는 사람은 두뇌가 갈수록 맑게 깨어납니다. 심리학으로 설명하면 바로 뇌력(腦力)이 갈수록 강해지고 또렷해지는 것입니다. "이와 같은 법을 불사액가행이라고 합니다〔如是等法, 說名不捨軛加行〕." 이것이 바로 맹자가 말했던 구절입니다. 수행은 "반드시 어떤 것이 있어야 하고〔必有事焉〕"[55] 즉 이 마음을 관리하고 이 마음 이 생각을 돌아보아야 합니다. 조금이라도 게을리해서는 안 됩니다.

---

이 제법으로 말미암아 심일경성을 바르게 수순하여 그 멍에를 버리지 않고 마음으로 하여금 흩어지지 않게 하며, 그 마음으로 하여금 외경으로 달려가지 않게 하고, 그 마음으로 하여금 안에서 거칠어지지 않게 할 수 있으니, 이와 같은 것을 불사액가행이라고 한다.

由此諸法, 能正隨順心一境性, 不捨其軛, 令心不散, 不令其心馳流外境, 不令其心內不調柔, 如是名爲不捨軛加行.

---

수시로 자신을 돌이켜 비추어서 심일경성(心一境性)해야 마음이 비로소 정(定)을 이루고 마음이 하나의 경계에 머물러〔住〕 있습니다. 자신이 특정한 하나의 경계를 수행하고자 하면, 그 경계에 머물러서〔定〕 마음이 산란하지 않고 마음이 바깥 경계〔外境〕로 쏠려 흐르지 않아야 합니다. 그런데 우리는 어떻습니까? 바깥 경계가 여러분을 충동하기만 하면 곧 마음이 움직입니다. 마음이 바깥 경계에 의지해 일어나서는 안 되며 그

---

55 『맹자』 「공손추」에 나오는 구절로, 맹자가 양기(養氣)를 설명하면서 다음과 같이 언급했다. "반드시 어떤 일이 있어야 하지만 바로잡으려 하지 말고 마음에 잊지도 말며 자라도록 돕지도 말아야 한다〔必有事焉而勿正, 心勿忘, 勿助長也〕." 저자는 "필유사언(必有事焉)"을 설명하면서, 마음속에 어떤 것이 있어야 하고 중심으로 지키는 바가 있어야 한다는 말이라고 풀이하였다.

것을 따라 흘러가서는 안 되니, 이것은 바깥〔外〕에 대한 것입니다. 안〔內〕에 대해서는 "그 마음으로 하여금 안에서 거칠어지지 않게 해야〔不令其心內不調柔〕"합니다. 우리 가운데 어떤 사람들은 온종일 규범을 잘 지키고 바깥 경계가 그를 흔들지 못합니다. 하지만 자기 자신에게 물어 보십시오. 마음속이 평안합니까? 마음속에 탐진치만의(貪瞋癡慢疑)가 다 있어서 화도 내고 자신을 원망하기도 하며 다른 사람을 미워하기도 합니다. 속마음은 문제가 아주 많고 답답해서 죽을 지경이라 속마음을 부드럽게〔調柔〕할 수가 없습니다. 그러므로 마음이 바깥 경계에 쏠려 흐르지 않게 하는 것 외에 안으로도 마음을 부드럽게 해야 합니다. "이와 같은 것을 불사액가행이라 합니다〔如是名爲不捨軛加行〕."

## 장애를 깨끗이 없애는 가행

무엇을 정가행이라고 하는가. 소연에 대하여 자주 승해를 일으킴을 말하는데, 이것을 정가행이라고 한다.

云何名正加行. 謂於所緣數起勝解, 是名正加行.

마음이 일어나고 생각이 움직이는 곳에 대하여 자신이 수시로 분명하게 관조(觀照)하는 것은 모두 선념(善念)입니다. 게다가 수시로 비워 버릴 수 있고 내려놓을 수 있다면 바로 "정가행(正加行)"입니다.

부정관을 부지런히 수행하는 사람과 같이 모든 부정을 자주 바르게 제거하고, 모든 부정상을 작의하고 사유하며, 상을 따라 작용하는 비발사나로 말미암아 작의를 일으키고, 소연경에 대하여 자주자주 제거하고 자주자주 눈앞에 드러나게 한다.

如有勤修不淨觀者, 數正除遣於諸不淨, 作意思惟諸不淨相, 由隨相行毘鉢舍那而起作意, 於所緣境, 數數除遣, 數數現前.

---

　부정관(不淨觀)을 부지런히 닦는다는 사람이, 지금 여러분처럼 말이지요, 그런 사람이 어제 병원에 가서 인체 해부를 봤는데도 돌아와서 여전히 밥을 잘 먹습니다. 여러분이 부정관을 수행할 수 없다고 말하는 것이 결코 아닙니다. 생각해 보십시오. 죽은 사람이 여러분 앞에 놓여 있을 때 여러분은 마음속으로 어떻게 느꼈습니까? 지금의 느낌은 또 어떻습니까? 한번 생각해 보십시오! (어떤 동학이 대답했다: 느낌이 그다지 같지는 않습니다.) 그다지 같지 않은 정도뿐입니까? 그렇기 때문에 여러분은 부정관을 수행하지 않았다는 것입니다! 인체 해부를 봤는데도 부정관을 해야 한다는 것을 모르고 있습니다. 잘 생각해 보십시오. 죽은 그 사람이 지금 여러분 침상에서 여러분과 함께 잔다면 그 느낌이 어떻겠습니까? 바꿔 말해서 여러분 자신이 지금 그 죽은 사람으로 변한다면 그때는 어떻겠습니까? 지금 여러분의 스승인 제가 어제 여러분이 봤던 그 죽은 사람으로 변한다면, 그러면 여러분의 느낌은 또 어떻겠습니까? 스승이 마치 소금에 절여 말린 고기처럼 여기에 놓여 있다면, 그래도 스승을 사랑하겠습니까? 여러분이 부정관을 사용해서 그것을 관(觀)한 후에 자신도 그 죽은 사람으로 변한다면, 그래야 부정관이라고 할 수 있습니다! 여러분은 해부 한 번 본 것으로 그것이 부정(不淨)이라고 생각합니까? 그렇기 때문에 여러분은 봐도 소용이 없다는 것입니다. 수행의 이치조차 알지 못합니다.

　부정관을 참으로 수행한다면 여러분은 만념(萬念)이 모두 공(空)하게 될 것입니다. 자신이 해부된 사체와 똑같이 의사에 의해 해부되고 내장이 드러난다면 엄청나게 괴롭지 않겠습니까? 저는 아주 분명하게 봅니다. 병이 났을 때에는 제가 생각[念]을 움직이기만 하면, 즉 생각하기만 하면 저는 이미 그 죽은 사람으로 변해서 아무것도 상관하지 않습니다. 왜 여러분은 부정관을 제대로 관하지 못할까요? 죽은 사람을 봐도 아무 소용이 없고 부정관도 제대로 하지 못합니다. 바꾸어 말하면 활불(活佛)이 여기에 앉아 있어서 여러분이 눈으로 직접 보더라도 아무 소용이 없고 성공하지 못합니다. 이것이 똑같은 이치입니다. 아시겠습니까? 설사 활불을 눈으로 직접 보더라도 혹은 활불이 여러분 옆에 누워 있어도 여러분에게 아무 소용이 없고 좋은 점을 얻지 못합니다. 왜냐하면 여러분의 심의식(心意識)이 작의하여 관행(觀行)을 일으키지 않기 때문입니다. 그런 까닭에 아무 소용이 없다는 것이니, 의미를 아시겠습니까?

늘 부정관을 수행하는 사람은 "모든 부정을 자주 바르게 제거하고, 모든 부정상을 작의하고 사유합니다[數正除遣於諸不淨, 作意思惟諸不淨相]." 오변행의 작의는 여러분이 작의하여 관(觀)하려고 하면 작의하여 모든 부정상(不淨相)을 일으킵니다. 부정관이 눈앞에 나타남으로 말미암아 나 자신이 바로 그 죽은 사람이 되어 부패하고 더럽고 냄새나는 그런 모습이 됩니다. "상을 따라 작용하는 (비발사나로) 말미암아[由隨相行]", 즉 관(觀)해 낸 수상(隨相)[56]으로 말미암아 혜관(慧觀)을 일으켜서 그것이 인연이 낳은 것임을 알게 됩니다. 그런 까닭에 어떤 사람이 나에게 잘해 주어도 좋고 반대해도 좋고 잘해 주지 않아도 좋고, 세상의 일이 있어도 좋고 없어도 좋습니다. 단번에 비발사나로 변하고 곧 지(止)에 도달합니다. "소연경에 대하여 자주자주 제거하고 자주자주 눈앞에

---

**56** 근기(根機)가 낮은 사람들을 위한 하나의 방편으로서, 생주이멸(生住離滅)의 모습에 수순(隨順)하여 가르침.

드러난다〔於所緣境, 數數除遣, 數數現前〕"는 것은, 모든 외연(外緣)의 자잘한 일을 내려놓게 되어 관해 낸 부정관까지도 비워 버리는 것입니다. 그런 후에 백골을 관하고 마지막에는 백골도 공(空)으로 변하는데, 공이 된 후에는 공의 경계〔空境〕가 눈앞에 나타나고 공의 경계에 머물러야 부정관을 수행한다고 합니다. 제가 설명하지 않으면 여러분은 많이 생각하고 많이 연구하지 않겠지요? 죽은 사람을 한 번 본 것을 가지고 부정관을 한다고 여깁니다. 여러분이 조금 전에 대답한 것이 바로 그런 것입니다. 맞지요?

---

그 바르게 제거함에는 다시 다섯 가지가 있는데, 첫째는 안으로 그 마음을 거두기 때문이고, 둘째는 불념작의하기 때문이고, 셋째는 여작의하기 때문이고, 넷째는 대치작의하기 때문이고, 다섯째는 무상계작의하기 때문이다. 이 가운데에 아홉 가지 형상의 마음이 머무르는 비발사나를 상수로 삼기 때문에, 안으로 그 마음을 거둔다고 하는 것임을 알아야 한다.

其正除遣, 復有五種, 一內攝其心故, 二不念作意故, 三於餘作意故, 四對治作意故, 五無相界作意故. 當知此中由九相心住毘鉢舍那而爲上首故, 名內攝其心.

---

지(止) 수행을 하고 관(觀) 수행을 하는 상황은 이 아홉 가지 백품의 가행이 대원칙입니다. 『유가사지론』은 아주 과학적입니다. 표를 그려 본다면 그 분석이 정밀하고 상세함을 알 수 있는데, 원칙과 이론과 방법을 모두 여러분에게 말해 주었습니다. 그러므로 수지(修持) 면에서 유식(唯識)을 이야기할 때에는 먼저 이 백 권을 연구하고 나서 나머지 유식 경론을 연구해야 합니다. 이때 여러분이 다시 『팔식규구송(八識規矩頌)』과 『성유식론(成唯識論)』 등을 본다면 한 번 보기만 해도 알 수가 있습니다. 『유가사지론』은 유식학의 근본 대론입니다. 먼저 이것을 보지 않고서 어

맨 처음에 일체의 상을 등짐으로 말미암아 산란하지 않고 안주하기 때문에 불념작의한다고 한다. 나머지 정지定地의 경계를 반연함으로 말미암아 나머지 정지를 사유하기 때문에 여작의한다고 한다. 부정을 사유함으로 말미암아 정을 대치하고, 아나파나념을 사유하여 심사를 대치하며, 허공계를 사유하여 모든 색을 대치하기 때문에 대치작의한다고 한다.

由於最初背一切相, 無亂安住故, 名不念作意. 由緣餘定地境, 思惟餘定地故, 名於餘作意. 由思惟不淨對治於淨, 乃至思惟阿那波那念對治尋思, 思惟虛空界對治諸色故, 名對治作意.

왜 부정관(不淨觀)을 수행할까요? 마음속의 일체 잡념을 깨끗이 제거해야 청정 경계로 들어가기 때문입니다. 부정관을 해내면 마음의 잡념이 일어나지 않게 되고 의식이 청정해져서 정토 경계로 들어갑니다. 부정관을 수행하는 것이 바로 "정에 대하여 대치함〔對治於淨〕"입니다.

아래에서는 795면을 보겠습니다.

무엇을 장애를 깨끗이 함이라고 하는가. 곧 이와 같이 가행을 바르게 수행하는 모든 유가사가 네 가지 인연으로 말미암아 그 마음으로 하여금 모든 장애를 깨끗이 없앨 수 있는 것을 말한다. 어떤 네 가지인가. 첫째는 자성을 두루 알기 때문이고, 둘째는 인연을 두루 알기 때문이고, 셋째는 과환을 두루 알기 때문이고, 넷째는 대치를 수습하기 때문이다.

무엇을 모든 장애의 자성을 두루 안다고 하는가. 장애에 네 가지가 있는 것을 두루 알 수 있음을 말하는데, 첫째는 겁약장이고 둘째는 개복장이고 셋째는 심사장이고 넷째는 자거장이다. 겁약장이라는 것은 출리 및 원리에 대하여 부지런히 수행할 때, 모든 염오를 그리워하며 희망을 즐거워하지 않고 근심하고 괴로워하는 것을 말한다. 개복장이라는 것은 탐욕 등의 오 개를 말한다. 심사장이라는 것은 욕망의 심사 등의 물들어 더럽혀진 심사 를 말한다.

云何淨障. 謂卽如是正修加行諸瑜伽師, 由四因緣能令其心淨除諸障. 何等爲四. 一遍知自性故, 二遍知因緣故, 三遍知過患故, 四修習對治故. 云何遍知諸障自性. 謂能遍知障有四種, 一怯弱障, 二蓋覆障, 三尋思障, 四自擧障. 怯弱障者, 謂於出 離及於遠離勤修行時, 所有染汚思慕不樂希望憂惱. 蓋覆障者, 謂貪欲等五蓋. 尋 思障者, 謂欲尋思等染汚尋思.

달라이 라마 6세가 쓴 정가(情歌)입니다.

| | |
|---|---|
| 다정함이 범행을 방해할까 염려되어 | 曾慮多情損梵行 |
| 입산하려니 아름다운 사람과 이별이 두렵구나 | 入山又恐別傾城 |
| 세상에서 어찌 둘 다 완전한 법을 얻어서 | 世間安得雙全法 |
| 여래도 벼슬도 저버리지 않으랴 | 不負如來不負卿 |

"다정함이 범행을 방해할까 염려되어", 그는 남녀 사이에 지나치게 다 정한 것이 수행을 방해할까 두려워 산에 들어가 수행하기로 결심했습니 다. "입산하려니 아름다운 사람과 이별이 두렵구나", 산에 들어가서 수 도하려니 애인에게 미안할 것 같은데 어떻게 해야 합니까? "세상에서 어찌 둘 다 완전한 법을 얻어서, 여래도 벼슬도 저버리지 않으랴", 세상 에는 둘 다 완전할 수 있는 방법이 없습니다. 사람이라면 모두 이런 문 제가 있습니다. 세상 사람들은 도를 닦으면서 부귀공명을 원합니다. 돈 을 벌기도 원하고 도를 성취하기도 원하는데 모두 그렇습니다. 이것이

바로 "심사장(尋思障)"이고 "물들어 더럽혀진 심사〔染汚尋思〕"이니, 각종 생각〔思想〕의 장애를 멈출 수 없습니다. "정장(淨障)"은 마음속의 각종 장애를 깨끗이 없애는 것입니다.

---

자거장이라는 것은 말하자면 약간의 하열한 지견에 대하여 안주하는 가운데 자신을 높이 들어서, 나는 얻을 수 있는데 다른 사람들은 그렇지 않다고 말하니, 자세한 설명은 앞과 같음을 알아야 하고, 이것을 모든 장애의 자성을 두루 안다고 한다.

自擧障者, 謂於少分下劣智見, 安隱住中, 而自高擧, 謂我能得, 餘則不爾, 乃至廣說, 如前應知, 是名遍知諸障自性.

---

어떤 사람은 자기 자신을 너무 높이 치켜세웁니다. 학문이 조금 있고 수련을 조금 해서 경계를 얻으면 그것으로 만족해하고 그것이 도(道)라고 생각합니다. 이미 명심견성했다고 여기는 것입니다. 타좌를 시작해서 약간의 광명을 보면 그것이 바로 자성광명이라고 생각합니다. 이런! 병으로 아플 때에는 이 약간의 광명이 다시 캄캄해지는데 그러면 자성이 캄캄해진 것이 아닙니까? 사실 그것은 생리적 변화이지 자성광명이 아닙니다! 어떤 사람들은 이 단계에 도달하면 자신이 빛을 발할 수 있게 되었고 이미 성불했다고 착각하는데, 그것은 영락없는 병증입니다.

어떤 사람이 저에게 편지를 보냈는데, 타좌를 하면 온몸이 따뜻해져서 겨울에도 옷을 하나만 걸친다고 했습니다. 어떤 사람은 가죽 점퍼를 자리에 펴놓고 그 위에 한 시간 앉아 있었더니 점퍼가 탔다고 합니다. 그가 물었습니다. "스승님, 이것이 난(煖)을 얻은 것입니까?" 제가 말했습니다. "이것은 타는 것을 얻은 것이지 따뜻함을 얻은 것이 아닙니다. 따뜻함은 그런 것이 아닙니다." 만약 이것이 따뜻함을 얻은 것이라면, 우리처럼 이렇게 큰 강당에 있는 사람들이 모두 따뜻함을 얻는다면 소방차가 출동해야 합니다. 따뜻함은 몸이 따뜻해지는 것이지 열을 일으키는 것이 아닙니다! 물건을 태우는 것도 아닙니다! 마음이 따뜻해지는 것은 마음속에 쾌락이 있는 것이고 나의 청정함을 즐거워하는 것이니, 그래야 따뜻함을 얻었다고 합니다. '난(煖)'을 얻은 후 두 번째 단계는 '정(頂)'을 얻는 것입니다. 정(頂)을 얻음은 거꾸로 서서 길을 가는 것이 결코 아니며 정수리가 높게 솟는 것도 아닙니다.

이삼십 년 전에 어떤 수도자가 도가(道家) 수련을 했습니다. 그는 감찰위원이었는데 매년 그믐날 폐관을 하고 새해 칠 일에야 밖으로 나왔습니다. 그는 침상에 앉아서 타좌를 했는데 앉은 채로 천천히 떠올라서 정수리가 천장에 닿았습니다. 말하자면 공중에 앉아 있는 것입니다. 하지만 그것이 정(頂)을 얻은 것은 결코 아닙니다! 게다가 그 장면을 정말로 본 사람은 아무도 없었습니다. 그저 한 사람이 열 사람에게 전하고 열 사람이 백 사람에게 전한 것일 뿐입니다. 모두 다른 사람이 말하는 것을 들은 것이니 세상일은 다 그렇습니다. 그러므로 조금 얻은 것으로 만족해서는 안 됩니다. 조금 얻은 것으로 자신이 도를 이루었다고 생각하고, 그런 후에는 오직 나만 할 수 있고 다른 사람들은 해내지 못한다고 생각합니다. 이것들이 모두 수도(修道)의 장애입니다.

---

무엇을 모든 장애의 인연을 두루 안다고 하는가. 처음의 겁약장에 여섯 가지 인연이 있는 것을 두루 알 수 있음을 말하니, 첫째는 선업의 증장력으로 말미암아 혹은 질병에 시달림으로 말미암아 그 몸이 약한 것이다.

云何遍知諸障因緣. 謂能遍知初怯弱障有六因緣, 一由先業增上力故, 或由疾病所擾惱故, 其身羸劣.

---

내향적이고 담력이 작으며 지혜가 부족하면, 주의하십시오! 이것들이 모두 수도의 장애이니 "겁약장(怯弱障)"이며 여섯 가지 인연이 있습니다. 첫 번째는 전생에 복보를 적게 닦고 공덕을 적게 닦았던 지난 세상의 업[先業]의 종자를 지니고, 전생 전세의 업력과 증상력 때문에 이번 생에 병이 많은 것입니다. 의약품을 많이 보시하는 사람은 내세에 태어날 때 건강하게 무병장수하는 과보를 얻게 됩니다. 이번 생에 병자를 돌보지 않고 다른 사람에게 약을 주지 않는다고 해서 내세에 태어날 때 반드시 병약하고 병치레를 많이 하며 병이 났을 때 돌봐 줄 사람이 없거나 심지어 아무도 상대해 주지 않는다고 할 수는 없습니다. 그렇기 때문에 인연 과보는 경전을 잘 봐야 합니다. 이번 생에 재물을 많이 보시한 사람은 내세에 부유하고, 이번 생에 법 보시를 많이 하고 법보를 많이 유통시킨 사람은 내세에 법연(法緣)이 특별히 좋습니다.

저 같은 경우는 이번 생에 법연이 특별히 좋아서 저를 본 선지식은 누구라도 저를 끌어들여서 법을 전해 주려고 합니다. 제가 "저는 이것을 수행하지 않겠습니다!"라고 말해도 "당신이 수행해도 좋고 수행하지 않아도 좋습니다. 그냥 이 법을 당신에게 전해 줄 것이니 당신이 수행하지 않을 거면 다른 사람을 찾아서 유통시키십시오!"라고 합니다. 저의 일생은 선지식이 저를 찾는 것이 비교적 많지만 제가 선지식을 방문하는 경우도 있습니다. 참 선지식 가운데 저를 찾아오지 않는 경우도 있기 때문입니다. 틀림없이 제가 전생에 법에 대하여 인색하지 않은 결과라고 생각합니다. 그런 까닭에 저는 법에 대하여 줄곧 비밀이 없었고, 비밀이라면 다 공개해 버렸습니다. 그 원인은 이러합니다. 첫째로 옛사람이 남겨 준 이 심혈이 내 손에서 단절된다면 그 작자(作者)인 법을 전해 준 사람에게 미안한 노릇입니다. 둘째로 도는 천하의 공도(公道)이니 모두가 알아야 합니다. 그런데 일반인들은 이렇지 않습니다. 저에게 어떤 학생이 있었는데 좋은 책 한 권을 가져오더니 스승에게 보여서는 안 된다는 것이었습니다. 그 후로 저는 그가 오는 것을 허락하지 않습니다. 이것은 스승에 대한 문제가 아닙니다. 아시겠습니까? 그 사람의 심성의 문제입니다. 의약품을 많이 보시하고 다른 사람을 병고에서 많이 구해 낸 사람은 내세에 태어나면 건강합니다. 전생에 좋은 일을 전혀 하지 않고 병자도 돌보지 않았기 때문에 이번 생에 병이 많고 근심도 많은 것입니다. 하루 온종일 몸에 병이 있어서 "백년 삼만 육천 일을 근심에 있지 않으면 병중에 있네〔百年三萬六千日, 不在愁中卽病中〕"라는 이것이 수도의 첫 번째 장애입니다.

---

둘째는 지나친 가행이고, 셋째는 가행을 수행하지 않음이며, 넷째는 처음으로 가행을 수행함이고, 다섯째는 번뇌가 왕성함이며, 여섯째는 멀리 떠남에 대하여 아직 관습하지 않음이다. 개복장·심사장·자거장의 인연을 두루 안다는 것은 개복장·심사장 및 자거장에 수순하는 처소의 법 중에서 이치에 맞지 않게 작의하고 많이 관습함을 말하니, 이것을 개복장·심사장·자거장의 인연이라고 한다.

二太過加行, 三不修加行, 四初修加行, 五煩惱熾盛, 六於遠離猶未串習. 遍知蓋覆·尋思·自擧障因緣者, 謂於隨順蓋覆·尋思·及自擧障處所法中, 非理作意, 多分串習, 是名蓋覆·尋思·自擧障之因緣.

---

왜 이 오개(五蓋)가 여러분을 덮어서 도를 성취하지 못할까요? 여러분은 세간법을 사용한 심사(心思)가 너무 많고, 불법에 있는 관습력(串習力)을 너무 적게 사용하기 때문에 "심사장(尋思障)"을 지니고 있으며 기타 등등의 장애의 인연도 지니고 있습니다. 이 단락은 여러분이 마땅히 알아야 하지만 시간을 낭비해서는 안 됩니다. 여러분 스스로 여러 번 보

면 이해할 수 있으므로 우리는 요긴한 부분만 이야기하겠습니다.

제32권은 다시 우리에게 백골관과 부정관을 가르쳐 줍니다. 『유가사지론』에서 이 관행(觀行)을 반복해서 언급하기 때문에 제가 여러분에게 수행을 권한 것인데, 여러분은 여전히 이 부분을 먹지 않습니다. 바로 이런 원인 때문에 미륵보살과 모든 불보살이 거듭해서 이 관행을 언급한 것입니다. 지금부터는 쭉 읽어 내려가고 중요한 부분이 있으면 언급하도록 하겠습니다. 이해되지 않는 부분이 있으면 바로 질문하십시오. 질문이 없으면 그냥 읽어 내려가겠습니다.

지금부터는 제32권 본지분 중 성문지 제삼 유가처의 삼〔本地分中聲聞地第三瑜伽處之三〕(805면)입니다.


# 탐심이 무거우면 부정관을 수행한다

무엇을 처음 업을 닦는 사람이 업을 닦기 시작할 때 작의를 닦음에 대하여 안립한다고 하는가.

云何初修業者始修業時, 於修作意, 如應安立.

수행을 시작할 때 어떻게 수행합니까? 어떻게 작의(作意)를 시작합니까? 첫 번째 생각〔念〕을 움직이는 방법은 어떠한 작의여야 합니까?

안립한 바를 따라서 바르게 수행할 때 맨 처음에 촉증하고 희락을 끊어 버림에 대하여 심일경성한다.

隨所安立正修行, 時[57]最初觸證, 於斷喜樂, 心一境性.

"촉증(觸證)"은 감촉 즉 신체의 느낌인데, 효과를 구해서 얻는 것이기도 합니다.

---

말하자면 잘 통달하여 수행하는 유가사는 맨 처음에 저 유가행에 의지하여 처음 업을 닦는 사람에 대하여 이와 같이 가르친다. 잘 오너라 비구여, 그대들은 지금 세 가지 형상을 취하는 인연에 의지해야 하니, 혹은 보거나 혹은 듣거나 혹은 마음으로 헤아려서 분별을 증상하여, 다섯 가지 형상을 취해야 한다. 첫째는 염리상이고 둘째는 흔락상이며 셋째는 과환상이고 넷째는 광명상이며 다섯째는 요별사상이다.

謂善通達修瑜伽師, 最初於彼, 依瑜伽行, 初修業者, 如是教誨. 善來賢首, 汝等今者, 應依三種取相因緣, 或見或聞, 或心比度, 增上分別, 取五種相. 一厭離相, 二欣樂相, 三過患相, 四光明相, 五了別事相.

---

고명한 선지식은 어떻게 다른 사람을 가르치는지 잘 압니다. 다른 사람을 가르치는 것에 관해 여러분은 잘 배워야 하는데, 특히 출가 동학은 더욱 그러합니다. 이것은 모두 교육법으로 스스로 수행하거나 다른 사람을 교육하는 방법인데, 여러분에게도 말씀드린 것입니다. 선지식이 초학자를 교화할 때는 "세 가지 형상을 취하는 인연〔三種取相因緣〕"에 의지해야 한다고 말합니다. 스스로 보거나 다른 사람이 말하는 것을 듣거나 혹은 마음속으로 추리하고 생각하여 추측하는 것입니다. "분별을 증상하여〔增上分別〕" 즉 분별을 사용하지 않는 것이 아닙니다. 여러분은

---

**57** 時는 앞 구절에 붙여서 해석하는 것이 적절해 보인다. 앞 구절에 붙이면 다음과 같이 해석된다. "무엇을 처음 업을 닦는 사람이 업을 닦기 시작할 때, 작의를 닦음에 대하여 안립하고 안립한 바를 따라서 바르게 수행할 때, 맨 처음에 촉증하고 희락을 끊어 버림에 대하여 심일경성한다고 하는가." 하지만 여기서는 원서의 구두점을 따라 해석했다.

아직 성취하지 않았기 때문에 당연히 분별해야 합니다. "다섯 가지 형상을 취한다[取五種相]"는, 세간법에 대해 싫어서 떠나야 한다는 것 등등 다섯 가지 형상을 사람들에게 말해 주어야 한다는 것입니다.

---

문: 유가행에 의지하여 처음 업을 닦는 사람은 그 탐행을 부정관으로 말미암아야 비로소 조복할 수 있다. 어찌하여 저에게 다섯 가지 형상을 취할 것을 가르치는가.

問: 若依瑜伽行, 初修業者, 是其貪行, 由不淨觀方可調伏. 云何教彼取五種相.

어떤 사람이 이렇게 질문했다고 가정합시다. 처음 선업(善業)을 닦고 수도(修道)하면 자신의 탐심이 무겁습니다. 수도를 탐하는 것도 마찬가지로 탐(貪)입니다. 탐욕의 마음을 조복하려면 부정관을 수행해야 하는데, 왜 그에게 다섯 가지 형상의 경계를 취하라고 합니까?

---

답: 마땅히 이와 같이 가르쳐야 하니, 잘 오너라 비구여, 그대들이 의지하여 머무르는 저 여러 마을과 촌읍을 따라서 그 안에 머무르기도 하고, 만약 듣기를 그 밖의 저 여러 촌읍과 마을의 혹은 남자가 혹은 여자가 먼저 안락함을 받은 후에 괴로움을 만나기도 하고, 혹은 저 남녀가 저절로 중병을 만나서 목숨을 마쳐 죽기도 하고…….

答: 應如是教誨, 善來賢首, 汝等隨所依止彼彼聚落村邑而住於中, 若聞所餘彼彼村邑聚落, 或男或女, 先受安樂, 後遭苦厄, 或彼男女, 自遭重病, 命終殞歿…….

---

여러분 스스로 자세히 읽어 보기 바랍니다. 한 명을 뽑아서 이 단락의 중점이 무엇을 말하고 있는지 물어보겠습니다. (한 동학이 대강을 이야기하였다.)

이 세상은 괴로움이 많고 즐거움은 적습니다. 또 즐거움은 잃기 쉽고 얻기는 어렵습니다. 고공(苦空)·무상(無常)·무주(無主)·부자재(不自在) 등 세상의 고상(苦相)은 염리심을 일으켜서 우리로 하여금 이 사회를 관찰하고 이 인생을 관찰하게 합니다. 도병(刀兵)·온역·질병·사망 같은 각종 괴로움 일체를 자기 자신이 지니고 있습니다.

---

곧 그대 자신이 먼저 촉증한 바가 왕성하고 즐거운 느낌이라 할지라도 뒤에는 도리어 잃어버린다.

卽汝自身先所觸證, 猛利樂受, 後還退失.

---

"촉증(觸證)"은 요즘 사람들이 말하는 향수(享受)입니다. 수명을 포함하여 사회의 모든 향수는 아주 빨리 지나가 버려서 우리에게 염리심을 일으키게 합니다.

이 단락은 반드시 봐야 합니다.[58] 몇 페이지 계속 본 후에는 다시 수련으로 넘어가야 합니다. 이것은 모두 실증 수련에 관해 말한 것입니다.

---

[58] 처음 업을 닦는 사람에게 가르친 다섯 가지 형상인 염리상(厭離相), 흔락상(欣樂相), 광명상(光明相), 과환상(過患相), 요별사상(了別事相) 등을 왜 취해야 하고 어떻게 취하는지에 대한 내용은 생략되었다.

제16강

(상략) 다시 그 마음으로 하여금 안에서 적정하게 하는데, 이와 같은 것을 외신 가운데서 순신관을 닦는다고 하니 다른 외신에 의지하여 일으키기 때문이다. 나중에 다시 자기 몸 안팎의 모든 부정물에 대하여 그 형상을 잘 취하여 마음으로 하여금 분명히 알게 한다. 또 다른 몸 안팎의 부정에 대하여도 그 형상을 잘 취하여 마음으로 하여금 분명히 알게 하고, 자신이 사랑하는 바에 대하여도 그대는 마땅히 이와 같은 승해를 일으켜야 한다.

다시 죽은 뒤에는 무덤 사이로 내보내지고, 무덤 사이에 이른 뒤에는 버려서 땅에 두고, 땅에 버려 둔 뒤에는 청어 단계에 이르고 농란 단계에 이르며, 골쇄위에 이르게 됨에 대하여 승해를 일으킨다. 자주자주 이러한 승해를 일으킨 뒤에는 다시 그 마음으로 하여금 안에서 적정하게 한다. 이와 같은 것을 내외신에 대하여 순신관을 닦는다고 하는데, 자신과 남의 몸에 의지하여 안에서나 바깥에서 일으키기 때문이다. 그대는 다시 네 가지 무색온에 대하여 듣고 생각하는 증상력으로 말미암아 분별하여 형상을 취하고 그 세 부분에 대하여 승해를 일으켜야 하니, 첫째는 사마타품에 대하여, 둘째는 무산란품에 대하여, 셋째는 비발사나품에 대하여이다.

사마타품에 대하여라고 함은, 만약 그대가 마음을 안으로 다스릴 때 형상이 없고 분별이 없는 적정상의 행을 일으키는 것과, 작용이 없고 그리워함이 없고 조급한 움직임이 없고 모든 번뇌를 떠난 적멸락상의 행을 일으키는 것을 말한다. 소연 경계에 대하여는 산란이 없는 수온 등의 네 가지 무색온이 찰나 찰나마다 차례대로 이어지며 각기 달라진다. (중략)

다음으로 다시 불태우는 승해를 일으키는데, 이 몸의 무량무변한 품류의 차별을 말한다. 큰 화火가 모여서 무량무변한 품류를 다 태우는데, 화가 이미 꺼진 뒤에는 다시 남은 뼈와 남은 재에 대한 승해를 일으키고, 다시 무량무변한 승해를 일으켜서 이 뼈와 재를 부수어 미세한 가루로 만든다. 다시 무량한 큰 풍風의 승해를 일으켜서 이 가루를 흩날려 모든 방향에 두루 하게 한다. 이미 날려 흩어진 뒤에는, 다시 날리는 뼈와 재 및 회오리바람을 관하지 않고 오직 그 나머지 아득한 허공의 경계를 관하니, 이와 같이 그 승해작의로 말미암는다. 안팎의 부정 가행에 의지하여 계차별에 들어가고, 그 몸의 형상에 대하여 순신관에 머무르고, 이로부터 진실작의로 들어간다. 말하자면 이와 같은 승해작의로 말미암아 내신과 외신에 대하여 순신관에 머무르고 승해의 힘으로 말미암아 나의 이 지은 바는 무량무변한 수계·화계·지계·풍계·허공계의 상이다.

내가 무시이래로 생사를 유전하며 지나온 모든 계가 무량무변하고 심지어 이보다 더 심하다. 말하자면 부모 형제 자매 가족이 죽음으로 말미암아, 친구 재물 지위를 잃어버림으로 말미암아, 슬피 울어 비 오듯 눈물을 흘렸고 또 어머니의 젖을 먹었다. 또 도적이 되어 핍박하고 겁탈하려 담을 뚫고 매듭을 풀었고, 이 인연으로 말미암아 헤아릴 수 없이 손이 잘리고 발이 잘리며, 머리를 베이고 코를 베이며 갖가지로 몸의 모든 마디가 잘리고, 이 인연으로 말미암아 피 흘림이 무량하니, 이와 같은 모든 눈물과 젖과 피를 포함한 수계의 물이 모이면 네 개의 큰 바닷물이 가득 차도 백분의 일에도 미치지 못하니, 자세한 설명은 앞과 같다. 또 중생이 육도에서 죽고 태어남에 있어서 무량한 화火로 시체를 불사름을 지나니, 이와 같은 화가 모이면 또한 비할 데가 없다. (중략)

또 아나파나념에 대하여 정가행하는 가운데 처음 업을 닦는 사람은, 먼저 집 앞뒤 창문에서 혹은 대장장이 혹은 금은 세공사가 풀무질을 하는 것이나, 혹은 바깥 풍風이 모여서 들고나고 왕래하는 것에서 형상을 잘 취한다. 안의 입출식념에 대하여 반연함으로 말미암아 입출식에 대하여 승해를 일으킨다. 저가 다시 먼저 미세한 식息과 풍風이 가슴속을 지나서 거친 구멍을 왕래함에 대하여 승해를 일으킨다. 그런 후에 점차로 아주 많은 풍에 대하여 승해를 일으키는데, 이른바 일체 모공에까지 풍이 따라서 들어옴에 대하여 승해를 일으키니, 모든 일체의 몸이 이와 같다. 풍이 모여 따르는 바이고, 풍이 모여 붙잡는 바이고, 풍이 모여 감추고 무량한 풍이 모여 가운데에 쌓인다. 투라면 혹은 솜털을 쌓은 것 등 모든 가볍게 날리는 물건, 이 모든 형상에 대하여 승해를 일으킨다.

저가 만약 안의 입식과 출식이 끊임없이 되풀이됨에 대하여 작의하고 사유하면, 그때를 그 내신에 대하여 순신관에 머무른다고 한다. 만약 다시 다른 죽은 이의 시체 안 청어 등의 단계에서 입식과 출식의 되풀이됨이 끊어짐에 대하여 작의하고 사유하면, 그때를 그 외신에 대하여 순신관에 머무른다고 한다. 만약 다시 자신이 죽음에 임박했을 때에 대하여 승해를 일으키고, 혹은 이미 죽어서 입식과 출식이 되풀이되지 않는 것에 대하여 승해를 일으키고, 혹은 아직 죽지 않았는데 입식과 출식이 되풀이되지 않는 것에 대하여 승해를 일으킨다. 법이로 말미암기 때문에 그때를 내신과 외신에 대하여 순신관에 머무른다고 한다.

일체에 두루 하는 정가행 안에서 마땅히 이와 같은 상품의 조반과, 상품에 포함되는 무도가행을 수행해야 하는데, 그 밖의 일체는 앞과 같음을 알아야 한다. 이와 같이 처음 업을 닦는 모든 사람은 바른 가르침을 받아 정행을 닦을 때, 치성과 정지를 갖춘 염에 편안히 머무르고 일체 세간의 탐욕과 근심을 조복시킨다. 만약 이와 같은 정가행 안에서 항상 수행하고 끝까지 수행하며 전도되지 않는 작의를 하여 시끌벅적함 등이 어지럽히지 못하면 이것을 치성이라 한다. 만약 이와 같은 정가행 안에서 사마타와 비발사나를 수행하여 어지럽고 어지럽지 않은 상을 자세히 살펴 알게 되니, 이와 같은 것을 정지를 갖춘 염이라고 한다. 만약 모든 염리상과 모든 혼락상을 잘 취할 수 있으면, 이와 같은 것을 일체 세간의 탐욕과 근심을 조복시킴이라고 한다. 이 인연으로 말미암아 저가 타오름에 편안히 머무르고 세간의 탐욕과 근심을 조복시킬 수 있다고 널리 말한다. 먼저 이와 같은 정가행을 일으킬 때 심일경성과 심신의 경안이 조금 미약하게 바뀌면 깨달아 알기가 어렵다.

다시 뛰어난 사마타와 비발사나를 수습함으로 말미암아 심신이 맑고 깨끗해지고, 심신이 고르고 부드러워지며 심신이 가볍고 편안하니, 곧 앞의 미약한 심일경성과 심신의 경안이 점점 더 증장하여 강성함을 이끌어 내어 쉽게 깨달아 알 수 있으니, 심일경성하고 심신이 경안하다. 말하자면 원인의 힘이 되풀이됨으로 말미암아 방편 도리를 일으키는데, 저가 이때에 오래지 않아 강성하고 알기 쉬운 심신의 경안과 심일경성을 일으키니, 이와 같이 저 앞의 형상을 지니고 그 정수리에서 무거운 듯 일어나지만 해롭거나 괴로운 형상은 아니다. 곧 이 형상이 안에서 일어남으로 말미암아 즐거이 끊음을 방해할 수 있는 모든 번뇌품과 마음의 거칠고 무거운 본성이 모두 없어질 수 있다. 저를 다스릴 수 있어서 마음의 고르고 부드러운 본성, 마음의 가볍고 편안한 본성이 모두 생기할 수 있다. 이것이 생겨남으로 말미암아 수순하여 몸의 경안을 일으킬 수 있음이 있고, 풍대가 유달리 증가하여 많은 대종이 몸속으로 들어오는데, 이 대종이 몸속으로 들어오기 때문에 즐거이 끊음을 방해할 수 있는 모든 번뇌품과 몸의 거칠고 무거운 본성이 모두 없어질 수 있다. 저를 다스릴 수 있어서 몸의 고르고 부드러운 본성, 몸의 가볍고 편안한 본성이 몸속에 편만하니, 그 형상은 가득 차서 넘치는 것 같다.

저가 처음 일어날 때 마음으로 하여금 뛰놀게 하고 마음으로 하여금 기쁘게 하니, 환희를 갖춘 행이 마음으로 하여금 희락하게 하여 소연 경계의 성품이 마음속에 드러나고, 그 후로는 저가 처음에 일으킨바 경안의 세력이 점점 느려지면서 오묘한 경안이 몸을 따라서 행하고 몸 안에 있으면서 구른다. 이 인연으로 말미암아 마음의 뛰노는 본성이 점차 물러가고 줄어드는데, 사마타를 붙잡음으로 말미암아 마음이 소연에 대하여 적정으로 행하고 구른다. 이 이후로는 유가행에 대하여 처음 업을 닦는 사람이 작의를 지녔다고 하며, 비로소 작의수에 들어갈 수 있다.

무엇 때문인가. 이로 말미암아 색계정의 영역에 포함되는 작은 부분의 미묘한 바른 작의를 맨 처음 얻게 되기 때문이다. 이 인연으로 말미암아 작의를 지닌다고 한다. 이 작의를 얻고 처음 업을 닦는 사람은 이 형상을 지니는데, 이미 색계에 포함되는 작은 부분의 정심을 얻었다고 말한다. 작은 부분의 심신의 경안과 심일경성을 얻어 힘이 있고 능력이 있어서 정혹 소연의 가행을 잘 수행하며, 마음으로 하여금 서로 이어지게 하고 촉촉하게 적시어 전화하니, 사마타에 붙잡힌 바 되어 제행을 깨끗하게 할 수 있다. 비록 각종 사랑할 만한 경계에서 행하더라도 왕성한 탐욕의 얽어맴 또한 생기하지 않는다. 비록 조금 생기하더라도 작은 부분의 조금 미약함을 다스림에 의지하고 머물러 잠시 작의할 때 곧 없앨 수 있다. 사랑할 만한 경계에서처럼 미워할 만하거나 어리석을 만하거나 교만을 낼 만하거나 심사할 만한 경계에서도, 또한 그러함을 마땅히 알아야 한다. 고요한 방에 조용히 앉아 잠시 그 마음을 유지하면 심신의 경안이 빠르게 생기한다.

모든 몸의 거칠고 무거운 본성의 괴롭힘이 지극하지 않고, 자주 일어나는 모든 개蓋의 현행이 지극하지 않으며, 현행을 그리워함이 지극하지 않고, 근심과 함께 행해지는 모든 생각의 작의를 즐거워하지 않으니, 비록 정으로부터 일어나서 밖으로 나와 경행해도 작은 부분의 경안의 여세가 있어서 심신을 따라서 구르게 된다. 이와 같은 종류를, 이것을 작의가 있는 사람의 청정한 형상이라고 하는 것임을 알아야 한다.

• 제33권 본지분 중 성문지 제13 제4유가처의 1 本地分中聲聞地第十三第四瑜伽處之一

다시 다음으로 이 올타남으로 말하리라. 일곱 가지 작의로 욕을 떠남과 모든 정을 널리 말하며, 두 가지 정과 다섯 가지 신통과 생의 차별과 모든 상이니라.

모든 진리를 관찰하여 여실히 통달하고 수행에 대하여 널리 분별하여 구경을 그 나중으로 삼느니라.

이미 작의를 얻은 모든 유가사는 이미 이와 같은 작은 부분의 즐거이 끊음에 들어가고 이 이후에는 오로지 두 길이 있으며 다시 그 밖의 것은 없다. 어떤 두 가지인가. 첫째는 세간이고 둘째는 출세간이다. 저 처음 업을 닦는 모든 유가사가 이 작의로 말미암아 혹은 생각하기를 나는 세간으로 가야겠다고 하거나, 혹은 생각하기를 나는 출세간으로 가야겠다고 하여, 다시 이와 같은 작의를 많이 수습하고 여여히 이에 대하여 지극히 많이 수습한다. 여시여시한 모든 경안과 심일경성이 저 낮과 밤 등을 지나며 다시 늘어나고 넓어진다. 만약 이 작의를 견고히 이어서 강성하게 구르면 청정소연의 승해를 일으키고 사마타품 및 비발사나품에 대하여 그 형상을 잘 취하는데, 저가 그때에 혹은 세간도로 가기를 즐거워하여 가행을 일으키거나 출세간도로 가기를 즐거워하여 가행을 일으킨다.

문: 이 가운데 몇 종류의 보특가라가 곧 현법에 대하여 세간도로 가기를 즐거워하여 가행을 일으키며, 출세간도로 가기를 즐거워하지 않는가. 답: 대략 네 종류의 보특가라가 있다. 어떤 네 종류인가. 첫째는 일체 외도이다. 둘째는 정법에 대하여 근성이 약하고 부족하여 먼저 정행을 닦는 중생이다. 셋째는 근성은 비록 예리하나 선근이 미숙한 중생이다. 넷째는 일체 보살이니, 내세에 큰 보리를 증득하기를 즐거워하고 현법에서는 아닌 자이다. 이와 같은 네 종류의 보특가라가 현법 가운데서 세간도로 가기를 즐거워하여 가행을 일으킨다.

이 세간도로 가기를 즐거워하여 가행을 일으키는 사람은 다시 두 종류가 있다. 첫째는 구박이니 모든 이생을 말한다. 둘째는 불구박이니 모든 유학을 말한다. 이것은 다시 무엇을 말하는가. 먼저 욕계를 관하여 거친 본성이라 여기고, 초정려의 정이거나 생에 대하여 관하여 고요한 본성이라 여기며, 가행을 일으켜 욕계의 욕을 떠난다. 이와 같이 가행을 일으켜서 무소유처의 욕을 떠나는 것까지도 또한 그러함을 알아야 한다. 또 정려 등에 의지하여 무상정 등을 일으키고 오신통 등을 일으킨다. 또 곧 이것에 의지하여 생生이거나 상相을 모두 자세히 말해야 하며, 욕계의 욕을 떠나기 위해 관행을 부지런히 닦는 모든 유가사는 일곱 가지 작의로 말미암아 비로소 욕계의 욕을 떠남을 얻을 수 있다.

지금부터는 대부분을 읽고 지나가는데 여러분 스스로 볼 수 있기를 간절히 바랍니다. 제 생각에는 진정으로 불학이나 불법을 연구하는 사람이라면 이러한 관념을 다 알 수 있을 것입니다. 지금은 그냥 한 번 읽고 주의를 환기시킬 뿐입니다. 이것은 불학이 아니며 사상이나 학문을 이야기하는 것도 아닙니다. 자신의 몸과 마음으로 증험을 구하려는 것입니다. 그런 까닭에 이 이론들에 대단히 주의해야 합니다. 일반적인 학불자들에게 가장 심각한 문제는 그것을 논리 사상의 학문으로 여기고 심신에 적용하지 않는다는 것입니다. 그러므로 문제는 여기에 있습니다. 이제부터 읽고 지나가서 건너뛰는 부분이 결코 중요하지 않다는 말이 아닙니다. 바꾸어 말하면 더더욱 중요하니 여러분이 각별히 주의하기를 바랍니다. 모두 매우 매우 중요합니다.

이제 제32권 816면부터 시작해서 부정관(不淨觀)을 말씀드리겠습니다. 먼저 부정관 등을 다루는데 이것들은 모두 실증을 닦는 데 힘쓰는 수련입니다.

# 부정관의 요점과 백골을 불태우는 수련

다시[59] 그 마음으로 하여금 안에서 적정하게 하는데, 이와 같은 것을 외신 가운데서 순신관[60]을 닦는다고 하니 다른 외신에 의지하여 일으키기 때문이다. 나중에 다시 자기 몸 안팎의 모든 부정물에 대하여 그 형상을 잘 취하여 마음으로 하여금 분명히 알게 한다.

復令其心於內寂靜, 如是名爲於外身中修循身觀, 依他外身而發起故. 後復應於自身內外諸不淨物, 善取其相, 令心明了.

부정관과 백골관은 먼저 바깥 대상〔外境〕을 보는 것입니다. 다른 사람의 부정(不淨)에 의지하여 관(觀)을 일으키고 다시 자신의 몸으로 되돌아옵니다. 수행의 시작은 모두 상을 붙잡는〔着相〕 것입니다.

또 다른 몸 안팎의 부정에 대하여도 그 형상을 잘 취하여 마음으로 하여금 분명히 알게 하고, 자신이 사랑하는 바에 대하여도 그대는 마땅히 이와 같

---

**59** 이 단락 앞은 다음과 같다. 연결된 내용이어서 생략된 부분을 보충한다. "장차 취하여 들어가려고 할 때 그대는 먼저 내신에 있는 서른 여섯 종류에 대하여 머리카락으로부터 소변에 이르기까지 그 형상을 잘 취해야 한다. 그대는 자기 내신 안 모든 부정물에 대하여 먼저 부정승해를 일으켜야 한다. 자주자주 이 승해를 일으킨 뒤에는 다시 그 마음으로 하여금 안에서 적정하게 해야 한다. 이와 같은 것을 내신 안에서 순신관을 닦는다고 하는 것은 자기 몸 안에 의지하여 일으키기 때문이다. 다음에는 바깥의 모든 부정물에 대하여 그 형상을 잘 취해야 한다. 그대는 청어승해를 널리 일으키고 나서 골쇄승해에 이르기까지, 혹은 협소승해나 광대승해나 무량승해를 일으켜야 하며 자주자주 이 승해를 일으킨 뒤에는…〔將趣入時, 汝應先於內身所有三十六物, 始從髮毛, 乃至小便, 善取其相. 汝應於是自內身中諸不淨物, 先當發起不淨勝解. 數數發起此勝解已, 復令其心, 於內寂靜. 如是名爲於內身中, 修循身觀, 依自身內, 而發起故. 次應於外諸不淨物, 善取其相. 汝當發起青瘀勝解廣說乃至骨鎖勝解, 或狹小勝解, 或廣大勝解, 或無量勝解, 數數發起此勝……〕"

**60** 몸을 좇아〔循身〕 관(觀)하는 것. 머리에서 발끝까지 몸의 여러 부위를 차례대로 주시하여 그것이 깨끗하지 못하다고 마음에 새기는 수행법이다.

은 승해를 일으켜야 한다.

*又於他身內外不淨, 善取其相, 令心明瞭, 於自所愛, 汝當發起如是勝解.*

---

"다른 몸〔他身〕"은 바깥의 사람을 가리키는데 바로 여러분이 사랑하는 사람인 자녀, 부부, 형제, 부모 등등입니다.

---

다시 죽은 뒤에는 무덤 사이로 내보내지고, 무덤 사이에 이른 뒤에는 버려서 땅에 두고, 땅에 버려 둔 뒤에는 청어 단계에 이르고 농란[61] 단계에 이르며, 골쇄위에 이르게 됨에 대하여 승해를 일으킨다. 자주자주 이러한 승해를 일으킨 뒤에는 다시 그 마음으로 하여금 안에서 적정하게 한다. 이와 같은 것을 내외신에 대하여 순신관을 닦는다고 하는데, 자신과 남의 몸에 의지하여 안에서나 바깥에서 일으키기 때문이다.

*復於死已, 出送塚間, 至塚間已, 棄之在地, 棄在地已, 至靑瘀位, 至膿爛位, 廣說乃至骨鎖位, 發起勝解. 數數發起此勝解已, 復令其心於內寂靜. 如是名爲於內外身修循身觀, 依自他身, 若內若外而發起故.*

---

여러분이 해부하는 것을 보고 돌아온 그날은 다들 마음속이 서늘해졌을 것입니다. 여전히 밥을 먹기는 했지만 그 맛은 이미 달라졌겠지요. 수십 년 전에 어떤 독일 사람이 저에게, 자기가 중국에 온 지 일 년이 됐는데 중국에 관한 책을 한 권 쓰고 싶다고 했습니다. 그는 이미 중국을 이해했다고 여기고 있었습니다. 저는 이렇게 말했습니다. "일 년 더 살면서 조금 더 분명히 보고 쓰시지요." 그는 이 년을 머무른 후에 다시 말

---

**61** 시신이 부패하여 시신의 내장, 지방, 혈액이 체내의 높은 온도에 의해 문드러져서 구멍으로 흘러나오는 것을 말한다.

하더군요. "아이고! 안 되겠습니다. 일 년 더 살아야겠습니다." 삼 년이 지나자 말하기를 아직 안 되겠다며 중국은 이해하기가 쉽지 않다고 했습니다. 그는 저에게 다른 문제를 이야기했는데, 중국 문화는 위대하며 철학과 종교도 위대하다고 했습니다. 외국인들이 중국에는 종교가 없다고 생각하는 것은 틀렸다고 했습니다. 그런데 그 중에 자신이 이해하지 못하는 것이 있다고 하면서, 중국 사람들은 왜 귀신을 무서워하느냐고 물었습니다. 사람이 죽어서 귀신으로 변했는데, 그러면 사람과 똑같지 않냐는 것이었습니다. 그러니 귀신이 무서울 게 뭐 있냐고 하더군요. 듣고 보니 외국인은 귀신을 무서워하지 않는 것 같았습니다. 제가 말했습니다. "당신이 제기한 이 문제는 설명하기가 아주 어렵습니다. 하나 묻겠습니다. 밤에 혼자서 무덤가에 갔는데 그때 마침 달도 없어서 하늘이 캄캄하고 스산한 바람에 비까지 온다면 기분이 어떻겠습니까?" 그가 말했습니다. "아! 그건 아주 무섭지요. 견디기 어려울 겁니다." 제가 말했습니다. "중국 사람이 귀신을 무서워하는 것은 바로 그런 상황을 무서워하는 것입니다." 그러자 그가 말했습니다. "그랬군요! 그건 똑같은 것 같습니다." 제가 말했습니다. "당신에게 코가 있듯이 우리도 코가 있습니다! 사람이라면 그 심리는 똑같습니다." 외국인과 이야기하기가 어려운 이유는 자신의 문화를 잘못 소개해서 그런 경우가 왕왕 있습니다.

똑같은 이치로, 여러분이 그날 해부하는 것을 보고 나서 비록 밥을 먹기는 해도 심정이 달라졌을 것입니다. 그 심정을 유지하고 있지만 아직 완전한 적정(寂靜)에 도달하지는 않았습니다. 외계(外界)를 보고 일체 외계를 알았지만 속마음이 적정에 도달하고자 하여 그 적정의 심경을 유지하니, "이와 같은 것을 내외신에 대하여 순신관을 닦는다고 합니다〔如是名爲於內外身修循身觀〕." 너무 상세하게 말했습니다.

다른 사람이 죽는 것을 보게 됐거나 자기 몸이 아파서 병원에 입원했는데 옆 침상의 환자가 하얀 시트에 덮여 나가는 것을 보았다면 여러분은 어떤 심정이겠습니까? 그런 것을 "토끼가 죽으니 여우가 슬퍼한다〔兎死狐悲〕"고 하는데, 다음 차례는 어쩌면 자신이 될 수 있다고 생각한 것입니다. 그리하여 자기 몸에 의지하거나 남의 몸에 의지하여 안에서부터 바깥까지 관(觀)을 일으킵니다.

---

그대는 다시 네 가지 무색온[62]에 대하여 듣고 생각하는 증상력으로 말미암아 분별하여 형상을 취하고 그 세 부분에 대하여 승해를 일으켜야 하니, 첫째는 사마타품에 대하여, 둘째는 무산란품에 대하여, 셋째는 비발사나품에 대하여이다.

汝復應於四無色蘊, 由聞思增上力分別取相, 於其三分發起勝解, 一於奢摩他品, 二於無散亂品, 三於毘鉢舍那品.

---

이것은 완전히 수지를 설명하는데, 순서에 따라 수행해야 하며 아주 과학적입니다. 물론 여러분이 상근기〔上根〕의 예리한 사람〔利器〕이라면 단번에 몇 단계를 건너뛸 수 있지만 그것은 또 다른 문제입니다. 그렇지 않다면 점수(漸修) 법문의 이 노선을 걸어가야 하니, 부정관과 백골관으로부터 인생을 분명히 이해해야 합니다.

이것은 일반적인 이해가 아니기에 정말로 분명히 관찰한 뒤라야 지(止)를 이룰 수 있습니다. 여러분이 타좌를 하다가 우연히 약간의 청정을 얻었다 하더라도 타좌를 하지 않으면 곧 없어집니다. 혹은 수련하던 자리에서 일어나지 않더라도 단번에 없어지고 수시로 어지럽게 흩어집니

---

62 사무색온(四無色蘊)은 이름〔名〕만 있고 형상〔相〕이 없는 것으로 수온(受蘊, 감각 작용), 상온(想蘊, 생각 작용), 행온(行蘊, 의지 작용), 식온(識蘊, 의식 작용)을 말한다.

다. 이것은 이치에 통하지 않았기 때문인데 지(止)를 이룰 수 없습니다.

---

사마타품에 대하여라고 함은, 만약 그대가 마음을 안으로 다스릴 때 형상이 없고 분별이 없는 적정상의 행을 일으키는 것과, 작용이 없고 그리워함이 없고 조급한 움직임이 없고 모든 번뇌를 떠난 적멸락상의 행을 일으키는 것을 말한다. 소연 경계에 대하여는 산란이 없는 수온 등의 네 가지 무색온이 찰나 찰나마다 차례대로 이어지며 각기 달라진다.

於奢摩他品者: 謂若汝心於內略時, 起無相無分別寂靜想行, 及無作用, 無思慕, 無躁動, 離諸煩惱, 寂滅樂想行. 於所緣境, 無亂受等四無色蘊, 刹那刹那展轉各異.

---

　여기부터 다음 단락까지는 읽고 지나가지 않더라도 여러분이 보면 이해할 수 있습니다. 그렇다고 해서 이 이치는 이해하기 쉬우니 건너뛰고 읽지 말아야지 하고 생각해서는 안 됩니다. 진정으로 수지하는 사람은 이해하기 쉬운 이치에 대해서도 자신의 몸과 마음으로 되돌아와서 몸과 마음속에서 잘 체득해 나갑니다. 어떤 사람이 불경을 몇 줄 읽고 한편으로는 그 이치를 자신의 몸과 마음 안팎으로 되돌려서 체득해 나간다면, 헛공부를 하지 않고 불경을 제대로 본 것입니다. 그런 사람의 수련과 효과(功用)와 수증은 금방 진보할 것입니다.

　하지만 안타깝게도 일반인이 불경을 보면, 보는 것은 종이일 뿐입니다. 다 보고 나서도 이치는 이치이고 불경은 불경이고 나는 나이니, 서로 상관이 없습니다. 이 말이 이해하기는 쉬워도 실천하기는 어렵습니다. 여러분도 불학원에서 공부한 적이 있고 불경을 읽기도 했지만, 불학을 배워도 몸에 익히지 않으면 아무 소용이 없습니다. 번뇌 망상의 습기가 똑같이 커서 움직일 수가 없으니, 이 이치에 주의해야 합니다. 지금 말씀드린 것은 우리의 수지와 관계가 있습니다.

몇 쪽을 건너뛰어서 825면을 보겠습니다.

---

다음으로 다시 불태우는 승해를 일으키는데, 이 몸의 무량무변한 품류의
차별을 말한다.

次復發起火燒勝解, 謂此身分無量無邊品類差別.

---

이 부분은 참 수련을 말하고 있습니다. 이것은 백골관을 아직 제대로
해내지 못해서 관(觀)해 낸 영상이 완전하지 않다는 말입니다. 여러분이
조금이라도 관해 내고 곧바로 불태우는 것을 관한다면, 자신의 이 백골
을 불태우기만 한다면 여러분의 감수(感受) 또한 달라질 것입니다. 다들
이치에 통하지 못했고 지혜도 그다지 고명하지 않아서, 그도 아니면 아
직 스승에게 물어본 적이 없어서 해야 할 것을 하지 못했다고 말합니다.
그런 까닭에 마땅히 해야 할 것조차 아직 하지 않았습니다. 만약 저를
만나지 못했다면요? 여러분이 불태우려고 하면 불태워 보면 되지 않습
니까! 어차피 관상이므로 여러분이 불타지는 않습니다. 그러나 여러분
은 이 물건에 대해 조심해야 하니, 진주 보물이라도 되는 양 그렇게 잘
남겨두어야 합니다.

---

큰 화火가 모여서 무량무변한 품류를 다 태우는데, 화가 이미 꺼진 뒤에는
다시 남은 뼈와 남은 재에 대한 승해를 일으키고, 다시 무량무변한 승해를
일으켜서 이 뼈와 재를 부수어 미세한 가루로 만든다. 다시 무량한 큰 풍風
의 승해를 일으켜서 이 가루를 흩날려 모든 방향에 두루 하게 한다.

爲大火聚, 無量無邊品類燒盡, 火旣滅已, 復起餘骨餘灰勝解, 復起無量無邊勝解,
碎此骨灰以爲細末. 復起無量大風勝解, 飄散此末, 遍諸方維.

---

이것은 여러분에게 한 단계 한 단계 관상하라는 것입니다. 지대(地大) 인 백골이 변화해서 재로 변하고 재가 큰 바람에 흩어집니다. 이 바람은 선풍기의 그런 바람이 아니라 온 우주에 큰 풍륜(風輪)이 일어나는 것입 니다.

---

이미 날려 흩어진 뒤에는, 다시 날리는 뼈와 재 및 회오리바람을 관하지 않 고 오직 그 나머지 아득한 허공의 경계를 관하니, 이와 같이 그 승해작의로 말미암는다.

旣飄散已, 不復觀見所飄骨灰, 及能飄風, 唯觀有餘渺茫空界, 如是由其勝解作意.

---

바람도 고요해졌고 뼈와 재도 흩어졌으며 신체도 공(空)이 되어 공의 경계에 머물러 있습니다. 관상(觀想)이 참으로 이 정도에 도달하면 신체 의 감각이 없어지고 오로지 한 조각 공(空)뿐입니다. 이것은 모두 실제 수련입니다. 하지만 이것은 여러분이 작의해 낸 것이고 관상해 낸 것으 로서 "승해작의(勝解作意)"라고 하며 자신이 마음대로 할 수 있습니다. 공(空)하고자 하면 공하고 유(有)하고자 하면 유합니다. 마음대로 할 수 없다면 그것은 틀렸습니다. 그런 것은 정신병 상태에 속합니다.

---

안팎의 부정 가행에 의지하여 계차별에 들어가고, 그 몸의 형상에 대하여 순신관에 머무르고, 이로부터 진실작의로 들어간다.

依於內外不淨加行, 入界差別, 於其身相住循身觀, 從是趣入眞實作意.

---

또 한 단계 더 나아갔는데, 안(內)은 자신이고 밖(外)은 바깥 대상입니 다. 다시 돌아와서 정(定)의 경계로부터 일념이 또 일어나서 신상(身相) 을 따라서 가는 것이 "계차별(界差別)"입니다. 후세의 도가와 밀종의 수

기(修氣) 수맥(修脈)이 바로 이렇게 나왔는데, 이것이 "순신관(循身觀)"입니다. 이것은 승해작의가 아니라 비교적 세속적인 진실입니다. 무슨 뜻일까요? 여기에 앉아 있는 몸에는 감각이 있기 때문에 다리가 저리고 붓는 것이 아주 진실합니다. 다리가 저린데도 백골관을 해서 그것을 변화시키면 곧 저리지 않게 됩니다. 심지어 여러분의 작의 능력이 두 다리로 하여금 즐거움을 일으키게 할 수도 있습니다! 그것은 편안한 느낌인데 그 편안함이 아주 즐겁습니다! 그러나 이것이 내촉묘락(內觸妙樂)[63]의 경계에 도달한 것은 아닙니다. 하지만 이미 즐거움을 일으켰기 때문에 다리를 풀어 버리고 싶지는 않습니다. 오랫동안 앉아 있어도 되고 정(定)을 지속해 나갈 수 있습니다. 그러면 이 승해로 말미암아 "진실작의(眞實作意)"로 들어갑니다.

## 사대의 전화

말하자면 이와 같은 승해작의로 말미암아 내신과 외신에 대하여 순신관에 머무르고, 승해의 힘으로 말미암아 나의 이 지은 바는 무량무변한 수계·화계·지계·풍계·허공계의 상이다.

謂由如是勝解作意, 於內外身住循身觀, 由勝解力, 我此所作無量無邊, 水界·火界·地界·風界·虛空界相.

이 승해작의로 말미암아 사대관(四大觀)을 다시 새롭게 관(觀)합니다.

---

**63** 몸과 마음이 공령(空靈)한 경지에 도달하여 저절로 내적 즐거움이 생기는 것을 말한다. 정수리에서 감로가 흘러내리는 제호관정(醍醐灌頂)과 비슷한 현상으로 일반인에게는 없으며 보살의 경지라고 한다.

어제 미국에 사는 노부인의 보고에서 보듯이, 그 부인의 공부는 이미 여기에 도달했고 경전과 서로 들어맞습니다. 노부인은 이미 『능엄경』의 요점을 질문했습니다. 『능엄경』은 원칙을 말하는데, "화의 본성은 진공이고, 공의 본성은 진화〔性火眞空, 性空眞火〕"라는 것입니다. 허공을 다하고 법계에 두루 하며 업(業)을 따라 드러나고 방위가 없으며 존재하지 않는 곳이 없습니다. 여러분은 말합니다. 지금 이 허공 가운데서 우리가 손을 이렇게 비비면 여기에 불이 있습니까? 전기가 있습니다. 그렇지요? 마찰하면 전기가 생기는데 전기가 여기에 있으면 공중에 불이 붙어서 여러분의 손까지 태워 버릴 수 있습니다.

이른바 "공은 색과 다르지 않다〔空不異色〕"는 말처럼, 이 허공은 형상〔相〕을 지닌 물리세계의 허공입니다! 우리는 지금 손을 허공 가운데서 움직이는데, 형상을 지닌 이 허공은 부처님이 말씀하신 그 궁극적인 공(空)의 공이 아니라 이념상의 허공입니다. 이 허공은 형상을 지니고 있습니다. "공은 색과 다르지 않아서" 형상을 지닌 이 공(空) 안에는 지수화풍의 사대가 있습니다. 우리가 있는 이 집처럼 이 벽과 이 뼈대 이것들은 모두 실재합니까? 모두 공(空)입니다. 이것이 만약 불에 타버리거나 물에 떠내려 가거나 바람에 흩어진다면 모두가 똑같이 허공으로 돌아갑니다. 허공도 하나의 형상입니다! 우리가 지금 보는 것은 여전히 유형(有形)의 허공이고 하나의 물리적인 사물입니다. 그렇기 때문에 지(止) 수행을 해서 반드시 지(地) 수(水) 화(火) 풍(風) 공(空)의 이 색신을 전화해야 합니다. 이 단락은 원리를 설명하고 있는데 실제적 방법은 여러분 스스로 연구하고 참구해야 합니다. 그러지 않으면 밝은 스승을 찾아가서 지도를 받아야 합니다.

여기에서는 승해력으로 말미암아 지수화풍공의 오대(五大)를 말했는데, 『능엄경』에서는 칠대(七大) 즉 지, 수, 화, 풍, 공, 각(覺), 식(識)을 말했습니다. 지금부터는 미륵보살이 우리에게 어떻게 관하라고 가르치는지 보도록 하겠습니다.

---

**내가 무시이래로 생사를 유전하며 지나온 모든 계가 무량무변하고 심지어 이보다 더 심하다.**

我從無始生死流轉, 所經諸界無量無邊, 甚過於此.

---

이것은 신념의 문제인데, 불법의 기초가 삼세인과 육도윤회 위에 세워졌기 때문입니다. 여러분은 우리의 이 생명이 윤회 중에 있다는 것을 알아야 합니다. 태어나고 죽고 태어나고 죽고 이미 몇 번을 지나왔는지 알지도 못합니다.

---

**말하자면 부모 형제 자매 가족이 죽음으로 말미암아, 친구 재물 지위를 잃어버림으로 말미암아, 슬피 울어 비 오듯 눈물을 흘렸고 또 어머니의 젖을 먹었다.**

謂由父母兄弟姉妹眷屬喪亡, 及由親友財寶祿位離散失壞, 悲泣雨淚, 又飮母乳.

---

우리가 여러 생에서 어머니의 젖을 먹은 것이 몇 번인지 모릅니다. 심지어 개로 변했을 때는 어미 개의 젖을 먹습니다.

---

또 도적이 되어 핍박하고 겁탈하려 담을 뚫고 매듭을 풀었고, 이 인연으로 말미암아 헤아릴 수 없이 손이 잘리고 발이 잘리며, 머리를 베이고 코를 베이며 갖가지로 몸의 모든 마디가 잘리고, 이 인연으로 말미암아 피 흘림이 무량하니, 이와 같은 모든 눈물과 젖과 피를 포함한 수계의 물이 모이면 네개의 큰 바닷물이 가득 차도 백분의 일에도 미치지 못하니, 자세한 설명은

앞과 같다.

又由作賊, 擁逼劫掠, 穿牆解結, 由是因緣, 遭無量度截手刖足, 斬頭劓鼻, 種種解
割身諸支節, 由是因緣, 血流無量, 如是所有淚乳血攝水界水聚, 四大海水皆悉盈
滿, 於百分中不及其一, 廣說如前.

---

불경에서 말하기는, 우리가 여러 생 이래로 태어나고 죽고 태어나고
죽으면서 자신이 흘린 피를 모아 보면 네 개의 큰 바닷물보다 훨씬 많다
고 했습니다. 무시이래의 우리 생명을 누적해서 계산하면 컴퓨터로도
다 결산하지 못합니다. 네 개의 큰 바닷물이 대수가 아닙니다.

---

또 중생이 육도에서 죽고 태어남에 있어서 무량한 화火로 시체를 불사름을
지나니, 이와 같은 화가 모이면 또한 비할 데가 없다.

又於諸有, 諸趣死生, 經無量火焚燒屍骸, 如是火聚亦無比況.

---

우리는 태어나고 죽고 태어나고 죽으면서 지수화풍의 이 물질을 얼마
나 많이 사용했는지 모릅니다. 이 단락은 우리에게 실제적인 관찰을 하라
고 합니다. 선정(禪定) 즉 고요한 정의 경계에서 자신의 신체에 대한 관
찰을 이러한 이론 사상과 결합시키고 그것을 공(空)으로 관해야 합니다.


## 풍에 승해를 일으켜 풍대관을 수행하다

이제 826면 다섯 번째 줄을 보도록 하겠습니다.

---

또 아나파나념에 대하여 정가행하는 가운데 처음 업을 닦는 사람은, 먼저

집 앞뒤 창문에서 혹은 대장장이 혹은 금은 세공사가 풀무질을 하는 것이나, 혹은 바깥 풍風이 모여서 들고나고 왕래하는 것에서 형상을 잘 취한다.

又於阿那波那念正加行中初修業者, 先於舍宅前後窗門, 或打鐵師, 或鍛金銀師, 喉筒橐袋, 或外風聚入出往來, 善取相已.

---

이것은 정(定)의 수행을 이야기하고 있습니다. 처음 수행하는 사람은 먼저 풍대관(風大觀)을 닦는데, 바로 수식관(數息觀)으로 시작해서 호흡을 들습니다. 우리에게 어떻게 하라는 것입니까? 가행을 닦으라는 것입니다. 우리는 자신의 호흡이 왕래하는 것에 대해서 오직 소리만 들리고 그 속에 풍(風)이 있는지는 여러분도 알지 못합니다. 그렇기 때문에 여러분에게 먼저 외계(外界)를 관하고 철을 달구는 풀무를 보라고 하는 것입니다. 젊은 시절에 저는 대장간 입구에 서서 대장장이가 쉭쉭 풀무질하는 것을 보았습니다. 여러분은 풀무를 본 적이 있습니까? 시골에서 자란 사람은 본 적이 있을 것이고 도시에서 자란 사람은 앞으로도 볼 일이 없었을 것입니다. 공기를 풀무 속으로 불어넣는데, 미륵보살은 여러분에게 먼저 그 바람의 작용을 보라고 말합니다. 마치 인체의 호흡 같습니다. 신체 내부로 기(氣)의 출입은 주로 후후 하며 코에 의지하는데, 그래야 생명을 유지할 수 있습니다. 그런 까닭에 먼저 우리에게 풀무의 작용을 보라고 합니다. "혹은 바깥 풍이 모여서 들고나고 왕래하는 것에서 형상을 잘 취한다〔或外風聚入出往來, 善取相已〕"는 것입니다. 이때 여러분에게 집착하라고 하는데 여러분은 형상〔相〕에 집착해도 됩니다. 풍대(風大)라는 이 형상, 풀무의 기계 작용을 분명하게 봐야 자기 신체 내부의 기(氣)의 왕래가 이런 형상임을 알 수 있습니다.

---

안의 입출식념에 대하여 반연함으로 말미암아 입출식에 대하여 승해를 일

으킨다.

由緣於內入出息念, 於入出息而起勝解.

---

이 바람(風)의 왕래는 우리 코로부터 들어오고 나가는데 중간에 머물러 있는 곳이 없습니다. 비어 있기 때문이지요! "승해를 일으킨다(起勝解)"는 말은 이렇게 이해해야 한다는 뜻입니다.

저가 다시 먼저 미세한 식식과 풍(風)이 가슴속을 지나서 거친 구멍을 왕래함에 대하여 승해를 일으킨다.

彼復先於微細息風經心胸處, 麤穴往來而起勝解.

---

타좌를 할 때 우리의 호흡은 폐부 전체를 거치는데, 콧구멍은 거친 구멍으로서 호흡을 할 때 이 호흡을 듭니다. 그러므로 도가나 밀종에서 기맥을 수행할 때에는 먼저 이 이치를 분명하게 이해해야 합니다.

그런 후에 점차로 아주 많은 풍에 대하여 승해를 일으키는데, 이른바 일체 모공에까지 풍이 따라서 들어옴에 대하여 승해를 일으키니, 모든 일체의 몸이 이와 같다.

然後漸漸於衆多風而起勝解, 所謂乃至一切毛孔風皆隨入而起勝解, 如是所有一切身分.

---

한 걸음 더 나아가서 여러분은 천천히 몸을 가지고 실증을 구하는데, 때로는 호흡을 잘 조절하여 마치 내쉬지도 들이마시지도 않는 것 같습니다. 그런 후에는 코로 하는 호흡을 자연스럽게 멈추고 일부러 작의해서 호흡을 멈춥니다. 호흡을 일 초 동안 멈추면 여러분의 그 망념이 일

초 동안 없는 것과 같습니다. 망념의 주유소가 기(氣)를 통과시킨 것입니다. 초보가 이러하고 구경(究竟)은 아닙니다. 여러분이 호흡을 멈추고 내쉬지도 들이마시지도 않으면 생각(思想)의 움직임도 비교적 느려지는데 마치 큰 망념이 더는 일어나지 않을 것 같습니다. 그런 후에 망념과 호흡의 기(氣)가 이렇게 큰 관계가 있음을 알게 됩니다. 여러분의 호흡이 멈추고 청정해지면 몸의 모든 모공이 호흡하고 있음을 서서히 느낄수 있습니다. 아홉 구멍도 호흡하고 있습니다. 아홉 구멍이라 함은 머리에 일곱 개 아래쪽에 두 개 앞뒤의 음(陰)이 모두 호흡하고 있습니다. 이것은 큰 구멍이 호흡하고 있는 것으로, 어느 곳 하나 호흡이 왕래하지 않는 곳이 없습니다. 그러지 않으면 병이 있습니다.

본론에서 아주 분명하게 말했습니다. 여러분이 이 경론을 보고 자신의 몸에 적용해서 수련해 본다면 알게 될 것입니다. 모든 불보살이 어떻게 수지하는지를 여러분에게 말해 주었다는 것을 말입니다. 여러분은 서서히 체득하게 됩니다. 물론 보통 사람의 수지가 이 단계에 이르렀다면 그것만으로 이미 대단합니다. 여러분이 이 단계에 도달할 수 있다면 기공(氣功)을 보여 줄 수 있고 신체도 빛이 날 것입니다. 피부, 얼굴, 몸이 온통 빛나고 매끈거리며 부드러운 것은 문제도 아닙니다. 그런 까닭에 신체 내부로부터 천천히 돌이켜 관해야 하니, 여러분에게 상(相)을 취하는 법문을 사용해서 수행하라고 하는 것입니다. 밀종은 이런 것을 전해 주었는데 바로 전법(傳法)입니다. 도가 역시 마찬가지입니다. 지금 제가 이 법문을 전해 주고 있는 것처럼 말이지요. 여러분은 각자 붉은 봉투를 저한테 내야 합니다. (웃음)

그러므로 여러분이 몸 안으로부터 관한 후에 몸의 각 부분과 모든 골절 즉 모든 곳을 관한다면, 만약 여러분이 호흡관을 수련해서 이 수준에 도달했다면, "일체의 몸(一切身分)" 어느 곳에 풍습(風濕)이 있는지 어느 곳에 기맥이 통하지 않는지 어느 곳에 문제가 있는지, 혹은 위장이 통하지 않는지 혹은 감기가 들었는지 여러분은 즉시 알아차릴 수 있습니다. 문제가 생긴 곳은 기(氣)가 통과하지 못하기 때문입니다. 호흡 법문의 수행이 이 단계에 도달했다면 이미 수련은 썩 훌륭합니다. 이것은 수련을 설명한 것으로 견도(見道)는 아직 거론할 수 없습니다.

## 입출식을 작의 사유하여 순신관에 머무르다

풍이 모여 따르는 바이고, 풍이 모여 붙잡는 바이고, 풍이 모여 감추고 무량한 풍이 모여 가운데에 쌓인다.

風聚所隨, 風聚所攝, 風聚藏隱, 無量風聚於中積集.

보기에는 문장이 다소 장황한데, 모두 실제 수련을 설명하고 있어서 실제로 체득해야 합니다. "풍이 모여 따르는 바이고[風聚所隨]"란, 여러분의 기(氣)가 어디에 도달하면 바로 혈액을 감각하는 능력이 거기에 도달합니다. "풍이 모여 붙잡는 바이고[風聚所攝]"란, 기가 어디에 도달하면 빨아들일 수 있는 기가 거기에 머무릅니다. 그런 까닭에 기공을 잘 수련하면, 예를 들어 태극권이나 내공권(內功拳)이나 소림권의 수련도 마찬가지인데, 손을 강물에 대면 강물 표면이 움푹 들어가고 손을 들어 올리면 물이 손바닥을 따라서 올라옵니다. 무슨 이치일까요? 바로 "풍이 모여 붙잡는 바[風聚所攝]"이니, 바람이 들어오려고 할 때 바람받이[風口]에 서 있으면 여러분은 곧 끝장이 납니다.

예를 들어 신장 우루무치에도 바람받이가 하나 있는데, 지구의 호흡 통로의 하나인 셈입니다. 매년 청명절을 전후해서 지구가 한 차례 호흡하는데, 그 지역에 사는 사람들은 모두 거기에 바람 동굴이 있다는 사실을 알고 있습니다. 가 본 사람이 있을까요? 청대의 기효람(紀曉嵐)이 일찍이 그곳에 유배되었는데 그가 직접 기록했습니다. 지구가 호흡하려고 하는 이른바 "대지의 기 트림〔大塊噫氣〕"[64]으로서, 지구는 살아 있어서 호흡하고 있습니다. 지구는 먼저 기를 내쉰 다음에 기를 들이마십니다. 그 기가 바깥으로 나오면 사람, 말, 낙타를 불문하고 모두 그 기에 날아갑니다. 어디까지 날아갈까요? 북서쪽을 향해 불기 때문에 북극 어디쯤까지 날아갑니다. 상당한 시간이 지난 후라야 다시 기를 들이마시는데, 그때가 되면 또다시 그 회오리바람 소리가 들립니다.

저는 몽고 라마승에게 물어본 적이 있습니다. 그는 장가활불(章嘉活佛)[65]의 시자(侍者)를 한 적이 있는 사람이었는데, "그게 정말입니까?"라는 제 말에 이렇게 대답했습니다. "물론 정말입니다. 호흡할 뿐만 아니라 몽고의 호수는 자리를 옮기는데요!" 그가 말하기를 대만의 청초호(靑草湖)와 일월담(日月潭)만 한 크기의 호수가 자리를 옮길 때면 그 호수가 솟아올라 얼음 벽돌처럼 된다고 합니다. 물고기니 새우니 하는 것들이 모두 그 속에 들어 있는 채로 말이지요. 그 호수가, 그 움푹한 구멍까지도 굴러갑니다. 쿵! 쿵! 한 길로 굴러서 움푹한 깊은 웅덩이까지 굴러가면 다시 호수가 되는데, 물고기니 새우니 하는 것들이 여전히 그 속에 들어 있습니다. 제가 말했습니다. "우스갯소리지요?" 그러자 그가 말했습니다. "정말입니다. 호수가 그곳으로부터 굴러오면서 사막에 떨군 물고기와 새우를 우리가 주워서 먹었는걸요." 바다에는 바다의 경치가 있

---

**64** 『장자』의 제물론에 나오는 구절로 "큰 땅덩어리가 기 트림을 하니, 그 이름을 바람이라 한다〔大塊噫氣, 其名曰風〕라고 하였다.

**65** 내몽고에서 가장 숭고한 위치에 있는 활불로, 티베트 불교 4대 지도자 중 하나이다.

고 사막에는 사막의 경치가 있습니다. 물리 세계의 일 중에 우리가 알고 있는 것은 너무도 적습니다.

지금 "풍이 모여 붙잡는 바이고〔風聚所攝〕"를 설명하는데, 풍기(風氣)의 수행이 극점에 도달하면 사람이 몸을 숨길 수도 있습니다. 심풍(心風)의 자재함을 얻은 큰 수행자는 이런 경계를 지니는데, 이 자리에 앉아 있어도 눈에 보이지 않습니다. 여러분에게 보이는 것은 공(空)으로, 그가 스스로를 거두어들인 것입니다. 이 모두가 오직 마음이 지은 바〔唯心所造〕이며 마음의 기능입니다. "풍이 모여 감추고〔風聚藏隱〕"란, 기맥을 잘 수행하면 몸을 숨길 수 있다는 것입니다. 무량한 풍취(風聚)가 일념에 모인 것이 바로 이 기(氣)입니다. 기는 전기에너지 같으며 결코 호흡의 기가 아닙니다. 호흡의 기는 거친 것입니다. 기가 마지막에 이르면 내쉬지도 않고 들이마시지도 않게 되는데 그것이 바로 전기에너지입니다. 풍(風)이 화(火)와 통하는 능력 때문입니다. 우리의 이 신체 안팎에는 무량 무수한 기(氣)의 기능이 있는데 우리 생명 안에서 작용을 일으킵니다. 바로 "무량한 풍이 모여 가운데에 쌓이는〔無量風聚於中積集〕"까닭입니다. 여기서 '중(中)'은 신체의 안이 아니라 심념(心念)의 속입니다.

---

**투라면[66] 혹은 솜털을 쌓은 것 등 모든 가볍게 날리는 물건, 이 모든 형상에 대하여 승해를 일으킨다.**

如妬羅棉, 或疊絮等, 諸輕飄物, 於是諸相而起勝解.

---

"투라면(妬羅棉)"은 식물로 목화 종류인데, 솜털이 버들개지〔柳絮〕와

---

66 투라(妬羅)는 산스크리트어 tūla의 음역으로, 버드나뭇과의 꽃에 붙어 있는 가늘고 보드라운 솜털을 가리킨다.

같습니다. 그가 말하기를 신체 내부에 있는 기(氣)는 이렇게 부드럽고 연약하다고 했습니다. 그러므로 타좌를 잘한 사람이 반로환동(返老還童)하여 비교적 젊고 용모도 맑고 빛나는 것은 모두 마음을 따라서 모이고 흩어지는 풍기(風氣)의 작용입니다. 나중에 밀종이나 도가에서 전문적으로 기(氣) 수련에 치중한 것도 바로 이런 이치입니다. 기(氣)가 생명에 모여 있는 것은 아주 가볍고 둥둥 떠 있는 상태입니다. "승해(勝解)"는 여러분이 이해하게 되었고 이론에 도달했다는 말인데, 만약 사실에도 도달했다면 그것은 이 수련을 증득했다는 말입니다.

이 수련을 닦고 이 수련을 증득했다고 해서 그것이 보리(菩提)는 결코 아닙니다. 이것은 아직 물리 사대와 심풍(心風)의 자재한 작용을 말하는 것일 뿐입니다. 어떤 아라한은 정(定)을 이루면 바로 신통을 지니게 됩니다. 두 다리를 가부좌하고 심기(心氣)를 하나로 모아서 의념(意念)을 움직이기만 하면 가부좌한 채로 다른 위치로 옮겨갈 수 있습니다. 일어나서 걸어갈 필요가 없습니다. 아래쪽에도 여러분에게 신통의 수행을 가르치는 수련이 나오지만 여러분은 봐도 이해하지 못합니다. 사람들은 수행해서 신통을 얻기를 원하지만 그러려면 수련을 해야 합니다! 정력(定力)을 지니고 있어야 합니다! 타좌를 시작해서 자신의 다리도 통하지 못했으면서 신통을 닦기 원합니까?

---

**저가 만약 안의 입식과 출식이 끊임없이 되풀이됨에 대하여 작의하고 사유하면, 그때를 그 내신에 대하여 순신관에 머무른다고 한다.**

彼若於內入息出息, 流轉不絶, 作意思惟, 爾時名爲於其內身住循身觀.

---

여러분이 풍관(風觀), 기(氣) 수행, 안나반나 수행을 할 때 들어가고 나가는 호흡의 기는 "끊임없이 되풀이됩니다[流轉不絶]." 기가 완전히 멈

추지 않았을 때 "작의하고 사유하면", 이때 여러분이 관상(觀想)을 하든 정(定)을 수행하든 수련은 여전히 초보에 머무르는데, 이것을 그 "내신에 대하여 순신관에 머무른다(於其內身住循身觀)"고 합니다. 이때의 기(氣)는 여전히 신체의 경맥을 따라서 주행합니다.

---

만약 다시 다른 죽은 이의 시체 안 청어 등의 단계에서 입식과 출식의 되풀이됨이 끊어짐에 대하여 작의하고 사유하면, 그때를 그 외신에 대하여 순신관에 머무른다고 한다.

若復於他死屍骸中，青瘀等位，入息出息流轉斷絕，作意思惟，爾時名爲於其外身住循身觀.

---

사람이 죽으면 그 기(氣)는 바로 없어집니다. 죽은 사람 몸 안의 풍(風)이 흩어졌기 때문인데, 풍이 없으면 그는 곧 사망합니다. 나이가 들면 혈압이 오르고 어깨가 들썩이며 두 다리가 무거워진다고 하는 것은 기(氣)가 그 부분에까지 도달하지 못해서입니다. 기가 도달하지 않아서 기가 없으면 전기에너지가 없는 것입니다. 기가 통하지 않는다는 것이 바로 노쇠 현상입니다. 여러분은 지금 젊은데도 근시(近視)입니다. 바꾸어 말하면 이미 여러분 눈의 어떤 시신경에 풍(風)이 없어져서 기(氣)가 도달하지 못하게 된 것입니다. 수련을 제대로 해서 기맥이 통하게 된다면 기가 통하지 않는 그 눈 부위 신경에 다시 기가 생겨서 시력이 회복됩니다. 귀도 마찬가지이니 모두 이 기가 문제입니다. 제가 여러분에게 분명하게 설명해 주지 않는다면 여러분은 이 경전을 봐도 틀림없이 이해하지 못할 것입니다.

이 사이에도 하나의 이치가 있는데 이것은 학리(學理)이지만 실제로는 사실을 이야기하고 있습니다. 여러분의 모든 수련은 실증을 구한 적이 없습니다. 그런 까닭에 여러분이 불법을 배우는 것은 모두 헛배우는 것이라고 늘 말합니다. 지금 이 자리에서 헛배우고 있을 뿐 아니라 과거에도 헛배웠고 장래에도 헛배울지 모릅니다. 적어도 오늘까지는 불학원에 있다고 하겠지만요! 제가 탄식해 마지않는 까닭은 여러분이 배워도 자신의 몸과 마음에 적용하지 않기 때문입니다. 식당 입구까지 가서 한참을 쳐다보면서 남들은 맛있는 요리를 먹고 있는데도 여러분은 먹지 못하는 것과 똑같습니다. 요리책도 샀고 어떻게 해야 할지도 알지만 여러분은 먹지 못합니다. (남 선생이 경전을 들고 그것을 가리키며 말한다.) 이것이 바로 요리책이니 이것에 의지해서 실행하면 먹을 수 있습니다. 몸과 마음에 도달해야 비로소 수련이고 실증을 구하는 것입니다.

앞에서 말씀드린 수련 하나는 몸 안에 대한 것이었고, 지금은 죽은 사람을 가리키는데 이것을 "그 외신에 대하여 순신관에 머무른다〔於其外身住循身觀〕"고 합니다.


# 풍을 닦고 호흡을 닦는 가행 법문

만약 다시 자신이 죽음에 임박했을 때에 대하여 승해를 일으키고, 혹은 이미 죽어서 입식과 출식이 되풀이되지 않는 것에 대하여 승해를 일으키고, 혹은 아직 죽지 않았는데 입식과 출식이 되풀이되지 않는 것에 대하여 승해를 일으킨다. 법이로 말미암기 때문에 그때를 내신과 외신에 대하여 순신관에 머무른다고 한다.

若復於自臨欲死時, 而起勝解, 或於已死, 入息出息無有流轉, 而起勝解, 或於未死, 入息出息無有流轉, 而起勝解. 由法爾故, 爾時名爲於內外身住循身觀.

미륵보살은 중요한 한 수를 여전히 남겨두었습니다. 설사 미륵보살이 이 자리에 앉아 있다 할지라도 저는 말할 것입니다. "보살님은 중요한 한 수를 여전히 남겨두셨습니다." 이 부분은 모두 밀법입니다. 한 걸음 더 나아가서 "자신이 죽음에 임박했거나[自臨欲死]" 혹은 "이미 죽어서[已死]" 즉 이미 죽은 사람인데, 그의 입기(入氣)와 출기(出氣)의 상황을 관찰하면 그의 몸에는 당연히 기(氣)가 사라졌습니다. 하지만 곧 숨을 거두려고 할 때는 그의 남은 숨[餘息]은 아직 끊어지지 않았고, 몸에 아직 따뜻한 부분이 있고 약간의 기가 남아 있습니다. 완전히 차가워져야 죽은 것입니다. "되풀이되지 않는 것에 대하여 승해를 일으키고[無有流轉, 而起勝解]"라는 여기에 이곳의 비밀이 있습니다. "혹은 아직 죽지 않았는데[或於未死]" 즉 지금 막 죽으려고 할 때 "입식과 출식이 되풀이되지 않는 것[入息出息無有流轉]" 마치 곧 숨이 끊어질 것 같은 때에 대하여 "승해를 일으킵니다[而起勝解]." 여기에 생명을 유지시킬 수 있는 비밀이 하나 있습니다. 바로 평상시의 수지에 달려 있는데, 밀법에 방법이 있습니다. 한 시진(두 시간) 동안 기(氣)를 억지로 정주(定住)시켜 흩어지지 않게 하는 것입니다. 기가 흩어지면 끝이기 때문입니다. 한 시진 동안 피해 있으면 생명을 되살릴 수 있습니다. 물론 그러기 위해서는 방법이 있으며 평소에 수지를 해서 정력(定力)을 지니고 있어야 합니다. 이 수련을 연마한 적이 없다 할지라도 평소에 참선과 염불을 해서 그 염력(念力)이 특별히 강하다면 마찬가지로 그것을 되돌릴 수 있습니다. 그런데 이 정(定)이 적어도 한 시진은 계속되어야 합니다. 죽어야 할 시진을 넘겨 버리면 염라대왕이 붙잡아도 방법이 없고 천지가 붙잡아도 방법이 없습니다. 이것이 이른바 밀법입니다. 고금에 전해지지 않은 비밀이 여기에 있는데 천생지기(天生之機)라고 합니다. 우주에 항거하여 생명을 도로 뺏어온다는 말입니다. 만약 대철대오했다면 "법이로 말미암기 때문에〔由法爾故〕" 즉 자연적으로 그러함을 이해합니다. "내신과 외신에 대하여 순신관에 머무름〔於內外身住循身觀〕"은 바로 이런 뜻입니다.

---

**일체에 두루 하는 정가행 안에서 마땅히 이와 같은 상품의 조반과, 상품에 포함되는 무도가행을 수행해야 하는데, 그 밖의 일체는 앞과 같음을 알아야 한다.**

遍於一切正加行中, 應修如是上品助伴, 上品所攝, 無倒加行, 所餘一切, 如前應知.

---

이 말에 주의하십시오. 이 수련은 모두 수행의 정가행(正加行)에 속합니다. 여러분은 가행을 모르겠다고 말하는데 그러면 불학을 배우는 것이 무슨 소용 있습니까? '반야공(般若空)'이라니 어떻게 비울 수 있습니까? '유(有)'라니 어떻게 있게 합니까? 이것이 바로 가행입니다. 여러분에게는 모든 것이 수행이지만, 출가든 재가든 상관없이 진정한 수행은 마땅히 이들 상품(上品)의 도와주는〔助伴〕 가행 법문을 수행해야 합니다. 그것은 여러분으로 하여금 정(定)을 이루게 하고 도를 깨닫게 합니다. 이런 가행이 없다면, 가공(加工)한 적이 없다면 여전히 안 됩니다. "무도가행(無倒加行)"은 정도(正道)이지 전도(顚倒)된 것이 아닙니다. 기공(氣功) 수련은 기 수행〔修氣〕에서 분화되어 나온 것으로 치우친 길을 걷습니다. 몸에는 도움이 되지만 심지(心地) 법문과는 다릅니다. 치우친 길은 정로(正路)라고 할 수는 없지만 나름대로 장점이 있습니다. 단지 굽은 길을 걸어가고 거꾸로 된 길을 갈 뿐입니다.

# 선지식의 가르침으로 탐욕과 근심을 조복시키다

이와 같이 처음 업을 닦는 모든 사람은 바른 가르침을 받아 정행을 닦을 때, 치성과 정지를 갖춘 염에 편안히 머무르고 일체 세간의 탐욕과 근심을 조복시킨다.

如是所有初修業者, 蒙正敎誨, 修正行時, 安住熾然, 正知具念, 調伏一切世間貪憂.

여기에서 말하기를, 풍(風)을 수행하고 기(氣)를 수행하고 호흡을 수행하는 것은 아주 중요하다고 했습니다. 인체가 근본적으로 의지하는 기(氣)는 생명의 근본이기 때문에 먼저 기질을 변화시켜야 합니다. 그러므로 처음 수행하는 사람은 왜곡된 가르침이 아닌 선지식의 바른 가르침을 얻어야 합니다. 바른 길을 걸어가면 많은 헛걸음을 줄일 수 있습니다. 이것이 진정한 수행입니다. "치성에 편안히 머무르고[安住熾然]"에서 '치(熾)'는 불길[火光]과 똑같음을 형용하는데, 지혜의 광명이 불길[火]처럼 터져 나옵니다. "정지를 갖춘 염[正知具念]" 즉 정지정견(正知正見)의 마음이 언제든지 있으며, 번뇌는 자연히 적어지고 성격도 변합니다. 성내는 마음[嗔心]이 무거운 사람은 성내는 마음이 없어집니다. 탐진치는 모두 내재적인 기질인데, 기질은 업력입니다. 그래서 기질이 변하면 당연히 탐욕을 조복시키게 됩니다.

만약 이와 같은 정가행 안에서 항상 수행하고 끝까지 수행하며 전도되지 않는 작의를 하여 시끌벅적함 등이 어지럽히지 못하면 이것을 치성이라 한다.

若於如是正加行中, 恒常修作, 畢竟修作, 無倒作意, 非諠鬧等所能動亂, 是名熾然.

들숨과 날숨[安般]의 정가행을 수행하되 수시로 수행하고 마침내 수행하며 전도(顚倒)되지 않는 작의를 합니다. 이때 호흡을 듣거나 기(氣)를 닦는 것은 작의하는 것입니다. 하지만 그것은 승해작의(勝解作意)이고 정작의(正作意)입니다. 작의하고 있고 수행하고 있음을 여러분 스스로 알고 있기 때문입니다. 어떤 것을 '치성[熾然]'이라고 합니까? 바로 이런 것입니다. 여러분이 기(氣)를 닦아서 식(息)의 단계에 도달하면, 어떤 시끌벅적한 환경도 여러분을 어지럽히지 못합니다. 심지어 여러분이 전쟁터에 있거나 혹은 원자폭탄이 떨어져서 여러분의 몸이 곧 부서져 버릴 것을 명백히 안다고 할지라도 동요하지 않고 정주(定住)할 것입니다. 이 수련을 해내면 원자폭탄에 대항하는 신통을 지닐 수 있기라도 한다는 말입니까? 모르지요. 저는 아직 시도해 본 적이 없어서 증명하지 못했습니다. 이론상으로는 원자폭탄이 그것에 대해 (대항할) 방법이 없다고 말해야 옳습니다. 이 생명의 사대의 능력은 참으로 큽니다. 왜냐하면 그 모두가 아뢰야식의 능력이 변한 것이고 의보(依報)[67]이기 때문인데 여러분이 마땅히 알아야 합니다.

일반적으로 불학에서 사대가 모두 공(空)이라고 말하는 것은 바로 이러한 공(空)을 가리키는 말입니다. 여러분은 사대를 공(空)으로 변화시킬 수 있지만 유(有)로도 변화시킬 수 있습니다. 그러므로 일반인들이 사대가 모두 공이라고 여기는 것은 불학의 왜곡된 견해에 빠진 것입니다. 공(空)이 없음이라고 생각하는 것은 불학을 잘못 해석한 것입니다. 연기성공(緣起性空)을 없음이라고 여기는 것, 그것은 단견(斷見)입니다. 반드시 주의해야 합니다! 이것은 불학과 불법에서 가장 관건이 되는 부

---

67 과거의 업(業)으로 얻는 중생의 몸을 정보(正報)라 하고, 그 몸이 의지하고 있는 환경 곧 국토와 의식주 등을 의보(依報)라고 한다.

분입니다. 오늘날 세상의 일반적인 사상가나 불학을 이야기하는 사람들의 관념이 도대체 옳은지 그른지는 한 번 들어보면 바로 알 수 있습니다. 그런 잘못된 관념의 길로 갔다가는 모조리 잘못되고 맙니다.

이른바 '치성(熾然)'은 여러분의 정정(正定)과 정관(正觀)의 공력이 마치 불빛처럼 왕성하다는 뜻입니다. 바로 『대반야경(大般若經)』에서 "대반야는 큰 횃불 같다(大般若如大火炬)"라고 말한 것입니다. 도를 이룬 사람은 그 지혜의 경계가 마치 큰 불이 타오르고 있는 것 같아서, 좋은 것이든 나쁜 것이든 집어넣기만 하면 불빛으로 변해 버립니다. 근기가 작은 사람은 화력(火力)도 부족해서 불빛이 왕성하지(熾然) 못합니다. 반야의 정관(正觀)과 정력(定力)이 없기 때문입니다. 그런 까닭에 이 경문에 특별히 주의해야 합니다.

---

**만약 이와 같은 정가행 안에서 사마타와 비발사나를 수행하여 어지럽고 어지럽지 않은 상을 자세히 살펴 알게 되니, 이와 같은 것을 정지를 갖춘 염이라고 한다.**

若於如是正加行中, 修奢摩他·毘鉢舍那, 審諦了知亂不亂相, 如是名爲正知具念.

정려(靜慮)를 수행하고 지(止)를 수행하다 보면 자연스럽게 이 이치를 분명히 알게 되는데, 여러분의 수련이 경지에 도달하고 이치에 더욱 깊이 들어갔기 때문이니, 이것을 "정지를 갖춘 염(正知具念)"이라고 합니다.

---

**만약 모든 염리상과 모든 흔락상을 잘 취할 수 있으면, 이와 같은 것을 일체 세간의 탐욕과 근심을 조복시킴이라고 한다.**

若能善取諸厭離相, 諸欣樂相, 如是乃名調伏一切世間貪憂.

심신의 안팎에서 이 경계를 증도(證到)하여 욕계 세상의 일체에 대하여 참으로 염리(厭離)를 일으켜 간절하게 벗어나고 싶어 한다면, 이것은 자기 뜻대로 되지 않아서 실망하는 그런 일반적인 심리 상태가 아닙니다. 왜냐하면 "흔락상(欣樂相)"이란 자기 심신의 쾌락에 대하여 무상함을 깊이 깨달아서 세상 일체에 대하여 더 이상 집착하지 않기 때문입니다. 이때 심신에 내재된 정(定)을 닦은 경계를 붙잡으면 심신의 기질이 변화하는데, 바로 "일체 세간의 탐욕과 근심을 조복시키는[調伏一切世間貪憂]" 것이니 그래야 그 마음을 항복시킨다고 합니다. 거칠고 속된 마음, 세속적인 마음을 조복시키는 것입니다.

그러나 이것은 여전히 세간정(世間定)이니, 주의하십시오! 아직 가행법(加行法) 안에 있습니다. 하지만 탐욕과 번뇌와 근심 걱정은 이미 조복시켰으며 청정해졌기 때문에 심념이 영원히 평등합니다. 자리에 앉아서 수도하는 모든 사람이 만약 수행이 이 단계에 도달했다면 모두 현성(現成)의 나한이 되었습니다. 나한은 출가나 재가에 국한되지 않는데, 오로지 심신의 수지가 이 경계에 도달하기만 하면 나한 경계입니다. 부처님께서도 분부하신 적이 있는데 이른바 현성(賢聖)과 승중(僧衆)은 겉으로 드러난 형상에 있지 않습니다. 그것은 여전히 세속적인 표상(表相)일 수 있기 때문입니다.

---

이 인연으로 말미암아 저가 타오름에 편안히 머무르고 세간의 탐욕과 근심을 조복시킬 수 있다고 널리 말한다. 먼저 이와 같은 정가행을 일으킬 때 심일경성과 심신의 경안이 조금 미약하게 바뀌면 깨달아 알기가 어렵다.

由是因緣, 宣說彼能安住熾然, 乃至調伏世間貪憂. 先發如是正加行時, 心一境性, 身心輕安, 微劣而轉, 難可覺了.

---

호흡을 닦는 풍대관(風大觀)은 여전히 지(止)의 경계에 있는데, 심일경성에 도달해야 심신이 비로소 경안(輕安)하고 경령(輕靈)합니다. "조금 미약하게 바뀌면〔微劣而轉〕"이란, 비록 심일경성하더라도 잠재의식에는 여전히 미세한 잡념과 치우친 생각이 있습니다. 습기(習氣)가 여전히 존재하기 때문입니다. 이때는 팔십팔 결사(結使)를 완전히 벗어난 것이 아니라 조복시켜서 가라앉혔을 뿐 뿌리를 뽑아 버리지는 못했습니다. 여러분이 장래에 열심히 수행해서 이 경계에 도달한다면, 자신이 이미 경지에 도달했다거나 도를 깨달았다고 여겨서는 안 됩니다. 그랬다가는 낭패를 볼 것입니다. 단지 조복시켰을 뿐이고 아직 뿌리 뽑지 못했기 때문입니다. 그런 까닭에 "조금 미약하게 바뀌면 깨달아 알기가 어렵다〔微劣而轉, 難可覺了〕"고 했습니다. 여러분 아뢰야식의 종자 습기가 여전히 움직이고 있지만 여러분 자신이 살펴서 깨닫지 못할 뿐입니다.


## 정 수행이 일으키는 몸의 반응

---

다시 뛰어난 사마타와 비발사나를 수습함으로 말미암아 심신이 맑고 깨끗해지고, 심신이 고르고 부드러워지며 심신이 가볍고 편안하니, 곧 미약한 심일경성과 심신의 경안이 점점 더 증장하여 강성함을 이끌어 내어 쉽게 깨달아 알 수 있으니, 심일경성하고 심신이 경안하다.

復由修習勝奢摩他毘鉢舍那, 身心澄淨, 身心調柔, 身心輕安, 卽前微劣心一境性, 身心輕安, 漸更增長, 能引强盛, 易可覺了, 心一境性, 身心輕安.

이것은 매우 주의해야 하는데, 이 단계에 도달하면 다시 열심히 해야 합니다. 다시 노력해서 지(止) 수행을 하고 관(觀) 수행을 하는데, 끊임없이 더 나아가서 몸과 마음 두 방면이 맑고 깨끗함[澄淨]에 도달해야 합니다. 몸이 맑고 깨끗해진다는 것은 말처럼 쉬운 일이 아닙니다! 안색과 기의 성질[氣相], 뼈까지도 변해서 모두 맑고 깨끗하게 변하면 마음도 맑고 깨끗해집니다. "몸과 마음이 부드럽고[身心調柔]" 즉 맑고 깨끗해진 후라야 부드럽게 조복시킬 수 있는데, 뼈마디까지 모두 부드러워집니다. 어떤 사람은 천성적으로 뼈마디가 부드러운데, 그것은 여러 생에 걸친 그의 업력이 가볍기 때문입니다. 어떤 사람의 뼈는 철근 콘크리트보다 더 단단한데, 그 또한 타고난 것으로 제각기 다릅니다. 여러 생에 걸친 업력 종자가 가져온 결과입니다.

한 걸음 더 나아가서 수지가 이 단계에 이르면 "심신경안(身心輕安)"인데, 이것은 앞서의 경안(輕安)과는 또 다릅니다. 앞서의 심신 경안에는 미세한 잡념이 존재했는데, 다만 스스로 살펴서 깨닫지 못하기 때문에 자기는 어떠한 잡념도 없다고 생각하는 것입니다. 이제 이 단계에 도달하면 그 각성(覺性), 영명각지(靈明覺知)의 본성이 비교적 강성해졌기 때문에 미세한 잡념을 가려낼 수 있습니다. 살펴보기만 하면 바로 "알 수 있습니다[了]." 이 구절에서 재삼 "심일경성하고 심신이 경안하다[心一境性, 身心輕安]"고 언급한 것은 단순한 반복이 결코 아닙니다. 문자는 비록 똑같지만 한 걸음 한 걸음 절차가 다릅니다. 사용할 수 있는 다른 문자가 없기 때문에, 우리 인간 세상에는 이런 문자들밖에 없기 때문에 이렇게 활용해서 그것을 묘사하는 수밖에 없는 것입니다.

---

말하자면 원인의 힘이 되풀이됨으로 말미암아 방편 도리를 일으키는데, 저가 이때에 오래지 않아 강성하고 알기 쉬운 심신의 경안과 심일경성을 일으키니, 이와 같이 저 앞의 형상을 지니고 그 정수리에서 무거운 듯 일어나지만 해롭거나 괴로운 형상은 아니다.

謂由因力展轉, 引發方便道理, 彼於爾時, 不久當起强盛易了, 身心輕安, 心一境性, 如是乃至有彼前相, 於其頂上, 似重而起, 非損惱相.

---

　　여러분들 중에도 우연히 이 경계를 맞닥뜨린 사람들이 있을 것입니다. 몸과 마음이 가볍고 편안해지는 것은 "원인의 힘이 되풀이되기〔由因力展轉〕" 때문입니다. 무슨 힘일까요? 바로 정(定)의 힘입니다. "방편 도리를 일으키는데〔引發方便道理〕" 즉 방법상으로 약간만 알게 되면 수지의 방법이 진보하게 됩니다. 이때에는 심경이 특별히 정(定)함을 스스로 느끼게 되고, 탐진치 등의 망념이 일어나기만 하면 바로 알아 얼른 그것을 없애 버릴 수 있습니다. 때로는 정수리가 부어오르거나 아픈데, 머리가 몇 근이나 되는 것처럼 무겁습니다. 먼저 치아 부위가 무거워지는데, 이 자리에 계신 뇌(雷) 선생은 그런 경험이 있습니다. 타좌 수련을 해서 그 시점에 도달하면, 제가 그랬던 것처럼 수십 개의 치아가 붓고 아파서 펄쩍펄쩍 뛸 것 같고 화가 납니다. 뭐야, 내가 수련을 한 것이 치아를 위해서였던 거야? 당장 치과에 가서 치아를 몽땅 빼버려야지, 합니다.

　　며칠 전에 미국의 그 노부인이 편지를 보내와서 말하기를, 자신에게 썩은 치아가 하나 있었는데 수련이 이 단계에 도달했기 때문에 밤에 잠자는데 그 치아가 빠지는 것을 느꼈다고 했습니다. 귀찮아서 내버려 뒀다가 새벽에 깼을 때 자기 기(氣)로 그것을 제자리에 돌려놨는데, 그저께는 정말로 빠져 버렸답니다. 본래 치과에 가서 뽑으려고 예약해 놨는데, 의사에게 말했더니 그 치아가 아마도 그녀가 돈을 쓸까 봐 걱정됐나 보다 했답니다. 아무튼 저절로 빠져 버렸는데 느낌이 전혀 없었다고 했습니다. 때로는 수련이 머리에 도달하면 고통이 한 마디 한 마디 찾아오는데, 본래 코가 민감한 사람이라면 이 부분에 이르렀을 때 고통이 가중됩니다. 머리도 무거워지고 아주 고통스럽습니다. 그러나 여기에서는 다만 머리가 무거워진다고만 말했습니다. "정수리에서 무거운 듯 일어나지만〔於其頂上, 似重而起〕" 그것이 "해롭거나 괴로운 상은 아니〔非損惱相〕"라고 했습니다. 이것은 번뇌상이 아니니, 병이 아님을 분명히 알아야 합니다.

이때가 되면, 제가 『정좌수도 강의』[68]라는 책에서도 여러분에게 말씀드렸지만 눈이 좋지 않은 사람은 눈병이 찾아오고 귀가 좋지 않은 사람은 귓병이 찾아옵니다. 어느 부분이 좋지 않으면 그 부분에 병이 찾아오는 것입니다. 물론 여러분은 업력이 무겁기 때문에 내부에 염증이 생깁니다! 만약 선천성 매독을 지니고 있다면 이 기(氣)를 따라서 머릿속까지 올라오기 때문에 백치가 되어 버리거나 중풍이 찾아오기도 합니다. 아주 심각하지요. 하지만 여러분의 업력이 그것을 고칠 수 있습니다. 선천성 매독이라 할지라도 기(氣) 수행, 풍관(風觀) 수행의 성취로 말미암아 그것을 꺾어 버릴 수 있습니다. 그러려면 아주 큰 인식과 바른 믿음이 있어야 합니다.

수행과 수지가 여기에 도달하는 것은 실제적인 공부이기 때문에 그리 간단한 것이 아닙니다. 제가 여러분에게 설명하지 않고 여러분이 문자만 보고 그냥 넘어간다면 도대체 무엇을 보았는지 알지 못할 것입니다. 주의하십시오! 이 단계의 경계는, 즉 기맥이 머리에 이르면 고통이 찾아옵니다. 하지만 그는 그것이 "해롭거나 괴로운 상이 아님"을 여러분이 분명히 알아야 한다고 말합니다. 그것은 병이지만 또한 병이 아닙니다. 옛사람들은 참아 낼 수 있었습니다.

---

**곧 이 형상이 안에서 일어남으로 말미암아 즐거이 끊음을 방해할 수 있는**

---

**68** 원서명은 『정좌수도와 장생불로(靜坐修道與長生不老)』이다.

모든 번뇌품과 마음의 거칠고 무거운 본성이 모두 없어질 수 있다. 저를 다스릴 수 있어서 마음의 고르고 부드러운 본성, 마음의 가볍고 편안한 본성이 모두 생기할 수 있다.

卽由此相於內起故, 能障樂斷諸煩惱品·心麤重性, 皆得除滅. 能對治彼, 心調柔性, 心輕安性, 皆得生起.

---

기맥이 정수리에 도달하면 도가에서는 이것만으로 이미 대단하다고 여겨서 "삼화취정(三花聚頂), 오기조원(五氣朝元)"[69]이라고 합니다. 이때는 눈을 뜨든 눈을 감든 광명이 있습니다. 그 빛이 도(道)라고 생각한다면 그것은 틀렸습니다. 빛은 수지 공덕의 경계에 불과하며 사대(四大)의 변화에 속합니다. 정관(正觀)의 깨달음[知性]과는 서로 관련이 없으니, 정관의 깨달음은 관(觀)에 있지 않습니다. 이때 "모든 번뇌품과 마음의 거칠고 무거운 본성이 모두 없어질 수 있다[諸煩惱品·心麤重性, 皆得除滅]"고 했습니다. 여러분 마음속에서 망념이 비교적 없어지고 탐진치의 번뇌가 없어집니다. 하지만 근본을 뿌리 뽑은 것은 아니고 거칠고 무거운 것이 없어졌을 뿐이니, 표면적으로만 없어진 것 같습니다. 다스릴[對治] 수 있음으로 말미암아 마음도 고르고 부드러워지고 마음의 가볍고 편안함이 일어납니다. 설사 마음속에서 탐진치(貪瞋癡)의 외계 자극으로 일어나는 번뇌에 맞닥뜨린다 할지라도 동요하지 않고 화낼 마음도 일어

---

**69** 도가의 수련법으로 "세 꽃이 정수리에 모이고 다섯 기가 본래 자리에 모인다"는 뜻이다. 삼화(三花)는 정기신(精氣神)을 말하며 삼원(三元)이라고도 하는데, 정을 연마해서 기로 변하고 기를 연마해서 신으로 변하고 신을 연마해서 허(虛)로 돌아가는 것을 삼화취정이라 한다. 오기(五氣)는 목화토금수의 오행(五行) 또는 심간비폐신의 오장(五運)의 기운을 말하는데, 오행의 기가 생극(生剋)을 다스리고 변화시켜서 중앙 토(土)의 본래[元] 자리인 황정(黃庭)으로 돌아가서 모이는[朝] 것을 오기조원이라 한다. 『정좌수도 강의』(부키, 2014) 180-183쪽 참조.

나지 않습니다. 순식간에 끝나 버리니 번뇌를 끊을 수 있게 된 것입니다. 그러나 반드시 두륜(頭輪)인 머리의 기맥이 통해야 합니다. 이 단계에 도달해야 "마음의 고르고 부드러운 본성, 마음의 가볍고 편안한 본성이 모두 생기할 수 있습니다[心調柔性, 心輕安性, 皆得生起]."

## 기가 충만하고 마음이 희락하고 작의에 성공하다

이것이 생겨남으로 말미암아 수순하여 몸의 경안을 일으킬 수 있음이 있고, 풍대가 유달리 증가하여 많은 대종[70]이 몸속으로 들어오는데, 이 대종이 몸속으로 들어오기 때문에 즐거이 끊음을 방해할 수 있는 모든 번뇌품과 몸의 거칠고 무거운 본성이 모두 없어질 수 있다. 저를 다스릴 수 있어서 몸의 고르고 부드러운 본성, 몸의 가볍고 편안한 본성이 몸속에 편만하니, 그 형상은 가득 차서 넘치는 것 같다.

由此生故, 有能隨順起身輕安, 風大偏增, 衆多大種來入身中, 因此大種入身中故, 能障樂斷諸煩惱品·身麤重性, 皆得除遣. 能對治彼, 身調柔性, 身輕安性, 遍滿身中, 狀如充溢.

다시 한 단계 더 나아간 경안(輕安)은 "풍대가 유달리 증가하여[風大偏增]" 우주의 기류(氣流)와 천지의 기(氣)가 자신의 몸과 서로 합일하는데, 바로 『장자』에서 말한 "천지의 정신과 서로 왕래한다[與天地精神相往來]"라는 것입니다. 이때에는 풍대(風大)만 들어올 뿐 아니라 법계의 지

---

70 물질을 형성하는 네 가지 성질 즉 지수화풍 사대를 말한다. 본성[性]이 크고, 종자(種子)로서 만들어지는 물질을 생기게 하는 것이다.

수화풍이 모두 여러분의 몸〔色身〕과 교통하고 왕래하는데, 여러분은 자연히 시방 제불이 여러분에게 준 여러 종류의 영양분을 먹은 것과 같아서 변화할 수 있고 환골탈태할 수 있습니다. 지수화풍의 사대가 "몸속으로 들어오기 때문에〔入身中故〕" 여러분을 방해할 수 있는 마장이 들어오지 못하고 차단되어서, 일체 번뇌가 없어지고 몸의 거칠고 무거움도 없어집니다. 수지가 여기에 이르면 병을 없애고 수명을 연장할〔祛病延年〕수 있으니, 당연히 병 없이 건강하게 장수하고자 하는 것은 문제가 되지 않습니다.

이때 스스로는 기맥이 청정하게 변화하고 열 개 손가락과 온몸에 기가 충만해지는 것 같습니다. 기가 충만한 것은 살찌는 것이 아닙니다. 살찌는 것은 살이 많아지는 것이고 여전히 거칠고 무거운 욕계입니다. 여기에서 말하는 것은 기가 충만해진다는 것입니다. 노인들을 보면 열 개의 손가락이 모두 납작하고 피부도 주름투성이입니다. 하지만 수행이 이 단계에 이르면 달라집니다. 열 개의 손가락이 모두 통통해지고 기가 충만해집니다. 스스로도 기가 충만해졌음을 아는데, 몸이 조금 가벼워서 공중을 날거나 혹은 공중에 떠 있는 것도 가능할 것처럼 느껴집니다.

---

저가 처음 일어날 때 마음으로 하여금 뛰놀게 하고 마음으로 하여금 기쁘게 하니, 환희를 갖춘 행이 마음으로 하여금 희락하게 하여 소연 경계의 성품이 마음속에 드러나고, 그 후로는 저가 처음에 일으킨바 경안의 세력이 점점 느려지면서 오묘한 경안이 몸을 따라서 행하고 몸 안에 있으면서 구른다.

彼初起時, 令心踊躍, 令心悅豫, 歡喜俱行, 令心喜樂, 所緣境性, 於心中現, 從此已後, 彼初所起輕安勢力, 漸漸舒緩, 有妙輕安隨身而行, 在身中轉.

기가 충만해진 후에는 기뻐서 펄쩍펄쩍 뛰면서 대단히 즐거워합니다. 비로소 인생의 맛을 느끼게 되고 일체 번뇌가 사라집니다. 그런 까닭에 이 경계는 "환희를 갖춘 행[歡喜俱行]"으로 기뻐서 하하하 크게 웃게 됩니다. 그러나 주의하십시오. 여러분은 지금 불경을 보았으며 이것 또한 경계임을 알고 여전히 자제해야 합니다. 이 이치를 알지 못한다면 미친 듯이 웃게 될 터이니, 그런 것을 주화입마라고 합니다. 이 부분은 특별히 근신하고 주의해야 합니다.

여러분이 불경을 보고 이러한 수지의 이치를 깨달은 후에는, 이 경계에 도달했을 때 웃고 싶어도 스스로 경각심을 일으켜서 웃지 않으려고 합니다. 웃을 일이 뭐가 있는가? 이렇게 생각만 하면 그뿐입니다. "소연경계의 성품이 마음속에 드러난다[所緣境性, 於心中現]"는 것은, 여러분이 어떤 경계를 원하고 그 경계를 관상하고 싶어 하면 마음속에 그 경계가 드러나게 되는 것입니다. 여러분이 극락세계의 경계를 관상하려고 하면 그것이 곧 드러납니다. 관상한 후에는 이러한 경안의 힘이 익숙해지고 이 경계 또한 익숙해집니다. 밥을 먹는 것과 똑같아서 먹는 것에 익숙해지고 또 술을 마시는 것과 똑같아서 마시는 것에 익숙해져서 개의치 않게 됩니다. "점점 느려지면서[漸漸舒緩]" 즉 익숙해진 후에는 한 걸음 더 나아가 또다시 다른 경계의 변화가 있는데, 이러한 진보가 마치 퇴보같이 여겨집니다.

주의해야 합니다. 각각의 진보 중간에 마치 어떤 진보는 느릿느릿한 것 같으며 "오묘한 경안[有妙輕安]" 즉 이전과는 달라졌지만 말로 표현할 수 없습니다. "몸을 따라서 행하고 몸 안에 있으면서 구른다[隨身而行, 在身中轉]"고 했습니다. 일반적으로 기맥이라고 하면 기경팔맥이 통한 것을 말하는데, 이때에는 기맥이 통한 것은 대수롭지 않으니 작은 일에 속합니다. 열 가지 모두가 들어와서 몸에서 자유롭게 왕래하는데, 바로 삼십칠보리도품(菩提道品) 가운데 사여의도(四如意道)[71]의 맛입니다.

---

이 인연으로 말미암아 마음의 뛰노는 본성이 점차 물러가고 줄어드는데, 사마타를 붙잡음으로 말미암아 마음이 소연에 대하여 적정으로 행하고 구른다.

由是因緣, 心踊躍性, 漸次退減, 由奢摩他所攝持故, 心於所緣, 寂靜行轉.

---

이 쾌락과 경안이 또다시 신체 내부로 깊이 들어가면, 마음이 뛰노는 것이 점차 줄어들고 서서히 지를 이루고〔得止〕정을 이루는〔得定〕경계가 더 깊어지고 더 고요해집니다.

---

이 이후로는 유가행에 대하여 처음 업을 닦는 사람이 작의를 지녔다고 하며, 비로소 작의수에 들어갈 수 있다.

從是已後, 於瑜伽行初修業者, 名有作意, 始得墮在有作意數.

---

수련이 이 경계에 도달해야 비로소 유가를 수행하는 사람, 선(禪)을 수행하는 사람이 작의를 세웠다고 말할 수 있으며 "작의수(作意數)"에 들어갔다고 할 수 있습니다. 이른바 약간의 공부가 생겼다고 하겠습니다. 작의를 지녔기 때문에 이 정(定)의 경계에 들어가겠다고 생각을 움직이기만 하면 도달할 수 있습니다. 그래야 작의라는 이 부분의 수행을 성취

---

**71** 사여의도는 사여의족(四如意足), 사신족(四神足)이라고도 한다. 삼십칠조도품 중 세 번째 수행법으로, 욕(欲)여의족, 정진(精進)여의족, 심(心)여의족, 사유(思惟)여의족이다. 여의(如意)는 뜻대로 자유롭게 한다는 의미이고 족(足)은 선정이다. 사념처(四念處)와 사정근(四正勤)을 수행하여 다시 새롭게 깨달음에 대한 의지〔意〕와 원력(欲)을 일으켜 새로운 각오로 노력하고〔精進〕다시금 생멸하는 마음〔心〕을 알아 관찰하고 사유하는〔思惟〕 것이다.

했다고 하겠습니다. 이러한 작의는 범부의 작의가 아니라 승해(勝解)의 작의입니다. 범부가 마음을 일으키고 생각을 움직이는 것도 작의이지만, 그것은 범부의 경계이며 어지럽게 흩어집니다. 반면에 승해작의는 이치 위에 있으며 정의 경계에 있어서 자기 마음대로 할 수 있습니다.

## 색계정을 얻은 후 심신의 변화

**무엇 때문인가. 이로 말미암아 색계정의 영역에 포함되는 작은 부분의 미묘한 바른 작의를 맨 처음 얻게 되기 때문이다.**

何以故. 由此最初獲得色界定地所攝, 少分微妙正作意故.

색신의 지수화풍이 이렇게 변할 수 있다면 이미 욕계로부터 색계정(色界定)으로 건너뛰었고 색계로 승화했음을 알아야 합니다. 욕계(欲界) 즉 여러분이 보는 욕(欲)은 나쁜 것입니다. 그러나 승화는 욕계의 이 욕화(欲火)에 기대어야 하며 다시 그것을 변화시키고, 변화시킨 후에는 천천히 이 풍대(風大)의 수지를 거쳐야 욕계를 벗어나서 색계로 들어갈 수 있습니다. 여기에서는 정보를 아주 분명하게 드러냈습니다. 물론 미륵보살이 절반을 드러냈는데 제가 또 일부분을 보태서 전부가 되었습니다. 여러분 자신의 공덕에 기대고 여러분 자신의 복보를 보고 천천히 참구하십시오! 이때가 되면 색계정(色界定)의 영역에 진입했습니다. 그런 까닭에 줄곧 여러분에게 '색계천인표'를 분명하게 참구하고 보라고 했던 것입니다. 이것은 초선천(初禪天)과 이선천(二禪天)의 경계로 간 것인데 "작은 부분의 미묘한 바른 작의 때문입니다〔少分微妙正作意故〕." 즉 색계의 미묘한 바른 작의에 도달한 것입니다. 주의해야 할 점이 더 있는데, 여러분이 색계천의 경계선[邊緣]에 올라가면 더욱 노력해서 수행해야 한다는 것입니다.

---

이 인연으로 말미암아 작의를 지닌다고 한다. 이 작의를 얻고 처음 업을 닦는 사람은 이 형상을 지니는데, 이미 색계에 포함되는 작은 부분의 정심을 얻었다고 말한다.

由是因緣, 名有作意. 得此作意, 初修業者, 有是相狀, 謂已獲得色界所攝少分定心.

---

작의를 지니고 선정을 지닌 정사유는 이 경계를 지니는데, 이미 색계의 일부분 정의 경계[定境]를 이루었습니다.

---

작은 부분의 심신의 경안과 심일경성을 얻어 힘이 있고 능력이 있어서 정혹 소연의 가행을 잘 수행하며, 마음으로 하여금 서로 이어지게 하고 촉촉하게 적시어 전화하니, 사마타에 붙잡힌 바 되어 제행을 깨끗하게 할 수 있다. 비록 각종 사랑할 만한 경계에서 행하더라도 왕성한 탐욕의 얽어맴 또한 생기하지 않는다.

獲得少分身心輕安, 心一境性, 有力有能, 善修淨惑所緣加行, 令心相續, 滋潤而轉, 爲奢摩他之所攝護, 能淨諸行. 雖行種種可愛境中, 猛利貪纒亦不生起.

---

정토의 경계선에 참으로 도달하는데, 이 정토는 서방 극락정토가 아니라 심경(心境)과 유심작의(唯心作意)의 정토입니다.

이것은 완전히 지(止)의 경계입니다. 정의 힘과 정의 경계가 이때에 이르면 바른 행[正行]이 가장 사랑스러운 경계에 도달한 것입니다. 여러분이 남자라면 미녀들 중에서 다시 골라 뽑은 최고의 미녀가 나체로 여러분 앞에 서 있더라도 여러분의 욕념을 움직이지 못합니다. 여러분에게는 그 여성이 마치 여동생같이 느껴지고 그녀에 대한 사랑은 자비로운 사랑이며 욕념이 없습니다. 바로 욕(欲)이 없어졌기 때문입니다. 여성이라고 해도 똑같은 이치이니 이것은 좁은 의미의 남녀 색욕을 말합니다. 넓은 의미의 욕(欲)인 금전, 명예, 지위 심지어 황제가 자신의 자리를 여러분에게 준다고 해도 마다하게 됩니다. 이때에는 정말로 마다하게 되는데 인간 세상의 부귀가 이미 하찮아졌습니다. 이미 색계의 정의 경계에 있기 때문에 욕(欲)에 대해 이런 모습이 되며, 심지어 가장 왕성한〔猛利〕유혹이 와도 심념이 일어나지 않고 심념이 없어집니다. 욕계의 유혹은 이미 하찮게 여겨지고 너무 저급해졌습니다. 여러분의 그 정의 경계가 높아져서 정생희락(定生喜樂)에 도달했기 때문입니다.

---

**비록 조금 생기하더라도 작은 부분의 조금 미약함을 다스림에 의지하고 머물러 잠시 작의할 때 곧 없앨 수 있다. 사랑할 만한 경계에서처럼 미워할 만하거나 어리석을 만하거나 교만을 낼 만하거나 심사할 만한 경계에서도, 또한 그러함을 마땅히 알아야 한다.**

雖少生起, 依止少分微劣對治, 暫作意時, 卽能除遣. 如可愛境, 可憎·可愚·可生憍慢, 可尋思境, 當知亦爾.

---

　아주 맹렬한 마(魔)의 경계에 대하여 우연히 생각이 움직인다 할지라도, 여러분의 그 강하고 뛰어난 각성(覺性)이 당장에 알아차리니 그 생각은 곧 없어집니다. 자신이 저절로 없애 버리는 것입니다. 남녀 색욕의 경계만 그러한 것이 아니라 부귀공명 등등이 모두 이와 같습니다. 여러분의 수련이 여기에 도달하면 성질도 부리지 않게 되며 미워할 수도 없게 됩니다. 우연히 생각을 움직였다 할지라도 자신의 그 각성(覺性)이 얼른 다스려서 자기 자신이라 할지라도 봐주지 않으니 어떻게 그런 생

각을 일으킬 수 있겠습니까? 깨닫자마자 그 나쁜 생각은 얼른 사라질 것입니다. 수시로 청정한 지혜에 있기에 우치(愚癡)가 없고 교만한 마음도 없으며 망념도 찾아오지 않습니다. 자신이 대단하다고 생각해서 다른 중생을 업신여기는 행위도 하지 않게 됩니다. "또한 그러함을 마땅히 알아야 하니〔當知亦爾〕" 모두가 그런 모습입니다.

---

**고요한 방에 조용히 앉아 잠시 그 마음을 유지하면 심신의 경안이 빠르게 생기한다.**

宴坐靜室, 暫持其心, 身心輕安, 疾疾生起.

---

이때에는 폐관을 해야 합니다. 여러분이 초가에 머무르며 폐관을 하려면 반드시 이 정도에 도달해야 합니다. 그런 까닭에 선종에서는 이렇게 말했습니다. "본참을 깨트리지 못하면 입산하지 않고, 중관에 도달하지 못하면 폐관하지 않는다〔不破本參不入山, 不到重關不閉關〕." 이 경계에 도달하면, 수련을 가지고 말한다면 선종에서 말한 중관(重關)의 경계에 접근한 것입니다. 무엇이 중관입니까? 바로 색계천의 경계에 도달한 것입니다. 그런 까닭에 이때에는 "고요한 방에 조용히 앉아 잠시 그 마음을 유지해야〔宴坐靜室, 暫持其心〕" 합니다. 영원히 진보하고 또 진보해서 "심신의 경안이 빠르게 생기합니다〔身心輕安, 疾疾生起〕." 보십시오! 방금 말씀드린 이 단락에 얼마나 많은 "심신경안(身心輕安)"이 들어 있습니까! 그러나 똑같은 네 글자입니다. 인간 세상의 문자가 유한하기 때문입니다. 하지만 각각의 "심신의 경안"은 단계나 정도가 모두 같지 않습니다. 여기에서는 색계의 심신의 경안입니다. "질질생기(疾疾生起)"는 아주 빠르게 생기한다는 말이니, 한 걸음 한 걸음 더 빨리 진보합니다.

모든 몸의 거칠고 무거운 본성의 괴롭힘이 지극하지 않고, 자주 일어나는 모든 개(蓋)의 현행이 지극하지 않으며, 현행을 그리워함이 지극하지 않고, 근심과 함께 행해지는 모든 생각의 작의를 즐거워하지 않으니, 비록 정으로부터 일어나서 밖으로 나와 경행해도 작은 부분의 경안의 여세가 있어서 심신을 따라서 구르게 된다.

不極爲諸身粗重性之所逼惱, 不極數起諸蓋現行, 不極現行思慕, 不樂憂慮俱行諸想作意, 雖從定起, 出外經行, 而有少分輕安餘勢, 隨身心轉.

---

원래는 온몸이 저리고 기가 통하지 않지만 이 단계에 이르면 그런 문제가 없어집니다. 신체의 거칠고 무거운 번뇌가 없어지는 것입니다. 만약 폐관하고 초가에 머문다면, 자리에서 일어나 경행을 하거나 혹은 처리할 일이 있더라도 이 심신의 경안은 없어지지 않습니다. 정(定)의 경계는 어찌 됐든 처음부터 끝까지 있습니다.

---

이와 같은 종류를, 이것을 작의가 있는 사람의 청정한 형상이라고 하는 것임을 알아야 한다.

如是等類, 當知是名有作意者清淨相狀.

---

지관(止觀)을 수지하는 작의가 이때에 이르러야 마침내 청정을 얻습니다. 아이고, 할머니! 여기까지 말하느라 애먹었습니다! 여러분은 틀림없이 잘 들었다고 생각하겠지요. 잘 들었다는 말을 어떻게 할 수 있습니까? 여러분이 보고도 이해하지 못하는 것을 왜 제가 이해시켜야 합니까? 여기에서 참구해야 합니다! 잘 들었습니까? 들었다면 죄과를 얻은 것입니다! 그렇기 때문에 이 부분은 여러분 마음대로 들어서는 안 됩니

다. 함부로 다른 사람을 데리고 와서 들어서도 안 됩니다. 이 수준이 아니라면 들어서는 안 되니, 들었다가는 도리어 그 사람에게 해가 됩니다. 좋습니다! 아래에서는 한 걸음 더 나아갑니다.

제33권 본지분 중 성문지 제사 유가처의 일[本地分中聲聞地第四瑜伽處之一]입니다.

---

다시 다음으로 이 올타남으로 말하리라. 일곱 가지 작의로 욕을 떠남과 모든 정을 널리 말하며, 두 가지 정과 다섯 가지 신통과 생의 차별과 모든 상이니라.

復次此嗢柁南曰: 七作意離欲, 及諸定廣辯, 二定五神通, 生差別諸相.

정(定)의 경계와 신통은 어떻게 닦을까요? 이 안에 다 있습니다. 하지만 너무 기뻐하지 마십시오. 이 한 번에 신통을 닦을 수 있으리라고 생각하지 마십시오. 소용없습니다. 앞에서 말씀드린 그 수지들에 도달하지 않았다면 신통 수행은 헛수고가 될 것입니다. 신통과 유사한 것을 닦아서는 안 되니, 정신병자로 변하지 않도록 주의하십시오. 여러분은 반드시 알아야 합니다. 앞에서 말씀드린 백골관이나 부정관 등을 제대로 수지하지 않았다면 여러분은 그 이치를 안 것에 불과합니다.

---

모든 진리를 관찰하여 여실히 통달하고 수행에 대하여 널리 분별하여 구경을 그 나중으로 삼느니라.

觀察於諸諦, 如實而通達, 廣分別於修, 究竟爲其後.

---

지금부터는 나한 경계와 성문 경계의 이정오신통(二定五神通)이 어떤 수행법인지 말씀드리겠습니다.

# 작의 성취 후 입세하여 수행해야 하는 네 부류

## 이미 작의를 얻은 모든 유가사는

已得作意諸瑜伽師

바로 앞에서 말씀드린 작의 성취의 경계에 이미 도달한 것을 말합니다. (어떤 사람이 질문하다: 우리는 어떤 경계입니까?) 우리는 정좌(靜坐)를 배우고 있을 뿐입니다. 지(止)를 얻었습니까? (동학이 대답하다: 아닙니다.) 아니라고 했는데, 그래도 괜찮습니다. 어쨌든 자기 자신을 아는 밝음을 지니고 있으니까요. 관법(觀法)은 이해했습니까? 관(觀)할 수 있지요? (동학이 대답하다: 못합니다.) 역시 못하고, 작의는 할 수 있습니까? 다른 것은 말하지 말고, 여러분은 관상하고 작의하는 것을 할 수 있습니까? (어느 한 동학이 대답하다: 할 수 있습니다.) 할 수 있다고요? 오래도록 움직이지 않습니까? (동학이 대답하다: 못합니다.) 맞습니다! 여러분이 작의하여 생각해 낸 그 애인은 모호하고 형상이 결코 현전(現前)하지 않습니다! 마치 살아 있는 것처럼 여러분 앞에 서 있어야 현전이라고 할 수 있습니다. 그뿐 아니라 두 시간은 움직이지 않아야 합니다. 생각해 낼 수 있습니까? (동학이 대답하다: 생각해 내지 못합니다.) 좋아하는 애인조차 생각해 내지 못한다면 여러분의 그 작의는 무슨 의(意)를 작(作)합니까? 제가 하는 이 말을 아시겠습니까?

예를 들어 보겠습니다. 여러분이 불상을 관하고 명점을 관하는데, 이 작의가 움직이지 않을 수 있어서 행주좌와(行住坐臥)의 매 순간에 심신이 경안하다고 합시다. 앞에서 말했던 것에 한 걸음 한 걸음 한 단계 한 단계 모두 도달했다면 비로소 작의를 성취한 것입니다. 그것은 연기(緣起)이며 성공(性空) 중의 연기이니, 바로 성공연기(性空緣起)입니다. 밀종에서는

'생기차제(生起次第)'라고 하는데, 평지에 세우기 시작한 것입니다. 여러분은 『무량수경(無量壽經)』에 아미타불의 사십팔원(四十八願), 그것이 정토(淨土) 작의라는 것을 알아야 합니다. 아미타불의 원력인 작의가 지은 정토의 업(業)이니, 같은 원력의 중생과 공동의 선업(善業) 작의가 지은 것입니다. 우리 이 세상 중생의 업력과 고난은 우리 이 세상의 공업(共業) 작의가 만들어 낸 것입니다. 이것이 작의의 이치입니다.

그러므로 불법의 참 수행은 실제로 있으며 공허한 작의를 수행하는 것이 아닙니다. 관(觀)을 성취한 후에는 다시 그것을 비워〔空〕 버려야 합니다. 그것은 뒤쪽에 있는 것으로 이미 대아라한의 사념청정(捨念淸淨)에 도달하고 이미 불보살의 경계에 도달한 것입니다. 『유가사지론』이 모두 100권인데 이제 겨우 33권을 시작했습니다. 여기까지 듣고서 나는 『유가사지론』을 이미 이해했노라고 말해서는 안 됩니다. 이해했습니까? 청개구리가 물속에 '풍덩' 뛰어들었으니, 통하지 못했습니다〔不通〕!⁷² 그러므로 여러분은 주의해야 합니다. 적게 얻은 것으로 만족해서는 안 됩니다. 앞쪽의 일체 작의 수련에 대한 모든 구절을 여러분에게 설명했습니다. 오직 "이미 작의를 얻은 모든 유가사〔已得作意諸瑜伽師〕" 즉 이미 수지가 그 정도에 도달한 사람이라야 다음 단계를 이야기할 수 있습니다.

---

이미 이와 같은 작은 부분의 즐거이 끊음에 들어가고 이 이후에는 오로지 두 길이 있으며 다시 그 밖의 것은 없다.

已入如是少分樂斷, 從此已後, 唯有二趣, 更無所餘.

---

⁷² '풍덩'으로 해석되는 噗通의 중국어 발음이 不通과 비슷하다.

이미 앞쪽의 그 성취를 얻은 사람에게는 선택할 수 있는 출로가 오직 두 가지밖에 없습니다.

---

**어떤 두 가지인가. 첫째는 세간이고 둘째는 출세간이다.**

何等爲二. 一者世間, 二出世間.

---

수지가 앞에서 말한 그 정도에 도달했다면 우리는 이미 따라잡을 수 없는 경지가 된 것입니다. 맞지요? 수행이 그 경계에 도달했다면 아래의 두 길을 걸어갈 수 있습니다. 하나는 세간이고 다른 하나는 출세간입니다.

---

저 처음 업을 닦는 모든 유가사가 이 작의로 말미암아 혹은 생각하기를 나는 세간으로 가야겠다고 하거나, 혹은 생각하기를 나는 출세간으로 가야겠다고 하여, 다시 이와 같은 작의를 많이 수습하고 여여히 이에 대하여 지극히 많이 수습한다. 여시여시한 모든 경안과 심일경성이 저 낮과 밤 등을 지나며 다시 늘어나고 넓어진다.

彼初修業諸瑜伽師, 由此作意, 或念我當往世間趣, 或念我當往出世趣, 復多修習如是作意, 如如於此, 極多修習. 如是如是所有輕安, 心一境性, 經歷彼彼日夜等位, 轉復增廣.

---

이때 출세(出世)나 입세(入世)를 선택할 수 있습니다. 바꾸어 말하면 여러분이 앞에서 말한 그 정력(定力)을 지닌 후라야 출세가 됐든 입세가 됐든 할 수 있는 능력이 있습니다. 옷을 바꿔 입고 머리를 빡빡 미는 것이 출세는 아닙니다. 여러분은 여전히 세간에 있으니까요! 모든 번뇌〔蓋〕가 여러분을 덮고 있는데, 적어도 지금 이 시각에는 나〔我〕에 의해 덮여 있습니다. 이러한 일체의 번뇌〔蓋〕를 벗어난 후에야 세간법과 출세

간법을 선택할 수 있습니다.

여러분이 불경을 참으로 이해했다면, 그러면 여러분은 어떻게 하겠습니까? 그렇기 때문에 참된 불법은 여러분으로 하여금 깨닫지 못하게 하는 것이 가장 좋습니다. 이제 여러분에게 계율을 하나 줄 것인데, 여기에서 수업을 들은 후에 출가인이나 수행인을 색안경을 끼고 보면 안 됩니다. 그 사람들은 전부 멀었다고 생각해서는 안 됩니다! 그러면 여러분이 죄과를 받게 됩니다. 여러분도 그들과 마찬가지입니다. 여기에서 성문중 가운데 하나가 되어 조금 들었고 피상적인 것을 조금 얻었을 뿐입니다. 여기에서 수업을 들었다고 외부 사람들을 무시한다면 그것은 안 될 일입니다. 주의해야 합니다. 이것은 하나의 계율이니 어떤 사람이든 존중해야 합니다.

수도하는 사람들이 이 단계에 도달하면 작의할 수 있습니다. 나는 출세를 해야겠다고 생각하거나 나는 입세를 해야겠다고 생각한 연후에 진보를 구하고 또 진보를 구하며 밤낮으로 끊임없이 노력하여 수행합니다.

---

만약 이 작의를 견고히 이어서 강성하게 구르면 청정 소연의 승해를 일으키고 사마타품 및 비발사나품에 대하여 그 형상을 잘 취하는데, 저가 그때에 혹은 세간도로 가기를 즐거워하여 가행을 일으키거나 출세간도로 가기를 즐거워하여 가행을 일으킨다.

若此作意, 堅固相續, 强盛而轉, 發起淸淨所緣勝解, 於奢摩他品, 及毘鉢舍那品, 善取其相, 彼於爾時, 或樂往世間道發起加行, 或樂往出世道發起加行.

---

이때 비로소 입세나 출세를 생각해 볼 자격이 생기는데, 여기에는 아직 여러분이 머리를 깎고 승려가 되는 것은 포함되지 않습니다. 입세를 하든 출세를 하든 여러분은 여전히 가행을 닦고 있으며 아직 아라한과를

증득하지는 못했습니다. 분명히 해 둬야 하는데, 여러분은 수도하고 있을 뿐이고 증과하지는 못했습니다. 과위는 아직 얻지 못한 것입니다. 이 과위는 출세를 해야 얻을 수 있는 것이 아닙니다. 입세를 해도 얻을 수 있으니, 출세와 입세를 상관하지 않고 모두 증득할 수 있습니다. 이때 각자의 업력에 의지해서 입세를 할지 출세를 할지 다시 생각해 봅니다.

---

문: 이 가운데 몇 종류의 보특가라가 곧 현법에 대하여 세간도로 가기를 즐거워하여 가행을 일으키며, 출세간도로 가기를 즐거워하지 않는가.

問: 此中幾種補特伽羅, 卽於現法, 樂往世間道, 發起加行, 非出世道.

"보특가라(補特伽羅)"는 바로 삭취취(數取趣)이며 일체중생을 나타냅니다. 다음과 같이 질문합니다. 몇 종류의 중생, 몇 가지 근기의 사람이 지금 이 경계에서 "세간도로 가기를 즐거워하여〔樂往世間道〕" 즉 세간도의 노선을 걷기 원하며, 혹은 출세간의 노선을 걷기를 원하지 않습니까?

---

답: 대략 네 종류의 보특가라가 있다. 어떤 네 종류인가. 첫째는 일체 외도이다. 둘째는 정법에 대하여 근성이 약하고 부족하여 먼저 정행을 닦는 중생이다. 셋째는 근성은 비록 예리하나 선근이 미숙한 중생이다. 넷째는 일체 보살이니, 내세에 큰 보리를 증득하기를 즐거워하고 현법에서는 아닌 자이다. 이와 같은 네 종류의 보특가라가 현법 가운데서 세간도로 가기를 즐거워하여 가행을 일으킨다.

答: 略有四種補特伽羅. 何等爲四. 一·一切外道. 二·於正法中根性羸劣, 先修正行. 三·根性雖利, 善根未熟. 四·一切菩薩, 樂當來世證大菩提, 非於現法. 如是四種補特伽羅, 於現法中, 樂往世間道, 發起加行.

네 가지 근기의 사람이 세간법의 노선을 걷기 좋아합니다. 첫 번째, 일체의 외도(外道)입니다. 여러 생에 걸쳐 외도의 근성을 지녔기에 세간법의 노선을 걷기 원합니다. 두 번째, 비록 여러 생에 걸쳐 불법을 바르게 수행하는 근성을 지녔지만, 그의 근성이 너무 어리석고 너무 약합니다. 비록 같은 방법으로 불법을 배우고 수행해서 겉모습은 아주 좋지만 지혜가 약하고 부족하므로 마땅히 세법(世法) 속에서 갈고 연마해서 그 지혜를 성장시켜야 합니다. 그래서 세간법의 노선을 걷습니다. 세 번째, 근성은 비록 예리하고 총명이 절정이지만 선근(善根)이 없고 복보(福報)가 없습니다. 주의하십시오! 지혜는 있으나 선근이 없으면, 선근이 성숙하지 못하고 복보가 부족하면 여전히 세간법의 길을 걸어서 복보를 많이 배양해야 합니다. 네 번째, 본래는 대보살인데 보살도는 대부분 출세간의 노선을 걷기를 원하지 않습니다. 대보살이 현신(現身)하면, 가령 관음보살, 문수보살, 보현보살은 모두 재가상(在家相)으로 현신합니다. 오직 한 분의 보살만이 출가상(出家相)으로 나타나는데, 바로 지장왕보살입니다. 지옥에 내려가서 중생을 제도하려고 하기 때문입니다. 대보살은 어느 세상에 태어나도 세간도를 걸어가는데, 다른 생에 보리대도(菩提大道)를 증득하기 위해서 세상에 들어가는 것입니다. 이렇게 모두 네 종류의 사람이 세간법의 노선을 걷습니다.

## 수행인이 왜 다른 종류로 태어나는가

이 세간도로 가기를 즐거워하여 가행을 일으키는 사람은 다시 두 종류가 있다. 첫째는 구박이니 모든 이생을 말한다. 둘째는 불구박이니 모든 유학을 말한다.

此樂往世間道發起加行者, 復有二種. 一者具縛, 謂諸異生. 二不具縛, 謂諸有學.

---

입세하여 수행하기를 원하는 이 네 종류의 사람은, 세간법의 수지에 대하여 다시 두 종류로 나뉩니다. 첫 번째 종류는 "구박(具縛)"인데, 번뇌에 얽매여 있고 업력이 그것을 묶고 있습니다. 이런 부류는 세간의 이생도(異生道)로서 개, 돼지, 마귀 가운데 수행인이 있습니다. 각 종류의 일체중생은 대부분 다시 오는데, 다시 온 것이 모두 성문도(聲聞道)이며 정력(定力)을 지니고 있습니다. 그렇기 때문에 고기를 함부로 먹으면 안 됩니다. 수행인의 고기를 먹으면 시큼합니다. 그러니까 각 도(道)에 있는 수행인은 다시 태어나고 다시 온다는 말입니다.

그런데 그는 왜 이생(異生)으로 변하고 사람으로는 변하지 못할까요? 그가 구박을 지니고 있기 때문인데, 그는 여러 생에 걸친 업력의 과보를 아직 다 갚지 못했습니다. 하지만 인간 이외의 동물인 이류(異類) 가운데서도 여전히 수행하고 있습니다. 여러분은 이류 가운데는 수행하는 사람이 없다고 생각하면 안 됩니다. 고양이, 개, 소, 양뿐 아니라 파리나 개미 가운데도 수행인이 있습니다. 두 번째 종류는 "불구박(不具縛)"으로, 그는 본래 다른 사람에게 빚지지 않아서 업(業)의 빚이 없습니다. 하지만 수도를 위해서 이류생(異類生)으로 변하거나 혹은 사람으로 변하거나 혹은 다른 무엇으로 변합니다. 이러한 불구박 부류의 사람은 이미 유학위(有學位)[73]에 도달하였지만 여전히 노력하여 수행하는 단계이며, 아직 무학위(無學位)에는 도달하지 못했습니다. 무학위는 바로 나한의 경계입니다.

---

73 유학(有學)은 문자 그대로 배우는 자라는 뜻으로, 유학위(有學位)는 배울 것이 있는, 공부를 더 해야 하는 계위를 말한다. 예류과, 일래과, 불환과에 오른 성자를 유학위라고 하고, 더 이상 배우거나 닦아야 할 것이 없는 아라한과를 무학위라고 한다.

이것은 다시 무엇을 말하는가. 먼저 욕계를 관하여 거친 본성이라 여기고, 초정려의 정이거나 생에 대하여 관하여 고요한 본성이라 여기며, 가행을 일으켜 욕계의 욕을 떠난다. 이와 같이 가행을 일으켜서 무소유처의 욕을 떠나는 것까지도 또한 그러함을 알아야 한다.

此復云何. 謂先於欲界觀爲麤性, 於初靜慮, 若定若生, 觀爲靜性, 發起加行, 離欲界欲. 如是乃至發起加行, 離無所有處欲, 當知亦爾.

이것은 무슨 이치일까요? 이 부류의 사람은 선정을 처음 닦는 중에 "관하여 고요한 본성이라 여기고〔觀爲靜性〕" 즉 청정을 탐하여 청정이라는 이 경계를 얻기만 하면 이 욕계를 떠나고 싶어 합니다. 바꾸어 말하면 오로지 청정만을 탐해서 다른 건 아무것도 상관하지 않으며 혼자 정(定)을 수행하고 이것이 바로 수도(修道)라고 여기는 것입니다. 이러한 정의 경계를 탐하는 것으로 말미암아 가행을 일으키고 "무소유처의 욕을 떠나는데〔離無所有處欲〕" 즉 사선팔정 가운데 무소유처정(無所有處定)이라는 이 경계를 떠나고 싶어 합니다. "또한 그러함을 알아야 합니다〔當知亦爾〕." 하지만 이것은 여전히 유학위(有學位)의 단계에 있습니다.

또 정려 등에 의지하여 무상정 등을 일으키고 오신통 등을 일으킨다.

又依靜慮等, 能引無想定等, 及發五神通等.

정(定)을 이루었기 때문에 선정의 경계에서 "무상정(無想定)"을 일으킬 수 있는데, 세간의 모든 것이 번뇌임을 느끼고 마지막에는 무상정 수행을 그만두어야겠다고 느낍니다. 석가모니 부처님께서도 무상정을 삼년간 닦으셨는데, 무상정은 어떤 생각〔念〕이든지 모두 끊어 버리는 외도

정(外道定)입니다. 그런 까닭에 무상천(無想天)에 태어나는 것이 구경(究竟)은 아니며 의식을 억누를 뿐입니다. 부처님께서는 도를 성취하기 전에 무상정(無想定)을 삼 년간 수행하고 비상비비상정(非想非非想定) 또한 삼 년간 수행해서 경계에 도달했습니다. 하지만 아님을 알고 바로 버렸으니[知非卽捨], 즉 이것이 도가 아니라고 생각하여 바로 그것을 버렸습니다. 이 정(定)들은 모두 구경의 보리도(菩提道)의 과위가 아니니, 외도(外道) 가운데로 떨어지게 됩니다.

신통은 정력(定力)에 의지하여 일으키는데, 어떤 수행인들은 정(定)의 경계로 말미암아 신통을 얻고는 자신에게 신통이 생겼으니 도(道)를 이룬 것이라고 생각합니다. 하지만 사실은 도를 증득한 것이 아닙니다. 그러므로 주의해야 합니다. 부처님을 배우는 대계(大戒)는 신통의 사용을 허락하지 않습니다. 일반 중생이 신통을 보면 신통이 바로 도라고 여기기 때문입니다. 신통은 도의 꽃입니다! 열매[果]가 아니라 단지 도의 잔물결일 뿐입니다. 정의 경계를 지녔기 때문에 초선(初禪) 이상은 "오신통(五神通)"을 일으킵니다. 이 다섯 가지 신통을 사용한다면 그 사람은 곧 타락하게 되어 외도(外道)로 변하고 마도(魔道)로 변합니다. 참으로 가련한 일입니다. 왜일까요? 그는 여러 생에 걸친 선근(善根)이 부족하기 때문입니다. 선근이 부족해서 지혜를 일으키지 못하는 것입니다. 여러분은 왜 머리가 멍청한지 왜 지혜가 부족한지를 알아야 합니다. 여러 생에 걸친 선근과 선행이 부족해서이니, 참된 복덕이야말로 참된 지혜임을 이해해야 합니다. 대지혜는 복보를 지니는 것이며, 참 복보로 말미암아 얻습니다.

또 곧 이것에 의지하여 생生이거나 상相을 모두 자세히 말해야 하며, 욕계의 욕을 떠나기 위해 관행을 부지런히 닦는 모든 유가사는 일곱 가지 작의로 말미암아 비로소 욕계의 욕을 떠남을 얻을 수 있다.

又卽依此, 若生若相, 皆當廣說. 爲離欲界欲, 勤修觀行諸瑜伽師, 由七作意, 方能
獲得離欲界欲.

---

이 문제들은 아주 중요합니다. 오통(五通)은 어떻게 일으킵니까? 어떤 모양입니까? 상세히 설명을 덧붙여야 합니다.

미륵보살이 말했습니다. "내가 그대들에게 말한다. 수행하는 사람이 참으로 욕계의 욕망을 떠나고자 한다면 주의해서 마음을 일으키고 생각을 움직여야 한다. 아울러 수행의 방법이 있으니, 일곱 가지 작의를 열심히 닦아야 욕계의 욕을 떠남에 도달할 수 있다." 이 단락은 계속 이어지는데 다음번에 더 말하겠습니다!

# 제17강

무엇을 일곱 가지 작의라고 하는가. 요상작의, 승해작의, 원리작의, 섭락작의, 관찰작의, 가행구경작의, 가행구경과작의이다.

무엇을 요상작의라고 하는가. 작의하여 욕계의 추상麤相과 초정려의 정상靜相을 바르게 깨달아 알 수 있음을 말한다. 무엇을 욕계의 추상을 깨달아 안다고 하는가. 욕계의 여섯 가지 일을 바르게 심사하는 것을 말한다. 무엇이 여섯 가지인가. 첫째는 뜻이고 둘째는 대상이고 셋째는 형상이고 넷째는 품류이고 다섯째는 때이고 여섯째는 도리이다. 무엇을 모든 욕의 추의麤義를 심사한다고 하는가. 이와 같은 모든 욕에는 많은 과환과 많은 손뇌가 있으며, 많은 돌림병이 있고 많은 재해가 있다고 바르게 심사하는 것을 말하는데, 모든 욕에서의 많은 과환의 뜻과 더 나아가서 많은 재해의 뜻에 이르기까지, 이것을 추의라고 한다.

무엇을 모든 욕의 자상을 심사한다고 하는가. 이것이 번뇌욕이 되고, 이것이 사욕이 됨을 바르게 심사하는 것을 말한다. 여기에는 다시 세 가지가 있으니, 순락수처와 순고수처와 순불고불락수처이다. 순락수처는 탐욕이 의지하는 곳이며, 상想과 심心이 전도되어 의지하는 곳이다. 순고수처는 진에가 의지하는 곳이며, 분忿과 한恨이 의지하는 곳이다. 순불고불락수처는 우치가 의지하는 곳이며, 부覆・뇌惱・광誑・첨諂・무참無慚・무괴無愧가 의지하는 곳이니, 견해가 전도되어 의지하는 곳이다. 곧 이와 같은 모든 욕은 매우 나쁜 여러 느낌을 따라가는 것이며, 매우 나쁜 번뇌를 따라가는 것임을 바르게 심사하는 것이니, 이것을 모든 욕의 자상을 심사한다고 한다. 무엇을 모든 욕의 공상을 심사한다고 하는가. 이 모든 욕은 태어남의 괴로움, 늙음의 괴로움, 내지는 구해도 얻지 못하는 괴로움 등을 따라가는 것이며, 똑같이 따라 얽어매는 것임을 바르게 심사하는 것을 말한다. 모든 욕을 받는 이는 원만한 욕에 쫓기면서 구르며, 또 태어남 등의 법을 아직 해탈하지 못하였기 때문에, 비록 저 모든 욕이 뛰어나고 묘하고 원만하다 할지라도 잠시 있을 뿐이니, 이것을 모든 욕의 공상을 심사한다고 한다.

무엇을 모든 욕의 추품醜品을 심사한다고 하는가. 이와 같은 모든 욕은 모두 흑품에 떨어지는 것이니 마치 골쇄 같고, 엉긴 피와 살 같으며, 풀로 된 횃불 같고, 한 조각 숯불 같으며, 큰 독사 같고, 꿈에서 본 것 같으며, 임시로 빌린 여러 장엄구 같고, 나무 끝에 달린 과일 같다고 바르게 심사하는 것을 말한다. 모든 욕을 추구하는 모든 유정들은 모든 욕 가운데서 추구하여 지은바 괴로움을 받고, 막고 지키면서 지은바 괴로움을 받고, 친하고 사랑함이 무너지면서 지은바 괴로움을 받고, 만족이 없으면서 지은바 괴로움을 받고…… (중략)

초정려정에 일곱 가지 작의가 있는 것과 같이 이와 같이 제이정려정, 제삼정려정, 제사정려정 및 공무변처정, 식무변처정, 무소유처정, 비상비비상처정에도 각기 일곱 가지 작의가 있는 줄을 알아야 한다. 유심유사의 초정려지에서는 추상을 깨달아 알고, 무심무사의 제이정려지에서는 정상을 깨달아 아는 것은 제이정려에 증입하기 위해서이니, 이것을 요상작의라고 하는 것을 마땅히 알아야 한다.

이미 초정려정에 증입하였고 이미 초정려를 얻은 자는, 모든 심尋과 사伺에 대해서 추성임을 관하며 바르게 훤히 알 수 있는데, 정지定地에 있으면서 대상에 대하여 맨 먼저 갑자기 일어나고, 어느새 대상의 경계에 힘써 행하는 거친 뜻이 말하는 성질, 이것을 심尋이라고 한다. 곧 저 대상에 대하여 저를 따라 일어나고 저에 따라 행하되, 천천히 대상의 경계를 지나가며 행하는 미세한 뜻이 말하는 성질, 이것을 사伺라고 한다. 또 이와 같은 심尋과 사伺는 심법성이어서 마음이 날 때에 나고 함께 상응하며 동일한 대상에 구른다는 것을 바르게 훤히 안다. 또 이와 같은 심과 사는 안에 의지하여 생기고 바깥 처소가 붙잡는다는 것을 바르게 훤히 안다. 또 이와 같은 일체의 과거와 미래와 현재에 포함되는 것은 인으로부터 생기고 연으로부터 생기며, 혹은 더하기도 하고 혹은 줄기도 하여 오랫동안 안주하지 않으며, 잠시 동안 있으면서 갑자기 앞에 나타난다는 것을 바르게 훤히 안다. 마음으로 하여금 안절부절못하게 하고, 마음으로 하여금 흩어져 움직이게 하며, 고요히 행하여 구르지 않으면서 상지 上地를 구하는 때에는 괴로움의 머무름이 따르니, 이런 까닭에 모두 흑품에 포함되는 것으로서 모든 욕을 따라서 좇는다. 이생희락의 작은 부분의 뛰어난 이익은 소재지의 자성에 따라서 이와 같은 상을 있게 하는 것이며, 언제 어느 때나 유심유사의 심행의 소연은 안절부절못하면서 구르며 적정을 얻지 못하니, 이와 같은 등의 갖가지 행상으로써 모든 심과 사에 대하여 추상麤相을 깨달아 안다.

근래에 『유가사지론』에서 말씀드린 것은 모두 불법을 배우고 수지하는 단계에서 가장 중요한 부분이므로 각별히 유의해야 합니다. 어떤 동학이 저에게 생사의 문제를 이야기해 달라고 제안했는데, 생사 문제는 이미 여러 차례 언급한 적이 있으니 여러분 모두 잘 알 것입니다.

　여러분이 생사 문제를 연구하려고 한다면, 첫 번째 책으로는 부처님께서 아난에게 말씀하신 『불설포태경(佛說胞胎經)』을 봐야 합니다. 사람은 어떻게 모태로 들어갑니까? 사람은 어떻게 태어납니까? 이 경전은 단행본입니다. 두 번째 태중에 있는〔處胎〕부분에 관해서는 『대보적경(大寶積經)』안에 있는 「불위아난설처태회(佛爲阿難說處胎會)」에서 아주 상세하게 말했습니다.[74] 부처님께서는 의학과 생리학 및 각종 과학에 대해 대

---

[74] 당나라 때 보리류지(菩提流志)가 번역한 경전으로, 대승 불교의 법보를 담고 있는 여러 경을 한데 묶어 놓은 것이다. 전체 49회로 이루어져 있는데 각 회마다 독립된 내용이다. 「불설아난설처태회」는 제13회에 나온다. 축법호가 번역한 『불설포태경』의 이역본으로 알려져 있다. 보리류지가 이 경을 편찬할 때 축법호 등 여러 고승의 번역본 23종은 그대로 실었고, 다시 번역한 경은 15종, 처음 번역한 것은 11종이라고 한다.

단히 명확하게 이야기했으며 독특한 부분도 있습니다. 태아는 모태에서 칠 일에 한 번 변화하는데, 칠 일마다 신경과 기맥의 변화하는 모습에 명칭이 있습니다. 그렇게 칠 일이 서른여덟 번 지난 후에 출생합니다.

부처님께서는 또 다른 경전에서 이렇게 말씀하셨습니다. "한 사람의 생명을 얻기란 쉽지 않으니, 모태에 들어가는 것[入胎]과 모태에 머무르는 것[住胎]과 모태에서 나오는 것[出胎]이 모두 쉽지 않지 않다." 특히 임신의 생리 현상과 태아의 태위(胎位)에 대하여, 심지어 자궁의 위치, 높낮이와 차고 따듯한 정도, 왜 유산을 하거나 뱃속에서 죽는지 등등에 대하여 아주 상세히 말씀하셨습니다. 다만 여러 경전에 흩어져 있어서 잘 모를 뿐 생에 관한 부분을 많이 말씀하셨습니다.


## 사대가 흩어지는 과정

죽음에 관한 부분은 각 경전에 다 있습니다. 여러분은 지금 불학을 연구하면서 정식으로 경전을 본 적이 없는데, 예를 들어 『유가사지론』도 사망 방면의 상황을 상세하게 이야기했습니다. 부처님께서는 이 문제를 위해 제자들을 시험해 보신 적이 있는데, 그들에게 생명 무상의 이치를 답하게 했습니다. 부처님께서 그들의 설법에 대해 결론을 내리기를, 생명은 바로 호흡에 있다고 했습니다. 한 모금의 기(氣)가 나가서 들어오지 않는 것이 바로 사망인데, 이것은 그래도 정상적인 사망입니다. 그 밖에 정상적이지 않은 사망으로 횡사나 요절 같은 것이 있는데 각양각색의 죽음이 너무나 많습니다. 부처님께서도 사람의 몸은 지수화풍의 사대(四大)로 구성되었다고 말씀하셨는데, 풍(風)이 바로 기(氣)입니다. 대(大)는 물리적 기능이며 각각의 대(大)가 110가지의 병을 낳을 수 있기 때문에 사대로 구성된 사람의 몸은 440가지의 병을 지니고 있습니다. 어떤 종류의 병이든 사람을 사망하게 할 수 있으니, 이것을 보더라도 생명이 얼마나 연약하며 얼마나 얻기 어려우며 얼마나 귀한지를 알수 있습니다.

지금은 각종 다른 사망에 대해서는 이야기하지 않고 정상적인 사망만 이야기하겠습니다. 사람이 진정한 사망에 이르면 지대(地大)가 먼저 흩어지고 신체 손발의 감각이 없어집니다. 우리가 고서를 읽어 봐도 알 수 있습니다. 『논어(論語)』를 보면 증자가 병이 나서 곧 죽게 되자 제자들에게 이렇게 말합니다. "내 발을 열어보고 내 손을 열어보아라[啓予足, 啓予手]." 학생들에게 자신의 발을 내어놓고 손을 펴놓게 했습니다. 그러고 나서 말합니다. "『시경(詩經)』에 말하였다. 두려워하고 삼가서 깊은 연못에 임한 듯하고, 살얼음을 밟는 듯하구나. 지금부터 나는 면할 수 있을 것이다! 제자들아[『詩』云: 戰戰兢兢, 如臨深淵, 如履薄冰, 而今而後, 吾知免夫! 小子]." 증자가 말했습니다. "이제 나는 곧 죽을 것인데 오늘 이후로는 더 이상 잘못을 저지르지 않을 것이다." 죽음에 임박해서도 부지런히 선을 행합니다. 평상시에도 바르지 않은 생각이 없었지만 이제는 더더욱 잘못을 저지를 수 없게 되었습니다. 이 상황이 바로 지대가 흩어지는 것인데 신체의 지각을 잃어버립니다.

두 번째로 수대(水大)가 흩어집니다. 여러분은 사람의 생명이 형성될 때와 사망할 때의 작용이 상반된다는 사실에 주의해야 합니다. 수대가 흩어질 때에는 죽음에 임박한 사람의 몸에 땀이 나는데 차가운 땀이며 이때 대소변도 나옵니다. 이것이 그 사람의 마지막 대변입니다. 위아래가 서로 주고받지 않고 중기(中氣)가 빠져나가며 항문이 느슨해져서 대소변이 저절로 나오는 것입니다. 그런 까닭에 나이가 많은 사람 중에 어떤 사람들은 소변을 참지 못해 옷에 흘리는데 자신도 알지 못합니다. 노인들이 이 시기에 이르면 대단히 고통스럽습니다. 장래의 여러분 자신을 포함해서 여러분의 부모님도 이 시기에 이르면 먼저 소변을 통제하지 못하게 됩니다.

부처님을 배우는 사람이라면 더더욱 알아야 하는데, 노인들이 연달아 방귀를 뀌는 것은 하행기(下行氣)가 부족하기 때문입니다. 수대가 흩어지고 죽을상[死相]이 겉으로 나오면 육근이 먼저 망가집니다. 동공이 커져서 설령 아주 가까이 서 있다 할지라도 죽어가는 사람이 볼 때는 아주 멀어 보입니다. 귀의 신경도 따라서 망가지는데 그 사람 면전에서 하는 말도 그가 듣기에는 아득해서 분명하게 들리지 않습니다.

지대가 흩어질 때 사람은 혼미한 상태로 들어가는데 반쯤 꿈같은 상태가 됩니다. 혹은 산이 짓누르는 듯이 느껴지거나 철판 사이에 낀 듯이 느껴져서 고통스럽습니다. 수대가 흩어져 차가운 땀이 날 때에는 이미 독영의식이 그다지 또렷하지 않은데, 의식이 사대의 흩어짐을 좇아서 점차 혼미해집니다. 하지만 독영의식의 작용이 아직 약간은 남아 있어서 자신이 마치 바다에 빠진 것처럼 느껴지고 매우 두렵습니다.

수대가 흩어지면 이어서 화대(火大)의 흩어짐과 풍대(風大)의 흩어짐이 함께 일어나고, 신체는 서서히 차가워지기 시작합니다. 풍대의 기(氣)가 어느 부분까지 끊어지면 그 부분까지 차가워집니다. 그러므로 유식(唯識)을 연구하면 난(煖) 수(壽) 식(識)을 알게 되고, 노인들의 몸에 얼마나 많은 부분이 차가워지는지 특히 아랫부분이 그러함을 알게 됩니다. 사람은 아랫부분부터 서서히 죽음이 올라오기 때문에 먼저 걸음을 잘 걷지 못하게 되고 신체가 갈수록 거칠고 무거워집니다. 왜 선정을 잘 닦으면 신체가 가볍고 편안[輕安]할까요? 거칠고 무거움이 없어졌기 때문입니다.

마지막으로 지수화풍(地水火風)이 일제히 흩어지고 목구멍을 가래가

막으면서 호흡도 곤란해집니다. 병원에서 죽어가는 사람을 보면 대부분 폐에 물이 차서 기(氣)가 막히게 됩니다. 현대 의학의 방법은 기도를 절개해서 호스를 집어넣어 가래를 뽑아냅니다. 뇌에 산소가 부족하면 산소를 연결합니다. 산소가 바로 풍대(風大)입니다. 그러므로 아무개가 산소 호흡기를 연결했다는 말을 들으면 이제 거의 다 된 것입니다. 하지만 구해 낼 수 있는 방법이 있습니다.

## 사망할 때의 특수한 현상

사람의 숨이 끊어질 때에는 각종 영상이 찾아오는데, 마치 광풍과 폭우 속을 달리는 것처럼 갖가지 견디기 힘든 고통과 두려운 경계가 찾아옵니다. 평상시에 종교 의식을 지닌 사람이라고 가정하면, 이른바 지옥이니 우두마면(牛頭馬面)[75]이니 하느님이 천사를 보내 데려오게 한다느니 하는 그런 경계들이 자연스럽게 눈앞에 펼쳐지는데, 사실은 모두 여러분의 의식 속에 나타난 것입니다. 사대가 흩어지고 마지막 한 모금의 기(氣)가 끝나면, 듣자 하니 대단히 편안해진다는데 가볍고 해탈한 느낌을 갖는다고 합니다. 하지만 이 순간이 지나가면 사람은 아무것도 모르게 됩니다. 옛사람들의 표현을 빌리자면 껍질을 벗은 거북이가 하늘로 날아오르는[脫殼烏龜飛上天] 것입니다.

껍질을 벗은 거북이가 무슨 말인가요? 대륙에서 어떤 사람이 거북이

---

**75** 우두인신, 마두인신이라고도 한다. 손에 철창을 쥐고 죄인을 찌르거나 불에 태우는 지옥의 최하급 옥졸(獄卒)이다. 불교 지옥을 묘사한 민간서적에 널리 쓰이는데, 지옥에 떨어져서 소나 말의 머리 형을 하고 있는 죄인을 말한다는 문헌도 있다.

를 잡아먹으려고 했는데 그 방법이 아주 잔인했습니다. 거북이를 협판(夾板)을 사용해서 끼우고 불로 그 꼬리를 태우면 거북이가 견디지 못하고 필사적으로 달아나려고 하는데, 껍질이 협판 사이에 끼어 있기 때문에 몸만 빠져나가게 됩니다. 그것을 껍질을 벗은 거북이라고 합니다. 빠져나오면 물론 죽음인데, 듣자 하니 사람이 죽을 때에는 거북이가 껍질을 벗을 때와 마찬가지로 고통스럽다고 합니다. 벗고 또 벗어서 마지막 그 순간이 되면 대단히 편안하고 가볍습니다.

지수화풍이 완전히 흩어져 사람이 사망하는 때에 이르면 찰나 사이에 욕념이 대단히 강렬합니다. 특별히 음욕의 염(念)이 일어나는데 게다가 아주 무겁습니다. 일반적으로 사람이 중년과 노년에 이르면 성욕의 감수(感受)와 관념이 모두 서서히 감소하지만, 사망에 도달하면 이 욕념이 강렬하게 일어납니다. 완전히 죽는 그 순간에 일어나는 현상은 아주 복잡하니 이것이 사망입니다. 간단히 설명하면 이러합니다.

온몸이 차가워지면 육도윤회를 시험해 볼 수 있습니다. 마지막으로 몸에 아직 온기가 조금 남아 있을 때, 전칠식(前七識)은 모두 떠났어도 제팔 아뢰야식은 완전히 몸을 떠나지 않았습니다. 정수리가 아직 따뜻하고 마지막 모습이 자애롭고 편안하다면 이것은 천도(天道)에 왕생한 것입니다. 정토에 왕생한 사람도 이러합니다. 온몸이 차가워졌는데 얼굴과 이마가 아직 따뜻하면 사람은 아주 고통스럽습니다. 관념 때문에 혹은 가정이나 집안사람이나 집안일 때문에 혹은 다른 사람에 대해 원한이 있다면, 죽을 때 모습이 흉합니다. 비록 상생(上生)[76]이라 하더라도 아수라도에 들어간 것에 불과합니다. 이런 차별은 아주 미묘합니다. 왜냐하면

---

**76** 극락왕생의 구품(九品) 가운데 상품, 중품, 하품의 각 윗자리인 상품 상생, 중품 상생, 하품 상생을 통틀어 이르는 말이다.

어떤 사람들은 어리석은 상〔癡相〕으로 미련스러운데 마찬가지로 아수라도에 태어나기 때문입니다. 온몸이 차가워지는데 명치 부위가 마지막으로 차가워지는 사람은 인도(人道)로 다시 옵니다. 온몸이 차가워졌는데 배 아래쪽이 아직 따뜻하다면 축생도로 들어간 것으로 하삼도(下三道)에 속합니다. 이런 종류의 죽음은 그리 여유가 있지 않습니다. 우리가 여유가 있다고 말하는 것은 규율에 맞는 죽음을 가리키는데, 때로는 사망이 아주 빠르고 또 그리 규율에 맞지 않는 경우가 있습니다. 예를 들어 차에 치여 죽거나 갑자기 혈압이 높아져서 죽는 경우는 아주 갑작스럽게 일어나며 규율에 맞지 않은 사망에 속합니다. 죽은 후에 축생도에 태어나는 경우는 대부분 천수(天壽)를 다하고 집안에서 죽는〔壽終正寢〕것이 아니고 잘 죽는 것이 아니라서 죽을 때 형상이 흉합니다.

과거에 어떤 사람들은 좋은 가정에다가 팔구십 세까지 살고도 마지막에 죽을 때는 땅바닥을 기거나 어떤 사람은 개집이나 돼지우리까지 기어가 거기에 누워서 숨을 거두었습니다. 지금은 의학이 발달해서 병원의 관리하에 있으니 그런 상황이 허락되지 않지만요. 만약 그랬다가는 정신분열이라고 바로 진정제를 놓기 때문에 관찰할 수가 없습니다. 그런 경우 축생도에 들어갔다고 말합니다. 온몸이 차가워졌는데 무릎이 마지막으로 차가워졌다면 아귀도에 들어간 것입니다. 발바닥이 마지막으로 차가워졌다면 지옥도에 들어간 것입니다. 하지만 이 하삼도는 각종 괴이한 죽음의 현상으로 말미암아 각양각색의 죽음이 다 있습니다. 마지막으로 차가워지는 부위 역시 알아내기가 어려워서 여러분에게 만져 보게 할 기회가 없었습니다. 이것이 사망할 때의 대략적인 상황입니다.

금방 숨이 끊어졌을 때에는 아뢰야식이 아직 몸을 완전히 떠나지 않았기 때문에 불경에는 그 사람을 옮기지 못하도록 정해 놓았습니다. 적어도 하루 이틀은 지나야 옮길 수 있습니다. 이때 여러분이 그의 몸을 건드리면 그에게는 아직 감각이 남아 있습니다. 수천 년 전 중국의 경서인 『예기(禮記)』에는, 사람이 천수를 다하고 집안에서 죽으면 사흘 후라야 옮기고 옷을 갈아입힐 수 있다는 규정이 있습니다. 중국의 고례(古禮)에는 옷을 갈아입힐 때 다른 자손들은 곁을 지키지만 며느리는 그 자리를 떠야 합니다. 몸을 깨끗하게 닦고 옷을 갈아입히는데, 사위 한 명이 이불 한 채이니 딸이 일고여덟 명이면 일고여덟 채의 이불을 덮어야 합니다. 의복은 춘하추동 사계절이 모두 필요하여 바지를 여러 개 입힙니다. 장남이 이른바 '시(屍)' 역할을 하는데, 우두커니 서 있으면 옷을 모두 그의 몸에 입혔다가 다시 벗겨서 죽은 사람의 몸에 입혔습니다. 말이 나온 김에 고례를 말씀드렸습니다.

왜 사흘 후에야 옮길 수 있을까요? '가사(假死)'라고 하는 일종의 병이 있기 때문인데, 사흘 지나서 다시 살아나기도 합니다. 이런 것은 중국인이라면 다 알고 있습니다. 불가에서 말한 것은 더 명확합니다. 여러분 모두 『팔식규구송(八識規矩頌)』을 읽은 적이 있을 겁니다. 아뢰야식은 "나중에 가고 먼저 와서 주인공 노릇을 하네〔去後來先做主公〕"입니다. 맞지요? 아뢰야식은 가장 마지막에 떠나기 때문에 죽은 지 얼마 안 된 사람은 건드리면 안 됩니다. 울지도 말고 부르지도 않는 것이 가장 좋은 까닭은 그 사람이 여전히 알기 때문입니다. 다만 아주 아득하고 아주 힘겹게 들릴 뿐입니다. 그것은 귀를 사용해서 듣는 것이 아니라 의식의 중음신(中陰身)인 영혼이 듣는 것으로, 듣더라도 슬프고 가슴 아플 것입니다.

불가의 규칙에 따르면 이때 만약 수지를 지닌 사람이 손가락으로 임종한 사람의 정수리 중간의 혈도를 누르며 그에게 이곳을 떠나라고 하거나, 혹은 법사가 인경(引磬)을 천천히 치며 그에게 말하기를, 당신이 지금 빛을 보면 그 빛을 따라가라고 말하면서 다른 한편으로 염불을 합니다. 이때에는 주위를 일깨울 사람이 필요한데, 불가에는 임종에 염불로

도와주는〔臨終助念〕 방법이 있습니다. 다들 아직 젊기 때문에 출가인이라 할지라도 이런 일을 배우기를 원치 않습니다. 엄격히 말하면 전체 불법의 중점은 대자비이기 때문에 출가인과 법사들에게 항상 이 일을 하게 합니다. 이것은 죽어가는 사람을 지도하고 인도하여 그의 주의를 이끌어 내는 것으로, 이때의 독경은 특별한 작용을 지닙니다. 하지만 지금의 젊은 세대들에게는 이러한 자비의 마음이 적습니다. 과거에는 이런 방법이 있어서 곁에서 염불하고 또 염불했는데, 때로는 방법을 잘 몰라서 제멋대로 하기도 했습니다.

사망할 때 사대가 흩어지는 데에는 대략 얼마의 시간이 필요할까요? 우리 세간의 시간으로 계산하면 대략 이틀이 걸립니다. 업력이 다르기 때문에 걸리는 시간은 제각기 다릅니다. 이때 사람은 마치 제정신을 차리는 것 같은데 꿈에서 막 깨어난 것 같으며 깨어난 후에는 이것을 중음신(中陰身) 또는 중유신(中有身)이라고도 합니다. 왜 중음신이라고 할까요? 사람이 죽은 후 다른 생명이 아직 생기지 않은 중간에 존재하는 것이 바로 중음신이며, 보통은 영혼이라고 합니다.

## 중음신의 시기

사망 후 중음신이 형성되기 이전에 마치 꿈에서 막 깬 것 같을 때, 찰나 사이에 강렬한 빛이 출현하는데 태양이나 번개나 그 어떤 빛보다 강렬합니다. 실제로 참으로 수련을 하고 수지를 지닌 사람은 평상시 정(定)의 고요함 속에서 이미 이런 빛에 익숙해져 있는데, 그것은 자성이 일으킨 작용입니다. 하지만 보통 사람은 그 강렬한 빛을 받아들이지 못합니다. 그 빛은 단번에 없어져 버리고 다시 암흑이 되는데 양(陽)과 음

(陰)이 이어져 있습니다. 중음신은 안이비설신의를 지니고 있으며, 우리가 꿈을 꾸는 상황과 비슷합니다.

우리가 꿈속에서 다른 사람에게 맞으면 통증을 느끼기도 합니다. 그렇지요? 꿈속에서 가슴 아픈 일을 생각하고 울면 잠에서 깬 후 베개에도 눈물 자국이 있습니다. 그렇지요? 실제로 중음신의 활동이 이와 똑같기 때문에 중음신이 형성되기만 하면 그 사람은 자연스럽게 중음신의 신통을 지니게 되어 산하(山河)와 벽이 그를 가로막지 못합니다. 도를 얻은 사람이 어디로 움직이려고 생각하기만 하면 그곳으로 가는 것과도 똑같습니다. 시공(時空)의 장애가 없어서 염두에 두기만 하면 곧 도달합니다.

그런 까닭에 수지를 잘하면 일념으로 서방극락세계에 왕생할 수 있다고 말합니다. 물리세계의 빛의 속도〔光速〕, 전기의 속도〔電速〕, 소리의 속도〔聲速〕가 생각의 속도〔念速〕에 미치지 못하기 때문인데, 생각은 아주 빠릅니다. 중음신은 이런 기능을 지니고 있습니다. 중음신은 오신통(五神通)을 지니고 있는 것과 같아서 가족이 울고 떠드는 소리를 다 듣고 또 봅니다. 그런데 자신의 죽은 몸은 보지 못합니다. 어쩌면 우리가 울고 있을 때 망자가 다가와서 우리를 위로하며 말할지도 모릅니다. "됐어. 난 이미 죽었으니 더 이상 울지 마." 하지만 그가 여러분에게 말해도 듣지 못합니다. 이것을 중음신이라고 합니다.

중음신이 빛을 발견하면 아주 강렬한 욕망을 느끼는데 성욕의 욕망입니다. 욕계 생명의 근원이 바로 하나의 욕(欲)이니, 이러한 욕의 작용은 아주 대단합니다. 중음신은 이때에 빛, 소리, 색에 대하여 무엇이든지 볼 수 있으며 조금도 가로막는 것이 없습니다. 평소에 수지를 지닌 사람이라면, 자성 중음신이 형성되기 이전에 빛을 보면 자성이라고 인식합니다. 일념이 공(空)하여 정주(定住)하고 정(定)에 들어가서 생사와 육도윤회, 천상과 인간 세상에서 자기 뜻대로 주인 노릇을 할 수 있습니다.

이것은 평소에 정(定)을 닦는 수련이 있어야 합니다. 수지가 없고 수련이 없으면 이때에 이르러 매우 혼란스럽습니다. 이렇게 말하면 듣기에는 아주 수월할 것 같지만 실제로 그 경계는 매우 견디기 힘듭니다. 지금 우리처럼 불편한 환경에서 일 초도 견디지 못하면, 사망의 환경에서는 더더욱 어려울 것입니다.

그런데 두 부류의 사람은 중음신이 없습니다. 하나는 지선(至善)이고 또 하나는 지악(至惡)입니다. 지극히 선한 사람은 죽으면 바로 하늘로 올라가고 중간에 머물러 있지 않습니다. 지극히 악한 사람은 죽으면 바로 지옥에 내려가며 마찬가지로 중음신이 없습니다. 보통 사람은 선과 악을 반씩 지니거나 혹은 선과 악, 무기의 삼업을 모두 지니기 때문에 중음신의 단계를 거치게 됩니다.

중음신이 아직 생겨나기 전에 여러분이 어떤 종교를 믿느냐에 따라 부처님이든 보살이든 하나님이든 성모 마리아든 관공(關公)이든 천사든 마귀든 우두마면의 괴물이든 모두 다 볼 수 있습니다. 이 시간에 여러분이 모태에서부터 시작하여 평생 했던 착한 일과 나쁜 일과 무기(無記)가 마치 영화의 한 장면처럼 차례차례 나타납니다. 그뿐 아니라 여러분 자신도 몰랐던 과거세의 업력이 펼쳐지는데, 아주 빨리 마치 꿈을 꾸는 것처럼 지나갑니다. 우리가 십몇 년간 꾸었던 꿈이 실제로는 오 초를 약간 넘거나 길어야 삼십 초 정도면 아주 긴 꿈이라고 하는데, 이 몇 초간 꿈 꾼 일이 인간 세상에서는 수십 년간 겪은 일입니다.

이것은 과학적으로 증명된 것입니다. 예를 들어 이 자리에 계신 여러분은 적어도 이십 몇 년을 살았는데 지나온 일을 회상해 보면 세월이 아주 빠름을 느낄 것입니다. 그렇지요? 똑같은 이치입니다. 그때 중음신은 평생 겪었던 일을 단번에 비추어 줍니다. 그 사이를 불경은 이렇게 말합니다. "주재가 없으며 저절로 그러함도 아니다(無主宰, 非自然)." 여러분이 염라대왕을 믿는다면 염라대왕이 나옵니다. 하나님을 믿는다면 심판을 받게 될 것입니다. 만약 이치를 깨달았다면 일체가 오직 마음이 짓는 것임을 알게 됩니다. 그것은 바로 여러분의 업력이 주관하는 것입니다. 평상시에 여러분이 저지른 나쁜 일을 다른 사람은 알지 못하지만 이때 자신은 분명히 알며 스스로를 속이지 못합니다. 이것이 업력의 이치입니다.

중음신이 가지 못하는 곳이 두 군데가 있는데, 하나는 산문(産門)이고 또 하나는 보리도량입니다. 나머지 장소는 어디든 갈 수 있습니다. 연애를 하는 사람들은 조심해야 합니다. 여러분이 포옹할 때 얼마나 많은 중음신이 곁에 서서 구경하는지 모릅니다. 그들은 환생해서 산문(産門)에 들어가기만을 기다리고 있습니다. 그러므로 조심해야 합니다. 아무도 보는 사람이 없다고 여겨서는 안 됩니다. "열 개의 눈이 보고 열 개의 손이 가리킨다[十目所視, 十手所指]"라는 말은 정말입니다. 중음신은 귀신이 아니며 귀신과 동일하게 도(道)가 아닙니다.

또 하나 갈 수 없는 곳은 보리도량인데 일반적인 도량이 아닙니다. 대보리도량에는 가지 못합니다. 이것은 무슨 이유에서일까요? 예전에 우리가 젊은 시절에 큰 라마승에게 물어보았습니다. 다음날 제가 참구해서 깨달았는데, 중음신이 산문(産門)에 들어가면 더는 중음신이라고 부르지 않는다는 것을 알았습니다. 환생했기 때문이지요. 중음신이 보리도량에 들어가면 깨달음을 얻어 성불하게 되니 마찬가지로 중음신이라고 부르지 않게 됩니다. 중음신이 이 두 곳에 가지 못하는 것은 바로 이런 이치입니다. 만사에 스스로 사유하고 그것을 참구해서 깨달아야 합니다.

중음신은 칠 일에 한 번, 가장 긴 경우라도 칠 곱하기 칠 사십구 일 만에는 반드시 환생해야 합니다. 보통 사십구 일까지 가지는 않습니다. 중음신이 모태에 들어간다는 말이 나온 김에 욕계의 입태(入胎)를 다시 말씀드리면, 사람에 그치지 않고 곤충이나 개미, 축생까지 다 암수 양성(兩性)이 애(愛)를 내고 욕(欲)을 내는 이 동력으로 말미암아 생명을 낳는데 이것을 욕계라고 합니다. 식물에도 자웅의 교배가 있어야 열매를 맺을 수 있습니다. 욕계는 모두가 이러한 욕(欲)입니다.

중음신은 욕계에 있다가 인연이 성숙했을 때, 가령 남녀 두 사람이 성행위를 할 때 여러분과 인연이 있는 중음신이 감응하는데, 남녀가 사랑을 나누는 것을 보면 자세히 살핍니다. 가까이 다가가면 남녀는 보이지 않고 오로지 두 사람의 생식기 부분만 보입니다. 이때 남성을 연애하여 애욕을 품으면 자신이 그 남성과 사랑을 나누는 것으로 느끼고 환생하여 여성이 됩니다. 여성에 대해 애욕을 품으면 환생하여 남성이 됩니다. 남자도 아니고 여자도 아닌 사람은 또 다른 업력인데, 이것은 아주 미묘합니다. 다들 아직 젊으니 성 심리학을 천천히 연구해 보면 알게 될 것입니다. 이 업력을 자세히 계산하면 여기에만 그치지 않고 아주 많은 요인이 있습니다. 유전 역시 요인의 일부분입니다. 그래서 현대 심리학에서는 여자아이들은 비교적 아버지를 사랑하고 남자아이들은 어머니를 사랑한다고 말합니다.


# 다시 환생하여 사람이 되다


부처님께서도 말씀하신 적이 있고 『유가사지론』에서도 환생의 상황을 언급했습니다. 예를 들어 모태로 들어갈 때는 마치 꿈속 같습니다. 풍경이 아주 아름답고 장엄한 궁전을 발견하고 들어가면 부귀한 집안에 환생하는 것입니다. 광풍이 불고 폭우가 내리는데 누군가에게 쫓기다가 작은 초가집이나 동굴을 발견하고 들어가서 숨으면, 가난한 집안에 태어나거나 사지가 온전하지 않습니다. 재물을 사랑하는 사람은 많은 돈을 보면 가서 한 움큼 뺏으려고 하여 모태로 들어갑니다. 먹는 것을 좋아하는 사람은 쇠고기볶음 한 접시를 보면 좋구먼! 하면서 한 점을 훔쳐 먹는데, 곧 애욕이 움직이면서 마치 자석이 끌어당기는 것처럼 모태로 들어가서 사람으로 변합니다. 여러분의 업력이 개로 변해야 하는 경우라도 보게 되는 것은 개가 아니라 역시 남녀 사람입니다. 생각이 움직여서 그 사람을 사랑하게 되면 바로 개로 변합니다. 일체가 모두 욕애(欲愛)를 중심으로 하는 이것이 욕계입니다.

색계의 입태(入胎)는 또 다른 이치입니다. 여기에서는 오로지 애욕(愛欲)이라는 측면만 강조하는데, 탐진치만의 각 방면이 모두 있습니다. 어떤 사람들은 진심(瞋心)의 업력이 무거워서 사람을 보기만 하면 원망하고 미워하지만, 끌어당기면 즉 삼연(三緣)이 화합하여 끌어당기면 모태로 들어가게 됩니다.

모태로 들어간 후에는 중음신이 바로 없어지고 다시 혼미해지는데, 마치 죽은 것처럼 아무것도 모른 채 뱃속에서 대략 열 달을 틀어박혀 있습니다. 아라한과 대보살같이 정력(定力)을 지닌 사람들 가운데도 일부는 전생을 기억하지 못하는 미혹[隔陰之迷]을 지니는데, 중음신 단계에서 미혹되어 이전의 수행을 모두 잊어버린 것입니다. 모태로 들어가도 미혹되지 않고 모태에 머무르면서도 미혹되지 않고 모태에서 나와도 미혹되지 않을 수 있다면, 그것은 정혜(定慧)의 힘입니다. 오로지 대보살이 환생하는 경우라야 가능합니다.

어떤 사람들은 모태에서 나온 과정을 모두 알고 있습니다. 대만 노고 출판사에서 나온 책에서 미국의 한 조사를 인용했는데, 최면으로 사람의 기억을 회복시켜서 자신의 전생과 모태에 머무르던 상황을 이야기하게 했더니 대부분 들어맞았다고 합니다. 업력이 가벼운 태아라면 모태에 머무르는 동안에도 독서하고 춤추고 운동회를 엽니다. 그런 까닭에 어머니가 임신했을 때 아기가 뱃속에서 활기차게 움직인다고 느끼는 것입니다. 그 경계는 사람이 꿈속에 있을 때의 경계와 똑같아서, 비록 아주 작은 천지이지만 그에게는 하나의 대천지입니다.

또 태아는 모태 속에서 각종 자극을 받는데, 어머니가 먹는 온갖 음식을 태아도 감각으로 느낄 수 있습니다. 어머니가 찬 음식을 먹고 찬물을 마시면 태아는 마치 빙산을 오르는 것 같고, 뜨거운 음식을 먹으면 마치 끓는 기름 솥에 빠진 것 같으니 십팔층 지옥을 모태 속에서 모두 경험합니다. 따라서 중국인들이 태교를 강조하는 것과 절대적인 관계가 있습니다. 현대 의학도 증명하는데 태아는 뱃속에서 어떤 소리도 들을 수 있습니다. 부모 두 사람이 화를 내도 달콤한 말을 해도 태아는 또렷하게 듣습니다. 다만 모태에서 나올 때 잊어버리는 것일 뿐입니다. 어머니가 임신했을 때 남편 아닌 애인과 밀회를 하면 이 태아도 분명히 듣습니다. 다른 사람은 모두 속여도 태아는 속일 수 없지요. 그런데 이 태아가 모태에서 나온 이후에는 아무것도 모릅니다. 특히 산문(産門)을 나와서 공기의 자극을 받고 탯줄을 자르면 곧 "앙" 하고 울기 시작합니다. 탯줄을 자르면 곧 갓난아이 입속의 진흙 같은 더러운 물질을 깨끗이 닦아내야 합니다. 깨끗이 닦아내지 않아서 갓난아이가 삼켰다가는 태독(胎毒)으로 변합니다.

지금 우리는 압니다. 사람의 생명은 삼연(三緣)의 화합이고 인연이 낳은 것이며, 주재가 없고 저절로 그러한 것이 아니라는 것을 말입니다. 일체가 업력이 낳은 것이고 유심(唯心)이 지은 것입니다. 육도윤회의 차별과 생명의 선택은 자신의 수지에 의지합니다. 따라서 불법 대소승의 첫걸음은 생사를 해탈하고 심물(心物)의 얽매임을 벗어날 수 있는가 하는 것입니다.

인연이 낳은 생명에 관해 지금까지 세간의 학문은 온전한 답을 아직 내놓지 못합니다. 인류의 시작에는 문화가 없었고 문자 교육도 없었지만 이러한 생명의 근원을 추구하는 사상은 모든 사람이 지니고 있었고 나면서부터 지니고 있었습니다. 이 문제에 처음 해답을 내놓은 것은 종교였지만, 종교의 답안에 만족하지 못하고 깊이 더 연구한 결과로 철학이 태어났습니다. 철학은 이성적 연구를 통해 종교의 겉옷을 벗기고 우주와 생명의 근원을 추구했습니다. 나중에 철학가들 역시 우주와 생명의 근원에 관해 그 가장자리를 탐색하게 되었고 이리저리 더듬었지만 여전히 증거를 얻지 못했습니다. 과학자들은 말합니다. "어느 종교가이든 관여하지 마십시오. 그는 제멋대로 믿는 사람입니다. 철학자 당신들이 생각하는 것도 반드시 옳지만은 않습니다. 당신은 두뇌에 의지해서 생각하지만, 당신의 그 지식 자체가 바로 문제입니다. 그런 까닭에 과학은 실증을 요구합니다."

인류의 문화는 종교, 철학, 과학의 삼대 영역에서 수천 년간 탐색하고 각자 자신이 생명 문제를 해결했다고 말하지만, 현재 누구도 해결하지 못하고 여전히 종교, 철학, 과학의 길에서 빙빙 돌고 있습니다. 그렇지 않습니까? 이런 상황이지요? 불가는 자신이 생사를 끝냈다고 말하는데, 여러분이 보다시피 부처님을 배우는 사람이 이렇게 많지만 누가 생사를 끝냈습니까? 부처님께서는 이 이치에 관해 말씀하셨고 이미 생사를 끝내셨지만 우리는 결코 그렇게 하지 못합니다. 여러분은 반드시 이 이치를 추구하고 실증해야 합니다.

다소 기묘한 점은 인류 문화가 진보할수록 수많은 종교의 이론이 성립하지 못한다는 사실입니다. 그러나 과학이 진보할수록 부처님께서 말씀하신 이론은 오히려 이치에 맞고 부처님이 옳았음을 증명해 줍니다. 다만 표현 방식이 같지 않고 명칭이 같지 않을 뿐입니다.

사람의 생명 근원은 인연으로 생긴 것이며 주재가 없고 저절로 그러한 것이 아닙니다. 그러나 현대 의학은 인류가 유전(遺傳)되어 왔다고 말합니다. 다윈은 인류가 세포의 진화, 원숭이의 진화로부터 왔다고 말했는데, 그것은 다윈의 조상이지 우리는 아닙니다. 프로이트는 인류가 성의 문제라고 말했지만, 그것은 프로이드의 성 심리이며 어떤 사람들은 결코 성의 문제가 아닙니다.

제 친구 중에 몇 쌍의 부부는, 한 쌍은 아직 살아있습니다만, 칠팔십 세가 되었고 자식은 없습니다. 평생 학문이 훌륭했고 사이가 아주 좋았는데, 비록 부부였지만 평생을 출가인처럼 성생활이 없었으니 사랑[愛]은 있고 욕구[欲]가 없었습니다.

물론 성 능력의 문제일 수도 있으나 진정으로 학문을 지닌 사람과 두뇌를 많이 쓰는 사람, 혹은 예술가와 지혜가 발달한 사람은 비교적 욕구가 적습니다. 반면에 욕구가 많은 사람은 대부분 지혜가 적습니다. 지혜도 지니고 욕구도 누릴 수 있다면 그것은 천인의 경계이지 범부가 바랄 수 있는 것이 아닙니다. 어리석은 사람은 욕구[欲]가 많고 성인은 욕구가 적습니다. 그런데 어리석은 사람이 욕구가 많아진 후에는 일 년에 한 명씩 아이가 태어납니다. 옛사람에게 수십 명이나 되는 많은 자녀가 있었던 것이 그리 드문 일은 아니었습니다.

생명과 연관된 인연은 네 가지가 있습니다. (1) 친인연(親因緣): 중음신이 지니고 온 종자를 아버지의 정자와 어머니의 난자에 더해서 삼연(三緣)이 화합해야 하나의 생명이 될 수 있습니다. 어떤 사람이 묻습니다. 시험관 아기도 욕(欲)에서 온 것입니까? 남녀 양성의 욕은 거칠고 얕은 욕이며 큰 욕[大欲]은 각종 욕념(欲念)입니다. 가령 중음신이 환생할 때 이 그림을 보고, 아름답구나! 하면 곧 그것에 끌려 들어가는데 그 흡인력이 바로 이 인연입니다. (2) 증상연(增上緣): 가정교육, 사회 환경

이런 것들이 모두 증상연입니다. (3) 소연연(所緣緣): 인연 자체가 종자이고 바로 친인연입니다. 태어난 후로 종자가 현행을 일으키고 과거에 지니고 온 종성으로 말미암아 성질이 나쁜 사람은 더 나빠질 수 있습니다. 혹은 중음신이 모종의 자극을 받아서 좋아질 수도 있습니다. 하지만 가르침을 받지 않으면 성장한 후에 갈수록 나빠질 수도 있습니다. 이것이 바로 과거의 인연으로 말미암은 연쇄 작용인데, 종자가 현행을 낳고 현행이 종자에 영향을 끼쳐 끊임없이 연속되기 때문에 소연연이라고 합니다. (4) 등무간연(等無間緣): 이 소연연은 육도윤회에서 나고 죽고 또 죽고 나고 영원히 무궁하므로 사이가 없이 평등한 인연이라고 합니다. 인연은 이 네 가지가 있습니다.


## 사람은 왜 수도해야 하는가

한나절을 이야기했는데 왜 사람은 수도해야 합니까? 바로 해탈을 구하는 것이니 생사윤회를 벗어나고자 함입니다. 참된 해탈은 현행하는 가운데서 생사를 해탈하고자 하는 것입니다. 방금 어떤 동학이 우리 수행자는 지금 생사 속에 있지 않느냐고 질문했습니다. 맞습니다! 분단생사(分段生死)입니다. 육도윤회가 바로 분단생사입니다. 바꾸어 말하면 우리의 자성은 생겨나지도 않고 없어지지도 않으며〔不生不滅〕 더럽혀지지도 않고 깨끗하지도 않으니〔不垢不淨〕 진여자성(眞如自性)은 본래 어떤 생사도 없습니다. 생겨나지도 않고 죽지도 않으니 유(有)라고도 할 수 없고 공(空)이라고도 할 수 없습니다. 하지만 일념이 그것을 움직인 후에는 움직이기만 하면 어지러워집니다. 움직일수록 더 어지러워지고 어지러워진 후에는 영원히 그 자리에서 윤회하면서 회전하는데 빨리 회전할수록 더 해탈하지 못합니다. 마치 선풍기 위에 앉은 파리와 같아서 선풍기가 돌기 시작하면 파리는 빠져나오지 못합니다. 빠져나오지 못하면 영원히 해탈하지 못합니다. 그렇기 때문에 우리는 해탈을 찾고 구해서 육도윤회의 생사로부터 벗어나야 합니다. 이 윤회 속에서 회전하는 속도가 너무 빠르면, 오온(五蘊) 가운데 이것을 행온(行蘊)이라 하는데 행온은 해탈하기 어렵습니다. 무명이 행을 일으키니〔無明緣行〕 생각이 움직이면 행이 곧 일어납니다. 행이 식을 일으키고〔行緣識〕 식은 명색을 일으켜서〔識緣名色〕 사대가 곧 일어나고 십이인연(十二因緣)이 이어서 일어나는데 분단의 생사에 속합니다.

수행이 가는 길은 변역생사(變易生死)입니다. 지금 타좌를 해서 다리가 저린 것처럼 수도하는 사람에게는 각종 생리적 변화가 있는데, 실제로 매초마다 사람은 생사 속에 있습니다. 다만 변역생사 속에서 변화하고 있어서 천천히 전변합니다. 변역생사에 관해서는 대아라한과를 수행해서 성취하면 변역생사를 해탈할 수 있습니다. 하지만 생사를 해탈하는 것이 생사를 끝내는 것은 아닙니다. 어떤 것을 생사를 끝낸다고 합니까? 대승보살이 성불한 후에는 진여자성으로 돌아가서 생겨나지도 않고 없어지지도 않는데〔不生不滅〕 이것이 바로 생사를 벗어나서 끝낸〔了脫〕 것입니다.

생사를 끝냄에 대하여, 여러분은 타좌를 시작하면 이제 이 세계로 오지 못할 것이라고 생각합니다. 오지 못한다고요? 그러면 어디로 갑니까? 여러분이 하늘에 태어난다 치더라도 여전히 생사 속에 있지 않습니까! 어쨌든 삼계에 있으면 생사윤회에 있는 것입니다. 그러므로 정(定) 수행을 하고 관(觀) 수행을 하는 것은 바로 이 생사를 끝내려고 하는 것입니다.

현행의 생사를 말하자면 하루 밤낮이 하나의 작은 생사입니다. 더 작은 생사는 바로 일념 사이에 있습니다. 일념이 일어나면 즉생즉멸(卽生卽滅)이니 생사 자체가 바로 일념 무명(一念無明)입니다. 이 염이 어느 곳에서 일어나는지 알지 못하고 그 오는 곳을 알지 못하니 당연히 생사를 끝낼 방법이 없습니다. 바로 공자가 말했던 "생을 알지 못하니 어찌 사를 알랴[不知生, 焉知死]"라는 것입니다. 불법은 우리에게 어떻게 생사를 끝내는지 가르쳐 줍니다. 생사를 끝낸 후에는 이른바 지혜를 증도(證到)하고 신통을 증도하는데, 그러면 우주의 내원과 생명의 근원을 분명히 알게 됩니다. 일체가 하나의 자성의 작용에 포함되어 있기 때문입니다. 불법이 말하는 기본 이치는 삼세인과 육도윤회를 위주로 하는데, 전체 생사의 이치가 이와 같습니다. 중국 선종에서 가장 먼저 언급하면서 생사라는 이 요점을 표방한 것도 이러한 이치 때문입니다.

지금 『유가사지론』이 말하고 있는 것에서 관건은 바로 정(定) 수행과 관(觀) 수행인데 한 걸음 한 걸음이 모두 실제에 들어맞는 수련입니다. 이 단락은 반드시 잘 연구해야 합니다. 앞으로 시험 볼 요점이 바로 이 몇 권 중에 있습니다. 여러분의 주의를 환기시키기 위해 어느 동학이 잘 기억하고 있는지 보겠습니다. 앞에서 말한 정(定) 수행과 지관(止觀) 수행에서 수련의 첫걸음은 무엇을 수행해야 합니까? (동학이 대답하다: 작의입니다.) 작의는 원리입니다. (동학이 대답하다: 부정관과 백골관입니다.) 부정관에서 백골관에 이르기까지 어떻게 수행하는가 하는 이것은 점수(漸修)의 법문입니다. 그뿐 아니라 이것은 과학적인 단계이기도 합니다. 한 걸음 한 걸음 이끌고 나아가는데 한 단계 한 단계의 경계와 한 단계 한 단계의 수련을 이미 다 여러분에게 말씀드렸습니다.

지난번에도 말했지만 이제 막 정(定)을 이루려고 할 때, 진정으로 정(定)을 이루기 전에는 머리가 무거워집니다. 맞지요? 신체와 심리의 변화 상황은 모조리 설명했습니다. 여러분은 이 단락에 특별히 유의하고 반복해서 연구해야 하며 한평생 수행하는 것이 필요합니다. 그래야 진정으로 부처님을 배운다고 말할 수 있습니다. 그러지 않는다면, 미안하지만 재가든 출가든 상관없이 부처님을 배운다는 것은 거짓입니다. 이론은 모두 이해했지만 실행하지 않으면 영원히 성공하지 못합니다.

지난번에 제33권 출세법 및 세간법의 정(定)과 신통을 말씀드렸는데, "일곱 가지 작의로 말미암아 비로소 욕계의 욕을 떠남을 얻을 수 있다〔由七作意方能獲得離欲界欲〕"까지 말씀드렸습니다. 아래는 이어서 832면입니다.


## 욕을 떠나기 위한 일곱 가지 작의 중 요상작의

---

무엇을 일곱 가지 작의라고 하는가. 요상작의, 승해작의, 원리작의, 섭락작의, 관찰작의, 가행구경작의, 가행구경과작의이다.

何等名爲七種作意. 謂了相作意·勝解作意·遠離作意·攝樂作意·觀察作意·加行究竟作意·加行究竟果作意.

---

작의에는 일곱 가지가 있는데, 화두를 참구하거나 염불하는 것이 모두 작의이니 의식〔意〕이 만들어 내는 것입니다. 작의를 밀종에서는 생기차제라고 하는데, 무(無)에서 유(有)를 낳고 그것을 생겨나게 하여 본원에 돌아가고 철저히 깨닫는다면 바로 원만차제(圓滿次第)로 보리를 증득했습니다. 관상(觀想) 역시 작의의 한 가지 작용일 뿐입니다.

---

무엇을 요상작의라고 하는가. 작의하여 욕계의 추상과 초정려의 정상을 바르게 깨달아 알 수 있음을 말한다.

云何名爲了相作意. 謂若作意能正覺了欲界麤相, 初靜慮靜相.

언제 어디서나 각성함이 있는 것이 바로 "요상작의(了相作意)"입니다. 맑게 깨어난 염두를 사용하여 욕계의 추상(麤相)을 이해하는데, 가장 거친 것은 남녀 사이의 성욕과 애욕입니다. 그다음의 추상은 부귀공명입니다. 즐기기를 좋아하여 만사는 상관하지 않고 안락(安樂)의 욕(欲)을 탐하기만 좋아하는데 방일(放逸) 또한 욕입니다. 종합해서 말하자면 욕계의 욕을 떠나는 것이 가장 어렵습니다. 욕을 떠나는 경계에 도달했다면 이미 색계천의 경계로 승화한 것으로 이미 광명 속에 있습니다. 상(相)이 광명 속에 있어서 두뇌의 작의와 생각이 영원히 맑게 깨어 있으니, 더 이상 혼침이 있지 않으며 선(善) 악(惡) 무기(無記) 속으로 떨어지지도 않습니다. 또 신체를 가지고 말한다면, 이 단계에 이르면 두뇌가 영원히 맑게 깨어 있어서 더는 머리가 아프지 않으며 육근이 밝고 예리합니다. 이것이 바로 "초정려의 정상〔初靜慮靜相〕"이니 초선에 도달한 것입니다.

초선은 교리(敎理)에서 무슨 경계입니까? 『유가사지론』에서는 '심일경성(心一境性)'이며 이 마음은 영원히 청정한 경계에 있습니다. 작의하는 관상의 경계는 물론이고 관상하지 않는 경계에서도 영원히 청명합니다. 초정려는 염주(念住)[77]하여 욕계의 거친 망상이 없어진 것으로, 초선은 바로 그런 경계에 도달한 것입니다.

---

77 '염(念)'은 산스크리트어 sati의 번역어이고 '주(住)'는 산스크리트어 pattana의 번역어이다. 초기불교에서는 염(念)을 알아차림으로, 주(住)는 어떤 곳[處]에 다가간다는 의미로 '알아차림의 확립'이라고 한다. 알아차려 머무른다는 의미로 염처(念處)라고도 한다.

무엇을 욕계의 추상을 깨달아 안다고 하는가. 욕계의 여섯 가지 일을 바르게 심사하는 것을 말한다. 무엇이 여섯 가지인가. 첫째는 뜻이고 둘째는 대상이고 셋째는 형상이고 넷째는 품류이고 다섯째는 때이고 여섯째는 도리이다.

云何覺了欲界麤相. 謂正尋思欲界六事. 何等爲六. 一義·二事·三相·四品·五時·六理.

작의는 바로 생기차제이니 공덕과 지혜가 일어나며, 욕계의 여섯 측면의 "추상(麤相)"을 깨달아 아는 것이기도 합니다. 이러한 욕은 넓은 의미의 욕이니 단지 남녀 간의 욕망(欲)만 가리키는 것이 아닙니다. 음식남녀는 추상 가운데 가장 거친 상의 하나에 불과합니다.

무엇을 모든 욕의 추의를 심사한다고 하는가. 이와 같은 모든 욕에는 많은 과환과 많은 손뇌가 있으며, 많은 돌림병이 있고 많은 재해가 있다고 바르게 심사하는 것을 말하는데, 모든 욕에서의 많은 과환의 뜻과 더 나아가서 많은 재해의 뜻에 이르기까지, 이것을 추의라고 한다.

云何尋思諸欲麤義. 謂正尋思如是諸欲有多過患, 有多損惱, 有多疫癘, 有多災害, 於諸欲中多過患義, 廣說乃至多災害義, 是名麤義.

첫 번째는 뜻(義)인데, 어떻게 욕계의 추상(麤相)의 뜻을 연구할까요? 욕계의 생활은 마음을 일으키고 생각을 움직임에 있어서 모든 것이 욕에 좌우되며 종자가 현행을 일으키고 있음을 알아야 합니다. 이러한 욕은 두 가지로 나뉘는데, 하나는 공업(共業)의 욕이고 하나는 별업(別業)의 욕입니다. 예를 들어 사람은 모두 밥을 먹고 싶어 하고 맛있는 음식을 먹고 싶어 합니다. 이것이 욕계의 공업(共業)의 욕입니다. 그러나 그 중에 누구는 매운 음식을 좋아하고 누구는 좀 달콤한 음식을 좋아하는 이런 것은 공업 중의 별업(別業)입니다. 각자 입맛이 같지 않은 이런 것들이 모두 욕입니다. 사람마다 용모에 대한 애호가 다른데 이것은 색욕(色欲)이 다른 것입니다. 공업 중의 별업이 제각기 다르기 때문에 명확하게 점검해야 자신의 문제가 어디에 있는지 알 수 있습니다. 그래야 문제를 쉽게 없앨 수 있고 그래야 해탈할 수 있습니다. 그러므로 "추의(麤義)"를 이해해야 합니다.

이것은 뜻을 말씀드리는 것입니다. 마음속에는 아주 많은 탐욕이 있기 때문에, 무시이래 지니는 탐욕이 많은 과환(過患)을 낳아서 자기 자신에게 많은 손해와 번뇌[損惱]가 생기게 합니다. 비록 번뇌가 자신에게만 손해를 끼치더라도 때로는 다른 사람이 여러분의 영향을 받을 수도 있습니다. 다만 타인에게 끼치는 영향은 경미하지만 자신이 입는 손해와 번뇌는 심히 무서우며 그렇기에 가장 중요합니다. 욕(欲)이 있기 때문에 돌림병이 있을 수 있으니, 병이 많이 생기고 재해가 많이 발생할 수 있습니다. 욕의 과실과 과환에 대해 그 이치를 알아야 하며 욕의 문제점을 정확하게 이해해야 합니다. 뜻[義]은 이치요 원리이니 이것을 이해해야 합니다.

---

무엇을 모든 욕의 추사를 심사한다고 하는가. 모든 욕 가운데는 안의 탐욕이 있으며, 모든 욕 가운데는 바깥의 탐욕이 있음을 바르게 심사하는 것을 말한다.

云何尋思諸欲麤事. 謂正尋思, 於諸欲中有內貪欲, 於諸欲中有外貪欲.

---

두 번째는 대상[事]인데, 욕(欲)의 대상에는 두 가지가 있습니다. 한

가지는 안의 탐욕이고 한 가지는 바깥의 탐욕입니다. 안의 탐욕은 선천적으로 내재된 개성이 가져온 것으로서 특정한 대상에 대한 특별한 애호 같은 것입니다. 가령 욕계에서 통과하기 가장 어려운 첫 번째 관문은 남녀 사이의 성욕입니다. 그런데 여러분이 알아야 할 것은, 부처님은 큰 지혜의 사람이라는 사실입니다. 여러분이 불법을 연구한다면, 특히 대장경의 계율 부분을 보면 인류가 범하는 잘못된 행위의 내용에 대해 부처님은 무엇이든 다 알고 있습니다. 저는 그것을 보고 그저 합장하며 감탄하고 머리 조아려 절할 수밖에 없었습니다. 지금 이 세상에서 일어나는 각종 연정(戀情), 무슨 동성애니 뭐니 하는 괴이한 각종 성행위가 불경 안에 다 있습니다. 우리는 그런 불경을 보고서야 인류에게는 원래부터 이런 갖가지 괴이한 취미가 있었음을 알게 됩니다. 이것은 미친 듯한 세상이지만 불경을 이해해야 이것이 보통의 일임을 알 수 있습니다. 게다가 부처님이 세상에서 데리고 다닌 제자들에게도 자주 이런 행동이 있었는데, 물론 부처님의 눈에서 달아나지는 못했습니다. 좋은 것이든 나쁜 것이든 부처님께서는 모두 알고 있었습니다. 정말로 지혜가 밝았습니다.

이른바 "안의 탐욕[內貪欲]"이란, 어떤 사람들은 내향적 탐욕에 속해서 겉으로 보기에 이 사람은 아무것도 원하지 않습니다. 하지만 그의 심리를 자세히 들여다보면 무엇이든지 다 가지고 싶어 합니다. 스스로를 돌이켜서 살펴야 이러한 뿌리를 파내 버릴 수 있습니다. 스스로를 돌이켜서 살피지 않는다면 그 뿌리는 찾아낼 수 없습니다. 그러므로 상을 깨달음[了相]은 아주 어렵습니다. 확실히 깨달았다고 해도 끝낼 수 없으니, 끝낼 수 없음을 아는 것만으로 대단합니다. 그 밖에 어떤 경우는 "바깥의 탐욕[外貪欲]"이니, 외부 환경의 영향으로 탐욕을 일으킵니다.

# 욕의 각종 현상은 자신의 심리 상태를 분석하는 것

무엇을 모든 욕의 자상을 심사한다고 하는가. 이것이 번뇌욕이 되고, 이것
이 사욕이 됨을 바르게 심사하는 것을 말한다.

云何尋思諸欲自相. 謂正尋思, 此爲煩惱欲, 此爲事欲.

---

자신의 심리 상태를 분명하게 연구해 보면, 어떤 것들은 번뇌욕(煩惱
欲)에 속해서 이 욕이 여러분의 번뇌를 일으킬 수 있습니다. 번뇌는 고
통은 아니며 고통에 비해서 약간 가볍지만 자신의 정신을 해칠 수 있습
니다. 스스로 번뇌를 일으키는 것이 바로 번뇌욕에 속합니다. 어떤 것들
은 사욕(事欲)에 속하는데, 사물[事] 때문에 일으키는 욕입니다.

---

여기에는 다시 세 가지가 있으니, 순락수처와 순고수처와 순불고불락수처
이다. 순락수처는 탐욕이 의지하는 곳이며, 상想과 심心이 전도되어 의지하
는 곳이다.

此復三種, 謂順樂受處·順苦受處·順不苦不樂受處. 順樂受處, 是貪欲依處, 是想
心倒依處.

---

예를 들어 사람은 차(茶)가 나오면 손을 뻗고 밥이 나오면 입을 벌립니
다. 이것은 현대인이 추구하는 물질적 향수와 정신적 향수이며, 탐욕이
가장 근본적으로 의지하는 곳입니다. 실제로 사상적, 심리적으로 일체
의 전도된 생각[想]의 의지처를 구성합니다.

---

순고수처는 진에가 의지하는 곳이며 분忿과 한恨이 의지하는 곳이다.

順苦受處, 是瞋恚依處, 是忿恨依處.

---

순고(順苦) 역시 욕입니다! 현대인은 '마사지'를 좋아하는데 명백히 남에게 맞는 것입니다. 약하게 맞으면서 아주 편안하다고 말합니다. 우리가 무좀을 긁는 것도 마찬가지입니다. 피가 나도록 긁으면서 아주 시원하다고 느낍니다. 이것을 "순고수처(順苦受處)"라고 하는데, 그것은 진에의 의지처에 속합니다. 또 성질을 잘 내는 사람의 경우에, 어떤 때는 성질을 부리고 나면 아주 편안해합니다. 그것은 바로 가학증이니 다른 사람을 학대하면서 스스로 통쾌해합니다. 혹은 자신이 학대받으면서 스스로 통쾌해하기도 합니다. 진에가 의지하는 곳이 그것의 근본이며, 분(忿)과 한(恨)의 의지처이기도 합니다. 마음속에 분노가 생기면 큰소리로 욕을 해야 통쾌한데 그 모두가 순고수처에 속합니다.

---

**순불고불락수처는 우치가 의지하는 곳이며, 부覆·뇌惱·광誑·첨諂·무참無慚·무괴無愧가 의지하는 곳이니, 견해가 전도되어 의지하는 곳이다.**

順不苦不樂受處, 是愚癡依處, 是覆·惱·誑·諂·無慚·無愧依處, 是見倒依處.

---

하루 종일 멍청하여서 어리석고 멍청함을 즐거움으로 삼습니다. 어떤 사람은 다른 사람에게 맞아도 상관하지 않고 아주 편안해합니다. 바로 불고불락(不苦不樂)의 의지처입니다. 이어지는 것들은 『백법명문론(百法明門論)』 중의 수번뇌(隨煩惱)입니다. '부(覆)'는 덮음이니, 잘못을 저지르거나 죄를 저지른 후에 덮어서 가리고 다른 사람이 모르기만 하면 됐다고 합니다. '뇌(惱)'는 화냄이니, 많은 사람이 가볍게 화내는 것에 대해서는 아주 좋게 여깁니다. 때리는 것은 정(情)이요 욕하는 것은 사랑〔愛〕이라고 합니다! 화냄이 의지하는 곳, 불고불락이 의지하는 곳이 모두 욕에 속합니다. '광(誑)'은 여러분을 속임입니다. 당신을 좋아한다고 하지만 사실은 모두 거짓입니다. 그러나 여러분은 그런 말을 들으면 대

단히 흐뭇합니다. '첨(諂)'은 알랑거림입니다. 이런 것들은 관념상의 잘 못에 속하는데, 견지(見地) 상으로 전도된 의지처입니다.

---

곧 이와 같은 모든 욕은 매우 나쁜 여러 느낌을 따라가는 것이며, 매우 나쁜 번뇌를 따라가는 것임을 바르게 심사하는 것이니, 이것을 모든 욕의 자상 을 심사한다고 한다.

卽正尋思如是諸欲, 極惡諸受之所隨逐, 極惡煩惱之所隨逐, 是名尋思諸欲自相.

---

수행할 때 마음이 일어나고 생각을 움직이는 것을 분명하게 연구해야 합니다. 애욕(愛欲)이 있기 때문에 생리적으로 네 가지 고락(苦樂)의 감 수(感受)가 제각기 다른데, 감수는 여러분을 따라 일어나지만 스스로는 알지 못합니다. 우리가 불경을 보면 모두 이치를 말하고 있지만, 사실은 모두 여러분에게 수련을 하라고 가르치고 있으며 여러분에게 자신의 심 리 상태를 명확하게 분석하라고 가르칩니다. 이런 것들이 번뇌를 따라 서 마치 독사처럼 움직입니다. 기왕에 독사라고 했으니 그것을 만지지 않아야 물리지 않습니다. 이것은 모든 욕의 자상(自相) 바로 욕 자체의 형상이기도 합니다. 『유가사지론』은 유식법상에 속하는데, 각각의 이름 과 형상[名相]을 모두 분명히 말했습니다.

---

무엇을 모든 욕의 공상을 심사한다고 하는가. 이 모든 욕은 태어남의 괴로 움, 늙음의 괴로움, 내지는 구해도 얻지 못하는 괴로움 등을 따라가는 것이 며, 똑같이 따라 얽어매는 것임을 바르게 심사하는 것을 말한다. 모든 욕을 받는 이는 원만한 욕에 쫓기면서 구르며, 또 태어남 등의 법을 아직 해탈하 지 못하였기 때문에, 비록 저 모든 욕이 뛰어나고 묘하고 원만하다 할지라 도 잠시 있을 뿐이니, 이것을 모든 욕의 공상을 심사한다고 한다.

云何尋思諸欲共相. 謂正尋思此一切欲, 生苦·老苦, 廣說乃至求不得苦等所隨逐, 等所隨縛. 諸受欲者, 於圓滿欲驅迫而轉, 亦未解脫生等法故, 雖彼諸欲, 勝妙圓滿而暫時有, 是名尋思諸欲共相.

우리는 욕계에서 살면서 태어나면 영원히 죽지 않기를 바랍니다. 병이 나지 않고 생로병사의 괴로움이 없기를 바라지만 방법이 없습니다. 생로병사의 괴로움은 욕(欲)에서 옵니다. 욕은 기본적인 인(因)이고 생로병사의 괴로움은 과(果)이니, 이러한 인은 반드시 이러한 과를 얻습니다. 인생의 여덟 가지 괴로움(八苦) 즉 애별리고(愛別離苦) 구부득고(求不得苦) 등, 좋아하는 것일수록 더더욱 잃어버리게 됩니다. 사람들이 공통적으로 좋아하는 것이 돈이지만 다들 가난합니다. 이것이 얻으려 해도 얻지 못하는 괴로움(求不得苦)입니다. 좋아하는 사람이 한사코 헤어지려고 하는 이것이 사랑하는 사람과 헤어지는 괴로움(愛別離苦)입니다. 모두 괴로움 속에 있으니 어느 것 하나 괴롭지 않은 것이 없습니다. 이것은 욕의 부정적인 공상(共相)입니다. 나에게 욕구가 있기 때문에 또 얻지 못하기 때문에 고통을 느끼는 것입니다. 돈을 벌었는데 결국 잃어버렸다면 번뇌가 일어날 수밖에 없고 곧바로 괴로움의 형상(相)이 찾아옵니다. 욕이 공상(共相) 즉 공통된 형상에 반응한 것입니다.

무엇을 모든 욕의 추품을 심사한다고 하는가. 이와 같은 모든 욕은 모두 흑품에 떨어지는 것이니 마치 골쇄 같고, 엉긴 피와 살 같으며, 풀로 된 횃불 같고, 한 조각 숯불 같으며, 큰 독사 같고, 꿈에서 본 것 같으며, 임시로 빌린 여러 장엄구 같고, 나무 끝에 달린 과일 같다고 바르게 심사하는 것을 말한다. 모든 욕을 추구하는 모든 유정들은 모든 욕 가운데서 추구하여 지은바 괴로움을 받고, 막고 지키면서 지은바 괴로움을 받고, 친하고 사랑함

이 무너지면서 지은바 괴로움을 받고, 만족이 없으면서 지은바 괴로움을
받고……

云何尋思諸欲麤品, 謂正尋思如是諸欲皆墮黑品, 猶如骨鎖, 如凝血肉, 如草炬火,
如一分炭火, 如大毒蛇, 如夢所見, 如假借得諸莊嚴具, 如樹端果. 追求諸欲諸有情
類, 於諸欲中, 受追求所作苦, 受防護所作苦, 受親愛失壞所作苦, 受無厭足所作
苦……

　　일체의 욕이 모두 업(業)인데, 악념(惡念)은 악업이니 악념은 흑품(黑
品)에 떨어집니다. 여러분 스스로 자세히 보기를 바랍니다. 문자로만 여
기고 그냥 넘겨서는 안 됩니다. 이것은 여러분에게 수행법을 가르쳐 줍
니다. 자신의 심리를 분명하게 관찰해서 먼저 해탈을 구하는 수행법으로
대단히 중요합니다. 교리로만 여겨서 사상은 사상이고 학문은 학문이고
불학은 불학이라고 한다면, 자기하고는 전혀 상관없게 됩니다.
　　아래에서는 839면 여섯째 줄을 보도록 하겠습니다.

초정려정에 일곱 가지 작의가 있는 것과 같이 이와 같이 제이정려정, 제삼
정려정, 제사정려정 및 공무변처정, 식무변처정, 무소유처정, 비상비비상
처정에도 각기 일곱 가지 작의가 있는 줄을 알아야 한다.

如初靜慮定有七種作意, 如是第二·第三·第四靜慮定, 及空無邊處·識無邊處·無
所有處·非想非非想處定, 當知各有七種作意.

　　초선을 수행하는 데는 일곱 가지 작의가 있습니다. 마찬가지로 사선팔
정(四禪八定)의 각각의 경계마다 일곱 가지 작의가 있습니다. 그러므로
심리 상황은 대단히 해탈하기 어렵습니다. 상상하는 것처럼 그리 쉬운
일이 결코 아닙니다.

# 초선의 유심유사의 경계를 수행하다

유심유사의 초정려지에서는 추상을 깨달아 알고, 무심무사의 제이정려지에서는 정상을 깨달아 아는 것은 제이정려에 증입하기 위해서이니, 이것을 요상작의라고 하는 것을 마땅히 알아야 한다.

若於有尋有伺初靜慮地覺了麤相, 於無尋無伺第二靜慮地覺了靜相, 爲欲證入第二靜慮, 應知是名了相作意.

---

초선은 유심유사지(有尋有伺地)의 경계인데, 욕(欲)을 떠나는 일곱 가지 작의의 심리 상황에 대하여 오직 추상(麤相)만 보게 됩니다. 제이선(第二禪)의 무심무사지(無尋無伺地)에 도달해야 고요한 정(靜定)의 경계의 형상을 진정으로 보게 됩니다. 바꾸어 말하면 우리가 지금 타좌를 하고 스스로 아주 고요하다고 느끼지만 이것은 초선의 정(定)에도 이르지 못한 것입니다. 이선에 이르러야 진정으로 고요한 형상[靜相]을 깨달아 알 수 있습니다. 초선으로부터 이선에 증입(證入)하고자 하는 이것이 "요상작의(了相作意)"입니다.

---

이미 초정려정에 증입하였고 이미 초정려를 얻은 자는, 모든 심尋과 사伺에 대해서 추성임을 관하며 바르게 훤히 알 수 있는데, 정지定地에 있으면서 대상에 대하여 맨 먼저 갑자기 일어나고, 어느새 대상의 경계에 힘써 행하는 거친 뜻이 말하는 성질, 이것을 심이라고 한다.

謂已證入初靜慮定, 已得初靜慮者, 於諸尋伺觀爲麤性, 能正了知, 若在定地, 於緣最初率爾而起, 恖務行境, 麤意言性, 是名爲尋.

---

심(尋)과 사(伺) 이 두 가지에 주의해야 하니 여기에서 특별히 해석했

습니다. 심과 사는 바로 우리의 생각이고 마음속으로 수련을 하는 것입니다. 무엇을 '심(尋)'이라고 합니까? 저는 평소 이런 비유를 합니다. 손전등을 들고 어두운 곳에 가서 물건을 찾느라 이리 비춰 보고 저리 비춰보고 하는 이것이 심입니다. '사(伺)'는요? 전등이 켜져 있어서 전체가 분명하게 보이는데, 모든 면을 보는 이것이 사입니다. 이것은 비유일 뿐이고, 미륵보살은 여기에서 뜻[義理]을 해석하여 그 이치를 더 분명하게 설명했습니다.

미륵보살이 말하기를 초선정의 경계를 이루었을 때 심사(尋伺)의 작용은 심리상으로 자신을 반성하고 관찰하는 작용과 같으며 심과 사 두 가지 정황으로 나뉜다고 했습니다. '심(尋)'의 정황은 자신을 반성하고 심념이 어디에서 오는지를 관조하는데, 이것은 볼 수 있고 찾을 수 있으니 거친[麤] 현상입니다. 찾아냈다, 아! 원래 이런 모습이었구나! 이것을 훤히 안다[了知]고 하는데, 훤히 아는 것은 아직 심(尋)의 경계입니다.

만약 사람의 심신이 정(定)의 경계에 있는데 "대상에 대하여 맨 처음에 갑자기 일어난다[於緣最初率爾而起]"는 것은, 마치 타좌가 잘 되고 있을 때 갑자기 전화벨이 울리는 것과 같은 것을 갑자기 일어남이라고 합니다. 홀연히 찾아오는 것입니다. 타좌가 아주 잘 되고 있어서 생각이 조금도 없는데, 갑자기 '신죽(新竹)의 고기완자가 참 맛있지' 하고 생각이 떠오릅니다. 지금껏 고기완자 따위는 생각하지도 않았고 지금은 여기에서 타좌를 하고 있습니다. 더욱이 채식을 하고 있는데 갑자기 고기완자가 생각나는 것입니다. 이것은 비유이지만 역시 갑자기 일어나는 것입니다. "어느새 대상의 경계에 힘써 행하는[恩務行境]"이란 이런 말입니다. 생각은 아주 빨라서 단번에 신죽의 고기완자가 생각나고 또 단번에 대만의 해산물이 생각납니다. 그런 다음에는 어디에서 살인 사건이 났다는 것이 생각나고 어느새 마음은 바깥 경계[外境]를 붙잡습니다.

"거친 뜻이 말하는 성질[麤意言性]"에서 성(性)은 성질의 성이지 명심견성의 성이 아닙니다. 이런 심리에서는 호흡도 거칠어지고 기분도 안정되지 않습니다. "추의(麤意)"는 의식에서의 거친 경계인데, 자신의 마음속에서 말을 하고 있습니다. "이것을 심이라고 한다[是名爲尋]" 즉 이것을 심(尋)의 경계라고 합니다.

---

**곧 저 대상에 대하여 저를 따라 일어나고 저에 따라 행하되, 천천히 대상의 경계를 지나가며 행하는 미세한 뜻이 말하는 성질, 이것을 사伺라고 한다.**

卽於彼緣, 隨彼而起, 隨彼而行, 徐歷行境, 細意言性, 是名爲伺.

---

수련을 오래 하면 갑자기 일어나는 이런 거친 망상을 하지 않게 됩니다. 마치 어떤 사람이 타좌를 조금 오래 하면 망상이 없어지고 일체가 고요하며 청정해지고 싶어 하는 것과 같습니다. 이때가 '사(伺)'의 경계입니다. "곧 저 대상에 대하여[卽於彼緣]"란, 여러분이 마주한[緣] 이 일념 청정은 "저를 따라 일어나고 저를 따라 행하되[隨彼而起, 隨彼而行]" 즉 의식이 언제든지 청정의 경계에서 유지되고, "천천히 대상의 경계를 지나가며 행합니다[徐歷行境]." 아득하고 아득하여라, 심경(心境)이 아득한 경계에 있습니다. 이 경계의 성질은 아주 미세하니, 이 경계를 사(伺)라고 합니다.

---

**또 이와 같은 심尋과 사伺는 심법성이어서 마음이 날 때에 나고 함께 상응하며 동일한 대상에 구른다는 것을 바르게 훤히 안다.**

又正了知如是尋伺, 是心法性, 心生時生, 共有相應, 同一緣轉.

---

심(尋)과 사(伺)의 심리 경계를 분명하게 인식하면, 타고난 지성인 능

지지성(能知之性)이 자신이 현재 어떤 상태에 도달했는지를 알고 현재의 심리 상황도 분명하게 아는데, 이것은 의식의 현량이 일으키는 작용에 속합니다. "마음이 날 때에 나고[心生時生]"란, 생각이 움직이면 곧바로 이 경계가 생기고, 생각이 청정을 생각하면 곧바로 청정이 앞에 나타나는데, 여전히 유심(唯心)이 낳는 것입니다. 마음이 청정해졌기 때문에 서서히 신체 내부도 고요해지는데 호흡과 기식(氣息) 역시 평안하고 고요해집니다.

---

**또 이와 같은 심과 사는 안에 의지하여 생기고 바깥 처소가 붙잡는다는 것을 바르게 훤히 안다.**

又正了知如是尋伺, 依內而生, 外處所攝.

---

한 걸음 더 나아가서 자기 신체에 내재된 심리 상황을 아는데, "훤히 안다[了知]"란 명백히 아는 것입니다. 이 심사의 경계는 우리 자신의 심리 상황이며 자기가 생겨나게 한 것임을 스스로 명백히 알아야 합니다. "바깥 처소가 붙잡는 것[外處所攝]"이란, 바깥 처소가 일으키는 힘에 의지하는 것이 여전히 강하기 때문에 바깥 경계가 움직이기만 하면 여러분은 바로 변하고 심사(尋伺)가 변합니다. 그런 까닭에 바깥 경계의 물리 세계가 여러분을 움직이는 힘이 여전히 크다는 것입니다.

---

**또 이와 같은 일체의 과거와 미래와 현재에 포함되는 것은 인으로부터 생기고 연으로부터 생기며, 혹은 더하기도 하고 혹은 줄기도 하여 오랫동안 안주하지 않으며, 잠시 동안 있으면서 갑자기 앞에 나타난다는 것을 바르게 훤히 안다.**

又正了知, 如是一切, 過去·未來·現在所攝, 從因而生, 從緣而生, 或增或減, 不久安住, 暫時而有, 率爾現前.

이것은 아주 상세한 심리학으로, 사상과 심리와 생각(動念) 그 자체입니다. 일체의 과거와 미래와 현재의 시간성은 여러분의 의식이 변화시킬 수 있는 것이 아닙니다. 그래서 『백법명문론』에는 심불상응행법(心不相應行法)[78]이 있다고 했는데, 시간이 바로 여러분이 변화시킬 수 없는 것입니다. 여러분은 만년(萬年)을 일념(一念)으로 줄이지 못합니다. 비록 만년이라는 시간을 생각만으로 일어나게 하더라도 그것은 이론에서 가능한 것으로, 만년은 여전히 만년이고 여러분의 일념은 여전히 일념입니다. 그뿐 아니라 모든 것이 인연으로부터 생기고 갑자기 일어납니다. 우연히 떠오르는 이 일념은 아주 짧은데, 갑자기 일어나는 이 영문 모르는 생각은 순식간에 지나가 버립니다.

마음으로 하여금 안절부절못하게 하고, 마음으로 하여금 흩어져 움직이게 하며, 고요히 행하여 구르지 않으면서 상지上地를 구하는 때에는 괴로움의 머무름이 따르니, 이런 까닭에 모두 흑품에 포함되는 것으로서 모든 욕을 따라서 좇는다.

令心躁擾, 令心散動, 不靜行轉, 求上地時, 苦住隨逐, 是故皆是黑品所攝, 隨逐諸欲.

본래 자신은 고요한 정(靜定) 속에 있으면서 수련이 막 진보했는데, 이런 갑작스러운 생각이 불현듯 일어납니다. 탐진치만의 등 어느 하나의

---

**78** 마음과 상응하지 않는 법을 말한다. 대승불교의 유식유가행파와 법상종의 구분 방식에 따라 일체법을 크게 심법(心法) 심소법(心所法) 색법(色法) 심불상응행법(心不相應行法) 무위법(無爲法)의 순서로 다섯 가지로 나눌 때, 이들 중의 하나이다. 『불교수행법 강의』 제26강 '백법명문론과 심불상응행법' 참조.

번뇌라고 꼬집을 수 없는 마장(魔障)이 갑자기 일어난 것입니다. 이른바 마장이라는 이 명사는, 사람들은 무슨 일에 맞닥뜨리기만 하면 마장에 떠넘기는데 마장이 책임을 지지는 않습니다! 왜냐하면 이것은 자신의 심리가 일으킨 것이지 마장이 아니기 때문입니다. 번뇌가 일단 찾아오면 마음으로 하여금 안절부절못하게 하고 초조하게 합니다. 그것은 갑자기 일어나고 영문도 모르게 찾아와서 번뇌하게 하고 혼란스럽게 만들며 여러분의 마음을 산란하게 합니다. "고요히 행하여 구르지 않으면서〔不靜行轉〕"는, 마음이 더 이상 고요하지 않다는 말입니다. 여러분에게 이러한 청정의 수련 단계가 있는데 거기에서 더 나아가고자 한다면 서둘러 현유(現有)의 경계를 버려야 합니다. 그러지 않으면 그것을 따라서 아래로 떨어지고 맙니다. 이런 경계는 악업과 흑품업에 속하며 여전히 욕계입니다. 여러분이 마음으로 청정을 원하기 때문에 청정이 바로 도(道)라고 여기지만, "괴로움의 머무름이 따르니〔苦住隨逐〕" 즉 이 청정은 곧 욕(欲)으로 변하기 때문에 여전히 욕계에 있습니다.

---

이생희락의 작은 부분의 뛰어난 이익은 소재지의 자성에 따라서 이와 같은 상을 있게 하는 것이며, 언제 어느 때나 유심유사의 심행의 소연은 안절부절못하면서 구르며 적정을 얻지 못하니, 이와 같은 등의 갖가지 행상으로써 모든 심과 사에 대하여 추상을 깨달아 안다.

離生喜樂, 少分勝利, 隨所在地, 自性能令有如是相, 於常常時, 於恒恒時, 有尋有伺心行所緣, 躁擾而轉, 不得寂靜. 以如是等種種行相, 於諸尋伺覺了麤相.

---

이때에는 초선의 이생희락(離生喜樂)의 형상을 조금 지니며 현유의 인생 경계를 떠나는데, 마치 약간의 청명(淸明)을 얻어서 기쁘고 즐거운 것 같습니다. 그러나 여러분이 명확하게 분석하지 않는다면 청정 경계

의 욕에 붙잡혀 구르다가 마찬가지로 아래로 떨어지니 더는 위로 나아
갈 수 없게 됩니다. "언제 어느 때나[於常常時, 於恒恒時]"라는 이것은 아
직 심사심(尋伺心)으로서 여러분의 초조함을 이끌어 내니, 마음이 적정
(寂靜)을 얻지 못합니다.

다음 시간에는 이정(二定) 오신통(五神通)을 수행하는 방법을 설명하
는데, 다음번에 더 이야기하고 여러분 스스로 먼저 연구해야 합니다. 지
금 수행에 대해 이처럼 상세하고 분명하게 분석했는데, 만약 수행이 더
이상 나아가지 않는다면 멍청이가 아닌 삶은 달걀로 변해 버릴 것입니
다.[79]

---

[79] 바보 멍청이라는 뜻의 '분단(苯蛋)'은 글자 그대로 풀이하면 어리석은 달걀이므로 찻잎과 함께
삶은 달걀(茶葉蛋)을 언급하였다. 이 구절의 원문은 다음과 같다. 如果修行再不上路, 那就變成
茶葉蛋了, 不是苯蛋.

# 제18강

(상략) 다시 다음으로 이 가운데 이욕의 욕欲에는 두 가지가 있으니, 첫째는 번뇌욕이요 둘째는 사욕이다. 이離에도 두 가지가 있으니, 첫째는 상응리요 둘째는 경계리이다. 악불선법을 떠난다는 것은 번뇌욕의 원인으로부터 생기는 갖가지 악불선법, 곧 몸의 나쁜 행위와 말의 나쁜 행위 등으로, 몽둥이를 가지고 칼을 가지고 싸움하고 다투며, 아첨하고 속이며 거짓말을 하는 등인데, 그것을 끊었기 때문에 악불선법을 떠났다고 말하는 것이다. 유심유사란 심사에 대하여 아직 과실을 보지 못하고서 자지自地에 오히려 욕계를 다스리는 모든 선한 심사가 있으니, 그 때문에 유심유사라고 말하는 것이다.

말한바 이離란 말하자면 이미 가행구경작의를 획득하였기 때문이다. 말한바 생生이란 이것을 인으로 삼고 이것을 연으로 삼아 바로 생기는 것이기 때문에, 이생이라고 하는 것이다. 희락이라고 말하는 것은 바라고 구하던 뜻을 이미 획득하였고, 기쁨 가운데 아직은 과실을 보지 못하고 일체의 추중이 이미 없어져 버렸기 때문이다. 이미 넓고 큰 경안을 획득하여 몸과 마음이 순조롭고 막힘없어 능히 감당할 수 있기 때문에 희락이라고 말하는 것이다.

말한바 초初란 욕계로부터 맨 처음에 위로 나아가 첫머리에서 획득하는 것이므로, 순차의 수에 의하여 초라고 말한다.

정려라고 말한 것은 하나의 소연에 염을 묶은 적정이면서 바르고 자세하게 헤아리는 것이므로, 정려라고 한다. 구족이라고 함은 이미 가행구경과작의를 획득하였기 때문이다. 안주라고 함은 뒷날에 수습하는 바가 많이 성취되기 때문에 좋아하는 바를 따르게 되고, 어려움이 없게 되고, 막힘과 껄끄러움이 없게 되어서, 정려정에서 그 마음이 밤낮으로 바르게 따르고, 향하여 달려가고 들어가며, 욕락하는 바에 따라서 칠 일 칠 야에 이르기까지도 바르게 안주할 수 있으므로, 안주라고 한다.

다음으로 유심유사의 삼마지상에 대하여 마음으로 능히 버리고, 무심무사의 삼마지상에 대하여 염을 묶어서 안주하고, 모든 바삐 힘쓰는 소행의 경계에 대하여 능히 바르게 멀리 떠나고, 바삐 힘쓰지 않는 소행의 경계에 대하여는 그 마음으로 안주하는데, 오로지 적정하고 극적정하기 때문이니, 이런 까닭에 심사가 적정하므로 내등정 때문이라고 말하는 것이다.

또 저가 곧 무심무사의 삼마지에 대하여 익히 수습했기 때문에, 심사에 틈과 결함이 있는 단계를 뛰어넘어 틈과 결함이 없는 단계를 바르게 획득하였으니, 이런 까닭에 마음이 하나로 나아감 때문이라고 말하는 것이다. 무심무사라고 함은 일체의 심사를 모두 다 끊었기 때문이다.

말한바 정定이라고 함은 이미 가행구경작의를 획득하였기 때문이다. 말한바 생生이라고 함은 이것을 인으로 삼고 이것을 연으로 삼음으로 말미암아, 곧바로 생기는 것이기 때문에 정생이라고 한다. 희락이라고 함은 이미 희구하는 바의 뜻을 획득하였음을 말한다. 또 기쁨 안에서 아직은 과실을 보지 못하고 기쁨이 있고 즐거움이 있으니, 일체 심사의 초정려지의 모든 번뇌가 지닌 바의 거칠고 무거움을 모두 멀리 떠났기 때문에, 저 넓고 큰 경안을 대치할 수 있으며 몸과 마음을 고르게 하고 부드럽게 하여, 감당할 수 있는 즐거움이 있고 따라서 좇기 때문에 기쁨과 즐거움이 있다고 한다. 순차의 수에 의하여 이것이 두 번째가 되니, 이와 같은 모든 것은 앞에서와 같은 줄 마땅히 알아야 한다.

다음으로 저가 기쁨의 상에서 깊이 과실을 보니, 그 때문에 말하기를 희喜에 대한 욕을 떠난다는 것이다. 또 그 때에는 두 가지 어지러운 마음의 재환을 멀리 떠나고, 기쁨을 떠나는 세 번째 정려에서 그 마음을 거두어들이며, 두 번째 정려에서 이미 심사를 떠나고 이제 이 안에서 다시 기쁨에서 떠나는 것이니, 이런 까닭에 버림에 안주한다고 말하는 것인데, 이와 같은 두 가지 법은 마음을 능히 요란시키고 끊임없는 버림을 장애한다.

초정려에는 심사가 있기 때문에 끊임없는 버림으로 하여금 자재하게 구르지 못하게 한다. 두 번째 정려에는 기쁨이 있기 때문에 끊임없는 버림으로 하여금 자재하게 구르지 못하게 한다. 이런 까닭에 이 버림을 초정려와 두 번째 정려에서는 없다고 말하는 것인데, 이런 인연으로 말미암아 정려를 수행하는 사람은 세 번째 정려라야 비로소 버림이 있다고 한다. 버림이 있기 때문에 여여하게 모든 정념에 안주하게 되어, 여시여시하게 저 기쁨과 함께 작용하는 상과 작의가 다시는 현행하지 않는다. 만약 다시 이 세 번째 정려에서 잘 수행하지 않기 때문에 때로는 정념을 잃어버려 저 기쁨과 함께 작용하는 상과 작의가 때때로 다시 현행한다면, 찾는 즉시 빠르게 지혜로써 통달하여 바르게 훤히 알 수 있고, 생기하는 바에 따라서 차마 받아들이지 않으며, 방편으로써 버리고 제거하고 변화시켜 뱉어 내고, 마음이 높은 버림에 머무른다.

이런 까닭에 정념과 정지가 있다고 하는 것인데, 저가 그 때에 이와 같은 버림에 머물러 정념과 정지에 친히 가까이 하여 수습하며 많이 수습하기 때문에, 마음으로 하여금 뛰놀게 하며 함께 작용하는 기쁨의 감수를 곧 제거할 수 있고, 기쁨을 떠나서 적정과 최극적정으로써 기쁨과 서로 어긋나는 마음의 감수를 생기하는데, 저가 그 때에 색신과 의신에 감수의 즐거움과 경안의 즐거움을 받아들이게 되니, 이런 까닭에 몸에 감수의 즐거움이 있다고 하는 것이다.

세 번째 정려 이하의 모든 지에는 이와 같은 즐거움과 끊임없는 버림이 없으며, 세 번째 정려 이상의 모든 지에는 이 끊임없는 버림을 비록 다시 얻게 된다 할지라도 즐거움이 없으니, 하지에는 즐거움과 버림이 모두 없기 때문이다. 상지에는 버림만이 있고 즐거움이 없기 때문이니, 이런 까닭에 이 처소에 대하여 말하기를 세 번째 정려는 여러 성인께서 널리 말씀하셨다. 이것에 의하여 이미 안주하게 된 보특가라는 사념과 정지를 구족하고 몸이 감수하는 즐거움에 머무르며 세 번째 정려에 구족하게 안주하느니라고 하셨는데, 여러 성인이라고 함은 불세존과 불제자를 말한다.

다음으로 이 가운데의 대치의 종류는 형세가 서로 비슷하기 때문에 생략하여 즐거이 끊는 대치를 널리 말하지 않고, 다만 대치로 지은 바의 즐거이 끊음을 말하였다. 무엇을 이 가운데의 대치라고 하는가. 이른바 사념과 정지이니 곧 이것을 자주 수습하기 때문에 곧바로 버릴 수 있어서 세 번째 정려를 출리하지 않게 한다. 세 번째 정려지 가운데 뛰어난 즐거움이니, 즐거이 끊음 때문이라고 말한다. 정려를 수행하는 사람은 곧 그 때에 모든 괴로움과 즐거움을 다 초월할 수 있다.

이런 인연으로 말미암아 먼저 끊은 바와 지금 끊는 바를 통틀어서 말하기를, 즐거움이 끊어지고 괴로움이 끊어지며 먼저 기쁨과 근심이 없어진다고 하니, 말하자면 네 번째 정려정에 들어갈 때 즐거움의 감수가 끊어지기 때문이다. 두 번째 정려정에 들어갈 때 괴로움의 감수가 끊어지기 때문이다. 세 번째 정려정에 들어갈 때 기쁨의 감수가 없어지기 때문이다. 초정려정에 들어갈 때 근심의 감수가 없어지기 때문이다. 이제 이 가운데서 괴로움과 즐거움의 두 가지 감수를 끊는 것을 잠시 약속하였기 때문에, 그 나머지 괴로움과 즐거움이 아닌 감수가 있다고 말하는 것이니, 이런 까닭에 저가 그 때에는 괴롭지도 않고 즐겁지도 않다고 말하는 것이다.

초정려로부터 모든 하지의 재환이 이미 끊어지니 심사와 희락, 입식과 출식을 말하며, 저가 끊어졌기 때문에 이 가운데의 사념이 청정하고 깨끗한데, 이런 인연으로 말미암아 네 번째 정려정에 바르게 들어갈 때에 그 마음이 움직임 없음에 머무르고, 일체의 움직임과 어지러움을 모두 다 멀리 떠나니, 이런 까닭에 사념청정이라고 말한다. 네 번째 등의 말은 앞에서 말한바 초정려 등과 같으므로, 그 상인 줄 마땅히 알아야 한다.

다음으로 허공에 대하여 승해를 일으킴으로써 모든 청 황 적 백 등의 상相에 응하여 드러나는 색상色想이 명백히 나타나지 않고 욕을 싫어하여 떠나기 때문에 모두 초월할 수 있으니, 이런 까닭에 색상을 뛰어넘기 때문이라고 말한다. 명백히 나타나지 않고 저 상상想을 뛰어넘는 것을 인으로 삼기 때문에 갖가지 많은 품류, 모든 종류의 색의 화합과 모임으로 인하여 장애가 있다는 상상想을 모두 제거할 수 있으니, 이런 까닭에 대상이 있는 상이 사라져 버리기 때문이라고 말한다. 저 상상想을 멀리 떠남을 인으로 삼기 때문이다.

모든 저 갖가지 모인 것 가운데서 차별의 상상想이 구르는데, 음식과 병과 옷과 수레와 장신구와 성곽과 군대와 동산과 산림 등의 상상想을 말하며, 이것에 대하여 일체 작의하지 않고 구르니, 이런 까닭에 갖가지 상상想을 작의하지 않기 때문이라고 말한다. 이와 같은 색이 있고 대상이 있는 갖가지 상을 없애고 난 뒤에 무변상허공의 승해를 일으키니, 이런 까닭에 무변공에 든다고 말한다.

이미 근분정의 가행구경작의를 뛰어넘어서 위의 근본의 가행구경과작의정에 들어감으로 말미암아, 이런 까닭에 공무변처에 구족하게 안주한다고 말한다. 이 가운데서는 근분정이나 위의 근본정에 아직 들어가지 못함에 의지하여 오직 허공을 반연함을 알아야 한다. 이미 위의 근본정에 들어가게 되었어도 역시 허공을 반연하고, 역시 자지에 있는 모든 온을 반연한다. 또 근분정 속에서도 역시 하지에 있는 모든 온을 반연한다.

다시 다음으로 이 식識이 무변의 공에 대하여 승해를 일으킴으로 말미암아, 이 식은 무변의 공상의 승해와 상응하는 것인 줄 알아야 한다. 다시 다음으로 정려 등에 의하여 두 가지 무심정無心定에 들어갈 수 있음을 알아야 하니, 첫째는 무상정無想定이요 둘째는 멸진정滅盡定이다. 무상정이라는 것은 오직 모든 이생이 상상想을 등지는 작의 방편으로 말미암아 들어갈 수 있는 것이다. 멸진정이라는 것은 오직 모든 성인이 상상想과 수受를 그치는 작의 방편으로 말미암아 들어갈 수 있는 것이다. 이와 같은 두 가지 정은 두 가지 작의 방편으로 말미암아 들어갈 수가 있으니, 말하자면 무상정은 상을 버리는 작의를 으뜸으로 삼음으로 말미암아 가행을 부지런히 닦아서 점차 들어갈 수 있는 것이다. 멸진정은 비상비비상처로부터 더 위로 나아가고자 하여 잠시 소연을 멈추는 작의를 으뜸으로 삼아서 가행을 부지런히 닦아서 점차 들어갈 수 있는 것이다.

모든 이생異生은 이와 같은 생각을 짓기를, 모든 상想은 질병과 같고 모든 상은 부스럼과 같으며 모든 상은 화살과 같으니 오직 무상 적정의 미묘함이 있으며, 이와 같이 상을 등지는 작의를 섭수하여 생기하는 일체의 상 속에서 불념작의를 부지런히 힘쓰고 수습하는데, 이 수습이 인연이 되기 때문에 가행도 중에서 이는 유심위이다.

정에 들어가서 곧바로 마음은 다시 구르지 않는데, 이와 같이 상을 출리한 작의를 먼저로 하여 이미 변정천의 탐욕은 떠났지만 아직 광과천의 탐욕은 떠나지 못하면서 모든 마음과 심법이 없어지니, 이것을 무상정이라고 하며 이런 방편으로 말미암아 이 정을 증득한다.

모든 성자는 이미 비상비비상처를 얻고서 다시 잠깐 동안 적정주에 머무르고자 하여, 비유상비무상처로부터 마음은 위로 나아가기를 구하며, 마음이 위로 나아가는 때에 위의 소연을 구하여도 끝내 얻는 바가 없고, 얻는 바가 없기 때문에 없어져서 구르지 않는다. 이와 같이 유학은 이미 무소유처의 탐욕을 떠났으며, 혹 아라한은 잠깐 머무르기를 구하는 상의 작의를 먼저로 하여 모든 마음과 심법이 없어지니, 이것을 멸진정이라고 하며 이런 방편으로 말미암아 이 정을 증득한다.

다음으로 정려에 의지하여 머물면서 다섯 가지 신통을 일으키는데, 무엇을 능히 일으킴이라고 하는가. 말하자면 정려를 닦는 사람이 근본의 청정한 정려를 이미 얻고서, 곧 이와 같은 청정한 정려로써 의지하여 머무는 바를 삼고, 다섯 가지 신통에 대한 증상정법을 듣고 받아 지녀서 잘 구경하게끔 하는 것이다. 말하자면 신경통과 숙주통과 천이통과 사생지통과 심차별통 등에 대하여 작의하고 사유하며, 다시 정지에서 일으킨 작의로 말미암아 의義를 훤히 알고 법法을 훤히 안다. 의를 훤히 알고 법을 훤히 앎으로 말미암아 여시여시하게 그 마음을 닦아서 대치하며, 이렇게 수습하고 많이 수습함으로 말미암아 시時가 있고 분分이 있어서 수행의 결과인 다섯 가지 신통 등을 일으키는 것이다.

또 곧 이와 같이 의義를 훤히 알고 법法을 훤히 알고서 모든 신통 등을 끌어내기 위하여 열두 가지 상을 수행한다. 무엇을 열두 가지라고 하는가. 첫째는 경거상이요, 둘째는 유연상이요, 셋째는 공계상이요, 넷째는 신심부순상이요, 다섯째는 승해상이요, 여섯째는 선소수행차제수념상이요, 일곱째는 종종품류집회음성상이요, 여덟째 광명색상상이요, 아홉째는 번뇌소작색변이상이요, 열째는 해탈상이요, 열한째는 승처상이요, 열둘째는 변처상이다.

## 세간정의 중요성

정(定)을 닦는 수련에서는 어떻게 해야 욕을 떠나는 이욕(離欲)의 경계에 도달할 수 있습니까? 이러한 욕을 떠남은 넓은 의미의 욕(欲)으로, 이른바 욕을 떠나 존귀한 가르침에 귀의한다는 "귀의법 이욕존(歸依法離欲尊)"[80]에서의 욕은 일체를 포함합니다. 욕을 떠남은 여전히 세간정(世間定)의 범위에 속하며 아직 세간을 벗어나지 않아서 범부정(凡夫定)입니다. 여기서의 범부(凡夫)가 평범한 사람을 가리키는 것은 결코 아닙니다. 삼계의 천인을 포함하는 것이 범부입니다. 정(定) 수행은 먼저 세간정을 해내야 합니다. 세간정을 성취하지 못하면 스스로는 출세간정(出世間定)을 얻었노라 말해도 그것은 망어(妄語)입니다. 수련을 하는 데는 순서가 있기 때문입니다. 대승 사상을 이야기하면서 큰소리를 친다면 그

---

**80** 불교의 삼귀의(三歸依) 가운데 하나이다. 존귀한 부처님께 귀의함〔歸依佛兩足尊〕 존귀한 가르침에 귀의함〔歸依法離欲尊〕 존귀한 승가에 귀의함〔歸依僧衆中尊〕을 삼귀의라고 한다.

것은 공허한 철학가와 같습니다. 이것은 모든 철학가가 공허하다고 말하는 것이 아닙니다. 설령 공허한 철학가가 큰소리를 쳤다고 할지라도 조리 있고 순서가 있으며 법칙이 있게 실험을 더한다면, 그러면 달라집니다. 수련은 하나의 과학이기 때문에 세간의 범부정을 얕보면 안 됩니다. 그것은 꼭 해내야 하는 것입니다.

아래에서는 841면 세 번째 줄을 보겠습니다.

---

다시 다음으로 이 가운데 이욕의 욕欲에는 두 가지가 있으니, 첫째는 번뇌욕이요 둘째는 사욕이다. 이離에도 두 가지가 있으니, 첫째는 상응리요 둘째는 경계리이다.

復次此中離欲者, 欲有二種, 一者煩惱欲, 二者事欲. 離有二種, 一者相應離, 二者境界離.

---

이 단락은 욕을 떠남〔離欲〕에 관한 것으로, 읽어 내려 가다가 이해가 안 되는 부분이 있으면 바로 질문하십시오. '욕(欲)'에는 두 가지가 있는데, 이 두 가지 욕의 관념을 분명히 알아야 합니다. '떠남〔離〕'에도 두 가지가 있는데, 각각의 논리가 대단히 명확합니다. 인명(因明)은 대단히 명확한 것입니다. 욕에 두 가지가 있으니 첫째는 "번뇌욕(煩惱欲)"이고 둘째는 "사욕(事欲)"입니다. 이 두 가지 욕을 어떻게 떠납니까? 떠나는 〔離〕 방법이 두 가지 있으니 첫째는 ㅍ"상응리(相應離)"이고 둘째는 "경계리(境界離)"입니다.

---

악불선법을 떠난다는 것은 번뇌욕의 원인으로부터 생기는 갖가지 악불선법, 곧 몸의 나쁜 행위와 말의 나쁜 행위 등으로, 몽둥이를 가지고 칼을 가지고 싸움하고 다투며, 아첨하고 속이며 거짓말을 하는 등인데, 그것을 끊

었기 때문에 악불선법을 떠났다고 말하는 것이다.

離惡不善法者, 煩惱欲因所生種種惡不善法, 即身惡行·語惡行等, 持杖持刀, 鬪訟
諍競, 諂誑詐僞起妄語等, 由斷彼故, 說名爲離惡不善法.

---

악법은 나쁜 것으로 불선법(不善法) 또한 나쁜 것[惡]입니다. 이른바 악법과 불선법의 근원은 심리상의 번뇌욕이니, 번뇌욕으로 인해 갖가지 악 및 불선법을 낳습니다. 악언과 악행은 신체와 언어의 나쁜 행위인데, 마치 칼을 들고 사람을 죽이는 것처럼 이러한 것이 모두 악법입니다. 악법을 떠나려고 하는 것은 바로 일체 악법을 끊어 버리는 것입니다. 수련을 할 때에는 먼저 이런 번뇌의 생각을 없애 버려야 악법을 면할 수 있습니다.

---

유심유사란 심사에 대하여 아직 과실을 보지 못하고서 자지自地에 오히려 욕계를 다스리는 모든 선한 심사가 있으니, 그 때문에 유심유사라고 말하는 것이다.

有尋有伺者, 由於尋伺未見過失, 自地猶有對治欲界諸善尋伺, 是故說名有尋有伺.

---

"유심유사(有尋有伺)"는 수련의 경계인데, 우리가 자신의 행위 상태를 반성하는 것입니다. 우리의 심리 상태는 마음을 일으키고 생각을 움직이는 것이 습관을 이룹니다. 동시에 살피고 단속하는 의식도 지니고 있어서 그것이 옳은지 옳지 않은지 스스로 생각합니다. 이것이 심사(尋伺)의 작용에 속하는데, 스스로 반성해야 행위의 잘못이 없을 수 있습니다. "자지(自地)"는 자신의 심의식(心意識)의 심리인데, 자신의 문제에 대처하려는 의향이 있어서 자기 문제를 고치고자 하므로 '수지(修持)'라고 합니다. 또 다른 이름이 유심유사입니다.

말한바 이離란 말하자면 이미 가행구경작의를 획득하였기 때문이다.

所言離者, 謂已獲得加行究竟作意故.

---

떠남〔離〕은 여전히 가행(加行)에 속하며 의도적으로 악업을 떠나서 선으로 달려가는 것이니, 우리로 하여금 정(定)을 닦는 가행의 수련에 이르게 합니다. "구경작의(究竟作意)"는 선법을 향해 올라가는 것으로 비교적 철저합니다.

---

말한바 생生이란 이것을 인으로 삼고 이것을 연으로 삼아 바로 생기는 것이기 때문에, 이생이라고 하는 것이다. 희락이라고 말하는 것은 바라고 구하던 뜻을 이미 획득하였고, 기쁨 가운데 아직은 과실을 보지 못하고 일체의 추중이 이미 없어져 버렸기 때문이다. 이미 넓고 큰 경안을 획득하여 몸과 마음이 순조롭고 막힘없어 능히 감당할 수 있기 때문에 희락이라고 말하는 것이다.

所言生者, 由此爲因, 由此爲緣, 無間所生, 故名離生. 言喜樂者, 謂已獲得所希求義, 及於喜中未見過失, 一切麤重已除遣故. 及已獲得廣大輕安, 身心調暢有堪能故, 說名喜樂.

---

우리가 타좌를 하면 왜 심경(心境)에서 기쁨을 일으키지 못합니까? 모두 번뇌 속에 있기 때문이니 마치 흙먼지로 희뿌연 날씨 같습니다. 욕(欲)이 있기 때문에 악법과 불선법 등이 생겨납니다. 만약 이런 욕(欲) 악(惡) 불선(不善) 등을 참으로 떠나서 악과 불선이 생겨나지 않는다면 바로 희락(喜樂)을 얻을 수 있습니다. 희락이란 자신이 원했던 정의(定義)와 청정의 경계에 도달한 것인데, 자신의 심경이 지선(至善)에 이르

렸습니다. 그런 까닭에 선(善) 때문에 가장 기뻐합니다. 평소에 발견하지 못했던 과오를 이때에는 스스로 분명히 알게 되지만, 과오는 없어지고 매우 깨끗해졌습니다. 심지(心地)에 있던 희뿌연 흙먼지가 흩어져 버린 것입니다. 그로 인해 더는 거칠고 무겁지 않으며 몸과 마음의 경안을 얻어서 하루 온종일 상쾌하고 번민하지 않습니다. 여기저기가 아프고 괴로운 그런 것들이 모두 없어진 것입니다. "능히 감당할 수 있기 때문〔有堪能故〕"에서 감당할 수 있다는 것은 할 수 있음이니, 정(定)을 이룰수 있고 도(道)에 들어갈 수 있고 과(果)를 증득할 수 있습니다. 이 경계가 바로 "희락(喜樂)"입니다.

## 정려靜慮와 정定은 무엇이 다른가

말한바 초初란 욕계로부터 맨 처음에 위로 나아가 첫머리에서 획득하는 것이므로, 순차의 수에 의하여 초라고 말한다.

所言初者, 謂從欲界最初上進, 創首獲得, 依順次數, 說名爲初.

초상(初相)은 어떻게 끝낼까요? 욕계로부터 시작해서 한 걸음 한 걸음 위로 올라가서 욕계, 색계, 무색계를 순서대로 벗어납니다. 욕계는 시작하는 첫 단계입니다.

정려라고 말한 것은 하나의 소연에 염을 묶은 적정이면서 바르고 자세하게 헤아리는 것이므로, 정려라고 한다.

言靜慮者, 於一所緣繫念寂靜, 正審思慮, 故名靜慮.

"정려(靜慮)"는 바로 선정의 경계입니다. 왜 정려라고 번역했을까요? 이 명사의 의미는 우리로 하여금 자신이 힘쓰는 목표를 인식하게 한다는 것이니, 바로 적정(寂靜) 속에서 하나의 대상[一緣] 경계에 작의하는 것입니다. 예를 들어 불상을 관하거나 염불을 하거나 명점을 관하거나 백골을 관하거나 수식(數息)이나 수식(隨息) 등등 이러한 방법이 바로 여러분의 마음이 대상으로 하는 것[所緣]입니다. 하나의 인식 대상[所緣]을 선택한 후에 이 심념과 대상의 명점이 하나로 합해져서, 주야 열두 시간 행주좌와(行住坐臥) 하는 가운데 "하나의 소연에 염을 묶은 적정이면서[一所緣繫念寂靜]" 즉 대상과 마음이 하나로 결합하여 이 마음이 영원히 대상과 서로 의지합니다. 예를 들어 육묘문(六妙門)을 수행하여 수식(隨息)을 한다면, 영원히 마음과 호흡이 서로 의지하여 심념(心念)과 기식(氣息)이 분리되지 않습니다. "염을 묶다[繫念]"의 이 '계(繫)' 자에 특별히 주의해야 합니다. 이 염(念)을 마치 줄을 가지고 식(息)에 붙잡아 맨 것처럼, 또는 하나의 명점과 묶어서 천천히 몸과 마음이 적정한 경계에 도달하는 것입니다.

이 속에는 하나의 각성(覺性)이 있는데, 각성은 바로 자기 자신을 돌이켜 비추거나 참구하는 것으로 지금 이 경계가 옳은지 옳지 않은지 스스로 분명히 압니다. 이때가 염을 묶은 것이니 마음과 대상이 하나로 합합니다. 이때 하나로 합하지 않는다면 스스로 알아챌 수 있는데 이것을 "바르고 자세하게 헤아림[正審思慮]"이라고 합니다. 그런 까닭에 선정의 경계를 전통적으로 정려(靜慮)라고 번역합니다. 헤아림[慮]이 그 속에 있으며 적정(寂靜) 속에서 마음을 하나의 대상[一緣]에 묶기 때문에 정려라고 합니다. 완전한 정정(正靜)이고 정지(正知)이며 혼침이 아니라 분명히 아는 것입니다.

**구족이라고 함은 이미 가행구경과작의를 획득하였기 때문이다.**

言具足者, 謂已獲得加行究竟果作意故.

---

선정의 온 과정에서 마음을 하나의 대상에 묶는 것은 가행도입니다. 대철대오하여 보리를 증득하는 측면에서 말한다면 이것은 여전히 가행도입니다. 그런데 중국의 후대 일부 선종에서 이른바 말하는 순간 깨닫는다〔言下頓悟〕고 하고, 깨달은 후에 수행한다〔悟後起修〕고 말하는 것은 『능엄경』의 이치입니다. 이(理)는 돈오(頓悟)하고 사(事)는[81] 모름지기 점수(漸修)해야 한다는 것이니, 깨달은 후에도 되돌아와서 정(定) 수행이라는 이 길을 걸어갑니다. 하지만 이(理)를 이미 깨달았기 때문에 수련이 빠릅니다. 이(理)를 깨달은 사람이 아직 깨닫지 못한 사람보다 수련을 시작하는 것이 더 늦다고는 말하지 않았습니다. "구족(具足)"은 복덕자량과 지혜자량 두 가지를 모두 구족하였음이니, 이미 "가행구경과작의(加行究竟果作意)"를 얻었다는 것은 바로 가행의 과위에 도달하였음입니다. 즉 가행을 작의하여 어떤 경계를 증득하고 싶으면 바로 그 경계를 증득하고, 어떤 정(定)을 얻고 싶으면 바로 그 정을 얻으며, 혜력을 개발하고자 하면 혜력이 바로 열리고, 신통력을 개발하고자 하면 신통력이 바로 생겨난다는 말입니다. 이 경계가 가행구경과작의인데 구족이라고 부를 만합니다. 구족은 비어 있는 컵에 물을 가득 따른 것과 같으니, 그것을 구족이라고 합니다.

---

**안주라고 함은 뒷날에 수습하는 바가 많이 성취되기 때문에 좋아하는 바를**

---

81 이(理)는 진리나 본체를, 사(事)는 현상을 말한다.

따르게 되고, 어려움이 없게 되고, 막힘과 껄끄러움이 없게 되어서, 정려정
에서 그 마음이 밤낮으로 바르게 따르고, 향하여 달려가고 들어가며, 욕락
하는 바에 따라서 칠 일 칠 야에 이르기까지도 바르게 안주할 수 있으므로,
안주라고 한다.

言安住者, 謂於後時, 由所修習多成辦故, 得隨所樂, 得無艱難, 得無梗澀, 於靜慮
定, 其心晝夜能正隨順, 趣向臨入, 隨所欲樂, 乃至七日七夜能正安住, 故名安住.

---

　"안주(安住)"는 우리가 일반적으로 정에 들어갔다〔入定〕고 말하는 것
과 같습니다. 정에 들어갔다고 말하는 것은 두루뭉술한 방식으로, 여기
에서 아주 상세하게 분석해 놓았습니다. 구족한 이후에 안주를 얻는 것
은 무엇을 말할까요? 여러분이 이미 가행구경과작의를 얻었다는 말인
데, 즉 몸과 마음이 조순(調順)하고 공(空)하게 되어 영원히 광명대정(光
明大定) 속에 머물러 있는 것입니다. 이 광명 속에서 구족을 얻어서 자신
이 도달한 정도가 불법의 어느 단계에 합하는지를 명확히 알게 되지만,
이러한 성과를 머무르게 해야 합니다. "뒷날에 수습하는 바가 많이 성취
되기 때문에〔謂於後時, 由所修習多成辦故〕", 즉 이렇게 될 수 있다면 여러
분이 수행하는 각종 수련 특히 여러분이 주로 수행하는 것이 모두 수시
로 경계에 도달할 수 있습니다. 명점을 수행하거나 백골관을 수행한다고
가정하면 맨 마지막으로 공(空)에 도달합니다. 『선비요법(禪秘要法)』에
서 말한 것처럼 염불 수행을 한다면 맨 마지막으로 부처님의 경계와 완
전히 합일하는데, 이것은 일반적인 염불이 아닙니다. 이 경계는 주로 수
행한 것이고 그런 후에는 이 염(念)에 머무르게〔定〕되니, 성취한 것입니
다. 그 밖의 정의 경계도 무엇을 수행하고자 하면 언제든지 도달할 수
있고 많이 성공할 수 있습니다. 이 경계는 언제 어디서나 여러분의 뜻이
좋아하는 대로 어떤 종류의 정의 경계나 어떤 종류의 삼매에 들어가고

싶다면 바로 들어갈 수 있습니다. 어려움도 없고 방해물도 없습니다.

그러므로 선정의 경계에서 수행인의 마음이 밤낮 정(定)의 경계에 머무르고자〔定〕하면 바로 머무릅니다. 어떤 종류의 정(定)의 경계에 들어가고 싶으면 "욕락하는 바에 따라서〔隨所欲樂〕" 즉 마음이 원하는 바를 따릅니다. 이 욕(欲)은 선정 상계(上界)의 욕이지 하계(下界)의 욕이 아닙니다. 예를 들어 밀종에는 욕락정(欲樂定)이라는 것이 있습니다. 이 정(定)의 경계를 한번 향수(享受)하고 싶다고 의식으로 원하면, 향수임을 분명히 알면서도 일부러 향수합니다. 칠 일 밤낮을 욕락정에서 정주(定住)할 수 있습니다.


## 내재된 의식이 청정해져 바르게 멀리 떠난다


여기에서 문제가 하나 있습니다. 바로 "칠일칠야(七日七夜)"의 문제입니다. 정토종에서도 칠 일간 일심(一心)이 어지러이 흩어지지 않으면 왕생할 수 있다고 하는데, 여기에서도 칠일칠야라고 했습니다. 무엇 때문에 칠일칠야가 그토록 중요합니까? 특히 여성은 생리상 월경 주기를 칠로 계산하는데 왜 그럴까요? 무엇 때문에 태아는 모태에서 칠 일에 한 번 변화합니까? 무엇 때문에 중음신(中陰身)의 사망 역시 칠 일이 일곱 번입니까? 서양 종교에서는 일곱째 날을 안식일이라고 하는데 다 그 나름의 이유가 있습니다. 『역경』에 설명이 나오는데 "칠일래복(七日來復)"이 하나의 주기입니다. 그 속에 이치가 아주 많지만, 정(定)을 이룸에 있어서도 칠 일 밤낮을 정의 경계에 안주해서 변하지 않을 수 있습니다. 여러분은 말합니다. 그거 대단하군요! 타좌를 해서 칠 일 밤낮을 정(定)에 들어가 있을 수 있다면, 그것만으로 아주 깁니다. 보기에 아주 대단한 일이라 여러분은 틀림없이 좋아할 것입니다. 그런데 사실 정(定)에 들어간 본인은 순식간으로 느껴질 뿐이니, 그저 한 번 쉬었을 따름입니다. 정(定)의 경계에서는 만 년이 순식간으로 단축되기 때문에 "안주라고 한다〔故名安住〕" 즉 이러해야 정(定)에 안주한다고 합니다.

---

다음으로 유심유사의 삼마지상에 대하여 마음으로 능히 버리고, 무심무사의 삼마지상에 대하여 염을 묶어서 안주하고, 모든 바삐 힘쓰는 소행의 경계에 대하여 능히 바르게 멀리 떠나고, 바삐 힘쓰지 않는 소행의 경계에 대하여는 그 마음으로 안주하는데, 오로지 적정하고 극적정하기 때문이니 이런 까닭에 심사가 적정하므로 내등정 때문이라고 말하는 것이다.

復次於有尋有伺三摩地相, 心能棄捨, 於無尋無伺三摩地相, 繫念安住, 於諸恩務所行境界, 能正遠離, 於不恩務所行境界, 安住其心, 一味寂靜極寂靜故, 是故說言尋伺寂靜故, 內等淨故.

---

다음으로 말하기를, 우리가 타좌를 해서 정(定) 수행을 연습하는 것은 모두 "유심유사(有尋有伺)"의 경계에 있는 것이라고 했습니다. 비유하자면 유심유사는 마치 물 위에 뜬 표주박을 누르는 것처럼 이쪽에서 누르면 저쪽에서 떠오릅니다. 우리가 지금 타좌하는 경계가 바로 이러하니, 모두 물 위에 뜬 표주박을 갖고 놀고 있습니다. 한 생각을 방금 눌러놓았는데 또 다른 잡념이 일어납니다. 유심유사의 경계조차 아직 도달하지 못한 것입니다.

엄격히 말하면 유심유사의 경계는 거친 망념이 비교적 평정한 상태가 되어서 마음속으로 의식의 뿌리에 드리운 그늘을 찾아낼 수 있습니다. 탐진욕, 번뇌욕, 사상욕(事相欲) 등 그늘의 근본을 찾아낼 수 있는데, 그래야 유심유사라고 합니다. 이것은 앞에서도 말한 적이 있지만, 수련을 하는 사람은 유심유사정(有尋有伺定) 경계의 "삼마지상(三摩地相)" 즉 삼매 중의 각종 심리 상태에 대하여 스스로 알게 됩니다. 하지만 "마음으로 능히 버리고(心能棄捨)" 즉 버리겠다고 말하면 바로 버리고 끊어 버리겠다고 말하면 바로 끊어 버립니다. 당장에 유심유사를 놓아 버리고 무심무사의 삼마지상에 머무릅니다. "염을 묶어서 안주하고(繫念安住)"는, 언제 어디서나 무심무사의 경계에 있으면서 아주 자연스럽게 이 경계에 안주합니다.

이렇게 되면 일을 할 수 있을까요? 할 수 있습니다. 바깥 세계의 일체 사무를 "능히 바르게 멀리 떠나고(能正遠離)" 즉 마음속에서 언제든지 던져 버릴 수 있습니다. 바르게 멀리 떠남이란 언제든지 청정한 경계에 있는 것입니다. 미륵보살은 왜 청정한 경계라고 하지 않고 바르게 멀리 떠남이라고 했을까요? 이것이 청정한 경계와는 조금 차이가 있기 때문에 능히 바르게 멀리 떠난다고 했습니다. "바빠 힘쓰지 않는(於不愍務)" 경계에서는, 즉 비교적 바쁘지 않은 때에는 마음이 안주할 수 있습니다. 이 마음은 오로지 그 극적정(極寂靜)에서 구르기 때문인데, 이 경계가 바로 심사(尋伺)의 이치입니다. "내등정 때문(內等淨故)"이란 내재된 의식이 서서히 청정해지고 깨끗해지는 것입니다.

---

또 저가 곧 무심무사의 삼마지에 대하여 익히 수습했기 때문에, 심사에 틈과 결함이 있는 단계를 뛰어넘어 틈과 결함이 없는 단계를 바르게 획득하였으니, 이런 까닭에 마음이 하나로 나아감 때문이라고 말하는 것이다.

又彼卽於無尋無伺三摩地串修習故, 超過尋伺有間缺位, 能正獲得無間缺位, 是故說言心一趣故.

---

여기에서 다시 상세하게 말해 주고 있습니다. 수지가 "무심무사(無尋

無伺)"에 도달하면 언제든지 오로지 청정하고 적정한 경계에 있게 되는데, 다만 애를 쓰지는 마십시오. 왜냐하면 아직은 수련이 일정하지 못해서, 어떤 때는 수련이 좀 잘 되어 이 경계를 길게 유지하고 수련이 좀 안될 때에는 잠시 생겼다가 다시 산란해지기 때문입니다. 그렇기 때문에 "익히 수습해야[串修習]" 합니다. 천천히 연습해서 이 심신을 서서히 전환시켜서 연속성 있게 만들어야 합니다. "심사에 틈과 결함이 있는 단계를 뛰어넘어[超過尋伺有間缺位]", 즉 중간에 끊어짐이 없어야 틈과 결함이 없음[無間缺]을 진정으로 얻어서 행주좌와(行住坐臥) 하는 모두 이 경계에 있을 수 있습니다. 이것을 "마음이 하나로 나아감[心一趣]"이라고 하는데, 마음이 하나의 대상[一緣]의 경계에 있습니다.

## 무심무사하여 이선에 들어가다

무심무사라고 함은 일체의 심사를 모두 다 끊었기 때문이다.

無尋無伺者, 一切尋伺悉皆斷故.

무엇을 "무심무사"라고 합니까? 마음을 쓰는 일체의 경계가 마음을 쓸 필요 없이 자연스럽게 이 표준에 합하는데, 이것을 무심무사라고 합니다.

말한바 정定이라고 함은 이미 가행구경작의를 획득하였기 때문이다. 말한바 생生이라고 함은 이것을 인으로 삼고 이것을 연으로 삼음으로 말미암아, 곧바로 생기는 것이기 때문에 정생이라고 한다.

所言定者, 謂已獲得加行究竟作意故. 所言生者, 由此爲因, 由此爲緣, 無間所生, 故名定生.

"정생희락(定生喜樂)"은 이선의 경계인데, 정(定)이 어떻게 희락(喜樂)을 생겨나게〔生〕할까요? 먼저 정(定)을 말한 것은 이미 가행법을 닦는 구경작의를 얻었기 때문입니다. 예를 들어 명점을 수행한다고 하면, 이 명점이 영원히 맑게 빛나며 심신이 경안한 것은 가행구경작의를 지었기 때문으로, 이러한 생기차제는 내가 뜻〔意〕이 있어서 관상(觀想)을 지어〔作〕 형성한 것입니다. 무엇이 정생(定生)입니까? "이것을 인으로 삼음으로 말미암아〔由此爲因〕", 즉 마음을 하나의 대상에 묶음〔繫心一緣〕으로 말미암아 생겨나는 것이니 또한 정(定)으로 인해 생겨나는 것이기도 합니다. 염불하기 때문에 염불의 정상(正相)이 생겨나고 염불의 경계가 눈앞에 드러나는 것과 같습니다. 마치 어느 한 부처님의 형상을 선정(選定)하는데, 그것이 화상(畫像)이어도 좋고 동상(銅像)이어도 좋고 또는 부처님의 진정한 육신이어도 좋습니다. 선정한 후에는 지(止) 수행을 하고 염불 수행을 하여 마음을 하나의 대상에 묶어서 이 경계가 눈앞에 드러나고 심신이 경안하면 이것이 "정생(定生)"입니다. 밀종에서 말하는 생기차제이기도 하니 무(無)에서 생겨납니다.

만약 육묘문(六妙門)을 수행하여 호흡을 닦는다면, 이때 기의 흐름〔氣機〕이 안에서 생겨나서 심신이 공령(空靈)하고 기의 흐름이 충만하여 식(息)의 경계에 이르게 됩니다. 이때에는 내뱉지도 않고 들이마시지도 않으며 신체가 공중에서 떠다니는 것처럼 느껴집니다. 언제든지 이 경계에 도달하니 이것이 바로 정생(定生) 즉 정의 경계로부터 생겨난 것입니다. 조금 전에 이미 설명했지만 염불을 하든 불상의 경계를 관하든 명점의 광명 경계를 관하든, 이러한 원인〔因〕과 이러한 조건〔緣〕으로 말미암고 끊임없는 일관된 노력을 더해서 생겨나니 이것을 정생(定生)이라고 합니다.

희락이라고 함은 이미 희구하는 바의 뜻을 획득하였음을 말한다.

言喜樂者, 謂已獲得所希求義.

---

여러분이 도달하기를 원했던 경계에 이미 이르렀으니 당연히 희락을 얻습니다. 마치 가난한 사람이 보물을 얻은 것 같아서 보물을 손에 넣었으니 당연히 기쁩니다.

---

또 기쁨 안에서 아직은 과실을 보지 못하고 기쁨이 있고 즐거움이 있으니, 일체 심사의 초정려지의 모든 번뇌가 지닌 바의 거칠고 무거움을 모두 멀리 떠났기 때문에, 저 넓고 큰 경안을 대치할 수 있으며 몸과 마음을 고르게 하고 부드럽게 하여, 감당할 수 있는 즐거움이 있고 따라서 좇기 때문에[82] 기쁨과 즐거움이 있다고 한다. 순차의 수에 의하여 이것이 두 번째가 되니, 이와 같은 모든 것은 앞에서와 같은 줄 마땅히 알아야 한다.

又於喜中, 未見過失, 有欣有喜, 一切尋伺, 初靜慮地諸煩惱品所有麤重, 皆遠離故, 能對治彼廣大輕安, 身心調柔, 有堪能樂, 所隨逐故, 名有喜樂, 依順次數此爲第二, 如是一切如前應知.

---

기쁨은 스스로 마음을 일으키고 생각을 움직임에 있어 더 이상 잘못이 없게 합니다. 공자의 "마음이 원하는 바를 따르나 법도를 넘어서지 않는다[隨心所欲不逾矩]"라는 말처럼 잘못이 없게 됩니다. 맹자가 말한 "사십에는 마음이 흔들리지 않는다[四十不動心]"의 부동심(不動心)은 무심무

---

82 "그것을 대치할 수 있고, 넓고 큰 경안은 몸과 마음을 고르게 하고 부드럽게 하여, 감당할 수 있으며 즐거움이 따라 좇으니[能對治彼, 廣大輕安, 身心調柔, 有堪能樂所隨逐故]"라고 번역하는 경우도 있다.

사의 경계에 불과합니다. 처음 도를 닦는 사람에게는 머무르고자〔定〕해도 머무르지 못하는 상황이 있는데 마음속으로 번뇌하기 때문입니다. 그러나 희락을 얻으면 모든 거칠고 무거운 경계를 멀리 떠나 다시 찾아오지 않기 때문에 몸과 마음 안팎에 넓고 큰 경안상(輕安相)을 낳습니다. 마음이 조순(調順)하고 몸이 유연해서 모든 뼈마디와 작은 세포까지도 모두 부드러워집니다. 정(定)을 이룬 사람의 뼈마디는 마치 국수처럼 유연해서 면발을 쳐서 늘이듯이 길게 늘일 수 있습니다. 어깨를 길게 늘일 수도 있는데, 늘이지 않으면 다시 서서히 줄어드는 것이 글루텐처럼 변하게 됩니다. "감당할 수 있는 즐거움이 있고 따라서 좇기 때문에〔有堪能樂, 所隨逐故〕" 즉 일종의 특별하고도 엄청난 즐거움이 있는데, 몸이 쾌락하면서 편안하고 심리상으로도 비할 데 없는 환희가 있습니다. 감당할 수 있는 즐거움이 여러분을 따라오지만 오로지 여러분에게 이러한 수련이 있어야 이 즐거움의 경계가 찾아옵니다. 이러한 수련이 없으면 즐거움을 일으킬 수 없기에 정생희락이라고 하는 것입니다. 이러한 정(定)의 경계가 희락을 생겨나게 하니, 희락은 정(定)의 경계로부터 생기고 성장하고 길러집니다. 이것이 이선(二禪)입니다.


## 기쁨의 욕을 떠나는 삼선

다음으로 저가 기쁨의 상에서 깊이 과실을 보니, 그 때문에 말하기를 희喜에 대한 욕을 떠난다는 것이다.

復次彼於喜相深見過失, 是故說言, 於喜離欲.

세 번째 선(禪)은 이희묘락(離喜妙樂)입니다. 기쁨〔喜〕은 가난한 사람이 보물을 얻은 것과 같고 복권 일등에 당첨된 것 같아서 틀림없이 아주 기쁩니다. 하지만 상금을 쓰는 것에 익숙해진 후에는 뭐 그리 특별할 것도 없으며 똑같이 평범합니다. 이 기쁨도 똑같아서 기쁨의 상〔喜相〕이 익숙해지고 평범해집니다. 세 번째 선의 경계에 도달하면 마음속에서 가난한 사람이 보물을 얻은 것 같았던 그 기쁨의 상이 쓸데없는 것처럼 느껴지고 스스로가 우습다고 생각합니다. 원래는 사고 싶어도 사지 못했던 물건을 이제는 사게 되어 매우 기쁘지만, 이 기쁨과 기쁨의 상 또한 욕(欲)임을 알고 분명히 인식하려고 합니다. 이때 삼선(三禪)에 도달하여 기쁨의 상이 없어지니, 기쁨의 욕을 떠난 것입니다.

---

또 그 때에는 두 가지 어지러운 마음의 재환을 멀리 떠나고, 기쁨을 떠나는 세 번째 정려에서 그 마음을 거두어들이며, 두 번째 정려에서 이미 심사를 떠나고 이제 이 안에서 다시 기쁨에서 떠나는 것이니, 이런 까닭에 버림에 안주한다고 말하는 것인데, 이와 같은 두 가지 법은 마음을 능히 요란시키고 끊임없는 버림을 장애한다.

又於爾時, 遠離二種亂心災患, 能於離喜第三靜慮攝持其心, 第二靜慮已離尋伺, 今於此中復離於喜, 是故說言安住於捨, 如是二法, 能擾亂心, 障無間捨.

---

이때 희락(喜樂)의 두 가지 재앙과 우환〔災患〕이 있다고 말했습니다. 초선의 이생희락(離生喜樂)과 이선의 정생희락(定生喜樂)은 모두 기쁘고〔喜樂〕 편안합니다. 그러나 한 층을 더 올라가서 고개를 돌려보면 무슨 기뻐할 만한 것이 있습니까! 가난한 사람이 이백만 원에 당첨되어 뛸 듯이 기뻐하는 것을 억만장자가 보고 우스워하는 것처럼 뭐 그리 기뻐할 만한 것이 없다고 여깁니다. 스스로 한 걸음 더 나아가 두 가지 희락을 뒤돌아보면 도리어 재앙과 우환으로 변하는데, 그것 또한 욕(欲)이기 때

문입니다. 그리하여 희락을 떠나 세 번째 선(禪) 이상의 경계에 도달합니다. 두 번째 선(禪)에서 심사(尋伺)를 떠남으로 말미암아 희락의 두 가지 법이 마음을 요란하게 만들고 재앙과 우환으로 변하기 때문에 여러분의 마음으로 하여금 청정을 얻지 못하게 합니다. 세 번째 선의 이희묘락에 도달하면 기쁨[喜]을 떠나는데, 삼선(三禪)의 오묘한 즐거움[妙樂]은 이선의 즐거움[樂]과 결코 같지 않습니다.

여러분은 이치를 들어서 이해했다고 큰소리쳐서는 안 됩니다. 만일 어떤 동학이 이생희락의 경계에 도달했는데, "그게 뭐 대수야? 아직 희락의 두 가지 장애가 있잖아!"라고 말한다면 말입니다. 교리를 배워서 통한 후에 교리를 가지고 다른 사람을 평가하지 않도록 해야 합니다. 이 사람도 성자가 아니고 저 사람도 성자가 아니라고 하는데, 자기 자신은 어떤 사람인지 모르고 있습니다. 그런데 흔히 부처님을 배우고 종교를 배우는 사람이 약간의 종교 교의를 이해하고 나면 다른 사람은 모두 옳지 않고 모두 마귀처럼 보입니다. 그는 성자의 척도를 가지고 다른 사람은 평가하면서 한 번도 자신을 먼저 평가해 보지는 않습니다. 자신을 평가해 봐야 자신이 어느 누구보다 부족하다는 사실을 알게 됩니다. 자신이 열심히 하고 있는지를 돌이켜 봐야지 교리를 이해했다고 다른 사람을 평가해서는 안 됩니다. 이것은 여러분에게 스스로 수행하라고 하는 것이지 다른 사람을 비판하라는 것이 아닙니다.

---

초정려에는 심사가 있기 때문에 끊임없는 버림으로 하여금 자재하게 구르지 못하게 한다. 두 번째 정려에는 기쁨이 있기 때문에 끊임없는 버림으로 하여금 자재하게 구르지 못하게 한다.

初靜慮中有尋伺故, 令無間捨, 不自在轉. 第二靜慮由有喜故, 令無間捨, 不自在轉.

초선의 경계는 여전히 마음을 쓰고 여전히 힘을 써야 하기 때문에 유심유사(有尋有伺)에 속합니다. 그러므로 이 끊임없는 버림[無間捨]은 여전히 자재하게 구르지 못합니다. 즉 충분히 해내지 못하고 여전히 자재하지 않아서, 내려놓으려 해도 내려놓지 못하고 들어 올리려 해도 들어 올리지 못합니다. 처음 수행이 바로 이러하여 모두가 이런 고통을 지닙니다. 두 번째 선의 경계에 도달하면 마음속에 아직 희락이 있기 때문에 "끊임없는 버림으로 하여금 자재하게 구르지 못하게 합니다[令無間捨, 不自在轉]." 아직은 끊어짐이 있어서 끊어짐이 없는 버림[捨]을 해내지 못하고 여전히 자재하지 못합니다.

---

이런 까닭에 이 버림을 초정려와 두 번째 정려에서는 없다고 말하는 것인데, 이런 인연으로 말미암아 정려를 수행하는 사람은 세 번째 정려라야 비로소 버림이 있다고 한다. 버림이 있기 때문에 여여하게 모든 정념에 안주하게 되어, 여시여시하게 저 기쁨과 함께 작용하는 상과 작의가 다시는 현행하지 않는다.

是故此捨, 初二靜慮說名無有, 由是因緣, 修靜慮者, 第三靜慮方名有捨. 由有捨故, 如如安住所有正念, 如是如是彼喜俱行想及作意, 不復現行.

---

세 번째 선에 도달해야 내려놓을 수 있습니다. 무엇을 내려놓습니까? 희락의 경계를 내려놓는데 완전히 내려놓아서 "여여하게 모든 정념에 안주할[如如安住所有正念]" 수 있습니다. 여여하게 모든 정념 가운데 안주하여 정지(正知) 정념(正念)이 "여시여시하면[如是如是]" 즉 이러이러하면, 그 희락의 심정과 선정 수련으로 이르게 된 그 유의(有意)한 작의의 경계까지도 "다시는 현행하지 않으니[不復現行] 더는 필요하지 않게 됩니다. 예를 들어 여러분이 백골이나 불상을 관상하겠노라 작의하면,

본래는 힘을 써서 관하거나 마음을 써야 하지만 그때에 이르면 작의할 필요 없이 자연스럽게 그것이 눈앞에 나타납니다. 눈앞에 나타날 뿐 아니라 그것을 없애 버려야 합니다! 부처님이 오면 부처님을 베고 마귀가 오면 마귀를 베고 모두 초청합니다. 원만차제에 들어가고자 하고 공령(空靈)으로 들어가고자 하기 때문에 이런 것들을 모두 버려야 합니다.

수련의 순서는 과학적이고 고지식합니다. 기어코 한 걸음씩 내딛으며 즐거움은 즐거움이고 기쁨은 기쁨으로 결코 서로 같지 않습니다. 저는 늘 탄식하기를 중국은 대승 불법이 유행하면서 큰소리치는 사람이 너무 많아졌습니다. 모두 허풍을 치며 스스로 대단하다고 여깁니다. 하지만 자신이 옳지 않고 안 되는 부분에 대해 반성하지도 않고 점검해 내지도 못합니다. 이런 것을 알았으면 자신을 많이 관찰하고 반성해야 합니다.

## 삼선 이상의 버림과 즐거움

만약 다시 이 세 번째 정려에서 잘 수행하지 않기 때문에 때로는 정념을 잃어버려 저 기쁨과 함께 작용하는 상과 작의가 때때로 다시 현행한다면, 찾는 즉시 빠르게 지혜로써 통달하여 바르게 훤히 알 수 있고, 생기하는 바에 따라서 차마 받아들이지 않으며, 방편으로써 버리고 제거하고 변화시켜 뱉어 내고, 마음이 높은 버림에 머무른다.

若復於此第三靜慮, 不善修故, 或時失念, 彼喜俱行想及作意, 時復現行, 尋即速疾以慧通達, 能正了知, 隨所生起, 能不忍受, 方便棄捨, 除遣變吐, 心住上捨.

세 번째 선의 경계에 도달했는데 여러분이 제대로 심신을 파악하고 관조하여 수지하지 못하면 정념을 잃어버리는 때가 있습니다. 이것은 이런 말입니다. 이 희락의 경계가 수시로 일어날 수 있는데, 아주 빠른 지혜의 능력으로써 "바르게 훤히 알 수 있고, 생기하는 바에 따라서[能正了知, 隨所生起]" 염두가 일어나고 희락이 일어나면 바로 그것을 끊어 버립니다. 마치 우리가 음식을 먹다가 불순물이 입에 들어온 것처럼 바로 그것을 뱉어 냅니다. "마음이 높은 버림에 머무르고[心住上捨]" 즉 한 걸음 한 걸음 내려놓고 한 걸음 한 걸음 위로 나아갑니다.

---

이런 까닭에 정념과 정지가 있다고 하는 것인데, 저가 그 때에 이와 같은 버림에 머물러 정념과 정지에 친히 가까이 하여 수습하며 많이 수습하기 때문에, 마음으로 하여금 뛰놀게 하며 함께 작용하는 기쁨의 감수를 곧 제거할 수 있고, 기쁨을 떠나서 적정과 최극적정으로써 기쁨과 서로 어긋나는 마음의 감수를 생기하는데, 저가 그 때에 색신과 의신에 감수의 즐거움과 경안의 즐거움을 받아들이게 되니, 이런 까닭에 몸에 감수의 즐거움이 있다고 하는 것이다.

是故說有正念正知, 彼於爾時住如是捨, 正念正知, 親近修習, 多修習故, 令心踊躍, 俱行喜受便得除滅, 離喜寂靜, 最極寂靜, 與喜相違心受生起, 彼於爾時色身意身, 領納受樂, 及輕安樂, 是故說言有身受樂.

---

수행은 정념(正念)과 정지(正知)가 있어야 합니다. 마땅히 버릴 것은 버리고 많이 수습하면 기쁨의 감수(感受)를 떨쳐 버리고 최적정의 경계에 도달할 수 있습니다. 색신(色身)은 부모가 낳아준 육신이고 의신(意身)은 법신이 일으킨 의생신(意生身)입니다. 구경(究竟)의 측면에서 말하면 우리의 이 몸이 의생신이라고 말할 수도 있지만, 부모가 낳아준 이 색신을 떠나지도 못합니다. "감수의 즐거움과 경안의 즐거움을 받아들이게 됨[領納受樂, 及輕安樂]"은, 색신에도 쾌감이 있고 의생신에도 쾌감

이 있다는 말이니 곧 법신 화신의 쾌락입니다. 그런 까닭에 나의 청정을 항상 즐거워합니다. 이때는 여전히 세간법의 즐거움으로 아직 불법은 언급하지 않았습니다. 그러므로 "몸에 감수의 즐거움이 있으니[有身受樂]" 비록 이 육신을 떠나지 못하지만, 그렇다고 완전히 육신의 즐거움만 얻는 것은 아니며 그 즐거움으로 인해 생겨난 의신의 즐거움입니다.

예를 들어 남녀가 서로 사랑해서 즐거움을 일으키면 삼연(三緣)이 화합해서 임신하게 되는데, 당시에는 색신이 즐거움을 감수함으로 말미암아 삼연이 화합해서 두 번째 생명을 태어나게 했지만, 이 두 번째 생명의 감수는 더 이상 즐거움이 아니며 이 세 번째 연(緣)과 관계가 없어집니다. 하지만 당시의 경계는 이 삼연의 득락(得樂)과 여전히 관계가 있습니다. 세간법으로 말하면 수많은 경계를 여러분이 알지 못하는 것과 같은 이치입니다. 이때에 도달하면 색신과 의생신이 "감수의 즐거움을 받아들여[領納受樂]" 즉 스스로 즐거움을 감수하는데, 이것은 선정의 즐거움이며 비할 데 없는 경안을 일으켜서 색신도 가볍고 편안하고 의생신도 가볍고 편안합니다. 도가에서는 '충거(沖擧)' 두 글자를 사용해서 표현하는데, 사람이 가벼워져서 몸이 날아오르는 정도에 이릅니다. 도가에서는 이것이 "육지에서 하늘로 날아오름[陸地飛昇]"이라고 일컫는데, 이 때문에 그것을 "몸에 감수의 즐거움이 있다[有身受樂]"라고 합니다. 이러한 몸은 법신 보신 화신 모두로 말할 수 있습니다.

---

세 번째 정려 이하의 모든 지에는 이와 같은 즐거움과 끊임없는 버림이 없으며, 세 번째 정려 이상의 모든 지에는 이 끊임없는 버림을 비록 다시 얻게 된다 할지라도 즐거움이 없으니, 하지에는 즐거움과 버림이 모두 없기 때문이다.

第三靜慮已下諸地, 無如是樂, 及無間捨; 第三靜慮已上諸地, 此無間捨雖復可得,而無有樂, 下地樂捨俱無有故.

삼선 이하의 이선과 초선의 경계가 바로 "하지(下地)"인데, 이러한 즐거움(樂)과 버림(捨)이 없습니다. 삼선 이상의 끊임없는 놓아버림(無間捨)은 내려놓은 공(空)의 경계에 영원히 있습니다. 비록 그러한 버림(捨)의 경계를 얻었다 할지라도 즐거움(樂)은 없어집니다. 이 즐거움이 없음은 세간의 즐거움을 가지고 말한 것인데, 그것이 이미 세간의 즐거움을 초월했기 때문에 견줄 방법이 없어졌습니다. 또 그 경계가 인류의 지식으로 상상할 수 있는 것이 아니기 때문에 반드시 자신이 그 단계에 도달해야 알 수 있습니다. 초선과 이선의 경계에서는 삼선 이상의 그러한 경계를 상상하지 못합니다.

**상지에는 버림만이 있고 즐거움이 없기 때문이니, 이런 까닭에 이 처소에 대하여 말하기를 세 번째 정려는 여러 성인께서 널리 말씀하셨다.**

上地有捨而無樂故, 是故說言於是處所, 謂第三靜慮, 諸聖宣說.

삼선 이상은 버림(捨)이니, 지니고 있는 일체를 내려놓는 것입니다. '사(捨)'는 바로 보시입니다. 『범망경(梵網經)』 대승계(大乘戒) 첫 번째 조항이 바로 사심(捨心)이고 비워(空) 버리는 것인데 일체를 놓아 버리고 일체를 내려놓습니다. "상지에는 버림만이 있고 즐거움이 없다(上地有捨而無樂)"는 그 경계는 이미 내려놓았기 때문에 희락을 내려놓은 그 경계는 설명할 방법이 없습니다. 오로지 버림(捨)만이 있어서 일체를 다 버려 버립니다. 요즘 말로 하면 무한한 발전 무한한 개척이니, 그것은 기쁨이 된다고 말할 수 없고 즐거움이 된다고 말할 수 없습니다. 말할 방법이 없으며 비할 데 없이 무한하게 좋습니다.

이것에 의하여 이미 안주하게 된 보특가라는 사념과 정지를 구족하고 몸이 감수하는 즐거움에 머무르며 세 번째 정려에 구족하게 안주하느니라고 하셨는데, 여러 성인이라고 함은 불세존과 불제자를 말한다.

謂依於此, 已得安住補特伽羅, 具足捨念及以正知, 住身受樂, 第三靜慮具足安住, 言諸聖者, 謂佛世尊及佛弟子.

세 번째 선 이상의 경계에 도달하면 비록 세간정이라 할지라도 출세간정과 연대 관계를 지닙니다. "여러 성인〔諸聖〕"은 바로 불세존과 제보살인데, 그들이 불법을 널리 펴면서 우리에게 말해 주는 것 역시 다 이것이니 이 경계에 정주(定住)하는 것입니다. 그래서 제불보살과 대아라한은 가끔 휴가를 내고 그 경계에 숨어 버릴 수도 있습니다. 참으로 오랜 겁을 숨어 있을 수 있습니다. 하지만 우리는 숨어 버릴 수 없습니다. 백 년을 숨어 있다면 얼마나 좋겠습니까! 그런데 여러분이 알아야 할 것이 있습니다. 팔만사천 대겁이라는 이 정의 경계가 그들이 느끼기에는 한순간일 뿐입니다. 이런 것은 이론이 아니라 수련을 해야 알 수 있습니다.

일체의 수행하는 중생은 "사념과 정지를 구족하고〔具足捨念及以正知〕" 즉 수시로 생각을 버리고〔捨念〕 청정해야 하며 수시로 정지정견(正知正見)에서 수행해야 합니다. 선정을 닦는 사람이 왜 선정의 경계에 도달하지 못할까요? 사대가 즐거움을 일으키지 않아서 몸이 고통 속에 있기 때문입니다. 만약 "몸이 감수하는 즐거움에 머무르는〔住身受樂〕" 경계에 도달할 수 있다면 자연히 번뇌가 일어나지 않고 일체의 번뇌가 움직이지 않게 됩니다. "여러 성인이라고 함〔諸聖者〕"이란 다른 종교에서도 성자(聖者)라는 말을 사용하기 때문에 일부러 해석을 했습니다. 여기에서 말하는 성인은 불세존 및 대아라한을 증도(證到)한 제자들을 가리킵니다.

『선비요법』에 관해 어떤 법사와 동학들이 (강연을) 요구한 것이 오늘까지 이미 세 차례나 되지만 저는 답을 하지 않았습니다. 재작년에 이미 여러분에게 강연한 적이 있기 때문에 다시 하고 싶지 않은 것입니다. 여러 동학들이 다시 강연해 주기를 요청하는 것은 몸에다 실지(實地) 수련을 해 보고 싶어서입니다. 개중에 어떤 사람은 이전에는 오로지 공관(空觀)만 수행하고 싶어서 재작년에 제가 강연할 때 제대로 잘 듣지 않았는데, 시간이 좀 지나고 보니 이제야 아쉬움을 알게 되었노라고 했습니다. 녹음이 있기는 해도 분명치 않다고도 했습니다.

사실 저는 지금까지도 답하지 않았습니다. 강연을 할 수도 있지만 한 가지 조건이 있습니다. 『논어별재(論語別裁)』를 기록한 것처럼 두세 사람이 기록해야 합니다. 이 조건은 쉬운 게 아닙니다! 먼저 한 글자도 빼지 않고 기록해야 하고 그 뒤에는 다시 정리하고 수정해야 하는데, 때로는 일고여덟 차례의 수고를 거쳐야 합니다. 한 글자도 빼지 않고 기록하기만 하면 되는 것이 아닙니다. 그건 아무 소용없습니다. 『논어별재』의 기록은 대여섯 명의 수정을 거쳤는데 다 고치고 나서 또 고쳤습니다. 그냥 기록하기만 하는 것도 쉬운 일은 아닙니다. 대부분 눈은 높고 손재주는 없어서 설사 학문이 뱃속에 가득해도 반드시 이런 능력이 있는 것은 아닙니다. 그런 까닭에 기록하는 인재는 찾기 어렵고 게다가 머리를 써서 새로 정리하고 배열해서 보는 사람이 이해할 수 있게 하는 것은 아주 큰 능력입니다. 저도 아직 그런 능력이 없습니다. 만일 강연한 사람이 빠트렸다면 보충해야 하는데 이것은 만만한 작업이 아닙니다. 그러므로 기록하겠노라 응답한 사람은 잘 고려해 보고 다음에 다시 결정하도록 하십시오. 『선비요법』에는 많은 단계의 수련이 있어서 작은 부분까지 잘 알아야 합니다. 지금은 그것까지 생각하지 말고 『유가사지론』으로 돌아갑시다.

# 사선의 사념청정과 삼재팔난

다음으로 이 가운데의 대치의 종류는 형세가 서로 비슷하기 때문에 생략하여 즐거이 끊는 대치를 널리 말하지 않고, 다만 대치로 지은 바의 즐거이 끊음을 말하였다.

復次此中對治種類勢相似故, 略不宣說樂斷對治, 但說對治所作樂斷.

무엇을 대치법문이라고 합니까? 불법의 일체가 대치법문입니다. 선종 조사가 "부처님께서 일체법을 설한 것은 일체 마음을 제도하기 위해서이나, 나에게 일체 마음이 없으니 일체법이 무슨 소용인가[佛說一切法, 爲度一切心, 我無一切法, 何用一切法]"라고 말했던 것이기도 하니, 그러므로 팔만사천 법문이 모두 대치법문에 속합니다. "대치(對治)"는 증세에 따라 약을 처방하는 것으로, 교육 방면에서는 대기설교(對機說敎)[83]이고 교리로 말한다면 대치법입니다. 의사가 질병을 치료하는 데 사용하는 것입니다. 대치의 종류는 겉으로는 비슷해 보이지만 실제로는 차이가 있습니다. 지금은 번뇌를 끊음을 즐거워하는 대치법은 말하지 않고, 다만 대치법을 사용해서 일체 번뇌를 끊은 결과로 얻게 된 법희(法喜)의 쾌락만 설명합니다.

무엇을 이 가운데의 대치라고 하는가. 이른바 사념과 정지이니 곧 이것을 자주 수습하기 때문에 곧바로 버릴 수 있어서 세 번째 정려를 출리하지 않게 한다.

---

**83** 가르침을 받는 자의 능력이나 소질에 따라 그에 알맞은 가르침을 설하는 것을 불교에서 대기설법(對機說法)이라 한다.

何等名爲此中對治. 所謂捨念及以正知, 由卽於此數修習故. 便能棄捨, 令不出離
第三靜慮.

---

이 대치는 어떤 것입니까? 바로 "사념(捨念)"과 "정지(正知)"입니다.
대승과 소승이 모두 똑같으니 『범망경』의 두 번째 무거운 계(戒)가 바로
보시(布施)와 사심(捨心)입니다. 부처님의 십대 제자가 모두 성문중(聲聞
衆)이었고 천이백오십 명의 제자도 다 성문중이었습니다. 소승도를 닦
아서 성문과를 증득한다는 것이 말처럼 쉽겠습니까! 수시로 사념(捨念)
이 청정하고 정지(正知)가 여여(如如)해야 정지정견(正知正見)이라 할 수
있습니다. 수시로 버림〔捨〕을 닦는데 바로 선종에서 말하는 '내려놓음
〔放下〕'이며, 또한 수시로 정념(正念)을 일으키는 것입니다.

---

세 번째 정려지 가운데 뛰어난 즐거움이니, 즐거이 끊음 때문이라고 말한
다. 정려를 수행하는 사람은 곧 그 때에 모든 괴로움과 즐거움을 다 초월할
수 있다.

第三靜慮地中勝樂, 是故說言由樂斷故. 修靜慮者, 卽於爾時所有苦樂皆得超越.

---

사념 및 정지(正知) 정념(正念)을 수행해서 세 번째 정려에 이르면 이
희묘락(離喜妙樂)인데, 이 즐거움〔樂〕은 뛰어난 즐거움〔勝樂〕입니다. 이
것은 세간법의 즐거움을 빌려 비유한 것이지만, 이 즐거움의 경계는 세
상에 존재하는 그런 세간락(世間樂)이 아닙니다. 이때가 되면 자연스럽
게 일체 번뇌를 끊을 수 있습니다. 이른바 번뇌의 인(因)과 번뇌의 대상
〔事〕이 모두 끊어지고 고락(苦樂)의 경계를 초월하여 괴롭지도 않고 즐
겁지도 않은 경계에 이르니, 지극한 즐거움〔至樂〕 뛰어난 즐거움〔勝樂〕
이라고 합니다.

이런 인연으로 말미암아 먼저 끊은 바와 지금 끊는 바를 통틀어서 말하기를, 즐거움이 끊어지고 괴로움이 끊어지며 먼저 기쁨과 근심이 없어진다고 하니, 말하자면 네 번째 정려정에 들어갈 때 즐거움의 감수가 끊어지기 때문이다. 두 번째 정려정에 들어갈 때 괴로움의 감수가 끊어지기 때문이다. 세 번째 정려정에 들어갈 때 기쁨의 감수가 없어지기 때문이다. 초정려정에 들어갈 때 근심의 감수가 없어지기 때문이다. 이제 이 가운데서 괴로움과 즐거움의 두 가지 감수를 끊는 것을 잠시 약속하였기 때문에, 그 나머지 괴로움과 즐거움이 아닌 감수가 있다고 말하는 것이니, 이런 까닭에 저가 그 때에는 괴롭지도 않고 즐겁지도 않다고 말하는 것이다.

由是因緣, 若先所斷, 若今所斷, 總集說言樂斷苦斷, 先喜憂沒, 謂入第四靜慮定時, 樂受斷故. 入第二靜慮定時, 苦受斷故. 入第三靜慮定時, 喜受沒故. 入初靜慮定時, 憂受沒故. 今於此中, 且約苦樂二受斷故, 說有所餘非苦樂受, 是故說言, 彼於爾時不苦不樂.

　　문장만 보면 아주 복잡하지만 사실은 아주 분명하게 말했습니다. 정(定)을 수행하는 사람은 세 번째 선(禪)에 이르면 모든 괴로움과 즐거움을 모조리 초월하여 네 번째 선의 경계에 들어갑니다. 네 번째 선의 경계에 이르면 언제 어디서나 하지정(下地定) 곧 하계의 정에 들어갈 수 있으니, 두 번째 선정의 경계나 세 번째 선정의 경계 혹은 초선정의 경계에 자유로이 출입할 수 있습니다. 하지만 모든 정(定)의 경계에 출입할 수는 있어도 이미 자재(自在)를 얻었다고 말할 수는 없습니다. 비교적 자재할 수 있게 된 것에 불과합니다.

　　총괄하자면 이 경계에서 신체의 감수와 심리의 감수, 그러니까 몸과 마음의 기쁘고 즐거운 두 가지 상태를 언제든지 끊고자 하면 곧바로 끊어 버리며, 언제든지 어떠한 경계에 들어가고자 하면 모두 들어갈 수가 있습니다. 그렇기 때문에 "괴롭지도 않고 즐겁지도 않다〔不苦不樂〕"고 말합니다.

---

초정려로부터 모든 하지의 재환이 이미 끊어지니 심사와 희락, 입식과 출식을 말하며, 저가 끊어졌기 때문에 이 가운데의 사념이 청정하고 깨끗한데, 이런 인연으로 말미암아 네 번째 정려정에 바르게 들어갈 때에 그 마음이 움직임 없음에 머무르고, 일체의 움직임과 어지러움을 모두 다 멀리 떠나니, 이런 까닭에 사념청정이라고 말한다.

從初靜慮, 一切下地災患已斷, 謂尋伺喜樂, 入息出息, 由彼斷故, 此中捨念淸淨鮮白, 由是因緣, 正入第四靜慮定時, 心住無動, 一切動亂皆悉遠離, 是故說言捨念淸淨.

---

초선부터 하지(下地)의 재앙과 우환〔災患〕이 끊어지니, 초선 이하는 여전히 욕계 가운데 있기 때문입니다. 초선에 이르면 욕계에서 발생하는 재앙과 우환이 없어집니다. 하지만 초선은 여전히 재난(災難)을 피하지 못합니다. 가령 지구가 무너지려고 할 때 불이 초선을 태우면 초선천(初禪天)은 이런 재난을 피하지 못합니다. 화재가 일어나면 초선천의 천정도 똑같이 무너져 버립니다. 마치 우리가 최근에 봤던, 땅이 갈라지고 고층 건물이 무너지던 이탈리아 지진처럼 말이지요. 이것은 분명히 드러난 지구의 작은 재난입니다.

지구가 붕괴되려고 할 때에는 삼재팔난(三災八難)이 있는데, 불이 초선천의 경계까지 태워 버릴 수 있습니다. 삼재가 지나고 또다시 공겁(空劫)에 이르면, 지구가 없어지고 스물의 소겁(小劫)을 지나야 이런 지구가 형성됩니다. 그러면 지구는 또다시 수 만억 년을 생존하면서 성(成) 주(住) 괴(壞) 공(空) 각기 스물의 겁(劫)을 지나게 됩니다. 그것이 또다시 붕괴될 때에는 화재가 먼저 일어나고 수재가 일어나는데 이선천(二禪天)까지 물에 잠깁니다. 세 번째 재난은 풍재(風災)이니 삼선천(三禪天)도 견디지 못하고 바람에 붕괴되는데 업풍(業風)에 흩날립니다. 사선(四禪)은 사념청정인데, 비로소 이런 재난을 면할 수 있습니다.

수련도 똑같습니다. 초선을 얻었다면 화재를 막아내지 못합니다. 신체의 정기(精氣)가 변화하지 못했는데 욕화(欲火)[84]가 갑자기 크게 움직이면 남녀 모두 누단(漏丹)하게 됩니다. 초선 경계가 단번에 무너지게 되는데 이것이 화재입니다. 두 번째 선의 경계에 도달했을 때 물이 이선(二禪)까지 차오르면 곧바로 침몰해서 또 무너지고 같은 방식으로 육도를 윤회합니다. 세 번째 선의 경계에 도달했는데 기맥이 순조롭지 않으면 똑같이 망가져 버리는데 이것이 풍재입니다. 네 번째 선에 이르러야 모든 것을 버리게 됩니다. 좋고 나쁨과 화복을 모두 버리고 사념청정을 이룬 데다가 불법의 혜관(慧觀)을 더해서 유여의열반적정(有餘依涅槃寂靜)[85]의 즐거움을 증도할 수 있으며 비로소 삼재팔난을 벗어날 수 있습니다.

삼계를 벗어나는 것을 제외하고 오행 속에 있지 않는 것이 그렇게 간단할까요? 며칠 타좌를 하고 약간의 불법을 배웠다고 해서, 특히 여러분의 불법은 조금도 충분하지 못한데 어떻게 되겠습니까? 그러므로 여러분은 이 도리를 잘 꿰뚫고 이 차별 현상〔事相〕을 분명히 알아야 합니다. 삼재팔난에 관해서 몇 번째 선천(禪天)이 무슨 재(災)인지 하는 상세한 자료는 제2권 '의지(意地)'에 있습니다. 이른바 의식지(意識地)라고 하는 것은, 하나의 의식이 삼천대천세계를 포함한다는 것으로 전체가 하나의 의식 경계이며 범부의 경계 안에도 있습니다. 만약 백 권의 본론을 전부

---

84 음욕의 열정을 불에 비유하여 쓴 말이다.

85 수행 정진으로 번뇌는 끊었으나 육신이 남아 있어서 고(苦)가 몸을 의지하는 열반을 말한다.

연구한다면 대법사가 될 수 있습니다. 이 『유가사지론』은 바로 가장 좋은 불학이자 불법입니다.

본론에서 말하는 초선은 아주 엄격합니다. 초선의 표준이라고 말한 것이 이미 비교적 상세하며 이선과 삼선을 거쳐서 사선에 도달하면 "심사희락(尋伺喜樂)"이 모두 끊어집니다. 이른바 '심사(尋伺)'는 심리의 활동인데, 사선에서는 망념의 생멸이 없어지고 희락의 경계도 청정해집니다. 입식과 출식 또한 행해지지 않습니다. 도가에도 태식(胎息)이니 구식(龜息)이니 하는 등의 경계가 있는데 모두 청정자연의 설법입니다. 밀종에서는 보병기(寶甁氣)를 수행하는데 역시 내뱉지도 않고 들이마시지도 않는 경계에 도달할 수 있습니다. 도가에서 수행으로 호흡을 완전히 닫아 버리는 경지에 이르면, 이는 세간법에서 요가를 수련해서 최고에 도달하는 것과 같습니다. 이런 사람을 관 속에 넣어서 땅속에 며칠씩 묻어 놨다가 파내 보면 여전히 살아 있습니다. 일부러 호흡을 멈추었기 때문인데 도가에서는 구식이라고 합니다.

제가 예전에 실험을 해 봤는데, 거북이를 탁자 다리로 눌러 놓으면 아주 한참이 지나야 천천히 머리를 쑥 내밉니다. 가만히 들으면 거북이가 숨을 들이마시는 것이 들리는데, 아주 길게 숨을 한 모금 들이마시고 또 한참 후에 한 모금 들이마십니다. 그렇게 기식(氣息)이 나오고 들어가면서 생명을 유지합니다. 그래서 거북이를 아주 오랫동안 눌러 놓아도 죽지 않는데, 이것이 바로 구식이 끊이지 않고 이어진다는 이른바 구식면면(龜息綿綿)입니다.

출입식이 참으로 행해지지 않으면 잡념 또한 상응하여 비교적 청정해집니다. 생각〔念〕과 호흡〔息〕은 이어져 있기 때문에 생각이 갈수록 어지러워지면 호흡도 갈수록 빠르고 거칠어집니다. 여러분이 직접 시험해 볼 수도 있으니, 코를 꽉 집어서 숨을 막아 버리면 생각까지도 꽉 막힌 것 같습니다. 출입식에는 이런 이치가 있습니다. "청정하고 깨끗하다〔淸淨鮮白〕"는 참으로 청정하고 깨끗해졌다는 것입니다. 이런 인연으로 말미암아 네 번째 정려정을 증입(證入)하면 의식심(意識心)이 머물러 생각과 망상이 움직이지 않고 일체가 움직이지 않습니다. 호흡의 왕래도 자연스럽게 움직이지 않게 됩니다. 그래서 진정으로 정(定)에 들어간 사람은 죽은 사람과 비슷합니다. 삼선정(三禪定) 이상에 도달하면 닭털을 콧구멍 아래에 갖다 대도 움직이지 않습니다. 코의 호흡이 멎고 잡념 또한 상응하여 정지했으니 사념청정입니다. 이것은 아주 좋은 검증입니다.

때로는 자기 호흡이 마치 정지한 것처럼 느껴지기도 합니다. 하지만 여러분이 코를 꽉 집어 보면 대략 십 초 정도도 견디지 못하고 얼굴이 온통 뻘개질 것입니다. 이것은 억지로 막은 것이니 셈에 넣지 않습니다. 수지가 정말로 출입식정(出入息淨)에 도달하면 생각〔念〕도 청정해집니다. 두 가지가 상호 작용을 하므로 "일체의 움직임과 어지러움을 모두 다 떠나서〔一切動亂皆悉遠離〕" 모든 것이 움직이지 않게 되는데, 그렇기 때문에 사념청정입니다.

## 무엇이 진정한 허공인가

**네 번째 등의 말은 앞에서 말한바 초정려 등과 같으므로, 그 상인 줄 마땅히 알아야 한다.**

第四等言, 如前所說初靜慮等, 應知其相.

초선, 이선, 삼선, 사선 등 각각의 경계 상황에 대해 상의 형상〔相狀〕이 있음을 마땅히 알아야 합니다.

다음으로 허공에 대하여 승해를 일으킴으로써 모든 청 황 적 백 등의 상相에 응하여 드러나는 색상色想이 명백히 나타나지 않고 욕을 싫어하여 떠나기 때문에 모두 초월할 수 있으니, 이런 까닭에 색상色想을 뛰어넘기 때문이라고 말한다. 명백히 나타나지 않고 저 상想을 뛰어넘는 것을 인으로 삼기 때문에 갖가지 많은 품류, 모든 종류의 색의 화합과 모임으로 인하여 장애가 있다는 상想을 모두 제거할 수 있으니, 이런 까닭에 대상이 있는 상이 사라져 버리기 때문이라고 말한다. 저 상想을 멀리 떠남을 인으로 삼기 때문이다.

復次以於虛空起勝解故, 所有靑黃赤白等相, 應顯色想, 由不顯現故, 及厭離欲故, 皆能超越, 是故說言色想出過故, 由不顯現超越彼想以爲因故, 所有種種衆多品類, 因諸類色和合積集, 有障礙想, 皆得除遣, 是故說言有對想滅沒故, 由遠離彼想以爲因故.

---

무엇을 "허공(虛空)"이라고 합니까? 여러분 주의하십시오! 여러분은 지금 타좌를 하면서 때때로 눈을 감더라도 허공의 경계가 있음을 느낍니다. 그런데 허공의 상(相)이 있습니까? (동학이 대답하다: 있습니다.) 맞습니다. 틀림없이 있습니다. 그뿐 아니라 여러분이 보는 허공은 어슴푸레하고 색상이 있는데, 청 황 적 백은 아닙니다. 우리 눈이 보는 물리 세계의 허공이 색상을 지니는 것은, 이것이 물리 세계의 허공에 속하기 때문입니다. 바꾸어 말하면 타좌를 해서 도달하는 허공의 경계는 여전히 물리적 허공으로 색상을 지닌 것입니다. "색은 공과 다르지 않고 공은 색과 다르지 않다〔色不異空, 空不異色〕"라고 하였는데, 이른바 이색(異色)은 바로 이 경계가 그 경계가 아님입니다. 여러분은 색상(色相)을 지닌 물리적 허공의 경계에 여전히 머물러 있기 때문에 여전히 미감(美感)을

지니며 청 황 적 백의 각종 색과 색상을 지닙니다. 색상을 지니는 것은 진정한 허공이 아닙니다. 사념청정의 정(定)은 진정한 허공정(虛空定)의 허공으로, 이런 색상까지도 모두 버려 버립니다. 사념으로 허공 청정에 도달하였기 때문에 끝내 얻지 못하며〔了不可得〕, 일체 색상이 모두 공(空)이고 색온(色蘊)이 공이 되어 허공의 경계에 머무르니 일체의 망상이 없어집니다.

---

모든 저 갖가지 모인 것 가운데서 차별의 상想이 구르는데, 음식과 병과 옷과 수레와 장신구와 성곽과 군대와 동산과 산림 등의 상想을 말하며, 이것에 대하여 일체 작의하지 않고 구르니, 이런 까닭에 갖가지 상想을 작의하지 않기 때문이라고 말한다. 이와 같은 색이 있고 대상이 있는 갖가지 상을 없애고 난 뒤에 무변상허공의 승해를 일으키니, 이런 까닭에 무변공에 든다고 말한다.

所有於彼種種聚中差別想轉, 謂飲食·瓶·衣·乘·莊嚴具·城舍·軍·園·山林等想, 於是一切不作意轉, 是故說言種種想不作意故, 除遣如是有色有對種種想已, 起無邊想虛空勝解, 是故說言入無邊空.

---

왜 많은 사람들이 산림에 머무르며 수행하기를 좋아할까요? 이런 사람들은 색을 좋아합니까, 좋아하지 않습니까? (동학이 대답하다: 색을 좋아합니다.) 맞습니다. "이 경치가 얼마나 맑고 그윽한가!" "이 환경은 산색이 얼마나 아름다운가!" 이것이 바로 욕이고 색을 좋아함입니다. 물론 그가 좋아하는 색은 보통 사람과는 다릅니다. 남색이나 여색이 아니라 산림의 색을 좋아하는 것입니다. 화초를 봐도 수목을 봐도 "얼마나 아름다운가!"라고 감탄합니다. 그런데 이 사람은 이미 자기 자신을 색(色) 안에 가두어 놓고도 스스로는 알지 못합니다. 이것은 색상을 벗어나지 못

한 것입니다. 참으로 색상을 벗어난 사람은 시끌벅적한 장소에 앉아 있어도 외양간 소똥 옆에 앉아 있거나 산림 속에 머물러 있는 것과 똑같아서 분별하지 않습니다. 이것은 부동심이 아닙니다. 악취가 나는 것을 알지만 상관하지 않게 되는 것입니다.

제가 아미산에서 내려왔던 그해에 저의 스승께서 중경까지 동반하기를 원하셨습니다. 당시에 성도에서 중경까지 가는 것은 요즘 미국까지 가는 것과 똑같았습니다. 미국까지 가려면 비행기를 타고 열 몇 시간을 자고 나서야 도착합니다. 당시 중경을 가려면 사람이 붐비는 기차를 탔는데 스승은 자리에 앉게 하고 저는 이틀을 꼬박 선 채로 갔습니다. 소변을 보러 갈 수도 없는 것이, 자리를 떴다가는 돌아오면 자리가 없어집니다. 그날 저녁 여관에 묵었는데 차를 마실 때 스승께서 저를 보더니 이렇게 질문하셨습니다. "오늘 산에서 내려오니 아미산 위에 있는 것과 똑같으냐 아니면 딴판이냐?" 저는 다르게 느껴지지 않노라고 대답했습니다. 아미산 위에 있는 것과 똑같은 청정함을 느꼈습니다.

본래 경계는 똑같습니다. 만약 여기는 너무 혼란스러우니 아무래도 산에 올라가서 머물러야겠다고 말한다면 색상이 있는 것입니다. 유색(有色)이 있으면 상대적으로 무색(無色)이 있기 때문에 좋아하는 색상의 경계가 있는 것은 옳지 않습니다.

색무변처정(色無邊處定)을 지나면 공무변처정(空無邊處定)에 들어갑니다. 이제 여러분이 자리에 앉아서 눈을 감고 있으면 어쩌다가 약간 공(空)이 되지만, 이것은 유변(有邊)입니다! 공무변처가 아니니 높은 빌딩의 공(空)보다 더 작습니다. 이 변(邊)은 대략 호떡만 한 크기로서 색상도 있고 경계도 있습니다.

# 무엇이 공무변처정인가

이미 근분정의 가행구경작의를 뛰어넘어서 위의 근본의 가행구경과작의
정에 들어감으로 말미암아, 이런 까닭에 공무변처에 구족하게 안주한다고
말한다.

由已超過近分加行究竟作意, 入上根本加行究竟果作意定, 是故說言空無邊處具足
安住.

　　이것이 바로 여러분에게 사선팔정을 명확하게 알라고 하는 이유입니
　　다. 무엇을 공무변처정이라고 합니까? 색상이 없음이니 결국에는 청정
　　합니다.

이 가운데서는 근분정이나 위의 근본정에 아직 들어가지 못함에 의지하여
오직 허공을 반연함을 알아야 한다. 이미 위의 근본정에 들어가게 되었어
도 역시 허공을 반연하고, 역시 자지에 있는 모든 온을 반연한다. 또 근분정
속에서도 역시 하지에 있는 모든 온을 반연한다.

當知此中依於近分, 乃至未入上根本定, 唯緣虛空. 若已得入上根本定, 亦緣虛空,
亦緣自地所有諸蘊. 又近分中, 亦緣下地所有諸蘊.

　　공정(空定)에 들어가서 한 걸음 한 걸음 위로 나아가면 허공 안에 있게
　　되고 "역시 자지에 있는 모든 온을 반연하니〔亦緣自地所有諸蘊〕" 즉 방향
　　을 바꾸어 모든 온(蘊) 가운데 머무를 수도 있는데 아래의 색수상행식
　　(色受想行識)을 포함합니다. 이 부분은 아주 짧게 언급하고 상세하게 말
　　하지 않았는데, 일반적인 수행자는 도달하기 어렵기 때문에 대략적인
　　원칙만 우리에게 말해 주었습니다.

다시 다음으로 이 식이 무변의 공에 대하여 승해를 일으킴으로 말미암아, 이 식은 무변의 공상의 승해와 상응하는 것인 줄 알아야 한다.

復次若由此識於無邊空發起勝解, 當知此識, 無邊空相勝解相應…….

그 아래는 건너뛰고 읽지 않겠습니다. 공무변처정(空無邊處定)으로부터 식무변처정(識無邊處定) 무소유처정(無所有處定)을 지나 비상비비상처정(非想非非想處定)까지 이릅니다. 간단명료하게 이 네 가지 정(定) 가운데 하나의 정의 원칙을 설명했으니 나머지는 건너뛰겠습니다. 대략적인 원리를 이해하고 그 경계에 이르렀다면, 아래 네 단계의 정(定) 수련은 여러분 스스로 연구하면 알 수 있을 것입니다.

이제 847페이지 여섯째 줄을 보도록 하겠습니다.


## 무심정 경계의 무상정과 멸진정

다시 다음으로 정려 등에 의하여 두 가지 무심정에 들어갈 수 있음을 알아야 하니, 첫째는 무상정이요 둘째는 멸진정이다.

復次依靜慮等, 當知能入二無心定, 一者無想定 · 二者滅盡定.

선정 수행이 경지에 이르면 두 가지 무심정(無心定)의 경계를 증도(證到)할 수 있는데, 바로 무상정(無想定)과 멸진정(滅盡定)입니다. 모두 무심정의 경계에 속하니 대원칙은 무심정입니다.

무상정이라는 것은 오직 모든 이생이 상想을 등지는 작의 방편으로 말미암아 들어갈 수 있는 것이다.

無想定者, 唯諸異生, 由棄背想作意, 方便能入.

---

이것이 첫 번째 "무상정(無想定)"입니다. 모든 기인(奇人), 혹은 귀신〔鬼〕, 요괴〔妖〕, 신령〔神〕, 선인〔仙〕 같은 것들은 모두 정도(正道)가 아니라 외도(外道)입니다. 이것이 모두 "이생(異生)"에 속하는데 그들도 무상정에 도달할 수 있습니다. 상(想)을 버리는〔棄〕 작의로 말미암아 생각을 버리고 자기 생각에 기대지 않습니다. 수시로 자기 생각을 누르는 작의 방편으로 말미암아 무상정에 들어갈 수 있습니다. 다만 주의해야 할 것은 무상정은 외도정이라는 사실입니다. 그러나 외도정이라고 해서 무시해서는 안 됩니다. 삼계천인표를 살펴보면 무상정은 색계의 상계(上界)입니다. 외도정으로 색계천에 태어나는 것도 그리 쉬운 일은 아닙니다!

무상정에 도달하는 것이 쉬운 일이라고 생각해서는 안 됩니다. 결코 쉽지 않습니다. 사람이 참으로 '생각〔想〕'이 없을 수 있다면, 이 색신이 화석으로 변해서 불생불사하게 될 것입니다. 중국에는 망부석이 있습니다. 집을 나선 남편을 날마다 문간에 서서 기다리던 부인이 나중에 그대로 화석으로 변해 버린 것인데, 꽤 여러 군데 망부석이 있습니다. 그것이 사실이든 아니든 이론상으로는 가능합니다. 부인은 남편을 그리워하다가 무상(無想)에 들어갔습니다. 저 먼 곳을 날마다 바라보며 남편을 그리워하다가 미치광이가 되어 생각이 없어지고 몸도 서서히 화석으로 변해 버렸습니다. 이 또한 외도의 이생(異生) 경계입니다.

주의하십시오! 채식을 하는 사람이 풀을 먹고 잎을 먹고 꽃을 따서 먹는다고 해서 반드시 무상정 과위의 생명을 채취한 것은 아닙니다. 하지만 채소 한 포기가 무상정의 사람이 변한 것일지도 모릅니다. 그러므로 이생의 경계에 대해서는 반드시 잘 이해해야 합니다.

멸진정이라는 것은 오직 모든 성인이 상想과 수受를 그치는 작의 방편으로 말미암아 들어갈 수 있는 것이다.

滅盡定者, 唯諸聖者, 由止息想受作意方便能入.

---

득도한 불제자들과 득도한 나한 성인은 상(想)과 망념(妄念)을 그침으로 말미암아 의도적으로 신체의 감수(感受)를 억제하는데, 말하자면 방편을 이용하여 "멸진정(滅盡定)"에 들어갈 수가 있습니다. 이것은 두 가지 방법, 두 가지 정(定)의 원칙을 말한 것입니다.

---

이와 같은 두 가지 정은 두 가지 작의 방편으로 말미암아 들어갈 수가 있으니, 말하자면 무상정은 상을 버리는 작의를 으뜸으로 삼음으로 말미암아 가행을 부지런히 닦아서 점차 들어갈 수 있는 것이다.

如是二定, 由二作意方便能入, 謂無想定, 由棄背想作意以爲上首, 勤修加行, 漸次能入.

---

이 두 가지 정(定)에는 두 가지 작의가 있는데, 생각을 버리는 작의가 첫 번째 요점입니다. 비록 자기 생각을 억제하고 자기 생각을 내버려서 멍청하게 아침부터 밤까지 생각이 없는 이러한 작의이지만, 이 작의만으로는 안 됩니다. 가행을 부지런히 닦고 수많은 가공의 방법이 있어야 점차 무상정에 들어갈 수 있습니다.

---

멸진정은 비상비비상처로부터 더 위로 나아가고자 하여 잠시 소연을 멈추는 작의를 으뜸으로 삼아서 가행을 부지런히 닦아서 점차 들어갈 수 있는 것이다.

若滅盡定, 由從非想非非想處, 欲求上進, 暫時止息所緣作意以爲上首, 勤修加行, 漸次能入.

멸진정은 아라한 경계 최고의 선정이며 사선팔정의 가장 높은 곳으로 비상비비상처정에 도달한 것입니다. '비상(非想)'은 상(想)이 아니라는 말이고 '비비상(非非想)'은 상이 없음이 아니라는 말인데, 일반인이 생각하는 '생각이 없는' 그런 경계가 아닙니다. 그것은 일령불매(一靈不昧)함이 있으며, 알 듯하나 알지 못하고 알지 못하나 알 듯한 그런 경계입니다. 비상비비상정의 경계로부터 더 위로 나아가기를 구하여, "잠시 소연을 멈추는 작의[暫時止息所緣作意]"가 첫 번째 조건이고 "가행을 부지런히 닦는[勤修加行]" 것이 두 번째 조건입니다. 그래야 비로소 점차 멸진정에 들어갈 수 있습니다.

## 마음을 억누르는 무상정은 외도정이다

모든 이생은 이와 같은 생각을 짓기를, 모든 상想은 질병과 같고 모든 상은 부스럼과 같으며 모든 상은 화살과 같으니 오직 무상 적정의 미묘함이 있으며, 이와 같이 상을 등지는 작의를 섭수하여 생기하는 일체의 상 속에서 불념작의를 부지런히 힘쓰고 수습하는데, 이 수습이 인연이 되기 때문에 가행도 중에서 이는 유심위이다.

若諸異生作如是念, 諸想如病, 諸想如癰, 諸想如箭, 唯有無想寂靜微妙, 攝受如是背想作意, 於所生起一切想中, 精勤修習不念作意, 由此修習爲因緣故, 加行道中是有心位.

어떤 이생들은 생각이 일종의 고질병이며 과환(過患)이라고 생각합니다. 그래서 마음을 일으키고 생각을 움직이는 것을 두려워합니다. 생각을 마치 부스럼이 난 것처럼 또는 화살처럼 여기기 때문에, 생각을 버리고 오로지 청정만 구하려고 합니다. 생각하지 않는 청정의 경계를 구하려는 것입니다. 이런 관념으로 자신의 생각이 수시로 청정할 수 있음에 도달하여 스스로 마음이 일어나고 생각이 움직이기만 하면 곧바로 싫어하여 버립니다. 이러한 수지로 말미암아 천천히 불념(不念)의 작의를 수습하여 생각을 일으키지 않고 마음을 움직이지 않게 됩니다. 이러한 수행은 무상정을 닦는 가행도 중의 "유심위(有心位)"라고 합니다. 그의 마음이 의도적으로 무상(無想)에 이르러 생각을 일으키지 않고 마음을 움직이지 않기 때문에 이것은 아직 무심위(無心位)라고는 할 수 없습니다.

명 왕조의 어떤 이학자(理學者)가 맹자의 부동심(不動心)을 공부했습니다. 한번은 그가 병으로 쓰러졌는데, 먹지도 않고 싸지도 않으며 온몸이 차가워져서 돌처럼 딱딱했습니다. 그는 학문을 하면서 수양도 중시했던지라 평소 부동심을 연습했는데, 유가이면서 불가와 마찬가지로 수련을 했습니다. 『명유학안(明儒學案)』에 기록된 내용은 이러합니다. 어느 날 밤 그는 홀연히 꿈속에서 용모가 비범한 한 노인을 만났습니다. 노인이 그에게 물었습니다. "자네의 병은 좀 나았는가?" 그가 대답했습니다. "요 며칠 좀 좋아진 듯합니다." 그러자 노인이 말했습니다. "나는 자네 몸의 병에 대해 물어본 것이 아니라 마음의 병을 물어본 것이네." 그가 말했습니다. "저는 마음의 병이 없는데요!" 노인이 말했습니다. "어째서 마음의 병이 없다는 말인가? 자네가 마음을 억눌러서 마치 돌처럼 굳어 있는데." 그가 말했습니다. "이것이 어째서 병인지요? 이것은 옛 성인의 부동심을 배운 것으로, 제 평생에 효험을 본 부분입니다." 그러자 노인이 말했습니다. "부동심이 그런 이치란 말인가? 자네는 이 마음이 생기발랄한 것임을 알아야 하네. 자네는 자신의 부동심을 억지로 누르고 있었는데 그것은 가짜야. 자네가 너무 오랫동안 억눌러서 마음이 병 들었을 뿐 아니라 몸도 병이 났던 것이지. 이것이 바로 고질병이야. 자네는 학문을 엉터리로 익혔네." 노인은 자신을 푸른 성(靑城)의 노인이라 칭했습니다. 유가인지 아니면 도가인지 혹은 불가의 사람인지 모르지만 그를 한바탕 혼냈습니다.

그는 노인의 말을 듣자 놀라서 온몸에 식은땀이 났습니다. 십 몇 년간 공부한 것이 모두 잘못된 길이었음을 그제야 알았습니다. 이 마음은 생기발랄한 것이었습니다. 그는 일생에 적잖은 이인(異人)을 만났는데 유가도 있고 도가도 있었습니다. 그리하여 학문에 큰 성취를 거두고 이학자가 되었고 마지막으로 불법도 깨달아서 성취했습니다. 임종하려고 할 때 그는 때가 이르렀음을 미리 알았고 질병 없이 생을 마쳤습니다. 그런데 그가 죽은 후에 어떤 사람이 다른 곳에서 그를 만났는데 놀러 왔다는 것이었습니다. 열심히 공부해서 경지에 도달하면 유불도 삼가(三家)가 다 똑같습니다.

이것은 무상정(無想定)을 설명한 것입니다. 자신의 마음을 억눌러서 생각이 일어나지 않게 하면 병이 될 수 있고 심지어 돌 같은 그런 경계에 이르게 됩니다. 이것은 여전히 유심위(有心位)에 속하니, 일부러(有心) 무상(無想)에 이르렀기 때문입니다.

---

정에 들어가서 곧바로 마음은 다시 구르지 않는데, 이와 같이 상을 출리한 작의를 먼저로 하여 이미 변정천의 탐욕은 떠났지만 아직 광과천의 탐욕은 떠나지 못하면서 모든 마음과 심법이 없어지니, 이것을 무상정이라고 하며 이런 방편으로 말미암아 이 정을 증득한다.

入定無間, 心不復轉, 如是出離想作意爲先, 已離遍淨貪, 未離廣果貪, 諸心心法減, 是名無想定, 由是方便證得此定.

무상정에 들어가서 곧바로 이 마음을 억눌러서 움직이지 않으면, 이 때문에 그는 생각의 경계를 벗어나서 더 이상 작의하지 않게 됩니다. 여러분이 삼계천인표를 보면 그는 수십 년 동안 이런 수련을 했습니다. 이 육신이 무너지면 그는 어디로 왕생할까요? 변정천(遍淨天)을 넘어서 광과천(廣果天), 무상천(無想天)의 천인 경계에 들어갑니다. 하지만 여전히 외도정(外道定)에 속하는데, 이 천인의 경계는 "변정천의 탐욕〔遍淨貪〕"은 떠났지만 "광과천의 탐욕〔廣果貪〕"은 떠나지 않았습니다. "모든 마음과 심법이 없어지니, 이것을 무상정이라고 하며〔諸心心法滅, 是名無想定〕" 즉 일체 마음이 일어나지 않고 기심동념(起心動念)을 누르는데, 이 것이 "무상정(無想定)"입니다.

모든 성자는 이미 비상비비상처를 얻고서 다시 잠깐 동안 적정주에 머무르고자 하여, 비유상비무상처로부터 마음은 위로 나아가기를 구하며, 마음이 위로 나아가는 때에 위의 소연을 구하여도 끝내 얻는 바가 없고, 얻는 바가 없기 때문에 없어져서 구르지 않는다.

若諸聖者已得非想非非想處, 復欲暫時住寂靜住, 從非有想非無想處, 心求上進, 心上進時, 求上所緣竟無所得, 無所得故, 滅而不轉.

무심정(無心定)에는 두 가지 경계가 있는데, 하나는 무상정(無想定)으로 이미 설명했습니다. 두 번째는 멸진정(滅盡定)인데 비상비비상(非想非非想)의 경계를 넘어섰습니다. 다시 위로 더 나아가면, 공(空)이라고 말하면 공이 아니며 공이 아니라고 하면 공입니다. 일체가 자연스럽게 끊어져서 얻는 바가 없습니다.

이와 같이 유학은 이미 무소유처의 탐욕을 떠났으며, 혹 아라한은 잠깐 머무르기를 구하는 상의 작의를 먼저로 하여 모든 마음과 심법이 없어지니, 이것을 멸진정이라고 하며 이런 방편으로 말미암아 이 정을 증득한다.

如是有學, 已離無所有處貪, 或阿羅漢, 求暫住想作意爲先, 諸心心法滅, 是名滅盡定, 由是方便證得此定.

이렇게 열심히 닦고 배워서 무소유처의 탐욕을 떠났습니다. 혹은 아라한과를 증득하여 인간 세상을 진실로 싫어하게 되는데, 오지 않는 것이 아니라 긴 휴가를 낸 것입니다. 그런 까닭에 마음이 멸진정에 들어갑니다.


## 신통을 얻게 되다

다음으로 정려에 의지하여 머물면서 다섯 가지 신통을 일으키는데, 무엇을 능히 일으킴이라고 하는가.

復次依止靜慮發五通等, 云何能發.

신통이라는 말만 들으면 여러분은 기뻐하는데, 신통은 어떻게 찾아올까요? 정(定)을 수행해야 하니, 정에 의지해서 신통을 일으킵니다. 신통은 어떻게 일으킵니까? 왜 통을 일으킨다고 합니까? 왜냐하면 신통은 자성이 본래부터 지닌 것으로서, 정을 수행해야 개발해 낼 수 있기 때문입니다.

말하자면 정려를 닦는 사람이 근본의 청정한 정려를 이미 얻고서, 곧 이와 같은 청정한 정려로써 의지하여 머무는 바를 삼고, 다섯 가지 신통에 대한 증상정법을 듣고 받아 지녀서 잘 구경하게끔 하는 것이다.

謂靜慮者, 已得根本淸淨靜慮, 卽以如是淸淨靜慮爲所依止, 於五通增上正法, 聽聞受持, 令善究竟.

---

이것은 단지 여러분에게 원칙을 말씀드리는 것으로, 방법은 누설하지 않았으니 여러분 스스로 참구해야 합니다. 어떻게 통을 일으킬까요? 이미 정(定)을 이루어 근본의 청정한 정의 경계를 얻고서, 청정한 정의 경계에서 "다섯 가지 신통에 대한 증상정법을 듣고 받아 지닙니다〔於五通增上正法, 聽聞受持〕." 무엇이 증상정법입니까? 여러분이 천천히 참구해 보면 백 권 안에 다 있습니다. 전체를 반복해서 연구하면 그 방법을 여러분에게 말해 주고 드러내 줄 것입니다. 하지만 아직은 좀 거칠고 얕으니, 여기에서는 살짝만 언급하여 여러분의 구미를 달래 줄 뿐입니다. 사실 미륵보살도 말해 주었기 때문에 여러분이 백 권의 책을 철저히 연구한다면 자연스럽게 방법을 찾아낼 수 있을 것입니다. 그렇기에 선지식과 제불보살의 지도를 잘 받아야 합니다.

---

말하자면 신경통과 숙주통과 천이통과 사생지통과 심차별통 등에 대하여 작의하고 사유하며, 다시 정지에서 일으킨 작의로 말미암아 의義를 훤히 알고 법法을 훤히 안다. 의를 훤히 알고 법을 훤히 앎으로 말미암아 여시여시하게 그 마음을 닦아서 대치하며, 이렇게 수습하고 많이 수습함으로 말미암아 시時가 있고 분分이 있어서 수행의 결과인 다섯 가지 신통 등을 일으키는 것이다.

謂於神境通·宿住通·天耳通·死生智通·心差別通等, 作意思惟. 復由定地所起作意, 了知於義, 了知於法. 由了知義, 了知法故, 如是如是修治其心, 由此修習多修習故, 有時有分, 發生修果五神通等.

각종 신통을 수행함에 있어서도 먼저 이치에 통하고 나서 방법에 통해야 신통의 경계에 도달할 수 있습니다.

또 곧 이와 같이 의義를 훤히 알고 법法을 훤히 알고서 모든 신통 등을 끌어내기 위하여 열두 가지 상을 수행한다. 무엇을 열두 가지라고 하는가. 첫째는 경거상이요, 둘째는 유연상이요, 셋째는 공계상이요, 넷째는 신심부순상이요, 다섯째는 승해상이요, 여섯째는 선소수행차제수념상이요, 일곱째는 종종품류집회음성상이요, 여덟째 광명색상상이요, 아홉째는 번뇌소작색변이상이요, 열째는 해탈상이요, 열한째는 승처상이요, 열둘째는 변처상이다.

又卽如是了知於義, 了知於法, 爲欲引發諸神通等, 修十二想. 何等十二. 一輕擧想·二柔輭想·三空界想·四身心符順想·五勝解想·六先所受行次第隨念想·七種種品類集會音聲想·八光明色相想·九煩惱所作色變異想·十解脫想·十一勝處想·十二遍處想.

신통을 얻고 싶다면 그저 이치만 깨달아서는 안 됩니다. 여기에 방법이 있는데 모두 열두 가지의 상(想)이 있습니다. 첫 번째는 "경거상(輕擧想)"으로 자신이 허공에 앉아 있다고 생각하는 것입니다. 그러면 서서히 사람이 허공에 앉아 있을 수 있게 됩니다. 두 번째는 "유연상(柔輭想)"으로 뼈마디가 모두 마치 솜사탕처럼 부드러워지는 것입니다. 세 번째는 "공계상(公界想)"으로 몸이 공(空)이 되어 허공과 서로 합하게 됩니다. 네 번째는 "신심부순상(身心符順想)"으로 몸과 마음이 하나가 되어 마음대로 날아다닙니다. 다섯 번째는 "승해상(勝解想)"으로 지혜가 개발됩니다. 여섯 번째는 "선소수행차제수념상(先所受行次第隨念想)"으로 전생의 일을 모두 추억해 낼 수 있습니다. 일곱 번째는 "종종품류집회음성상(種種品類集會音聲想)"으로 귀신이 하는 말과 마귀가 하는 말을 모두 알아들을 수 있습니다. 프랑스어를 배우고 싶으면 프랑스 귀신이 와서 여러분을 가르쳐서 프랑스어에 통하게 됩니다. 어떤 말이든지 다 그렇습니다. 여덟 번째는 "광명색상상(光明色相想)"으로 심신의 안팎에 한 조각 광명이 나타납니다. 아홉 번째는 "번뇌소작색변이상(煩惱所作色變異想)"으로 만약 애인을 찾아내지 못했다면 애인으로 변해서 나타날 수 있고, 어떤 모습을 원한다면 여러분이 생각하는 그 모습으로 변해서 여러분 앞에 서 있습니다. 심지어 집안에 하녀를 고용할 필요도 없습니다. 집에 손님이 왔다면 여러분이 마음속으로 생각하기만 하면 하녀로 변해서 차를 받쳐 들고 옵니다. 도가와 밀종에도 이런 것이 있습니다. 여러분이 산위 초가에 머무르는데 누군가가 찾아와서 귀찮게 하는 것이 싫다면, 신통력이 있기 때문에 누군가 찾아올 것을 미리 알고서 산문 밖에서 호랑이로 변해 있다가 찾아오는 사람을 놀라게 하면 올라오지 못합니다. 어떻게 그렇게 할 수 있느냐고요? 심풍(心風)이 자재함을 얻고 심기(心氣)가 자재함을 얻으면 가능합니다.

열 번째는 "해탈상(解脫想)"이고 열한 번째는 "승처상(勝處想)"이며 열두 번째는 "변처상(遍處想)"입니다. 이 열두 가지의 상 아래에 모두 해석이 달려 있으니 여러분 스스로 연구할 수 있을 것입니다. 여러분은 날마다 관상해야 합니다. 다탁(茶卓)도 공(空)이 되어 버리고 벽도 공이 되어 버려서 펑 하고 사람이 그 안으로 들어가지만 이마를 부딪치지 않습니다. 선정을 닦는 방법이 여러분에게 그렇게 하라고 가르칩니다. 미국에서 지금 어떤 사람이 이런 퍼포먼스를 하는데 자리에 앉아서 마음으로 생각만 해서 사물을 이동시킵니다. 이것은 반운법(搬運法)입니다. 여러분은 함부로 생각하고 함부로 실행하지 마십시오. 들은 건 그냥 들은 것이고, 함부로 생각하고 함부로 실행해서 정신적인 문제가 생기면 저도 도와줄 수가 없습니다. "근본의 청정한 정려를 이미 얻고서〔已得根本淸淨靜慮〕"라는 말에 주의해야 합니다. 앞에서도 말했지만, 먼저 근본의 청정한 정(定)의 경계를 이루어야 신통을 수행할 수 있습니다. 경문에 깊이 들어가서 연구해야 가능하니, 반운법 역시 정(定)의 염력(念力)에 의지해야 성취할 수 있습니다.

# 제19강

• 제33권 계속

경거상이란 말하자면 이 상想으로 말미암아 몸에 대하여 경거의 승해를 일으켜서, 마치 투라솜 같다거나 혹은 솜털을 쌓은 것 같다거나 혹은 풍륜과 비슷하다고 하는데, 이와 같이 경거의 승해를 일으킨 뒤에는 승해작의로 말미암아 저 여러 곳에서 그 몸을 날려 보내니, 평상 위에서 탁자 위로 날아 내리고 다시 탁자 위에서 평상 위로 날아오르며, 이와 같이 평상에서 풀 깔개로 날아 내리고 다시 풀 깔개에서 평상으로 날아오른다.

유연상이란 말하자면 이 상으로 말미암아 몸에 대하여 유연의 승해를 일으켜서, 혹은 면 포대 같다거나 혹은 솜털 같다거나 혹은 다듬어진 명주 같다고 하는 것이다. 이 유연상은 앞의 경거상을 더욱 길러 주고 섭수하니, 섭수할 때에 경거상으로 하여금 증장하고 광대하게 한다.

공계상이란 말하자면 이 상으로 말미암아 먼저 자기 몸에 대하여 경거와 유연의 두 가지 승해를 일으킨 뒤에 나아가고자 하는 바를 따라서, 만약 그 중간에 여러 색취가 있어서 장애가 될 수 있다면 그때에 곧바로 승해작의를 일으켜서, 저 색 가운데에서 공의 승해를 지어서 나아가는 것에 장애가 없을 수 있는 것이다.

신심부순상이란 말하자면 이 상으로 말미암아, 혹은 그 마음으로 몸에 붙어서 따르게 하거나 혹은 그 몸으로 마음에 붙어서 따르게 하여, 이로 말미암아 몸이 차츰차츰 경거해지고 차츰차츰 유연해지며 차츰차츰 감당할 수 있고 차츰차츰 빛나며 깨끗해져서, 마음에 따르고 마음에 묶이고 마음에 의지하여 구르는 것이다.

승해상이란 말하자면 이 상으로 말미암아 먼 것에 대해 가깝다는 이해를 짓고 가까운 것에 대해 멀다는 이해를 지으며, 거친 것에 대해 미세하다는 이해를 짓고 미세한 것에 대해 거칠다는 이해를 지으며, 지地에 대해 수水라는 이해를 짓고 수에 대해 지라는 이해를 지어서, 이와 같이 하나하나 차별적인 대종에 차츰차츰 서로 지어서,

넓게는 변화에 대해 짓는 승해와 같이 혹은 색이 변화하기도 하고 혹은 소리가 변화하기도 하는 것이다.

이 다섯 가지 상을 수습하여 원만하게 됨으로 말미암아 갖가지 오묘한 신경통을 받아들이는데, 혹은 한 몸으로부터 많은 몸을 나타내 보이기도 하니 나타나게 함의 승해상으로 말미암기 때문이며, 혹은 많은 몸으로부터 한 몸을 나타내 보이기도 하니 숨김의 승해상으로 말미암기 때문이다. 혹은 그 몸으로써 여러 담장이나 벽이나 성 따위의 두껍게 막힌 것에서도 직접 지나가서 걸림이 없다. 혹은 그 땅에서 나왔다 사라졌다 하는 것이 마치 물에서와 같고, 혹은 그 물에서 흐름을 끊고 갔다 왔다 하고 물 위를 밟는 것이 마치 땅에서와 같다. 혹은 나는 새처럼 결가부좌한 채 허공에 뛰어 오르기도 하며, 혹은 광대한 위덕과 세력이 있는 해와 달을 손으로 만지작거리기도 한다. 혹은 그 몸으로써 범천 세계까지 가서 자재하게 돌아다니기도 한다.

마땅히 알 것은 이와 같은 갖가지 신통 변화는 모두 경거상과 유연상과 공계상과 신심부순상에 섭수되는 승해상으로 말미암기 때문에, 그 상응하는 바에 따라서 일체를 지을 수 있는 것인데, 이 가운데 몸으로써 범천 세계에 대하여 간략하게 두 가지로 자재하게 돌아다님이 있다. 첫째는 가고 옴에 자재하게 돌아다니는 것이고, 둘째는 범천 세계의 모든 사대종의 일부 만들어진 물질에 대해서도 그 좋아하는 바대로 승해의 힘을 따라서 자재하게 돌아다니는 것이다.

선소수행차제수념상이란 말하자면 이 상으로 말미암아 어린아이의 단계로부터 지금에 이르기까지, 기억에 따라 구르는 것이 자재하여 걸림이 없는 것이다. 저 여러 단계를 따라서 가거나 머무르거나 앉거나 눕거나 하며, 자세히 말하면 일체의 먼저 받은 행을 그 거칠고 간략함에 따라 차례로 넘겨 버림이 없이 기억하여 훤히 아는 것인데, 이에 대하여 수습하고 많이 수습하기 때문에 수행의 과를 증득하는 것이며, 무량한 종류의 숙세에 머물렀던 곳에 대해, 자세히 말하면 모든 행상과 모든 말들에 이르기까지 모두 따라서 기억할 수 있는 것이다.

종종품류집회음성상이란 말하자면 이 상으로 말미암아 두루 여러 촌읍과 마을에서, 혹은 장자들이거나 혹은 읍의 벼슬아치들이거나 혹은 그 밖의 대중들이거나 혹은 넓은 처소이거나 혹은 집이거나 방이거나 갖가지 종류와 대중들의 모임에서 나오는 갖가지 잡다한 종류의 소리를 떠들썩한 소리라고 하며, 혹은 큰 하천이거나 많은 흐름이거나 세찬 여울이거나 물결 소리 등에 대하여 그 상을 잘 취하며, 수소성정지의 작의로써 모든 천인의 멀거나 가깝거나 성인과 성인 아닌 이의 소리에 대해서도 힘써서 듣는데, 이것에 대하여 수습하고 많이 수습하기 때문에 수행의 과인 청정한 천이天耳를 증득하게 되니, 이것으로 말미암아 인간 세상과 천상의 멀거나 가까운 일체의 소리를 들을 수 있는 것이다.

광명색상상이란 말하자면 앞에서 말한 바와 같은 갖가지 모든 광명상에 대하여, 지극히 잘 취한 뒤에 곧 저 상에 대하여 작의하고 사유하는 것이다. 또 갖가지 모든 유정이 선과 불선 등 업용의 차별에 대하여 그 상을 잘 취하고 곧 저 상에 대하여 작의하고 사유하는 것이니, 이것을 광명색상상이라고 한다. 이것에 대하여 수습하고 많이 수습하기 때문에 수행의 과인 사생지통을 증득하게 되니, 이 청정한 천안통으로 말미암아 모든 유정이, 자세히 말하면 몸이 무너진 뒤에 선취의 천과 세간 가운데 왕생하는 것을 보게 된다.

번뇌소작색변이상이란 말하자면 이 상으로 말미암아 탐·에·치·분·한·복·뇌·광·첨·간·질 및 교·해·무참·무괴와 모든 나머지 번뇌 및 수번뇌가 그 마음을 얽어매어서, 여러 유정의 갖가지 색위와 색상이 변하여 달라지는 것을 깨달아 알고 분별하는 것이다. 이와 같은 색들은 탐욕이 있는 자의 색을 가지고 있는 분위의 색상이 변하여 달라지는 것이니, 말하자면 제근이 조급하고 흔들리며 제근이 도거하고, 말하는 데에 언제나 웃음을 머금게 된다. 이와 같은 색들은 진에가 있는 자의 색을 가지고 있는 분위의 색상이 변하여 달라지는 것이니, 말하자면 얼굴은 언제나 찡그리며 하는 말이 떠듬떠듬하고, 말하는 데에 언제나 색이 변화한다. 이와 같은 색들은 어리석음이 있는 자의 색을 가지고 있는 분위의 색상이 변하여 달라지는 것이니, 말하자면 다분히 말을 잘 못하며 일의 이치에 어두워서 말로 설명하지를 못하며 말에 상스러움이 많다. 이와 같은 행상의 부류들과 내지는 무참과 무괴 등에 얽어매인 자의 색이 갖고 있는 분위의 색상이 변하여 달라지는 것이니, 그 상을 잘 취하고 다시 저 상에 대하여 작의하고 사유한다. 이것에 대하여 수습하고 많이 수습하기 때문에 수행의 과인 심차별지가 발생한다. 이 지혜로 말미암기 때문에 다른 유정 보특가라에 대하여 심사하는 바를 따라서 사찰하는 바를 따라서 심의식 등을 모두 여실히 안다.

해탈·승처·변처의 상이란 앞의 삼마희다지와 같이 마땅히 수행의 상을 알아야 한다. 이 상에 대하여 몸소 가까이 하고 수습하고 많이 수습하기 때문에 가장 뛰어난 모든 성인의 신통인 변사통과 화사통과 승해통을 끌어낼 수 있다.

그리고 무쟁원지의 네 가지 무애해無礙解를 끌어낼 수 있다. 법法무애해와 의義무애해와 사辭무애해와 변辯무애해 등의 갖가지 공덕을 말한다. 또 성인과 성인 아닌 이로서 두 가지 신경통에 차별이 있다는 것은, 성인의 신통은 변하는 바 대상을 따르고 화하는 바 대상을 따르고 승해하는 바를 따라서 일체를 다 여실하게 성취하여, 고치거나 다르게 함이 없이 감당하고 유용함을 말한다. 성인이 아닌 이의 신통은 이와 같을 수가 없으니, 마치 허깨비와 같아서 오직 볼 수 있을 뿐이고 받아 사용함은 감당하지 못한다. 이와 같은 열두 가지 상을 몸소 가까이 하고 수습하며 많이 수습하기 때문에, 그 상응하는 바를 따라서 다섯 가지 신통을 끌어낼 수 있으며 불공 이생을 끌어낼 수 있는데, 그 상응하는 바와 같은 모든 성인의 공덕임을 알아야 한다.

다음으로 이 가운데 초정려의 하품, 중품, 상품에 대하여 잘 수습하고 나면 그 상응하는 바를 따라서 장차 범중천, 범보천, 대범천의 중동분 가운데 태어난다. 제이정려의 하품, 중품, 상품에 대하여 잘 수습하고 나면 그 상응하는 바를 따라서 장차 소광천, 무량광천, 극광정천의 중동분 가운데 태어난다. 제삼정려의 하품, 중품, 상품에 대하여 잘 수습하고 나면 그 상응하는 바를 따라서 장차 소정천, 무량정천, 변정천의 중동분 가운데 태어난다. 제사정려의 하품, 중품, 상품에 대하여 잘 수습하고 나면 그 상응하는 바를 따라서 장차 무운천, 복생천, 광과천의 중동분 가운데 태어난다.

  만약 불환과를 얻은 이라면 무루의 제사정려로 유루의 제사정려를 서로 섞어서 훈수하는데 이 중에서 하품, 중품, 상품, 상승품, 상극품에 대하여 잘 수습하고 나면 그 상응하는 바를 따라서 장차 오정거천의 중동분 가운데 태어난다. 무번천, 무열천, 선현천, 선견천, 색구경천을 말한다. 만약 공무변처, 식무변처, 무소유처, 비상비비상처의 하품, 중품, 상품에 대하여 잘 수습하고 나면 장차 공무변천, 식무변천, 무소유천, 비상비비상천 등 수행에 따르는 천의 중동분 가운데 태어난다. 저 여러 천은 형색이 없음으로 말미암아 이 때문에 처소의 차별도 없으나 남아 있는 지은 바에는 그 차별이 있다. 무상정에 대하여 잘 수습하고 나면 장차 무상유정천의 중동분 가운데 태어난다.

  다음으로 이 가운데서 무엇을 욕을 떠난 자의 형상이라고 알아야 하는가. 욕을 떠난 자는 신업에 편안히 머무르고 제근에 움직임이 없으며 위의의 나아가고 그침에 조급하거나 흔들림이 없다. 하나의 위의로 오랜 시간을 경과할 수 있고, 놀라거나 두려워함이 많지 않으며, 끝내 자주자주 위의를 바꾸지 않고, 말씨가 부드러우며 말씨가 고요하고 떠들썩함을 좋아하지 않으며, 여럿이 모이는 것을 좋아하지 않고, 말이 차분하고 자세하며, 눈으로 색을 본 뒤에는 오로지 색을 깨달아 알 뿐 깨달아 앎으로 인하여 색에 대한 탐욕을 일으키지 않는다. 이와 같이 귀로써 소리를 들은 뒤에도, 코로써 냄새를 맡은 뒤에도, 혀로써 맛을 맛 본 뒤에도, 몸으로써 촉감을 느낀 뒤에도, 오로지 소리에서 그 촉감에 이르기까지 깨달아 알 뿐 깨달아 앎으로 인하여 소리에 대한 탐욕 내지는 촉감에 대한 탐욕을 일으키지 않는다. 두려워하는 바가 없고, 각혜覺慧가 그윽하고 깊으며, 경안이 광대하고, 몸과 마음이 은밀하며, 몹시 탐내는 것이 없고, 분을 일으킴이 없으며, 잘 참아 낼 수 있어서 갖가지 욕의 심사 등의 모든 바르지 않은 심사로 그 마음을 어지럽히지 않는다. 이와 같은 것들을 욕을 떠난 자의 형상이라고 하는 줄 알아야 한다.

• 제34권 본지분 중 성문지 제13 제4유가처의 2 本地分中聲聞地第十三第四瑜伽處之二

이와 같이 이미 세간도에 나아가는 것을 말하였으며, 만약 즐거이 출세간도에 나아가려면 마땅히 사성제의 경계에 의지하여 머물러야 한다. (하략)

• 제4권 본지분 중 유심유사 등 삼지의 1 本地分中有尋有伺等三地之一

이미 의지意地에 대해서는 말하였고, 무엇을 유심유사지라고 하며 무엇을 무심유사지라고 하며 무엇을 무심무사지라고 하는가. 총괄하여 올타남으로 말하리라. 계와 형상과 여리와 불여리와 잡염이 함께 발생함을 가장 마지막으로 하네.

이와 같은 세 가지 지를 간략하게 다섯 부문으로 시설하여 건립하는데, 첫째는 계를 시설하여 건립하는 것이고, 둘째는 형상을 시설하여 건립하는 것이며, 셋째는 여리작의를 시설하여 건립하는 것이고, 넷째는 불여리작의를 시설하여 건립하는 것이며, 다섯째는 잡염이 함께 발생함을 시설하여 건립하는 것이다.

무엇을 계를 시설하여 건립하는 것이라고 하는가. 따로 올타남으로 말하리라. 수數와 처處와 양量과 수壽와 수용과 생, 자체와 인연과의 분별이네.

계를 건립함은 여덟 가지 형상으로 말미암음을 알아야 하는데, 첫째는 수數의 건립이고 둘째는 처處의 건립이며 셋째는 유정의 양량의 건립이고 넷째는 유정의 수壽의 건립이며 다섯째는 유정의 수용受用의 건립이고 여섯째는 생生의 건립이며 일곱째는 자체自體의 건립이고 여덟째는 인연과 과보의 건립이다. 무엇을 수의 건립이라고 하는가. 간략히 삼계가 있는데 욕계, 색계, 무색계를 말한다. 이와 같은 세 가지를 타섭계라고 한다. 타섭계가 아닌 것은 방편과 아울러 살가야의 소멸과 희론이 없는 무루계를 말한다. (중략)

처소의 건립이란 욕계에 서른여섯 개의 처소가 있으니…… 다음으로 색계에 열여덟 개의 처소가 있으니…… 다시 정궁을 넘어서 대자재보살이 머무는 곳이 있고 십지 보살이 있는데, 제십지를 지극히 익혀 닦았기 때문에 그곳에서 다시 태어난 것이다. 다음으로 무색계에는 네 가지 처소가 있기도 하고 혹은 처소가 없기도 한다.

유정의 양量의 건립이란 말하자면 섬부주의 사람은 몸의 크기가 일정하지 않아서, 어떤 때는 높고 크며 어떤 때는 낮고 작지만 자신의 팔꿈치에 따라 삼 주 반의 크기이다. 동쪽의 비제하는 몸의 크기가 결정되었지만 역시 자신의 팔꿈치를 따라 삼 주 반의 크기이고, 몸 또한 높고 크며, 동쪽의 비제하와 같이 이와 같이…… 제석천의 몸의 크기는 반 구로사이고, 시분천의 몸의 크기 또한 반 구로사인데……

수壽의 건립이란…… 어떤 때는 수명이 무량하기도 하고 어떤 때는 수명이 팔만 세이고, 어떤 때는 수명이 점차 감소하여 십 세에까지 이른다. 동비제하의 사람은 수명이 결정되어 이백오십 세이며…… 또 인간 오십 세가 사대왕중천의 하루 밤낮이 되며, 이러한 밤낮의 삼십 일을 한 달로 하고, 열두 달을 일 세로 하여 저 천중들의 수명은 오백 세이다. 인간 백 세가 삼십삼천의 하루 밤낮이 되며, 이러한 밤낮을 사용함이 앞에서 말한 것과 같다.

수용의 건립이란 간략히 세 가지가 있는데, 고락을 수용하는 것과 음식을 수용하는 것과 음욕을 수용하는 것을 말한다. 고락을 수용하는 것이란 말하자면 나락가의 유정은 대부분 극한 벌로 다스리는 괴로움을 수용한다. 방생의 유정은 대부분 서로 잡아먹는 괴로움을 수용한다. 아귀의 유정은 대부분 극도의 굶주림과 목마름의 괴로움을 수용하며, 인간 세상의 유정은 대부분 불만족스러움을 쫓아서 구하는 갖가지 괴로움을 수용하며, 천계의 유정은 대부분 쇠하여 번뇌하고 떨어져 없어지는 괴로움을 수용한다.

사람됨과 일처리의 도리에 관해 말하고자 합니다. 여기 우리 동학은 마음씀이 아주 세심해서 수업 이십 분 전에 미리 손수건과 찻잔을 제 자리로 가져다 놓습니다. 임무가 끝난 셈이지요. 그러나 그 이십 분 사이에 제가 차를 마시려고 하면 찻잔도 손수건도 찾을 수가 없습니다. 뒤에 있는 동학도 똑같아서 일찌감치 그것들을 가져다 놓고 나서 좋은 자리를 잡고 앉아서 수업이 시작되기를 기다립니다. 여러분의 그런 생각은 도대체 왜 그럴까요? 사람됨과 일처리가 그 모양인데 무슨 부처님을 배운다는 것입니까? 그렇게 배우는 것은 엉터리 부처님이고 모두 엉터리입니다. "스승을 섬기는 의궤[事師儀軌]"를 여러분도 보았지 않습니까! 한나절 배우고는 나가서 다른 사람의 사표(師表)가 되려고 하다니, 지금 학생 자격도 충분치 않은데 그것이 무슨 말도 안 되는 일입니까? 이것은 한 가지 사례이지만 여러분이 주의해야 합니다.

　이번에는 『선비요법』을 상세히 강의하려고 하는데, 이번 주 『유가사지론』 강의가 끝나고 다음 주에 시작할 수 있을지는 확실치 않습니다. 진정으로 수지하려는 사람만 와서 듣게 하고 공개하지 않는 것은, 진정으로 수지하는 사람은 절을 하고 공양하기 때문만은 아닙니다. 제가 여러 분에게 너무 편하게 대했더니 여러분이 도리어 법을 경시하니, 이렇게 해서는 아무 소용없습니다. 수업을 들을 때에는 두 시간 타좌를 하고 들어야 하는데, 앉아 있을 수 있는 사람은 와서 듣고 그러지 못하는 사람은 오지 마십시오. 그뿐 아니라 녹음기를 사용해서는 안 됩니다. 평소에 주의해서 들어야지 지난 다음에 녹음테이프를 듣는다면 제 강의를 기계가 듣습니까, 아니면 귀가 듣습니까? 부모가 우리에게 귀 한 쌍을 주셨는데 잘 듣지 않고 기계에만 의존한다면 무슨 소용이 있습니까? 기계나 만지작거리다가 깨닫고 성불한다면 얼마나 좋겠습니까! 그건 모두 쓸데없는 일이고 보는 사람이 골치 아픈 노릇입니다. 배움은 지혜의 배움이지 딴 짓이나 하는 것이 아닙니다.

아직 제33권 무심정(無心定)의 두 가지를 말씀드리고 있습니다. 849면 신통의 열두 가지 상(想)을 수행하는 것에 관해 제가 읽어 내려가면 모르는 곳에서 질문하십시오. 지나간 후에 다시 질문하거나 모르겠다고 말하지 마십시오.


## 신통 수행의 처음 두 단계인 경거상과 유연상

경거상이란 말하자면 이 상으로 말미암아 몸에 대하여 경거의 승해를 일으켜서, 마치 투라솜 같다거나 혹은 솜털을 쌓은 것 같다거나 혹은 풍륜과 비슷하다고 하는데, 이와 같이 경거의 승해를 일으킨 뒤에는 승해작의로 말미암아 저 여러 곳에서 그 몸을 날려 보내니, 평상 위에서 탁자 위로 날아 내리고 다시 탁자 위에서 평상 위로 날아오르며, 이와 같이 평상에서 풀 깔개로 날아 내리고 다시 풀 깔개에서 평상으로 날아오른다.

輕擧想者, 謂由此想, 於身發起輕擧勝解, 如妒羅緜, 或如疊絮, 或似風輪, 發起如
是輕勝解已, 由勝解作意, 於彼彼處, 飄轉其身, 謂從牀上飄置幾上, 復從幾上飄置
牀上, 如是從牀飄置草座, 復從草座飄置於牀.

첫 번째 "경거상(輕擧想)"이란 이런 것입니다. 사람의 몸은 하늘 높이
날아오를 수 있습니다. (동학이 질문하다: 경거상은 자리에 앉아서 생각하는
것입니까, 아니면 자신이 정말로 그렇게 날아오릅니까?) 자신이 날아오른다
고 작의하는 것입니다. 이것은 신족통(神足通)을 수행하는 것인데, 신
(神)은 하늘 높이 날아오를 수 있습니다. 무협소설에 "눈을 밟으나 흔적
이 없다"라거나 "잠자리가 수면을 스치다" 같은 것이 경거의 시작입니
다. 사람이 최후로 수행에 성공하면 공중에서 걸어다닐 수 있는데, 이것
을 '경거(輕擧)'라고 합니다. 몸을 들어 올린 것입니다. 저는 번번이 잘
모르겠으면 바로 질문하라고 하는데, 여러분은 듣기는 들어도 하나같이
어리둥절한 표정으로 이해하지 못하면서 질문하지 않습니다. 요즘 학생
들은 어쩌면 이리도 얌전합니까? 이해하지도 못하면서 질문도 하지 않
고, 시간을 낭비하는 것 아닙니까? 이 문장은 대단히 알기 쉽지만 깊이
들어가면 어렵습니다.

이 부분은 신통 수행에 관한 것으로서, 경거는 하늘을 나는 것입니다.
마치 불전(佛殿)의 벽화처럼 말이지요. 벽화를 보면 하늘을 나는 천녀가
있지 않습니까? 경거상은 그렇게 하늘을 나는 것입니다. "말하자면 이
상으로 말미암아 몸에 대하여 경거의 승해를 일으켜서[謂由此想, 於身發
起輕擧勝解]"라는 이 구절에 주의하십시오. 제가 다시 한 번 강하게 읽었
는데 다들 이해하셨지요! 이것은 또한 비밀법이기도 하여 여러분이 마
음속으로 생각만 할 것은 아닙니다. 여러분이 비록 마음으로 생각하지
만 몸은 절대 날아오르지 않습니다! 이것이 작의(作意)한 것이고 관상

(觀想)한 것이기 때문입니다.

그런데 몸에 기맥이 통하지 않으면 여러분이 아무리 생각해도 몸은 여전히 날아오르지 못합니다. 문자상으로 신통은 이렇게 수지하는 것이지만 이 속에 방편 법문이 있습니다. 미륵보살이 말하지 않았지만 "이 상으로 말미암아 몸에 대하여 경거의 승해를 일으켜서"라는 이 구절을 보면, 그는 "몸에 대하여[於身]"라고 말했지 '뜻에 대하여[於意]'라고 말하지 않았습니다. 여기에 주의해야 합니다. 불경을 읽을 때는 대충 읽어서는 안 됩니다. 한 글자 한 글자에 조심해야 합니다. 문자를 이해했다고 해서 내용을 이해했다고 여겨서는 안 됩니다. 바꾸어 말하면 여기는 질문을 해서 법을 요구하는 것입니다. 어떻게 하는 것이 "몸에 대하여 경거의 승해를 일으키는" 것일까요? 당연히 여러분이 정(定)을 이루기 전에는 이 신통을 수행해도 소용이 없고 수행에 성공하지도 못합니다. 그저 여러분에게 이렇게 수행한다고 말해 주는 것일 뿐입니다.

미륵보살이 말합니다. 스스로 경거를 일으키고 다시 경거 승해를 작의하여, 자신의 몸이 투라솜처럼 된다고 생각합니다. "투라솜(妬羅緜)"은 인도에서 나는 아주 가벼운 면화 같은 것입니다. 이것은 결코 몸이 없어진다고 말하는 것이 아닙니다. 이 몸을 갖고 있지만 몸이 이미 투라솜처럼 가볍게 변했습니다. 혹은 솜털을 쌓은 것같이 변하는데 마치 버들개지 한 움큼 같습니다. 혹은 자신의 몸을 관상해서 기포(氣泡)나 기구(氣球)로 변해서 공중에 날아오릅니다. 혹은 한바탕 부는 바람 같습니다. 이런 경거상을 일으켜서 경공(輕功)의 승해를 이미 해냈습니다. 승해작의로 말미암아 몸을 그렇게 가볍게 변화시켜서 날아오르게 됩니다.

선정을 닦아 경안(輕安)의 희락을 얻고 사념청정(捨念淸淨) 하고 나서, 다시 여기까지 진보하여 사선팔정을 이루었다고 해서 반드시 신통을 지니는 것은 아닙니다. 어떤 나한은 신통은 없지만 도(道)는 이루었습니다. 도는 도이고 신통은 신통입니다. 어떤 나한은 도도 있고 신통도 있습니다. 이런 종류의 신통은 어떤 경우에는 보통(報通)인데, 말하자면 전생 혹은 여러 생 이전에 이미 신통을 지녔던 수행의 성과입니다. 이럴 경우에는 그가 정(定)을 이루기만 하면 바로 신통을 일으키게 됩니다. 굳이 수행할 필요가 없습니다. 또 어떤 사람은 수통(修通)입니다. 도를 이루었고 정도 이루었는데 이 정으로부터 수행하기 시작해서 마지막에 신통을 얻게 됩니다.

방금 여러분에게 말씀드린 이런 것은 모두 수행의 방법과 원칙입니다. 이렇게 작의해서 성공하면 몸이 솜처럼 가벼워지는 경계에 이릅니다. 몸이 유연해져서 마치 뼈가 없는 것 같습니다. 뼈의 감각은 있지만 이미 솜처럼 부드러워진 것입니다. 이 경계에 이르고 다시 그다음 단계를 연마하면, 이 자리에 앉아 있다가 창가의 탁자 위로 날아오르게 됩니다. 의념(意念)으로 생각하기만 하면 이 몸이 바로 솜처럼 날아갑니다. 그러다가 여기에서 놀고 싶다고 생각하면 여기로 와서 앉을 수 있습니다. 가부좌를 할 수도 있고 서 있을 수도 있고 어디로 가고 싶다고 생각하면 거기로 갑니다. "풀 깔개[草座]"는 바로 부들방석에 앉는 것을 가리키는데, 다시 날아서 침상으로 갈 수도 있습니다. 이것은 경거의 첫 번째 수행법입니다. 이것은 원칙만 말한 것이고 방법은 어디에 있습니까? 방법의 비밀 역시 이 속에 있습니다.

보신(報身)을 닦으면 이렇게 되는 것 역시 유심(唯心)이 지은 바입니다. 유심이 지은 바임을 분명히 알아야 합니다. 불법은 유심이 지은 바입니다. 지금 여러분의 몸은 부드러워질 수가 없습니다. 뚱보가 날씬해지고 싶어 하면서 날씬해진다는 생각도 할 줄 모르니, 생각해 내지 못하고 변하지 못하고 관(觀)하지 못합니다. 그러고도 신통을 닦겠다고 날마다 거기에 앉아서 생각합니다. 날아오른다, 날아오른다, 정신병이 되지 않는다면 이상하지요! 몸의 기맥이 아직 통하지 않았고 정(定) 수행에도 성공하지 못했는데 신통을 닦겠다는 망상을 하니 어떻게 가능하겠습니까?

두 번째는 다음과 같습니다.

---

유연상이란 말하자면 이 상으로 말미암아 몸에 대하여 유연의 승해를 일으켜서, 혹은 면 포대 같다거나 혹은 솜털 같다거나 혹은 다듬어진 명주 같다고 하는 것이다.

柔輭想者, 謂由此想, 於身發起柔輭勝解, 或如緜囊, 或如毛氄, 或如熟練.

---

이것은 몸에 대하여 '유연(柔輭)'의 승해를 일으키는 것입니다. 작의가 아니라 승해입니다. 승해는 이치이고 도리입니다. 최고의 이치를 분명하게 연구해야 합니다. 백골관이라면 생리학에서의 뼈마디 각 부분에 대해 분명하게 관해야 합니다. 가령 귀가 웅웅 울린다고 합시다. 귀에는 고막이 있으며 나머지 다른 부위에 대해서도 분명하게 알고 왜 웅웅 울리는지 원인을 찾아냅니다. 그런 후에 타좌를 시작해서 정(定)의 감각(感覺)으로 그 원인을 알아내고, 그런 후에는 기(氣)를 이용하거나 지수화풍 등 다른 방법으로 관상을 하면 그것을 통하게 할 수 있습니다. 이런 이론을 분명하게 연구하는 것을 승해라고 하니, 승(勝)은 바로 가장 훌륭한 견해입니다. 그러므로 수행은 맹목적인 수련이 아니라 몸의 승해를 먼저 이해해야 합니다. 유연상 역시 그런 것입니다. 이 이치를 알고 이치에 통하고 나서 수행을 시작합니다.

몸이 비단이 된다고 생각하는데 몸의 가죽만 있고 속은 텅 비어 있습니다. 혹은 "솜털〔毛氄〕"처럼 부드럽고 혹은 "다듬어진 명주〔熟練〕" 같습니다. 명주〔練〕는 비단인데 옛날 견직물로 아주 얇디 얇았습니다. 표구용의 얇은 비단은 견(絹)이라고 하는데 견보다 더 얇았습니다. 견직물에는 주(綢)도 있고 금단(錦緞)도 있는데 명주[練]는 가장 얇은 한 겹입니다. 손질하지 않은 명주는 조금 빳빳하지만 다듬어진 명주는 삶은 생사이므로 아주 부드럽고 아주 얇습니다. 몸이 마치 다듬은 명주처럼 부드러워야 합니다. 이 몸이 왜 유연상을 닦아야 할까요? 몸이 유연해야 마치 무협소설에서 말하는 축골공(縮骨功)[86]처럼 아주 작은 문틈으로도 들어갈 수 있기 때문입니다.

부처님께서 열반하신 이후에 아난은 아직 깨닫지는 못했지만 부처님이 말씀하신 법은 모두 아난의 머릿속에 새겨져 있었습니다. 나중에 오백 나한이 결집했는데 아난도 오지 않으면 안 되었습니다. 그러나 아난은 도를 깨닫지 못했고 오백 나한은 모두 도를 이룬 사람이었습니다. 가섭 존자가 아난에게 말했습니다. "우리는 칠 일은 기다릴 수 있습니다. 그대가 칠 일 만에 깨달으면 들어올 수 있지만 그러지 않으면 들어올 자격이 없습니다." 오백 나한이 정(定)에 들어가 그를 기다렸는데, 그는 바깥에서 모질게 마음먹고 정진하여 칠 일 만에 깨달았습니다. 그러고 나서 문을 두드리자 가섭 존자가 말했습니다. "들어오십시오!" 문이 열리지 않았는데 그는 안으로 들어갔습니다. 바로 신통을 자재로이 쓰게 된 것이었습니다. "유연상(柔軟想)"은 좁은 문틈으로도 들어갈 수 있는 것인데, 공계상(空界想)은 문틈이 없어도 들어갈 수 있어서 산하와 담장이 장애가 되지 않습니다. 생각하기만 하면 들어갑니다. 아난이 들어오자 오백 나한은 그를 축하해 주었습니다. 결집한 장소에서는 도를 깨달아야 말을 할 수 있습니다. 아난 자신도 증득을 구했었기 때문에 부처님이 말씀하신 법에 대하여 말해도 잘못됨이 없었습니다.

---

86 전신의 뼈를 자유롭게 접어 인간이 보통은 들어갈 수 없는 공간이나 조그만 틈 사이를 오갈 수 있는 무공이다.

이 유연상은 앞의 경거상을 더욱 길러 주고 섭수하니, 섭수할 때에 경거상으로 하여금 증장하고 광대하게 한다.

此柔軟想, 長養攝受前輕擧想, 於攝受時, 令輕擧想增長廣大.

---

몸이 날아오르려고 하면 동시에 유연해야 합니다. "장양(長養)"은 앞에서 말한 경거상을 도와주는 것이니, 그것을 잘 돌보아서 공중을 나는 수련이 더욱 증장하게 합니다. 여러분이 공중을 날 수 있는데 유연상이 없다면, 만일 공중에서 떨어지기라도 하면 팔다리가 부러지지 않겠습니까? 유연상이 있기 때문에 공중에서 떨어져도 괜찮은 것입니다. 이것은 경거상을 더하게 만들어서 더 높이 날게 합니다. 보통 수양이 여기에 이르면 대부분은 지구 대기권 안에서 나는 경계입니다. 지구 대기권 바깥으로 날아가려고 하면 별도로 수행해야 합니다. 그것은 우주에 가는 것과 동일한 물리적 이치입니다. 만일 지구 바깥을 넘어서 유영하는 이온층(游離子層)을 벗어나면 어떤 육체이든 흔적도 없이 변합니다. 과거 중국에서는 강풍(罡風)[87] 강기(罡氣)[88]라고 하는 것이 있는데, 사람이 강풍이나 강기를 만나면 끝장이 납니다. 뼈 그림자도 찾을 수 없게 되는데, 불태워진 것이 아니라 그냥 없어진 것입니다.

여러분이 지금 가장 높은 산 위에 올라갔는데 산소가 부족하면 큰일납니다. 비행을 배운 적이 있는 사람이라면 알 것입니다. 가장 높은 공중에 이르렀는데 단 몇 초라도 산소가 없으면 머리카락이 몽땅 빠져 버립니다. 다시 잠깐 시간이 흐르면 무엇이 됐든 망가져 버립니다. 우리는

---

[87] 도가에서 말하는 하늘 가장 높은 곳에서 부는 바람을 가리킨다.
[88] 눈에 보일 만큼 유형화된 기를 의미한다.

완전히 공기에 기대어 살아가는데, 여러분이 이 지구 바깥으로 날아가고자 한다면 별도의 수련이 필요합니다. 진짜 신통이 필요한데 이것은 모두 사실입니다. 불경은 증득을 구할 것을 강조합니다. 평상시에 성공(性空)이니 연기(緣起)니 아무리 떠들어도 여러분은 비우지도 못하고 일으키지도 못합니다. 조금 전에 그 동학이 문자를 놓고 해설한 것은 틀린 곳이 없습니다. 하지만 깊이 있게 들어가지는 못했습니다. 그렇다 할지라도 이런 설법이라면 나가서 법사가 될 자격은 있습니다. 지금 일반 법사들이 바로 이런 모습입니다. 과거의 법사들 또한 마찬가지로 문자를 놓고 뜻을 풀이했으니, 문자 해석에 근거했을 뿐이었습니다. 불법의 수증은 문자 해석에 근거하는 것만으로는 부족합니다. 불법의 경전은 하나의 기록으로 부처님이 현장에서 제자들에게 했던 설법과 강연입니다. 제자들에게 어떻게 수지하는지를 말해 준 것으로, 반드시 참뜻을 깨달아야 어떻게 수행하는지를 압니다.

## 공계상 및 몸과 마음이 조화로운 신심부순

공계상이란 말하자면 이 상으로 말미암아 먼저 자기 몸에 대하여 경거와 유연의 두 가지 승해를 일으킨 뒤에 나아가고자 하는 바를 따라서, 만약 그 중간에 여러 색취가 있어서 장애가 될 수 있다면 그때에 곧바로 승해작의를 일으켜서, 저 색 가운데에서 공의 승해를 지어서 나아가는 것에 장애가 없을 수 있는 것이다.

空界想者, 謂由此想, 先於自身發起輕擧柔輭二勝解已, 隨所欲往, 若於中間有諸色聚能爲障礙, 爾時便起勝解作意, 於彼色中作空勝解, 能無礙往.

제가 조금 전에 공계상을 언급했는데 산하와 담장도 장애가 되지 않습니다. 수행이 여기에 이르면 지구 중심에 가서 놀고 싶다거나 용궁에 가서 놀고 싶다고 생각하면 곧 내려갑니다. 물도 장애가 되지 못하고 강도 여러분을 막지 못합니다. 마치 아난이 도를 깨닫자 문이 닫혀 있는데도 그냥 들어갔던 것과 같습니다. 아난은 연단에 올라가서 설법했습니다. "여시아문(如是我聞)……", 당시에 부처님께서 이렇게 말씀하신 것을 아난이 들었다는 말입니다. 아난의 말이 끝나면 모두 기록을 했습니다. 그러면 아난은 오백 나한에게 잘못된 곳이 없는지 물었고, 모두가 동의하면 통과되었습니다. 이렇게 기록을 한데 모은 것이 불경입니다. 그렇기 때문에 모든 불경 앞에는 "여시아문(如是我聞)"이라는 네 글자가 붙어 있습니다.

이 공계상은 물리적 장애를 없애 버려야 신통을 수행할 수 있습니다. 이 상(想)을 수행하기 시작할 때 "먼저 자기 몸에 대하여(先於自身)" 바로 자신의 이 몸에 대하여 경거와 유연의 두 가지 승해를 일으키는데, 이론과 수련 모두에서 해내야 합니다. 이것이 요점이니 흐리멍덩하게 해서는 안 됩니다. 그래서 저도 여러분이 독서에 유의하는지 아닌지 시험을 보는 것입니다. 불경을 읽을 때는 더더욱 유의해야 합니다. 여러분 같은 경우에, 저는 여러분의 몸이 아주 굳어 보입니다. 거칠고 무겁기 짝이 없는데, 거칠고 무거운 것이 바로 업력이고 육중함입니다. 뼈마디와 머리가 모두 우둔하니 이것이 바로 업력의 무거움입니다.

만약 자신의 몸이 앞의 경거와 유연 두 가지를 일으켰다면, "나아가고자 하는 바를 따라서(隨所欲往)" 즉 아리산(阿里山)[89] 중턱에 가서 한번

---

89 대만 중서부 지역인 가의현(嘉義縣)에 있는 산으로 축산(祝山), 탑산(塔山) 등 아리산 산맥 구역 전체를 일컫는다. 대만 삼대 명산 중 하나로 이천 미터가 넘는 고봉이 이어져 있다.

내려다보고 싶으면 안쪽으로 파고들어 가다가 어쩌면 산 한가운데서 진귀한 보물을 발견해서 캐낼 수도 있습니다. 그러나 수행이 이 경지에 이르면 진귀한 보물도 가지고 싶은 마음이 들지 않습니다. 그저 재미로 할 뿐입니다. "만약 그 중간에[若於中間]"란, 가령 여러분이 산 한가운데 가려고 했는데 중간에 다이아몬드보다 더 단단한 곳이 있다면 뚫고 들어갈 수가 없습니다. "여러 색취[諸色聚]"는 바로 광석입니다. 지구상에는 많은 광석이 있는데 특히 태평양 가장자리에 있는 대만의 화련(花蓮)이나 대동(臺東)에는 수많은 광석이 있습니다.

여러분이 산 가운데 들어갔을 때 단단한 광물질에 가로막힌다면, 이때 반드시 승해작의를 일으켜야 합니다. 여러분이 이치에 통하게 되면 "저 색 가운데에서 공의 승해를 지어서 나아가는 것에 장애가 없을 수 있습니다[於彼色中作空勝解, 能無礙往]." 여러 색취(色聚)의 방해를 만났을 때 염(念)하고 정(定)하여 그것을 공(空)으로 관하면, 몸이 이전과 마찬가지로 나아갈 수 있습니다. 마치 한바탕 바람이 휘몰아친 것처럼 느껴지는데, 이때 몸도 공이 되고 색취의 장애도 공이 됩니다. 천안통(天眼通)을 지닌 사람이 이 산을 보면 마치 유리 같아서 투명합니다. 아리산은 천안통의 정(定) 가운데서 보면 꿰뚫어 볼 수 있습니다. 산의 어떤 면이든지 다 볼 수 있어서 조금의 장애도 없습니다. 그러므로 산도 공이고 몸도 공인 것입니다. "공계상(空界想)"이라는 이 상(想)은 범부의 생각이 아니므로 여러분이 함부로 생각하고 함부로 행해서는 안 됩니다. 함부로 행했다가 정신병이라도 일으키면 저는 책임지지 않습니다.

네 번째입니다.

---

신심부순상이란 말하자면 이 상으로 말미암아, 혹은 그 마음으로 몸에 붙어서 따르게 하거나 혹은 그 몸으로 마음에 붙어서 따르게 하여, 이로 말미

암아 몸이 차츰차츰 경거해지고 차츰차츰 유연해지며 차츰차츰 감당할 수
있고 차츰차츰 빛나며 깨끗해져서, 마음에 따르고 마음에 묶이고 마음에
의지하여 구르는 것이다.

身心符順想者, 謂由此想, 或以其心符順於身, 或以其身符順於心, 由此令身轉轉
輕擧, 轉轉柔輭, 轉轉堪任, 轉轉光潔, 隨順於心, 繫屬於心, 依心而轉.

---

"신심부순(身心符順)"은 몸과 마음이 화합하여 따르는 것입니다. 우리
가 지금 부처님을 배우고 있고 타좌를 배우고 있지만 몸과 마음이 들어
맞아 따르지는(符順) 않습니다. 자신의 몸과 마음을 연구해 보면 마음속
에 병이 생기지 않으면 이 몸의 사대에 날마다 병이 생깁니다. 또 몸이
조금만 건강해지면 번뇌의 정서가 찾아옵니다. 몸과 마음이 화합하여
따르지 않으니 화합하지 않고 부합하지 않습니다.

그런데 일반인은 마음과 몸이 분리되어 있는 별개의 것이라는 사실을
알지 못합니다. 일반인은 머리가 혼미하기에 수련을 해서 조금 체득해
야 비로소 알 수 있습니다. 몸과 마음이라는 이 두 형제는 심리에 문제
가 생기지 않으면 몸에 문제가 생겨서 몸과 마음이 부순(符順)할 수가
없습니다. 몸과 마음이 들어맞아 따른다면 몸도 통제할 수 있고 마음도
통제할 수 있게 됩니다. 어떻게 수행할까요? 심신부순은 신통을 수행하
는 방법 중 하나입니다. 이것은 당연히 신통입니다. 왜냐하면 마음(心)
이 몸(身)에 화합하여 꼭 들어맞기(符順) 때문입니다.

지(止) 수행을 예로 들면, 하나의 법문을 닦고 안나반나를 닦아서 마지
막 수식관(隨息觀)에 도달하면 마음과 호흡이 서로 의지하고(心息相依)
마음이 기(氣)에 의지하여 따릅니다. 그런데 여러분은 두세 번도 되지
않아서 기는 여전히 호흡하고 있는데 마음은 달아나 버립니다. 그렇지
요? 그 둘이 조화를 이룰 수 없는 것입니다. 몸과 마음이 완벽히 조화를

이루면 이것은 마음이 기와 조화를 이룬 것이니, 호흡이 움직이지 않게 되고 마음 또한 조화를 이루어 움직이지 않게 됩니다. 이때 몸이 서서히 변화하는데, "그 마음으로 몸에 붙어서 따르게 하거나, 혹은 그 몸으로 마음에 붙어서 따르게 합니다(以其心符順於身, 或以其身符順於心)." 몸은 대원칙이며 지수화풍의 네 가지 형상으로 이루어졌음을 알아야 합니다. 이 사대의 색신으로 마음과 조화를 이루면 정말로 마음을 정주(定住)시키고 호흡이 왕래하지 않게 됩니다. 그러므로 몸이 마음에 부순(符順)할 수 있다면 마음을 통제할 수 있게 되어 신심합일(身心合一), 심기합일(心氣合一)에 도달합니다. 이 기(氣)는 대명사(大名辭)인데 호흡의 기가 아니라 심풍(心風)이 자재할 수 있는 것입니다.

이렇게 몸이 "차츰차츰 경거해지고(轉轉輕擧)"에서 '전전(轉轉)'은 형용사로 한 층 한 층입니다. 그래서 도가에서도 '구전환단(九轉還丹)'[90]이라는 말을 사용하는데, 한 단계 한 단계 진전해서 몸이 갈수록 가벼워지고 마침내 하늘을 날 수 있게 됩니다. "차츰차츰 유연해지고(轉轉柔頓)" 즉 몸이 갈수록 유연해집니다. "차츰차츰 감당할 수 있고(轉轉堪任)" 즉 이 육신이 일체를 담당하여 신통 작용을 일으킬 수 있습니다. 이때 나는 천 년을 살기를 발원하노라고 말한다면 그것은 해낼 수 없고 감당할 수 없습니다. 왜냐하면 그것은 또다른 수행법이기 때문입니다. 무엇이 "차츰차츰 감당할 수 있는" 것일까요? 가령 앞에 무게가 만 근이나 되는 거대한 돌덩이가 있어서 누른다고 할지라도 나의 이 손바닥으로 버텨서 조금도 다치지 않는, 그렇게 할 수 있는 감당(堪當)입니다. 그런데 이 몸이 오백 년을 머물러서 살겠다거나 영원히 살겠다고 한다면, 가섭 존자가

---

90 단사(丹砂)를 아홉 번 제련하여 만든 단약(丹藥)처럼, 아홉 차례 제련 과정을 거치는 것을 말한다. 한 단계 한 단계 진정으로 변화하여 실제 경계가 바뀌어야 과위를 얻을 수 있다는 말이다.

계족산에서 입정(入定)하고 미륵불이 하생(下生)하는 것 같은 그런 능력은 여러분에게 없습니다. 그것은 또 다른 수행법이 있기 때문입니다.

이 몸이 "차츰차츰 빛나며 깨끗해져서〔轉轉光潔〕" 얼굴과 몸에 광택이 나고 유연하며 광명상(光明相)을 지니는데, 빛나고 깨끗해서 찌꺼기가 한 점도 없습니다. 우리 일반인의 몸에는 아주 많은 찌꺼기가 있는데 여성의 월경, 대소변, 눈곱, 콧물 같은 더러운 것입니다. 수행이 이때에 이르면 그런 모든 것이 없어져서 몸이 빛나고 깨끗합니다. "마음에 따르고 마음에 묶이고 마음에 의지하여 구르는 것입니다〔隨順於心, 繫屬於心, 依心而轉〕." 마음에 생각하기를 몸을 어떻게 변화시켜야겠다고 하면 그렇게 변화시킬 수 있습니다. 이때 반드시 타좌여야 하는 것은 아니고 머리를 바닥에 댄 물구나무 선 자세라 할지라도 입정(入定)하겠다고 하면 입정하게 됩니다. 전해지는 말로는 어느 선종 조사가 물구나무 선 자세로 죽었는데, 정수리가 땅에 닿았는데도 옷이 아래로 흐르지 않았다고 합니다. 이것이 몸과 마음이 합일한 상태입니다.


## 신족통을 얻었다

다섯 번째입니다.

---

승해상이란 말하자면 이 상으로 말미암아 먼 것에 대해 가깝다는 이해를 짓고 가까운 것에 대해 멀다는 이해를 지으며, 거친 것에 대해 미세하다는 이해를 짓고 미세한 것에 대해 거칠다는 이해를 지으며, 지地에 대해 수水라는 이해를 짓고 수에 대해 지라는 이해를 지어서, 이와 같이 하나하나 차별적인 대종에 차츰차츰 서로 지어서, 넓게는 변화에 대해 짓는 승해와 같이 혹

은 색이 변화하기도 하고 혹은 소리가 변화하기도 하는 것이다.

勝解想者, 謂由此想, 遠作近解, 近作遠解, 麤作細解, 細作麤解, 地作水解, 水作地解, 如是一一差別大種, 展轉相作, 廣如變化, 所作勝解, 或色變化, 或聲變化.

앞에서 말했던 것이 경거승해, 유연승해가 아니었습니까? 어째서 여기에서 또다시 "승해상(勝解想)"이 나올까요? 앞의 네 가지 신통 승해로 말미암아 관상(觀想)에 성공하고 정력(定力)이 이르게 되면 시간과 공간의 관념을 깨트릴 수 있습니다. 지금이 저녁 여덟시경인데 뉴욕은 날이 밝았습니다. 뉴욕에 사는 제 친구는 아직 침대에서 자고 있지만 제가 손을 쭉 뻗으면 그의 침대를 여기로 가져올 수 있습니다. 아니면 그를 툭툭 쳐서 깨울 수도 있으니, 먼 것이 가까워질 수 있고 가까운 것이 멀어질 수 있습니다. 공간이 축소될 수도 있고 확대될 수도 있습니다. 수(水)가 화(火)로 변할 수 있고 화가 수로 변할 수 있습니다. 지수화풍이 서로 바뀔 수 있어서 지(地)를 공(空)으로 변화시키고 공(空)을 지(地)로 변화시킬 수 있습니다. 혹은 색상(色相)을 소리로 변화시키거나 소리를 색상으로 변화시키는데, 심풍(心風)이 자재하여 생각(念)이 움직이기만 하면 각종 변화를 일으킬 수 있습니다.

바꾸어 말하면 여러분이 산 위 초가에서 사는데 친구가 여러분을 만나러 산을 올라오지만 그를 만나고 싶지 않다고 합시다. 수련이 이 정도에 이르면, 의념(意念)을 움직이기만 하면 한 마리 호랑이로 변해 길가에서 친구를 놀라게 하여 산에 오르지 못하게 할 수 있습니다. 사람들은 용호호법(龍虎護法)이라고 말하지만, 실제로 용호는 여러분의 의념이 신통 변화해 낸 것입니다. 심풍이 자재하여 바로 변할 수 있습니다. 때로는 사물에 의지하여 변하기도 하는데, 손수건을 휙 던지면 산으로 변합니다. 여러분의 그 친구가 막 산 입구에 들어섰다가 길을 찾지 못해서 되돌아가게 되는 것입니다.

　왜 우리 세속인이 보살을 찾고 득도한 사람을 찾아도 찾아내지 못할까요? 여러분에게 이런 공덕 이런 지혜가 없기 때문에 만나지 못하는 것입니다. 여러분이 뭐라고 만나주겠습니까? 그는 이 다섯 가지 상(想) 즉 경거상, 유연상, 공계상, 신심부순상, 승해상을 지니고 있기 때문에 신통 변화합니다.

---

이 다섯 가지 상을 수습하여 원만하게 됨으로 말미암아 갖가지 오묘한 신경통을 받아들이는데, 혹은 한 몸으로부터 많은 몸을 나타내 보이기도 하니 나타나게 함의 승해상으로 말미암기 때문이며, 혹은 많은 몸으로부터 한 몸을 나타내 보이기도 하니 숨김의 승해상으로 말미암기 때문이다.

由此五想, 修習成滿, 領受種種妙神境通, 或從一身, 示現多身, 謂由現化勝解想故, 或從多身, 示現一身, 謂由隱化勝解想故.

---

　이 다섯 가지 변화의 '상(想)'을 잘 수련하여 수지에 성공하면 갖가지 신통을 지닐 수 있는데, 여기에서는 "신경통(神境通)"이라고 불렀습니다. 오통(五通) 중의 신족통(神足通)이기도 합니다. 여러 개의 동일한 신상(身相)의 나를 드러내 보이는데, 이 자리에 천 명이 앉아 있을 수도 있습니다. 혹은 수천 명의 사람을 한 몸으로 변화시키거나 혹은 자신을 수백 수천 수만 수억 명으로 변화시켜서 몸을 숨기고 자신을 감출 수도 있습니다. 몸을 숨기는 은신(隱身)은 사람이 이 자리에 앉아 있는데도 보이지 않고 단지 의자만 보이는 것입니다. 혹은 자신을 베개로 변화시키거나 안경으로 변해서 여기에 걸쳐져 있습니다. 여러분은 이 사람이 보이지 않는다고 그냥 가 버릴 것입니다. 물론 안경을 가지고 가서는 안 됩니다. 그랬다가는 그가 여러분의 주머니 속에서 장난을 칠 것입니다.

혹은 그 몸으로써 여러 담장이나 벽이나 성 따위의 두껍게 막힌 것에서도 직접 지나가서 걸림이 없다. 혹은 그 땅에서 나왔다 사라졌다 하는 것이 마치 물에서와 같고, 혹은 그 물에서 흐름을 끊고 갔다 왔다 하고 물 위를 밟는 것이 마치 땅에서와 같다. 혹은 나는 새처럼 결가부좌한 채 허공에 뛰어오르기도 하며, 혹은 광대한 위덕과 세력이 있는 해와 달을 손으로 만지작거리기도 한다.

或以其身, 於諸牆壁垣城等類, 厚障隔事, 直過無礙. 或於其地, 出沒如水, 或於其水, 斷流往返, 履上如地. 或如飛鳥, 結跏趺坐, 騰颺虛空. 或於廣大威德勢力, 日月光輪, 以手捫摸.

신경통(神境通)을 지닌 사람은 산하와 담장을 뚫고 지나가는 데 걸릴 것이 없습니다. 땅속에서 나왔다가 들어갔다가 하는 것이 마치 강물에서 헤엄치는 것처럼 걸림이 없고 자재합니다. 혹은 강을 건널 때 손으로 가리키면 물이 갈라져서 강바닥으로 건너가거나 물위로 걸어서 건너갑니다. 혹은 가부좌를 하고 공중을 한 바퀴 날기도 하는데 밀라레파(木訥) 조사가 그렇게 공중을 날아다녔다고 합니다. 혹은 기뻐서 하늘로 뛰어올라 해와 달을 손으로 만지기도 하는데, 태양과 달을 마치 탁구 치는 것처럼 가지고 놀기도 합니다. (동학이 질문하다: 이때에는 강풍罡風을 뛰어넘었습니까?) 일찌감치 넘어섰습니다.

혹은 그 몸으로써 범천 세계까지 가서 자재하게 돌아다니기도 한다.

或以其身, 乃至梵世, 自在迴轉.

이 몸이 색계천에까지 도달할 수 있는데, 이것을 신족통이라고 합니다. 색계천에 도달하면 범천 세계에까지 가서 자재하게 돌아다닐 수 있습니다.

---

마땅히 알 것은 이와 같은 갖가지 신통 변화는 모두 경거상과 유연상과 공계상과 신심부순상에 섭수되는 승해상으로 말미암기 때문에, 그 상응하는 바에 따라서 일체를 지을 수 있는 것인데, 이 가운데 몸으로써 범천 세계에 대하여 간략하게 두 가지로 자재하게 돌아다님이 있다.

當知如是種種神變, 皆由輕擧·柔輭·空界·身心符順想·所攝受勝解想故, 隨其所應, 一切能作, 此中以身於其梵世, 略有二種自在迴轉.

---

이러한 몇 가지 상(想)으로 말미암아 수행이 이 정도에 도달할 수 있으니, 수시로 하늘에 올라갈 수 있습니다. 비행기 표를 살 필요도 없고 비자를 받을 필요도 없이 수시로 범천 세계에 가서 놀 수 있습니다. 옥황상제가 있는 곳을 지나 색계천에 가서 놀려고 하면 이런 갖가지 신통 변화를 지녀야 합니다. 아울러 자재로이 돌아다님에는 두 가지가 있습니다.

---

첫째는 가고 옴에 자재하게 돌아다니는 것이고, 둘째는 범천 세계의 모든 사대종의 일부 만들어진 물질에 대해서도 그 좋아하는 바대로 승해의 힘을 따라서 자재하게 돌아다니는 것이다.

一者往來自在迴轉, 二於梵世諸四大種一分造色, 如其所樂, 隨勝解力, 自在迴轉.

---

범천 세계로 들어가서 자재하게 돌아다니는 것에는 두 가지가 있으니, 첫 번째는 생각만으로 범천 세계로 들어가려고 하면 들어가고 되돌아오고 싶으면 되돌아오는 것입니다. 두 번째는 이 몸이 위로 날아오르든 아래로 날아내리든 상관없이 범천 위쪽에 도달하면 이미 욕계 사대의 몸

이 아니며 인간 경계의 관념이 없어집니다. 색계는 우리가 느끼기에는 아주 멀지만 그는 단번에 가지고 와서 눈앞에 있게 합니다. 마치 손을 뻗어 컵을 가져오는 것처럼 간단합니다. 그런 까닭에 불경에서는 이렇게 말했습니다. 부처님이 세상에 계실 때 사람들이 타방(他方)의 불토를 보고 싶어 했습니다. 부처님께서 이렇게 손을 받쳐들자 시방(十方)의 각 불세계(佛世界)가 마치 손바닥 안의 암마라과처럼 모두에게 보였고 그런 다음 다시 그것을 되돌려 보냈습니다. 그 세계를 부처님께서 가져와서 모두에게 보여 주었을 때, 그 세계의 사람들은 아무런 느낌 없이 예전처럼 그 속에서 잘 생활하고 있었습니다.

이것은 무슨 신통일까요? 승해의 힘으로 말미암아 이치가 있고〔有理〕현상이 있어서〔有事〕정혜(定慧)의 공덕으로 수행이 이 정도에 도달했습니다. 그는 범천 세계에 진입하면 "승해의 힘을 따라서 자재하게 돌아다닌다〔隨勝解力自在迴轉〕"고 말합니다. 범천 세계에는 자체의 사대종(四大種)이 있고 자체의 물리 세계가 있는데, 욕계 세간의 사대종과 물리 세계와는 같지 않습니다. "일부 만들어진 물질〔一分造色〕"은 의념을 움직여서 자신의 몸과 마음을 범천 세계의 물리 세계와 똑같이 만들어 내는 것입니다. 바로 유식에서 말하는 '법처소섭색(法處所攝色)'[91]입니다. "그좋아하는 바대로〔如其所樂〕" 즉 여러분의 의념이 어떻게 변하고 싶어 하면 그렇게 변합니다. 비교해서 말한다면 심풍(心風)이 자재함을 얻은 그런 것입니다. 이 단락은 초보적인 신족통을 설명했습니다.

---

**91** 십이처의 법체계에서 말하는 법처(法處)에 속하는 물질 즉 육경(六境) 중 법경(法境)에 속하는 물질이다. 법처 혹은 법경에 속하는 법은 전오식으로 인식되지 않고 육식 칠식 팔식에 의해 인식되는 물질적인 법을 말한다. 말하자면 물질이기는 하는 정신(의식)으로부터 변화된 것이다. 유식유가행파의 물질론에서 법처소섭색은 4대종을 구성 요소로 하여 만들어진〔所造〕물질〔色〕이다.

# 숙명통의 경계

여섯 번째입니다.

선소수행차제수념상이란 말하자면 이 상으로 말미암아 어린아이의 단계
로부터 지금에 이르기까지, 기억에 따라 구르는 것이 자재하여 걸림이 없
는 것이다.

先所受行次第隨念想者, 謂由此想, 從童子位迄至於今, 隨憶念轉, 自在無礙.

다들 '수행(受行)'[92] 두 글자에 주의해야 합니다. 오온(五蘊) 가운데 수
온(受蘊)과 행온(行蘊)으로서 이 두 가지 작용을 잘 닦아야 합니다. 이
두 자안(字眼)[93]이 요점이므로 각별히 주의해야 합니다. 특히 앞으로 법
사가 되려고 하는 사람은 더 주의해야 합니다. 사람들을 이끌고 설법을
하면 한 글자의 잘못으로 오백 년의 야호신(野狐身)이 되는데, 이것을 야
호선(野狐禪)이라고 합니다. 그러므로 경문의 각 구절과 각 글자를 적당
히 넘어가지 않도록 주의해야 합니다. 지금까지 한참 동안 신통을 이야
기했는데, 이 신통은 유심(唯心)이 변한 것이며 모두 수온의 작용이 변
한 것입니다. 수온이 나쁜 것이라고 생각하지는 마십시오. 이 오온은 모
두 일심(一心)의 작용입니다. 수온을 변화시켜서 신통 경계의 작용을 일
으키기 때문에 신(神)이 그것을 통(通)하게 했다고 하는 것입니다.

이것은 숙명통입니다. 이 상(想)을 수행하려면 생각〔念頭〕을 참구해야

---

92 저자는 수행(受行)을 수온과 행온으로 보았으나 먼저 '받은 행'으로 풀이하는 것이 타당해 보
인다. 선소수행차제수념상(先所受行次第隨念想)은 "먼저 받은 행을 차례로 따라서 기억하는
상"이라는 뜻이다.

93 시문(詩文) 가운데서 안목(眼目)이 되는 가장 중요한 글자를 가리킨다.

하며 정사유해야 하는데, 정(定)의 경계에서 더듬어 생각합니다. 돌이켜 생각해 보면 제가 열 한두 살 적에 아직 부처님을 배우지 않을 때 이미 이런 공부를 하리라는 것을 알았습니다. 어려서 책을 읽을 때는 길을 걷다가도 문득 그 자리에 멈춰 서서 생각했습니다. '이상하다, 내가 방금 뭘 생각하고 있었지? 어째서 여기로 오려고 했을까?' 가령 사탕을 먹으려고 생각하고 집에 돌아와서 사탕을 꺼내 들고는 그대로 멈춥니다. '내가 방금 뭘 생각하고 있었지? 왜 사탕이 생각났을까?' 그러면 저는 거꾸로 생각해 봅니다. '사탕을 생각하기 전에는 뭘 생각하고 있었지? 아, 그걸 생각했지. 그걸 생각하기 전에는 또 뭘 생각했지?' 아! 책 속의 어떤 이치를 생각하다 보면 너무 많아서 질문해 가다가 그대로 멍해집니다. 사람의 생각은 아주 이상합니다. 저는 그렇게 많이 생각하면서 거꾸로 따져 갔습니다. 당시에는 아직 불법을 배우거나 수도하지 않았는데도 말입니다. 그러므로 숙명통을 지니고 싶다면 자신의 전생이 무엇이었는지, 여러 생 속에서 어떤 사람이었는지, 무엇으로 변했었는지는 바로 이 방법을 사용합니다.

여러분이 여기에 앉아서 생각해 보십시오. 오늘 아침 제일 먼저 무슨 생각을 했습니까? 벌써 잊어버렸다면 여러분은 책을 외우려고 해도 제대로 외울 수 없고 책을 읽으려고 해도 그럴 능력이 없습니다. 지금도 저는 때때로 책의 내용이 잘 기억 나지 않으면 마음을 고요히 하고 생각합니다. '그 책 표지가 어땠지? 무슨 색깔이었지?' 그런 다음 몇 페이지 몇 번째 줄이 떠오르고 기억이 납니다. 사실 저는 책을 외운 것이 아니라 심의식 속의 영상이 나타난 것입니다. 여러분이 저에게 물을 때 제 마음속에 그 책 몇 페이지 몇 번째 줄의 그 글자가 나타납니다. 바로 이렇게 더듬어 생각하는 것입니다. 아시겠지요? 여러분도 이렇게 해 보면 기억력이 좋아지고 생각이 맑아지며 심념도 어지러워지지 않습니다.

이 책에서는 "어린아이의 단계로부터 지금에 이르기까지, 기억에 따라 구르는 것이 자재하여 걸림이 없다〔從童子位迄至于今, 隨憶念轉, 自在無礙〕"고 말했는데, 어렸을 때의 일을 생각하고 천천히 회상하면 기억이 떠오릅니다. 당연히 먼저 정(定)을 수행해야 합니다. 그러지 않으면 생각하다가 정신 착란이 올 수도 있습니다. 천천히 회상하여 심지어 내가 어떻게 모태에 들어갔는지 어떻게 모태에서 나왔는지 그리고 전생의 일까지도 알게 됩니다. 숙명통은 이렇게 수행하는데, 생각〔念〕에서 오는 것이지 생각을 비우는〔空念〕 것이 아닙니다! 이 비밀을 여러분에게 말씀드립니다. 만약 생각을 비운다면 여러분이 어떻게 숙명(宿命)을 알 수 있겠습니까? 어제 일도 잊어버린다면 어떻게 숙명통을 얻을 수 있겠습니까? 그렇기 때문에 평소에 스스로 경문을 보고 연구해야 합니다.

여러분 주의하십시오. 신통을 수행하는 이 단락은 들은 후에 한쪽 편에 두고 기억만 하면 됩니다. 함부로 배우려고 하지 마십시오. 그러다가 신경 착란이 되어 저를 찾아와도 방법이 없습니다. 구제할 약이 없으니 함부로 배워서는 안 됩니다. 먼저 앞쪽의 그런 수련들, 그런 진정한 견지와 진정한 정(定)의 경계를 증도하기를 구해야 합니다. 득도한 나한이 닦았던 방법을 사용해서 수행하는 것이기도 합니다. 이 경전에서만 그렇게 말하는 것이 아니라 다른 많은 경전도 명백히 여러분에게 이 수행법을 말해 주고 있습니다. 특히 수많은 선정의 경전에서는 모두 숙명통의 수행법을 말했습니다. 더듬어 생각하고 천천히 회상합니다. 망념을 사용해서 추억하는 것이 아니라 사선팔정의 정(定)의 경계에서 회상하는 것입니다. 정의 경계에 도달했다면, 생각〔念〕하기만 하면 추억을 작의하기만 하면 모조리 알게 됩니다. 이 사람의 전생이 여러분과 무슨 관계가 있는지도 훤하게 알게 되니 이것이 바로 숙명통입니다.

이 사람의 전생이 개나 돼지였는지 혹은 전생이 여러분의 아버지 어머니였는지 혹은 전생이 여러분의 원수였는지 친척이었는지 이때 다 알수 있게 되는데 이것이 바로 숙명통입니다. 제 친구 하나는 이렇게 말합니다. "만약 전생이 개였고 똥을 먹었다면 생각만 해도 토할 것 같은데 얼마나 괴로운 일인가! 차라리 숙명통을 원하지 않겠어." 이 말도 일리가 있습니다.

숙명통을 분명히 이해하고 나면 생명의 전후 변화를 이해하게 되니, 이 세상은 확실히 원친(寃親)이 평등하여 무슨 차별도 대단할 것도 없습니다. 그렇기 때문에 집안사람은 원수 아니면 인연입니다. 마치 『홍루몽(紅樓夢)』에서 "원수가 아니면 모이지 않았을 것을, 원수가 모였으니 언제나 그치려나〔不是寃家不聚頭, 寃家聚頭幾時休〕"라고 했던 것처럼, 공(空)이 아니고는 끝날 때가 없습니다.

---

저 여러 단계를 따라서 가거나 머무르거나 앉거나 눕거나 하며, 자세히 말하면 일체의 먼저 받은 행을 그 거칠고 간략함에 따라 차례로 넘겨 버림이 없이 기억하여 훤히 아는 것인데, 이에 대하여 수습하고 많이 수습하기 때문에 수행의 과를 증득하는 것이며, 무량한 종류의 숙세에 머물렀던 곳에 대해, 자세히 말하면 모든 행상과 모든 말들에 이르기까지 모두 따라서 기억할 수 있는 것이다.

隨彼彼位, 若行·若住·若坐·若臥, 廣說一切先所受行, 隨其麤略, 次第無越, 憶念了知, 於此修習, 多修習故, 證得修果, 於無量種宿世所住, 廣說乃至所有行相, 所有宣說, 皆能隨念.

---

이번 생(生)뿐 아니라 과거에 어디에서 태어나 살았는지 무슨 일을 했는지 좋은 일 나쁜 일까지도 모두 알게 됩니다. 과거에 무슨 말을 했는지도 회상할 수 있습니다. 그러기에 우리는 자성 본체가 늘지도 않고 줄

지도 않는다는 것을 알 수 있습니다. 만약 우리가 과거를 회상하는데 잊어버렸다면 그 자성은 늘기도 하고 줄기도 한 것입니다. 그러므로 여러분이 책을 읽었는데 기억하지 못한다면 자신의 멍청함을 원망해서는 안 됩니다. 여러분의 업력과 관계된 것으로 무명(無明) 무기(無記)의 업이 너무 무거운 것입니다. 책을 한나절이나 읽었어도 기억하지 못하고 글자도 제대로 쓰지 못하고 문장도 쓰지 못하고 말로도 하지 못한다면, 모두 헛배운 것이며 무기와 무명 가운데 있습니다. 이것은 신통의 수행 가운데 과거를 훤히 아는 숙명통에 관해 이야기했습니다.

## 천이통과 천안통의 수행법

일곱 번째입니다.

---

종종품류집회음성상이란 말하자면 이 상으로 말미암아 두루 여러 촌읍과 마을에서, 혹은 장자들이거나 혹은 읍의 벼슬아치들이거나 혹은 그 밖의 대중들이거나 혹은 넓은 처소이거나 혹은 집이거나 방이거나 갖가지 종류와 대중들의 모임에서 나오는 갖가지 잡다한 종류의 소리를 떠들썩한 소리라고 하며, 혹은 큰 하천이거나 많은 흐름이거나 세찬 여울이거나 물결 소리 등에 대하여 그 상을 잘 취하며, 수소성정지의 작의로써 모든 천인의 멀거나 가깝거나 성인과 성인 아닌 이의 소리에 대해서도 힘써서 듣는데, 이것에 대하여 수습하고 많이 수습하기 때문에 수행의 과인 청정한 천이를 증득하게 되니, 이것으로 말미암아 인간 세상과 천상의 멀거나 가까운 일체의 소리를 들을 수 있는 것이다.

種種品類集會音聲想者, 謂由此想, 遍於彼彼村邑聚落, 或長者衆, 或邑義衆, 或餘大衆, 或廣長處, 或家或室, 種種品類諸衆集會, 所出種種雜類音聲, 名誼譟聲, 或於大河, 衆流激湍波浪音聲, 善取其相, 以修所成定地作意, 於諸天人, 若遠若近, 聖非聖聲, 力勵聽採, 於此修習多修習故, 證得修果淸淨天耳, 由是能聞人間天上, 若遠若近, 一切音聲.

'천이통(天耳通)'의 수행법은 타좌를 할 때 먼저 이근(耳根)을 사용합니다. 마치 관음법문을 수행하는 것처럼 일체 소리를 들으면 일념이 청정합니다. 그러나 소리에 주의해서는 안 됩니다. 주의하는 것이 망상이니, 뇌가 손상을 입어 귀가 먹을 수 있습니다. 또는 신경이 손상을 입을 수 있습니다. 정(定)의 경계 가운데서 그 소리를 자신이 천천히 듣는데 청정할수록 소리가 없습니다. 수많은 수도자가 산이나 숲속에 머무르고 특히 시냇가에 머무르면서 바람소리 물소리를 듣습니다. 시냇물에는 많은 종류가 있는데 어떤 시냇물은 물소리가 아름답습니다. 대륙에 있는 어떤 시냇물들은 그 소리가 음악보다 더 듣기 좋습니다. 시냇가에 부들방석을 펼치고 그 위에 앉으면 처음에는 소리가 들리지만, 서서히 외부 소리가 없어지면서 일체의 소리가 들리지 않게 됩니다.

소리가 들리지 않게 되었을 때, 홀연히 들으려고 하면 소리가 있고 듣지 않으면 소리가 없습니다. 산 바깥의 소리가 들리고 도시의 소리가 들리고 집안사람들이 이야기하는 소리가 들립니다. 서서히 여러 천(天)의 사람, 비인(非人), 천상의 인간과 심지어 보살제불의 설법하는 소리까지 들립니다. 여기에 앉아 있는데도 자신이 라디오 수신기가 되어 분명하게 들립니다. 이것을 천이통이라고 합니다. 인간 세상과 천상의 멀거나 가까운 일체의 소리가 모두 들립니다.

여덟 번째입니다.

광명색상상이란 말하자면 앞에서 말한 바와 같은 갖가지 모든 광명상에 대하여, 지극히 잘 취한 뒤에 곧 저 상에 대하여 작의하고 사유하는 것이다. 또 갖가지 모든 유정이 선과 불선 등 업용의 차별에 대하여 그 상을 잘 취하고 곧 저 상에 대하여 작의하고 사유하는 것이니, 이것을 광명색상상이라고 한다. 이것에 대하여 수습하고 많이 수습하기 때문에 수행의 과인 사생지통을 증득하게 되니, 이 청정한 천안통으로 말미암아 모든 유정이, 자세히 말하면 몸이 무너진 뒤에 선취[94]의 천과 세간 가운데 왕생하는 것을 보게 된다.

光明色相想者, 謂於如前所說種種諸光明相, 極善取已, 卽於彼相作意思惟. 又於種種諸有情類, 善不善等業用差別, 善取其相, 卽於彼相作意思惟, 是名光明色相想. 於此修習多修習故, 證得修果死生智通, 由是淸淨天眼通故, 見諸有情, 廣說乃至身壞已後, 往生善趣, 天世間中.

이것은 '천안통(天眼通)'을 말합니다. 앞에서 말했던 이 몸의 광명은 사대가 백골관으로 말미암아 빛으로 변화한 것으로, 빛으로부터 변화하고 싶은 대로 각종 빛이 모두 나타나는데 부처님의 각종 광명까지도 나타납니다. 이 광명의 형상[相]을 작의 사유하려면 먼저 일체의 광명상(光明想)을 수행해야 합니다. 가령 일륜관, 월륜관, 백골관 등을 하면 참된 광명이 생기는데 광명은 여전히 공(空)으로 변화하려고 합니다. 연기성공, 성공연기, 생기차제를 해내고 나면 원만차제로 되돌아갑니다. 원만차제를 해내고 나면 다시 생기차제로 돌아갑니다. 작용하고 싶은 대로 일체의 광명상을 생각하기만 하면 바로 성취하며 천안통을 얻을 수

---

**94** 착한 행위를 한 중생이 그 과보로 좋은 곳에 태어남을 말한다.

있습니다. 천안통이 있으면 "사생지통(死生智通)"을 증도하는데, 바로 죽은 후에 어떻게 환생하는지 또 어떻게 천도(天道) 가운데 환생하는지를 분명히 보는 것입니다. 안통을 증도하면 죽음에 임박한 사람이 비록 아직은 살아 있어도 이미 삼분의 일은 환생했음을 볼 수 있습니다. 어떤 사람은 장차 축생으로 변하는데, 꼬리가 이미 자라나고 있는 것을 분명히 볼 수 있습니다.

신통을 사용하는 것은 허락되지 않으니 신통은 사용하면 큰일 납니다. 계를 범하는 것일 뿐 아니라 여러분 스스로 큰일 납니다. 천안통이 최고조에 이르면 천상과 인간의 일체의 일을 마치 텔레비전 보듯이 보게 됩니다. 텔레비전 스위치를 켜는 것처럼 들어가고 싶은 그 광명정에 들어가서 무엇이든지 볼 수 있습니다.


## 타심통을 성취하다


아홉 번째입니다.

---

번뇌소작색변이상이란 말하자면 이 상으로 말미암아 탐·에·치·분·한·복·뇌·광·첨·간·질 및 교·해·무참·무괴와 모든 나머지 번뇌 및 수번뇌가 그 마음을 얽어매어서, 여러 유정의 갖가지 색위와 색상이 변하여 달라지는 것을 깨달아 알고 분별하는 것이다.

煩惱所作色變異想者, 謂由此想, 於貪恚癡忿恨覆惱誑諂慳嫉, 及以憍害無慚無愧, 諸餘煩惱及隨煩惱, 纏繞其心 諸有情類, 種種色位, 色相變異, 解了分別.

---

신통이라고 하면 사실 우리 범부들도 모두 지니고 있습니다. 이른바

"번뇌소작색변이상(煩惱所作色變異想)"이라는 것은 마음속에 번뇌가 있으면 얼굴에 바로 드러나고 동작으로도 나타나는 것이니, 이런 종류의 신통은 수행하지 않아도 모든 사람이 지니고 있습니다. 예를 들어 '탐심이 일어나면 그런 사람의 두 눈은 번들거리기 마련인데, 길에서 맛있는 호떡이라도 보게 되면 탐상(貪相)이 금방 드러납니다. '에(恚)'는 다른 사람을 싫어하는 것인데 그런 안색을 바로 알아볼 수 있습니다. '복(覆)'은 도피하는 것입니다. 잘못된 말을 하거나 잘못된 일을 저지르면 얼굴이 온통 빨개지는데 그럼에도 입으로는 아니라고 말합니다. 그것이 바로 덮어 버림〔蓋覆〕입니다. 그런 다음에는 논쟁을 벌이는데, 사리에 맞지 않는 말을 하며 억지를 쓰고 논리를 끌어다 꾸미고 자신의 결점을 덮어 버립니다.

'광(誑)'은 거짓말하고 허풍을 치는 것입니다. '첨(諂)'은 꼭 비위를 맞춰 주는 것만을 가리키는 것은 아닙니다. 일부러 듣기 좋은 말을 해서 여러분의 자존심을 높여 주고 여러분을 위로해서 안심시키는데, 사실은 모두 아부하는 번뇌를 범한 것입니다. '무참·무괴(無慚無愧)'와 같은 이런 번뇌는 『백법명문론』에도 나오는데 아주 두드러진 심리 상태입니다. 그 외에도 수번뇌들이 있는데 근본번뇌를 따라서 오는 것으로 여러분이 살펴봐도 나오지 않습니다. 사람만 그런 것이 아니라 개나 고양이도 "갖가지 색위〔種種色位〕" 다시 말해 갖가지 형색 즉 안색이나 육체의 색상 등등을 알아볼 수 있습니다. "색상이 변하여 달라지는 것〔色相變異〕"에서 색상은 바로 형상이나 신체인데, 신체가 왜 변했습니까? 왜 암이 생겼습니까? 어떤 병이든지 모두 과보(果報)로 온 것이고 유심(唯心)에서 온 것입니다. 주의해야 합니다! "깨달아 알고 분별하여〔解了分別〕" 한 번 보기만 하면 알게 됩니다.

이와 같은 색들은 탐욕이 있는 자의 색을 가지고 있는 분위의 색상이 변하여 달라지는 것이니, 말하자면 제근이 조급하고 흔들리며 제근이 도거하고, 말하는 데에 언제나 웃음을 머금게 된다. 이와 같은 색들은 진에가 있는 자의 색을 가지고 있는 분위의 색상이 변하여 달라지는 것이니, 말하자면 얼굴은 언제나 찡그리며 하는 말이 떠듬떠듬하고, 말하는 데에 언제나 색이 변화한다.

如是色類, 有貪欲者, 有色分位, 色相變異, 謂諸根躁擾, 諸根掉擧, 言常含笑. 如是色類, 有瞋恚者, 有色分位, 色相變異, 謂面恒顰蹙, 語音謇澀, 言常變色.

일체중생은 사대가 여전히 있는데, 그것을 "색을 가지고 있는 분위〔有色分位〕"라고 합니다. '색(色)'이 바로 지수화풍이고 '분위(分位)'는 단계를 말합니다. 육체가 존재한다는 것은 지수화풍이 여전히 있는 것이니, 탐할 만한 색상이 있고 색상의 변화가 있습니다.

탐욕 등의 심념(心念)을 지니고 있기 때문에, 한 사람의 심리가 작용을 일으키면 바로 육근(六根)에 변화가 일어납니다. 예를 들어 출가인은 아무거나 함부로 봐서는 안 되며 바르고 곧아야 합니다. 그런데 너무 보고 싶어서 살그머니 봤다면 곧 육근이 동요합니다. 마음은 아직 어지러워지지 않았더라도 육근이 먼저 들뜨기〔掉擧〕 시작하고 말하는 태도도 달라집니다. 또 탐심이 일어나기 때문에 "말하는 데에 언제나 웃음을 머금게 되니〔言常含笑〕" 남의 물건을 속여서 자신이 가지려고 생각하는 것입니다. 마치 점원이 고객에게 "이 물건 참 좋습니다! 어때요? 게다가 아주 쌉니다"라고 말하면 손님이 다가오는 것처럼 "말하는 데에 언제나 웃음을 머금으니" 이것으로 탐심이 일어났음을 알아볼 수 있습니다.

진에심(瞋恚心)을 지닌 사람은 그 얼굴에 빛 독촉을 하는 듯한 표정이

드러나는데, 얼굴색이 파랗게 되고 이마에 주름이 잡힙니다. 화가 나서 말을 하면 목소리도 변하고 안색도 변해서 한눈에 알아볼 수 있습니다.

---

이와 같은 색들은 어리석음이 있는 자의 색을 가지고 있는 분위의 색상이 변하여 달라지는 것이니, 말하자면 다분히 말을 잘 못하며 일의 이치에 어두워서 말로 설명하지를 못하며 말에 상스러움이 많다.

如是色類, 有愚癡者, 有色分位, 色相變異, 謂多分瘖瘂, 事義闇昧, 言不辯了, 語多下俚.

---

어리석은[愚癡] 사람도 알아볼 수 있습니다. 목소리가 바르지 않으며 그와 이치를 이야기해 보면 제멋대로 말합니다. 이 세상에 올바른 이치는 오직 한 갈래만 있는데 그의 그릇된 이치는 천 갈래 만 갈래입니다. 그는 아주 많은 그릇된 이치를 이야기합니다. 제가 늘 말하지만, 저는 친구가 아주 많은데 그들에게 어떤 일을 이야기하면 주제를 제대로 파악하지 못하고 다른 이유만 한가득 늘어놓습니다. 이런 부류의 총명한 사람을 자주 만나게 되는데, 실제로 이런 사람은 사리를 분명히 구분하지 못해서 "말로 설명하지를 못하며 말에 상스러움이 많아[言不辯了, 語多下里]" 즉 말하는 것도 거칠고 투박합니다.

---

이와 같은 행상의 부류들과 내지는 무참과 무괴 등에 얽어매인 자의 색이 갖고 있는 분위의 색상이 변하여 달라지는 것이니, 그 상을 잘 취하고 다시 저 상에 대하여 작의하고 사유한다. 이것에 대하여 수습하고 많이 수습하기 때문에 수행의 과인 심차별지가 발생한다. 이 지혜로 말미암기 때문에 다른 유정 보특가라에 대하여 심사하는 바를 따라서 사찰하는 바를 따라서 심의식 등을 모두 여실히 안다.

由如是等行相流類, 廣說乃至無慚愧等所纏繞者, 有色分位, 色相變異, 善取其相, 復於彼相, 作意思惟. 於此修習多修習故, 發生修果心差別智. 由此智故, 於他有情補特伽羅, 隨所尋思, 隨所伺察, 心意識等, 皆如實知.

---

다른 사람의 각종 행상(行相)의 표현에 대해 많이 분석하고 이해해야 합니다. 이렇게 연습하고 수지하면 타심통(他心通)이 오는데, 다른 사람이 마음을 일으키고 생각을 움직이기만 하면 이미 여러분에게 감응이 있어서 알게 됩니다. 앞의 예에서도 보았듯이 세상 사람은 심리가 변하면 안색이 바로 바뀝니다. 말을 할 때도 나타납니다. 그것은 수지한 사람뿐 아니라 일반인도 모두 알아차릴 수 있습니다. 타심통은 그 공력이 비교적 깊다는 차이가 있을 뿐입니다. 타심통을 수행한 사람 앞에서는 말을 할 필요가 없습니다. 그 앞에 서기만 하면 이미 여러분이 무엇을 말하려고 하는지 알게 됩니다. 이것이 바로 타심통입니다.


## 득도한 사람의 신통과 외도의 신통

열 번째, 열한 번째, 열두 번째입니다.

---

해탈·승처·변처의 상이란 앞의 삼마희다지와 같이 마땅히 수행의 상을 알아야 한다. 이 상에 대하여 몸소 가까이 하고 수습하고 많이 수습하기 때문에 가장 뛰어난 모든 성인의 신통인 변사통과 화사통과 승해통을 끌어낼 수 있다.

解脫·勝處·遍處想者, 如前三摩呬多地應知修相. 由於此想, 親近修習, 多修習故, 能引最勝諸聖神通若變事通, 若化事通, 若勝解通.

---

천안통 천이통 타심통 숙명통 신족통의 오통(五通)을 성취한 뒤에 가
장 마지막은 누진통(漏盡通)이니 지혜의 성취입니다. 앞의 삼마희다지
즉 삼매인 정혜등지(定慧等持)의 경계에 도달하면 자연스럽게 "제성신
통(諸聖神通)"을 일으키는데 바로 누진통입니다. 성인의 경계를 신묘하
게 밝히고(神而明之) 신묘하게 통하는(神而通之) 것입니다. 그런 까닭에
진리를 깨닫고 도를 증득한 사람은 읽지 않은 책이라 할지라도 가져와
서 한 번 보기만 하면 이해합니다. 바로 누진통의 승해신통입니다. 옛사
람들 중에 시문(詩文)이라고는 지어 본 적도 없는 사람들이 득도하면 시
문을 지을 수 있게 되었는데, 이것이 "승해통(勝解通)"으로 모든 것을 할
수 있습니다.

---

**그리고 무쟁원지의 네 가지 무애해를 끌어낼 수 있다. 법무애해와 의무애**
**해와 사무애해와 변무애해 등의 갖가지 공덕을 말한다.**

及能引發無諍願智, 四無礙解. 謂法無礙解·義無礙解·辭無礙解·辯無礙解等, 種
種功德.

---

수보리처럼 무쟁삼매(無諍三昧)를 얻는데 "무쟁(無諍)"은 바로 논쟁이
없음입니다. 여러분이 공(空)을 이야기해도 옳고 유(有)를 이야기해도
옳습니다. 그것은 일부러 옳게 말하는 것이 아니라 참으로 공(空)의 이
치를 꿰뚫고 나서 또 유(有)를 이해한 것입니다. 유의 이치를 꿰뚫고 나
서 또 공을 이해하였으니 공을 깨닫게 되었습니다. 모두 옳습니다! 그런
까닭에 무쟁이니, 불생불멸의 과위에서는 논쟁이 없습니다. 일체법이
장애가 없음에 도달한 것입니다. 그에게는 해결하지 못할 것이 없습니
다. 말재주에 막힘이 없어 언어로 표현하기만 하면 일체가 분명하고 거
칠 것이 없으니 모두 성취했습니다.

또 성인과 성인 아닌 이로서 두 가지 신경통에 차별이 있다는 것은, 성인의 신통은 변하는 바 대상을 따르고 화하는 바 대상을 따르고 승해하는 바를 따라서 일체를 다 여실하게 성취하여, 고치거나 다르게 함이 없이 감당하고 유용함을 말한다.

又聖非聖二神境通有差別者, 謂聖神通, 隨所變事, 隨所化事, 隨所勝解, 一切皆能如實成辦, 無有改異, 堪任有用.

성인 경계의 신통은 성인이 아닌 경계의 신통과 차별이 있습니다. 성인이 아닌 사람에게도 신통이 있습니까? 있습니다. 도를 깨닫지 못했어도 선정의 수련이 경지에 도달했기 때문입니다. 선정은 공법(共法)입니다. 그가 비록 도를 깨닫지 못하고 보리를 증득하지는 못했지만 정(定)을 이루었습니다. 정(定)을 이루어도 신통을 일으킬 수가 있습니다. 따라서 외도(外道)에도 신통을 얻은 사람이 있습니다. 다른 종교에서 특수한 수행을 하는 신도(信徒) 역시 작은 신통을 얻을 수 있습니다. 예를 들어 어떤 종교를 가진 신도의 기도는, 자신은 성령강림이라고 말하는데 아주 약간의 선정 경계입니다. 하지만 그는 성령(聖靈)이라고 해석합니다. 따라서 성인이 아닌 사람에게도 조금의 신통이 있거나 신통과 비슷합니다. 오통(五通)과 정(定)의 경계는 성인과 성인이 아닌 사람의 공법이기 때문에 오통은 결코 진기한 일이 아닙니다. 요가술이나 최면술을 수련한 외국 사람들 가운데는 미래를 예지하는 사람이 많습니다. 그것은 모두 보통(報通)으로 업보로부터 온 것입니다.

득도한 성인의 신통은 일체 변화가 자재합니다. 충실하게 해낼 수 있을 뿐 아니라 변동이 없습니다. 왜냐하면 그는 진리를 분명히 알기 때문에 변동하지 않습니다. 신통 역시 실재적이고 유용합니다. 득도하지 않은 사람의 신통은 유용할까요? 마찬가지로 유용합니다. 이 유용은 보리도(菩提道)와 선법(善法)에 대해서 신통이 유용하다는 말입니다.

---

**성인이 아닌 이의 신통은 이와 같을 수가 없으니, 마치 허깨비와 같아서 오직 볼 수 있을 뿐이고 받아 사용함은 감당하지 못한다.**

非聖神通不能如是, 猶如幻化, 唯可觀見, 不堪受用.

---

득도한 성인의 신통은 비유하자면 양신이 나오는[出陽神][95] 것과 같은데, 그가 한 잔의 차로 변해서 여러분에게 마시게 하면 여러분이 마시는 것은 진짜 차입니다. 뜨거우면 뜨거운 대로 차면 찬 대로 그 차를 마시고 나면 병이 있어도 나을 수 있습니다. 성인이 아닌 사람의 신통은 그렇게 해내지 못합니다. 그의 신통은 허깨비이고 차를 마셔도 진짜 차가 아니라 실물이 없습니다. 마치 여러분이 꿈을 꾸는 것과 비슷합니다. 꿈에서 음식을 먹으면 배가 부른 것처럼 생각되고 깬 뒤에도 그 맛이 남아 있는 것 같지만, 위장은 여전히 텅 비어 있습니다. 이것이 바로 성인이 아닌 사람의 신통이고 보통 사람의 신통입니다.

---

이와 같은 열두 가지 상을 몸소 가까이 하고 수습하며 많이 수습하기 때문에, 그 상응하는 바를 따라서 다섯 가지 신통을 끌어낼 수 있으며 불공 이생을 끌어낼 수 있는데, 그 상응하는 바와 같은 모든 성인의 공덕임을 알아야 한다.[96]

---

**95** 도가 수련의 마지막 단계가 양신(陽神)으로, 양신은 천지간(天地間)과 도계(道界)를 넘나들 수 있는 도체(道體)이고 수련자의 분신이다. 양신은 에너지와 식(識)을 함께 지녀서 작용력이 있다.

**96** 이 부분은 "이생과는 같지 않게 그 상응하는 바와 같은 모든 성인의 공덕을 끌어낼 수 있음을 알아야 한다"로 해석할 수 있다. 여기서는 저자의 풀이에 따라 해석했다.

當知如是十二種想, 親近修習多修習故, 隨其所應, 便能引發五種神通, 及能引發不共異生, 如其所應諸聖功德.

---

만약 이 열두 가지 상(想)의 수행에 성공한다면 다섯 가지 신통을 끌어 낼 수 있고 "불공 이생을 끌어냅니다[引發不共異生]." 무엇이 "불공(不共)"입니까? 바로 불공법(不共法)이며 도(道), 반야, 아뇩다라삼먁삼보리이기도 합니다. 무엇이 "불공 이생을 끌어내는" 것입니까? 그를 끌어내어 득도하여 성인이 되게 하는 것입니다. 이 열두 가지 상을 수행해서 신통 경계가 생긴다면 귀신도 여러분과 소통할 수 있게 됩니다. 정말입니다. 이 경계에 도달하면 "내가 타좌를 하려고 하는데 호법신 당신이 나를 위해 호법하시오. 다른 사람이 들어오지 못하도록 말이오"라고 여러분이 말하면 그가 여러분을 위해 호법합니다. 물론 여러분 눈에는 보이지 않습니다.

열두 가지 신통상(神通想)을 수행함에 있어서 여러분에게 오로지 원칙만 말씀드렸는데, 원칙을 모두 아시겠지요? 듣고서 아마 마음속으로 동경하는 마음이 생겼을 텐데, 저는 여러분이 잘 수지하기를 바랍니다. 수지하지 않으면 아무 소용이 없습니다. 불법을 배운다면서 제대로 하지 않아서 수지의 그림자도 없다면, 그러면서 무슨 신통을 말하겠습니까!

# 어떤 사람이 천계에 태어나는가

---

다음으로 이 가운데 초정려의 하품, 중품, 상품에 대하여 잘 수습하고 나면 그 상응하는 바를 따라서 장차 범중천, 범보천, 대범천의 중동분 가운데 태어난다.

復次此中於初靜慮下中上品善修習已, 隨其所應, 當生梵衆天·梵輔天·大梵天, 衆
同分中.

---

삼계천인표를 가지고 와서 대조해 보면 초선에 이른 사람은 죽은 후에
색계에 태어날 수 있습니다. 초선을 다시 상중하 삼품(三品)으로 나누는
데 범중천, 범보천, 대범천은 색계에 속합니다. 색계에 태어난 후 "중동
분 가운데〔衆同分中〕" 즉 그 천인들과 똑같이 천인으로 변하는데, 육도
(六道) 안에서 천도(天道)에 속합니다.

---

제이정려의 하품, 중품, 상품에 대하여 잘 수습하고 나면 그 상응하는 바를
따라서 장차 소광천, 무량광천, 극광정천의 중동분 가운데 태어난다. 제삼
정려의 하품, 중품, 상품에 대하여 잘 수습하고 나면 그 상응하는 바를 따라
서 장차 소정천, 무량정천, 변정천의 중동분 가운데 태어난다. 제사정려의
하품, 중품, 상품에 대하여 잘 수습하고 나면 그 상응하는 바를 따라서 장차
무운천, 복생천, 광과천의 중동분 가운데 태어난다.

於第二靜慮下中上品善修習已, 隨其所應, 當生少光天·無量光天·極光淨天, 衆同
分中. 於第三靜慮下中上品善修習已, 隨其所應, 當生少淨天·無量淨天·遍淨天,
衆同分中. 於第四靜慮下中上品善修習已, 隨其所應, 當生無雲天·福生天·廣果
天, 衆同分中.

---

이선(二禪)이나 삼선(三禪)을 이룬 사람도 모두 상중하 삼품이 있어서
각기 색계의 각 천(天)에 태어납니다. 그런데 사선(四禪)을 이룬 사람은
색계의 무운천(無雲天), 복생천(福生天) 및 광과천에 태어납니다.
　　색계천의 광과천은 범부천에 속하는데 범부가 어떻게 광과천에 태어
날 수 있을까요? 범부천이라고 한 것은, 지선(至善)까지 수행한 범인은

그 마음이 청정하여 정(定)에 근접했기 때문에 천계에 태어날 수 있다는 것입니다. 일부의 외도(外道)는 마지막까지 수지하여 비록 보리(菩提)와 성공(性空)의 진리는 깨닫지 못했어도 그의 공덕이 똑같기 때문에 광과천에 태어날 수 있습니다. 그런 까닭에 색계천 안의 이 한 층이 범부천에 속하는 것입니다. 다른 종교의 신도나 외도를 얕보지 마십시오. 그들 역시 수행으로 색계 천인의 과보를 얻을 수 있습니다. 우리는 자칭 부처님을 배운다고 하면서 반드시 해내지는 못하지 않습니까!

　주의하십시오! 이것은 선정 수련만을 말한 것으로 지혜까지 이야기한 것은 아닙니다. 이것은 단지 천인의 과보입니다. 여러분이 타좌해서 사선팔정까지 수행했다 할지라도 천인의 과보에 지나지 않습니다. 하지만 이것만으로도 훌륭합니다. 천인의 과보가 어디 말처럼 쉬운 일입니까! 여러분 남성과 여성이 정(定)을 수행해서 남성 천인으로 변하면, 한 명의 천인에게는 아주 많은 천녀(天女)의 배필이 있습니다. 계율이 엄격할 수록 과보가 더욱 크니 십선업(十善業)의 과보에 속합니다. 물론 여중천(女衆天)도 있어서 그곳에는 배필이 되는 남중(男衆) 역시 많습니다.

---

만약 불환과를 얻은 이라면 무루의 제사정려로 유루의 제사정려를 서로 섞어서 훈수하는데 이 중에서 하품, 중품, 상품, 상승품, 상극품에 대하여 잘 수습하고 나면 그 상응하는 바를 따라서 장차 오정거천의 중동분 가운데 태어난다. 무번천, 무열천, 선현천, 선견천, 색구경천을 말한다.

若不還者, 以無漏第四靜慮, 間雜熏修有漏第四靜慮, 即於此中, 下品·中品·上品·上勝品·上極品, 善修習已, 隨其所應, 當生五淨居天, 衆同分中. 謂無煩·無熱·善現·善見·色究竟天.

---

　색계에 머물러서 돌아오지 않는 사람은 "불환과(不還果)"이니 더는 인

간 세상에 오지 않습니다. 불환천(不還天)에는 다섯 하늘이 있으니 곧 무번천, 무열천, 선현천, 선견천, 색구경천입니다. 소승 삼과(三果)의 성인이 사는 곳으로 오정거천(五淨居天)이라고도 합니다. 이것은 제사정려이며 무루(無漏) 및 여전히 약간 섞여 있는 유루(有漏)의 과위입니다. 유루는 의도적으로 수행하는데, 팔십팔 결사 가운데 아직 약간의 깨끗지 못함[未淨]이 남아 있기 때문에 유루라고 합니다. 무루는 완전히 무의무심(無意無心)의 경계입니다.

---

만약 공무변처, 식무변처, 무소유처, 비상비비상처의 하품, 중품, 상품에 대하여 잘 수습하고 나면 장차 공무변천, 식무변천, 무소유천, 비상비비상천 등 수행에 따르는 천의 중동분 가운데 태어난다. 저 여러 천은 형색이 없음으로 말미암아 이 때문에 처소의 차별도 없으나 남아 있는 지은 바에는 그 차별이 있다. 무상정에 대하여 잘 수습하고 나면 장차 무상유정천의 중동분 가운데 태어난다.

若於空處·識處·無所有處·非想非非想處, 下中上品善修習已, 當生空處·識處·無所有處·非想非非想處, 隨行天衆同分中. 由彼諸天無有形色, 是故亦無處所差別, 然住所作有其差別. 於無想定善修習已, 當生無想有情天, 衆同分中.

---

공무변처와 식무변처 등은 무색계에 속하는데, 무색계 천인의 경계는 그림자조차 없어지기 때문에 국토(國土)도 없고 정위(定位)도 없습니다. 그러나 무색계의 중생 역시 차별이 있는데, 이러한 차별은 수지의 공력과 선행의 공력에서 비롯된 차별입니다. 무상정(無想定)을 잘 수행하면 무상천에 태어날 수 있지만 여전히 색계천에 속합니다.

# 왜 계를 지켜야 정에 도달할 수 있는가

다음으로 이 가운데서 무엇을 욕을 떠난 자의 형상이라고 알아야 하는가.
욕을 떠난 자는 신업에 편안히 머무르고 제근에 움직임이 없으며 위의의
나아가고 그침에 조급하거나 흔들림이 없다.

復次此中云何應知離欲者相. 謂離欲者, 身業安住, 諸根無動, 威儀進止, 無有躁擾.

이제 또 돌아와서 욕을 떠남[離欲]의 중요성을 다시 말씀드리겠습니
다. 우리는 수도하면서 첫 번째로 욕을 떠남을 수행해야 하는데, "욕을
떠나 존귀한 가르침에 귀의함[歸依法離欲尊]"에서 무엇을 이욕(離欲)이
라고 할까요? 비구계는 삼천의 위의(威儀)를 실천해야 합니다. 웃을 때
치아를 드러내지 않으며 길을 걸을 때 반듯해야 하며 좌우를 함부로 봐
서는 안 됩니다. 비구의 위의는 나아가고 그침에 조급하거나 흔들림이
없이 이와 같은 모습이어야 합니다. 수계(受戒)는 바로 이런 규율을 준
수해야 하는 것이니, 아직 수행이 정(定)에 이르지 못했기 때문입니다.
수행해서 정(定)을 이루고자 한다면 먼저 외형으로부터 시작해야 합니
다. 먼저 외형의 규범이 훌륭해야 내부로 들어갈 수 있습니다. 그렇기
때문에 계(戒)로 말미암아야 정(定)에 도달할 수 있다고 말하는 것입니
다. 여러분이 참으로 정(定)을 이루었다면 틀림없이 "신업에 편안히 머
무르고 제근에 움직임이 없으며 위의의 나아가고 그침에 조급하거나 흔
들림이 없을[身業安住, 諸根無動, 威儀進止, 無有躁擾]" 것이니 안팎이 일
치하게 됩니다.

하나의 위의로 오랜 시간을 경과할 수 있고, 놀라거나 두려워함이 많지 않
으며, 끝내 자주자주 위의를 바꾸지 않고, 말씨가 부드러우며 말씨가 고요

하고 떠들썩함을 좋아하지 않으며, 여럿이 모이는 것을 좋아하지 않고, 말이 차분하고 자세하며, 눈으로 색을 본 뒤에는 오로지 색을 깨달아 알 뿐 깨달아 앎으로 인하여 색에 대한 탐욕을 일으키지 않는다.

於一威儀, 能經時久, 不多驚懼, 終不數數易脫威儀, 言詞柔軟, 言詞寂靜, 不樂誼雜, 不樂衆集, 言語安詳, 眼見色已, 唯覺了色, 不因覺了而起色貪.

---

타좌 역시 하나의 위의(威儀)입니다. 여러분은 한 번 앉으면 몇 분을 계속합니까? (동학이 대답하다: 오십 분입니다.) 오십 분이라고 해도 앉아 있다 보면 허리와 등이 굽어지고, 누군가가 큰소리로 부르면 놀라는 형편이니 이래서는 안 됩니다. 참으로 욕을 떠남〔離欲〕을 얻은 사람은 행주좌와(行住坐臥) 가운데 어떤 위의에 있더라도 오래 계속할 수 있고 놀라거나 두려워하지 않습니다. "끝내 자주자주 위의를 바꾸지 않고〔終不數數易脫威儀〕"에서 '역(易)'은 변역(變易)의 역입니다. 말씨가 부드러우며 큰소리로 고함치지 않습니다. 욕을 떠난 사람은 좋아하는 색의 형상〔相〕을 보지 않을까요? 마찬가지로 봅니다. 하지만 구름이나 연기처럼 금방 사라져 버리고 조금도 남아 있지 않습니다.

---

이와 같이 귀로써 소리를 들은 뒤에도, 코로써 냄새를 맡은 뒤에도, 혀로써 맛을 맛 본 뒤에도, 몸으로써 촉감을 느낀 뒤에도, 오로지 소리에서 그 촉감에 이르기까지 깨달아 알 뿐 깨달아 앎으로 인하여 소리에 대한 탐욕 내지는 촉감에 대한 탐욕을 일으키지 않는다. 두려워하는 바가 없고, 각혜[97]가 그윽하고 깊으며, 경안이 광대하고, 몸과 마음이 은밀하며, 몹시 탐내는 것이 없고, 분을 일으킴이 없으며, 잘 참아 낼 수 있어서 갖가지 욕의 심사 등의 모든 바르지 않은 심사로 그 마음을 어지럽히지 않는다. 이와 같은 것들을 욕을 떠난 자의 형상이라고 하는 줄 알아야 한다.

如是耳聞聲已, 鼻嗅香已, 舌嘗味已, 身覺觸已, 唯覺了聲, 乃至其觸, 不因覺了而
起聲貪, 乃至觸貪. 能無所畏, 覺慧幽深, 輕安廣大, 身心隱密, 無有貪婪, 無有憤
發, 能有堪忍, 不爲種種欲尋思等諸惡尋思擾亂其心. 如是等類, 當知名爲離欲者相.

귀로 듣거나 코로 맡거나 상관없이 몸과 마음이 '은밀하며〔隱密〕' 탐념
(貪念)이 없습니다. 욕을 떠난 사람은 몸에 기맥이 움직이게 되어도 여
러분에게 말해 주지도 않고 설명하지도 않을 것입니다.

정(定)을 수행하는 수련에 관해, 백골관도 말했고 각종 정법(定法)도
말했으며 사선팔정도 이야기했습니다. 욕을 떠난 경계에 도달했어도 아
직은 세간의 정법(定法)에 속하는데, 불제자와 세간의 범부가 정(定)을
수행하는 공법(共法)입니다.

아래에서는 불공법(不共法)의 불법을 말씀드리겠습니다. 제34권 본지
분 중 성문지 제십삼 제사 유가처의 이〔本地分中聲聞地第十三第四瑜伽處
之二〕(855면)입니다.


## 성문도에서 보리도로 나아가야

이와 같이 이미 세간도에 나아가는 것을 말하였으며, 만약 즐거이 출세간
도에 나아가려면 마땅히 사성제의 경계에 의지하여 머물러야 한다.

如是已辯往世間道, 若樂往趣出世間道, 應當依止四聖諦境.

앞에서 말한 것은 세간도이며, 그다음의 이 한 권이 비로소 출세간법

---

**97** 외부의 모든 경계상을 그치게 하는 무분별지를 증득하는 것

을 말하고 있습니다. 성문 제자라면 사제(四諦)니 십이인연(十二因緣)이니 등에 대해서는 훤히 알고 있을 것입니다. 그런데 이미 오래전부터 들어왔다고 생각하지만 그중 하나도 증도(證到)하지 못했습니다. 여러분이 출세간도를 증득했다 치더라도 그것은 여전히 불법 가운데 외도(外道)에 속합니다. 여러분에게는 기초가 없기 때문입니다. 그렇기 때문에 성문도(聲聞道)로부터 수행하기 시작해서 마음을 큰 쪽으로 돌려 보리도(菩提道)로 나아가야 합니다. 총카파 대사의 『보리도차제광론(菩提道次第廣論)』과 아티샤 존자의 『보리도등론(菩提道燈論)』은 모두 『유가사지론』으로부터 일부를 뽑아내서 쓴 것입니다. 그러므로 여러분이 이 백 권의 경전을 분명하게 연구하면 전체 불법의 체계와 이론과 수지, 현교와 밀교의 수행법까지 모두 들어 있음을 알게 됩니다. 여러분의 일(一) 평생에 다 사용하지 못할 것이라고 말하지 마십시오. 만(萬) 평생이라도 다 사용하지 못합니다. 시방삼세 제불의 모든 수지가 이 내용을 벗어나지 않습니다.

이 백 권의 논술 중 제34권까지 말씀드렸는데 여전히 성문지입니다. 성문지 다음은 독각지(獨覺地)이고 그다음은 보살지(菩薩地)입니다. 보살지 각각의 지(地)의 수행 공부, 견지, 차례, 행원이 다 있습니다. 지금은 여러분에게 많이 말씀드리지는 않고 다음 주부터는 여러분이 듣고 싶어 했던 『선비요법』을 강의할 것입니다. 방법은 이미 공포했고 공문도 나왔으니 여러분은 기다렸다가 스스로 찾아보십시오. 이것은 비공개이니 진정으로 수지하는 사람을 제외한 나머지는 참가할 필요 없습니다.

이제부터 앞으로 돌아가서 제4권 본지분 중 유심유사 등 삼지의 일〔本地分中有尋有伺等三地之一〕(75면)을 보겠습니다. 제1권에서 제3권까지 세 권은 전오식(前五識)부터 제육식(第六識) 의지(意地)까지 설명하는데, 의지(意地)는 삼계를 포함합니다.

# 유정의 범위를 왜 여덟 가지로 분류하는가

이미 의지에 대해서는 말하였고, 무엇을 유심유사지라고 하며 무엇을 무심유사지라고 하며 무엇을 무심무사지라고 하는가. 총괄하여 올타남으로 말하리라. 계와 형상과 여리와 불여리와 잡염이 함께 발생함을 가장 마지막으로 하네.

已說意地, 云何有尋有伺地, 云何無尋唯伺地, 云何無尋無伺地. 總嗢柁南曰: 界相如理不如理, 雜染等起最爲後.

이것은 각각의 사상과 심리 작용의 경계를 말하는데, 그것의 한계와 논리적 범위는 모두 이치에 맞는〔如理〕 합리적 범위입니다. 이치에 맞지 않는〔不如理〕 것은 불합리이니 이 범위에 있지 않습니다. 이것은 완전히 논리입니다. 유심유사지, 무심유사지, 무심무사지의 사이에 때로는 섞인 것들이 있습니다.

이와 같은 세 가지 지를 간략하게 다섯 부문으로 시설하여 건립하는데, 첫째는 계를 시설하여 건립하는 것이고, 둘째는 형상을 시설하여 건립하는 것이며, 셋째는 여리작의를 시설하여 건립하는 것이고, 넷째는 불여리작의를 시설하여 건립하는 것이며, 다섯째는 잡염이 함께 발생함을 시설하여 건립하는 것이다.

如是三地, 略以五門施設建立, 一界施設建立·二相施設建立·三如理作意施設建立·四不如理作意施設建立·五雜染等起施設建立.

위에서 말한 삼지(三地)에는 다섯 가지 함의가 있습니다. 첫째는 범위를 가리키고 둘째는 현상(現象)을 가리키며 셋째는 이치에 맞는〔如理〕

것이니 바로 논리와 의미〔內涵〕입니다. 넷째는 불합리이니 옳지 않고 논리에 맞지 않으며 그 의미가 틀린 것입니다. 다섯째는 중간의 그다지 정확하지 않은 잡염(雜染)[98]입니다.

---

무엇을 계를 시설하여 건립하는 것이라고 하는가. 따로 올타남으로 말하리라. 수數와 처處와 양量과 수壽와 수용과 생, 자체와 인연과 과果와 분별이네.[99]

云何界施設建立. 別嗢柁南曰 : 數·處·量·壽·受用·生, 自體·因緣·果·分別.

---

　무엇이 "계를 시설하여 건립함〔界施設建立〕"입니까? 사람의 생각이 유심유사(有尋有伺)한 것이 바로 범부입니다. 범부의 생각은 모두 유심유사라서 이 생각하다가 저 생각하다가 유각유관(有覺有觀)입니다. '수(數)'는 수량이고 '처(處)'는 공간이며 '양(量)'은 범위의 크기이고 '수(壽)'는 수명이며 '수용(受用)'은 자신의 받아씀입니다. 지옥에 있다면 그 수량, 공간, 크기, 수명, 받아씀은 각각의 층이 모두 같지 않습니다. 가령 동양인과 서양인은 정치 환경과 사회 환경이 같지 않기 때문에 수량, 공간, 크기, 수명, 받아씀이 모두 같지 않습니다. 왜 같지 않을까요? 자체, 원인과 조건〔因緣〕, 과보 즉 결과, 분별이 모두 같지 않기 때문입니다. 이 경문(經文)은 대단히 이해하기 어렵습니다. 아주 오랜 세월 동안 모든 사람이 어렵다고 느꼈습니다. 어떤 문학가가 저에게 이렇게 말했습니다. "미국에 있는 중국인 밀종 대사가 당신이 『유가사지론』을 강의한다는 말을 듣자 저에게 이렇게 말했습니다. 『유가사지론』은 아주 중요합니

---

**98** 번뇌 또는 번뇌에 물든 것을 말한다.

**99** 이 부분은 "자체와 인연과의 분별이네"라고 해석하는 것이 타당해 보이나 원서의 구두점과 저자의 본문 풀이에 맞춰 옮겼다.

다! 현교가 됐건 밀교가 됐건 어느 종을 수행하든지 『유가사지론』을 모르면 헛수행한 것입니다!" 제가 말했습니다. "『유가사지론』이 중요하다는 것을 알다니 괜찮은 사람이군요." 본론에서 봤듯이 말하는 것이 모두 과학적이고 모든 부분이 아주 명확합니다.

---

계를 건립함은 여덟 가지 형상으로 말미암음을 알아야 하는데, 첫째는 수數의 건립이고 둘째는 처處의 건립이며 셋째는 유정의 양量의 건립이고 넷째는 유정의 수壽의 건립이며 다섯째는 유정의 수용受用의 건립이고 여섯째는 생生의 건립이며 일곱째는 자체自體의 건립이고 여덟째는 인연과 과보의 건립이다. 무엇을 수의 건립이라고 하는가. 간략히 삼계가 있는데 욕계, 색계, 무색계를 말한다. 이와 같은 세 가지를 타섭계라고 한다.

當知界建立由八種相, 一數建立·二處建立·三有情量建立·四有情壽建立·五有情受用建立·六生建立·七自體建立·八因緣果建立. 云何數建立. 略有三界, 謂欲界·色界·無色界. 如是三種, 名墮攝界.

---

계(界)의 건립은 여덟 가지 형상[相]으로 말미암는데, 수(數)의 건립은 삼계(三界)이고 "타섭계(墮攝界)"에 속합니다. '타(墮)'는 떨어짐이고 '섭(攝)'은 잡는다는 뜻으로, 삼계 바깥으로 벗어나지는 않는 것입니다. 삼계 바깥으로 벗어나면 성불하게 되니, 자성 본체로 돌아가서 본래 자리[本位]로 돌아갑니다.

---

타섭계가 아닌 것은 방편과 아울러 살가야의 소멸과 희론이 없는 무루계를 말한다.

非墮攝界者, 謂方便, 幷薩迦耶滅及無戲論無漏界.

---

방편이 있어야 떨어지지 않는데, 보살에게는 일체의 방편이 있지만 삼계를 벗어나는 것을 원하지 않습니다. 보살은 왜 삼계를 벗어나는 것을 원하지 않을까요? 삼계 가운데서 고뇌하는 중생을 구제하기 위해서입니다. "살가야(薩迦耶)"는 아견(我見)입니다. 아견이 멸한 사람, 무아(無我)의 사람은 희론이 없는 "무희론(無戲論)"을 이루어 공(空)에도 집착하지 않고 유(有)에도 집착하지 않습니다. 또 오로지 정토종만이 좋다거나 오로지 밀종만이 좋다거나 오로지 선종만이 좋다고 말하지 않는데, 그렇게 하는 것은 모두 희론(戲論)입니다. 오로지 "무루계(無漏界)"의 사람만이 떨어지지 않는 것은 삼계를 벗어났기 때문이지만 또 삼계에 임의로 기거하기도 합니다. 그러지 않으면 모두 "타섭계"입니다.

"수의 건립〔數建立〕"은 바로 삼계인데 첫 번째로 먼저 지옥을 이야기합니다. 천인의 대범천과 비교하는데 먼저 수명의 길이를 비교합니다. 여섯 줄 건너뛰어서 다음을 보겠습니다.

---

**처소의 건립이란 욕계에 서른여섯 개의 처소가 있으니……**

處所建立者, 於欲界中, 有三十六處……

---

서른여섯 개의 처소를 욕계라고 하는데, 천인과 지옥 등을 포함합니다. 욕계 중생의 생각은 일정하지〔定〕 않으며, 마음 작용〔覺〕이 있고 감수 작용〔受〕이 있어서 감각을 비워 버리지 못하며 생각과 망념도 비워 버리지 못합니다. 그래서 유심유사(有尋有伺)라고 합니다.

---

**다음으로 색계에 열여덟 개의 처소가 있으니……**

復次色界有十八處……

---

(77면) 색계천에는 열여덟 개 천(天)의 처소가 있습니다.

---

다시 정궁[100]을 넘어서 대자재보살이 머무는 곳이 있고 십지 보살이 있는데, 제십지를 지극히 익혀 닦았기 때문에 그곳에서 다시 태어난 것이다. 다음으로 무색계에는 네 가지 처소가 있기도 하고 혹은 처소가 없기도 한다.

復有超過淨宮, 大自在住處, 有十地菩薩, 由極熏修第十地故, 得生其中. 復次無色界有四處所, 或無處所.(78면)

---

대범천의 천주(天主)는 관자재보살의 화신인데 그곳에는 십지 보살이 있습니다. 무색계에는 네 가지 처소가 있는데 혹 없기도 합니다. 이것은 계(界)의 분별을 말한 것입니다. 우리는 감각을 지니고 있고 생각을 지니고 있어서 일체중생은 유심유사(有尋有伺)입니다. 그리하여 과보(果報)로 시종일관 삼계 가운데 있습니다.

---

유정의 양量의 건립이란 말하자면 섬부주[101]의 사람은 몸의 크기가 일정하지 않아서, 어떤 때는 높고 크며 어떤 때는 낮고 작지만 자신의 팔꿈치에 따라 삼 주肘[102] 반의 크기이다. 동쪽의 비제하는 몸의 크기가 결정되었지만 역시 자신의 팔꿈치를 따라 삼 주 반의 크기이고, 몸 또한 높고 크며, 동쪽

---

100 오정거천, 오나함천, 오불환천, 오정궁지라고도 한다. 문자 그대로는 청정한 거처이며, 청정한 업을 이룬 성인이 태어나 거주하는 처소를 말한다. 성문 사과 가운데 제삼과인 불환과 즉 아나함과를 증득한 성인이 거주하는 곳으로, 모든 견혹과 수혹 등 욕계의 모든 번뇌를 극복한 상태이다.

101 수미산을 중심으로 한 사방의 세계인 '사주(四洲)'로 남쪽의 섬부주(贍部洲), 동쪽의 승신주(勝神洲), 서쪽의 우화주(牛貨洲) 혹은 구타니주(瞿陀尼洲), 북쪽의 구로주(俱盧洲)가 있는데 그 가운데 남쪽의 섬부주만 인간이 산다고 알려져 있다.

102 주(肘)는 길이의 단위로 팔꿈치부터 가운데 손가락까지의 길이를 말한다.

의 비제하와 같이 이와 같이……

有情量建立者, 謂贍部洲人, 身量不定, 或時高大, 或時卑小, 然隨自肘三肘半量.
東毘提訶, 身量決定, 亦隨自肘三肘半量, 身又高大, 如東毘提訶如是……

---

　유정 세계의 사람과 사람은 차이가 있으니 몸의 크기가 다릅니다. 태
어나면서부터 키가 큰 사람도 있고 작은 사람도 있으며 살찐 사람도 있
고 마른 사람도 있는데, 자기 팔꿈치로 재어 보면 삼 주(肘) 반입니다.
"동비제하(東毘提訶)"는 바로 동승신주(東勝神洲)입니다.

---

제석천의 몸의 크기는 반 구로사[103]이고, 시분천[104]의 몸의 크기 또한 반 구
로사인데……

帝釋身量, 半拘盧舍, 時分天身量, 亦半拘盧舍……

---

　제석천은 거대해서 우리가 고개를 쳐들고 보더라도 그의 손에 미치지
못합니다. 옥황대제의 몸의 크기는 우리보다 훨씬 큽니다. 한 층 한 층
올라갈수록 천인의 몸의 크기는 거대해집니다.

---

수壽의 건립이란…… 어떤 때는 수명이 무량하기도 하고 어떤 때는 수명이
팔만 세이고, 어떤 때는 수명이 점차 감소하여 십 세에까지 이른다. 동비제
하의 사람은 수명이 결정되어 이백오십 세이며……

壽建立者……或於一時壽無量歲, 或於一時壽八萬歲, 或於一時壽量漸減, 乃至十

---

103 산스크리트어 krośa의 음역으로 고대 인도의 거리 단위이다. 소의 울음소리나 북소리를 들
　을 수 있는 최대 거리로, 실제 거리는 명확하지 않지만 보통 약 1km로 간주한다.
104 욕계육천(欲界六天)의 셋째 천인인 야마천의 다른 말이다.

歲. 東毘提訶人, 壽量決定二百五十歲……

남쪽의 섬부주의 사람은 수명이 일정하지 않은데, 삼십 일을 한 달로 삼고 열두 달을 일 년 일 세(歲)로 삼습니다. 수행으로 무량수세(無量壽歲)에 이를 수도 있고 일생이 팔만 세에 이를 수도 있습니다. 말겁 때에는 사람의 수명이 줄어서 십 세에 이를 뿐입니다. 동쪽의 승신주의 사람은 일생의 수명이 이백오십 세이며, 서쪽의 구타니주(瞿陀尼洲)의 사람은 일생이 오백 세이고, 북쪽의 구로주(拘盧洲)의 사람은 천 세까지 살수 있습니다.

또 인간 오십 세가 사대왕중천[105]의 하루 밤낮이 되며, 이러한 밤낮의 삼십일을 한 달로 하고, 열두 달을 일 세로 하여 저 천중들의 수명은 오백 세이다. 인간 백 세가 삼십삼천의 하루 밤낮이 되며, 이러한 밤낮을 사용함이 앞에서 말한 것과 같다.

又人間五十歲, 是四大王衆天一日一夜, 以此日夜, 三十日夜爲一月, 十二月爲一歲, 彼諸天衆, 壽量五百歲. 人間百歲, 是三十三天一日一夜, 以此日夜如前說.

사람의 수명은 일반적으로 오십 세인데, 위로 올라갈수록 늘어납니다.

수용의 건립이란 간략히 세 가지가 있는데, 고락을 수용하는 것과 음식을 수용하는 것과 음욕을 수용하는 것을 말한다. 고락을 수용하는 것이란 말하자면 나락가의 유정은 대부분 극한 벌로 다스리는 괴로움을 수용한다.

---

[105] 욕계육천 중 첫 번째 천(天)이다. 아래로부터 차례로 사대왕중천, 삼십삼천, 야마천, 도솔천, 낙변화천, 타화자재천이 있다.

受用建立者, 略有三種, 謂受用苦樂·受用飮食·受用婬欲. 受用苦樂者, 謂那落迦
有情, 多分受用極治罰苦.

수용에는 고락, 음식, 음욕 세 가지가 있습니다. 지옥이 바로 "나락가
(那落迦)"인데 그 속에는 음욕이 없습니다. 날마다 벌을 받고 있기 때문
에 이러한 음욕의 일을 생각할 틈이 없기 때문입니다.

**방생의 유정은 대부분 서로 잡아먹는 괴로움을 수용한다.**

傍生有情, 多分受用相食噉苦.

축생에게는 먹어도 배부르지 않은 고통이 있습니다. 그래서 오직 조금
의 음욕만 지니는데 오로지 사람만이 함부로 합니다.

아귀의 유정은 대부분 극도의 굶주림과 목마름의 괴로움을 수용하며, 인간
세상의 유정은 대부분 불만족스러움을 쫓아서 구하는 갖가지 괴로움을 수
용하며, 천계의 유정은 대부분 쇠하여 번뇌하고 떨어져 없어지는 괴로움을
수용한다.

餓鬼有情, 多分受用極飢渴苦, 人趣有情, 多分受用匱乏追求種種之苦, 天趣有情,
多分受用衰惱墜沒之苦.

삼계의 괴로움은 제각기 다릅니다. 여러분이 본론에 나오는 삼계육도
(三界六道)의 각종 상황을 연구해 본다면 아주 많은 책을 쓸 수도 있습니
다. 각 층의 천계의 천인에게는 혼인 제도도 있으며 수명도 있습니다.
이것이 불학의 지식입니다. 여러분은 이런 불학의 지식이 우리의 수지
와 무슨 관계가 있는가 하고 생각합니다. 이것들이 보기에는 모두 그냥

신화 같지만 여러분의 수지와 절대적인 관계를 지니고 있습니다. 그러
므로 주의해야 합니다.

이번 주 금요일에는 계속해서 『유가사지론』을 말씀드리고 다음주부터
『선비요법』의 과정으로 들어가겠습니다.

제20강

• 제4권 계속

　인간 세상에 생을 받는 유정은 대부분 이와 같은 불만족스러움의 괴로움을 받는데, 이른바 선천적으로 굶주리고 목말라서 불만족스러운 괴로움, 바라는 것을 이루지 못해 불만족스러운 괴로움, 거친 음식에 불만족스러운 괴로움, 간절하고 추구하고 섭수하는 등에 불만족스러운 괴로움, 시절이 바뀌어 춥거나 더워서 불만족스러운 괴로움, 집으로 가려주는 것이 없고 지은 것을 물에 적셔 불만족스러운 괴로움, 어두움 등의 장애가 있어서 행한 사업을 모두 다 중단하고 폐하여 불만족스러운 괴로움이다.

　모든 천인이 막 죽으려고 할 때에 다섯 가지 형상이 먼저 나타나는데, 첫째는 더러움이 없던 옷에 더러움이 나타나게 되며, 둘째는 옛날에는 시들지 않았던 화관이 지금은 시들게 되며, 셋째는 양 겨드랑이에서 땀이 흐르며, 넷째는 몸에서 더러운 냄새가 나며, 다섯째는 천인 및 천자가 본래 자리를 좋아하지 않는다. 저 천인이 숲에 누워 있으면 모든 천녀가 다른 천자들과 함께 즐긴다. (하략)

• 제5권 본지분 중 유심유사 등 삼지의 2 本地分中有尋有伺等三地之二

다음으로 색계의 초정려지에서 생을 받는 여러 천들은 곧 저 지地의 욕계를 떠난 기쁨과 즐거움을 누린다. 제이정려지의 여러 천들은 선정에서 비롯된 기쁨과 즐거움을 누린다. 제삼정려지의 여러 천들은 기쁨에서 떠난 훌륭한 즐거움을 누린다. 제사정려지의 여러 천들은 평정한 생각이 청정하고 적정하고 움직임이 없는 즐거움을 누린다. 무색계의 여러 천들은 지극히 적정한 해탈의 즐거움을 누린다.

　또 여섯 가지 수승으로 말미암기 때문에 고락의 수승을 마땅히 알아야 한다. 첫째는 형량수승이고 둘째는 유연수승이며 셋째는 연수승이고 넷째는 시수승이며 다섯째는 심수승이고 여섯째는 소의수승이다. 왜 그런가. 몸의 크기가 점차 붇고 넓고 커지면서 여시여시하게 괴로움이 더해진다. 의지가 점차 다시 연약해지면서 여시여시하게 괴로움이 더해진다. 괴로움이 더해지는 것이 이와 같듯이, 즐거움이 더해지는 뜻도 그 상응하는 바를 따라서 자세히 말함을 알아야 한다. 또 즐거움에는 두 가지가 있는데, 첫째는 비성재非聖財에서 생겨나는 즐거움이고 둘째는 성재에서 생겨나는 즐거움이다. 비성재에서 생겨나는 즐거움이란 네 가지의 자구資具를 반연하여 생겨나는 것을 말하는데, 첫째는 적열자구이고 둘째는 자장자구이며 셋째는 청정자구이고 넷째는 주지자구이다.

적열자구란 탈것과 의복과 여러 장엄구, 노래와 웃음과 춤과 음악, 도향塗香과 머리 꽃장식, 갖가지 진기한 즐길거리와 빛을 비추고 남녀 노복이 모시고 호위하고, 창고의 갖가지 재물을 말한다. 자장자구란 무심사륜석으로 두드리고 누르고 문지르는 등의 일을 말한다. 청정자구란 길상초, 빈라과, 나패와 만옹 등의 물건을 말한다. 주지자구란 마시고 먹는 것을 말한다. 성재에서 생겨나는 즐거움이란 일곱 가지의 성재를 반연하여 얻게 되는 것을 말한다. 어떤 일곱 가지인가. 첫째는 신信이요 둘째는 계戒요 셋째는 참慚이요 넷째는 괴愧요 다섯째는 문聞이요 여섯째는 사捨요 일곱째는 혜慧이다. (중략)

다음으로 삼계 유정이 의지하는 바 몸을 어떻게 봐야 하는가. 말하자면 지독한 열이 나는 종기와 같으니 추중이 따르는 것이기 때문이다. 이 몸에서 즐거움의 감수가 생기면 어떻게 봐야 하는가. 말하자면 지독한 열이 나는 종기가 잠시 차가운 감촉을 만나는 것과 같다. 이 몸에서 괴로움의 감수가 생기면 어떻게 봐야 하는가. 말하자면 지독한 열이 나는 종기가 뜨거운 재에 닿은 것과 같다. 이 몸에서 괴롭지도 않고 즐겁지도 않은 감수가 생기면 어떻게 봐야 하는가. 말하자면 지독한 열이 나는 종기가 차갑고 뜨거운 등의 접촉으로부터 떠난 것과 같은 것은 자성의 지독한 열이 본래부터 머무르는 것이기 때문이다.

박가범께서 말씀하시기를 즐거움의 감수는 무너질 괴로움이기 때문에 괴로움이며, 괴로움의 감수는 괴로움에 괴로움이기 때문에 괴로움이며, 괴롭지도 않고 즐겁지도 않은 감수는 행온의 괴로움이기 때문에 괴로움이다 하셨다. 또 말씀하시기를 애미가 있는 기쁨이 있고 애미를 떠난 기쁨이 있으며 애미를 뛰어나게 떠난 기쁨이 있으니, 이와 같은 종류는 경에서 자세히 말한 것과 같으며 이계二界에 속함을 알아야 한다. 또 박가범께서는 상수멸의 즐거움을 건립하여 즐거움 가운데 제일이라고 하셨는데, 이것은 즐거움에 머무름에 의지하는 것이지 즐거움을 받는 것을 말하는 것이 아니다. 또 세 가지 즐거움이 있다고 말씀하셨는데, 탐을 떠나고 진을 떠나고 치를 떠나는 등의 욕을 말하며, 이 세 가지 즐거움은 오직 무루계에서만 얻을 수 있기 때문에 이 즐거움을 상락이라고 하는 것이며 무루계에 포함된다.

다음으로 음식수용이란 삼계의 장차 태어나고 이미 태어난 유정이 수명에 안주하게 하는 것을 말하는데, 이 가운데 촉식·의사식·식식의 세 가지 식 때문에 일체 삼계의 유정이 수명에 안주하게 된다는 것을 알아야 한다. 단식 한 가지만이 욕계의 유정으로 하여금 수명에 안주하게 한다. 다시 나락가에서 생을 받는 유정에게는 미세한 단식이 있으니, 말하자면 장부 속에 미세하게 움직이는 풍이 있어서 이 인연으로 말미암아 저들이 오래도록 머무르게 된다. 아귀·방생·사람에게는 거친 단식이 있는데 조각내어 씹어 먹는 것을 말한다. 다시 미세식이 있는데, 말하자면 갈라람 등의 위에 머무르는 유정 및 욕계의 여러 천들은 저것을 먹음으로 말미암아 모든 단식이 일체의 몸의 부분과 마디마디에 흘러 들어가는데, 보통 곧 소화되어 변예가 없다.

다음으로 음욕수용이란 나락가의 모든 유정들에게는 다 음행하는 일이 없으니 이유가 무엇인가. 저 유정들은 오랫동안 끊임없이 갖가지 극도로 사납고 날카로운 괴로움을 많이 받기 때문이다. 이 인연으로 말미암아 저 유정들은 만약 남자라면 여자에 대하여 여자에 대한 욕구를 일으키지 않으며, 만약 여자라면 남자에 대하여 남자에 대한 욕구를 일으키지 않으니, 어찌 하물며 엎치락뒤치락하며 둘씩 교회하겠는

가. 만약 아귀·방생·사람의 모든 의신依身은 괴로움과 즐거움이 서로 섞이기 때문에 음욕이 있으며, 남녀가 엎치락뒤치락하며 둘씩 교회하여 부정한 것을 유출한다. 욕계의 여러 천들은 비록 음욕을 행할지라도 이러한 부정한 것은 없으나, 근문에서 풍의 기운이 나와야 번뇌가 곧 그치게 된다. 사천왕중천은 둘씩 교회하면 들끓는 번뇌가 비로소 그치게 된다. 사천왕중천과 같이 삼십삼천 또한 그러하다. 시분천은 서로서로 안기만 해도 들끓는 번뇌가 바로 그치게 된다. 지족천은 서로 손을 잡기만 해도 들끓는 번뇌가 바로 그치게 된다. 낙화천은 서로 쳐다보며 웃기만 해도 들끓는 번뇌가 바로 그치게 된다. 타화자재천은 눈만 서로 바라보아도 들끓는 번뇌가 바로 그치게 된다. 또 삼주의 사람은 처첩을 받아들이고 시집가고 장가가는 제도를 베풀어 실시한다. 북쪽의 구로주에는 내 것이 없어서 받아들일 곳이 없기 때문에 일체의 유정이 처첩을 받아들이는 일이 없고, 또 시집가고 장가가는 일도 없다. 삼주의 사람이 이와 같듯이 대력귀 및 욕계의 여러 천들도 또한 그러한데, 오로지 낙화천과 타화자재천은 제외된다.

또 일체 욕계의 천들은 여자의 자궁에 처하는 일이 없으나, 사대왕중천은 부모의 어깨 위나 혹은 품속에서 다섯 살 소아와 같은 크기로 갑자기 화출한다. 삼십삼천은 여섯 살과 같고, 시분천은 일곱 살과 같고, 지족천은 여덟 살과 같고, 낙화천은 아홉 살과 같고, 타화자재천은 열 살과 같다.

다음으로 생의 건립이란 세 가지 욕생을 말하는데, 혹 어떤 중생은 현재의 욕망의 대상에 머무르니, 이처럼 현재의 욕망의 대상에 머무름으로 말미암아 부귀가 자재하다. 저것은 다시 무엇을 말하는가. 일체의 사람 및 사대왕중천부터 지족천에 이르기까지를 말하는데, 이것을 첫 번째 욕생이라고 한다. 혹 어떤 중생은 욕망의 대상을 변화시키니, 이처럼 욕망의 대상을 변화시킴으로 말미암아 부귀가 자재하다. 저것은 다시 무엇을 말하는가. 낙화천을 말하는데, 저 여러 천들은 자기를 위하여 욕망의 대상을 변화시키며 남을 위한 것이 아니기 때문에, 오직 자신이 여러 욕망의 대상을 변화시키기 때문에 부귀가 자재하다. 이것을 두 번째 욕생이라고 한다. 혹 어떤 중생은 남이 욕망의 대상을 변화시키고 남이 변화시킨 여러 욕망의 대상으로 말미암아 부귀가 자재하다. 저것은 다시 무엇을 말하는가. 타화자재천을 말하는데, 저 천들은 자기의 인연을 위해서도 능히 변화시키며 남의 인연을 위해서도 능히 변화시키기 때문에, 자신이 변화시키는 것을 기이하게 여기지 않으며 남이 변화시킨 욕망의 대상을 이용하여 부귀가 자재하게 되니, 그러므로 이 천을 타화자재라고 말하는 것이며, 저 여러 천들은 오직 남이 변화시킨 욕망의 대상을 수용할 뿐 아니라 또 자신이 변화시킨 욕망의 대상을 수용하는 것이어서 이것을 세 번째 욕생이라고 한다.

다시 세 가지 낙생이 있다. 혹 어떤 중생은 이생희락을 이용하여 그 몸을 씻으니, 초정려지의 여러 천들을 말하며 이것을 첫 번째 낙생이라고 한다. 혹 어떤 중생은 정생희락으로 말미암아 그 몸을 씻으니, 제이정려지의 여러 천들을 말하며 이것을 두 번째 낙생이라고 한다. 혹 어떤 중생은 이희락으로써 그 몸을 씻으니, 제삼정려지의 여러 천들을 말하며 이것을 세 번째 낙생이라고 한다. 질문: 무슨 까닭에 세 가지 욕생과 세 가지 낙생을 건립하는가. 답: 세 가지의 구함으로 말미암기 때문이니, 첫째는 욕망의 구함이고 둘째는 존재의 구함이며 셋째는 범행의 구함이다. 만약 모든 사문 혹은 바라문 중에 욕구에 떨어지는 자는 일체가 다 세 가지 욕생이 되니, 더 이상 늘어남이 없다. 만약 모든 사문 혹은 바라문 중에 존재의 구함에 떨어지는 자는 대체로 즐거움을 구하고 즐거움을 탐하기 때문에 일체가 다 세 가지 낙생이 된다. 세간 중에 괴롭지도 않고 즐겁지도 않은 적정이 생겨나는 곳을 추구하는 자는 매우 적기 때문에 이 이상에서는 생으로 세우지 않는다. 만약 모든 사문 혹은 바라문 중에 범행을 구함에 속하는 자는 일체가 다 무루계를 구함이 되지만, 혹은 다시 어떤 그릇된 범행을 구함에 속하는 자가 있다. 부동을 구하기 위하여 공무변처·식무변처·무소유처·비상비비상처에 그릇된 분별을 일으키면서도 해탈을 위한 것이라고 말한다. 이것은 유상의 범행을 구하는 것임을 알아야 한다. 무상의 범행을 구하는 것은 무루계를 구하는 것을 말한다.

우리는『유가사지론』을 강의하면서 수지하여 정(定)을 수행하는 방면에 치중했습니다. 게다가 타좌 수련이나 정(定)을 수행하는 방면이 세간법과 출세간법의 공법(共法) 방면에 치우쳐 있었습니다. 그러니까 세간정(世間定) 방면의 수행이라고도 말할 수 있습니다. 이제 되돌아와서 정법(定法)과 선법(善法)의 수지와 삼계 천인의 관계를 말씀드리겠습니다. 다들 주의하십시오. 요즘 불법을 배우는 사람들은 천인의 사이와 천인의 경계를 대충 적당히 넘겨 버리는데 그것은 타당하지 않습니다. 주의해야 합니다.

　이제 다시 제4권의 유정의 수용 건립〔有情受用建立〕을 보도록 하겠습니다. '수용(受用)'은 바로 우리가 평소에 말하는 생명을 누리는〔享受〕 것입니다.

# 삼계 육도의 괴로움과 즐거움

지옥은 등급이 나뉘어 있는데 지옥에는 온통 괴로움만 있고 즐거움이 없습니다. 십팔층 지옥은 결코 십팔층 건물 같은 것이 아닙니다. 층은 등급이며 고통받는 상황의 많고 적음[多少]과 차이를 가리킵니다. 축생도는 서로 잡아먹으니 역시 괴로움입니다. 아귀도의 중생은 영원히 음식을 먹지 못하는데, 우리가 보는 물이 아귀에게는 불로 보입니다. 우리가 맑은 물이라고 하는 것을 천인이 보면 더러운 것과 마찬가지입니다.

왜 이러할까요? 삼계의 모든 것은 오로지 마음[唯心]이 변한 것이고 오로지 인식된[唯識] 것이 나타나기 때문입니다. 이러한 이치는 여러분이 정(定)을 얻고 신통을 얻어야 분명히 볼 수 있습니다. 그러므로 인간 세상에서는 어느 것이 깨끗한지 어느 부분이 깨끗하지 않은지 단정 짓기 어렵습니다.

인도(人道)에서 받는 것은 가난의 괴로움, 구해도 얻지 못하는 괴로움입니다. 천인(天人)의 경계는, 천인에게도 사망하고 타락하는 괴로움이 있습니다. 다시 여러분의 주의를 일깨웁니다. 수용(受用)은 생명을 누리는[享受] 것인데 괴로움과 즐거움[苦樂], 음식, 음욕의 세 가지 차별이 있습니다. 불법이 아직 전해지기도 전에 중국의 성인은 이미 "음식과 남녀, 인간의 큰 욕망이 거기에 있다[飮食男女, 人之大欲存焉]"라고 말했습니다. 어찌 인간만 그러하겠습니까. 일체중생이 모두 이 욕(欲)의 경계 안에서 생활하고 있습니다.

이런 것을 아는 것이 도를 닦는 공부와 무슨 관계가 있을까요? 여러분은 불학 연구와 관계가 없다고 생각하여 책을 읽고 그냥 넘어가 버립니다. 그런 자세는 완전히 잘못된 것입니다. 이런 것을 알고 나서는 수련을 해서 자신의 생리와 심리의 변화를 시험해 봐야 합니다. 사실 감각상의 괴로움과 즐거움은 모두 수용(受用)의 과보입니다. 예를 들어 이 자리에 있는 어떤 동학은 사흘이면 이틀을 아픕니다. "근심 중에 있지 않으면 병중에 있네[不在愁中卽病中]"라는 이것이 바로 수용의 과보입니다. 신체가 건강한 사람은 병이 없고 두뇌 또한 맑지만 그런 사람은 만 명 가운데 몇 명 되지 않습니다. 나머지 대부분은 병의 고통 가운데 있으니, 이것이 바로 수용의 과보입니다.

그러므로 불법을 배우고 수지하는 사람은 자기 심리의 탐진치만 및 생리적 괴로움과 즐거움 같은 수용의 과보가 도대체 얼마나 전화했는지 검증해야 합니다. 진보가 있는지 없는지는 자신이 일종의 거울입니다. 그렇기 때문에 불법의 이치에 통하지 않으면 안 되는 것입니다.

여러분이 처음 타좌를 할 때에는 다리가 저리고 부어서 괴로움을 수용하지 않았습니까! 왜 다리가 저리고 붓는 걸까요? 여러분 몸의 업기가 거칠고 무거우며 머리가 멍청하고 지혜가 열리지 않으며 감정이 늘 변하기 때문인데, 이것이 바로 지옥에 있는 것입니다. 여러분은 반드시 지옥에 내려가야만 이런 업보를 받는다고 생각합니까? 여러분 몸에 지옥의 업이 있고 천인의 업, 인도의 업, 축생의 업이 모두 있습니다. 불법의 이런 기초 및 불학 지식을 먼저 잘 이해해야 됩니다.

다시 몇 쪽을 넘겨보면 지옥의 괴로움을 말하고 있습니다. 그냥 보기에는 마치 신화를 이야기하는 것 같지만 사실 여러분이 지옥을 자세히 연구해 보면, 우리가 평소 살고 있는 것이 바로 지옥임을 알게 됩니다. 잠을 너무 오래 자면 목이 비틀리는데 이 비틀림은 아주 견디기 힘듭니다. 마치 지옥에서 줄로 목을 옥죄어 비트는 것 같은 고통입니다. 특히 여성은 생리가 시작되기 전이면 기분이 가라앉고 기운이 하나도 없는데, 그것은 이미 지옥에 내려간 것이 아닙니까? 또 어떤 때가 내려간 것입니까?

정말로 지옥에 내려가면 그 괴로움은 만 배나 더 큽니다. 그래서 서둘러 벗어나기를 구해야 합니다. 이 내용은 잘 봐야 하는데, 자신의 몸과 마음을 가지고 체득하면 알게 됩니다. 이제 제4권 89면을 말씀드리겠습니다. 중간에 건너뛴 부분은 여러분 스스로 봐야 합니다. 보고 나서도 지식으로 여겨서는 안 됩니다. 기억하고 수련해서 체득해야 합니다.

---

인간 세상에 생을 받는 유정은 대부분 이와 같은 불만족스러움의 괴로움을 받는데, 이른바 선천적으로 굶주리고 목말라서 불만족스러운 괴로움, 바라는 것을 이루지 못해 불만족스러운 괴로움, 거친 음식에 불만족스러운 괴로움, 간절하고 추구하고 섭수하는 등에 불만족스러운 괴로움, 시절이 바뀌어 춥거나 더워서 불만족스러운 괴로움, 집으로 가려주는 것이 없고 지은 것을 물에 적셔 불만족스러운 괴로움, 어두움 등의 장애가 있어서 행한 바 사업을 모두 다 중단하고 폐하여 불만족스러운 괴로움이다.

又人趣中受生有情, 多受如是匱乏之苦, 所謂俱生飢渴匱乏苦, 所欲不果匱乏苦, 麤疏飲食匱乏苦, 逼切追求攝受等匱乏苦, 時節變異, 若寒若熱匱乏苦, 無有舍宅覆障, 所作淋漏匱乏苦, 黑闇等障, 所作事業皆悉休廢匱乏苦.

---

인간 세상의 중생이 받는 각종 괴로움은 앞에서 이미 말씀드렸는데, 기후가 변하면 몸이 견뎌내지 못해서 병이 납니다. 그 밖에도 갖가지 불만족스러운[匱乏] 괴로움이 있어서 인간 세상의 중생은 모두 빈궁 속에서 일생을 보냅니다. 별의별 것이 다 없습니다. 지옥, 축생, 아귀, 인도 모두 괴로움 속에서 생활합니다. 천도는 괴로움이 있을까요, 없을까요? 아래에서 여러분에게 말해 줍니다.

---

모든 천인이 막 죽으려고 할 때에 다섯 가지 형상이 먼저 나타나는데, 첫째

는 더러움이 없던 옷에 더러움이 나타나게 되며, 둘째는 옛날에는 시들지 않았던 화관이 지금은 시들게 되며, 셋째는 양 겨드랑이에서 땀이 흐르며, 넷째는 몸에서 더러운 냄새가 나며, 다섯째는 천인 및 천자가 본래 자리를 좋아하지 않는다.

有諸天子將欲沒時, 五相先現, 一衣無垢染, 有垢染現, 二鬘舊不萎, 今乃萎領, 三兩腋汗流, 四身便臭穢, 五天及天子不樂本座.

---

천 년 만 년을 산 천인(天人)이 죽으려고 할 때는 먼저 다섯 가지의 쇠하여 가는 형상[相]이 나타납니다. 천인은 옷이 바로 피부이며 본래는 깨끗한데, 죽음이 다가오면 더러워지고 검버섯이 나타납니다. 천인은 태어날 때부터 머리에 자연스럽게 화관(花冠)이 있는데, 죽음이 다가오면 화관이 시들어 버립니다. 사실 어디 천인만 그렇습니까. 우리 사람에게도 천인의 성분이 있습니다! 우리 피부도 젊을 때에는 빛나고 매끈거리지만 늙으면 검버섯이 생기고 주름이 집니다. 눈도 노화가 오고 귀도 밝지 않아서 잘 들리지 않습니다.

우리가 어릴 때 들은 이야기인데, 염라대왕은 세 통의 편지를 노인들에게 보낸다고 합니다. 첫 번째는 치아가 빠지고 나서, 두 번째는 눈이 잘 보이지 않게 되고 나서, 세 번째는 귀가 들리지 않게 되고 나서입니다. 천인은 화관이 바로 머리카락인데, 나이를 먹으면 머리카락이 누렇게 되었다가 하얗게 변합니다. 『도화원기(桃花源記)』에서 "누런 머리털의 노인과 더벅머리 드리운 아이[黃髮垂髫]"라고 말했는데, 천인 역시 똑같습니다. 천인의 대소변은 원래 냄새가 나지 않지만 죽기 전에는 냄새가 납니다. 땀 냄새도 나게 됩니다. 나중에는 천인 및 천자가 앉거나 서는 것도 편안하지 않게 됩니다. 뭐 굳이 천인만 그렇습니까. 우리 인간 세상의 늙은이도 앉거나 서는 것이 편안하지 않게 됩니다. 앉아서는 베개에 기대어 있고 오래 서 있으면 힘이 드는데, 천인 역시 그러합니다.

---

**저 천인이 숲에 누워 있으면 모든 천녀가 다른 천자들과 함께 즐긴다.**

時彼天子偃臥林間, 所有婇女與餘天子共爲遊戲.

---

이때 천인이 야외로 가서 누우려고 하면 이 천녀들은 그가 곧 죽는다는 것을 알아차립니다. 이것은 이 부류 천인의 고통을 말하는데, 천인 역시 생사(生死)로부터 달아나지 못합니다. 무색계에 이르러도 마찬가지입니다. 삼계 바깥으로 벗어나지 않는 한 영원히 윤회 가운데 있으면서 영원히 고통으로부터 떠나지 못합니다.

그런데 여러분이 알아야 할 것이 있습니다. 사실 천계에 태어난다고 말하지만 뭐 그리 대단할 것도 없습니다. 저는 어려서부터 지금까지 불법을 배우면서 설령 요괴의 사당을 보게 되더라도 합장을 했습니다. 여우도 수행을 하면 정괴(精怪)[106]가 될 수 있는데 저보다 훨씬 많이 수련했기 때문에 저는 그들을 공경하며 성황신도 공경합니다. 삼보(三寶)에 귀의했다고 해서 외도(外道)를 무시해서는 안 됩니다. 물론 공경하고 합장한다고 해서 그에게 귀의하는 것은 아닙니다. 공경할 만한 것을 공경하는 것뿐입니다. 그가 착한 일을 우리보다 많이 했기에 이런 과보를 지니게 된 것입니다. 우리는 그 축에도 끼지 못합니다. 그런데 보통 사람들은 삼보에 귀의하면 귀신에게 절하지 않습니다. 하지만 귀신도 여러분을 상대하지 않을 것입니다. 약간의 선행 공덕조차 없는데 뭘 하러 여

---

**106** 중국의 정(精) 중에서 인간과 연관되어 괴이한 일을 일으키는 존재의 총칭이다. 산속에서 인간을 습격하는 이매망량(魑魅魍魎) 등이 대표적으로, 요괴 같은 존재는 모두 정괴에 포함된다고 한다.

러분을 상대하겠습니까!

물론 우리가 아귀보다는 좀 낫습니다. 그런데 저는 때때로 우리가 아귀보다 못하다는 생각도 합니다. 여러분은 자신에 대해 잘 생각해 보고 이런 부분을 분명하게 연구해야 합니다. 삼계 바깥으로 벗어난다는 것이 어디 그리 말처럼 쉬운 일입니까! 여러분은 도를 성취하지 못하더라도 정토에 왕생하고 싶다고 말하지만, 천도에 태어나는 것도 큰 정력(定力)과 공덕이 필요한데 하물며 부처님의 정토는 더더욱 어렵습니다. 다른 것은 말할 것도 없고 다시 태어나서 총명한 사람이나 부귀한 사람이 되는 것도 아주 어려운 일입니다. 지금 이 선당에 있는 우리처럼 대부분이 가난하면서 가난할수록 다른 사람을 무시합니다. 항상 "그 사람이 뭔데, 난 그에게 아쉬운 말 하지 않을 거야"라고 말합니다. 하지만 여러분은 뭐라도 됩니까? 다른 사람도 여러분이 와서 부탁하는 걸 원하지 않습니다. 그러므로 오만해서는 안 됩니다. 이런 부분도 철저히 연구해야 합니다.

이 단락은 천인의 경계를 말하는데, 왜 여러분에게 이것을 말씀드릴까요? 부처님을 배우는 기본 및 육도윤회의 현상을 분명히 알아야 하기 때문입니다.

이제 제5권 본지분 중 유심유사 등 삼지의 이〔本地分中有尋有伺等三地之二〕로 넘어가겠습니다. 이 부분의 자료가 정(定) 수행과 관련이 있으며 각각이 수련과 관련 있습니다.


## 선정 수행의 괴로움과 즐거움

유심유사(有尋有伺)는 곧 유각유관(有覺有觀)입니다. 요즘 말로 하면 감각(感覺)과 지각(知覺)을 지니고 있다는 말입니다. 그런 까닭에 우리가 지금 타좌를 하고 수련을 해도 이 경계 안에 있습니다. 결코 이러한 유심유사지(有尋有伺地)의 경계를 벗어나지 못합니다.

---

**다음으로 색계의 초정려지에서 생을 받는 여러 천들은 곧 저 지地의 욕계를 떠난 기쁨과 즐거움을 누린다.**

復次於色界中, 初靜慮地受生諸天, 卽受彼地離生喜樂.

---

우리가 정(定)을 수행해서 초선정(初禪定)에 이르면 색계에 도달한 것입니다. 정을 수행하는 공부의 성과를 강조해서 정을 닦으면 천계에 태어날 수 있다고 말한다면, 좋은 일을 할 필요는 없다는 말입니까? 좋은 일을 해야 하고 복보를 키워야 한다면, 어떻게 좋은 일을 하면서 또 정을 닦을 수 있을까요? (동학이 대답하다: 마음을 일으키고 생각을 움직임에 있어서 선심만을 생각합니다.)

그런 것은 빈말이며 아무 소용이 없습니다. 예를 들어 제가 지금 푸짐하게 쌓인 맛있는 음식을 관상하여 여러분을 초대했다면 여러분이 음식을 먹은 것입니까? 아닙니다. 밀종의 관상은 저도 배운 적이 있습니다만, 만약 이렇게 하는 것을 보시(布施)라고 말한다면 저도 할 수 있습니다. 가령 모든 불보살을 청해 놓고 제가 관상을 해서 십공(十供)[107]으로 공양한다면 저는 한 푼도 쓰지 않았습니다. 제가 아무리 공양하고 아무리 절을 한들 이런 관상이 무슨 소용이 있겠습니까? 이것은 수행법을 연습하는 것에 불과합니다.

그런 까닭에 사마천이 말했습니다. "내가 빈말을 기록하는 것은, 행한

---

107 십공양(十供養)이라고도 한다. 부처님께 향(香) 화(花) 등(燈) 도(塗) 과(果) 다(茶) 사(食) 보(寶) 주(珠) 의(衣) 등 열 가지를 공양하는 것을 말한다.

일에서 보여 주는 절실함과 명백함만 못하다〔我欲載之空言, 不如見之於行事之深切著明者也〕.” 그렇습니다. 공허한 이론이나 빈말은 행동으로 사람을 구해 내는 것만 못합니다. 여러분이 자비를 일으킨다고 말하고 날마다 자비심을 수행하고 있다면 그것은 모두 공상(空想)입니다. 저의 이 말에 주의해야 합니다. 종교를 배우거나 불법을 배우는 사람은 모두 허무하고 아득한 환상에 떨어지기 쉽습니다. 실제적인 일처리를 말하고 있는데 하나같이 현실을 도피한다면 그것이 무슨 소용 있습니까? 어떻게 수행에 성공을 거두겠습니까?

하지만 요령 있는 방법이 하나 있으니 바로 선정(禪定)입니다. 공덕과 복덕이 모두 정(定)에서 오기 때문입니다. 왜일까요? 정(定)에 이르는 것은 소극적인 복덕을 얻는 것으로 보살행과는 같지 않습니다. 보살행은 선정에 집착하는 것이 허락되지 않으니 그것은 계를 범하는 것입니다. 보살의 경계는 사마천이 했던 그 말, 빈말을 하는 것은 행동으로 보여 주는 것만 못하다는 것으로, 반드시 실제적인 행위가 있어야 하며 절실하게 행해야 합니다. 보살계에서는 선정에 집착하는 것이 불가합니다. 하지만 소승계에서는 선정이 복덕을 기르는 것입니다.

보살계에서도 선정이 복덕을 기른다고 인정합니다. 여러분이 선정을 수행할 때에는 마음을 일으키고 생각을 움직임에 있어 악념(惡念)이 없어지기 때문입니다. 그것이 공덕입니다. 하지만 왜 소극적인 것일까요? 여러분이 선정 수행을 할 때 중생은 자신도 모르게 수많은 악업을 짓기 때문입니다. 원자폭탄이나 ‘레이저 무기’ 같은 것까지 발명했으니까요. 여러분에게는 그런 물건을 발명할 능력이 없었다고 말하지 마십시오. 오로지 여러분이 선정 속에 있었기 때문에 비록 적극적으로 선을 행하지는 않았지만 악업도 짓지 않은 것입니다. 그래서 소극적인 선을 행했다고 하는 것입니다.

다들 생각해 보십시오. 한 사람이 세상을 살아가면서 어떻게 다른 사람에게 부탁하지 않았겠습니까? 우리는 매일 다른 사람을 성가시게 하고 있습니다. 태어나면 부모의 보살핌에 기대게 되는데 이것이 바로 다른 사람에게 부탁하는 것입니다. 부모에게 부탁하지 않습니까! 장성할 때까지 계속 다른 사람에게 부탁하고 있습니다. 어떤 사람은 자신이 고상하고 명예를 사랑하지 않고 이익을 사랑하지 않으며 그저 출근해서 돈을 벌어 생활할 뿐이라고 생각합니다. 질문하겠습니다. 여러분에게 일할 기회를 줄 사장이 없다면 여러분이 출근하겠습니까? 그런 까닭에 불법은 여러분에게 사중은(四重恩)에 보답하라고 합니다. 저는 늘 한 사람이 사는 동안 얼마나 많은 사람에게 피해를 끼치는가를 생각합니다. 물론 피차 서로 희생해야 살아갈 수 있기는 하지만, 불법을 배우는 사람은 도리에 통해야 보살행을 일으킬 수 있습니다. 아무것도 상관하지 않고 그저 자기 자신만 상관하면 된다고 생각해서는 안 됩니다.

여기 이곳에서 얼마나 많은 사람이 여러분을 공양합니까! 어떤 사람이 환경을 깨끗하게 청소해 줍니까? 어떤 사람이 돈을 낸 것입니까? 여러분은 무슨 덕과 무슨 능력으로 이 밥을 먹습니까? 이것을 분명하게 생각해야 합니다. 그러지 않으면 부처님을 배운다면서 다음 생에 멍청이로 변할지도 모릅니다. 이래 가지고 왕생할 수 있겠습니까? 여러분이 왕생한다면 제가 단숨에 붙잡아 와서 여러분에게 빚을 갚으라고 할 겁니다! 어떻게 왕생을 합니까? 주의해야 합니다! 선정의 공덕은 소극적인 것입니다.

저는 여러분에게 이치를 말씀드린 것이니 혼내고 있는 것이라고 생각하지 마십시오. 여러분이 혼나고 있는 것이라고 생각한다면 여러분의 관념이 틀린 것이고 여러분이 업을 짓는 것입니다. 저는 엄중하고도 신중하게 여러분에게 이치를 말씀드리는 것뿐입니다. 불법을 배우면서 이

치에 통하지 않는다면 무슨 불법을 배운다는 것입니까? 엄중하게 말씀
드리지만, 여러분이 가벼운 마음으로 들어 넘기고 그저 무슨 팔식(八識)
이니 반야니 하는 것이 불법이라고 생각할까 봐 두렵습니다. 팔식 아니
라 백 개의 식(識)이라도 아무 소용없습니다! 여러분이 분명하게 알지
못하면 소용없으니 제발 주의하십시오.

---

제이정려지의 여러 천들은 선정에서 비롯된 기쁨과 즐거움을 누린다. 제삼
정려지의 여러 천들은 기쁨에서 떠난 훌륭한 즐거움을 누린다. 제사정려지
의 여러 천들은 평정한 생각이 청정하고 적정하고 움직임이 없는 즐거움을
누린다.

第二靜慮地諸天, 受定生喜樂. 第三靜慮地諸天, 受離喜妙樂. 第四靜慮地諸天, 受
捨念淸淨寂靜無動之樂.

---

초선을 이룬 사람은 색계 초선천(初禪天)에 태어남을 누리는데, '이생
희락(離生喜樂)'의 과보를 받습니다. 제이선은 이선의 여러 천에 태어나
며 '정생희락(定生喜樂)'의 과보를 받습니다. 제삼선(第三禪)의 경계는
'이희묘락(離喜妙樂)'의 과보를 받습니다. 제사선(第四禪)은 색계의 여러
천에 태어나는데, '사념청정(捨念淸淨)'의 과보를 받고 또 "적정하고 움
직임이 없는 즐거움[寂靜無動之樂]"의 과보를 받습니다. 이러한 사선천
(四禪天)을 분명히 알아야 하니 여러분의 수련과 절대적인 관계가 있습
니다.

---

무색계의 여러 천들은 지극히 적정한 해탈의 즐거움을 누린다.

無色界諸天, 受極寂靜解脫之樂.

---

정(定)의 경계가 색계를 넘어서 무색계에 이르면 그 과보는 적정한 해탈의 즐거움입니다.

---

**또 여섯 가지 수승으로 말미암기 때문에 고락의 수승을 마땅히 알아야 한다.**

又由六種殊勝故, 苦樂殊勝應知.

---

천인의 경계에는 아주 많은 계층이 있습니다. 여러 종류의 계층은 괴로움과 즐거움이 다 다릅니다. 천인의 고락(苦樂)은 우리 사람들과 같아서 가난뱅이에게는 가난의 고락이 있고 부자에게는 부유함의 고락이 있습니다. 제각기 누리는 고락이 다른데 이것은 모두 수행의 과보입니다.

---

**첫째는 형량수승이고 둘째는 유연수승이며 셋째는 연수승이고 넷째는 시수승이며 다섯째는 심수승이고 여섯째는 소의수승이다.**

一形量殊勝, 二柔輭殊勝, 三緣殊勝, 四時殊勝, 五心殊勝, 六所依殊勝.

---

문자의 의미를 대략 아시겠습니까? (동학이 대답하다: 모르겠습니다.) 문자를 이해하는 게 쉽지는 않습니다. 앞에서 말했던 그 문학가가 저에게 말하기를, 자신은 『유가사지론』 수업을 들으면서 잠들었다고 했습니다. 처음에는 그에게 머리가 나쁜 것이라고 꾸짖었는데, 나중에 본론을 펼쳐서 자세히 봤더니 맙소사! 이걸 어떻게 읽으라고 해야 이해할 수 있을까 싶었습니다.

이 단락은 고락의 형량(形量)과 등차(等差)가 같지 않음을 말하고 있습니다. 우리가 글쓰기를 배운다면 아주 간단합니다. 먼저 괴로움과 즐거움에 하나의 원칙을 정하고 그런 다음 어떻게 괴로운지 또 어떻게 즐거운지 쓰는 것입니다. 본문의 글쓰기는 상대적인 정면(正面)과 반면(反

面)을 모두 써 놓아서 아주 과학적입니다. 먼저 괴로움을 말씀드리겠습니다. 한 생명이 받는 괴로움에는 여섯 가지 원인이 있습니다. 첫 번째는 "형량(形量)"이니 바로 우리 형체 즉 몸의 크기[身量]입니다. 두 번째는 "유연(柔軟)"이니 그와 상대되는 말은 경화(硬化)입니다. 세 번째는 '연(緣)'이니 바로 외연(外緣)입니다. 돈이 있느냐 없느냐, 사는 집은 좋냐 좋지 않느냐 하는 것입니다. 단체가 함께 살게 되면, 이 사람이 저 사람을 보면 마음에 들지 않고 저 사람이 이 사람을 보면 마음에 들지 않습니다. 이 또한 연(緣)이지만 좋지 않은 연입니다. 여러분은 열 명이 한 방에 같이 사는데, 여러분이 나머지 아홉 명의 동학을 사랑하고 그 아홉 명도 여러분을 사랑한다면 여러분은 하루 종일 편안할 것입니다. 하지만 과연 그렇게 할 수 있습니까? 어머니와의 연(緣)이라고 해도 좋은 경우가 있고 나쁜 경우가 있을 것입니다. 연(緣)이 나쁜 경우에는 다투게될 것인데, 이것이 바로 연이 수승하지 못한 것입니다. 네 번째는 "시수승(時殊勝)"이니 가령 우리가 태어난 이 시대는 괴로움의 시대입니다. 다섯 번째는 "심수승(心殊勝)"이니 마음[心念]과 생각은 똑같지 않습니다. 여섯 번째는 "소의수승(所依殊勝)"이니, 의지하는 바 즉 근거가 똑같지 않습니다. 우리가 경문의 본론을 읽고 이해할 수 있어야 참으로 불법을 배운다고 할 수 있습니다.

## 괴로움과 즐거움은 상대적이다

왜 그런가. 몸의 크기가 점차 붇고 넓고 커지면서 여시여시하게 괴로움이 더해진다. 의지가 점차 다시 연약해지면서 여시여시하게 괴로움이 더해진다.

何以故. 如如身量漸增廣大, 如是如是苦轉殊勝. 如如依止漸更柔軟, 如是如是苦轉殊勝.

---

미륵보살이 말하기를, 이 고락(苦樂)은 상대적인 것으로서 몸의 크기
〔身量〕가 커지면 괴로움이 더하게 된다고 했습니다. "수승(殊勝)"이란 바
로 더해진다는 뜻이니, 몸의 크기가 커지면 괴로움이 더하게 됩니다.
"의지(依止)"는 자연스럽게 내버려 두면 연약해진다는 것이니, 늙어서
치아가 빠졌다면 연약해진 것입니다. 눈의 기능도 퇴화합니다. 그러면
괴로움이 커지는데 바로 이런 이치입니다. 이렇게 읽어 가면 이해가 되
지요? 아시겠지요?

---

**괴로움이 더해지는 것이 이와 같듯이 즐거움이 더해지는 뜻도 그 상응하는
바를 따라서 자세히 말함을 알아야 한다.**

如苦殊勝如是, 樂殊勝義, 隨其所應, 廣說應知.

---

괴로움〔苦〕과 상반되는 안락함이라는 측면이 바로 즐거움〔樂〕입니다.
가령 목이 마른데 차지도 뜨겁지도 않은 물이 손에 있어서 한 모금 마신
다면 상쾌하겠지요! 이것이 바로 쾌감이고 바로 안락함입니다. 무좀 때
문에 가려워서 양말을 벗고 손으로 긁으면 얼마나 시원합니까! 그 또한
쾌감입니다. 향수(享受)를 말하면서 괴로움을 즐거움으로 삼는다고 하
지만, 어느 중생이 괴로움을 즐거움으로 삼지 않습니까? 천인도 괴로움
을 즐거움으로 삼습니다. 밥을 먹는데 어떤 요리가 맛이 있으면, 맛있는
것이 즐거움이고 안락함입니다. 다음날 배가 아픈데 아무리 힘을 줘도
나오지 않으면 얼마나 견디기 힘든지요! 괴로움입니다.
그러므로 인생을 절실하고 깊게 깨달아야 불법을 배울 수 있습니다.
그러지 않고 공허한 불학만 이야기한댔자 무슨 소용이 있습니까? 괴로

움과 즐거움은 이렇게 상대적입니다. 괴로움이 더해짐에 상대적인 것이 즐거움이 더해지는 것입니다. 이런 이치에 "그 상응하는 바를 따라서〔隨其所應〕" 즉 서로 감응하여 "자세히 말함을 알아야 합니다〔廣說應知〕." 제가 방금 여러분에게 말씀드린 것 같은, 밥 먹을 때의 안락함과 화장실 갈 때의 괴로움 같은 이런 것이 바로 자세히 말하는 것입니다. 넓게 확장해서 이야기해 주면 여러분은 바로 이해합니다. 여러분의 몸과 마음이 이 부분에서 절실하게 체득해야 합니다.

---

또 즐거움에는 두 가지가 있는데, 첫째는 비성재에서 생겨나는 즐거움이고 둘째는 성재에서 생겨나는 즐거움이다. 비성재에서 생겨나는 즐거움이란 네 가지의 자구를 반연하여 생겨나는 것을 말하는데, 첫째는 적열자구이고 둘째는 자장자구이며 셋째는 청정자구이고 넷째는 주지자구이다.

又樂有二種, 一非聖財所生樂, 二聖財所生樂. 非聖財所生樂者, 謂四種資具爲緣得生, 一適悅資具, 二滋長資具, 三淸淨資具, 四住持資具.

---

쾌락에는 두 가지가 있습니다. 우리는 쾌락을 느껴야 비로소 향수(享受)합니다. 그래서 인생이 말하는 향수는 쾌락을 이야기하며 결코 괴로움이 아닙니다. 이십 세기 현대인은 향수주의(享受主義)입니다. 현대인은 과거나 미래의 인류에 대해 고개를 들 수 없는 시대를 살고 있습니다. 문화도 없고 사상도 없이 오로지 현실만 있고 오로지 누리는〔享受〕 것만 중시하여 이 시대에 대해 백지 답안만을 제출하기 때문입니다. 이것은 상공업이 발달한 결과입니다.

여기에서 말하는 향수(享受)는 무엇을 향수하는 것일까요? 이제 여러분에게 말씀드리는데, 한 가지는 성스러운 것〔聖財〕이 낳는 즐거움이고 다른 한 가지는 성스럽지 않은 것〔非聖財〕이 낳는 즐거움입니다. 비성재의 즐거움은 네 가지로 나누는데, "첫째는 적열자구입니다〔一適悅資具〕." '자구(資具)'는 물질이니 생활의 물질적인 수요입니다. "둘째는 자장자구이니〔二滋長資具〕" 생명의 영양입니다. 생명이 계속 존재하기 위해서는 영양도 필요합니다. "셋째는 청정자구이니〔三淸淨資具〕", 현대인이 사용하는 도구는 모두 청결하고 위생적이어서 고대에 비해 훨씬 좋습니다. 옛사람이 "밝은 창 깨끗한 책상〔窓明几淨〕"이라고 했는데 이 정도면 훌륭한 것입니다. 옛날에는 황궁도 어둑어둑해서 그다지 쾌적하지 못했습니다. 깊은 산속의 신선은 하루 온종일 습기에 잠겨 있어서 마찬가지로 쾌적하지 못했습니다. 요즘처럼 제습기를 켰다면 얼마나 쾌적하고 얼마나 청결하고 얼마나 맘껏 누렸을까요. "넷째는 주지자구이니〔四住持資具〕" 음식 방면입니다. 중식에 양식에 홍콩식에 일식 등 얼마나 좋습니까! 아래는 해석으로 첫 번째입니다.

---

적열자구란 탈것과 의복과 여러 장엄구, 노래와 웃음과 춤과 음악, 도향[108]과 머리 꽃장식, 갖가지 진기한 즐길거리와 빛을 비추고 남녀 노복이 모시고 호위하고, 창고의 갖가지 재물을 말한다.

適悅資具者, 謂車乘衣服諸莊嚴具, 歌笑舞樂, 塗香花鬘, 種種上妙珍玩樂具, 光明照曜, 男女侍衛, 種種庫藏.

---

일체의 생활 도구가 모두 있습니다. 마치 중일 전쟁 시기에 어떤 사람이 출세를 하고 부자가 되어 고향에 돌아오면 단번에 집안이 확 펴져서 자동차, 집, 돈, 부인, 아들이 생기는 것과 같습니다. 다들 노래 부르고

---

108 향기 나는 나무를 분말로 하여 그것을 물에 타서 몸에 바르는 향을 말하며, 수행자의 몸에 발라 부정을 씻고 사기(邪氣)를 없앤다.

춤추며 각종 오락을 즐기고, 사는 집은 웅장하고 화려하며 부리는 사람 또한 많습니다. 오늘날의 재벌처럼 고용인 많고 무엇이든 다 있습니다. 어제 어떤 동학이 편지를 보내왔는데, 대만의 어떤 대기업가가 양명산에 마치 황궁 같은 별장을 소유하고 있는데 부리는 사람도 아주 많다고 했습니다. 손님이 오면 주인이 위층에서 CCTV로 보고서 만나고 싶지 않으면 없다고 말하라고 합니다. 그래서 마치 황제라도 된 것처럼 만나기 어렵다는 것이었습니다.

저는 편지를 보고 그냥 웃었지만 마음속으로는 그 친구가 가엾게 여겨졌습니다. 아마도 누려 본 적이 없어서 그럴 것입니다. 제가 볼 때 현재의 물질은 모두 누릴 만한 것이 아닙니다. 솔직히 말해서 저는 그보다 더 안락한 환경도 누려 본 적이 있는데 사실 이 모든 것은 가짜입니다. 여러분은 그것을 분명하게 봐야 합니다. 하지만 여러분은 경험한 적이 없기 때문에 이 모든 것이 가짜이며 뭐 그리 대단한 것이 아니라고 말할 자격이 없습니다. 예전에 대륙에 아주 큰 부자가 있었는데 그 호화로움을 여러분은 상상도 할 수 없을 것입니다. 집에서 사용하는 기구가 모두 옥그릇〔玉器〕, 은그릇〔銀器〕, 금그릇〔金器〕이었는데 그것들이 아무렇지 않게 놓여 있고 신경도 쓰지 않았습니다. 그런 것을 호화로움이라고 합니다. 다이아몬드, 보석, 금괴 같은 것들도 대수로이 여기지 않고 아무렇게나 놓여 있었습니다. 그러나 인생을 아는 사람은 그런 것을 거들떠보지 않습니다. 왜일까요? 금괴는 금괴일 뿐 밥이 되지 못하니 뭐 그리 진귀한 것도 아닙니다. 다음은 두 번째입니다.

---

**자장자구란 무심사륜석으로 두드리고 누르고 문지르는 등의 일을 말한다.**

滋長資具者, 謂無尋思輪石搥打, 築踏按摩等事.

---

"자장자구(滋長資具)"는 현대의 안마, 태극권, 기공 등등 신체를 보양하여 성장하게 만드는 것입니다. 이런 방법을 사용해서 이 생명이 자라고 성장하게 만듭니다. 다음은 세 번째입니다.

---

청정자구란 길상초, 빈라과, 나패와 만옹 등의 물건을 말한다.

淸淨資具者, 謂吉祥草·頻螺果·螺貝滿瓮等事.

---

고대 인도는 우리가 사는 현대와 비교할 수 없이 뒤떨어졌습니다. 당시에는 중국의 자기(瓷器)가 아직 인도에 전해지지 않았기 때문에 그들에게는 도기(陶器)밖에 없었습니다. 당시 인도에서는 길상초(吉祥草)로만든 자리를 즐겨 사용하였는데, 중국에서 예전에 사용하던 용수초(龍鬚草) 자리는 현대의 초석(草席)보다 시원하고 편안했습니다. 고대의 화폐로는 먼저 조개껍질을 가지고 돈을 대신했으며, 한(漢) 왕조 이후로는 포목을 화폐로 사용했습니다. 지폐는 원(元) 왕조부터 생겨났는데 이것은 세간의 재물이니 성재(聖財)가 아닙니다.

---

주지자구란 마시고 먹는 것을 말한다.

住持資具者, 謂飮及食.

---

"주지(住持)"는 우리 생명을 유지하는 음식입니다. 이것은 세간법으로, 보통 사람의 인생에 기본적으로 필요한 것은 먹고 마시는 문제입니다.

---

성재에서 생겨나는 즐거움이란 일곱 가지의 성재를 반연하여 얻게 되는 것을 말한다. 어떤 일곱 가지인가. 첫째는 신信이요 둘째는 계戒요 셋째는 참慚이요 넷째는 괴愧요 다섯째는 문聞이요 여섯째는 사捨요 일곱째는 혜慧

이다.

聖財所生樂者, 謂七聖財爲緣得生. 何等爲七. 一信·二戒·三慚·四愧·五聞·六
捨·七慧.

---

"성재에서 생겨나는 즐거움[聖財所生樂]"에서 성재(聖財)는 『화엄경』
에 나오는 선재동자의 선재(善財)와 같은 의미입니다. 도(道)나 불법(佛
法)을 가리켜서 말하기도 합니다.

이제 이 단락을 대략적으로 알아보도록 하겠습니다. 중국에는 복보에
대해 이렇게 말합니다. 하나는 세간의 복보인데 홍복(洪福)이라고 합니
다. 속된 세상[紅塵]의 복보이니 바로 물질적으로 많이 누리는 것입니
다. 또 하나는 출세간의 복보인데 청복(淸福)이라고 합니다. 청복은 출
가해서 수도하는 것이나 초가에 머무르는 것을 말하는 게 아닙니다. 그
런 것이 청복을 누리는 것은 아닙니다. 진정한 청복은 이 단락에서 말하
는 일곱 가지 상황이니, 지혜의 성취와 도덕의 수양이 최고점에 도달한
것입니다. 현대의 관념으로 말한다면 정신적 생명이 승화하여 성결(聖
潔)의 단계에 이른 것이라고 할 수 있습니다. 이것이 바로 최대의 성취
이고 성재(聖財)의 성취이니 돈으로 살 수 있는 것이 아닙니다.

이제 101페이지 다섯 번째 줄을 보도록 하겠습니다.

## 자기 몸과 생명을 어떻게 봐야 하는가

---

다음으로 삼계 유정이 의지하는 바 몸을 어떻게 봐야 하는가.

復次三界有情所依之身, 當云何觀.

---

이런 말입니다. 삼계에서 우리는 자신의 생명과 신체에 대하여 어떤 관점을 지녀야 합니까? 지금 우리가 가장 크게 고뇌하는 문제는 바로 신체의 장애를 없애 버리지 못한다는 것입니다.

의지하는 바의 몸에 대한 관념, 기본적으로 불법을 배우는 처음에 "어떻게 봐야 하는가〔當云何觀〕" 다시 말해 마땅히 어떠한 관점을 지녀야 하느냐는 말입니다. 삼계의 중생은 사람만 있는 것이 아니라 우마(牛馬), 세균, 식물을 모두 포함합니다. 식물은 생(生)은 있으나 명(命)이 없으니 영성(靈性)의 생각은 없습니다. 하지만 그것에 생(生)이 없다고 말해서는 안 됩니다. 그렇기 때문에 살생의 문제는 말하기가 어렵습니다. 꽃을 꺾고 잎을 따면 식물은 결코 편안하지 않습니다. 그러므로 참으로 살생하지 않는다는 것은 말처럼 쉬운 일이 아닙니다! 참으로 살생하지 않으려면 오로지 강 위에 부는 맑은 바람과 산 위에 뜬 밝은 달을 즐기는 그런 생활이라야 진정으로 살생하지 않음에 이르렀다고 하겠습니다.

그런 까닭에 티베트 사람들은 작은 물고기는 먹지 않고 방생합니다. 다만 큰 것은 먹는데 큰 물고기는 하나의 생명을 희생해서 많은 사람을 먹여 살리기 때문입니다. 작은 물고기는 우리가 한 입에 많은 생명을 먹어 버리는 것입니다. 그래서 그들은 하나의 생명만 상하게 하는 업(業)을 선택합니다. 채소를 먹는 것도 마찬가지로 살생이기는 하지만 명(命)을 상하게 하지는 않는다고 말합니다. 생(生)과 명(命)은 별개입니다.

---

말하자면 지독한 열이 나는 종기와 같으니 추중이 따르는 것이기 때문이다. 이 몸에서 즐거움의 감수가 생기면 어떻게 봐야 하는가. 말하자면 지독한 열이 나는 종기가 잠시 차가운 감촉을 만나는 것과 같다. 이 몸에서 괴로움의 감수가 생기면 어떻게 봐야 하는가. 말하자면 지독한 열이 나는 종기가 뜨거운 재에 닿은 것과 같다. 이 몸에서 괴롭지도 않고 즐겁지도 않은 감

수가 생기면 어떻게 봐야 하는가. 말하자면 지독한 열이 나는 종기가 차갑고 뜨거운 등의 접촉으로부터 떠난 것과 같은 것은 자성의 지독한 열이 본래부터 머무르는 것이기 때문이다.

謂如毒熱癰, 麤重所隨故. 卽於此身, 樂受生時, 當云何觀. 謂如毒熱癰, 暫遇冷觸. 卽於此身苦受生時, 當云何觀. 謂如毒熱癰, 爲熱灰所觸. 卽於此身不苦不樂受生時, 當云何觀. 謂如毒熱癰, 離冷熱等觸, 自性毒熱而本住故.

---

불법은 기본적으로 생명에 대한 관점이 도가 『장자』의 관점과 같아서, 생명은 하나의 귀찮은 혹이고 악성 종양이라고 여깁니다. 번뇌에 결박된〔麤重〕업이 모두 그것으로 말미암아 일어나기 때문입니다. 생명이 쾌락과 쾌감을 지니게 될 때 "어떻게 봐야 합니까?" 열이 나는 종기에 갑자기 시원한 것을 갖다 대면 잠시는 편안합니다. 쾌락을 누리는 것에 대해서는 이렇게 봐야 합니다. 괴로움을 받을 때는 어떻게 봐야 합니까? 마치 열이 나는 종기에 뜨거운 재를 갖다 댄 것처럼 괴로움이 배가 되고 고통이 배가 됩니다. 괴롭지도 않고 즐겁지도 않을 때는 외부 환경에 차갑고 뜨거운 것이 없어지고 닿는 느낌도 없어진 것과 같지만 종기의 심한 괴로움은 여전히 있습니다. 불경의 이 단락에 따르면 우리의 생명은 모두 열이 나는 심한 괴로움 속에 있으니, 마치 몸과 마음의 지독한 종기에서 열이 나고 있는 것과 똑같습니다.

## 괴로움과 즐거움은 어디서 오는가

박가범께서 말씀하시기를 즐거움의 감수는 무너질 괴로움이기 때문에 괴로움이며, 괴로움의 감수는 괴로움에 괴로움이기 때문에 괴로움이며, 괴롭지도 않고 즐겁지도 않은 감수는 행온의 괴로움이기 때문에 괴로움이다 하셨다.

薄伽梵說, 當知樂受, 壞苦故苦. 苦受, 苦苦故苦. 不苦不樂受, 行苦故苦.

---

부처님께서 말씀하시기를, 어쨌든 모두가 하나의 괴로움이니 인생이 바로 괴로움이라고 하셨습니다. 쾌락을 누릴 때에는 쾌락이 아주 짧아서 쾌감이 없을 때에는 고통을 느끼게 됩니다. 괴로움을 받을 때에는 괴로움이 배가 되니 당연히 괴롭습니다. 괴롭지도 않고 즐겁지도 않음을 받을 때에는 행온(行蘊)이 여전히 있어서 생명이 연속해서 움직이기 때문에 마찬가지로 괴롭습니다.

---

또 말씀하시기를 애미가 있는 기쁨이 있고 애미를 떠난 기쁨이 있으며 애미를 뛰어나게 떠난 기쁨이 있으니, 이와 같은 종류는 경에서 자세히 말한 것과 같으며 이계에 속함을 알아야 한다.

復說有有愛味喜, 有離愛味喜, 有勝離愛味喜, 如是等類, 如經廣說, 應知墮二界攝.

---

부처님께서 또 말씀하셨습니다. 이 세상의 생명은, 어떤 것은 현유(現有)의 생명에 탐착하여 현실을 꽉 붙잡습니다. 현유의 생명에 대해 점유하기를 좋아하여 점유하면 아주 기뻐하는데, 이것은 범부의 경계입니다. 범부는 하나같이 점유하고 싶어 합니다. 개를 들어 설명하자면, 본래는 두 마리 개가 서로 사이가 좋아서 같이 놀지만 먹이를 먹을 때는 서로 차지하려고 합니다. 우리가 개보다 훌륭합니까? 거의 비슷합니다.

만약 다른 사람이 여러분의 애인을 빼앗는다면 여러분은 비할 수 없는 원한을 갖게 되는데, 자신이 그 사람을 차지하고 싶기 때문입니다. 그렇기 때문에 똑같습니다. 어떤 때는 사람이 축생보다 못할 때도 있습니다.

이것이 "애미의 기쁨〔愛味喜〕"이니, 얻고 점유하게 되면 좋아합니다. 재물이 나에게 속하고 부귀공명이 나에게 속하고 일체가 모두 나에게 속하면, 그것은 비할 수 없는 기쁨입니다. 주원장이 승려 시절에는 화연(化緣)도 제대로 못해서 말할 수 없이 괴로웠습니다. 나중에 황제가 되어 천하의 모든 것이 자신에게 속하게 되자 부인 앞에서 이렇게 말했습니다. "나 주원장에게도 이런 날이 올 줄은 생각도 못했구려." 비할 수 없는 기쁨이 바로 애미(愛味)의 기쁨입니다.

"애미를 떠난 기쁨〔離愛味喜〕"은 성인의 경계입니다. 일체를 떠나고 이 몸까지도 마다하는데 내려놓은 만큼 스스로 기뻐하는 것이 바로 애미를 떠난 기쁨입니다.

"애미를 뛰어나게 떠난 기쁨이 있으니〔有勝離愛味喜〕" 애미를 뛰어나게 떠난 기쁨은 훨씬 더합니다. 내려놓을 뿐 아니라 도를 증득하여 일체를 자연스럽게 떠나는데, 떠나지 않고 떠나서〔不離而離〕 세상에서도 더러움에 물들지 않습니다. 그 상황은 경에서 자세히 말한 것과 같습니다.

---

**또 박가범께서는 상수멸의 즐거움을 건립하여 즐거움 가운데 제일이라고 하셨는데, 이것은 즐거움에 머무름에 의지하는 것이지 즐거움을 받는 것을 말하는 것이 아니다.**

又薄伽梵建立想受滅樂, 爲樂中第一, 此依住樂, 非謂受樂.

---

무엇을 "건립(建立)"이라고 합니까? 부처님께서 설법하시기 이전에는 결코 이런 학술이 성립되지 않았습니다. 부처님께서 설법하시고 사람들이 수도(修道)를 알게 되고 나서 이런 학설이 성립되었습니다. 인생에는 괴로움도 있고 즐거움도 있는데 즐거움과 괴로움은 어디에서 올까요? 생각이 있고 감수 작용과 지각 작용이 있기 때문입니다. 만약 지각 작용

이나 감각 작용이 없어진다면 도를 얻습니다. 이것이 바로 "상수(想受)"가 멸(滅)한 것입니다. 적멸(寂滅)이 가장 큰 즐거움이고 제일입니다. 경전에 "생멸이 멸하고 다하니 적멸이 가장 큰 즐거움이다[生滅滅已, 寂滅最樂]"라는 구절이 있는데, 이 적멸의 즐거움이 우리의 쾌락과 똑같을까요? 완전히 다른 것입니다.

---

또 세 가지 즐거움이 있다고 말씀하셨는데, 탐을 떠나고 진을 떠나고 치를 떠나는 등의 욕을 말하며, 이 세 가지 즐거움은 오직 무루계에서만 얻을 수 있기 때문에 이 즐거움을 상락이라고 하는 것이며 무루계에 포함된다.

又說有三種樂, 謂離貪離瞋離癡等欲, 此三種樂, 唯無漏界中可得, 是故此樂名爲常樂, 無漏界攝.

---

세 가지 즐거움은 바로 진정으로 탐(貪) 진(瞋) 치(癡)를 떠나는 것입니다. 탐진치를 절대적으로 떠나는 것은 "오직 무루계에서만 얻을 수 있으니[唯無漏界中可得]" 오로지 아라한과를 얻은 사람만이 철저히 탐진치를 떠날 수 있습니다. 그러지 않으면 약간은 지니게 됩니다. 이론상으로 탐진치만의를 떠나서 도를 이루면 "상락(常樂)"이라고 합니다. 일부 학불자들은 어떤 경전에서 상(常) 자를 언급한 것을 보면 그것이 참되고 영원한[眞常] 유심(唯心)이라고 여기는데, 그리하여 『능엄경』을 외도(外道)로 편입시켜 버립니다. 이것은 단지 하나의 명사에 지나지 않으며 이론을 세우기 위한 상(常)입니다. 경서를 제대로 읽지 못하는 사람들을 볼 때마다 저는 탄식할 뿐입니다. 어떤 사람은 말합니다. "당신이 글을 써서 반박하면 되지 않습니까?" 사실 제가 가장 오만합니다. 이런 사람들을 제가 글을 써서 반박할 가치가 있습니까? 비평하는 것도 귀찮고 말할 가치도 없습니다. 왜냐하면 그 사람들은 경서를 제대로 읽지 않았기

때문입니다. 앞으로 여러분도 주의해서 잘못을 저질러서는 안 됩니다. 상락은 이론을 세우기 위한 명사이며 "무루계에 포함됨〔無漏界攝〕"에 속합니다.

## 음식에는 단식 사식 식식이 있다

다음으로 음식수용이란 삼계의 장차 태어나고 이미 태어난 유정이 수명에 안주하게 하는 것을 말하는데, 이 가운데 촉식·의사식·식식의 세 가지 식 때문에 일체 삼계의 유정이 수명에 안주하게 된다는 것을 알아야 한다. 단 식 한 가지만이 욕계의 유정으로 하여금 수명에 안주하게 한다.

復次飮食受用者, 謂三界將生已生有情, 壽命安住, 此中當知觸·意思·識, 三種食故, 一切三界有情, 壽命安住. 段食一種, 唯令欲界有情壽命安住.

음식은 삼계 유정이 그것에 의지하여 생명을 유지하는 것이기 때문에 아주 중요합니다. 음식에는 세 가지가 있으니 바로 촉식(觸食), 의사식 (意思食), 식식(識食)의 세 가지입니다.[109] 우리가 먹는 세끼는 "촉식(觸食)" 가운데 단식(段食) 혹은 단식(搏食)입니다. 음식을 먹으면 위로 들어가지만 진정으로 맛을 느끼는 것은 오로지 세 치 혀입니다. 한약 가운데 어떤 것은 아주 먹기 고약하지만, 양약은 많이 발전해서 겉에 당분을

---

**109** 불교에서는 육신을 유지하기 위해 먹는 네 가지 음식 즉 단식(段食), 촉식(觸食), 사식(思食), 식식(識食)을 사식(四食)이라고 한다. 단식은 형체가 있는 음식으로 신체를 유지시키는 것이고, 촉식은 즐거운 생각을 일어나게 해서 신체를 유지시키는 것을 말한다. 사식은 생각과 희망으로 신체를 유지시키는 것이고, 식식은 정신적 작용의 힘으로 신체를 유지시키는 것을 말한다. 이 책에서는 촉식, 사식, 식식의 세 가지만 언급하고 단식은 촉식에 포함시켰다.

입혀 놓았기 때문에 혀로 핥아도 단맛이 느껴지고 삼켜도 별다른 감각이 없습니다. 이것을 과학이라고 하며 이것이 촉(觸)의 이치입니다. 촉식에는 안팎의 구분이 있는데, 외촉은 외부에서 만나게 되는 것이고 체내의 오장육부가 내촉입니다. "의사식(意思食)"에 붙일 수 있는 현대의 새로운 명칭이 바로 정신적 식량입니다. 어떤 사람들은 독서가 습관이 되어서 며칠 책을 보지 않으면 아주 힘듭니다. 소설을 보든 경서를 보든 철학서를 보든 모두 사식(思食)의 일종인데, 촉식의 작용도 지니고 있으며 의식의 경계입니다. "식식(識食)"은 정(定)에 들어간 사람에게는 팔만사천 겹 밥 먹을 필요가 없는 것이니, 이것이 식식입니다. 우리가 기공을 연마해도 밥을 먹지 않을 수 있지만 기공은 여전히 촉식에 속합니다. 우리가 평소에 먹는 습관은 모두 가장 거친 촉식에 속합니다.

정신 방면의 생명이라는 말이 나왔으니 말씀드립니다. 예전에 전쟁에 나간 병사가 몸에 총알을 맞았는데도 마음으로 분기하여 일어났습니다. '여기에서 죽을 수는 없어. 반드시 앞으로 나아가 그곳을 점령하고 말테다' 하였는데, 마침내 그는 성공했고 크게 웃으면서 죽어갔습니다. 그 시간에 살아 있던 것은 정신의 생명이었습니다. 그것이 지탱해 줘서 죽지 않고 정신이 분발했고, 상처를 아무것으로나 대충 감싸고 앞으로 나아간 것이었습니다. 그것이 바로 수도의 왕생(往生)의 경계입니다. 만약 이런 정신으로 수도한다면 성공하지 못하는 사람이 없을 것입니다. 이것이 사식(思食)의 중요성입니다. 그 밖에 관상(觀想)에서 성취가 있는 사람이 정(定)에 들어가면 밥을 먹지 않고도 그대로 살아 있습니다. 관상의 성공 자체에 사식(思食)이 있어서, 정(定)에 들어가면 사식이 생명을 유지시킵니다.

이런 것을 분명하게 연구해야 합니다. 불법을 배운다는 사람들이 불경도 제대로 연구하지 않고 그저 하루 온종일 오온, 십팔계, 삼십칠도품이나 이리 베끼고 저리 베껴 대니 한심하기 짝이 없습니다! 이 세 가지 식(食)은 삼계 유정의 생명이 안주하는 소의(所依)입니다. 단식(段食)은 우리의 하루 세끼처럼 몇 단계로 나눈[分段] 음식인데, 손으로 집어서 먹기에 단식(搏食)이라고도 합니다. 특히 인도 사람들은 밥을 뭉쳐서 손으로 집어 먹습니다.

단식(段食)은 "욕계의 유정으로 하여금 수명에 안주하게 하는[欲界有情壽命安住]" 것으로, 욕계의 유정만이 몇 단계로 나눈 음식을 먹습니다. 그러나 단식의 방식도 참으로 가련한 것이, 큰 구렁이나 호랑이 같은 무리는 한평생에 잘 먹는 것이 몇 끼 되지 못하고 배불리 먹는 것은 더 어렵습니다. 호랑이는 굶주려야 사람을 잡아먹습니다. 배불리 먹은 호랑이는 잠이 들어 버리기 때문에 사람을 잡아먹지 않습니다. 수많은 동물이 단식(段食)하지만 배불리 먹기는 어렵습니다. 그래서 축생도의 대부분이 여전히 아귀의 경계에 있으며 참으로 가련합니다. 우리는 하루에 세끼 먹고도 충분하지 않아서 간식에 밤참까지 즐깁니다. 욕계에서는 이 또한 일종의 향수입니다.

---

**다시 나락가에서 생을 받는 유정에게는 미세한 단식이 있으니, 말하자면 장부 속에 미세하게 움직이는 풍이 있어서 이 인연으로 말미암아 저들이 오래도록 머무르게 된다.**

復於那落迦受生有情, 有微細段食, 謂腑藏中有微動風, 由此因緣, 彼得久住.

---

지옥의 중생에게도 음식이 필요한데, 그들의 생명 속 장부(臟腑)에 일종의 기(氣)가 움직이고 있습니다. 거북이가 바로 기(氣)를 먹고 생명을 유지합니다. 그 밖에 뱀이나 청개구리 등은 동면하는 몇 개월 동안 지옥과 아귀도의 중생처럼 변하는데, 여전히 의식이 있어서 음식을 먹어야

합니다! 단지 내장 속의 기(氣)에 의지하여 생명을 유지시키고 있는 것입니다. 우리 사람은 배가 고플 때 음식을 보면 침이 흘러나오는데, 침을 삼키면 이미 먹은 것입니다. 바로 기(氣)를 먹었습니다. 비록 밥을 먹은 것처럼 그렇게 배부를 수는 없지만 한두 번 삼키면 그럭저럭 배가 부릅니다. 예전에 군대에서 굶게 되었을 때 이런 경험을 했는데, 아귀와 지옥도의 중생이 먹는 것을 체득하게 되었습니다.

---

아귀·방생·사람에게는 거친 단식이 있는데 조각내어 씹어 먹는 것을 말한다. 다시 미세식이 있는데, 말하자면 갈라람 등의 위에 머무르는 유정 및 욕계의 여러 천들은 저것을 먹음으로 말미암아 모든 단식이 일체의 몸의 부분과 마디마디에 흘러 들어가는데, 보통 곧 소화되어 변예가 없다.

餓鬼·傍生·人中有麤段食, 謂作分段而噉食之. 復有微細食, 謂住羯羅藍等位有情及欲界諸天, 由彼食已, 所有段食, 流入一切身分支節, 尋卽消化, 無有便穢.

---

어떤 중생은 다른 사람의 생명을 먹습니다. 그 밖에 한 종류의 음식이 있는데 가장 미세한 것입니다. 바로 태아가 갈라람(羯邏藍)[110] 등의 단계〔位〕에 있을 때 먹어야 하는 것인데, 어머니가 소화시킨 영양분을 탯줄에 의지해 보내 주는 것입니다. 욕계의 천인 즉 사천왕천 및 도솔천 등의 천인들도 먹는데, 미세하고 미묘한 음식으로 우리의 음식보다 훨씬 맛있습니다. 이 미세한 음식은 우리의 수련이 경지에 도달하면 체득할 수 있습니다. 수련이 진정으로 경지에 이르면 음식을 먹지 않을 수도 있는데, 사실은 바로 이런 종류의 미세한 음식을 먹는 것입니다. 이런 종

---

110 산스크리트어 kalala의 음역으로 응활(凝滑), 화합(和合)이라 번역한다. 태아가 어머니 태에 들어간 때부터 출생할 때까지 266일간을 다섯 단계인 오위(五位)로 나누는데, 수태하여 칠일간을 일컫는다.

류 역시 단식(段食)이며 신체의 각 부분까지 흘러 들어가서 바로 소화되지만 대소변은 없습니다.

욕계천의 천식(天食)도 아주 훌륭하고 아주 미세해서 유마거사도 향적국(香積國)까지 변화보살을 보내어 밥을 가져오게 했습니다. 그것은 여러분이 상상할 수 있는 것이 아니니 이미 식식(識食)의 경계가 되었습니다. 유식(唯識)이 변한 신통한 음식은 여러분이 한 입 먹기만 하면 불로장생할 수 있습니다. 그러므로 천천히 구하십시오! 많이 수지하십시오!


## 삼계 남녀의 음욕과 생육

다음으로 음욕수용이란 나락가의 모든 유정들에게는 다 음행하는 일이 없으니 이유가 무엇인가. 저 유정들은 오랫동안 끊임없이 갖가지 극도로 사납고 날카로운 괴로움을 많이 받기 때문이다. 이 인연으로 말미암아 저 유정들은 만약 남자라면 여자에 대하여 여자에 대한 욕구를 일으키지 않으며, 만약 여자라면 남자에 대하여 남자에 대한 욕구를 일으키지 않으니, 어찌 하물며 엎치락뒤치락하며 둘씩 교회하겠는가.

復次婬欲受用者, 諸那落迦中所有有情, 皆無婬事, 所以者何. 由彼有情長時無間, 多受種種極猛利苦, 由此因緣, 彼諸有情, 若男於女不起女欲, 若女於男不起男欲, 何況展轉二二交會.

지옥에는 음욕의 행위가 없습니다. 남자든 여자든 피차 만나면 서로를 싫어하는데, 괴로움 때문입니다. 괴롭습니다! 그런 까닭에 남녀상(男女想)이 없습니다. 두 사람이 함께 구른다는 것은 생각할 수 없으며 가능하지도 않습니다. 이 속에 특수한 문제가 있는데, 바로 욕계의 음욕의 일은 도대체 좋은 일인가 나쁜 일인가 하는 것입니다. 이것은 하나의 문제입니다.

---

만약 아귀·방생·사람의 모든 의신[111]은 괴로움과 즐거움이 서로 섞이기 때문에 음욕이 있으며, 남녀가 엎치락뒤치락하며 둘씩 교회하여 부정한 것을 유출한다.

若鬼·傍生·人中, 所有依身, 苦樂相雜, 故有婬欲, 男女展轉二二交會, 不淨流出.

---

아귀도(餓鬼道)에도 성욕이 있으며 방생과 사람은 모두 성욕이 있습니다. 왜냐하면 모두 의신(依身)이 있기 때문입니다. 몸이 의보(依報)이고, 의식과 생각은 정보(正報)이니 바로 지각과 감각입니다. 남녀 두 사람이 함께 교회(交會)하면 부정한 것을 유출합니다.

제가 우스운 이야기를 하나 하겠습니다. 몇 달 전에 어떤 동학이 미국에서 돌아와서 우리에게 들려준 이야기입니다. 그는, 사람은 정말로 그 오묘함을 말로 다할 수 없는 존재라고 하면서 이야기를 시작했습니다. 염라대왕이 어느 날 재판을 했는데, 쥐에게는 매주 한 번 성관계를 하라고 판결을 내리고 다른 많은 동물에게도 시간을 정해 주었습니다. 말이 떠들어 대기 시작했고 다른 동물들도 시끄럽게 언쟁하며 염라대왕에게 더 여러 번을 요구했습니다. 모두 아주 격렬하게 떠들어 댔습니다. 그러는 사이에 사람이 기다리다 못해 염라대왕에게 가서 물었습니다. 염라대왕은 때마침 모두가 시끄럽게 떠들어 대는 통에 성가셨던지라 사람이 와서 묻자 "마음대로 해, 마음대로"라고 했습니다. 그래서 사람은 성관계를 마음대로 하게 되었답니다.

---

111 심(心)과 심소(心所)가 기댈 곳이 되는 곳, 즉 육신을 가리킨다.

이 우스갯소리는 아마도 외국 사람이 엮어 냈을 것입니다. 하지만 일리가 있는 것이 정말로 사람은 축생에 비해 마음대로 합니다. 왜 마음대로 할까요? 그 속에는 큰 문제가 있어서 간단히 보아 넘겨서는 안 됩니다. 여러분이 많이 연구해야 하며 책을 쓸 사람은 더더욱 자료를 찾아봐야 합니다. 불법 안에는 자료가 너무나 많고 풍부합니다.

---

**욕계의 여러 천들은 비록 음욕을 행할지라도 이러한 부정한 것은 없으나, 근문에서 풍의 기운이 나와야 번뇌가 곧 그치게 된다.**

欲界諸天, 雖行姪欲, 無此不淨, 然於根門有風氣出, 煩惱便息.

---

사람보다 높은 천인들에게도 음욕은 있습니다. 하지만 누단(漏丹)과 누정(漏精)의 문제는 없습니다. 그런데 그들의 성욕은 이른바 기의 교회〔氣交〕인데 흘려버림〔漏〕이 있을까요? 마찬가지로 흘려버리지만 기루(氣漏)이며 부정한 것은 결코 없습니다. 사람은 정을 흘려버리지만〔漏精〕욕계의 천인은 기를 흘려버립니다〔漏氣〕. 여러분도 수련을 하다가 때때로 기를 흘려버리는 현상이 생기는데, 천인의 경계에서 기를 흘려버리는 이치와 똑같습니다. 어떤 경우에는 꿈속에서 대변을 보기도 하는데, 그것 역시 기를 흘려버리는 것입니다. 자신은 흘려버리고 있지 않다고 생각해서는 안 됩니다. 비록 정을 흘려버리지는 않더라도 때때로 기를 흘려버리고 있는데 아주 심각한 일입니다. 따라서 욕계의 천인은 기(氣)로 교합하고 사람은 정(精)으로 교합합니다.

---

사천왕중천은 둘씩 교회하면 들끓는 번뇌가 비로소 그치게 된다. 사천왕중천과 같이 삼십삼천 또한 그러하다. 시분천은 서로서로 안기만 해도 들끓는 번뇌가 바로 그치게 된다. 지족천은 서로 손을 잡기만 해도 들끓는 번뇌

가 바로 그치게 된다. 낙화천은 서로 쳐다보며 웃기만 해도 들끓는 번뇌가
바로 그치게 된다. 타화자재천은 눈만 서로 바라보아도 들끓는 번뇌가 바
로 그치게 된다.

四大王衆天, 二二交會, 熱惱方息. 如四大王衆天, 三十三天亦爾. 時分天, 唯互相
抱, 熱惱便息. 知足天, 唯相執手, 熱惱便息. 樂化天, 相顧而笑, 熱惱便息. 他化
自在天, 眼相顧視, 熱惱便息.

---

교합[交], 포옹[抱], 악수[握], 웃음[笑], 응시[視]가 욕계의 천인이 성
욕을 교회하는 방법이니, 그들의 음욕수용(淫欲受用)입니다.

---

또 삼주의 사람은 처첩을 받아들이고 시집가고 장가가는 제도를 베풀어
실시한다. 북쪽의 구로주에는 내 것이 없어서 받아들일 곳이 없기 때문에
일체의 유정이 처첩을 받아들이는 일이 없고, 또 시집가고 장가가는 일도
없다.

又三洲人, 攝受妻妾, 施設嫁娶. 北拘盧洲, 無我所故, 無攝受故, 一切有情, 無攝
受妻妾, 亦無嫁娶.

---

삼대부주(三大部洲)의 사람은 차지함[占]이 있고 욕망[欲]이 있으며 혼
인제도가 있습니다. 북구로주의 사람은 나에게 속한 것[我所]이 없고 점
유성이 없으며 혼인제도가 없습니다.

---

삼주의 사람이 이와 같듯이 대력귀[112] 및 욕계의 여러 천들도 또한 그러한
데, 오로지 낙화천과 타화자재천은 제외된다.

如三洲人如是, 大力鬼及欲界諸天亦爾, 唯除樂化天及他化自在天.

---

낙화천 및 타화자재천은 세상의 혼인제도가 없는데, 그곳의 천인에게
는 점유하고 귀속시키는 욕망이 없습니다.

---

또 일체 욕계의 천들은 여자의 자궁에 처하는 일이 없으나, 사대왕중천은
부모의 어깨 위나 혹은 품속에서 다섯 살 어린아이와 같은 크기로 갑자기
화출[113]한다.

又一切欲界天衆, 無有處女胎藏, 然四大王衆天, 於父母肩上, 或於懷中, 如五歲小
兒, 欻然化出.

---

욕계의 천인이 아이를 낳는 것은 어머니의 태로부터 낳는 것이 아닙니
다. 천인은 여인의 자궁에 있는 일이 없습니다. 사천왕천에서 아이를 낳
는 것은 부모의 어깨로부터 태어나며 아래로부터 태어나지 않습니다.
사람과 욕계의 축생이라야 아래로부터 태어납니다. 사대왕중의 천인은
남녀 모두 아이를 낳을 수 있는데, 둘 중에 원하는 사람이 낳습니다. 태
어나자마자 바로 인간 세상의 다섯 살 아이 크기만큼 크며, 갑자기 화생
(化生)합니다. 우리처럼 분만실에서 임산부가 고통스러운 소리를 지르
지도 않습니다. 어떤 사람은 진통을 겪으며 남편을 욕하기도 합니다. 어
떤 여자는 고통스러워서 손으로 침대를 붙잡는데, 그 힘이 어디에서 오
는지 모르지만 쇠로 된 침대가 다 휘기도 합니다. 여러분은 이런 것을
모두 이해해야 수행을 말할 수 있습니다. 사람이 얼마나 가련한지를 볼
수 있어야 사람이 참으로 괴롭다는 것을 느끼게 됩니다. 그뿐 아니라 자

---

112 큰 신통력을 갖춘 귀신을 가리키는 말이다.

113 화생(化生)을 말하며, 어느 것에 의존하지 않고 스스로의 업력으로 저절로 태어나는 것을 말
한다.

신의 어머니에 대해 비할 수 없이 감사하는 마음이 생기게 됩니다. 나는 원래 어머니가 그렇게 고생해서 태어난 존재였구나 하면서 마음이 괴로워집니다.

사천왕천의 사람이 아이를 낳는 것은 인간 세상의 사람이 그토록 괴로워하는 것과는 같지 않아서, 부모의 어깨 위나 품속에서 마치 연기처럼 튀어나옵니다. 막 태어난 갓난아이가 다섯 살 아이만큼 커서 이미 화생(化生)의 단계에 근접했습니다.

---

**삼십삼천은 여섯 살과 같고, 시분천은 일곱 살과 같고, 지족천은 여덟 살과 같고, 낙화천은 아홉 살과 같고, 타화자재천은 열 살과 같다.**

三十三天如六歲, 時分天如七歲, 知足天如八歲, 樂化天如九歲, 他化自在天如十歲.

---

서로 다른 천계의 천인은 아이가 태어날 때 모두 같지 않은데, 한 층씩 올라갈수록 크기가 커집니다.

여기에서 문제가 하나 생깁니다. 앞의 형량수승(形量殊勝) 수승 단락에서는 "몸의 크기가 점차 붇고 넓고 커지면서 여시여시하게 괴로움이 더해진다〔如如身量漸增廣大, 如是如是苦轉殊勝〕"고 하여, 몸의 크기가 커질수록 받는 괴로움의 과보〔苦報〕가 커진다고 했습니다. 그렇다면 천인은 괴로움의 과보를 받지 않게 된 것입니까? 천인은 즐거움을 받는 것도 커서, 즐거움을 받는 것이 클수록 즐거움 속의 괴로움도 큽니다. 그런 까닭에 여전히 괴로움을 받고 있으며 끝내 팔고(八苦)를 떠나지 못합니다. 천인에게는 천인의 고통이 있습니다. 마치 사람처럼 집이 없어도 괴롭고 집이 있어도 괴롭습니다. 때로는 집이 없는 것보다 더 고통스러울 수도 있습니다. 이 오층 건물만 해도 매달 각 층의 관리비가 아주 큽니다. 여러분은 여기에서 누리고 있다는 사실도 모르지만, 만약 이렇게 많은 사람이 관리하지 않는다면 여러분이 여기에서 누릴 수 있겠습니까? 어떤 사람은 여전히 마음껏 즐기지 못하고 있는데 정말로 멍청하기 짝이 없습니다. 관리하는 사람은 더 고통스럽습니다. 며칠 전에 관리인이 와서 말하기를, 우리가 여기에서 영업을 하고 있으니 영업세를 내라는 것이었습니다. 제가 화를 내면서 우리가 어떻게 영업을 하는 것이냐고 말했습니다. 이런 것이 고통입니다. 여러분에게 집이 없다면 그런 사람이 찾아와서 성가시게 할 일도 없겠지요. 그러므로 천인 경계의 괴로움도 마찬가지라는 것을 이런 것으로 유추해 볼 수 있습니다.


## 세 가지 욕생과 세 가지 낙생

다음으로 생의 건립이란 세 가지 욕생[114]을 말하는데, 혹 어떤 중생은 현재의 욕망의 대상에 머무르니, 이처럼 현재의 욕망의 대상에 머무름으로 말미암아 부귀가 자재하다.

復次生建立者, 謂三種欲生, 或有衆生現住欲塵, 由此現住欲塵故, 富貴自在.

생명의 존재에게는 세 가지 "욕생(欲生)"이 있는데, 이 세상에 살고 있는 어떤 중생들은 욕계인 "욕망의 대상〔欲塵〕" 경계에 머물러 있습니다. 우리가 욕망의 대상에 머물러 있기 때문에 어떤 사람들은 부귀가 자재하며 돈을 소유하고 공명을 소유합니다.

저것은 다시 무엇을 말하는가. 일체의 사람 및 사대왕중천부터 지족천에

---

**114** 욕망의 대상〔欲塵〕 경계를 수용하기 위해 태어나는 것을 말한다.

이르기까지를 말하는데, 이것을 첫 번째 욕생이라고 한다. 혹 어떤 중생은 욕망의 대상을 변화시키니, 이처럼 욕망의 대상을 변화시킴으로 말미암아 부귀가 자재하다.

彼復云何. 謂一切人及四大王衆天, 乃至知足天, 是名第一欲生, 或有衆生變化欲塵, 由此變化欲塵故, 富貴自在.

---

인류와 사천왕천(四天王天) 즉 중국에서 말하는 신명(神明) 및 지족천 (知足天)은 "첫 번째 욕생"으로, 첫 번째 층입니다. 인류와 사천왕천 및 지족천의 욕망의 대상[欲塵]은 물리 변화에 의지해야 누릴 수 있습니다.

---

저것은 다시 무엇을 말하는가. 낙화천을 말하는데, 저 여러 천들은 자기를 위하여 욕망의 대상을 변화시키며 남을 위한 것이 아니기 때문에, 오직 자신이 여러 욕망의 대상을 변화시키기 때문에 부귀가 자재하다. 이것을 두 번째 욕생이라고 한다. 혹 어떤 중생은 남이 욕망의 대상을 변화시키고 남이 변화시킨 여러 욕망의 대상으로 말미암아 부귀가 자재하다. 저것은 다시 무엇을 말하는가. 타화자재천을 말하는데, 저 천들은 자기의 인연을 위해서도 능히 변화시키며 남의 인연을 위해서도 능히 변화시키기 때문에, 자신이 변화시키는 것을 기이하게 여기지 않으며 남이 변화시킨 욕망의 대상을 이용하여 부귀가 자재하게 되니, 그러므로 이 천을 타화자재라고 말하는 것이며, 저 여러 천들은 오직 남이 변화시킨 욕망의 대상을 수용할 뿐 아니라 또 자신이 변화시킨 욕망의 대상을 수용하는 것이어서 이것을 세 번째 욕생이라고 한다.

彼復云何. 謂樂化天, 由彼諸天, 爲自己故, 化爲欲塵, 非爲他故, 唯自變化諸欲塵故, 富貴自在, 是名第二欲生. 或有衆生他化欲塵, 由他所化諸欲塵故, 富貴自在.

彼復云何. 謂他化自在天, 由彼諸天爲自因緣, 亦能變化, 爲他因緣, 亦能變化故,於自化非爲希奇, 用他所化欲塵, 爲富貴自在, 故說此天爲他化自在, 非彼諸天唯受用他所化欲塵, 亦有受用自所化欲塵者, 是名第三欲生.

한 층 더 높이 올라간 하늘, "낙화천(樂化天)" 같은 것이 두 번째 욕생입니다. "타화자재천(他化自在天)"이 세 번째 욕생인데, 그 경계에 도달할 수 있으면 신통(神通)이 있는 것과 같습니다. 황금을 가지고 놀고 싶으면 입김을 불기만 하면 바로 황금으로 변하게 되니 이것을 타화자재천이라고 합니다. 여러분이 병을 하나 들고 집을 나섰는데 술이 마시고 싶다면, 병에 대고 "술 나와라"라는 말만 하면 술이 나옵니다. 혹은 남자든 여자든 나와서 노래를 부르게 하려고 하면, 입김을 불기만 하면 튀어나옵니다.

중국 『신선전(神仙傳)』에 등장하는 호옹(壺翁)은 집을 나설 때면 호리병을 등에 지고 나갔습니다. 잠깐 쉬는 동안 술이 마시고 싶으면 호리병을 열고 이렇게 말했습니다. "나와라." 그러면 그의 부인이 나왔습니다. 그러니 무슨 비행기표를 사서 데리고 갈 필요가 없었습니다. 부인이 나와서 그를 위해 밥을 지었고, 밥을 먹고 술을 마신 뒤에는 잠을 잤습니다. 그가 잠이든 것을 본 부인 역시 품속을 더듬어 작은 호리병을 꺼내더니 이렇게 말했습니다. "나와라." 그러자 그녀의 애인이 튀어나왔습니다. 그녀가 말했습니다. "영감이 잠이 들었으니 우리 술이나 마시자." 잠시 후 노인이 몸을 뒤척이는 소리가 들려서 부인이 "들어가"라고 말하자 곧바로 애인이 부인의 호리병 속으로 들어갔습니다. 잠에서 깬 노인은 부인이 거기에 있는 것을 보고 "들어가"라고 말했습니다. 부인이 호리병 안으로 들어가자 그는 호리병을 지니고 그 자리를 떠났습니다.

이런 신선은 별세계의 존재입니다. 그것이 신선 이야기여도 좋고 혹은 그것을 빌려 인생을 말한 것이라도 좋습니다. 인생이 바로 이런 것이어서, 사람들은 제각기 자신의 호리병을 가지고 있습니다. 누구도 다른 사람의 호리병에서 무슨 약을 파는지 알지 못합니다. 타화자재천 역시 바로 이런 형상입니다.

첫 번째 욕생, 두 번째 욕생, 세 번째 욕생이 있음에 주의하십시오! 우리가 타좌를 해서 즐거움을 일으키는 초선에 도달했더라도, 즐거움을 탐하면 바로 욕계천으로 떨어지고 맙니다. 이선(二禪)의 그 낙감(樂感)에 도달하면 기맥이 더욱 발동하며 더 즐거운데, 두 번째 선(禪)의 욕에 도달한 것입니다. 기맥이 발동하고 청정한 쾌감이 여러분의 심리 관념과 결합하면, 이 즐거움을 탐하는 생각이 일어나서 결국 욕계로 들어가 버립니다. 그러니 타좌하고 수지하는 공부가 얼마나 미세한 것입니까! 여러분이 지금 타좌를 하고 기맥이 통했다면 조심하십시오! 여러분이 어느 계(界)로 흘러갔는지를 보십시오. 지혜가 부족하고 불법에 통하지 않았다면 제대로 할 수가 없습니다. 여러분은 이 공부가 그렇게 쉬운 일이라고 여기십니까? 그렇게 쉬운 일이라면 제가 여기에서 큰소리치고 있겠습니까? 분명히 해야 합니다.

여기에서는 초선, 이선, 삼선과 탐욕의 관계만을 말했습니다. 본론에서 말하는 육욕천상계(六欲天上界)의 낙화천, 타화자재천 등의 원문은 제가 생각하기에 아주 분명합니다. 이번에 해석하지 않는 것은 말할 수 없는 비밀이라서가 아니라, 여러분이 초선 이선 삼선에 대해 아직 실제적인 증득이 없기 때문입니다. 이것은 보류했다가 나중에 말씀드리겠습니다.

---

다시 세 가지 낙생[115]이 있다. 혹 어떤 중생은 이생희락을 이용하여 그 몸을 씻으니, 초정려지의 여러 천들을 말하며 이것을 첫 번째 낙생이라고 한다.

復有三種樂生. 或有衆生, 用離生喜樂, 灌灑其身, 謂初靜慮地諸天, 是名第一樂生.

---

"낙생(樂生)"에는 세 가지가 있는데, 초선에서 쾌감을 얻을 때가 "첫 번째 낙생"입니다.

---

혹 어떤 중생은 정생희락으로 말미암아 그 몸을 씻으니, 제이정려지의 여러 천들을 말하며 이것을 두 번째 낙생이라고 한다.

或有衆生, 由定生喜樂, 灌灑其身, 謂第二靜慮地諸天, 是名第二樂生.

---

"희락(喜樂)"으로 그 몸을 씻으면 몸에 기맥이 자연스럽게 통하는데, 이선의 즐거움이며 바로 "두 번째 낙생"입니다.

---

혹 어떤 중생은 이희락으로써 그 몸을 씻으니, 제삼정려지의 여러 천들을 말하며 이것을 세 번째 낙생이라고 한다.

或有衆生, 以離喜樂, 灌灑其身, 謂第三靜慮地諸天, 是名第三樂生.

---

기쁨을 떠난(離喜) 즐거움(樂)으로 그 몸을 씻는 것이 세 번째 선(禪)이고 바로 "세 번째 낙생"입니다.


## 무엇이 생의 차이를 낳는가

질문: 무슨 까닭에 세 가지 욕생과 세 가지 낙생을 건립하는가.

問 : 何故建立三種欲生, 三種樂生耶.

---

115 낙(樂)을 수용하기 위하여 태어나는 것을 말한다.

답: 세 가지의 구함으로 말미암기 때문이니, 첫째는 욕망의 구함이고 둘째
는 존재의 구함이며 셋째는 범행의 구함이다. 만약 모든 사문 혹은 바라문
중에 욕구에 떨어지는 자는 일체가 다 세 가지 욕생이 되니, 더 이상 늘어남
이 없다.

答: 由三種求故, 一欲求, 二有求, 三梵行求. 謂若諸沙門或婆羅門墮欲求者, 一切
皆爲三種欲生, 更無增過.

---

우리의 제팔 아뢰야식은 자연스럽게 세 가지 요구를 지니는데, 수도하
려는 것 또한 일종의 구함〔求〕입니다. 왜 수도하려고 합니까? 성불하기
위해서이니 성불이 바로 큰 욕구(欲求)입니다. 청정하고 안락한 쾌감을
얻고자 하면 욕계로 떨어지게 됩니다. 아무리 선정을 잘 수지하고 도덕이
높아도 기껏해야 욕계의 천인으로 태어날 수 있을 뿐이고 더는 위로 올라
가기를 구할 수 없습니다. 여러분의 욕구가 스스로에게 하나의 한계를 그
어 욕구 속으로 떨어지게 했기 때문에 욕계로 떨어집니다.

---

만약 모든 사문 혹은 바라문 중에 존재의 구함에 떨어지는 자는 대체로 즐
거움을 구하고 즐거움을 탐하기 때문에 일체가 다 세 가지 낙생이 된다. 세
간 중에 괴롭지도 않고 즐겁지도 않은 적정이 생겨나는 곳을 추구하는 자
는 매우 적기 때문에 이 이상에서는 생으로 세우지 않는다.

若諸沙門或婆羅門墮有求者, 多分求樂, 由貪樂故, 一切皆爲三種樂生. 由諸世間
爲不苦不樂寂靜生處, 起追求者, 極爲尠少, 故此以上, 不立爲生.

---

즐거움을 탐하고 정(定) 중의 낙감(樂感)을 탐하거나 욕계보다 공덕이
높은 천인의 과위를 추구하면 모두 세 가지 낙생(樂生) 가운데 속합니
다. 하지만 한 층 더 위로 올라간, 괴롭지도 않고 즐겁지도 않은 적정이

생겨나는 곳을 추구하는 사람이 아주 드물기 때문에 생이라고 분류하지 않습니다.

---

만약 모든 사문 혹은 바라문 중에 범행을 구함에 속하는 자는 일체가 다 무루계를 구함이 되지만, 혹은 다시 어떤 그릇된 범행을 구함에 속하는 자가 있다.

若諸沙門或婆羅門, 墮梵行求者, 一切皆爲求無漏界, 或復有一墮邪梵行求者.

일체의 수행인은 모두 일념불생(一念不生)의 청정 무루의 경계를 구하기 원합니다. 그런데 어떤 사람들은 수도하다가 그릇된 범행(梵行)으로 떨어지기도 합니다. 사실 수도는 모두 청정 범행에 속하지만 청정 안에도 사문(邪門)이 있고 사도(邪道) 안에도 청정이 있습니다.

---

부동을 구하기 위하여 공무변처·식무변처·무소유처·비상비비상처에 그릇된 분별을 일으키면서도 해탈을 위한 것이라고 말한다.

爲求不動, 空無邊處·識無邊處·無所有處·非想非非想處, 起邪分別, 謂爲解脫.

사선팔정 가운데서 견지(見地) 즉 견해의 관념이 조금만 잘못 되어도 외도(外道) 사문(邪門) 가운데로 떨어지게 됩니다. 그러므로 견지와 지혜가 가장 중요합니다. 여러분이 닦는 것이 불법이라고 하더라도 약간의 잘못만 있으면 사마(邪魔) 외도가 되어 버립니다. 그런 까닭에 『능엄경』에서 부처님은 성문와 연각이 모두 외도라고 말씀하셨습니다. 오십종 음마(陰魔)는 식음(識陰)[116]에 속하는 음마인데, 견지에서의 차이입니다. 그런 경우는 마(魔)라고 하지 않고 외도라고 합니다. 학불의 견해와 견지는 너무 어렵습니다. 그래서 선종에서는 견지를 강조하여 "오로지 그대의 견지가 바름만 귀하게 여기고, 그대의 행위는 귀하게 여기지 않는다〔只貴子見正, 不貴子行履〕"라고 합니다. 견지만 바르면 여러분이 수행하는 길은 틀림이 없다는 것입니다. 그래서 유위법(有爲法)을 배우는 사람은, 가령 밀종을 수행한다거나 각종 유위법의 수지를 닦는 경우는 아주 위험합니다. 그렇다고 나는 아무것도 배우지 않고 바로 공(空)을 배우겠다고 말한다면, 그것은 더 위험합니다. 인과가 없는 공(空)으로 변하게 되어 더 심각해집니다.

---

**이것은 유상의 범행을 구하는 것임을 알아야 한다. 무상의 범행을 구하는 것은 무루계를 구하는 것을 말한다.**

當知此是有上梵行求. 無上梵行求者, 謂求無漏界.

---

그런 것들은 모두 "유상의 범행〔有上梵行〕"을 구하는 것인데, 진정으로 득도한 나한은 "무상의 범행〔無上梵行〕"을 구하는 것에 속합니다.

오늘은 여기까지 하고 보류했다가 나중에 다시 연구해야겠습니다.


## 견지를 분명하게 세우고 수행하라

이제 한 가지 문제에 대답하겠습니다. 두 명의 예술가가 문제를 제기했는데, 예술가의 예술 경계는 세상의 일체가 모두 아름답게 보입니다.

---

116 오음(五陰)의 하나로 식온(識蘊)이라고도 한다. 눈으로 빛을 보며, 귀로 소리를 들으며, 코로 냄새를 맡으며, 혀로 맛을 보며, 몸에 대며, 뜻에 법을 욕심내어 집착함으로써 끝없이 분별하여 아는 것을 말한다. 곧 안식(眼識) 이식(耳識) 비식(鼻識) 설식(舌識) 신식(身識) 의식(意識)을 통틀어 일컫는 말이다.

그런데 백골관이나 부정관을 수행하면 세상이 모두 추합니다. 그렇지요? 이 두 방면을 어떻게 잘 조화시킬까요?

사실 이것은 우리의 제육식(第六識)이 일으키는 관념입니다. 일체의 미(美)와 추(醜)는 모두 분별된 의식으로서 견지의 문제입니다. 이제 논리상 하나의 총론을 먼저 대답하겠습니다. 왜 백골관이나 부정관이라는 이런 법문을 닦아야 진선미를 구할 수 있습니까? 우리 같은 욕계 사람들의 생사(生死)와 오고감[去來]의 최후는 백골이고 부정(不淨)이며, 지대(地大)의 최후는 공(空)으로 변화하는 것이기 때문입니다. 예술가 및 우리 인류가 미(美)라고 생각하는 것은 이 세상 사람이 보고 느낀 것을 가지고 말한 것일 뿐입니다.

불법은 우리에게 말합니다. 생명은 참된 아름다움을 지니고 있는데 그것은 육체를 초월하고 이 물질 세계를 초월합니다. 어떻게 구합니까? 방법의 첫 단계는 먼저 지금 몸에 대한 집착을 깨트리고 이 물질을 깨트려야 참된 몸을 구할 수 있습니다. 그런 까닭에 『선비요법』에서는 백골관을 수행해서 마지막으로 부처님의 삼신(三身)을 성취하는데, 그러한 신광(神光)의 생명을 참된 아름다움이라고 합니다. 그러므로 백골관이나 부정관으로 몸에 대한 집착을 먼저 깨트려야 하며, 그 목적은 진정한 지선(至善) 지미(至美)를 추구하는 데 있습니다.

'안나반나(출입식)' 수행에서 시작해서 사선팔정(四禪八定) 및 멸진정(滅盡定)의 경계에까지 도달하는 것도 그 최고의 원칙은 백골관이나 부정관과 거의 완전히 같습니다. 다만 수증의 방법이 그 내용상으로 변화가 있을 뿐입니다. 만약 직접 공관(空觀)을 수행하거나 연기관(緣起觀)을 수행한다면, 수증에 착수하는 각각의 방법이 표면상으로는 백골관이나 부정관과 서로 같은 듯해도 실제 내용은 차이가 있습니다.

이것은 성문승의 수행과 관련이 있는 요점인데, 말이 나온 김에 설명했습니다.

여러분은 먼저 견지를 분명하게 해야 합니다. 여러분이 지혜에서 구하지 않기 때문에 견지가 분명하지 않은 것입니다.

『선비요법』은 먼저 부정관이나 백골관으로부터 수행을 시작합니다. 이 색신이 변화하지 못한다면, 이 색신을 던져버리지 못한다면 욕계조차 벗어나지 못할 것인데, 어떻게 일체 선정의 희락을 닦을 수 있겠습니까? 초선의 희락을 얻는다고 말하는데, 기쁨도 얻지 못하고 즐거움도 얻지 못합니다. 『선비요법』은 우리에게 첫걸음으로서 매일 이 몸을 관(觀)하라고 합니다. 이 몸은 기포(氣泡) 같아서 중간은 비어 있고 바깥은 모두 빛입니다. 그런 후에 다시 광명 경계의 정(定)을 관하고 마지막이 여래대정(如來大定)입니다. 그렇기 때문에 『선비요법』이라고 하는 것입니다. 하지만 우리에게는 오로지 첫걸음이 백골인데, 반나절을 매달려도 제대로 되지 않습니다.

제가 젊은 시절에는 여러분처럼 그렇게 멍청하게 책을 보지 않았습니다. 앞의 몇 쪽을 읽어도 이해가 되지 않으면 저는 뒤쪽을 보았습니다. 뒤쪽을 보고 다시 그 뒤쪽을 보고 그런 다음에 되돌아와서 앞쪽을 보면 이해가 되었습니다.

여러분은 어떻습니까! 입으로는 자신이 멍청하다고 말하지만 사실 마음속에서는 결코 그렇게 생각하지 않습니다. 여러분은 책을 읽다가 이해되지 않으면 그 부분만 죽어라 노려보고 있습니다. 조금 기민하게 몇 쪽을 넘겨서 볼 수는 없습니까? 한 권을 다 넘겨봐도 괜찮다니까요! 여러분은 이렇게 요령 있게 읽지도 못하면서 그렇다고 성실하게 한 글자 한 글자에 천천히 매달리는 것도 하지 않습니다. 그냥 배우기만 하면 배운 것처럼 할 수 있기를 원하는데, 그래서 고통스러운 것입니다. 아무튼 경서를 읽든 학문을 연구하든 배우기를 좋아하고 깊이 생각해야 그것이 옳은 길입니다.

　다음번에는 『선비요법』을 강의하도록 하겠습니다. 다들 잘 준비하고
잘 기록해야 합니다.

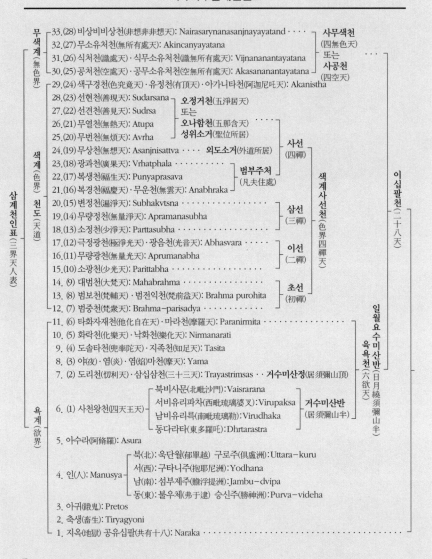

주

1. 삼십삼천에 대해서는 여러 경전의 내용에 다소 차이가 있는데, 위 자료는 여러 경전의 내용을 종합한 것이다.

2. 『구사론(俱舍論)』에서는 범부가 머무는 곳으로(외도를 포함하지 않음) 광과천(廣果天), 복생천(福生天), 무운천(無雲天)의 삼천을 말하고 있다.

3. 삼계구지로 나눌 경우 욕계는 욕계오취지, 색계 초선은 이생희락지, 이선은 정생희락지, 삼선은 이희묘락지, 사선은 사념청정지, 무색계는 공무변처지, 식무변처지, 무소유처지, 비상비비상처지이다.

4. 이 자료는 『불교수행법 강의』(부키, 2010)에 실렸던 것을 재수록하였다.

# 찾아보기